L'ITALIE
DES ITALIENS

SECONDE PARTIE

—

ITALIE DU CENTRE

PARIS. — IMP. SIMON RAÇON ET COMP., RUE D'ERFURTH, 1.

L'ITALIE DES ITALIENS

PAR

Mme LOUISE COLET

Di una terra son tutti : un linguaggio
Parlan tutti : fratelli gli dice
Lo straniero : il comune lignaggio
A ognun d'essi dal volto traspar.
Questa terra fu a tutti nudrice,
. . . .
Che natura dall' altre la divise
E ricinta coll' Alpe e col mar.
   MANZONI, *Carmagn.*, atto II.

SECONDE PARTIE

ITALIE DU CENTRE

PARIS

E. DENTU, ÉDITEUR

LIBRAIRE DE LA SOCIÉTÉ DES GENS DE LETTRES
PALAIS-ROYAL, 15 ET 17, GALERIE D'ORLÉANS

1862

Tous droits réservés

# L'ITALIE
DES ITALIENS

I

La solitude sied aux ruines et aux paysages; la foule amoindrit l'imposante majesté des vestiges mélancoliques du passé et les grands aspects de la nature. Les souvenirs des civilisations disparues revivent et se dressent à travers les arcs rompus des aqueducs, les pans de murs énormes des thermes, les galeries disjointes des cirques, les colonnes renversées des temples détruits; la pensée du poëte ou du rêveur les remplit des fantômes de l'histoire et n'a que faire pour les peupler de la génération contemporaine. La campagne inspire une sensation analogue; l'immensité des horizons, l'éclat et les effets changeants de la lumière des jours et des nuits, les bruits de la mer et des fleuves, les rumeurs des arbres et des blés, les ondulations des montagnes et des plaines, les détails de la végétation, les nuances infinies des tableaux variés de la terre cultivée ou sauvage, le ciel incommensurable servant de dôme aux étendues que l'œil embrasse et dérobant au delà de ses voiles les mystères de l'inconnu, suffisent aux émotions de l'âme; la présence des hommes en altérerait l'harmonie et la grandeur. Mais une ville n'est vraiment belle que lorsque les multitudes la remplissent, y débordent, et y font retentir leurs voix, leur mouvement et leurs passions. Toute cité dépeuplée a des allures de cachot et de cimetière; on sent les misères et les larmes derrière les fenêtres et les portes closes; les rues où les habitants se traînent clair-semés paraissent autant de voies douloureuses tracées par l'effort anxieux du travail humain, et conduisant de la souffrance à la mort. Mais qu'une révolution, qu'une soudaine alarme ou qu'une joie publique éclate, que tous les êtres cachés dans les entrailles de la cité surgissent au grand jour, que la foule bouillonne et circule dans les places et dans les carrefours comme le sang dans les artères, aussitôt, tel qu'un corps gigantesque et robuste qui semble défier la destruction, une ville prend un aspect de force indéfinie et de durée immortelle; ce ne sont plus des hommes faibles et passagers qui la peuplent, c'est une âme collective, impérissable et que la génération présente sent perpétuée par anticipation dans les générations qui lui succéderont.

C'est cette puissance de l'assemblage des multitudes qui fait de Londres la ville la plus saisissante et la plus inouïe du monde. On s'y sent perdu comme un atome, mais l'on s'y sent vivre; l'atome s'agglomère à une vie commune, altière et superbe, qui nargue le néant : plus la cité est immense et plus imposant est l'effet de l'explosion de la foule; il peut cependant se produire aussi dans une ville plus circonscrite. Lorsqu'une population, qu'elle est impuissante à abriter, la remplit tout à coup une petite ville revêt aussitôt les proportions d'une grande capitale; son mouvement ajoute à son étendue, comme un fleuve étroit qui déborde sur ses rivages triple un moment son lit par son impétuosité.

Ainsi m'apparut Turin quand j'y arrivai le 31 mars 1860; toute l'Italie y affluait; la grande âme du pays s'y dilatait pour ainsi dire. Pas une maison particulière qui ne regorgeât d'habitants, pas un hôtel qui ne fût plein jusqu'au comble; c'était dans les rues, qui se pavoisaient, une exubérance de vie, une agitation joyeuse, une fièvre de patriotisme, qui gagnaient les spectateurs les plus inertes et les plus froids; les travailleurs empressés terminaient en chantant les préparatifs de la grande fête nationale qui devait avoir lieu le 2 avril; les trophées de drapeaux, les faisceaux d'armes, les guirlandes de lampions, les échafaudages des feux d'artifice, les décorations de fleurs et d'emblèmes, éclosaient sous leurs mains comme par enchantement; la foule s'arrêtait pour les regarder et les encourager. Des refrains joyeux retentissaient dans tous les cafés; des fanfares militaires les couvraient par intervalles. L'atmosphère, qui s'était tout à coup adoucie, permettait à chacun de vivre en plein air; personne ne songeait à rester chez soi, et, d'ailleurs, un chez soi un peu confortable était devenu un problème.

J'eus grand'peine à trouver à me loger dans une toute petite chambre, au quatrième étage, que j'avais fait retenir à l'avance à l'hôtel *Feder*; j'éprouvai une difficulté tout aussi grande à circuler le soir en voiture à travers les rues encombrées; je n'étais pas fâchée de considérer lentement cette houle immense d'un peuple heureux submergeant, pour quelques jours dans une noble ivresse, les misères et les douleurs que chacun porte en soi. Je me fis conduire chez mes amis Mancini; ils étaient absents. Le célèbre avocat était allé plaider dans l'île de Sardaigne.

Le lendemain, ma première visite fut pour M. de Cavour; je ne le rencontrai point au ministère; je lui laissai ma carte, sur laquelle j'inscrivis ma demande d'un billet pour la séance d'ouverture du Parlement. Craignant, malgré l'amabilité dont le grand ministre m'avait comblée à Milan, qu'il ne pût m'accorder cette grâce que je sollicitais si tard, j'allai faire la même demande à l'ambassadeur de France. Le baron de Talleyrand était sorti; je lui écrivis pour lui exprimer mon ambitieux désir, puis je retournai à l'hôtel attendre le résultat de mes démarches. Comme j'y arrivais, je vis descendre, d'une voiture chargée de malles, la comtesse Bathiany, que j'avais connue à Milan, chez la comtesse Maffei; elle parlementait avec le maître de l'hôtel pour obtenir un logement; impossible de la satisfaire; il ne restait plus un lit à donner.

« Je suis désolée, me dit-elle en m'apercevant, je ne sais où m'abriter, et j'ai grand'peur du même insuccès dans la demande que j'ai faite d'une carte d'entrée pour la séance de la Chambre. »

Je lui promis, si j'obtenais deux places, de lui en réserver une. Le jour suivant, je reçus deux aimables billets du comte de Cavour et du baron de Talleyrand, accompagnés des cartes désirées; je m'empressai d'en envoyer une à la comtesse Bathiany, et nous prîmes heure pour aller ensemble le lendemain matin à cette séance mémorable.

Ce beau jour du 2 avril 1860 se leva tiède et radieux. Dès l'aube, une foule immense et enthousiaste se pressait dans la large et longue rue qui traverse Turin des rives du Pô à la place du *Château-Madame*. Toutes les maisons étaient pavoisées de drapeaux : il y en avait à chaque fenêtre, il y en avait sur les toitures et au haut des mâts dressés le long des arcades; d'un côté à l'autre de la rue, de petits pavillons aux couleurs nationales formaient des guirlandes; ils étaient suspendus à des fils si minces qu'on eût dit qu'ils se soutenaient d'eux-mêmes à travers le bleu du ciel. La décoration de la place était plus riche et plus riante encore. Chaque balcon était recouvert d'une magnifique tenture de soie ou de tapisserie; des trophées de verdure et de fleurs se mêlaient aux trophées d'armes. De grandes bannières groupées en faisceaux couronnaient les tours du *Château-Madame;* un arc de triomphe s'élevait devant le palais du roi; toutes les rues circonvoisines, et surtout la rue Charles-Albert, étaient splendidement décorées. Je pus traverser seule la rue du Pô, encombrée d'une foule paisible, quoique enivrée de patriotisme. Grâce à son habitude de toujours se diviser en deux parts, l'une qui monte et l'autre qui descend, la foule italienne n'a jamais de presse violente : elle se meut sans bruit et sans vagues apparentes. A l'angle de la place *del Castello*, je rencontrai la comtesse Bathiany, et nous entrâmes ensemble dans ce vieux *Château-Madame,* où est la chambre du Sénat. On l'avait remise à neuf et décorée pour la séance; le trône était dressé dans l'hémicycle. Nous en avions pour deux heures d'attente. Mais la vivacité et le charme de la causerie italienne, l'entrée successive des assistants, les reconnaissances et les saluts qu'on échangeait d'un bout de la salle à l'autre firent s'écouler le temps avec rapidité. Vers dix heures, les sénateurs et les députés commencèrent à arriver. Je reconnus et je saluai tour à tour le marquis d'Azeglio, le comte Joachim Rasponi, petit-fils de Murat; Achille Menotti, fils aîné du martyr de Modène; Poerio souriant et rajeuni; le marquis Arconati, condamné à mort par l'Autriche; M. Tenca, l'écrivain distingué, le patriote incorruptible qui venait d'être élu trois fois député dans la Lombardie; Cantù, semblant étonné, mais vraiment heureux de se trouver dans cette grande assemblée qui représentait déjà la patrie italienne. Puis vinrent les ministres : M. de Cavour, avec son beau front radieux; on sentait qu'il portait en lui l'âme du pays; Farini, dont la figure brune et résolue reflétait le cœur; Mamiani, aux cheveux blanchis par l'étude, et d'autres moins célèbres, mais tous voués corps et âme à la renaissance de l'Italie.

Enfin le canon retentit; les deux fils du roi, accompagnés de la duchesse de Gênes, prirent place dans une tribune à côté de celle du corps diplomatique; les ministres se dirigèrent vers la porte occidentale de la salle pour aller recevoir le roi, dont des salves redoublées d'artillerie annonçaient l'approche. Escorté de son état-major, Victor-Emmanuel, en habit de général, fit son entrée dans la salle. Alors tous les mouchoirs s'agitèrent, toutes les voix crièrent : *Vivat!* Un enthousiasme frénétique s'empara de toutes les âmes. Au dehors de la salle, sur la place, les cris du peuple faisaient écho. La joie et l'émotion du roi étaient visibles; jamais je n'avais vu à Victor-Emmanuel une mine si fière et si satisfaite; il s'assit sur son trône, et sa martiale figure devint le point de mire de tous les regards.

Le ministre de l'intérieur, debout près du roi, proclama les noms des nouveaux sénateurs et des nouveaux députés appelés à prêter serment. Quels noms! les plus grands dans l'histoire ancienne de l'Italie, et les plus beaux par leur patriotisme dans l'histoire contemporaine. Quand parmi les noms des sénateurs retentit celui d'Alexandre Manzoni, un murmure admiratif courut dans la salle. Le nom de son ami Gino Capponi fut également salué avec une vive sympathie : tous les nouveaux élus présents à la séance répondirent par un *Giuro* sonore à l'appel du ministre de l'intérieur. La formule du serment terminée, le roi lut son discours d'une voix claire et forte, et avec ce pur accent italien qui avait ravi Manzoni. Chaque paragraphe de ce discours qui proclamait, à la face du monde, la résurrection de l'Italie fut couvert d'applaudissements et de cris approbatifs; particulièrement le paragraphe qui limitait les droits de la papauté. A la dernière phrase : « *L'Italie doit être désormais l'Italie des Italiens!* » l'ivresse de l'assistance surpassa tout ce qu'on peut décrire. Bientôt la foule qui remplissait la salle alla se confondre à la foule qui remplissait la place, et ce ne fut plus qu'un cri incommensurable de : Vive le roi! La musique de la garde nationale et celle des régiments sonnaient des fanfares. Une brise légère agitait sur les milliers de têtes du peuple les milliers de drapeaux suspendus.

Le roi, la famille royale et les ministres se montrèrent tout à coup au balcon du ministère des affaires étrangères; alors les bravos redoublèrent, puis commença le défilé de l'armée et de la garde nationale, suivi du défilé de toute la population de Turin et de celle des villes et des campagnes environnantes. Les deux cris de *Vive le roi!* et *Vive l'Italie!* sortaient de toutes les bouches. Quelle allégresse! quelle force! quel ensemble! quel présage de triomphe! quelle sécurité pour l'avenir de la patrie renaissante!

La comtesse Bathiany était placée dans une tribune parallèle à celle où je me trouvais. Nous devions nous rejoindre en sortant, mais la foule nous sépara. Comme je cherchais à me frayer un chemin, je vis venir à moi Pierre Leopardi, que je fus bien heureuse de revoir; il m'offrit son bras et nous traversâmes les flots de tout ce peuple ravi de l'ère de grandeur qui se levait pour lui. En entrant dans la cour de l'hôtel Feder, je rencontrai le marquis d'Azeglio; il tenait à la main le discours du roi, qui venait d'être imprimé, il me le donna; je lui dis aussitôt, en appuyant mon doigt sur ces mots : *L'Italie des Italiens!* que toute l'assistance avait couverts d'applaudissements : « Cette phrase deviendra la marraine du livre que j'écrirai sur votre noble pays, et dont votre roi sera le glorieux parrain. »

La fête du soir fut le couronnement de celle du jour : toute la ville et toutes les hauteurs environnantes étaient illuminées. Une grande étoile de lumière, l'étoile de l'Italie, brillait suspendue sur une des collines qui bordent le Pô. Je n'avais jamais vu d'illuminations si belles et si poétiques que celles qui rayonnaient sur la place du Château et sur la place du Parlement: les tours sombres du vieux Palais-Madame s'étaient changées en phares éclatants; la façade du palais Carignan (Chambre des députés) resplendissait comme l'entrée d'un de ces palais fantastiques décrits par l'Arioste; en regard, la statue pensive de Gioberti s'élevait au milieu d'arbres lumineux et de tiges de fleurs transparentes, simulées par des feux de Bengale se jouant dans des tubes et dans des globes en verres de couleurs. La lune et les étoiles, radieuses sur un ciel bleu de lapis-lazzuli, semblaient se complaire à mêler leur illumination éternelle à cette illumination éphémère. La nuit était d'une sérénité si douce que beaucoup de femmes étaient tête nue. J'avais cru que Venise seule avait de ces nuits ineffables; les deux fils du roi et sa fille, la princesse Pia, regardaient l'illumination de la place du Parlement à une des fenêtres du palais. Le peuple défilait en acclamant les enfants de son roi. Pas une voix d'opposition, pas un propos ironique, pas un agent de police, ne faisaient dissonance dans cette grande joie nationale qui caractérisait si bien l'union de l'Italie.

Le lendemain de cette fête patriotique, j'allai remercier M. de Cavour du billet qu'il m'avait envoyé pour la séance; je le trouvai au ministère des affaires étrangères, dans ce cabinet à tentures vertes, cadre de cette figure puissante et active, enceinte étroite où il a tant médité, tant travaillé et tant souffert, car depuis longtemps déjà les fatigues de l'esprit commençaient à miner ses forces; mais son âme le portait. L'intelligence tend comme un arc les ressorts de l'organisme; elle les brise, mais les empêche de s'amollir.

« Oh! oui! c'est un beau jour! me dit-il quand je lui parlai avec émotion de la solennité de la veille ; savez-vous que l'Italie entière est maintenant représentée dans notre Parlement? Nous avons à la Chambre un Vénitien, un Napolitain, un Sicilien; Rome seule a fait défaut. La noblesse romaine est la moins active et la moins courageuse de l'Italie; elle n'a pas fourni un martyr à l'indépendance et à la liberté. Elle s'éveillera peut-être; mais, pour le moment, elle dort. Son engourdissement vient du gouvernement théocratique, qui ne lui permet que la fortune, le plaisir, les intrigues banales, et lui interdit les emplois politiques, qui tous sont réservés aux prêtres.

« Il y a dans la noblesse romaine des hommes fort intelligents, mais sans ressort moral. Le souvenir de l'antiquité les écrase. Ceux qui en font leur étude n'y trouvent pas un stimulant, mais une distraction archéologique. L'occupation française a été un bien, une garantie pour nous; cependant il faudrait qu'elle cessât bientôt ou qu'elle continuât de concert avec nos troupes. Une fois à Rome, nous initierons les Romains à la vie politique et active qu'ils ont désapprise depuis tant de siècles [1].

« Le gouvernement de Rome conspire et agit contre nous, ainsi qu'une immense et profonde association secrète dont nous ne pouvons mesurer ni la puissance ni les moyens d'action; c'est comme une de ces sociétés mystérieuses du moyen âge contre lesquelles la société visible et armée ne pouvait rien ; un tel pouvoir s'exerce surtout par les faibles, et de là sa force occulte, sans vie apparente, mais dilatée dans le monde entier. Ce pouvoir caché et inextricable s'impose par les femmes, par les enfants, par les vieillards, par toutes les âmes timorées; il leur inocule une servilité craintive qui amollit la fibre humaine.

« La question de Rome m'embarrasse et m'attriste plus que la question vénitienne. Venise, ajouta-t-il avec son fin sourire, est pour

---

[1] Depuis cette conversation, les Romains, entraînés par le reste de l'Italie, ont donné des preuves de fermeté et d'indépendance.

l'Autriche comme une femme mariée qui n'aime plus son mari. Quand le cœur échappe au joug, le corps suit bientôt le cœur. Tôt ou tard Venise sera à nous. »

Je l'écoutais attentive. Depuis quelques jours je n'avais pas lu les journaux; mais on m'avait dit, le matin, qu'une garnison française venait d'occuper Nice; je profitai d'une pause dans les paroles de M. de Cavour pour lui demander si cela était vrai.

« Oui, » me répondit-il d'un ton bref. Et sa physionomie devint sérieuse. « On aurait pu, ajouta-t-il, se presser un peu moins. Si vous restez quelques jours à Turin, vous jugerez de quelles accusations cette cession de Nice et de la Savoie va devenir le motif contre moi. Que pouvais-je faire? Hésiteriez-vous, si votre fille était à la mort, de lui laisser couper un doigt pour la sauver? Nous n'avons pas en Europe d'autre allié que l'Empereur, et en France pas de plus fidèle ami que lui; j'ajouterai les ouvriers de Paris, les écrivains, les poëtes, les journalistes; mais que peuvent-ils? Je sais bien qu'ils composent le cœur et le cerveau de la nation; mais à l'heure où il faut une armée, le cœur et le cerveau sont insuffisants.

« L'Empereur seul nous a donné une armée; nous ne devons pas être ingrats envers lui ni envers la France. L'ingratitude porte malheur aux nations comme aux individus. Les partis en France sont contre nous par opposition à l'Empereur.

« Je ne parle pas du vieux et faible parti légitimiste; lui, du moins, est conséquent avec ses doctrines; mais le parti républicain n'a pas applaudi à la guerre d'Italie; il veut que l'Italie ne se fasse que par Mazzini; il eût préféré nous voir rester morcelés et dépendants de l'Autriche à ce que notre délivrance s'accomplît par une main qu'il répudie. Les passions extrêmes font taire la justice chez les républicains; en eux, du moins, il y a passion, conviction soutenue par l'exil et les souffrances. Mais que dire du parti orléaniste? C'est le plus coupable, et j'ajouterai le plus maladroit de tous les partis; en haine de l'Empereur, il décrie et calomnie notre révolution.

« Que penser de Thiers et de Guizot devenus nos ennemis et faisant des vœux pour Lamoricière, pour le roi de Naples, et partant pour l'Autriche? C'est renier leurs doctrines, c'est abdiquer toute autorité dans l'avenir et s'amoindrir par les passions mesquines et les petites vanités d'une opposition sans conscience. Pour être logiques avec eux-mêmes et ressaisir le drapeau du libéralisme, les orléanistes n'avaient qu'une attitude à prendre dans la question italienne, ils devaient se montrer plus Italiens que l'Empereur, désapprouver la paix de Villafranca et l'occupation de Rome. Le parti orléaniste, par l'apostasie de ses doctrines, s'est suicidé aveuglément; il s'agite encore, mais il n'a plus d'avenir.

— La droiture et le bon sens public, lui dis-je, protestent contre lui; la presse lui échappe. Voyez le *Journal des Débats.*

— Il se dédommage à coups de brochures et de mandements d'évêques, répliqua en riant M. de Cavour; nous sommes traités de révolutionnaires et d'impies par les mêmes hommes qui ont fait la révolution de Juillet. Vous avez pu juger hier, à l'appel des noms des deux Chambres, quelle nouvelle espèce de révolutionnaires nous sommes ici ! »

Lorsque je quittai, ce jour-là, M. de Cavour, je lui dis : « Au revoir, à Florence, j'y serai pour l'entrée du roi. »

Je fis le même jour visite à M. le baron de Taileyrand, ambassadeur de France, à qui je devais aussi des remercîments pour la grâce empressée qu'il m'avait témoignée; je lui offris un de mes ouvrages; puis nous causâmes de la solennité de la veille et des brillantes fêtes de Milan, auxquelles il avait assisté.

« J'espère rencontrer Votre Excellence à Florence, lui dis-je; un bal dans le vieux palais des Médicis sera une féerie.

— Que malheureusement je ne verrai point, répliqua-t-il en souriant. L'annexion de la Toscane et des provinces du centre s'est faite sans le concours de la France. » Puis il se mit à me parler littérature d'une façon exquise, où se trahissait sa parenté avec le célèbre diplomate.

En sortant de l'ambassade de France, j'allai chez la comtesse della Rocca, qui habite un délicieux petit palais situé boulevard du Roi, dans le voisinage de la belle promenade du jardin public. Elle était sortie; elle vint elle-même me faire visite le lendemain, et ce fut entre nous, durant les quelques jours que je passai à Turin, un échange de causeries et de billets délectables (de son côté s'entend), où l'attrait de la jeune et belle comtesse pour la littérature française se traduisait en paroles trop flatteuses pour que je les répète ici. Je ne vis dans ses éloges si vifs que sa passion d'écrire. Ce qui me toucha véritablement, ce fut l'amitié naissante qu'elle me témoigna à cette époque, et dont je devais retrouver l'écho à Florence et à Naples.

Poerio accourut chez moi aussitôt qu'il me sut arrivée, et je le vis presque tous les jours ; sa conversation me ravissait, ainsi que celle de Pierre Leopardi, si pleine de traits incisifs et profonds. J'eus aussi la visite du député Tenca, du jeune marquis Arconati et du comte Joachim Rasponi (petit-fils du roi Murat). J'avais connu ce dernier à Paris, où déjà j'avais apprécié son intelligence si cultivée et si fière ; je le retrouvai plein d'ardeur pour sa patrie italienne à laquelle, à l'exemple du marquis Pepoli, son cousin, il a dévoué sa fortune et sa vie. Je devais plus tard recevoir à Ravennes la plus cordiale hospitalité dans le palais de la princesse, sa mère, et y connaître sa jeune femme, une délicieuse Moldave (la princesse Ghika). J'eus aussi la joie de revoir à Turin mes amis Mancini ; je leur donne dès à présent ce titre, car nous nous liâmes quelques mois après, à Naples, d'une véritable amitié.

Madame Beatrix Mancini vint me faire visite avec trois de ses charmantes filles ; j'attendais la mienne, que j'avais laissée en France auprès de sa tante. Le cœur de la jeune mère comprenait le bonheur que me causait cette réunion : « Maintenant que vous allez ressaisir la moitié de vous-même, j'espère bien que nous vous garderons longtemps, me dit-elle avec sa grâce accoutumée ; nous vous fêterons doublement en vous et en votre enfant. »

Je cédai, durant quelques jours, au charme de tous ces enlacements réunis du cœur et de l'esprit ; mais Florence m'appelait, le roi devait y faire son entrée triomphale le 16 avril (1860). Je voulais assister à cette nouvelle manifestation d'amour de l'Italie pour le chef héroïque qu'elle s'était donné. Ma fille était arrivée. Nous passâmes ensemble toute une journée chez la comtesse della Rocca, dont les deux filles, encore bien jeunes, mais ayant déjà une instruction plus sérieuse que leur âge, se complurent dans la compagnie de ma grande enfant, et lui montrèrent Turin, escortées de la charmante nièce du général della Rocca. Je restai au logis avec la comtesse ; nous parlâmes longtemps de Paris dans son cabinet d'étude poétique et recueilli, et s'ouvrant sur un jardin en fleurs ; puis nous parcourûmes ses salons, où j'admirai de magnifiques portraits de famille, parmi lesquels celui de la jeune comtesse avait une fleur de jeunesse et de beauté qui défiait les plus rayonnantes aïeules.

Avant de quitter Turin, il me fut donné d'assister à la mémorable séance du Parlement où eurent lieu (le jeudi 12 avril 1860) les interpellations de Garibaldi sur la cession de Nice. Le comte

Joachim Rasponi avait eu l'aimable attention de m'offrir un billet pour une tribune réservée. Dès le matin, la salle des séances était pleine; on était accouru de Milan et de Gênes pour entendre Garibaldi et le comte de Cavour en lutte dans cette question orageuse. C'est là que je vis pour la première fois le héros qui, quelques mois plus tard, devait étonner le monde. Dans les vers qu'il m'inspira, lors de son entrée triomphale à Palerme, je me souvins de cette première apparition dans la chambre du Parlement, et j'essayai de peindre dans la strophe suivante l'effet que produit cette figure pensive et mystique :

> Lion que toute chaîne entrave,
> Un jour je le vis triste et grave,
> Courbé sous le poids de son cœur.
> Sa tête de Christ, blonde et fière,
> Dans l'ombre de la salle entière,
> Rayonnait comme une lueur.

Déjà s'agitait en lui sa romanesque et héroïque expédition de Marsala. Quand il parut dans la salle, tous les assistants l'acclamèrent; ils se levèrent aussi pour saluer M. de Cavour. La foule sentait qu'en ces deux hommes se concentraient les éléments divers qui devaient prochainement se fondre et s'amalgamer pour reconstituer l'Italie : dans Garibaldi, l'inspiration, l'élan, le courage, l'audace; dans Cavour, la sagesse, la fermeté et la persévérance.

L'attaque fut vive, passionnée, heurtée et personnelle, de la part de Garibaldi, se retranchant dans le droit et le patriotisme absolus.

La réponse de M. de Cavour fut calme comme la nécessité, impersonnelle comme le sacrifice, tranchante comme le fait qui n'admet plus d'émotion et de plainte.

Je le vis là, dans toute sa sérénité et sa force, affirmer sa politique et sa foi dans la fortune de l'Italie.

Tout l'intérêt de la séance était dans ce grand duel entre Cavour et Garibaldi; les autres orateurs furent à peine écoutés. Cette journée du Parlement piémontais restera comme une des plus mémorables; elle faisait songer aux plus beaux jours des glorieux débats du parlement anglais. En France, on blâma cette discussion oiseuse et vaine; on s'en étonna et on s'en alarma presque. Malheur aux nations dont les représentants ne se soucient plus de ces défis d'abnégation, de dévouement et d'audace! C'est un signe d'engourdissement public et de décadence.

A l'issue de cette séance, je dînai chez les Mancini avec ma fille; ils avaient eu l'aimable attention de réunir pour nous grande et nombreuse compagnie. J'eus le bonheur de passer cette dernière soirée avec le cher et illustre Poerio et l'aimable Pierre Leopardi; plusieurs députés étaient parmi les convives, puis un chaleureux patriote, M. Fabrizzi, qui suivit Garibaldi en Sicile et devint l'héroïque colonel Fabrizzi, dangereusement blessé à la bataille du Volturne. Ce dîner fut une véritable fête. Quelle chaleur de causerie patriotique! Quelle gaieté cordiale! Quels bons et francs rires, depuis les vieillards jusqu'aux jeunes filles et aux beaux enfants des maîtres de la maison, qui faisaient bruyamment écho à nos paroles et aux toasts que nous portions! Nous bûmes tour à tour à l'unité de l'Italie, au roi, à Garibaldi, à Poerio; celui-ci et M. Mancini portèrent un toast à ma fille avec cette aménité caressante qui donne un charme si attachant à la société italienne, si bien qu'après avoir vécu en contact avec elle, le monde partout ailleurs paraît rude et indifférent.

La journée du lendemain fut donnée aux adieux et aux préparatifs de départ. Avant de quitter Turin, j'adressai à la comtesse della Rocca les vers suivants, en souvenir de la dernière guerre où le général della Rocca avait si glorieusement combattu auprès du roi:

On aimait la beauté des femmes d'Italie,
Leur regard pénétrant, leur ineffable attrait,
Leur morbidesse enfin, cette grâce accomplie,
   Dont elles gardent le secret.

Mais on ne savait pas que leur beauté suave,
   Ivresse des cœurs éblouis,
   Saurait être imposante et grave
   Au jour des dangers du pays.

Pendant les luttes guerrières,
On les vit calmes et fières
Armer leurs fils, leurs époux,
En leur criant: « Partez tous!
Partez! Nous serions infâmes
Si nous enlacions vos âmes,
Car la patrie, avant nous,
Est une mère pour vous!
Elle est l'épouse idéale
Devant qui toute rivale
Étouffe ses cris jaloux;
Elle est votre souveraine;
Partez! la gloire est certaine.
Revenez vainqueurs ou morts,

Brisez la tendresse humaine
Pour le dévouement des forts.
Partez! rompez notre chaîne! »

Elles disaient, cachant leurs pleurs et leurs soupirs,
Et leurs fronts rayonnaient d'un éclair héroïque,
Rappelant la beauté de la Victoire antique
Qu'abrite Brescia, la ville des martyrs!

II

Le samedi matin (14 avril 1860), tandis que les vapeurs roses qui couvraient les Alpes jetaient sur la ville encore endormie comme une teinte de jeunesse souriante, nous partîmes de Turin pour Bologne. L'embarcadère était encombré par une foule de voyageurs qui se rendaient à Florence (où le roi devait faire son entrée deux jours plus tard) et qui avaient, comme nous, choisi la voie de terre, plus longue et plus fatigante, afin d'éviter une courte traversée en mer. Pour ma part, j'aurais préféré toutes les tempêtes aux cahots et à l'atmosphère tantôt brûlante et tantôt glacée qui nous attendaient sur les Apennins; mais ma fille avait une telle terreur du mal qui, par deux fois, l'avait torturée, en allant de Boulogne à Londres, qu'avant tout, je voulus lui épargner cette souffrance.

Quelques députés prirent place dans le même wagon où nous étions montées. Le plus grand nombre de leurs collègues, ainsi que le Sénat et la maison du roi, devaient escorter le lendemain Victor-Emmanuel à Gênes et s'y embarquer avec lui pour Livourne.

La vapeur nous emportait, et cette course rapide à travers les magnifiques provinces du centre fut un enchantement par cette journée de printemps. La campagne, elle aussi, était en fête et saluait de ses grâces et de ses émanations embaumées le convoi des joyeux voyageurs, dont le but était une nouvelle solennité patriotique. Nous laissâmes à gauche le vieux château de Moncalieri, déjà indiqué à mes lecteurs. A chaque station, c'étaient des vivats poussés par la garde nationale sous les armes, et par les paysans qui travaillaient aux champs et qui semblaient nous dire : « Portez nos vœux à notre roi! » A Alexandrie, encore occupée par une garnison française, je trouvai, au café de l'embarcadère, quelques officiers, que j'avais connus à Milan, qui nous offrirent des sorbets.

Bientôt nous entrâmes dans l'Émilie; nous suivions presque parallèlement l'antique voie romaine dite *Emilienne*, dont de longs fragments ont survécu aux siècles évanouis. Tout à coup Plaisance nous apparut à gauche, entourée de ses vieux remparts gazonnés, auxquels de récentes fortifications avaient été ajoutées; les dômes et les campaniles de la cité se dressaient sur le fond du ciel. Des soldats italiens faisaient l'exercice sur les talus et semblaient tout fiers de servir enfin une patrie libre et grande. Je pensai, en les regardant, aux guerres de partisans, soutenues par des soudards, qui avaient ensanglanté Plaisance aux quatorzième et quinzième siècles; à François Sforza, duc de Milan, pillant et saccageant la ville, et faisant vendre comme esclaves dix mille de ses citoyens, ce qui prouve, comme le fait observer si justement l'historien Sismondi, que le christianisme n'avait pas aboli l'esclavage; puis à cet exécrable Farnèse, ce duc Pierre-Louis, bâtard du pape Paul III, que ses dissolutions et ses crimes firent précipiter par des conjurés du haut du balcon de son palais et traîner aux égouts par le peuple. Je songeais aux princes qui suivirent, et dont un seul, Alexandre Farnèse, jeta par sa valeur quelque éclat sur sa race abhorrée; aux gouvernements moins sanguinaires, mais toujours despotiques, que subirent Plaisance et Parme jusqu'à nos jours, et je me disais : « Insensés les partisans de ce passé odieux qui osent espérer que ces villes, encore frémissantes du souvenir des tyrannies successives, renonceraient jamais au règne de justice et de liberté qui les protège aujourd'hui ! » Ces réflexions m'accompagnèrent jusqu'à Parme, qui m'apparut souriante au bord de sa rivière argentée (la *Parma*), avec ses ponts, ses jardins, ses dômes, ses palais, son mur d'enceinte et ses bastions, qu'on eût dit en marbre blanc sous le soleil qui les éclairait. Je reviendrai bientôt visiter Parme; ce jour-là je n'en vois que la silhouette merveilleuse détachée, à droite, sur le fond de l'éther, ayant au dernier plan de l'horizon la chaîne des Apennins, sur lesquels se groupent des nuages d'or qui se meuvent, se dilatent, s'amoncellent et semblent ruisseler comme des cascades tombées du ciel. Ces flots de lumière, massés sur les croupes et les sommets des montagnes, nous escortent jusqu'à Bologne avec des effets toujours variés et de plus en plus magnifiques, à mesure que le soleil couchant embrase l'étendue. La voie ferrée suit à distance cette décoration fantastique que les Apennins forment à droite de la route; aux pieds des monts se déroulent des plaines fertiles. Après

Parme voici Reggio; nous sommes dans l'ancien duché de Modène, longtemps assombri par les cruautés et le despotisme héréditaire des ducs d'Este. Une haute muraille, reliée par une citadelle, emprisonne Reggio; des soldats patriotes et heureux gardent en chantant ces fortifications autrefois redoutées. On dirait que l'Arioste, né derrière ces remparts, leur souffle les strophes joyeuses de son récit de Joconde. La vapeur dévore l'espace; Modène, où je m'arrêterai en visitant Parme, m'apparaît bientôt (toujours à droite de la voie ferrée), avec son vaste et insolent palais, son dôme et son aérienne *Ghirlandina*[1]. Je songe avec émotion au fier martyr Menotti, étranglé pour crime de patriotisme par l'avant-dernier duc. A l'exemple des anciens Romains, qui donnaient à leurs enfants les noms des citoyens illustres, Garibaldi a baptisé son fils aîné de ce nom sacré de Menotti. Modène doit encore une statue au martyr.

Le jour baisse, le disque du soleil est submergé par un voile de pourpre qui bientôt se déchire en lambeaux sur les crêtes inégales des Apennins et jette au couchant des lueurs d'incendie, tandis qu'à l'est l'ombre monte et nous dérobe déjà la campagne. Bologne, avec ses deux tours inclinées, nous apparaît dans ce cadre mi-partie d'obscurité et mi-partie de lumière; du côté éclairé se lève la montagne *della Guardia*, couronnée par l'église *della Madonna di San Lucca*; le front du monument rayonne comme embrasé. Plus loin, formant un plan inférieur, sur une colline qui domine la ville, *San Michele in Bosco* est illuminée d'une vapeur dorée. Cet aspect rapide me ravit; il s'éclipse presque instantanément dans les ténèbres qui envahissent l'espace. Il fait nuit close quand nous entrons à Bologne par une de ses douze portes. Une voiture nous emporte à travers le dédale des rues bordées d'arcades; des fanaux projettent des lueurs indécises sous ces voûtes sombres, si propices aux amours, aux conjurations et aux assassinats. J'aime l'aspect étrange de cette grande cité, une des plus belles et des plus magnifiquement situées de l'Italie centrale. Je lui dis au revoir, comme à Parme et à Modène.

Nous descendons à l'hôtel Brun, où arrive en même temps que nous une énorme cargaison de voyageurs; il n'y a pas une minute à perdre pour se procurer des places à la diligence qui doit nous faire franchir les Apennins. Je fais prévenir de notre arrivée M. de

---

[1] Campanile surmonté d'une guirlande de bronze à jour.

Franchis que j'ai connu à Paris. Ancien avocat à Naples, ami de Mancini, homme d'érudition et d'esprit, M. de Franchis est devenu conseiller à la Cour de cassation de Bologne. Il accourt aussitôt et me conduit aux voitures qui partent le lendemain matin pour Florence. Il n'y a plus que deux places, nous dit-on : une dans l'intérieur et l'autre sur l'impériale. Je demande par qui les places d'intérieur sont retenues, on me nomme parmi les voyageurs un *bersagliero* de l'armée italienne.

« Je n'hésite pas, dis-je à M. de Franchis, j'arrête quelles qu'elles soient les deux places vacantes, car je compte sur la galanterie du *bersagliero* pour me céder la sienne à l'intérieur.

— Et vous avez raison, repart en riant M. de Franchis, un Italien ne peut rien refuser à une Française. »

Le lendemain nous sommes sur pied à trois heures du matin ; à quatre heures, nous arrivons sur la place, où l'on charge déjà la diligence ou plutôt une espèce de grand coucou où l'on s'assied transversalement. J'aperçois, à la lueur blanche de l'aube, le *bersagliero* auquel je dois présenter ma requête. Au premier mot que je prononce, il m'interrompt avec la cordialité la plus courtoise :

« Je suis charmé de cet échange, me dit-il ; je pourrai fumer à l'aise sur l'impériale sans incommoder personne. »

Nous montons huit dans une rotonde qui n'a que six places. Une jeune fille anglaise pousse des gémissements et murmure des *shocking* réitérés. Je m'informe auprès du conducteur si notre bagage a été chargé ; il me répond par le *siate sicura* sacramentel qui me rassure fort peu, car je me doute qu'une partie des malles aura dû faire place à cette surabondance de voyageurs. La diligence faiblit et craque sous un poids inusité ; le postillon fouette ses chevaux, qui résistent un moment et franchissent enfin d'une course modérée un faubourg à l'est de Bologne.

Le jour se lève ; il blanchit d'abord, puis dore les méandres que forment des arbustes et des ruisseaux sur les plus bas versants des Apennins qui avoisinent Bologne. Je rêve déjà à des paysages tour à tour riants ou grandioses ; j'espère retrouver quelques-uns des plus beaux aspects des Pyrénées ; hélas ! quelle déception ! la partie des Apennins que traverse la route de Bologne à Florence est monotone et aride, excepté aux approches de *Fontebuona* ; on dirait que le feu du ciel a passé dans ces gorges et sur ces hauteurs. A travers un chemin étouffant aux descentes et glacial aux montées, la dure diligence galope où va à pas de tortue. Ces alternatives de mouvement et d'atmosphère causent au voyageur une fatigue bien autrement irritante que le mal de mer.

L'on n'a pas même pour dédommagement la beauté de l'horizon. Lassée de chercher en vain au dehors quelque torrent, quelque vallée ombreuse ou quelque sommet neigeux, je reporte mes regards et mon attention sur nos compagnons de route. J'ai dit que nous étions huit, pressés à nous broyer dans cette machine cahotante. Dès les premières lueurs du jour, je suis frappée de la merveilleuse beauté d'une jeune fille qui appuie sa tête endormie sur l'épaule de sa sœur aînée, moins belle qu'elle, mais dont l'air sérieux et bon révèle comme un amour de jeune mère pour la superbe enfant qu'elle soutient. Celle-ci a les yeux clos; les cils noirs de ses longues paupières caressent de leurs pointes recourbées ses joues brunes et rosées; son nez charmant se dilate à chaque souffle qui sort de ses lèvres purpurines; rien de frais et de chaste comme ces lèvres qui laissent entrevoir dans une moue naïve de petites dents d'une éblouissante blancheur; le front, un peu bas, d'une pureté grecque, est encadré par d'épais et fins cheveux noirs que le sommeil délie à moitié; ils se jouent des tempes au cou; sa taille paraît élancée et flexible comme celle d'une nymphe antique; à chaque mouvement qu'elle fait en dormant, si son manteau s'écarte ou si le voile jeté sur ses cheveux tombe en arrière, un homme d'une cinquantaine d'années, placé auprès d'elle, s'empresse de les ramener pour la garantir du froid. A ces soins assidus, je le prends pour le père de la belle dormeuse, et, ravie du tableau que m'offre son ineffable beauté, je lui dis qu'il est bien heureux d'avoir une pareille fille. « *Non è mia figlia, ma mia sorella,* » me dit-il, et il ajouta aussitôt avec simplicité : « *È vero sembro suo padre, sono molto vecchio vicino a lei*[1]. » En ce moment, une *salita* formidable, où les chevaux se traînent essoufflés, me décide à descendre de voiture; le frère de l'adorable créature, toujours endormie, en descend aussi et m'offre son bras. Il me demande si je connais la *bella Venezia*. Sur ma réponse, que j'y ai vécu pendant deux mois et que Venise est mon souvenir le plus ému de l'Italie : « Vous avez sans doute, reprend-il, visité le palais Morosini? » — Je lui réponds par un signe de tête affirmatif. « Eh bien, poursuit-il, je suis un

---

[1] « Elle n'est pas fille, mais ma sœur, » me dit-il; et il ajouta : « Il est vrai que je pourrais être son père; je suis bien vieux à côté d'elle. »

Morosini ; un des plus obscurs et des plus pauvres ; en 1848, je me suis battu à Venise sous les ordres de Manin ; depuis lors, je vis en exil ; mon père, mort depuis quelques années, avait eu d'un second mariage mes deux jeunes sœurs que vous venez de voir ; elles ont perdu leur mère ; il était de mon devoir de leur donner asile ; je viens de les chercher à Ravenne, où une vieille parente me les a amenées de Venise ; l'aînée est un brave cœur qui a pris son parti de cette espèce d'exil ; elle aime la liberté de l'Italie, et se trouvera heureuse de vivre dans Florence affranchie. Mais l'autre, ajouta-t-il avec naïveté : *Ahi ! e poverina ! un tenero cuore, ama molto Venezia, piange sempre a parlar di lei, ma la credo innamorata !* et il ajouta avec résignation : *In questo caso tornora sicuramente a Venezia ; a l'amore bisogna ubbidire*[1]. »

J'ai été bien souvent touchée, durant mon voyage, de cette simplicité empreinte de grandeur avec laquelle les Italiens parlent des sentiments naturels et surtout de l'amour ; ils ont hérité en cela des anciens qui ne dissimulaient point leurs passions, et partant les ennoblissaient (comme s'élève et rayonne tout ce qui peut se produire en pleine lumière), au lieu de les dégrader. En France, on raille impitoyablement l'amour malheureux et vrai. Que le pauvre être qui en est atteint se cache bien vite dans quelque solitude et meure sans bruit de son mal, ce sera plus fier et moins amer que de mourir entouré de la curiosité banale du monde et d'avoir pour épitaphe un sarcasme.

Tandis que le *signor Morosini* me contait sans pompe sa noble histoire, nous étions arrivés au point culminant de la montée, à la poste de Lojano ; je m'arrêtai pour reprendre haleine, et pour regarder autour de moi les sommets dénudés et amoncelés des Apennins ; les plus hauts étaient encore couverts de neige. Une bise froide descendait et s'engouffrait dans les étroits vallons, au sol noir et inculte, où poussaient à peine quelques arbres. Ces monts se dressaient de toutes parts comme des vagues gigantesques ; plus tard, les accidents des rocs de la chaîne de la *Somma*, derrière le Vésuve, m'ont rappelé cette aridité de la partie des Apennins dont je viens de parler. La poussière que soulevait le vent glacé était sèche et plombée comme celle que je sentis tourbillonner un jour au pied

---

[1] « Hélas ! pauvre enfant ! c'est un cœur tendre, elle aime beaucoup Venise et pleure toujours en parlant d'elle. Je la crois amoureuse ; » et il ajouta : « En ce cas elle s'en retournera certainement à Venise. Il faut obéir à l'amour. »

du volcan. Cependant quelques beaux nuages suspendus dans la pureté du ciel bleu, l'immensité toujours imposante, quoique nue et désolée, nous offraient en ce moment un tableau saisissant. Au loin se détachait, à l'extrême horizon, la chaîne des Alpes, dépassant dans l'air les plus hautes crêtes des Apennins; on eût dit des géants alignés regardant croître leurs enfants et les protégeant de leur ombre.

La diligence changeait de chevaux, tandis que mon regard se perdait dans l'étendue infinie de ces grands rocs chauves. Quel théâtre pour le meurtre formidable de la guerre! Aussi les hommes n'y ont-ils pas manqué. Les phalanges romaines ont passé par là, et de siècle en siècle des armées ennemies s'y sont ruées et ont jeté dans ces gorges béantes les corps mutilés et sanglants des combattants.

« *Bisogna partire!* » nous crie le conducteur. Je remonte en voiture en claquant des dents; j'espère m'y réchauffer au contact pressé des voyageurs, mais j'ai compté sans la jolie Anglaise aperçue au départ, et qui, assise auprès de sa mère sur la même banquette où j'occupe deux places avec ma fille, s'obstine depuis Bologne à laisser ouvertes les vitres placées derrière elle. Tant que nous avons été sur le versant oriental des Apennins, le supplice a été supportable; mais à présent que nous touchons aux sommets neigeux et que la bise, en les rasant, s'empreint de leurs frimas et les pousse invisibles jusqu'à nous, je sens passer dans mon dos comme une lame froide. Cette torture, qui menace de se prolonger durant plusieurs heures, me détermine à parlementer avec la jeune Anglaise; elle est blonde, toujours souriante d'un petit rire narquois; ses yeux sont bleus et vifs, et elle serait vraiment attrayante sans quelque chose de sec et de décidé qui fait, pour ainsi dire, contraster sa physionomie avec ses traits charmants. Aux premiers mots, interrompus par la toux, que je lui dis pour la prier de vouloir bien fermer la vitre, elle me répond d'un ton net :

« Madame, je suis désolée de vous refuser; mais chacun paye ici, je crois, pour y être à sa fantaisie; vous avez froid et moi j'étouffe; le vent vous fait tousser, il me rafraîchit et me ranime; je ne puis pourtant pas mourir pour vous être agréable. »

Sa mère intervient et lui fait observer qu'elle se fait à elle-même beaucoup de mal, qu'avec sa poitrine délicate l'air glacé est dangereux ; elle riposte avec le même accent métallique :

« Je ne mourrai en Italie que de chaleur et d'ennui; pourquoi n'avoir pas passé la saison à Londres ou à Vienne, où nous étions si bien? Croyez-vous que les fêtes populaires qu'on va donner à ce roi de Piémont m'intéressent? J'aimais bien mieux nos fêtes aristocratiques. »

Elle prononce cette dernière phrase en italien avec un sourire de défi et comme pour être entendue du bon Morosini, qui a parlé chaleureusement de Victor-Emmanuel avec le quatrième voyageur assis à ses côtés et qui est un député de Bologne. Ces messieurs lèvent les épaules[1]. « *È pazza*, me dit M. Morosini[2], *forse meglio esser pazza d'amore.* » Et il jette un regard compatissant sur sa jeune sœur, qui tient toujours sa tête appuyée sur la poitrine de sa sœur aînée, et nous dérobe ses yeux fermés; puis il m'offre avec cordialité son gros manteau de voyage; je l'accepte et m'en fais un rempart. Bientôt nous arrivons à Filigare, étroit plateau des Apennins qui séparait autrefois la frontière papale de la frontière grand-ducale. Dieu merci, la barrière est tombée, et Bolonais et Toscans se donnent la main à travers les monts. Le bâtiment vide et fermé de la douane, jadis orgueilleux et important, regarde avec envie la petite auberge vivante et rustique qui se dresse en face et semble narguer cette majesté détrônée. C'est vers l'humble *botella* aujourd'hui que tous les voyageurs s'élancent. Débarrassés de l'ennui de la visite des bagages et du visa des passeports, ils ne songent plus qu'à prendre place autour d'une table frugale et à assouvir leur faim.

M. Morosini secoue légèrement le bras de sa ravissante sœur et lui dit avec bonté[3] : « *Bisogna aver corragio e mangiar un poco.* » Elle ouvre languissamment ses grands yeux noirs, et la flamme qui s'en échappe fougueuse, attendrie, dévorante, double sa beauté et la transfigure; l'âme de l'adorable enfant court, pour ainsi dire, sur ses traits, en jaillissant de ses regards.

Elle répond à son frère d'une voix mélodieuse et caressante[4] : « *Non ho fame, caro, lasciami un poco sola con la sorella.* »

Il insiste en vain pour la conduire dîner; la sœur aînée l'engage

---

[1] Elle est folle.
[2] Il vaut mieux peut-être être folle d'amour.
[3] Il faut avoir courage et manger un peu.
[4] Cher, je n'ai pas faim. Laisse-moi un peu seule avec ma sœur.

à ne pas la contrarier, lui promettant d'obtenir d'elle qu'elle mange un peu quand il ne sera plus là.

Tous les autres voyageurs se précipitent dans la *botella*, dont l'unique cheminée, celle de la cuisine, jette dans le ciel bleu une longue aigrette de fumée blanche. La petite auberge est tenue par quatre femmes : une vieille mère et ses trois filles. Les hommes travaillent aux champs ou soignent les chevaux. On nous fait monter un escalier disjoint qui conduit à la salle à manger blanchie à la chaux et pavée de briques ébréchées. La table, entourée de hautes chaises de paille, est dressée au milieu; elle est recouverte, suivant l'affreux usage italien (dans les *locande* obscures s'entend) d'une nappe qui a déjà servi. Sur des plats de vieille faïence de couleur s'élèvent en pyramides deux énormes fromages parmesans, auxquels des tranches de mortadelle font vis-à-vis; les jolis *fiaschi*[1] toscans, recouverts de paille tissée, contiennent le vin du cru. On apporte dans une soupière ovale, à laquelle manque un de ses quatre pieds, un bouillon blanc et gras fait avec du mouton. Nous prenons tous place. La jeune Anglaise, qui a déjà poussé un *shocking* de dédain en voyant la nappe sale, en pousse un second plus énergique en déployant sa serviette tachée de vin. Je lui fais écho, malgré ma rancune de la vitre ouverte, et chacun proteste à l'unisson. La vieille hôtesse rechigne un peu, mais finit par se résigner à ouvrir une grande armoire qui est dans la salle, et à en sortir des serviettes blanches. Ses filles nous servent le potage; il est détestable, ainsi que le bouilli, et les poulets étiques à la sauce noire qui lui succèdent. Nous mangeons tous tant bien que mal, excepté l'Anglaise mijaurée qui refuse d'approcher ses lèvres roses de ces mets problématiques. Elle est fort jolie avec son petit air aristocratique et boudeur; et, comme la beauté désarme toujours, on s'enquiert de ce qui pourrait lui plaire. Le *bersagliero* qui m'a cédé avec tant de bonne grâce sa place à l'intérieur, s'est assis auprès d'elle; il demande à l'une des *cameriere* si l'on ne peut avoir *per questa signora uova fresche*[2]?

« *Facilissimo,* » répond la bonne fille, qui descend aussitôt au poulailler quérir deux œufs que viennent de pondre à l'instant, nous dit-elle, ses deux poules blanches, et elle nous les montre du

---

[1] Bouteilles.
[2] Pour cette dame des œufs frais.

geste, picorant devant l'auberge. La jeune Anglaise consent à avaler les deux œufs à la coque et à boire, après, un peu de vin blanc; puis elle se lève, trempe ses doigts roses dans une cuvette pleine d'eau tiède et remonte en voiture avec un air de reine en voyage, tandis que nous buvons le café trouble, sucré avec de la cassonade.

Le postillon fait claquer son fouet, les hommes font un bout de route à pied pour digérer en fumant, les femmes s'entassent dans l'horrible coucou. Je retrouve la belle Vénitienne, la tête appuyée sur la tête de sa sœur; je demande à celle-ci si la *cara giovine* a mangé un peu. « *Poca cosa*, me dit-elle, *soltanto un dolce* (peu de chose, seulement un petit gâteau). » Je pense la distraire en lui parlant de Venise, mais elle éclate en sanglots et répète avec un accent de profond regret : « *Cara Venezia, troppo bella*, » et, en prononçant ces paroles, une telle flamme traverse son regard mouillé de pleurs, que je pense comme le signor Morosini : « *Che sicuro la ragazza è innamorata* [1], » et, qu'à travers le mirage de la lagune et de la place Saint-Marc, se dessine pour elle une figure adorée.

Quel contraste entre cette belle jeune fille, si passionnée et si naturelle, dont l'âme éclate sans contrainte, créature naïve, insoucieuse de son incomparable beauté, oubliant le désordre de sa toilette et tout entière à l'absorption d'un sentiment qui la fait vivre et mourir; quel contraste, dis-je, entre elle et cette Anglaise blonde, à l'œil froid et fier, à la voix tranchante, à la mise correcte, lissant de sa petite main gantée la plume de son chapeau Paméla, gonflant par intervalles les tresses dorées qui encadrent ses joues roses et croisant symétriquement l'écharpe pourpre qui entoure son cou! C'est le Midi et le Nord, l'inspiration de la nature en regard du monde factice et prétentieux de la fashion, la beauté antique et la beauté moderne; l'une faite pour entraîner, pour bouleverser le cœur et le consumer dans l'amour; l'autre pouvant séduire, dépiter, passionner par l'obstacle... mais après? Si j'avais été homme, j'aurais voulu être aimé par la première et je me serais détourné de l'autre avec effroi.

Les Apennins deviennent de plus en plus arides. A *Pietramala*, nous rencontrons des cours d'eau qui vont se déverser dans l'Adriatique. Non loin de là, on voit monter, la nuit, d'un terrain sec et carbonique, de petites langues de feu appelées *i fuochi di Pietramala*, qui, le jour, ne produisent qu'une fumée blanchâtre, sem-

---

[1] Que certainement la jeune fille est amoureuse.

blable à celle qui s'échappe d'un sol à l'engrais profondément défriché. Montaigne, qui passa par la même route il y a plus de trois cents ans, dit dans son Voyage d'Italie : « En temps pluvieux, orageux et de nuit, on voit sortir de la flamme d'une extrême hauteur et, disoit le rapporteur, qu'à grandes secousses il s'en regorge parfois de petites pièces de monnoie qui a quelque figure. Il eut fallu voir ce que c'étoit que tout cela. » Nous croyons bien que si Montaigne avait pu satisfaire sa curiosité il n'aurait trouvé ni les hautes flammes ni les médailles antiques imaginées par le rapporteur dont il parle. Je regrette, comme Montaigne, que l'éclat du jour nous empêche de voir les lueurs variées de ces volcans en miniature. Les hommes sont remontés en voiture; mais, au col *del Montefuta*, ils mettent de nouveau pied à terre. Un vent glacé souffle avec violence; les crêtes des rocs qui nous entourent sont couvertes de neige. La route circule au-dessus des précipices; elle est bordée de grands murs qui l'étayent, et qui protégent, l'hiver, les voyageurs contre la violence des tempêtes.

La jeune Anglaise persiste à trouver le temps brûlant et à laisser ouvert le store qui est derrière elle, tandis que nous nous enveloppons le corps de nos manteaux, dont nous rejetons un pan sur nos têtes.

Nous mettons deux heures à franchir un des plus hauts plateaux des Apennins, où croissent à peine çà et là quelques arbres rabougris; enfin nous descendons dans la vallée de la *Siève*. La végétation commence; les villages, les couvents et les maisons de plaisance se groupent sur des tertres boisés qui dominent des terres cultivées. Entre *Cafaggiolo* et *Fontebuona* s'élève le pittoresque couvent des Frères Servites, sur le petit *monte Senario*, au milieu d'un bois de vieux cyprès gigantesques. Pie IX coucha dans ce couvent lorsqu'il vint, il y quelques années, de Bologne à Florence, pour faire visite au grand-duc. En ce moment le cloître semble désert; nous n'apercevons pas un religieux dans les jardins, aucune fumée ne sort des cheminées qui couronnent les toitures. Peu à peu les moines disparaissent de ces beaux lieux qu'ils ont si longtemps possédés. Nous traversons *Fontebuona*, qui emprunte son nom à une belle fontaine d'eau limpide, et nous voyons apparaître la ville royale de *Pratolino*, construite par les Médicis. Elle fut surtout embellie par le grand-duc François Ier, amant et mari de Bianca Capello; il s'y enferma avec l'impérieuse Vénitienne, dont la beauté robuste le captivait. Elle buvait sec, s'il faut en croire Montaigne, qui prétend que le grand-duc mettait assez d'eau dans son vin, mais elle *quasi point.* Au milieu des jardins de *Pratolino*, aujourd'hui détruits, se trouvait une machine hydraulique dans le genre de celle de Marly[1]; on y voit encore la statue colossale de l'Apennin, sculptée sur les dessins de Jean de Bologne par ses élèves.

Les chevaux se précipitent sur une descente rapide; la température s'adoucit tout à coup. Je suspends ma tête à la portière pour embrasser du regard la riante vallée de l'Arno : les hameaux, les villas, les avenues, les vergers d'oliviers, les vignes grimpantes, les prairies, recouvrent les fraîches collines qui forment une ceinture ineffable à Florence. La ville est comme couchée au milieu, tranquille, gracieuse, accueillant d'un sourire de bienvenue les voyageurs qui arrivent; c'est un tableau plein d'aménité et de quiétude. Rien du saisissement inouï que produit l'apparition de Venise; rien du coup d'œil grandiose de la campagne de Rome, en venant du côté d'Albano, de Frascati ou de Tivoli; rien de l'incommensurable beauté de Naples, s'échelonnant tout à coup au fond de son golfe

---

[1] Voici ce que dit Montaigne de cette machine de Pratolino :

« ... Nous détournâmes en chemin sur la main droite environ deus milles pour voir un palais que le duc de Florence y a basti depuis douse ans, où il amploie tous ses cinq sens de nature pour l'embellir. Il samble qu'exprès il aie choisy un'assiete incommode, stérile et montueuse, voire et sans fontènes, pour avoir cet honneur de les aler querir à cinq milles de là, et son sable et chaus à autres cinq milles. C'est un lieu, là, où il n'y a rien de plein. On a la veue de plusieurs collines, qui est la forme universelle de cette contrée. La maison s'appelle *Pratellino*. Le bastimant y est méprisable à le voir de loin, mais de prés il est très-beau, mais non des plus beaus de notre France. Ils disent qu'il y a six vingts chambres mublées; nous en vîmes dix ou douse des plus beles. Les mubles sont jolis, mais non magnifiques. Il y a de miraculeus, une grotte à plusieurs demures[1] et pièces : cette partie surpasse tout ce que nous ayons jamais veu ailleurs. Elle est encroutée[2] et formée partout de certene matiere qu'ils disent estres apportée de quelques montagnes, et l'ont cousue à tout[3] des clous imperceptiblemant. Il y a non-sulement de la musicque et harmonie qui se faict par le mouvement de l'eau, mais encore le mouvemant de plusieurs statues et portes à divers actes, que l'eau esbranle, plusieurs animaus qui s'y plongent pour boire, et choses samblables. A un sul mouvemant, toute la grotte est pleine d'eau, tous les sieges vous rejallissent l'eau aus fesses; et, fuiant de la grotte, montant contre mont les eschaliers du chasteau, il sort d'eus en deus degrés de cet eschalier, qui veut donner ce plesir, mille filets d'eau qui vous vont baignant jusques au haut du logis. La beauté et richesse de ce lieu ne se peut représenter par le menu. Au-dessous du chasteau, il y a, entre autres choses une allée large de cinquante pieds, et

[1] Demeures ou niches. — [2] Revêtue. — [3] Avec.

lumineux, portant au front le diadème du Vésuve et aux flancs le vêtement flottant de ses îles, des rives de Pausilippe et de celles de Sorrente. Quelque chose de recueilli, de circonscrit et de brillant, comme son histoire et ses destinées, tel est le premier aspect de Florence. On est séduit et charmé; mais la domination des vestiges éternels et l'éblouissement de l'infini ne s'emparent point de l'âme. L'œil embrasse sans effort la cité des fleurs, bornée de toutes parts. A mesure que nous approchons, nous voyons poindre au-dessus des toitures la coupole de *Santa Maria del fiore* de Brunelleschi, puis le campanile de Giotto, puis quelques dômes, quelques clochers et, de plus près, le fameux baptistère.

Nous laissons à gauche Fiesole, l'ancienne ville étrusque, groupée sur une montagne qui domine Florence au nord-est. Le jour décroît; des teintes d'un rose vif couronnent les belles collines qui longent l'Arno du côté des *Cascine*. Nous arrivons à Florence par la porte *San Gallo*, précédée d'un joli arc de triomphe, en souvenir de l'entrée de François II d'Autriche (alors duc de Toscane) et de sa jeune femme Marie-Thérèse, qui avait en ce temps une cou-

---

longue de cinq cens pas ou environ, qu'on a rendue quasi égale, à grande despanse; par les deus côtés il y a des longs et très-beaus accoudouers de pierre de taille de cinq ou de dix en dix pas; le long de ces accoudouers, il y a des surjons de fontènes dans la muraille, de façon que ce ne sont que pouintes de fontènes tout le long de l'allée. Au fons, il y a une belle fontène qui se verse dans un grand timbre [1] par le conduit d'une statue de marbre, qui est une fame faisant la buée [2]. Ell' esprint une nape de marbre blanc, du dégout de laquelle sort cet' eau, et au-dessous il y a un autre vesseau, où il samble que ce soit de l'eau qui bouille à faire buée. Il y a aussi une table de marbre en une salle du chasteau en laquelle il y a six places, à chacune desquels on soublève de ce marbre un couvercle à tout [3] un anneau, au-dessous duquel il a un vesseau à ladite table. Dans chacun desdits six vesseaux, il sourd un tret de vive fontène pour y refreschir chacun son verre, et au milieu un grand à mettre la bouteille. Nous y vismes aussi des trous fort larges dans terre, où on conserve une grande quantité de nège toute l'année, et la couche ton sur une lettiere [4] de herbe de genet, et puis tout cela est recouvert bien haut en forme de piramide de glu [5], comme une petite grange. Il y a mille gardoirs [6], et se bastit le corps d'un geant, qui a trois coudées de largeur à l'ouverture d'un œil; le demeurant proportionné de mesme, par où se versera une fontène en grand abondance. Il y a mille gardoirs et estances [7], et tout cela tiré de deux fontènes par infinis canals de terre. Dans une très-grande et belle volière, nous vismes des petits oiseaus, come chardoneretz, qui ont à la cuë [8] deux longues plumes, come celles d'un grand chappon. Il y a aussi une singulière étuve. »

[1] Bassin. — [2] La lessive. — [3] Avec. — [4] Litière, lit. — [5] Chaume. — [6] Réservoirs, regards. — [7] Réservoirs, étangs, bassins, pièces d'eau. — [8] Queue.

ronne de grâce et de beauté, que la couronne impériale flétrit hâtivement.

Nous faisons là une courte halte devant la maison de l'octroi; les douaniers italiens nous adressent la question sacramentelle, puis nous laissent passer sans visiter nos malles. En dehors de toute politique, les personnes qui parcourent l'Italie doivent bénir son unité; elle a fait tomber les barrières de la douane, réseau vexatoire qui étreignait le voyageur fatigué et le livrait tour à tour à la rapacité des employés et à l'intempérie des saisons. Peschiera et Civita-Vecchia m'ont fait comprendre le bienfait des barrières brisées, et, patriotisme à part, ce sont là, parmi leurs droits nouveaux, des facilités auxquelles les Italiens, peuple éminemment pratique, ne renonceraient plus sans coup férir.

Les jolies maisons neuves du faubourg que nous traversons commencent à s'éclairer; leurs portes en noyer ciré, à marteau de cuivre reluisant, et leurs fenêtres à larges glaces sans tain leur donnent un aspect de maisons anglaises. C'est la même propreté et le même confort. Nous roulons bientôt dans des rues dallées, plus étroites, à l'angle ou au milieu desquelles se dresse tout à coup un de ces palais de la Renaissance, à murailles massives, qui ont des allures de forteresse. Nous traversons la place *Santa Trinità*, où s'élève une colonne; nous laissons à gauche le célèbre cabinet de lecture *Vieusseux* et pénétrons dans une ruelle où s'arrête la diligence.

III

Les Florentins n'ont plus le tempérament querelleur et l'ardeur fougueuse qu'ils montrèrent durant les guerres civiles du moyen âge et de la Renaissance. Aujourd'hui leur douceur, leur modération et leur aménité frappent au premier aspect; ils accomplissent leurs révolutions sans violence et sans secousses trop fortes. Dans les actes ordinaires de la vie, ils s'émeuvent difficilement; leur tranquillité, qui immobilise pour ainsi dire Florence, étonne d'abord et finit par charmer. Pas d'éclat de voix, pas de mouvement brusque dans la foule; une dispute est une rareté. Un ivrogne, un tapageur, un homme en battant un autre, sont introuvables dans cette ville, où tout est harmonie et quiétude. Pour ce peuple artiste et travailleur, dont l'activité est toute intérieure, la vivacité française est toujours une surprise; il la considère comme une tempête inutile, et peut-être a-t-il raison.

Ainsi que je l'avais pressenti en partant de Bologne, la moitié de nos malles y avait été laissée. Quand je réclamai une grande caisse, contenant les toilettes indispensables pour assister le jour suivant à l'entrée du roi, les employés du bureau de la diligence me répétèrent à l'unisson et avec beaucoup de sang-froid : « *Signora, l'avrete domani* (Madame, vous l'aurez demain). » Mes reproches et mon impatience ne purent en tirer que cette réponse : « *Che volete è cosi, state quita* (Que voulez-vous, c'est ainsi, soyez tranquille). » Il fallut bien se résigner et abandonner à l'aventure robes et chapeaux. La jeune Anglaise, à qui son bagage manquait aussi, ne s'abaissa pas à parlementer. Elle partit en lançant au chef des employés un regard de dédain, et dit d'un ton sec à sa mère : « Je n'assisterai pas à la fête en costume de voyage. » La belle Vénitienne, indifférente à cette mésaventure, s'appuya sur le bras de sa sœur et murmura d'une voix triste et douce à son frère : « *Andiamo subito a casa sto poco bene* (Allons vite à la maison, je ne me sens pas bien). » M. Morosini me donna une poignée de main, en me promettant de venir me voir.

Nous nous hâtâmes de monter en voiture et d'aller à la recherche d'un gîte. Tous les hôtels regorgeaient de monde. Enfin, après deux heures de recherches vaines, nous trouvâmes à nous caser dans une assez mauvaise auberge près de la place du Dôme. Je ne la nommerai point, n'ayant aucun bien à en dire. C'était, hélas ! l'antithèse de l'hospitalité prévenante et des soins excellents que j'avais reçus jusque-là dans tous les hôtels d'Italie. Nous fîmes un affreux dîner et nous nous installâmes dans deux chambres trois fois plus hautes que larges. Le lendemain matin, dès huit heures, nous étions sur pied; toute la ville était dehors et retentissait de chants et de fanfares joyeuses au lieu de cris; c'était encore pour ce peuple aimable et délicat une façon harmonieuse de traduire son enthousiasme patriotique; il parlait en musique.

La Toscane avait conservé depuis l'annexion une autonomie administrative dirigée par le baron Ricasoli, gouverneur de Florence et président des ministres toscans. Le prince de Carignan, en attendant l'arrivée du roi, remplaçait avantageusement le grand-duc au palais Pitti; il y tenait une cour brillante; il était fort aimé de l'aristocratie à qui il plaisait par ses grandes manières, son urbanité et son esprit lettré. Le peuple, dont la morgue de ses grands-ducs autrichiens tint si longtemps en éveil la fine raillerie, était captivé par la familiarité bienveillante de ce prince italien, et touché de sa charité sans bornes. Il n'y avait, en ce moment, à Florence qu'un fantôme d'opposition, ténébreux, muet; il se cachait à l'ombre des basiliques, où nous le verrons à plusieurs reprises tenter d'agiter le pays sans y réussir.

M. de Cavour, comme pour donner au prince de Carignan quelque chose de lui-même, lui avait cédé son secrétaire intime, le jeune et intelligent Perrone de San Martino, qu'il aimait comme un fils et que j'avais vu près de lui à Milan. Le baron Perrone, ayant su mon arrivée, s'empressa de m'envoyer des places réservées pour les terrasses du palais Pitti. Munies de ces billets, nous partîmes de l'hôtel à onze heures, en toilette de voyage. La foule était si compacte, que les voitures ne pouvaient circuler. Après avoir donné un regard à l'arc de triomphe tout pavoisé de fleurs et de drapeaux qu'on avait élevé sur la place du Dôme, où le roi devait faire une halte, nous traversâmes à pied les rues qui conduisaient au vieux palais des Médicis. Florence, orgueilleuse, méritait son nom; elle était littéralement couverte de guirlandes et de bouquets. Cette décoration riante et embaumée produisait un effet inouï. D'un côté à l'autre de chaque rue étaient suspendus aux fenêtres et aux balcons, où flottaient de riches tentures, des lampadaires remplis de roses, d'œillets, de renoncules, de tubéreuses, de camellias et d'iris; la brise en secouait les parfums; toute l'atmosphère en était imprégnée. Comme nous venions de franchir la belle rue *dei Legnajoli* et que nous arrivions sur la place Santa Trinità, qui fut au quatorzième siècle le théâtre des querelles des *Bianchi* et des *Neri*, nous aperçûmes deux *facchini* portant un lourd fardeau et se frayant à grand' peine un passage à travers la foule. Nous reconnûmes aussitôt nos malles oubliées. Nous fûmes tentées, un moment, de retourner à l'hôtel pour faire une toilette de fête, mais j'eus honte de cette pensée puérile dont l'exécution pouvait nous faire manquer un grand spectacle et nous ravir notre part de joie dans l'ivresse collective. « Laissons, dis-je en riant, aux jeunes Anglaises formalistes et aux Parisiennes esclaves du luxe ces entraves de la fashion ; un frais chapeau ne vaut pas une noble émotion, et les plis soyeux d'une robe, s'étalant sur une large crinoline, est une préoccupation risible en regard d'une foule immense qui fête la renaissance de l'Italie. » Nous franchîmes la place Santa Trinità, donnant un regard rapide à la belle colonne antique (dépouille des thermes d'Antonin à Rome) surmontée d'une figure de la Justice, en porphyre. En quelques pas, nous nous trouvâmes sur un large pont[1] décoré à l'entrée de quatre statues de marbre blanc représentant le Printemps, l'Été, l'Automne et l'Hiver. Le peuple encombrait les rives de l'Arno qui coulait, ce jour-là, harmonieux comme son nom ; ses flots, pailletés par les rayons du soleil, se ridaient à peine en fuyant lentement ; on eût dit qu'eux aussi s'arrêtaient pour regarder venir l'élu de la patrie, et qu'après avoir roulé tant de sang et de fange durant des siècles, ils s'enflaient joyeux au souffle inaccoutumé de la justice et de la liberté. J'apercevais, à gauche, le pont *Vecchio*, avec ses célèbres boutiques d'orfévreries ; à droite, le pont de la *Carraja*, et par delà ce dernier pont, le riant panorama des collines couvertes d'églises, de couvents et de villas qui s'élèvent sur la rive gauche du fleuve ; sur la rive droite se déroulait le quai du *Lungo Arno*, puis les vertes allées des *Cascine*. Après avoir traversé le pont *Santa Trinità*, nous parvînmes dans les rues plus étroites de la vieille Florence. A mesure que nous approchions du palais, la presse des curieux devenait plus grande. Nous tournâmes à gauche, dans une ruelle qui formait comme un couloir merveilleux, entièrement tendu de courtines de soie et de tapisseries à figures ; au-dessus de nos têtes pendaient des lustres de fleurs suspendus à des torsades de feuillage ; à toutes les fenêtres des maisons, des têtes vives se groupaient pressées et riantes : on eût dit qu'elles faisaient partie de la décoration et que les personnages des vieilles tapisseries historiques s'animaient tout à coup. Enfin nous débouchâmes sur la place du palais Pitti, où les fantassins de l'armée et ceux de la garde nationale faisaient la haie, tout en laissant circuler librement le peuple de la ville et des campagnes.

Le palais Pitti s'élève au-dessus du versant d'un petit coteau, recouvert par le jardin de *Boboli*, sur lequel donne la façade opposée à celle qui nous apparaît sur la place Pitti. Cette place forme une sorte de piédestal au palais qui, en ce moment, découpe sa con-

[1] Le pont Santa Trinità.

struction massive sur le bleu du ciel. Le palais Pitti a l'aspect d'une forteresse ; sa forme est un carré long, orné d'énormes blocs de pierre taillés à bossages, qui se compose d'un rez-de-chaussée décoré de onze arceaux de largeur égale, dont deux seulement sont ouverts : l'un, au milieu, forme la porte d'entrée, trop petite pour la grandeur du monument ; une seconde porte de service est percée à gauche. Dans les autres arceaux sont pratiquées neuf fenêtres. Le premier étage a vingt-cinq fenêtres s'ouvrant toutes sur un balcon qui les relie; le second étage, ne montant qu'au milieu de l'édifice et laissant les deux parties du premier étage à découvert, n'a que quinze fenêtres qui s'ouvrent également sur un balcon ; cet étage supérieur forme une sorte de terrasse superposée, après coup, sur le bâtiment primitif. Deux terrasses véritables, soutenues par de hautes arcades et entourées de balustres, montent en retour, de chaque côté, jusqu'au niveau du premier étage du palais ; elles en égayent et en enlacent avec élégance la masse sombre, comme deux bras aériens entourant un géant. Au-dessus de ces terrasses passent les cimes vertes des arbres du jardin de *Boboli*. Nous nous hâtons de nous rendre sur la terrasse de gauche, où des places nous sont réservées, et ce n'est que là, durant une longue attente, que je remarque à loisir les détails que je viens d'indiquer. Nous avons traversé à la hâte la magnifique cour intérieure, entrevoyant à peine la colonnade qui l'entoure, et, dans le fond, la grotte qui la décore ; puis nous avons franchi d'un bond un large et plane escalier (à notre droite), tapissé de tentures, de drapeaux et de fleurs, et nous sommes arrivées sur la vaste terrasse déjà couverte d'une foule élégante de femmes qui, ombrelles déployées, attendent le long des balustres l'arrivée du roi. Presque toutes ont à la main de gros bouquets ; derrière les femmes se massent les députations des villes et des villages circonvoisins, ainsi que les chefs des corporations de Florence qui sont venus saluer l'élu de l'Italie. En bas, sur la place et aux abords des rues qui y aboutissent, se presse le peuple impatient et joyeux. Les humbles maisons qui se dressent en face du palais Pitti, se sont revêtues de courtines de velours et de soie, encadrées dans des colonnes de fleurs rouges et blanches et de feuillage vert, formant les trois couleurs italiennes. Les fenêtres et les toitures regorgent de curieux ; de la place où nous sommes, nous découvrons au nord-est de Florence les dômes et les campaniles pavoisés de drapeaux ; les deux tourelles à créneaux dentelés du *palazzo Vecchio* et du *Bargello* se découpent dans l'air et font flotter jusqu'au ciel la bannière nationale. Le ciel est d'un bleu pâle coupé, çà et là de beaux nuages blancs; le cercle verdoyant des collines qui entourent Florence se resserre autour de nous; leurs cimes semblent s'incliner pour voir la cité en fête.

Vers deux heures, une rumeur immense monta dans l'air ; toutes les cloches carillonnèrent, et bientôt le canon annonça l'arrivée du roi. Des acclamations lointaines, puis rapprochées, nous faisaient suivre pour ainsi dire sa marche à travers la ville. Le cortége royal s'arrêta dans l'église du Dôme, où l'archevêque de Florence officia en rechignant pour ce roi qu'avait sacré la patrie. De la place jusqu'aux bords de l'Arno, l'ovation alla grossissant, de plus en plus chaleureuse et bruyante ; la calme Florence sortait de son repos; la fièvre patriotique l'enivrait et la faisait tressaillir; enfin le cortége déboucha sur la place du palais Pitti. Je vis le peuple entourer le roi, le toucher avec respect comme une idole qu'on adore et dont le contact porte bonheur, lui jeter des fleurs, des baisers, des sourires et de ces paroles émues et naïves, telles que les Italiens seuls savent en trouver. Les femmes, placées sur les terrasses, lançaient vers lui leurs bouquets; sur la place, les jolies contadines, coiffées du large chapeau de paille qu'elles tissent avec tant d'art et dont les contours flexibles bruissaient comme des ailes sur leurs épaules, battaient toutes des mains en criant en chœur : *Viva il re!* J'entendis une de ces paysannes de Fiesole dire à une de ses compagnes: « Ma chère, nous avons un roi aujourd'hui ! un roi, c'est plus qu'un grand-duc ! » Pour satisfaire à l'empressement populaire, si sincère et si unanime, Victor-Emmanuel fit arrêter sur la place Pitti la voiture qui le portait. Ricasoli et Cavour étaient assis près de lui.

. Le conseil municipal de Florence, les chefs de la noblesse, les députés et les sénateurs attendaient le roi dans les salles du palais ; il y entra aux acclamations redoublées du peuple qui bientôt le rappela à grands cris pour le saluer encore. Victor-Emmanuel reparut radieux sur le balcon ; il avait à sa droite le baron Ricasoli, que je vis là pour la première fois ; je fus frappée de son grand air, de sa tournure aristocratique et fière. J'aurai bientôt occasion de parler de lui et de faire son portrait fidèle. A la gauche du roi était M. de Cavour; le large front du glorieux ministre rayonnait de joie et d'orgueil. Ce beau jour inaugurait l'unité de l'Italie qu'il avait préparée avec tant de persévérance et de courage ; puis venait

Farini; les autres ministres et les hauts dignitaires de la maison du roi remplissaient toute l'étendue du long balcon du premier étage; le balcon du second était occupé par les députés et les sénateurs qui jetaient à leur roi des vivat qui semblaient tomber du ciel, tandis que les vivat du peuple montaient de la place; on eût dit deux grands chœurs antiques qui se répondaient. En ce moment, le soleil rayonna comme un nimbe immense sur le fond et sur le faîte du palais Pitti; ce fut d'un effet instantané et superbe qui ne dura que quelques secondes. Au moment où le roi rentra dans le palais, de blanches nuées glissèrent sur l'orbe de l'astre éclatant qui semblait, lui aussi, avoir voulu saluer cette majesté intègre et pure.

Le soir, les illuminations changèrent la ville des fleurs en ville de lumières; l'Arno roulait des flots d'or et de pourpre; sur les collines environnantes, des feux de Bengale s'élançaient en gerbes jusqu'au ciel; tous les monuments et toutes les maisons particulières étaient décorés de guirlandes, de lanternes chinoises, de transparents, où le portrait du roi et la croix de Savoie rayonnaient au milieu d'emblèmes figurant l'Italie renaissante et unie. Les ornementations de fleurs, qui m'avaient ravie dans la journée, revêtirent un aspect féerique; chaque corolle recélait un lampion; on eût dit que des myriades d'étoiles étaient tout à coup tombées du ciel dans les massifs d'arbustes et sur les lustres formés de gros bouquets. Nous sortîmes vers neuf heures pour parcourir Florence; elle semblait nager dans un fluide éclatant. La tour du Giotto dressait sur la place du Dôme son front couronné d'un triple cordon de flammes de couleur; les portes de bronze du Baptistère étaient comme embrasées; elles m'apparurent superbes sous cet éclat qui prêtait à chaque figurine la grandeur et la vie. Nous longeâmes la rue des *Calzaioli*, fendant à grand'peine la foule compacte qui chantait en chœur des hymnes à la patrie. A droite, je fus éblouie par la chapelle *del Orsan Michele*; les saints de marbre blanc, radieux dans leurs niches, se détachaient sur le fond noir du monument; au-dessus de leurs têtes flottaient les bannières des diverses confréries de Florence.

La foule nous porte sur la place du Grand-Duc; la galerie d'*Orcagna*, dont une illumination savante fait resplendir les merveilleux détails, se dresse tout à coup en face de nous. Au fond se meuvent, souriantes et comme rajeunies, les statues antiques apportées de Rome par les Médicis; sous les arceaux du

premier plan, resplendit le groupe de l'*Enlèvement des Sabines*:
le sein de la jeune femme éperdue ruisselle de blanches lueurs;
plus loin, le Centaure semble hennir sous la massue d'Hercule[1]: à
côté, c'est *Judith*[2], dont les yeux jettent des éclairs; elle secoue la
tête d'Holopherne qu'un reflet rouge empourpre de sang. Le
Persée de Benvenuto Cellini tient dans ses doigts crispés une tête
plus terrible encore. En ce moment, le bronze du libérateur antique se transfigure; il s'assouplit, ondoie, grandit, s'enflamme et
prend des proportions démesurées; sa tête, altière et lumineuse
semble toucher au couronnement de l'arc immense qui lui sert de
cadre; il montre avec orgueil la tête de Méduse; on dirait qu'il
crie à la foule qui le contemple : « Voilà la tyrannie décapitée;
j'ai tranché ses serpents et ses embûches; je ne suis pas Persée, je
suis le peuple affranchi! le pays libre et fort, vainqueur de toutes
les chaînes du passé! » Oh! la belle figure et le grand symbole!
Cellini, en le créant, avait entrevu ce jour de triomphe et d'orgueil;
les artistes s'inspirent parfois de l'espérance; ils présagent les
actes de l'avenir; les pleurs de la patrie leur font rêver sa délivrance; ils coulent en bronze et taillent en marbre les chants précurseurs des poëtes.

Cette place du Grand-Duc paraît centuplée par les irradiations de
ces feux fantastiques. A gauche, le palais *Vecchio* s'élève tel qu'un
palais de fées : ses créneaux découpent leurs dentelures de rayons
sur l'éther; la tour de la *Vacca*, fière de sa vétusté, dresse son
front géant couronné d'une auréole et portant comme un cimier
le drapeau italien; les fenêtres en ogives rient comme des yeux qui
s'enflamment; les deux lions, qui couronnent la porte massive,
agitent leur crinière rayonnante et semblent crier : « Entrez, nous
ne rugissons pas contre la liberté. » Gardien du seuil, Hercule se
dresse à droite, terrassant en se jouant le monstre Cacus[3]. C'est encore le peuple brisant ses entraves. A gauche est le *David* de Michel-
Ange; le viril adolescent sourit radieux. « Je suis l'harmonie, la
concorde et la force, » chante-t-il sur une lyre invisible qui retentit dans tous les cœurs. Des rayonnements d'une fournaise embrasée sortent de la cour moresque aux piliers superbes : est-ce
l'Alhambra qui s'éclaire pour les sultanes et nous convie à ses fêtes

---

[1] Ces deux groupes sont de Jean de Bologne.
[2] Par Donatello.
[3] Groupe de Baccio Bandinelli.

évanouies? Une fontaine jaillissante répand en gazouillant ses flots d'or; un bel enfant sort de l'eau qui ruisselle, tenant dans ses mains un poisson empourpré [1]; des lueurs phosphorescentes jaillissent de la vasque de porphyre et prêtent à tous les objets les couleurs du prisme. Les fresques des galeries se ravivent; les personnages se meuvent comme pour se mêler à nous; ils semblent se dire : « Sortons de la mort! cette joie de la patrie nous réveille. L'allégresse unanime de ce peuple surpasse en beauté nos fêtes princières d'autrefois. »

C'est un éblouissement de fleurs et de clartés confondues, de figures peintes et sculptées et de figures vivantes qui s'harmonient; je reste éperdue d'admiration, appuyée contre un des gros piliers qui soutiennent les arcades; je crois faire un rêve des *Mille et une nuits*. Le rêve continue, en quittant le palais *Vecchio* et en débouchant sur la *Galerie des offices*. Les deux lignes d'arcades parallèles, soutenues par des colonnes doriques, et le portique du fond qui s'élève au bord de l'Arno, forment une décoration inouïe; des feux de Bengale les éclairent tout à coup, jetant, derrière les cordons de lumière des corniches, la pourpre de l'incendie, les teintes de saphir d'un jour oriental, les tons roses de l'aube, les nuances nacrées d'une aurore boréale ou la couleur vive de l'émeraude.

La foule se presse au milieu de l'édifice magique, agrandi et transfiguré par ces rayonnements divers; les statues des grands Italiens qui le couronnent se dressent plus fières et plus belles; le sombre front de Dante resplendit; sa bouche, serrée, s'entr'ouvre souriante et semble crier au peuple : « Il n'y a plus désormais ni *Guelfes* ni *Gibelins* : vous êtes tous des Italiens! » Michel-Ange dit, en s'inclinant superbe et resplendissant : « Mon *Pensieroso* [2] était un mythe; c'était le peuple pensif et enchaîné; il renaît aujourd'hui dans sa force, joyeux et libre. » Léonard de Vinci lève sa main puissante : « Je voudrais revivre, s'écrie-t-il, pour immortaliser les scènes patriotiques de ce jour dans des fresques plus belles et plus émouvantes que mes fresques mystiques d'autrefois. » Boccace sourit aux couples d'amoureux qui passent : « Bonne nuit, leur murmure-t-il, l'amour est dans l'air, la joie de la patrie redouble la liesse des amants et fait monter à leur cœur un sang plus vif

[1] Statuette par André de Verrochio.
[2] Statue que nous retrouverons dans la sépulture des Médicis.

et plus chaud[1]. » Laurent de Médicis le Magnifique, semble heureux lui-même de cette immense allégresse, et sur son front couronné éclate cette pensée : « La splendeur de l'Italie l'emporte sur ma gloire circonscrite ; les princes des jours de discordes doivent s'incliner devant l'élu de tous leurs duchés. Si je revivais, j'irais combattre contre l'Autrichien, aux côtés de ce roi-guerrier fatidique et lui aider à briser la papauté sanguinaire[2]. »

Nous dépassons le lumineux portique, et l'Arno nous apparaît merveilleux à voir. Des barques pavoisées, où flottent des lanternes chinoises, le sillonnent de toutes parts ; elles projettent en glissant des étoiles qui filent sous les arches sombres et moussues du *pont Vieux*. Sur ce pont, théâtre caduc de tant de curieuses chroniques florentines, la foule se précipite en poussant des vivat redoublés ; tous les corps se cambrent, toutes les têtes se renversent, tous les regards se fixent au ciel. « Que nous veulent-ils donc ? » semblent se dire les constellations qui sourient là-haut. Ce n'est pas vers vous, ô belles étoiles, que se tournent à la fois tous ces yeux noirs et passionnés ; c'est vers un astre terrestre bienfaisant qui s'est levé pour inaugurer la justice. *Il re ! il re !* s'écrient les milliers de voix confondues de la foule. Nous faisons comme elle, nous portons nos pas et nos regards où vont les siens. A gauche du *pont Vieux*, au-dessus des boutiques d'orfèvres, court une galerie qu'on dirait suspendue dans l'éther[3] ; au milieu est une terrasse à balustres, dominant l'Arno ; des tentures la décorent ; des faisceaux de torches l'éclairent ; elle forme en ce moment comme un tabernacle

---

[1] Montaigne, dans la partie de son voyage d'Italie écrite en italien, parle de l'extrême indigence dans laquelle vécut Boccace le riant conteur :

« Le vendredi j'achetai à la librairie des *Juntes* un paquet d'onze comédies quelques autres livres. J'y vis le testament de Bocace, imprimé avec certains discours faits sur le *Décameron*.

« On voit par ce testament à quelle étonnante pauvreté, à quelle misère était réduit ce grand homme. Il ne laisse à ses parents et à ses sœurs que des draps et quelques pièces de son lit ; ses livres à un certain religieux, à condition de les communiquer à quiconque dont il en sera requis ; il met en compte jusqu'aux ustensiles et aux meubles les plus vils ; enfin il ordonne des messes et sa sépulture. On a imprimé ce testament tel qu'il a été trouvé sur un vieux parchemin bien délabré. »   (*Traduit de l'italien.*)

[2] Allusion à la conjuration des Pazzi, dirigée par le pape Sixte IV ; les conjurés tentèrent d'assassiner Laurent le Magnifique et ne purent frapper que son frère Julien.

[3] C'est une partie du fameux passage qui va du palais *Vecchio* au palais *Pitti* et dont je parlerai bientôt.

où le Dieu apparaît : *Il re! ecco il re!* s'écrie de nouveau le peuple qui vient de reconnaître Victor-Emmanuel entre ses deux fidèles, Cavour et Ricasoli! Les deux grands citoyens ont *part à la gloire*, ayant eu *part à la peine*; le souverain les montre au peuple comme pour déverser sur eux l'éclat qui l'entoure. La présence du roi a donné le signal du feu d'artifice, dont les échafaudages se dessinent sur les ponts voisins; aussitôt les soleils tourbillonnent, les gerbes de paillettes montent dans l'air, les spirales embrasées se tordent et chancellent.

Des figures symboliques montent formidables dans la flamme, et des devises patriotiques se déroulent en lettres de rayons. Trois zones fluides de lumières vives, font flotter au-dessus le drapeau italien. Les bravos couvrent le bruit de cette artillerie de fête qui éclate, bondit et va sillonner l'éther d'une myriade de comètes, s'éparpillant dans l'espace jusqu'au lointain horizon; leurs queues serpentent au-dessus des toitures, fouettent les tours, les dômes et les sommets des collines; quelques-unes, ainsi que des serpents de topaze, s'enroulent aux plus hauts rameaux des allées des *Cascine* et se répandent en pluie d'or à travers le feuillage.

La nuit, lumineuse encore (car la clarté que les astres jettent du ciel est doublée par celle des illuminations des deux rives), succède à cet embrasement de l'étendue. Le roi retourne au palais Pitti, à travers la galerie aérienne; la foule s'écoule le long du quai de l'Arno. Nous nous laissons porter par elle jusqu'au pont *Santa Trinità*, puis, à travers les rues éclairées et chantantes, nous regagnons à grand'peine l'hôtel où nous logeons.

IV

Cette première journée de fête, durant laquelle Florence m'était apparue si belle, fut suivie pour moi d'une nuit horrible d'insomnie; l'implacable compagne de ma vie depuis deux ans, la toux obstinée dont je ne pouvais me débarrasser que par intervalle, revint plus douloureuse que jamais; je voyais passer, dans la fièvre qu'elle me causait, la figure froide et ironique de la jolie Anglaise, ouvrant de sa petite main gantée les stores de la diligence sur les sommets neigeux des Apennins. Je sentais courir dans mon dos le vent âpre; puis siffler à mon oreille gauche la brise fraîche qui, durant une longue attente sur la terrasse du palais Pitti, avait glacé nos têtes; enfin l'air humide chargé de vapeurs froides, que j'avais respiré tout le soir sur les bords de l'Arno, m'inondait du côté droit, comme une douche; ces trois courants me poursuivaient sans trêve et se traduisaient en triples quintes rauques et nerveuses. Je frissonnais dans ma chambre à plafond élevé, dont, pendant une sorte d'hallucination, je voyais les murs monter verdâtres, suintant l'eau et m'emprisonnant dans une haute tour. Une bourrasque réelle, qui soufflait des Apennins, s'engouffrait dans la cheminée vide. J'y appelai en vain de mes vœux quelques-unes des pièces du feu d'artifice qui avaient pétillé si gaiement au-dessus de l'Arno; l'âtre restait vide et noir comme une bouche méchante qui raillait mon mal.

Le jour se lève froid et nébuleux; le vent continue à souffler et présage un orage. *Bisogna andare* (il faut aller); cette formule inexorable du voyageur me pousse hors de mon lit, bien décidée à sortir. Vers midi, j'ai la visite du général della Rocca; sa charmante femme n'a pu le suivre à Florence; mais je trouve comme un écho de son amitié dans l'empressement et la bonté du général; il nous apporte des billets pour les courses qui doivent avoir lieu le lendemain aux *Cascine*; des invitations pour le bal du palais Pitti et pour le grand concert que Florence offre au roi dans l'immense salle historique du Palais-Vieux.

J'ai dit déjà que le général della Rocca était un des plus anciens et des plus fidèles frères d'armes du roi; il l'a suivi dans toutes ses campagnes, et s'est trouvé avec lui le premier au feu le jour du danger. Nous le retrouverons à Naples, attachant son nom glorieux à la capitulation de Capoue. Compagnon de guerre du roi, le comte della Rocca en est aussi l'ami et le familier; personne mieux que lui ne connaît et n'apprécie la nature droite et franche de son souverain; il en raconte avec attendrissement des traits touchants; il a su s'attirer et il mérite la confiance entière de ce roi qui s'entend en loyauté, car il en est lui-même la signification la plus haute. *Je compte sur toi*, lui dit Victor-Emmanuel quand viennent les circonstances critiques, et aussitôt, dans la guerre et dans la paix, l'infatigable général se dévoue corps et esprit au service de celui qu'il aime comme la patrie. On a vu récemment le comte della Rocca chargé de la difficile mission de représenter l'élu de l'Italie entière au couronnement du roi de Prusse. Il a su déployer à la cour de Berlin autant d'habileté qu'il avait montré de bravoure sur le champ de bataille. Je dois tracer ici un portrait rapide du général : quoiqu'il ne soit plus jeune, sa taille haute et droite est, sous l'uniforme, celle du plus brillant officier ; sa noble tête a une expression si bienveillante qu'elle inspire à première vue la confiance et la sympathie. Son esprit ferme se plie aux conversations enjouées ; ses manières sont simples et cordiales ; il a dû, pendant sa courte ambassade à Berlin, déjouer toutes les ruses et tous les mauvais vouloirs par sa franchise ; il parle et écrit notre langue aussi bien qu'un Français ; il sait le métier de la guerre en vieux soldat ; ses aides de camp l'aiment comme un père, ils m'ont répété souvent, en me citant des traits de sa bonté : « Nous nous ferions tuer pour le défendre. » Durant la pénible campagne qu'il a commandée dans les Marches et dans l'Ombrie, ses soldats étaient comme ses aides de camp, ils voyaient en lui un père. Il est presque toujours d'une humeur douce et facile ; il ne s'emporte que contre la couardise ou la trahison, qui pourraient mettre en péril la cause de son pays. Je l'ai vu un jour, à Naples, dans une sainte colère, à propos d'un complot découvert dans les couvents et dirigé par quelques évêques. « Que le roi me l'ordonne, s'écriait-il, et je ferai sabrer de grand cœur tous ces traîtres en soutane. » Il s'apercevait déjà, en Toscane, de la conspiration sourde du clergé, que l'attitude des populations rendait heureusement impuissante.

Le général della Rocca a deux filles qu'il adore ; il se montra si particulièrement bon et aimable pour la mienne, durant notre séjour à Florence, qu'il est resté dans son souvenir l'homme le plus courtois de l'Italie.

Après avoir reçu cette première visite du général, nous sortîmes pour aller voir la princesse Marie Bonaparte Valentini. La princesse Marie est une des plus jeunes filles de Lucien, frère de Napoléon Ier. Son admirable beauté est célèbre en Italie, et a frappé en France, à la cour de l'Empereur, aux rares apparitions qu'elle y a faites. Giorgini me disait d'elle : « Je l'ai vue passer un jour aux *Cascine*, il y a quelques années, j'en eus comme un éblouissement. » Sa tête, d'une pureté grecque, la plus belle que la sculpture puisse rêver pour modèle, rappelle celle de la *Victoire* de Brescia ; l'éclat de sa peau nacrée est d'une suavité sans pareille ; quand une émotion la colore, on dirait de l'albâtre éclairé. Veuve du comte Valentini, ardent et fier patriote qui faisait partie, en 1848, du gouvernement provisoire de Rome, tandis que le prince Charles[1], frère de la princesse Marie, présidait l'Assemblée constituante, l'indépendance de l'Italie a été la passion la plus active de la vie de cette noble femme. En voyant ce beau rêve, si longtemps caressé sans espoir, enfin réalisé par les événements récents, elle s'écriait : « Il ne manque à ma joie que la présence de mon mari et celle de mon frère Charles, Dieu leur devait de les laisser vivre pour assister à ces grands jours qu'ils ont préparés! »

Après le retour du pape à Rome, le prince Charles en fut exilé; il vint habiter la France, où je le connus en 1849. Quelques années plus tard, un soir, à une fête chez le prince Napoléon, au Palais-Royal, comme je causais avec le prince Charles, une femme superbe entra : je la vois encore avec sa robe blanche toute parsemée de bouquets de violettes, laissant à découvert ses épaules splendides; ses soyeux cheveux noirs étaient massés à la grecque sur la nuque et retenus par une flèche d'or. Je la désignai au prince, qui me dit en souriant : « C'est ma sœur, elle sera charmée de vous connaître; elle aime ardemment la poésie, elle fait elle-même des vers français et italiens. » J'avais eu, comme Giorgini, un éblouissement en la voyant; quand je l'entendis, l'attrait sympathique redoubla. Elle avait dans la voix la bonté caressante de son âme; l'intelligence était en harmonie avec ce corps si parfait. Son esprit que l'enthousiasme du beau alimentait toujours, formait un frappant contraste avec celui de son frère, incisif, rationnel et moqueur. Dès ce soir-là nous nous liâmes. Nous parlâmes longtemps de sa mère, la princesse de Canino, que j'avais connue chez la princesse Czartoriska. J'allai la voir le lendemain, et elle vint elle-même chez moi; elle se plaisait parmi les littérateurs et les artistes que je recevais : le comte Alfred de Vigny, Babinet, Antony Deschamps, Henri Martin, M. Patin et M. Preault, sculpteur, lui inspirèrent une sympathie qui a persisté à travers les phases de sa brillante destinée.

On sait que Lucien Bonaparte, frère de Napoléon Ier, était poëte.

---

[1] Le prince Charles Bonaparte, fils aîné de Lucien, prince de Canino, était un savant distingué, un naturaliste de premier ordre, correspondant de l'Institut de France, et qui, dans l'étude difficile de la classification des oiseaux, avait fait faire d'importants progrès à la science. Ses collections étaient sans rivales.

Sa femme aussi faisait des vers ; elle en a écrit de très-touchants sur la fin tragique de son jeune fils Paul, mort pour l'indépendance de la Grèce, et dont je parlerai plus tard. Les enfants de Lucien ont hérité de leur père et de leur mère du goût de la poésie et de la littérature. Le monde scientifique se glorifie du prince Charles, enlevé trop jeune à ses travaux. Le prince Pierre, qui vit dans la retraite, a composé de beaux poëmes sur la Corse. La princesse Marie a été imprégnée en naissant du feu sacré, comme auraient dit les Grecs, plus encore que les autres poëtes de sa famille. Ce n'est pas qu'elle ait fait beaucoup de vers, mais dans ceux, tant français qu'italiens, qui, par intervalle, s'échappent de son âme comme une émotion irrésistible, on sent un parfum de jeunesse et de nouveauté, un vrai courant de la poésie moderne.

Je ne résiste pas au plaisir de citer ici quelques vers français de la princesse Marie :

TRISTESSE.

Je soutiens sans fléchir ma secrète infortune ;
Mais mes larmes la nuit, tombent une par une,
Et l'avide regard de mon sombre ennemi
Dans mes tourments secrets ne plonge qu'à demi.
Quand mon front soucieux se couronne de roses,
Comme l'on voit des fleurs sur une tombe écloses ;
Mon visage pâli ruissellerait de pleurs,
Si je ne savais mettre un masque à mes douleurs.
Ce masque, c'est l'orgueil ; jamais tu ne devines,
Monde vain et léger, le dur fardeau d'épines
Qui fait saigner mon front tranquille et souriant,
Et tu me crois heureuse et tu vas m'enviant.
Qu'on ne me blâme pas d'une stoïque feinte ;
Car pour moi mon orgueil est une armure sainte,
De l'espérance morte il demeure vainqueur ;
Joyau de fiancée enfoui dans mon cœur,
Opale aux purs rayons dont je cache la flamme,
Reste en moi, mon orgueil ! tu raffermis mon âme.

A MA FILLE.

Un jour sortit de l'arche un oiseau fatidique
Qui sur la terre en deuil plana d'un vol pudique ;
Mais rencontrant partout le péril et la mort
Vers l'asile sacré, chaste, il reprit l'essor ;
Plutôt que de ternir la blancheur de ses plumes
  subit ses liens et sa prison de brumes.

> Se renfermant craintive en l'épaisseur des bois,
> Où la cruelle faim vient l'assiéger parfois,
> Ainsi la blanche hermine aux regards se dérobe;
> Craignant de se souiller aux fanges de ce globe,
> Elle reste cachée en ses abris déserts
> Et n'ose s'élancer dans les sentiers ouverts.
>
> Comme la blanche hermine et la colombe antique,
> O vierge de quinze ans, conserve-toi pudique!
> Cache à tous les regards la candeur de ton front,
> Pour ne pas l'effleurer de l'ombre d'un affront!
> Rose, n'entr'ouvre pas ta corolle vermeille;
> Lis virginal, oh! crains les baisers de l'abeille!

Le lecteur connaîtra bientôt les superbes sonnets italiens que la guerre de l'indépendance inspira à la princesse.

Ainsi la poésie et le culte des lettres nous lièrent dès ce premier voyage à Paris, et effacèrent entre nous les inégalités de la fortune. La princesse Marie s'en retourna en Italie, où elle habita tantôt Florence, tantôt son palais de Pérouse ou la jolie villa qu'elle s'est fait construire dans le voisinage du lac de Trasimène. J'entretins avec elle une correspondance qui me charmait et qui semblait lui inspirer le même attrait; je lui écrivais les nouvelles littéraires de Paris; elle me faisait part des espérances patriotiques de l'Italie. En 1859, quand l'armée française franchit les Alpes, et que la nation martyre, si longtemps morcelée, revendiqua sa grande âme à l'antiquité païenne, pour se lever, pour combattre, pour s'unir, pour n'être plus qu'un peuple fort et respecté, la princesse Marie eut un tressaillement de joie immense qui éclata en poésie et en chaleureuses adhésions à toutes ces villes qui brisaient leurs chaînes. L'âme de son frère, le prince Charles, et celle de son mari, le noble citoyen Valentini, semblaient tripler ses élans généreux. Tous deux, découragés, déçus, ils étaient morts trop tôt pour voir ce beau jour; mais elle le voyait à travers leur souvenir, et elle faisait sans crainte ce qu'ils auraient fait; elle applaudissait aux chaînes rompues; elle aidait de toute la puissance de son esprit et de son nom à la fondation de la liberté et de l'unité italienne.

On sait qu'au lendemain de nos victoires en Lombardie, les Romagnes et les Légations se soulevèrent spontanément, et que Pérouse, avant d'être noyée dans le sang, eut aussi son jour de délivrance et d'espoir. Voici la lettre que je reçus de la princesse à propos de cet événement heureux, que des représailles sinistres devaient si vite assombrir :

« Pérouse, 15 juin 1859.

« Je suis bien heureuse de vous écrire, chère madame Colet, le lendemain d'une journée glorieuse pour le pays que j'habite, car ce fut hier que cette bonne ville de Pérouse a fait sa révolution pacifique, mais unanime, et, à l'exemple de Bologne, s'est soustraite à la domination du pouvoir temporel du pape, ainsi que toute l'étendue des Romagnes et des Légations.

« Le drapeau italien flotte sur les vieilles tours de l'hôtel de ville et à toutes les fenêtres des maisons particulières. Hier soir la ville, illuminée comme par enchantement, retentissait des cris les plus vifs et les plus sympathiques pour la France, pour l'Empereur et pour le roi Victor-Emmanuel. Plusieurs milliers de personnes se groupaient sous mes fenêtres aux cris de : *Vive l'Empereur!* et je fus obligée de me montrer au peuple pour le remercier et lui dire à mon tour : *Viva l'independenza italiana!*

« Ç'a été un beau moment pour tous, et surtout pour moi, de voir et d'entendre cette grande voix du peuple s'adoucir pour crier avec exaltation le nom de l'Italie et de l'Empereur. Mon nom aussi fut couvert d'applaudissements par ce même peuple si heureux et si modéré ; je fus obligée de me montrer trois fois pour obtenir enfin qu'il se retirât.

« Le gouvernement provisoire vient d'être nommé ; il est composé des personnes les plus respectables et les plus éclairées, parmi lesquelles sont mes amis, le comte Faïna et l'avocat Berardi ; ce dernier, que vous avez connu à Paris, est secrétaire du gouvernement. Les autres villes environnantes ont suivi l'exemple de Pérouse ; elles offrent toutes la dictature au roi de Piémont, comme l'a fait la Toscane.

« Les esprits fâcheux se plaisent à répandre le découragement en disant que, malgré la dernière proclamation de l'Empereur, les États romains ne seront pas soutenus dans leur révolution par la France et le Piémont. Mais moi je pense le contraire, et je ne veux pas imaginer un seul instant que les troupes françaises renouvelleront jamais les déplorables scènes de 1848 à Rome. L'Empereur est trop grand et trop juste pour cela, et l'élan italien des provinces est trop magnifique et trop héroïque.

« Je vous connais trop bien pour croire que vous resterez indifférente au récit que je vous fais d'un des plus heureux jours de ma vie.

« Le vent qui agite en ce moment à ma fenêtre l'adorable drapeau tricolore, semble joyeux et fier de mêler son souffle harmonieux au grand murmure lointain de la foule, qui se réjouit et acclame le nouveau gouvernement.

« Je vais vous adresser quelques exemplaires de mes sonnets italiens, qu'on vient d'imprimer à Florence. Je vous prie de les donner à MM. Alfred de Vigny, Babinet, Antony Deschamps, et aux amis que j'ai rencontrés chez vous. Je tiens à ce que M. Henri Martin soit du nombre, et je désire aussi que votre charmante fille en reçoive un exemplaire particulier de ma part.

« Je suis heureuse de vous renouveler l'expression de toute mon amitié.

« Votre affectionnée,
« MARIE BONAPARTE VALENTINI. »

Ainsi que le pressentait la princesse, cette lettre si noble et si émouvante me remplit de joie; mais, hélas! les horribles massacres qui décimèrent Pérouse firent presque aussitôt rentrer sous le joug papal la pauvre cité un moment libérée. Le farouche et sanguinaire colonel Schmidt, à la tête de ses bataillons suisses et autrichiens, rapporta la mort et la proscription dans la ville en deuil, et l'on revit, comme au temps d'Auguste :

Pérouse au sang des siens tout entière noyée[1].

La princesse Marie s'échappa à grand'peine de la cité saccagée : elle se réfugia à Florence, où je lui écrivis, et, un mois après sa lettre précédente, je reçus d'elle celle qu'on va lire :

« Florence, 19 juillet 1859.

« Ma chère et bien bonne amie,

« L'inspiration ne vous a point trompée, et votre lettre m'a rejointe ici, où je suis venue m'abriter en sortant de Pérouse. M. Henri Martin m'a rendu un grand service en vous indiquant où vous pouviez m'écrire, car vraiment votre lettre et vos belles poésies ont soulagé mon cœur encore désolé des scènes affreuses dont j'ai

---
[1] Vers de Corneille dans le monologue de *Cinna*.

été le témoin. Mes amis du gouvernement provisoire ont réussi à se sauver ; l'avocat Berardi vient de publier ici le récit fidèle de l'insurrection de Pérouse ; je sais qu'il vous a envoyé un exemplaire de cette brochure. Vous l'aurez sans doute reçu. Cet ami dont vous gardez le souvenir est en ce moment à Turin, où il a été envoyé par le gouvernement pour faire connaître au roi le véritable état des choses dans les États romains. Tous les journaux ont retenti des événements survenus dans la malheureuse ville que j'ai quittée après sa défaite sanglante, et presque tous ont parlé des dangers de pillage et de mort que j'avais courus. Pour dire la vérité cependant, je n'ai pas eu personnellement à souffrir, ma maison a été respectée, même des Suisses ivres. Ce qui ne nous a pas empêchées, mes filles et moi, d'assister à une horrible fusillade qui a duré plus de deux heures. Les balles que nous entendions siffler auraient pu nous atteindre ; heureusement il n'en fut rien, et, quarante-huit heures après la prise et le sac de la ville, je pus quitter cette ville ensanglantée qui demande au ciel vengeance et liberté.

« Parmi tous les journaux, l'*Univers* est le seul qui se soit permis de parler de moi sans égards ; il m'appelle la comtesse Valentini, sœur du prince Canino ; mon nom de Bonaparte aurait sans doute brûlé la plume du bilieux Veuillot. Ses mensonges à lui n'incendieront personne ; il affirme que ma maison était le centre de tous les révolutionnaires, et il invente, à l'appui de son insertion, de faux télégrammes, que le duc de Gramont m'aurait écrits de Rome pour désapprouver la part active que j'aurais prise à l'insurrection. Les journaux italiens me dédommagent amplement des sottises de l'*Univers*, auquel j'ai dédaigné de répondre. A Florence, je suis entourée de mes amis de Pérouse qui ont pu s'échapper, et de toutes les personnes considérables de la Toscane qui me sont dévouées. Je compte rester ici encore un ou deux mois, puis aller à la campagne et revenir après passer l'hiver à Florence. — Je dois vous dire que le bruit s'étant répandu partout que le colonel suisse avait refusé de me laisser sortir de Pérouse, après le massacre, je fus fêtée sur toute la route, et principalement à Arezzo, encore plus que je ne l'avais été à Pérouse, il y a un mois. Durant vingt-quatre heures que je restai à Arezzo, je reçus plus de cinq cents cartes de visites ; le peuple jouait des fanfares sous mes fenêtres. Pour éviter la suite de ces démonstrations, je partis le lendemain plus tôt que je ne l'avais annoncé ; ce qui n'empêcha pas, le télé-

graphe aidant, que je trouvai la route d'Arezzo à Florence bordée
de monde et toute pavoisée de drapeaux français et italiens; toutes
les autres villes et villages que la route traverse envoyèrent à ma
rencontre leur musique militaire, jeunesse et municipalité en tête;
les femmes et les enfants remplissaient ma voiture de fleurs. Enfin,
ma chère amie, ce court voyage fut un véritable triomphe, mais il
était attristé pour moi par les affreux souvenirs de l'avant-veille.
Les plus bruyantes et sympathiques acclamations accompagnaient
cet élan si spontané du bon peuple toscan. Le nom de l'Empereur,
de l'Italie et mon propre nom étaient portés au ciel par la foule.

« Hélas! après la conclusion de la paix, l'enthousiasme italien a
bien perdu de son énergie, et si je traversais demain la même
route, je n'y rencontrerais pas les mêmes ovations. Le thermo-
mètre populaire suit les changements atmosphériques. La paix avec
l'Autriche a singulièrement fait baisser le nôtre. On attend la décision du congrès pour se réjouir ou pour recommencer l'œuvre
interrompue de la révolution, car les populations sont bien déci-
dées à ne plus vouloir du gouvernement temporel du pape, et dans
toute la Toscane on ne veut plus entendre parler de la maison de
Lorraine.

« Je n'avais pu jusqu'ici vous envoyer mes sonnets italiens :
l'édition entière qu'on m'en avait envoyée de Florence à Pérouse,
et qui y arriva le jour du massacre, fut brûlée par la personne
timorée qui s'en était chargée.

« J'en ai retrouvé ici quelques exemplaires que je vous fais passer.
J'ose à peine vous adresser ces vers, à vous, noble muse de France,
qui chantez si bien les malheurs de notre sœur l'Italie, et que les
plus illustres poëtes traitent d'égale. Rappelez-moi au souvenir
de vos amis et de votre fille, et croyez-moi de bien bon cœur votre
affectionnée   Marie Bonaparte Valentini. »

Antony Deschamps, le grand et fidèle interprète de quelques
chants de la *Divine Comédie*, a traduit en vers français le premier
des cinq sonnets que m'envoyait la princesse [1] :

[1] Voici les sonnets italiens de la princesse Marie:

1

1796. DISCESA DEL GENERAL BONAPARTE IN ITALIA.

Giunto dell' Alpi alla famosa cresta
L'emulator di Cesare fermosse

Quand il fut arrivé sur la fameuse cime
Et que la noble terre enfin se dévoila,
L'émule de César, à ce tableau sublime,
S'écria transporté : « L'Italie est donc là ! »

Puis, promenant, pensif, son regard sur l'abîme,
D'où l'aigle sous ses pieds frémissant s'envola,
Il embrassa du cœur cette grande victime
Et, secouant son front, en ces mots lui parla :

« Je sens à ton aspect une ineffable ivresse,
Tu seras une et libre, ô ma belle déesse,
Je te rendrai la vie avec la liberté!

    Il braccio stese, sul destrier levosse,
      Ed esclamò — Dunque l'Italia è questa! —
    Indi col guardo che d'intorno mosse,
      E d'onde parve uscir nembo e tempesta,
    L'abbracciò tutta, e — A te, disse, s'appresta
Era novella — e l'ampia fronte scosse.

Sublime ebrezza nel vederti io sento;
    Sarai libera ed una, Italia mia,
    Chè vita darti e libertade intendo.

Terra fatale, io sgombrerò la via
    Che a te conduce, nè il venir fia lento:
    Italia, Italia a liberarti io scendo.

II

1800. LA BATTAGLIA DI MARENGO.

E com' Aquila suol che il volo abbassi
    Precipitoso per le vie de' venti;
    Tal ei discende, e i giganteschi passi
Segnan la via di portentosi eventi.

Vien, vede, vince, nè in riposo stassi
    Fin che non caccia le straniere genti
    Oltre il confin de' scandinavi massi,
Oltre il confin de' nordici torrenti.

Terse il sudor dal pallido sembiante
    L'emulator di Cesare, e s'accinse
    La fè a compir del generoso patto.

Ma nel veder la bella supplicante,
    Uomo l'eroe divenne, al sen la strinse,
    — Sii mia, le disse, e attendi il tuo riscatto. —

III

1815. LA SANTA ALLEANZA.

Ma l'eroe cadde, e da quel dì non mai
    Si rischiarò della delusa il volto;
    Volse, implorando aiuto, intorno i rai,
Ma il pianto e lo squallor non le fu tolto.

Sperò, gemia, più volte e pugnò assai,
    Ma parve quel pugnar l'opra d'uom stolto,
    Tanto sangue costò, che un lago omai
Nel fiorito suo grembo ebbe raccolto.

L'ITALIE DES ITALIENS.

« Terre fatale! espère, oui, j'ouvrirai la voie
Qui conduit à ton sein, et le monde avec joie,
Sur mes pas descendra saluer ta beauté! »

Après ce que je viens de dire de l'amitié qui me liait à cette noble femme, on comprendra la joie que me causait l'espérance de la revoir. La princesse m'avait écrit au moment de mon départ pour l'Italie; mais, depuis plus de six mois, j'errais de ville en ville, et j'ignorais si je la retrouverais à Florence, au palais *Cerretani*, qu'elle habi-

> Poi ristette anelante e disperata
> Com' angelo caduto in bassa sfera,
> A piè seduta dell' alpina vetta.
>
> O reina del duol, t' han giù balzata
> Dal tuo bel seggio i re; ma veglia e spera,
> Chè il giorno avanza della gran vendetta.

IV

GUERRA DELL' INDEPENDENZA.

> Volsero i tempi; e nel gran libro scritto
> Omai compiuto il tuo destin si legge:
> L' eroe che sua ti fe' cadde relitto
> Sotto il rigor d'una codarda legge.
>
> Volsero i tempi; ed ora i fati regge.
> Sostenitor del conculcato dritto,
> Un altro eroe che Italia mia sorregge,
> Ma il popolo ne vuol libero invitto.
>
> Schiave non più del boreal nemico
> Fian le tue genti, a destin nuovo elette
> Or che in un sol pensier tutte le annodi.
>
> Inalza dunque in sulle alpine vette,
> Da' tuoi martiri cinta e da' tuoi prodi
> O donna di province, il canto antico.

V

IL CANTICO.

> Si, all' inno antico il labbro omai disserra
> O Italia mia, sui popoli risorti;
> E n' esulti il tuo cielo, e de' tuoi morti
> La generosa cenere sotterra.
>
> A chi t' amò pur tanto e or giace in terra
> Sul sasso una ghirlanda oggi s' apporti;
> E il tuo vessil sovra l' avel de' forti
> Sventoli ognor come ne' di di guerra.
>
> Quei che morir per te stringendo il brando,
> Quei che morir per angosciosa pietà,
> Sotto la scure o in doloroso bando.
>
> Tutti han diritto al canto del poeta,
> Orche il braccio di Dio con noi pugnando
> Baldanzosi ne spinge alla gran meta.

tait, *piazza Vecchia*. Grâce à cette adresse que la princesse m'avait donnée dans ses lettres, nous arrivâmes sans recherches sur la place tranquille, où elle demeurait, et qui se trouvait par un heureux hasard dans le voisinage de notre hôtel. Nous franchîmes la large porte du palais; au fond du vestibule était un jardin dont les fleurs embaumaient l'air; nous montâmes, à droite, un bel escalier aux marches planes, qui aboutissait, au premier étage, dans une longue galerie ornée de bustes et de statues d'après l'antique. Nous trouvâmes, au fond de la galerie, une porte en chêne sculpté, près de laquelle se tenaient deux domestiques qui nous dirent que la princesse était chez elle. J'eus un battement de cœur joyeux, en entrant dans le vaste salon où la princesse Marie parut aussitôt dans sa beauté et sa grâce affable; elle nous embrassa avec effusion et nous fit l'accueil le plus amical. Compagnes inséparables de leur jeune mère, ses deux charmantes filles survinrent et se mirent à causer avec la mienne, tandis que la princesse me parlait des grands événements qui s'étaient accomplis en Italie. Elle était toute radieuse de l'arrivée du roi qui, sachant son amour pour la cause de l'indépendance et les services qu'elle lui avait rendus en tout temps, s'était déjà informé d'elle. Son rang, son patriotisme, sa proche parenté avec l'Empereur, la désignèrent tout naturellement pour présider avec sa belle-sœur, femme du prince Antoine, au cercle de la cour.

« Il faudra que vous voyiez toutes les fêtes qui se préparent, me dit-elle, et que votre fille emporte de Florence un souvenir ineffaçable. »

Ma toux irritante me coupait la parole, en la remerciant.

« N'allez pas au moins être malade, poursuivit-elle de sa voix caressante et musicale; j'irai vous chercher à six heures pour aller nous promener aux *Cascine*. Ce soir, on danse chez mon frère (le prince Antoine), il faut que vous y veniez.»

Après une de ces longues et bienveillantes causeries qui épanouissent le cœur, je quittai la princesse; ma fièvre et ma toux persistaient, et, malgré quelques heures de repos, je me sentis prise de frissons, quand la princesse vint nous chercher pour la promenade. Sa calèche découverte longea les bords de l'Arno; je regardai, dans une sorte de vertige, la partie de Florence qui s'échelonne sur les collines de la rive gauche du fleuve. Un vent froid soufflait avec violence et faisait bruire les cimes des vertes et hautes allées des

Cascine. Nous parcourûmes en tous sens cette belle promenade. Malgré ma souffrance, j'étais ravie de son aspect si varié ; tantôt de larges prairies, tantôt des bosquets, des haies fleuries, des courants d'eau vive ; çà et là des chalets, des statues, des pyramides ; au centre, la *ferme royale* dominant une verte pelouse ; ici, une solitude complète sous les arceaux noirs, des avenues gigantesques ; à quelques pas la foule des équipages, passant rapides, et des cavaliers faisant caracoler leurs chevaux. Nous allâmes jusqu'aux limites des *Cascine* formées par le petit torrent *Terzolle*, qui se jette dans l'Arno. Nous fîmes une halte, en face du pont de fer Saint-Léopold, qui relie la promenade à la rive gauche ; puis la calèche tourna dans l'allée fashionable et s'arrêta dans un carrefour ombreux au milieu des voitures qui stationnaient à côté du pavillon du café. Là, l'horizon s'étend, l'œil embrasse les premiers versants des Apennins, qui forment au loin un cadre admirable à l'oasis riante que nous venons de parcourir.

« Voilà justement mon frère qui passe, » me dit la princesse Marie, en me désignant un cavalier qui montait un superbe cheval anglais. Elle lui fit un signe amical ; le prince Antoine s'approcha de la voiture. La princesse me présenta, ainsi que ma fille, et le prince nous engagea avec une grâce parfaite à sa réception du soir. La figure du prince Antoine, ainsi que celle de ses frères, rappelle celle de Napoléon Ier, sans toutefois que cette ressemblance soit aussi frappante que celle du prince Napoléon avec ce grand visage historique.

La bise soufflait plus forte et plus froide sur la place, à découvert, où nous étions. La princesse s'inquiéta de ma toux qui redoublait :

« Il est temps de rentrer, » me dit-elle ; et dans sa bonté, qui songeait à tout ce qui pouvait plaire ou secourir, elle fit arrêter sa voiture devant une pharmacie et demanda pour moi des pastilles calmantes. Puis elle nous reconduisit à l'hôtel.

« Soyez prêtes à neuf heures, nous dit-elle, je reviendrai vous chercher pour vous conduire chez mon frère. »

Cette première soirée, chez le prince Antoine, fut charmante.

Chaque mardi, le prince réunit dans le beau palais qu'il habite à Florence, près du théâtre *Cocomero*, la société la plus brillante. La princesse Antoine, belle et élégante personne, reçoit chez elle avec cette grâce affable qui caractérise particulièrement les Italiennes.

On danse dans l'un des grands salons, et l'on joue dans une pièce plus petite, décorée avec un goût exquis. Le prince Antoine est un joueur d'échecs consommé. Il avait alors pour partners assidus le général d'Ulloa, ami de Manin, et le marquis Dragonetti, pour qui le comte Ricciardi m'avait remis une lettre de recommandation; ils étaient tous deux exilés de Naples depuis 1848. Je rencontrai aussi, chez le prince Antoine le marquis Pepoli, dont la belle tête napoléonnienne révèle toute l'énergie politique; on sait le courage qu'il a déployé dans les luttes de l'Italie centrale; puis le comte Faïna, membre du gouvernement provisoire de Pérouse; caractère intègre, esprit vif et charmant; le comte Faïna, un des amis de la princesse Marie, a depuis cette époque épousé sa fille aînée. Je fus heureuse de revoir le chevalier Berardi, l'un des martyrs de la papauté; publiciste éminent, aujourd'hui député, qui n'a cessé de combattre avec sa plume la tyrannie cléricale.

Parmi les jeunes patriotes italiens que je connus chez le prince Antoine, et qui furent les danseurs les plus empressés de ma fille, je ne dois pas oublier le comte Alberti, descendant de l'illustre famille florentine de ce nom, aujourd'hui attaché à la légation italienne, à Paris; M. Zanini, fils d'un des premiers avocats de Rome et cousin du poëte Multedo; le comte Manciforte; M. Mortera, un jeune banquier d'une intelligence vive et pratique, passionné pour l'indépendance de l'Italie et prêt à lui sacrifier sa fortune. Le plus vif attrait des salons de la princesse Antoine était de ravissantes jeunes filles heureuses de vivre et de plaire, dansant avec une joie naïve et se félicitant entre elles de l'arrivée du roi, qui allait être l'occasion d'un grand bal au palais Pitti; tandis que leurs parents, plus graves, se réjouissaient de voir ce souverain élu qui venait inaugurer en Toscane un gouvernement de justice et de légalité, où chaque citoyen aurait sa place, où les jeunes gens, livrés jusqu'ici à une vie d'oisiveté molle et énervante, uniquement remplie par la dangereuse distraction des maisons de jeu et des intrigues galantes, retremperaient leur virilité dans l'exercice des carrières politiques et du patriotisme.

Je dus, ce premier soir, quitter le palais du prince Antoine avant minuit; ma fièvre redoublait et ma toux devenait tellement importune, que leur résister plus longtemps me fut impossible.

Le lendemain, j'eus dans la matinée la visite du général della

Rocca; il nous engagea à ne pas manquer les courses de chevaux des *Cascine* qui avaient lieu dans l'après-midi. Le roi et toute la cour devaient y assister. Je me laissai tenter, malgré le vent froid qui soufflait toujours des Apennins. Nous trouvâmes les vertes prairies, s'étendant à l'est de la promenade des *Cascine*, sillonnées par les plus brillants équipages; des tribunes les bordaient, et des orchestres, distribués çà et là sous des pavillons tendus de pourpre, exécutaient des fanfares guerrières. Les femmes les plus élégantes et les plus titrées de Florence, en fraîches toilettes printanières, se groupaient dans les calèches découvertes; les hommes, montant de magnifiques chevaux, caracolaient auprès d'elles; le peuple faisait la haie autour des pelouses d'un vert d'émeraude et sous la longue avenue par laquelle le roi devait passer. Bientôt une triple et immense acclamation de : *Viva il re! viva Ricasoli! viva Cavour!* nous annonça Victor-Emmanuel et les deux glorieux citoyens qui le secondaient si puissamment dans son grand labeur patriotique. Toutes les têtes s'inclinèrent vers la longue allée pour voir passer le cortége à travers les interstices des troncs d'arbres. Le roi arriva sur la vaste prairie émaillée d'une foule joyeuse, et les courses commencèrent. Quelques rayons de soleil perçaient par intervalles les nuées blanches qui s'amoncelaient dans le ciel d'un bleu pâle. A droite, les collines couvertes de villas, et qui se relient aux Apennins, étaient couronnées de nuées plus sombres; on eût dit un de ces jours d'automne orageux, si favorables aux perspectives. Les lueurs changeantes du ciel qui s'abaissait sur le paysage, en détachaient tous les plans en relief; la campagne de Florence m'apparut en ce moment dans toute sa variété et sa grâce coquette. Ici, des vallons tranquilles et ombreux; plus loin, des coteaux où les villages et les maisons de plaisance s'élèvent à travers les bouquets de bois et les sources jaillissantes; à l'horizon, la chaîne nue des Apennins, dont la masse mouvante des nuages ternes doublait la hauteur. Cette fête, en plein air, fut fort belle. Le roi y fut salué par toute la population de Florence, à laquelle se confondait celle des campagnes et des villes environnantes. Le soir, la cité entière s'illumina comme les jours précédents; des bandes musicales parcouraient les places et les rues en faisant retentir des hymnes sur l'unité de l'Italie. Je les entendais de mon lit, où mon mal, aggravé par cette dernière sortie, me clouait désormais.

J'eus, le jour suivant, la visite du député Achille Menotti, qui me présenta le docteur Créma, son ami et son confrère à la Chambre. Suivant l'usage italien, celui-ci me prescrivit le purgatif et la saignée; je ne me soumis qu'à la première moitié de son ordonnance.

« Surtout, ajouta le bon docteur, pas d'imprudence; toute sortie vous serait mortelle; il faut renoncer aux fêtes.

— Morte ou vive, répliquai-je, j'irai au bal du palais Pitti. Je suis un des très-humbles historiographes de votre roi; et puisque j'ai la bonne fortune de me trouver à ses entrées triomphales dans toutes les capitales de l'Italie qui se donnent à lui, je me crois tenue à décrire les fêtes dont il est le héros et à contredire par mes récits véridiques les récits mensongers des ennemis de l'Italie. »

Achille Menotti me présenta aussi un autre de ses amis, le député Cornero, homme d'un noble cœur et d'un esprit aimable, que je retrouverai plus tard en mission à Naples. M. Cornero avait fait partie de la députation envoyée en Portugal, par le Piémont, à Charles-Albert, peu de temps avant sa mort. Il me raconta le profond attendrissement que lui inspira la vue de ce roi si héroïque à Novare, couché, avec un stoïcisme chrétien, sur un lit de cendre, dans une petite chambre, sans gardes, sans courtisans. A cette heure solennelle où l'approche de l'éternité fait resplendir tout ce que l'homme a de grand, l'âme de Charles-Albert se dégagea entièrement des ténèbres de sa jeunesse, pour s'arrêter dans le point lumineux qui l'avait un moment éclairée; ce même rayon ranimé et persistant qui le détermina à s'armer et à combattre, dans la sublime et néfaste campagne de 1848, illumina le mourant; il sembla revivre en parlant de l'Italie aux députés de Turin. Il prescrivit à son fils la délivrance de cette mère ensanglantée, toujours esclave de l'étranger. Cette voix d'un père expirant a poussé Victor-Emmanuel en avant : elle se fait entendre à son cœur aux jours du danger et du devoir. En accomplissant les actes les plus décisifs et les plus périlleux de sa noble fortune, il n'a cessé de répéter dans ses proclamations : « J'exécute le dernier vœu de mon père. »

La princesse Marie Bonaparte, me sachant malade, accourut avec sa bonté accoutumée. Quand elle apprit ma résolution folle d'aller, malgré ma fièvre, au bal du palais Pitti, elle me dit : « Je vous enverrai ma berline; elle est bien close et vous y souffrirez moins que dans une voiture de louage, qu'il vous serait, d'ailleurs, impossible de vous procurer. »

C'est le samedi 21 avril 1860 qu'eut lieu cette fête mémorable dans le palais des Médicis. Je ne quittai mon lit que pour faire ma toilette ; je repoussai la fièvre qui me garrottait, ainsi qu'un ennemi dont il faut à tout prix se débarrasser. Le député Créma m'avait dit le matin : « Comme docteur, je vous défends cette imprudence ; cependant, si vous vous y obstinez, je serai votre chevalier. » Il vint, le soir, m'offrir son bras ; M. Cornero donna le sien à ma fille. Nous montâmes tous les quatre dans l'excellente voiture de la princesse et nous suivîmes la file des équipages qui se déroulait sur le pont *Santa Trinità* ; une file parallèle s'étendait sur le *pont Vieux*. La place, les terrasses et la façade du palais Pitti étaient illuminées à *giorno*. Le vieux monument n'avait plus l'aspect d'une citadelle, où la crainte et le soupçon emprisonnaient le souverain ; ses portes ouvertes et ses fenêtres rayonnantes semblaient dire : « Entrez ! venez tous fêter avec confiance le chef d'un peuple libre. » Sur le grand escalier, les fleurs les plus rares des parterres de Florence s'échelonnaient en bordure parfumée ; rangées avec un art que possède seule l'Italie, elles décrivaient des sortes de mosaïques aux vives couleurs. Les officiers et les sénateurs en uniformes, les députés en habits noirs, les femmes radieuses de toilettes et de beauté, se déployaient le long de ces rampes fleuries.

Nous franchissons le grand vestibule où Vénus resplendit sous l'éclat des lustres ; Hercule la regarde en inclinant sa massue[1]. Nous laissons, à droite en entrant, la grande *salle des stucs*, transformée en vestiaire ; MM. Cornero et Créma vont y déposer nos manteaux ; nous les attendons dans une merveilleuse galerie décorée de statues et faisant suite au premier vestibule. Un faune antique semble s'animer et regarder défiler, joyeux, toutes ces femmes parées, aux épaules et aux bras d'ivoire. Nous parcourons cette galerie jusqu'au petit *salon des Gardes* qui la continue ; Mercure y sourit à Pallas[2], radieuse, comme pour lui dire : « Voici un vrai roi guerrier dont tu es l'emblème ; » et les bustes des grands-ducs de la maison de Lorraine regardent, taciturnes, l'intronisation de cette royauté nouvelle qui chasse la leur. Nous revenons sur nos pas ; je salue en passant la déesse Hygie tenant dans ses mains le serpent d'Esculape. Je lui demande de me donner trois heures de

---

[1] Ces deux statues antiques de Vénus et d'Hercule décorent le vestibule du palais Pitti.
[2] Deux autres statues antiques.

santé, trois heures de force, pour errer dans ces salles éblouissantes, sauf à m'abandonner le lendemain. La bonne déesse semble m'entendre ; l'attrait du moment mate ma fièvre et en triomphe. Ces messieurs nous rejoignent et nous entrons, à leurs bras, dans les appartements royaux ouverts pour la fête. Dans le premier salon, j'admire, en passant, un meuble merveilleux de la Renaissance, en ébène incrusté de pierreries et orné de figurines d'ivoire. De ce salon, la foule se précipite, à droite, dans la grande salle de bal ; le roi y est en ce moment ; chacun veut le voir et approcher le plus possible du cercle de la cour. Comme nous fendons les flots de curieux, j'aperçois l'historien Cantù ; il vient à moi, me tend la main et me dit : « Voilà une belle et noble fête. »

Nous sommes séparés aussitôt par un groupe de danseurs qui tente de se faire place ; un sénateur qui, en passant, a entendu les paroles de Cantù, murmure ironiquement : « Il en disait autant autrefois, à Milan, au bal des vice-rois autrichiens. — Qu'importe, répliquai-je, son adhésion même prouve l'entraînement de la cause que nous aimons ; tout Italien s'y rallie et, partant, aucun ne doit en être exclu. »

Nous finissons par arriver en face du roi ; j'aperçois, à sa droite, la princesse Marie, dont l'éclatante beauté me frappe plus encore dans la toilette pourpre et or qu'elle a revêtue ; on dirait une Melpomène radieuse. Ses deux filles sont charmantes de grâce juvénile, dans les flots de gaze bleu pâle étoilé d'argent qui flottent autour de leur taille svelte ; à la gauche du roi sont le prince et la princesse Antoine Bonaparte. La princesse est en robe de tulle d'un lilas vaporeux, ornée de roses blanches ; elle porte une superbe parure en améthystes et diamants. J'échange quelques paroles avec les deux princesses et le général della Rocca placé près du roi, ainsi que l'illustre Ricasoli et le grand citoyen Farini que je connaîtrai plus tard. M. de Cavour n'assiste pas à la fête ; il a dû partir la veille pour Turin, où l'appellent les affaires de l'État.

Nous quittons la salle de bal ; on y étouffe, et l'on essaye en vain d'y former un quadrille. Nous retraversons le premier salon, par où nous sommes entrés, et, tournant à gauche, nous parcourons les appartements privés. C'est une série de pièces d'une magnificence inouïe ; chaque chambre renferme les objets d'art les plus rares : ici, ce sont de grands coffres d'argent et d'ivoire ; là, des bahuts et des armoires en marqueterie de lapis-lazuli et de vert antique; d'autres en ébène avec des statuettes d'ambre; plus loin, de merveilleux reliquaires en or et émail, scintillants de pierreries; des torchères à figures de bronze doré, du plus grand style. La salle du trône, toute blanc et argent, resplendit comme un tabernacle sous les feux des lustres. Je remarque, dans ces chambres, les grands portraits de tous les cardinaux de la famille de Médicis, peints par Titien et Raphaël; leurs têtes se détachent, vivantes et expressives, sur leurs camails de pourpre; leur regard interrogateur et altier suit, étonné, cette fête de la libre Italie; ces astucieux politiques, à qui tous les moyens étaient bons pour fonder leur puissance, qui acceptaient pour auxiliaires le mensonge, la violence et le poison, semblent se demander entre eux sur quoi se fonde cette royauté nouvelle? Ce qui survit d'eux, je ne sais où, car à coup sûr leur place n'est pas dans le paradis des saints, subit pour supplice cette intronisation définitive de la justice et du droit.

Nous revenons sur nos pas et pénétrons dans la galerie de peinture et de sculpture, ouverte et éclairée pour la fête. En passant de nouveau dans le petit corridor orné de statues antiques, et par le salon où sont les bustes des grands-ducs, nous trouvons, d'abord, la *salle des belles niches*, où six figures grecques se dressent rayonnantes; une Vénus céleste semble dire : « Je suis heureuse d'être belle! » Une Muse inspirée regarde un Apollon qui tient la lyre; on croit les entendre murmurer : « Le culte du beau renaîtra de l'ère du bien. » Nous entrons dans la *salle de Vénus*; au plafond, la blanche et suave Aphrodite dispute à Minerve un jeune guerrier; la divinité du Parthénon triomphe et livre l'adolescent à Hercule. C'est comme le symbole de la Jeunesse toscane enlevée à la Mollesse par la Patrie armée Alexandre, Cyrus, Trajan, tous les héros de l'antiquité regardent la lutte des deux déesses et applaudissent à la victoire de Minerve. Je suis surtout frappée, dans cette première salle, par deux magnifiques marines de Salvator Rosa; les navires se meuvent sur la mer qui se gonfle; les cieux tempétueux sont zébrés d'éclairs. C'est fougueux et grandiose; on sent le vent frémir dans les agrès pliants. Cette première salle de la galerie, de même que les autres, n'est point chauffée et n'est qu'à demi éclairée; la chaleur du feu et l'éclat des lumières altèrent les peintures; le respect des chefs-d'œuvre inanimés l'a emporté sur le soin des vivants. Je sens un froid mortel tomber sur mes épaules découvertes; mais l'admiration me fait oublier ma souffrance et j'avance toujours. Qu'elle est belle, à ce demi-jour, la blonde maîtresse du Titien[1]! elle palpite et sort de la toile; elle défie Vénus, qui la regarde; elle semble s'écrier : « Je te vaux bien. »

Nous passons dans la *salle d'Apollon*; Angiolo Doni y sourit à sa candide Madeleine qui, rayonnante d'un orgueil céleste, murmure de ses lèvres pudiques : « C'est moi et non la Fornarina, qui inspirai les madones du divin Sanzio[2]! » O pudique beauté! ô tranquille Madeleine Doni! prends garde! Ne sens-tu pas près de toi une autre Madeleine, figure brûlante et vertigineuse[3] qui trouble les cœurs? Le désert ne l'a point encore amaigrie et détruite; sa nudité, superbe, resplendit comme au temps de ses voluptés; ses cheveux d'or ruissellent d'un fluide lumineux; elle en enveloppe son beau sein mouvant qui frémit et monte au travers; on dirait d'une magnifique lionne dans sa crinière fauve; ses grands yeux brillent d'une flamme inassouvie; ses lèvres purpurines ont un sourire désespéré; ses narines, flexibles, hument les parfums des bois, à défaut des chaudes haleines qui l'enivraient naguère.

L'Arétin[4] contemple, avec son sourire sarcastique et son œil perçant, les deux Madeleines; à la première, il bégayerait une sentence respectueuse; à l'autre, il oserait parler d'amour! La tête mélancolique d'Andrea del Sarto, éclose un jour de tristesse sous le pinceau de ce maître, regarde, étonnée, passer les couples joyeux : « Vous croyez donc à l'amour, paraît-il dire; vous goûtez donc le plaisir sans effroi du lendemain? »

Nous voici dans la *salle de Jupiter*; belles d'horreur, les trois Parques de Michel-Ange marmotent, en ricanant, à tous ces heureux qui défilent : « Vous serez bientôt notre proie. » J'aime mieux la sérénité antique qui peignait les trois sœurs, jeunes et superbes, conviant à la mort comme à une fête.

« Vivons et combattons pour la patrie, s'écrie Salvator Rosa, dans ces batailles qui poudroient. Oh! les hardis soldats! oh! les altières postures des corps, renversés, debout et gisants! Fers ensanglantés, blessures béantes, grandeur de la mort cherchée sans effroi! mêlée enivrante d'où la gloire chasse l'épouvante! »

C'est encore toi, doux Andrea[5], qui nous regardes ombrageux dans

---

[1] Ce portrait ressemble à la *Vénus* de Médicis.
[2] *Angiolo* et *Madeleine Doni*, deux portraits par Raphaël.
[3] La *Madeleine* par Titien.
  Superbe portrait par Titien.
  Portrait d'André del Sarto et de sa femme sur la même toile.

ta rêverie tendre ; tes lèvres s'agitent et j'en entends sortir ces paroles : « Les instants que nous passons ensemble sont si courts et « si rares! et ils me sont si chers!... Vous seule au monde, Lu- « crèce, me consolez du chagrin qui m'obsède... Ah! si je vous « perdais!.. tout mon courage, toute ma philosophie est dans vos « yeux [1]... »

Mais ta Lucrèce, pauvre Andrea, sourit, coquette, à cette foule en fête, comme y cherchant encore son adoré Cordiani.

« N'attristons pas la vie par de sombres querelles, » chantent en folâtrant les nymphes et les satyres de Rubens, et elles s'étalent joyeuses, sous l'œil qui les convoite, ces chaudes beautés du coloriste immortel.

A peine entrés dans le *salon de Saturne*, deux tableaux mouvants attirent nos regards ; les têtes et les corps s'y agitent et s'y succèdent, se variant et se renouvelant ; c'est nous-mêmes, ce sont les invités qui passent et que deux glaces superbes reflètent un moment. Trois splendides consoles en marbres rares ornent ce côté de la *salle de Saturne*; les autres parois sont couvertes des chefs-d'œuvre des grands maîtres, conviés éternels de nos fêtes éphémères. Je m'arrête en face de deux portraits de Van Dyck : Charles Ier, le roi décapité et Henriette d'Angleterre ; je pense à leur jeune fille, Élisabeth, plus touchante que sa sœur célébrée par Bossuet, morte, dans l'île de Wight, du coup de hache qui trancha la tête de son père ; puis je regarde émue un poëte superbe, au front puissant, que Salvator Rosa créa dans un jour d'orgueil. Il me dit tout bas : « Portons haut la tête, la mort nous couronne et nous fait rois des cœurs. »

Quelque chose de phosphorescent illumine cette salle et la fait apparaître plus éclairée que les précédentes. C'est une lueur qui sort d'un petit tableau centuplé de grandeur par son harmonieuse beauté. La *Vision d'Ézéchiel* [2] y rayonne, formidable d'éclat, comme si le ciel s'ouvrait et nous laissait voir Dieu.

A la Bible succède l'Olympe. Nous voici dans la *salle de l'Iliade*, où les dieux et les héros se jouent sur le plafond. La brune et vigoureuse tête de François Ier de Médicis regarde les femmes venir ; son œil caressant les attire ; sa Bianca Cappello n'est pas près

---

[1] Alfred de Musset.
[2] Par Raphaël.

de lui ; on l'a reléguée comme indigne dans un passage du *palais Vieux*, où nous la verrons. Un guerrier terrible, de Salvator Rosa, est placé en face du grand-duc et semble lui dire : « L'heure est passée de faire l'amour comme un sultan ; l'heure est venue de combattre pour la patrie ! »

Nous nous arrêtons dans la *salle du Poêle*. Son nom me fait espérer un peu de chaleur : illusion décevante ; les murs sont glacés, malgré les chaudes peintures de Pierre de Cortone, représentant les quatre âges de la vie. Oh ! les magnifiques enfants symbolisant l'*âge d'or* ; comme ils s'ébattent, joyeux, avec un lion qui se fait agneau ! les belles et riantes bergères heureuses de l'*âge d'argent*, cueillant de leurs mains potelées le raisin qu'attendent leurs lèvres roses entr'ouvertes ; d'autres se courbent et traient des brebis blanches qu'elles caressent. L'*âge d'airain* est proche : des soldats éperdus et sanglants montrent à un tyran leurs blessures béantes. On croit les entendre s'écrier : « Ce n'est pas pour la patrie que nous avons combattu et que nous expirons, mais pour ton ambition implacable ! qu'importent les récompenses tardives ; l'or que tu nous jettes ne nous rachètera pas de la mort. » D'autres soldats se vengent. Dans l'*âge de fer*, ils foulent aux pieds des vases sacrés et violent un temple où des vierges se sont réfugiées. Ces quatre fresques ont un mouvement et une vie qui captivent ; elles couvrent les parois de cette petite *salle du poêle*, dont la voûte est d'une élégance exquise. Au milieu plane une Renommée, reliant des médaillons de peintures allégoriques. Quatre figures antiques en marbre blanc décorent les angles de cette chambre, où je reviendrai m'asseoir et rêver. Au centre s'élève une colonne en porphyre vert, soutenant un grand vase de porcelaine où rayonne le portrait de Napoléon Ier. Il est partout, l'empereur fatidique. Nous le saluons et passons dans la *salle de Jupiter*. Ce n'est point ce dieu tonnant de l'Olympe qu'on regarde en y entrant, c'est un dieu nouveau, enfant désarmé ; il sourit dans les bras de sa mère assise[1] avec une placidité divine, fière de son fils ! La gravure a rendu l'ombre de ces figures resplendissantes, mais la chair, la vie, le souffle du génie, ne sont que dans le tableau.

Nous faisons une halte dans le petit *salon de bain*, peint à fresque et décoré d'ornements en stuc. Un beau lustre en

---

[1] La *Vierge à la Chaise*, par Raphaël.

bronze florentin y répand une lumière voilée; des statues en marbre blanc sont les gardiens de ce nid somptueux; je voudrais en clore les portes, et ranimer dans un bain fumant, mon corps glacé. Rêve! illusion! nous passons dans la *salle d'Ulysse*, où l'atmosphère est plus froide encore que dans les premières pièces, voisines du foyer de la fête.

Dans la *salle d'Ulysse*, Charles-Quint[1], rêveur et taciturne, paraît écouter la musique lointaine, qui salue le roi élu. On dirait qu'il pense à sa veillée d'Aix-la-Chapelle, dans la basilique qui le sacra empereur! Sacre remplacé par celui du peuple! Sacre aujourd'hui ironique au front des empereurs germains. — Le duc de Buckingham[2] le toise, beau, radieux et cambré, en gentilhomme fier de l'amour d'une reine.

Nous traversons la *salle de Prométhée*, où la belle *Simonetta*, maîtresse de Julien de Médicis, sourit éternellement aux visiteurs. Elle revit dans sa grâce, sans dérider le visage sombre de Cromwell[3]; mais un autre prince, vêtu à l'orientale, la regarde galamment, c'est Ferdinand II, le plus populaire des Médicis[4].

Nous parcourons, frissonnants, le *corridor des Colonnes*, ne donnant qu'un coup d'œil aux merveilleuses vues des monuments de Rome, exécutées en mosaïque de Florence, aux armoires, aux étagères, où s'étalent des coupes, des camées, des amphores, des candélabres, des pierres gravées et des bijoux antiques. Nous traversons rapidement aussi la *salle de la Justice*, où se trouve une belle copie de la Polymnie antique. Quelle expression pudique et recueillie! comme elle atteste que les Grecs ont compris la mélancolie dans son essence la plus idéale! Je suis frappée, dans cette salle, par un portrait du chanoine Pandolphe Ricasoli, courageux martyr de l'inquisition de Florence; il semble tressaillir, heureux de cette fête libératrice dont un de ses arrière-petits-neveux a préparé la splendeur. Nous voici dans la *salle de Flore*, où trône la fameuse Vénus de Canova, que les Florentins, dans un jour d'engouement, surnommèrent l'*Italica*. Elle est maniérée et flasque; les épaules voûtées font incliner le sein sous une draperie sans

---

[1] Portrait par Titien.
[2] Portrait par Rubens.
[3] Portrait de Cromwell, par Lely, envoyé par Cromwell lui-même au grand-duc.
[4] Portrait peint par Substermans.

grâce que soutient une main molle aux doigts écartés. La dernière des Vénus antiques est préférable. J'aime mieux regarder dans la même salle, de belles consoles en mosaïque, et deux admirables paysages du Poussin, dont je retrouverai les modèles dans la campagne de Rome; puis, cette magnifique *Forêt des philosophes*, de Salvator Rosa, où Diogène jette, dédaigneux, loin de lui, la tasse qui lui sert à boire. Il semble dire, avec sa moue stoïque : « Mes lèvres, en s'inclinant vers les sources vives, me suffiront! » Tout près de cette figure de sage, deux yeux profonds, flamboyants et cruels, irradient la pourpre d'un portrait de cardinal, par Scipion Gaëtano. Ce prince de l'Église, qui fut aussi prince de la terre, c'est Ferdinand de Médicis, l'empoisonneur de Bianca Cappello et de son mari, François Ier, auquel il succéda. Montaigne le vit à la table de son neveu [1], qu'il convia un jour *tendrement*, à la sienne, pour lui verser, en souriant, la mort dans le vin. — La *salle de la Justice* est couverte de fresques allégoriques médiocres, en l'honneur de la famille impériale d'Autriche, qui n'attirent pas un regard; un plaisant dit près de nous, que cette pièce devrait être nommée la *salle de l'Injustice*. — Je ne voudrais en emporter que le guéridon en jaspe vert, qui se dresse au milieu, de même que dans la *salle de*

---

[1] « MM. d'Estissac et de Montaigne * furent au disner du grand-duc, car on l'appelle ainsi. Sa fame estoit assise au lieu d'honneur; le duc au-dessus, au-dessous du duc, la belle-seur de la duchesse; au-dessous de cete-cy, le frère de la duchesse, mary de cete-cy. Cette duchesse est belle à l'opinion italienne, un visage agréable et impérieux, le corsage gros, et des tetins à leur souhait. Elle lui sembla bien avoir la suffisance d'avoir engeôlé ce prince et de le tenir à sa devotion longtemps. Le duc est un gros home noir, de ma taille, de gros membres, le visage et contenance pleine de courtoisie, passant tousiours descouvert au travers de la presse de ses jans, qui est belle. Il a le port sein et d'un home de quarante ans. De l'autre costé de la table étoient le cardinal **, et un autre june de dix-huit ans, les deus freres du duc. On porte à boire à ce duc et à sa fame dans un bassin, où il y a un verre plein de vin descouvert, et une bouteille de verre pleine d'eau; ils prennent le verre de vin et en versent dans le bassin autant qu'il leur semble, et puis le remplissent d'eau eusmesmes, et rassent le verre dans le bassin que leur tient l'échanson. Il metoit assés d'eau, elle, quasi pouint. Le vice des Allemans de se servir de verres grans outre mesure, est icy au rebours de les avoir extraordinairement petits... »

Journal du voyage de M. de Montaigne en Italie, avec des notes de M. Querlon (édit. de 1774).

* Ce journal est écrit par le secrétaire de Montaigne et pour ainsi dire sous la dictée de Montaigne.

** Le même qui, dans un diner, fit empoisonner François de Médicis et Bianca Cappello la villa du *Poggio à Cajano*.

l'*Arche*, décorée de fresques religieuses insignifiantes, je ne suis tentée que par une table en mosaïque, au centre de laquelle rayonne un Jupiter. Dans la *salle d'Hercule*, ce sont encore des consoles de malachite et de porphyre, qui me font envie ; elles sont moins froides au toucher que les bras des femmes frissonnantes, qui passent J'entends répéter autour de moi : « *Fa troppo freddo* » (il fait trop froid). Des petites toux sèches et sifflantes sortent en chœur des poitrines des danseuses, s'aventurant dans leurs robes diaphanes, jusqu'à cette dernière *salle d'Hercule*; je leur réponds par une quinte bruyante, qui effraye le bon docteur Créma : « Fuyons les colonnes d'Hercule, me dit-il en souriant mais inquiet, venez vous ranimer dans l'étuve de la foule ; mieux vaut l'asphyxie par la chaleur que par la glace. » Nous retraversons à pas précipités toutes les salles qui forment la galerie de peinture, sans même jeter un regard aux chefs-d'œuvre, qui, en allant, nous ont émerveillés ; l'être animal a repris ses droits, l'esprit vaincu s'est engourdi.

Le roi vient de rentrer dans ses appartements, quand nous arrivons dans la salle de bal ; la foule est moins compacte, et les quadrilles s'y meuvent en liberté.

Il va dormir, le grand roi populaire, bercé par toutes les harmonies de cette fête des intelligences et des cœurs. Une vision splendide flotte sur son sommeil : des milliers de voix lui crient : « Bonne nuit ! » Les lèvres, les yeux, les fronts de toute une foule unanime dans son amour, lui envoient un immense sourire, et au-dessus des têtes vivantes, qui le saluent et l'acclament, se dressent, radieux et animés, les chefs-d'œuvre de l'art, hôtes éternels du palais qui s'est transfiguré pour lui. « Tu es l'audace et l'héroïsme, lui disent les marbres des dieux de la Grèce : gloire à toi ! — Tu es la droiture et l'honnêteté évidente, murmurent les philosophes de tous les âges : gloire à toi ! — Tu es la mansuétude et la charité, s'écrient la Madone, le Christ et les saints : gloire à toi ! — Tu es la justice et la loyauté, tu vaux mieux que nous, confessent inclinés, les princes de la tyrannie vaincue, en répétant tous : gloire à toi ! » — Et ces voix surnaturelles se mêlent aux accords lointains de la musique de la fête, qui se prolonge jusqu'au jour.

IV

Je ne suivis pas l'exemple des Florentins, je n'attendis point les lueurs de l'aube, pour quitter la féerie du palais Pitti : une nuit moins radieuse que celle du roi élu, m'attendait dans ma froide chambre d'auberge. A peine couchée, tous les cauchemars de la fièvre m'assaillirent ; encore, s'ils avaient amené le sommeil ! mais non, c'étaient des rêves irritants, qui m'oppressaient ; tourmenteurs, sans trêve, ils s'asseyaient sur ma poitrine, et en faisaient sortir un râle bruyant. La jeune Anglaise, implacable, piétinait, obstinée, sur ma gorge sifflante, soulevant insolemment, de son orteil cambré, les couvertures qui m'abritaient ; je sentais alors, comme par réminiscence, le vent glacé des Apennins, courir sur tout mon corps et un frisson mortel me saisissait. Je restai ainsi anéantie jusqu'au jour, en proie à la vision de la belle et méchante fille.

Le lendemain dimanche, eut lieu, au *palazzo Vecchio*, le grand concert en l'honneur du roi, dans la belle *salle des Deux-Cents*, où je conduirai bientôt mes lecteurs. Je fis un effort impossible pour me lever. J'eus dans la soirée la visite du général della Rocca, il me parla de l'effet merveilleux qu'avaient produit les masses chorales et les instruments, dans cette vaste enceinte, théâtre des scènes les plus mémorables des fastes de Florence. Le roi, à son entrée au *palazzo Vecchio*, avait été salué par les acclamations enthousiastes de la foule, qui remplissait la place du *Grand-Duc*, l'ovation avait continué dans la cour et l'enceinte du palais. Chaque fois que Victor-Emmanuel se montrait en public à Florence, ou dans les autres villes de la Toscane, c'était une ivresse populaire, de plus en plus chaleureuse et spontanée.

« Le clergé seul boude et conspire, me dit le général della Rocca, avant-hier, j'ai accompagné le roi à Pise ; quand nous sommes entrés dans la cathédrale, nous avons trouvé les cierges allumés ; un dais, un fauteuil et un coussin de velours avaient été préparés pour le roi, mais l'archevêque avait pris la fuite ; tous les prêtres desservants avaient suivi son exemple, il ne restait pas même un chantre dans l'église. »

En apprenant cette conduite antipatriotique du clergé de Pise, la princesse Marie dit au roi :

« Ne pourriez-vous, Sire, sans blesser Dieu, ménager un peu moins ses indignes ministres et ne pas leur faire la première visite. »

Le lundi 23 avril, Victor-Emmanuel passa la journée à Livourne, qu'il n'avait fait que traverser pour se rendre à Florence; cette grande cité de marins et d'ouvriers reçut comme un bienfaiteur le souverain qui allait faire revivre et agrandir son commerce.

La princesse Marie vint me voir ce jour-là. Me trouvant au lit, prise d'une grosse fièvre, elle me dit avec son aménité affectueuse.

« Il vous faut le repos de la campagne, je pars le premier mai pour ma villa de *la Viano*, vous viendrez y passer un mois avec votre fille, je vous promets de vous guérir. »

Je la remerciai avec effusion. Cette espérance d'un mois de tranquillité et de *far niente* était une perspective de bonheur dans ma vie agitée.

Le soir, la princesse vint chercher ma fille pour la mener aux *Cascine*; le lendemain, elle la conduisit à la réception du prince Antoine.

Je gardai la chambre plusieurs jours, distraite par les nombreux visiteurs qui m'apportaient les nouvelles du dehors; le bon docteur Créma et le député Cornero venaient chaque soir. Un matin, j'eus la joie de revoir le poëte dall'Ongaro, que j'avais connu à Paris. Je le retrouvai plein d'ardeur pour l'unité de l'Italie. Il faisait à Florence un cours public de littérature qui attirait une grande affluence d'Italiens et d'étrangers. Dans sa séance de clôture il lut et distribua à son nombreux auditoire, mes vers sur *les pauvres filles de Venise*, qu'il avait traduits avec un rare talent. Un autre poëte célèbre, Joseph Montanelli, ancien ministre du dernier grand-duc de Toscane (en 1848), puis exilé à Paris, accourut aussi chez moi; je fus heureuse de le retrouver, mais un peu attristée des doutes qu'il m'exprima sur les destinées de sa patrie; il avait été un des rares dissidents, dans le vote de l'annexion. Pendant la visite qu'il me fit, survinrent la princesse Marie, le général della Rocca et le député Menotti; ils s'étonnèrent de voir la tristesse de Montanelli qui contrastait avec la joie universelle de Florence. L'isolement n'est grand que dans le martyre d'un homme qui meurt pour proclamer une vérité morale niée par la foule égarée; les personnalités, même les plus éminentes, doivent s'effacer en vue du bien général; le rêve d'un grand esprit doit céder à l'esprit public; une voix isolée n'est rien, quelque puissante et mélodieuse qu'elle soit, devant la grande voix d'un peuple, *vox populi, vox Dei*.

M. Morosini tint sa promesse, il me fit visite et me donna des nouvelles de sa jeune sœur, si belle et si triste : « *Or sono sicuro, la giovina è innamorata*, me dit-il, *bisogna far la tornar in Venezia.* » (Maintenant, j'en suis sûr, la jeune fille est amoureuse, il faut la faire retourner à Venise.)

Le marquis Dragonetti et son fils vinrent aussi me voir, et j'eus le plaisir de connaître le savant Vieusseux, à qui le comte Ricciardi m'avait recommandée. Ce libre citoyen de la Suisse est devenu Florentin. Il arriva très-jeune à Florence où il ouvrit un cabinet littéraire; esprit aimable, érudit sans pédantisme, il vit bientôt ses clients devenir ses amis. Depuis plus de cinquante ans, ses salons réunissent chaque samedi les philosophes, les écrivains, tous les hommes distingués de l'Italie et tous les voyageurs illustres. Il a vécu dans l'intimité du poëte Giusti, de Nicolini, de Manzoni, de Gino Capponi, de Massimo d'Azeglio et de Giorgini. Arrivé à la vieillesse, Vieusseux revit de la renaissance de sa patrie adoptive. Je fus frappée de la tête expressive de ce beau vieillard à cheveux blancs; on dirait un antique Romain plutôt qu'un Suisse. Les Florentins lui ont fait frapper une médaille que la princesse Marie m'a donnée. Je lui dis quand il me fit visite :

« Je vous connaissais déjà par ce bronze très-ressemblant.

— Si vous me faites l'honneur de venir chez moi, répliqua-t-il, vous y verrez des portraits qui valent mieux que ma vieille tête; j'ai ceux de tous les Italiens célèbres, mes contemporains, avec leurs signatures. »

Le vendredi 27 avril, j'eus le bonheur de revoir Giorgini; sa vive et étincelante causerie contribua à me guérir tout à fait, car le jour suivant j'étais sur pied et je pus assister au bal du Casino que Florence offrait à son souverain. Giorgini me parla d'un grand dîner que le roi avait donné au palais Pitti, le lendemain de son arrivée à Florence : Cavour, Ricasoli, Farini, toutes les notabilités de la ville, les sénateurs et les députés qui avaient accompagné le roi, y assistaient. Le froid était très-vif ce jour-là, Victor-Emmanuel souffrait de cette température inusitée.

« Sire, vous voyez bien, lui dit en souriant M. de Cavour, qu'il faut absolument que nous allions plus au midi de l'Italie... »

C'était un de ces mots prophétiques comme lui seul savait en trouver en se jouant. Giorgini avait aussi dans la conversation des traits charmants qui semblaient un écho de l'esprit du grand ministre. Je le questionnai sur une femme de la noblesse de Florence qui tenait un salon.

« Est-elle vraiment intelligente? lui dis-je.

— Mais oui, répliqua-t-il, il faut bien qu'elle le soit, car elle parle sans cesse, sans dire de bêtises, et en parlant toujours, elle empêche les autres d'en dire. »

Je demandai à Giorgini des nouvelles de Gino Capponi, que la mort de son gendre avait frappé si douloureusement.

« Il s'est raffermi, me répondit-il, la joie publique a fait diversion à son deuil intime; nous avons causé de vous, il viendra vous voir au premier jour. » Giorgini me quitta en me disant : « Au revoir, ici, puis à Pise; je suis certain que ma vieille cité vous plaira. »

Le Casino royal (ou cercle du commerce) occupe l'ancien palais Borghèse; une grande fête y fut donnée en l'honneur du roi, le samedi, 28 avril. Nous y allâmes, accompagnées du marquis Dragonetti, un des vétérans de l'indépendance italienne. Toutes les rues aboutissant à celle où se trouve le Casino étaient illuminées et décorées de fleurs; la façade du palais nous apparut éblouissante; sur l'architrave de la grande porte et à l'entour des fenêtres, se jouaient des cordons de feux nuancés; on eût dit l'arc-en-ciel projetant ses flammes prismatiques sur les pierres sculptées; à gauche du grand vestibule monumental, nous trouvâmes une de ces belles grottes en rocailles de la Renaissance, d'un aspect féerique. Une nymphe (d'après l'antique) se baignait radieuse dans une vasque de marbre blanc, bordée de fleurs; les stalactites de la grotte répandaient sur elle des flots jaillissants et lumineux. Le vestiaire, un peu froid, s'ouvrait auprès de cette grotte. Le marquis Dragonetti voulut bien se charger d'y faire déposer nos pelisses, il nous engagea à franchir rapidement l'escalier et à l'attendre dans le premier salon; attente vaine; nous avions été séparés par la foule, et ne pûmes nous retrouver de la soirée. Comme nous cherchions du regard l'excellent marquis, le comte Faïna et le chevalier Berardi survinrent et nous offrirent le bras. Le roi arriva quelques minutes après; il passa devant nous, accompagné du prince de Carignan, du ministre Farini, du général della Rocca, du baron

Perrone de San Martino, et d'autres de ses officiers; les flots d'invités nous poussèrent à sa suite.

Victor-Emmanuel s'arrêta dans la galerie de bal toute blanche et or, et décorée de statues de marbre. Les danses commencèrent, le roi se tint debout, au centre de la galerie, devant un enfoncement figurant une demi-niche toute tapissée de fleurs, et où le trône avait été disposé. A ses côtés se placèrent : le prince de Carignan, la princesse Marie et ses filles, le prince et la princesse Antoine; derrière lui, les personnes de sa maison que j'ai nommées plus haut. Nous étions en face du cercle de la cour. La princesse Marie nous aperçut, et, avec son aménité ordinaire, me fit amicalement, à plusieurs reprises, le signe d'approcher. Le roi, qui causait avec elle, vit le sourire aimable qu'elle m'adressait, et lui demanda qui j'étais; il accompagna cette question d'épithètes beaucoup trop flatteuses pour ma personne, et auxquelles mon âge ne me donne plus aucun droit. Eussent-elles été prononcées dix ans plutôt, ces louanges royales ne m'auraient point enivrée. Pour toute femme qui se respecte, un roi n'est pas un homme capable de séduire et de troubler; il est moins que cela pour le cœur et plus pour l'esprit, s'il est honnête et glorieux. C'est un principe, une individualité symbolique, qu'on aime et qu'on admire sans en vouloir ni familiarité ni faveur.

La princesse Marie me nomma en ce moment tout naturellement au roi, et lui demanda s'il désirait que je lui fusse présentée. Le roi lui répondit avec son franc et bon sourire, et en fixant sur moi ses deux yeux perçants : « Que voulez-vous que je dise à une « Muse, j'aime mieux la regarder que de lui parler. » Ni avant ce soir, ni depuis, je n'ai jamais sollicité une audience de Victor-Emmanuel, bien que, durant mon long séjour en Italie, je me sois très-souvent trouvée dans son entourage. J'aurais pu obtenir cette audience par M. de Cavour ou par le général della Rocca, mais je me demandais, à quoi bon? Je l'ai déjà dit : dans un roi ce n'est pas l'homme qui m'intéresse, c'est le principe qu'il représente, ce sont ses actes publics qui témoignent de son âme, et qui la font apparaître au grand jour. L'âme de Victor-Emmanuel s'est manifestée droite et valeureuse dans tous les faits éclatants de sa noble vie; que m'importe de savoir en quels termes il s'exprime, et comment il parle de la pluie et du beau temps. Pour le poëte, l'historien et le philosophe, il est plus important de connaître comment il agit ; or, il règne en pleine lumière (comme tous les rois vraiment constitutionnels), rien d'occulte et de dissimulé dans sa nature sincère et hardie ; par ses actions publiques, j'ai senti qu'il avait droit à l'amour, au respect et à l'enthousiasme de l'Italie ; par ceux qui l'approchent sans cesse, j'ai appris des traits touchants et plus secrets de sa vie, qui ont complété pour moi cette grande figure historique. Je l'ai peinte, et je continuerai à la peindre d'un esprit libre, dégagé de tout intérêt et de tout sentiment personnel. N'est-ce pas mieux pour ceux qui me liront? Ils pourront ajouter une foi entière au jugement que je porte de ce prince que j'aime comme l'abstraction de la justice et de l'héroïsme. Madame de Sévigné, parlant de Louis XIV, est toujours un peu suspecte dans ses éloges ; on sent que quelques mots que lui a dit le grand roi, le roi-soleil, ont suffi pour l'enivrer et l'éblouir.

Je dois pourtant avouer une faiblesse : Si le roi Victor-Emmanuel s'était occupé de poésie ou de littérature, ou avait eu seulement un goût particulier pour les travaux de l'esprit, qui sont la vie même des écrivains, j'aurais éprouvé un désir très-vif de l'entretenir. C'est ce désir qui me poussa à connaître la duchesse d'Orléans, intelligence haute et exquise ; elle a su exprimer et écrire ses idées et ses sentiments dans un style d'une perfection rare, que tous les littérateurs de profession envieraient[1]. C'est un attrait du même genre qui m'a fait rechercher, curieuse et charmée, la conversation tour à tour si pleine de verve et d'éloquence du prince Napoléon. Lorsqu'il s'est révélé tout à coup orateur puissant à la tribune, le jour où me parvint à Rome son discours improvisé, si courageux d'idées et à la forme si belle, oubliant le rang de cet irrésistible défenseur de l'Italie, oubliant le sujet même qui l'avait inspiré, je dis à mes amis : « La France a un écrivain de plus ! »

J'entends d'ici les flatteurs des deux dynasties rivales s'écrier en lisant ces lignes : « Quel bizarre rapprochement de noms qui se heurtent et se combattent ! » Et pourquoi pas, appréciateurs éphémères de ce qui survit ! Est-ce que dans le domaine de l'idéal les querelles des races royales subsistent !

Mais revenons au bal du *Casino*, dont cette digression nous a un moment éloignés.

Quand le premier quadrille fut terminé, nous nous approchâmes

---

[a] des pages d'une grande beauté dans les lettres de la duchesse d'Orléans qui ont été publiées après sa mort.

de la princesse (qui, elle aussi, avait pour moi l'attraction de l'esprit et du talent), et après lui avoir serré la main, je me mis à causer avec le général della Rocca et M. Perrone. Farini était dans le même groupe ; je le considérai avec intérêt. Le docteur Farini[1] est de taille moyenne, sa tête est noble, ses traits corrects ; plus jeune, il a dû être fort beau ; son sourire est plein de douceur et de cordialité, son regard fin révèle une perspicacité toujours en éveil, et par éclairs répand un feu subit qui semble lire dans la pensée d'autrui ; ses cheveux bruns commencent à grisonner sur son front intelligent.

« Voulez-vous causer avec lui ? me dit le général della Rocca.
— Je ne demande pas mieux, » repartis-je.

Le général me nomma, et le grand citoyen Farini, qui a vécu en exil à Paris, me dit aussitôt en très-pur français :

« Il est heureux, madame, pour l'Italie, que vous, qui écrivez, soyez témoin de nos fêtes et de notre concorde ; vous pourrez dire et publier sciemment que nous voulons enfin être un seul peuple.

— Ce que je n'oublierai pas de dire aussi, répliquai-je, c'est que vous avez été un instituteur de liberté et d'indépendance pour les provinces du centre ; sans vous, Parme, Modène et Bologne seraient peut-être rentrées sous le joug de leurs gouvernements détestés.

— Oh ! ma tâche a été facile, répliqua-t-il en souriant avec malice, j'ai eu pour auxiliaires même les petits souverains chassés par le peuple ; ils nous ont fait la partie belle par leur despotisme et leur ineptie. Pour faire voter aux duchés l'annexion à l'unanimité, il a suffi de leur dire : Voulez-vous être Italiens ou retomber sous le joug de vos anciens maîtres ? Entre une patrie et une prison le choix ne pouvait être douteux. A Bologne, nous avons été secondés plus énergiquement encore par la haine et l'irritation séculaires amassées contre les légats du pape : vice-rois en soutane, sultans sans courage, entourés de janissaires étrangers ; vous avez vu, poursuivit-il, l'accueil enthousiaste que Florence a fait au roi ? Eh bien, ce n'est rien auprès des ovations qui l'attendent à Bologne ; car, là, l'amour qu'on a pour lui est centuplé par la haine qu'on porte au gouvernement papal.

— Ce que vous me dites, répliquai-je, le prince de la Tour d'Auvergne, notre ancien ambassadeur à Turin, me l'a exprimé en

[1] Avant sa célébrité politique, Farini fut un médecin renommé et un publiciste entraînant.

d'autres termes; il y a six mois : « Je connais les habitants des Romagnes et des Légations, me dit-il, jamais nous ne pourrons les forcer à rentrer sous la domination de l'Église. »

— Il en serait de même de Rome si on la laissait faire, reprit Farini en riant.

— Malheureusement, repartis-je en riant à mon tour, nos soldats, que j'aimais mieux à Magenta et à Solférino qu'au bord du Tibre, maintiennent le mariage forcé de la ville des Césars et du successeur de saint Pierre. Quelle fête le jour où leur divorce sera prononcé par trente millions d'Italiens!

— Et par trente-huit millions de Français, ajouta Farini, car sans une entente cordiale entre les deux nations rien ne peut se faire; mais en attendant une fête à Rome qui sera le couronnement de toutes nos fêtes nationales, il faut, madame, que vous assistiez à celle que Bologne va donner au roi.

— Impossible, répliquai-je, je souffre encore d'une grippe violente que j'ai gagnée dans les gorges sauvages des Apennins, je sens toujours siffler dans ma poitrine leur vent sec et glacé; leurs pics se dressent entre la fête et moi comme le géant du cap des tempêtes; jamais je n'aurais le courage de refaire cette route.

— Il est certain qu'elle est un peu rude, reprit Farini, mais elle se changera en voie triomphale le jour où le roi la franchira; des villages lointains, des hameaux et des cabanes de bûcherons sortiront des êtres ignorés qui feront cortége à l'élu du peuple. »

Un nouveau quadrille se formait devant nous tandis que nous causions, il fallut lui faire place; je saluai Farini, qui me dit :

« J'espère bien que nous nous reverrons.

— A Rome? lui demandai-je.

— *Chi lo sa?* répondit Farini, en clignant ses yeux brillants.

— Ce sera peut-être à Naples, dis-je sans réfléchir et à tout hasard.

— Oh! pour ceci, c'est plus difficile, » repartit Farini que la foule éloigna de nous et rapprocha du roi.

C'est ainsi qu'en se jouant, on laisse parfois tomber des oracles dérobés à l'antre de l'antique sibylle. Six mois après, j'étais à Naples, quand Farini y fut envoyé comme gouverneur.

Ma fille faisait partie du quadrille dont l'orchestre donnait le signal, et, tout en la regardant danser, je causais avec le poëte dall'Ongaro qui venait de passer près de moi et m'avait offert son bras. Son neveu offrit le sien à ma fille, quand le quadrille fut terminé, et nous parcourûmes à pas lents les divers salons où se déroulait la fête. Je n'ai jamais vu une telle profusion de fleurs qu'à ce bal du *Casino;* les murs de plusieurs salons en étaient littéralement couverts; sur un fond de feuillage et de gazon vert, les tulipes, les roses, les camellias, les renoncules, les marguerites et les œillets formaient des mosaïques du plus riant effet; tandis que d'autres fleurs décrivaient au plafond d'immenses rosaces d'où s'échappaient des lustres à girandoles de cristal. Dans un de ces pavillons embaumés, j'eus l'heureuse surprise de rencontrer le comte Stephano Medine, une de mes connaissances de Milan; il donnait le bras à la comtesse Bathiany que je n'avais pas revue depuis la mémorable séance de l'ouverture du Parlement à Turin. Nous continuâmes ensemble l'exploration du *Casino* transformé en palais enchanté; puis la lassitude et le sommeil me gagnèrent; il fallait recouvrer des forces pour une fête nouvelle.

Le lendemain dimanche (29 avril), nous fîmes visite à madame d'Ayala, femme du brave général sicilien qui, quelques mois plus tard, organisa la belliqueuse garde nationale de Naples; puis à la marquise Tupputi, dont le mari, un des meilleurs généraux napolitains, était exilé depuis 1848. Je le retrouverai dans sa patrie affranchie, succédant au commandement de cette fière milice de citoyens que le général d'Ayala avait si heureusement formée et à laquelle le général Tupputi donna une extension et une discipline qui en a fait un véritable corps d'armée, toujours prêt à réprimer dans la ville les tentatives d'émeutes, et qui, plus récemment, a combattu corps à corps avec les brigands, lancés de Rome sur le territoire de son ancien royaume, par François II, dont la couardise s'abrite derrière les murs du Quirinal, comme elle s'était abritée derrière les bastions de Gaëte. On sourit de pitié, en songeant que c'est d'un pareil prince que les cléricaux et les légitimistes tentent de faire un héros!

En rentrant ce jour-là à l'hôtel, je trouvai la carte de Poërio; j'eus un vif regret de ne pas l'avoir revu à Florence; il en partait le lendemain, et nous ne devions nous retrouver que quelques mois plus tard à Turin, puis à Naples. L'historien Cantù était aussi venu pour me voir.

Dans la soirée eut lieu à Pise le grand *Luminare* en l'honneur du roi. J'avais reçu dans la matinée un billet du général della Rocca, qui me prévenait que trois places m'étaient réservées dans le convoi royal. A sept heures, je me rendis au chemin de fer, accompagnée du chevalier Berardi et de ma fille. L'embarcadère avait été transformé en palais de fleurs. Ce n'est qu'en Toscane que j'ai vu ces décorations merveilleuses dont la nature fait les frais. Les faisceaux d'armes et de drapeaux étaient enlacés de guirlandes, et chaque lustre éblouissant se pavoisait de bouquets ; un orchestre militaire jouait des symphonies. Nous arrivâmes quelques minutes avant le roi. Le comte Peruzzi[1], descendant de la grande famille florentine de ce nom et directeur des chemins de fer toscans, prévenu par le général della Rocca, nous fit placer avec une grâce empressée. Dans le même wagon montèrent plusieurs députés, parmi lesquels je fus charmée de trouver l'historien Cantù. Une fanfare plus vive et des vivats prolongés nous annoncèrent l'arrivée du roi. Le convoi partit à toute vapeur; il faisait nuit close; un ciel nébuleux voilait la clarté des étoiles et empêchait leurs lueurs d'éclairer les riants paysages à travers lesquels la vapeur nous précipitait. A peine apercevions-nous le cours de l'Arno et les sinuosités des collines; sur toute la route, les paysans, accourus en foule, criaient : *Viva il re*. La causerie animée de nos compagnons de route abrégeait le temps; nous allions, d'ailleurs, d'une telle vitesse, qu'en moins d'une heure nous fûmes arrivés. Il tombait une pluie fine ; nous la bravâmes pour courir à travers la fête. Le débarcadère de Pise était décoré, comme celui de Florence; toutes les maisons et tous les monuments, jusqu'aux rives de l'Arno, scintillaient de lampions; mais la féerie du grand *Luminare* ne commençait qu'aux bords du fleuve. En y arrivant, nous poussâmes un cri d'admiration qui se confondit aux acclamations de la foule ; je n'avais jamais rien vu de semblable. Le *Luminare* de Pise est célèbre en Italie depuis plusieurs siècles; il ne resplendit que pour fêter l'avénement au trône ou le mariage des souverains.

L'Arno est à Pise bien plus large qu'à Florence; trois ponts de pierre aux arches élégantes sont jetés d'une rive à l'autre; les quais sont bordés de palais, d'églises, de tours, de petites chapelles couronnées de sculptures dentelées et de saints en marbre, qui nous apparurent tout à coup dans leur ensemble et leurs détails comme modelés par des rayons. Des échafaudages déliés et invisibles sup-

[1] Aujourd'hui ministre des travaux publics d'Italie.

portaient des milliers de petits verres, nids flamboyants qui semblaient recéler autant de lucioles; ces clartés délicates, éblouissantes par leur profusion, suivaient les lignes des entablements et des architraves; les contours des arcades, des ogives, des rosaces et des clochetons, fouillaient les bas-reliefs et les statues, les nervures des dômes, les niches des portails, les arches des ponts et projetaient un fluide d'or sur les eaux troubles de l'Arno. Aussi loin qu'allait le regard, sur les deux rives du fleuve, la décoration continuait fantastique, inouïe. Nous nous étions placés sur le pont du milieu (le pont *al Mar*); le fleuve décrivait la courbe d'un arc gigantesque lançant des deux côtés des javelots de feu; le peuple encombrait les quais, joyeux, transporté et exprimant par des phrases imagées, dans le beau langage toscan, qu'il parle à l'égal des meilleurs écrivains, la poésie que ce spectacle reflétait en lui; les paysans, dans leurs costumes pittoresques, accourus des fermes et des villages, donnaient le bras aux jolies contadines qui rejetaient, pour mieux voir, leurs fins chapeaux de paille sur leurs épaules[1]. Quand le roi parut sur la rive gauche, un incommensurable vivat couvrit la cité; la tour penchée, vacilla dans la lumière et projetta des teintes d'aurore sur le *Campo-Santo*. Les sombres figures d'Orcagna rayonnèrent tout à coup; elles se regardaient entre elles en se disant : « Qui donc réveille les morts? » Le poëte qui préside un des groupes funèbres leur répondait : « C'est la gloire de l'Italie qui resplendit! Levez-vous! levez-vous! Voici venir le Rédempteur de la patrie attendu si longtemps. »

Ce fut un éblouissement indicible, une de ces visions qui changent l'homme en Dieu; tableau éphémère que l'œil saisit au vol et qui s'empreint à jamais dans le souvenir. La voiture qui portait le roi fit le tour des quais et de la place du Dôme, puis revint à l'embarcadère. Nous suivions, enivrés, cette course à travers le *Luminare* fantastique, oubliant la pluie qui tombait et perçait déjà nos vêtements. Le retour fut rapide; nous arrivâmes à Florence vers dix heures. Nous allâmes finir la soirée chez la princesse Marie qui, un peu lasse de la fête de la veille, n'avait pu assister à ce spectacle magique. Aussitôt elle fit improviser un souper charmant. Dans un

[1] Ce sont toujours les élégantes paysannes dont Montaigne disait il y a trois siècles : « Les femmes fort belles à tout (avec) des chapeaux de pailles qui se font plus excellents en cette contrée qu'en lieu du monde et bien vêtues pour femmes de villages; les mules et escarpins blancs. »

beau vase de porcelaine de Sèvres se dressait, au milieu de la table, un énorme bouquet composé des fleurs les plus rares.

« C'est un souvenir du roi, me dit la princesse, il me l'a envoyé pour me dire adieu. »

Le lendemain, le roi partit pour Bologne, où de nouvelles fêtes l'attendaient. Florence reprit sa quiétude accoutumée. Je songeai aussitôt à visiter les musées et les monuments que je n'avais fait qu'entrevoir à la lueur des illuminations et dans le tourbillon des réjouissances publiques.

Je commence par le *palazzo Vecchio*. Avant d'en franchir la porte, je regarde, en pleine lumière, le David radieux de Michel-Ange; c'est le corps d'un puissant adolescent; les muscles du bras tendu révèlent déjà le futur vainqueur de Goliath; la tête est moins belle que le corps; le cou, ramassé et court, manque de noblesse. L'élégant *cortile* du palais me ravit comme la première fois que je l'ai vu. Je ne me lasse pas de contempler les arabesques de Michelazzo Michelozzi qui couvrent la voûte et les pilastres; je m'arrête en face de la jolie fontaine de porphyre qui jaillit au milieu. Les fresques des murs s'effacent; je pense, en les regardant, aux fêtes dont cette cour moresque a été le théâtre; elle fut peinte et décorée à l'occasion du mariage de François Ier et de Jeanne d'Autriche; plus tard, la femme devait mourir par le poison que lui versa le mari; il la rejeta dans la mort pour épouser Bianca Capello. J'ai dit, en parlant de ce drame[1], que Pietro Bonaventure, marié à Bianca, fut assassiné par le grand-duc, et j'ai joint au nom de cet aventurier une épithète de pitié, que je regrette, à présent que je connais mieux son histoire. Il avait vendu sa femme au grand-duc et en était devenu le courtisan et le familier; les autres courtisans jalousèrent son abaissement; ils s'irritèrent un jour de son insolence, et, d'accord avec leur souverain, ils le poignardèrent. A leur tour, François et Bianca périrent par le poison. Quel temps! quelles annales! que de crimes en pleine civilisation! que de fange et que de sang sur la gloire des Médicis!

Nous franchissons, à gauche, une porte voûtée et montons, par un escalier plane, à la vaste *salle du Conseil*, dite des *Deux-Cents* (longue de 162 pieds, large de 76 et haute de 60); elle fut construite par Cronoca, sur l'ordre de Savonarole qui y réunit le peuple. Elle a été le théâtre des scènes les plus agitées de l'histoire de Flo-

---

[1] Page 289, t. Ier.

rence. Récemment, l'Assemblée toscane y a tenu ses séances, et les banquettes où les députés se sont assis pour préparer l'union de la Toscane à la grande patrie italienne, ont servi, il y a à peine quelques jours, aux invités du grand concert offert au roi élu ; l'harmonie des *Maestri* illustres a été le couronnement des discours patriotiques dont cette enceinte a retenti. Après les combats et les mêlées, la fanfare triomphale.

Sur le plafond de cette salle immense se déroulent l'histoire de Florence et la vie des Médicis, peintes à l'huile par Vasari, qui est aussi l'auteur des fresques représentant les batailles livrées à Sienne, à Pise, à Livourne, dont sont couvertes les deux plus larges parois. Montaigne a dit, il y a plus de trois cents ans : « Nous « vîmes le palais du duc, où Cosimo (Côme Ier), son père, a fait « peindre la prinse de Sienne et notre bataille perdue. » La seconde partie de la phrase de Montaigne fait allusion au siège de Pise, où les Florentins eurent à combattre, pour s'emparer de la ville, l'artillerie française venue au secours des Pisans.

Les petits côtés de la salle, divisés par les fenêtres, sont revêtus de peintures sur ardoise, par Ligozzi, Cigoli et Passignano. Je ne parlerai pas en détail de ces fresques, toutes assez médiocres et mille fois décrites. Le pourtour de la salle est décoré de statues en marbre. Il y en a cinq, par Baccio Bandinelli. Son groupe d'Adam et Ève est fort beau ; le corps et la tête d'Ève ont une maestria et une vigueur qui symbolisent bien la mère radieuse de l'humanité. Jean de Bologne, a là une allégorie du Vice terrassé par la Vertu ; la figure du Vice est belle ; celle de la Vertu, un peu brutale. L'artiste n'a pas atteint son but et laisse le spectateur assez froid. La Victoire et le Guerrier vaincu, de Michel-Ange, attirent surtout mon attention ; le visage de la Victoire est superbe et rappelle en plus grand celui de la statue de Laurent de Médicis (le *Pensieroso*) ; le corps de la Victoire est inférieur. Le souvenir de la statue antique de Brescia y projette pour moi une ombre qui l'écrase ; la tête du guerrier vaincu par la Victoire a une expression navrante. C'est bien là la force abattue qui sent que toute lutte est vaine ; mais j'ai trouvé plus tard au musée de Naples, dans celui de Latran, à Rome, et aux galeries du Vatican, des statues d'esclaves gaulois et scythes qui ont servi de modèles à cette tête puissante.

Je passe dans un corridor voûté peint à fresque et j'entre dans la salle des séances de la Cour de cassation : elle n'a de remarquable qu'un très-beau plafond à médaillons sculptés. Les murs de cette salle ont été badigeonnés et les meubles sont modernes. Je monte au second étage; je m'arrête d'abord dans la *salle de l'Horloge* ou *des Lis*. Les murs sont couverts d'un semis de fleurs de lis d'or sur fond d'azur; la frise se compose de lions en relief; le plafond est peint à fresque par Rodolphe Ghirlandajo. Montaigne a dit encore, en parlant de cette salle du palais Vieux : « En ce « palais aux anciennes murailles, les fleurs de lys tiennent le pre- « mier rang d'honneur. » Le commentateur de Montaigne ajoute : « A cause des alliances de la maison de France et de celle des Mé- « dicis. » C'est là une erreur qu'il est à propos de relever, en rappelant que les premières armoiries de Florence furent de *gueules à la fleur de lis au naturel*; le lis avait été choisi, suivant les chroniques, pour symboliser la ville des fleurs entourée d'une campagne riante. Dans un encadrement en marbre blanc sculpté, d'un travail exquis, est une porte en bois de marqueterie, où figurent les portraits en pied de Dante et de Pétrarque; cette porte, un vrai bijou d'ébénisterie florentine, conduit dans la *salle d'Audience* entièrement peinte à fresque, par Francesco Salviati; il y a là une Diane couverte d'une peau de tigre et tirant une flèche de son carquois, qui frappe tout d'abord tant elle est vivante. Au-dessus des fenêtres est une frise ornée de figures nues, d'une beauté émouvante. Je m'arrête, émerveillée, devant trois armoires de la Renaissance, à bas-reliefs et à figurines, qui sont dans cette salle. La première armoire renferme des ornements d'autel merveilleux, une crosse d'évêque, une croix, un calice; dans la seconde, ce sont des vases sacrés et des candélabres : tout cela en ambre, en pierres dures, en corail et en ivoire; dans la troisième, sont des statuettes de saints et des crucifix d'ivoire d'une perfection inouïe. C'est là qu'est placé le fameux groupe de Jean de Bologne, représentant le Christ en croix. Madeleine tient les pieds du Sauveur embrassés; la tête du Dieu mourant se penche vers elle, ineffable de mansuétude et de douleur. La mère du Christ, désespérée, s'affaisse au pied de la croix; saint Jean regarde, effaré, le supplice de son divin maître. Ces quatre figures en miniature tressaillent et vivent.

Une porte, à gauche de cette salle, mène à la *chapelle de Saint-Bernard*; les murs et la voûte sont couverts de peintures sur fond d'or, œuvre de Rodolphe Ghirlandajo (qui fut le maître de Michel-Ange). Il y a là un Christ admirable; il force à prier et à s'agenouiller; il semble murmurer aux âmes tourmentées : « Venez à moi ! j'ai porté le fardeau de l'humanité souffrante, aucune de ses douleurs ne m'est étrangère ! » Le groupe de l'Annonciation arrête longtemps mes regards. La Vierge a une expression de candeur qui captive; l'ange Gabriel est radieux et doux comme *il divino bambino* dont il présage la venue. Cette chapelle, petite et recueillie, s'empare, pour ainsi dire, de l'esprit et l'enveloppe dans son enceinte. La rêverie y mène à l'attendrissement, et, pour peu qu'on s'y enfermât quelques jours, on serait bien près de l'ascétisme. Je traverse de nouveau la *salle d'Audience* et celle des *Lis*, et dans une petite pièce, espèce de couloir poudreux où se tiennent les employés du palais, je trouve un portrait de Bianca Capello; elle est grande, forte, un peu rousse, la mine est sensuelle et résolue; près d'elle est le portrait de son mari, François de Médicis, dont l'œil noir, velouté, plein de fluide brille, arrêté sur elle, d'une convoitise éternelle. Quel contraste avec les figures célestes de la Vierge et de l'ange Gabriel qui poursuivent encore mon regard !

Grâce à une permission que le baron Perrone di San Martino, secrétaire du prince de Carignan, m'a envoyée le matin, je puis visiter les appartements de Léon X et de Clément VII, situés au premier étage; ils sont interdits au public et occupés en ce moment par les bureaux du ministère toscan. Le premier salon est peint à fresque par Vasari. Dans le second salon, je contemple, ravie, l'adorable portrait d'Éléonore de Tolède. Elle survit dans la mort; on l'aime, on voudrait la ranimer; la beauté vivante est si rare ! De ce salon, je passe dans une toute petite chapelle ou oratoire privé des deux Papes. Elle est décorée de fresques d'après les cartons de Raphaël. Le troisième salon, dit de Clément VII, renferme deux portraits de ce pape et communique par un passage en démolition avec la grande *salle des Deux-Cents;* je la parcours de nouveau, puis, remontant au second étage, je traverse des couloirs mystérieux et plusieurs chambres étroites sans ornements et j'arrive au fameux passage suspendu qui mène du palais *Vecchio* au palais *Pitti*. Le custode m'ouvre une porte voûtée; aussitôt je vois, éblouie, se dérouler devant moi la galerie de l'Est des *Offices*.

« Vous n'avez, me dit mon guide, qu'à marcher toujours jusqu'à la *salle des Étrusques;* là on vous ouvrira une autre porte qui conduit à la fin du passage ; » puis il me quitte et referme à clef la porte que je viens de franchir. Je reste un moment immobile dans cette immense galerie (450 pieds de long) dont deux files de statues semblent les gardiens silencieux. Avant de la parcourir, j'entre dans deux petites pièces à gauche, aboutissant à l'escalier ouvert au public, qui monte à droite sous les portiques des *Offices*.

Le musée de Florence est trop connu pour que j'en donne ici la nomenclature; je vais seulement y promener une seule fois le lecteur et lui faire part en bloc des impressions successives que me causèrent durant mes nombreuses visites quelques-uns des chefs-d'œuvre de la statuaire et de la peinture.

Me voilà dans les deux pièces formant vestibule; je m'arrête d'abord dans celle qui donne sur l'escalier dont j'ai parlé. En montant cet escalier par la porte qui s'ouvre sous les arcades des *Offices*, on trouve au premier étage la vaste salle où siège aujourd'hui le tribunal criminel; cette salle occupe une partie de l'emplacement de l'ancien théâtre des Médicis, inauguré en 1585, par une pastorale.

La première chambre du vestibule renferme les bustes en marbre et en bronze de toute la lignée des grands-ducs de Médicis et de Lorraine; deux statues, de Silène et de Mars, et quelques beaux bas-reliefs antiques.

Dans la seconde chambre, je remarque un cheval hennissant, qui faisait primitivement partie du groupe de Niobé; un sanglier magnifique, dont le marbre semble frémir; deux boule-dogues prêts à s'élancer sur les passants. Ces figures d'animaux sont d'une vigueur et d'une vérité qui font tressaillir. Les statues d'Auguste, de Trajan et d'Adrien me paraissent médiocres; la tête d'Auguste est mesquine; Trajan et Adrien ont, dans ces marbres, une physionomie insignifiante.

Je me hâte de retourner dans la grande galerie dont l'apparition subite m'a ébloui; elle fut construite par Vasari, et elle conduit, comme je l'ai dit, au corridor suspendu qui relie le palais *Vecchio* au palais *Pitti*. Ce corridor, exécuté en cinq mois, par l'ordre des Médicis (1565), servit d'abord à leur usage privé. Que d'intrigues et de complots il a dû voir s'agiter! combien d'ombres perverses on peut y évoquer!

Avant de le franchir, parcourons cette large et lumineuse galerie qui lui sert d'entrée; elle fut transformée en musée par Ferdinand Ier (le cardinal empoisonneur) et par Côme II. Le plafond est peint à fresque à la manière des loges de Raphaël au Vatican;

7.

sur les deux frises se déroulent cinq cent trente-quatre portraits. Les murs sont couverts des tableaux les plus précieux des vieux maîtres italiens. Cimabuë, Giotto, Orcagna, Filippo Lippi, Fra Beato Angelico et leurs disciples ont là des chefs-d'œuvre. Le long des soubassements se dressent des statues, des bustes et des sarcophages antiques. La première statue que j'admire à l'angle de la galerie est celle d'Agrippine jeune : elle est assise ; son corps, souple et délicat, s'enveloppe d'une admirable draperie dont les plis frissonnent ; sa tête, expressive et pensive, rappelle mademoiselle Rachel interrogeant Néron. Je m'arrête ensuite en face d'un masque de Pompée ; le menton est fort et saillant ; les lèvres sensuelles ; je considère un buste d'Auguste, plus jeune et plus beau que la tête de sa statue ; non loin est un buste d'Agrippine, très-fier et très-noble ; auprès, voici celui de Claude, qui lui fait contraste par son air hébété. Celui de Néron, en bronze, a une expression atroce ; le menton et les lèvres sont relevés ; les cheveux frisés avec art ; celui de Vitellius regorge d'un triple menton dont le marbre suinte comme une chair grasse. Au-dessus de ces têtes païennes resplendissent deux toiles ineffables que je contemple longtemps. C'est d'abord une Sainte Famille de Luca Signorelli de Cortona ; la Vierge a une expression de candeur divine qui ne se trouve que dans les peintures du moyen âge ; les Madones de Raphaël n'ont plus ce parfum d'ascétisme et ce souffle éthéré. Elles sont plus correctes et plus humaines. On sent un respect religieux en contemplant un Christ au tombeau de Stefano Pieri, dit le *Florentin*. C'est l'angoisse résignée d'un Dieu qui souffre et se plaît à souffrir. C'est la mort, certaine de l'immortalité.

Vers le milieu de la galerie, j'entre dans la *salle de la Tribune*: je sens aussitôt le saisissement silencieux que fait éprouver la splendeur du beau reproduit par l'art. En face de ces chefs-d'œuvre de la sculpture antique et de la peinture moderne, l'esprit flotte en plein idéal ; les paroles sont insuffisantes pour exprimer la sensation ; on est troublé par quelque chose d'ineffable et d'analogue au foudroiement dont frappe l'amour. Une chaleur vivifiante se répand dans l'être ; la lèvre frissonne, le regard brille, la voix reste muette. L'ivresse est refoulée et craintive ; les pensées y suffisent, les mots la profaneraient ; on l'enferme en soi comme une essence précieuse dont on craint d'altérer le parfum subtil en entr'ouvrant le flacon qui la contient. Je me place au centre de la Tribune et, comme la foule des visiteurs, j'arrête mes premiers regards sur la tête de la Fornarina[1]. Est-ce bien elle? est-ce là vraiment l'humble *Transteverina*? Qu'importe! c'est une créature pétrie de toutes les séductions de la jeunesse et de la beauté! Une légère couronne de feuillage délié est posée sur la chevelure d'un blond sombre; sur la chemise plissée qui sort du corsage, serpente du côté gauche une fourrure brune contre laquelle s'appuie la main superbe, se détachant en relief. Au petit doigt de cette main, d'un modelé et d'un coloris incomparables, brille un anneau d'or. Que dire du visage qui n'ait été dit? Nous en avons tous le reflet ou plutôt l'ombre dans quelque gravure impuissante; on éprouve le même sentiment de l'inutilité de la description devant les deux Saintes Familles de Raphaël, joyaux de la Tribune de Florence que chacun connaît. La Sibylle du *Guercino*, éclatante, inspirée, s'impose à l'admiration; on l'écoute parler; ses yeux, clairs et profonds, se fixent sur le portrait de Jules II, par Raphaël, un vieillard morne que le souffle du génie fait vivre. La maîtresse du Titien[2] trône en face (un peu à gauche) de la porte d'entrée, au-dessus de la Vénus de Médicis; elle est nue comme Aphrodite; elle peut l'être, car sa beauté est divine. Son corps, d'un ton chaud, se détache et s'étend sur un lit de repos couvert de draperies blanches. Sa tête, radieuse d'amour, s'appuie renversée sur deux coussins blancs supportés par deux autres coussins de pourpre. Ses cheveux blonds, crêpés sur le front, y rayonnent comme une vapeur d'or; mi-partis dénoués, ils flottent sur les tempes; mi-partis tressés en natte, ils entourent la tête d'un cercle plus brun. Le bras gauche est ceint au poignet d'un bracelet; la main, fine et potelée, qui s'en échappe, tient des roses à feuillage noir. Le bras droit s'allonge sur la hanche et le flanc; les doigts, recourbés, reposent à mi-corps; au plus petit brille une bague; les pieds, d'une grâce exquise, sont tendus vers un chien mignon qui, les yeux pétillants et les narines ouvertes, semble les admirer. Le fond se compose d'un rideau de velours vert drapé sur les colonnes d'une fenêtre qui laisse entrevoir les arbres lointains; un petit pot de fleurs est placé sur la balustrade; à gauche de la fenêtre, une servante se penche devant un bahut ouvert, en bois

---

[1] Par Raphaël.
[2] D'autres disent que cette beauté splendide fut la favorite d'un Médicis ou d'un duc d'Urbin.

sculpté; elle paraît y chercher la toilette que va revêtir ce corps si beau. Une autre servante se tient debout.

A côté de cette toile, où la vie surabonde, est un tout petit tableau du Corrége, représentant la tête coupée de saint Jean-Baptiste; tête jeune et superbe, posée sur un plat sanglant comme sur un billot; les yeux vous regardent et conservent la vie, tandis que la chair morte du visage, d'une pâleur cadavérique, vous fait frissonner. Le saint Jean-Baptiste prêchant dans le désert (de Raphaël), me retient longtemps immobile; il est trop connu pour le décrire. Je suis frappée par une Hérodiade de Bernardino Luini, qui contraste avec un tableau sur le même sujet, par Devos, que j'ai vu au musée d'Anvers [1]; les figures, de la composition du grand peintre lombard, sont à mi-corps; à droite, une vieille servante, la tête tendue, regarde avec curiosité; l'Hérodiade est au milieu; elle tient une coupe de bronze et d'or, au-dessus de laquelle un soldat à face bestiale, placé à gauche, secoue la tête coupée de saint Jean; le sang filtre du cou dans la coupe. L'Hérodiade se détourne; l'expression de son visage est triste, pénétrante, presque angélique; c'est plutôt la figure de la douce Madone que celle de la Juive fanatique.

Je contemple tour à tour chaque chef-d'œuvre que renferme cette salle de la Tribune; je garde pour dernière et ineffable sensation les marbres antiques, modèles éternels du beau, dont les grands maîtres de la Renaissance s'inspirèrent autant que de la nature. Vénus[2] et Apollon[3], du ciseau grec, fleur de l'adolescence et de la beauté! sombre espion[4] écoutant la vengeance venir! lutteurs[5] roidis par l'espoir du triomphe ou la rage de la défaite! faune[6] joyeux aux cymbales retentissantes! rien dans l'art moderne ne vous a surpassés!

Cette salle de la Tribune est tendue de moire rouge; la coupole est revêtue de bois dur (servant aux marqueteries de Florence) et de coquilles de nacre; les encadrements des dix fenêtres sont ornés de dessins de nacre sur fond bleu; les soubassements sont couverts de peintures d'après l'antique, imitées des fresques de Pompéi.

[1] J'en ai parlé dans ma *Promenade en Hollande*, collection Hachette.
[2] La Vénus de Médicis.
[3] Dit l'Apollino.
[4] Statue du Rémouleur.
[5] Groupe des Lutteurs.
[6] Statue, attribuée à Praxitèle.

Les piédestaux des cinq marbres grecs ont la même décoration que les soubassements.

J'entre, à gauche, dans les deux salles où sont placés les plus grands tableaux de l'école toscane; quelle réunion de chefs-d'œuvre! il faut les voir à toutes les heures, par un ciel couvert et par un ciel éclatant; dorés par le soleil qui se lève, ou incendiés par la pourpre du couchant.

Je retourne dans la salle de la Tribune et passe rapidement dans les salles de l'école flamande, où sont quelques toiles d'un fini admirable; j'y remarque un chef-d'œuvre en miniature, de Gottifredi Schalken : c'est une femme pensive qui coud; la lampe qui l'éclaire projette de pâles rayons sur son doux visage. A quoi rêve-t-elle, en faisant courir son aiguille? à quelque cher absent errant dans les mers des Indes?

Je parcours les salles de l'école française, assez pauvrement représentée; je reviens sur mes pas et, ressortant par la porte de la Tribune, je me retrouve dans la galerie de l'Est que je suis jusqu'à la galerie du Midi, tout en regardant, émerveillée, une statue antique de Pomone, souriante, portant des fruits sur son giron; puis une Uranie, fière et noble, beau marbre qui a des rayonnements d'étoiles; puis un buste de Messaline jeune, empreint d'un stigmate indélébile de bestialité; le front, presque absent tant il est bas, est envahi par les cheveux frisés; la face est aplatie; les contours du visage sont fins et attrayants. Une magnifique Victoire me distrait de la prostituée impériale. Quelle figure altière et souveraine! Quelle domination dans son regard! D'une main elle tient une palme, de l'autre une couronne. C'est ensuite un buste superbe d'Agrippine, qui me rappelle de nouveau mademoiselle Rachel dans ses rôles violents et sombres. Tous ces bustes antiques d'empereurs et d'impératrices, sympathiques ou repoussants, sont autant de portraits vrais d'un vif intérêt; ils confirment l'histoire.

Arrivée au bout de la galerie de l'Est, je tourne, à gauche, dans celle du Midi et me fais ouvrir la porte du *cabinet des Gemmes*. Il est en forme de rotonde, orné de huit colonnes, dont quatre sont en vert antique et quatre en albâtre oriental; ces colonnes séparent huit armoires vitrées, où sont rangées sur des tablettes re ouvertes de velours rouge les plus exquises merveilles de l'art. Ce sont des émaux parsemés de perles, de diamants et de grenats; des colonnes en agate de Sienne et en cristal de roche ornées de turquoises et de topazes. Je regarde, d'abord, dans deux vitrines soutenues par deux trépieds, les bijoux antiques trouvés dans les tombeaux des villes étrusques de la Toscane. Ils ont la perfection des bijoux grecs que je trouverai plus tard à Rome et au musée de Naples.

Deux bas-reliefs en or sur un fond de jaspe, par Jean de Bologne, sont le chef-d'œuvre le plus remarquable que renferme la première armoire ; dans la seconde, se trouve le grand vase en onyx portant au fond le nom de Laurent de Médicis ; dans la même armoire est la petite boîte en cristal de roche, sur laquelle est gravée toute la Passion du Christ. Elle fut faite par Valère Vicentino pour le pape Clément VII. A côté est une coupe en lapis-lazuli avec trois anses en or, émaillées et incrustées de diamants, par Benvenuto Cellini ; puis une autre coupe, du même artiste, en cristal de roche, dont le couvercle est en or émaillé ; la plus belle pièce de la troisième armoire est une coupe de forme triangulaire taillée dans une sorte d'émeraude ; la quatrième armoire contient un vase de jaspe surmonté d'une figurine de guerrier en or émaillé, rehaussé de diamants ; la cinquième armoire regorge de richesses : c'est une turquoise énorme ; un petit vase en émeraude d'un prix fou ; une grosse perle fine, dont la forme naturelle est celle d'un chien ; une grande tasse en cornaline ornée de camées et de perles ; un délicieux petit vase en aigue-marine. Dans les trois autres armoires, les objets les plus saillants sont : un portrait de Tibère, en pâte de turquoise ; on dirait que le poison a bleui la face du sinistre empereur ; puis c'est une coupe en améthyste et un grand vase en lapis-lazuli d'une forme étrange. Comme objet d'art, ce qui me frappe le plus est un bouclier et un casque, par Benvenuto Cellini, qui ont appartenu au roi de France François Ier. L'Herminie du Tasse les eût enviés.

Je sors éblouie de ce cabinet, où des voleurs se sont récemment introduits emportant et dispersant, on ne sait où, la plupart de ces reliques de l'art. Je m'avance dans la galerie du Midi ; les plafonds sont peints à fresque comme dans celle de l'Est, et les portraits continuent à se dérouler sur les frises. Je remarque une très-belle statue grecque de Vénus assise ; elle enlève de ses doigts délicats une épine qui perce son pied gauche ; puis trois bustes de Marc Aurèle ; figure sereine et honnête, où la vertu antique se révèle. Je suis la galerie de l'Ouest, dans laquelle se continuent les fresques des plafonds et la série des portraits ; c'est dans cette galerie que se trouve une adorable Néréide chevauchant un cheval marin ; puis une statue de marbre blanc représentant Marsyas attaché à un arbre ; les muscles du corps et du visage expriment l'angoisse suprême du martyre. Les statues m'attirent de préférence ; il y a là deux figures antiques d'Esculape d'une grande beauté et une ravissante Léda qui tressaille sous les plis de sa draperie, tandis qu'elle entoure de ses bras le cygne symbolique. Je m'arrête encore, attentive, en face d'une statue de Marc Aurèle, une des meilleures, qui fait revivre pour nous l'intègre empereur. Les deux Bacchus de Buonarotti et de Sansovino méritent, par leur exécution magistrale, d'être placés parmi les statues antiques ; ils sont de leur famille. Quel mouvement dans le Bacchus de Buonarotti ! la main droite tient une coupe ; la main gauche agite une grappe de raisin et une peau de tigre ; un satyre se hausse jusqu'au dieu et tente de lui ravir la grappe d'où jaillit l'ivresse. Une figure de saint Jean-Baptiste, plus petite que nature, est un des chefs-d'œuvre de Donatello. Je ne parlerai pas de la belle copie du Laocoon par Baccio Bandinelli ; à quoi bon, puisque l'original m'attend à Rome !

En redescendant la galerie de l'Ouest pour visiter les salles qui y aboutissent, je regarde encore deux bustes de Faustine d'une délicate beauté, et un buste de Salonina, qui ressemble d'une façon frappante à madame George Sand. Dans l'embrasure d'une fenêtre, je m'arrête derrière le chevalet d'un peintre qui copie un vieux portrait de Dante, qu'on a détaché momentanément de la frise ; la tête sombre du Gibelin est coiffée d'un bonnet rouge ceint d'une couronne de laurier. J'entre dans la *salle des Bronzes*, où se trouve le beau Mercure de Jean de Bologne. Quel mouvement harmonieux et hardi dans ce corps qui s'élance ; le pied droit a déjà quitté la terre ; le pied gauche, dont la petite aile frissonne au talon, touche à peine de l'orteil à la tige de fer qui lui sert de support. L'un des bras, levé, montre le ciel, tandis que l'autre porte le caducée ; les yeux sont fixés vers l'éther ; les narines et les lèvres frémissantes aspirent le souffle de l'empyrée ; les cheveux s'échappent, courts et légers, des bords d'un petit casque dont le cimier est formé par une aile.

Dans la *salle des Bronzes antiques*, on a réuni les bas-reliefs, les figurines, les bustes et les objets d'ameublement, ainsi que les ustensiles trouvés dans les fouilles de l'Étrurie. Il y a là un Ganymède, qui verse à boire du nectar sur les lèvres de Bacchus, d'une grâce infinie.

Me voici dans la *salle de Niobé*, la plus célèbre de la galerie des Offices, après celle de la Tribune. La statue de Niobé, pressant son enfant sur son sein avec épouvante, s'empare tout d'abord de l'admiration ; elle est superbe de désespoir et fait tressaillir le cœur des mères. Les filles de Niobé sont dignes d'elle par leur beauté douloureuse. Quelle vérité d'attitude ! quelle terreur dans leur geste et dans tous les muscles du visage ! Celle surtout qui se courbe, renverse la tête et tend les bras, en voyant venir la vengeance des dieux, saisit l'âme comme la douleur vivante. Ici le marbre frissonne à l'égal de la chair. J'aime moins les fils de Niobé. Les statues d'hommes, quelque belles qu'elles soient, m'ont toujours paru inférieures à celles des femmes. Dans les figures nues, les contours du corps de la femme se prêtent plus au génie de la statuaire que ceux de l'homme, et, dans les figures vêtues, les draperies semblent s'y déployer avec plus de grâce et de noblesse. Un fils de Niobé, mourant, est pourtant d'une beauté ineffable. Auprès de cette famille de Tantale, que poursuit la colère de Latone, est une figure souriante de Psyché, charmante, svelte; c'est l'Adolescence qui espère. Puis ce sont deux bustes représentant Jupiter et Neptune, têtes colossales et farouches qui vont tonner et mugir. Les parois de la salle sont ornées de tableaux ; je considère deux toiles de Rubens : une Bataille et un Triomphe, où éclate toute la fougue et l'exubérance de couleur du grand maître flamand. Je trouve dans cette salle la Vénus du Titien, dont un peintre fait une copie ; elle est moins attrayante de forme, mais peut-être d'un coloris plus vif que la Maîtresse du Titien placée dans la Tribune; le corps nu, plus robuste, est également étendu sur un lit de repos. Un Amour ailé presse le bras gauche de sa mère, dont la belle main joue avec des fleurs. Aux deux poignets sont deux bracelets de perles et d'émail ; au cou, un collier de perles ; aux oreilles, des pendants en or. La main droite s'appuie sur la hanche arrondie ; le carquois de l'Amour est au pied du lit, auprès d'un petit chien qui tire la langue ; le fond du tableau se compose d'un rideau de velours pourpre, drapé sur une balustrade d'où une perdrix rouge, juchée sur ses deux pattes déliées, regarde Vénus avec ses yeux ronds et vifs comme deux rubis. La tête de la déesse est calme ; c'est la sérénité de la beauté qui s'atteste en se montrant. Les cheveux ondulés, légers, vaporeux, sont relevés et massés vers la nuque.

Dans la *salle du Baroccio* est une collection de tableaux de divers maîtres qui, tous, mériteraient d'être décrits. Oh! la séduisante Madeleine de Carlo Dolci, tenant et pressant avec amour le vase de parfums destinés au divin maître; elle n'a point la maestria de celle du Titien (au palais Pitti), mais une âme tendre et aimante rayonne sur son visage et double sa beauté. Tout près, médite Galilée, dans un magnifique portrait, par Subtermans, qui nous le rend vivant et inspiré.

Parmi les dessins, une Fortune de Michel-Ange, debout sur sa roue, est d'une puissance inouïe. Comme cette figure est fièrement campée! elle défie les nuées et semble leur dire : « J'irai jusqu'à vous! » Une femme, au crayon rouge, par Raphaël, vous arrête tout court devant elle; elle tient de la main droite une amphore et en porte une autre sur sa tête charmante; puis c'est encore, de Raphaël, un dessin au crayon noir qu'on voudrait regarder toujours. Un bel adolescent (sans doute un Ganymède) arrondit son bras droit et couronne sa tête d'une coupe antique; la chevelure, courte et légère, flotte au vent. Quelle démarche ailée!

Dans la *salle des Inscriptions*, je remarque une Vénus-Uranie en marbre blanc, recouverte d'une admirable draperie; le corps se devine à travers; les bras et le sein se meuvent sous les plis du vêtement flexible. Puis voici le groupe voluptueux de Bacchus et Ampelos, d'une beauté enivrante, qui a pour piédestal un autel antique en granit orné de bas-reliefs. Cet autel est de forme cylindrique; Bacchus jeune, ardent, se dresse au-dessus; auprès de lui est l'adolescent Ampelos d'une grâce féminine. Dans la salle de l'Hermaphrodite est un buste célèbre d'Alexandre; le héros grec est pensif et triste; il se sent prédestiné à la gloire rapide et à la mort hâtive.

Les deux salles des portraits des peintres célèbres m'arrêtent longtemps; j'y reviens les jours suivants. On se plaît dans la compagnie de tous ces êtres inspirés, créateurs puissants dont les enfants sont des œuvres immortelles, postérité plus certaine et plus glorieuse que celle de la chair. On aime à connaître leurs traits; leur physionomie nous poursuit comme le reflet de leur génie. Il y a là quelques femmes qui furent de grands artistes, et parmi lesquelles il m'est doux de retrouver notre Vigée Lebrun[1]. Je passe

---

[1] Madame Vigée Lebrun, que j'ai connue dans son extrême vieillesse, a par-

dans le *cabinet de la Sculpture toscane*; j'y regarde avec admiration le grand médaillon ébauché de la Vierge et l'Enfant, par Michel-Ange; la griffe du lion a mis son empreinte sur ces figures divines. Je suis très-frappée et presque épouvantée par un buste de Machiavel; la bouche du fameux politique est hideuse; sa lèvre supérieure, pendante, semble proférer ses maximes les plus sinistres sur l'art de gouverner.

Quelle ravissante figurine que le Saint Jean-Baptiste enfant, par Michelozzo Michelozzi; il est bien digne, par sa beauté, d'être le précurseur du divin Jésus.

Un bas-relief de Donatello, représentant des enfants dansants et chantants, est un des morceaux les plus adorables de la sculpture toscane. Je regarde aussi avec intérêt plusieurs bas-reliefs et plusieurs médaillons de Luca della Robbia, ce maître inspiré de la sculpture en faïence, que nous retrouverons dans des œuvres plus magistrales, lorsque je décrirai quelques églises de la Toscane.

J'ai hâte de parcourir les deux *salles de l'École vénitienne*. Cinq toiles m'y ravissent et m'y ramènent souvent durant mon séjour à Florence : c'est la Flore du Titien, fraîche et souriante comme les fleurs qu'elle vient de moissonner; on dirait qu'elle s'est nourrie de leurs parfums et empreinte de leur coloris. C'est, près d'elle, un Guerrier vêtu de rouge[1]; beau, hautain, sûr de vaincre; il va s'élancer pour aller combattre. C'est un Christ au tombeau[2] vers lequel se penchent les trois Maries désespérées; des torches répandent leurs lueurs vacillantes sur les figures et semblent rendre la vie au corps glacé du Nazaréen. C'est, de Titien, un autre guerrier : François de la Rovère, duc d'Urbin. Comme la tête est fière! comme le corps est campé sous cette armure d'acier éclatant! on croirait que le peintre a mouillé son pinceau dans un métal fluide, tant il a rendu l'effet et comme le cliquetis du fer poli. C'est enfin un éblouissant portrait de femme, peint également par le grand maître vénitien, et que tous les livrets italiens et français désignent improprement comme celui d'Eleonora Gonzaga. Je reconnais le visage d'Éléonore de Tolède que je viens de voir moins belle et moins éclatante dans

---

couru une des plus brillantes carrières d'artiste. Peintre célèbre de Marie-Antoinette, la révolution de 1789 l'obligea à quitter la France où, bien jeune encore, elle avait été reçue de l'Académie des Beaux-Arts; elle obtint le même honneur à Florence (où elle séjourna) et dans d'autres capitales de l'Europe.

[1] Par Sébastien del Piombo.
[2] Par François Bassano.

un portrait du palais Vecchio. Éléonore Gonzaga vécut au dix-huitième siècle et ne pouvait être peinte par Titien; elle eut pourtant mérité cet honneur, la poétique créature ! Je cherche en vain de salle en salle la figure touchante de cette fière vierge obstinée. L'image de Bianca Cappello a été proscrite comme impure, Éléonore l'a été comme coupable de lèse-majesté. Fille du duc de Guastalla, elle fut contrainte, à dix-sept ans, d'épouser (1709) le cardinal François-Marie de Médicis, qui déposa la pourpre pour succéder à son frère Côme III; phoque énorme, épaissi par la débauche, cet avant-dernier des Médicis[1] avait près de cinquante ans, quand se fit ce mariage. La frêle et fière Éléonore résista en vain à l'union monstrueuse que l'Église bénit et consacra; mais l'intervention du pape fut vaine pour aller au delà. L'épousée resta vierge et la race des Médicis s'éteignit. Sismondi ajoute, en terminant ce récit : « Pourrait-on trouver une manière plus ridicule de sortir de l'histoire? » Ridicule, oui, de la part du mari, mais noble et pure du côté de la femme. On aime à rencontrer cette figure éthérée et rêveuse parmi la lignée sensuelle, vindicative et cruelle des princesses de Médicis.

Je passe à travers la *salle des Vases antiques*, renfermant les vases étrusques trouvés en Toscane, à Arezzo et à Chiesi; d'autres proviennent des fouilles de la Sicile et de la campagne de Rome; parmi ces derniers se trouve une urne cinéraire, qui est un chef-d'œuvre de la Grèce. Au-dessus des armoires, où sont les vases antiques, se déploie la série des vases de terre et de faïence peints à la Raphaël, sortis des célèbres fabriques d'Urbino. Je descends dans la *salle des Étrusques*, où l'on a réuni les plus beaux portraits des Médicis; un portrait de Laurent le Magnifique me frappe par son air vraiment noble; ce beau visage est le reflet de la grandeur de l'âme. Je tourne à gauche dans un long couloir; il est bordé de chaque côté de petits tombeaux étrusques et de figurines sépulcrales; on croit parcourir une nécropole. Au-dessus de ces tombes étroites, où l'on murait les cendres des morts, est la lignée complète des portraits des grands-ducs et des grandes-duchesses.

Lorsque j'arrive au bout du corridor funéraire, un custode portant un trousseau de clefs m'ouvre une porte qui donne sur la partie de la galerie suspendue interdite au public; elle s'élance

---

[1] Le dernier des Médicis fut Jean-Gaston, neveu de François-Marie.

sur le toit des maisons, en face de l'Arno, puis tourne au-dessus des boutiques du *ponte Vecchio*. D'anciens portraits de guerriers et de princes en couvrent d'abord les parois; de ce couloir aérien ils me regardent passer et semblent se dire entre eux : « Qui donc trouble la solitude et l'oubli qui nous ensevelissent? » Arrivée sur la terrasse ouverte à ma droite, d'où le roi a vu, il y a quelques jours, le feu d'artifice symbolique, je m'arrête pour considérer le panorama qui se déroule du côté du couchant; les trois arches du pont *Santa-Trinità* embrassent le fleuve de leurs arches élégantes; plus loin se dresse le pont de la *Carraja*; les deux rives sont bordées de palais et de monuments; sur celle de gauche s'élèvent les verdoyantes collines couvertes çà et là de groupes de couvents et d'églises; à droite, l'horizon est borné par la masse sombre des arbres des *Cascine;* l'Arno dérobe son cours sous l'ombre que les longues allées projettent de ce côté sur ses bords. J'avance dans la galerie qui continue au-dessus des toitures; désormais les murs sont couverts de grands cartons en grisaille représentant l'histoire de la Toscane, compositions magistrales dignes d'être reproduites par le burin. Nous voici sur le péristyle d'une église; le custode m'ouvre une petite porte qui conduit à plusieurs tribunes, d'où je domine la nef de Sainte-Félicité; c'est dans ces tribunes que les derniers grands-ducs, leur famille et toute la cour se rendaient du palais Pitti pour entendre la messe et les offices les jours de grandes fêtes; le vaisseau de l'église, qui se déroule devant moi, est majestueux, mais les ornements, surtout ceux de la voûte, sont du plus mauvais goût. L'église primitive de Sainte-Félicité fut construite au onzième siècle et consacrée par le pape Nicolas II; il n'en reste que la sacristie, rééditiée au quinzième siècle, et qu'on attribue à Brunelleschi. La porte qui y conduit est une merveille; elle vaut mieux à elle seule que toute l'église; on a pourtant conservé des anciennes constructions quelques tombes et la chapelle mortuaire des Capponi, dignes d'être vues. La sépulture de cette illustre famille toscane, dont le représentant actuel continue le patriotisme et la fierté de sa race, est dans la première chapelle, à droite en entrant dans la nef. Cette chapelle fut dessinée par Brunelleschi; elle était primitivement surmontée d'une petite coupole d'un travail exquis, qui fut envahie et détruite par une des tribunes grand'-ducales. Une superbe Descente de Croix, de Pontormo, orne encore le fond de la chapelle. La nouvelle coupole, plus basse que l'ancienne, a été peinte par Domenico Stagi; mais il reste, des premières peintures, dans les écussons des voussures, quatre Évangélistes, de Pontormo et d'Angiolo Bronzino, d'un grand caractère. Dans les vitraux resplendissent les armes des Capponi. Au milieu d'un magnifique encadrement de marbre sculpté se trouve un portrait contemporain de saint Charles Borromée, qui fait revivre pour nous l'illustre archevêque. C'est le chef-d'œuvre d'un peintre inconnu.

Je regarde avec intérêt le mausolée d'Arcangiola Paladina, une femme de génie, peintre et musicienne, dont j'ai vu le portrait aux *Offices*, parmi ceux des maîtres célèbres de l'école florentine. Qui donc se souvient d'elle? Sa renommée s'est éclipsée comme tout s'éclipse. Son nom, autrefois retentissant, a sombré dans la mémoire des hommes. Quelle impuissance dans nos efforts de durée!... Je murmure, en regagnant les tribunes de la galerie suspendue, ces quatre vers que j'ai faits à dix-huit ans :

> Le néant a toujours vaincu l'humanité,
> Tout ce qui nous survit finit par disparaître;
> Flamme éteinte à son tour sur la cendre de l'être,
> La gloire est un écho que perd l'Éternité !

En arrivant au palais Pitti, le passage a deux issues : l'une qui conduit au jardin de *Boboli* et l'autre aux appartements privés. Je sors par celle qui donne sur le jardin et dont la porte s'ouvre à côté de la grotte de Buontalenti. Le jour est tiède ; le ciel bleu ; les oiseaux gazouillent dans le feuillage, d'un vert tendre, des platanes qui s'échelonnent à gauche ; les parfums des fleurs et les émanations de la nature en fête me convient à parcourir les parterres riants et les avenues sombres peuplées de statues. Mes jambes défaillent et se refusent à me porter. Je prends une voiture sur la place Pitti et me hâte de rentrer à l'hôtel pour changer de toilette.

Nous dînons ce jour-là chez la princesse Marie. Parmi les amis auxquels elle nous a réunies, se trouvent le comte Faïna, dont j'ai déjà parlé, et le professeur Ragnotti du collège de Pérouse. Noble esprit, passionné de l'amour des lettres, cœur excellent et naïf, toujours prêt à se dévouer et qui n'a jamais transigé avec le bien, le professeur Ragnotti suivit l'élan de sa conscience durant la lutte qui ensanglanta Pérouse ; exilé après la réintégration du pouvoir papal, il trouva un asile à Florence, chez la princesse Marie. Il m'inspira tout d'abord de la sympathie et je le traitai bientôt en ami. Ce dîner fut gai, animé par une plaisanterie fine et variée, à laquelle l'intelligence de la princesse se complaît parfois. Elle dit au bon Ragnotti qu'il devait se faire notre chevalier, après son départ pour la campagne (fixé au surlendemain) et nous accompagner dans nos excursions à travers Florence. « J'y mettrai tout mon cœur, répliqua le professeur Ragnotti; mais vous savez, princesse...

— Oui, je sais vos préoccupations habituelles, répliqua-t-elle ; je sais que vous êtes capable de conduire ces dames à *San Lorenzo*, quand elles vous demanderont d'aller à *San Miniato*. Vous vivez trop avec vos philosophes et vos poètes de l'antiquité ; vous lisez dans votre mémoire, même quand il faut regarder votre chemin.

— Princesse, vous allez faire croire à ces dames que je suis bien bête...

— Point du tout ; vous avez les rêveries qu'ont eues des hommes de génie, et, comme notre bon la Fontaine, une distraction incessante qui serait mieux nommée *abstraction* de l'étude, oubli du monde palpable ; mais je dois ajouter que cette distraction cesse quand il s'agit de proclamer vos convictions ou d'obliger vos amis ; aussi suis-je bien certaine que vous serez très-attentif auprès de ces dames, parce que je les aime.

— Mais je les aime déjà aussi, répliqua, avec son adorable simplicité, le professeur Ragnotti.

— Allons, c'est bien, reprit la princesse en riant : vous voilà tout feu et flamme. C'est comme cela qu'il faut être : doux, rêveur. »

Après le dîner, la princesse me proposa de faire avec elle un tour de promenade en voiture ; nous laissâmes les jeunes filles au logis, en compagnie de l'excellent Ragnotti et de mademoiselle Berardi. Nous parcourûmes les quais et quelques quartiers que je ne connaissais point. Nous traversâmes la grande place Maria-Antonia, la plus vaste de Florence, nouvellement percée et entourée de belles maisons à l'anglaise, d'une propreté irréprochable. Le temps était brumeux ; on eût dit la sombre atmosphère de Londres. Tout en regardant Florence, mélancolique et un peu déserte depuis le départ du roi, j'écoutais la princesse me parler de son enfance écoulée au château de Canino ; elle y avait grandi à l'ombre, fleur éblouissante de beauté, s'imprégnant du parfum intellectuel de l'esprit maternel et de la force d'âme paternelle. En ce temps-là, la famille était nombreuse et complète ; l'exil groupait tous les enfants dans cette poétique retraite que Lucien avait embellie ; leur imagination s'y nourrissait du souvenir de la France, des vestiges de l'art antique et de l'espérance que les événements politiques rendraient un jour au nom de Bonaparte l'éclat que le premier Empereur lui avait donné.

« Quand vous viendrez à ma villa de *la Viano* et à Pérouse, me dit la princesse, vous y verrez les bustes de mon père, de ma mère et de tous mes frères et sœurs ; parfois, je m'enferme dans le salon où je les ai placés et je crois voir revivre tous ces êtres si chers, dans ces marbres inanimés ; je relis leurs lettres et leurs poésies, et je retrouve un moment ceux que la mort et l'absence ont dispersés. Nous ne vivons que de souvenirs ; les heures présentes nous échappent et nous les gâtons parfois par nos vaines inquiétudes ; mais, en regardant en arrière, ce qui nous troubla s'apaise ; nous ne voyons plus que ce qui fut bon et beau dans les êtres que nous avons aimés. »

Elle me parla ensuite de son mari, le comte Valentini, un de ces grands citoyens dont l'Italie renaissante eût été fière. Sa mort prématurée était toujours présente au cœur de la princesse.

« Vous verrez ce soir chez moi, ajouta-t-elle, son ami le marquis Gualterio ; il vous dira, comme tous ceux qui l'ont connu : « Pourquoi n'est-il plus parmi nous, nul plus que lui n'aurait été utile à la patrie. »

Dans tout ce qu'elle me dit durant cette promenade, se révéla la bonté et la délicatesse de son cœur ; elle me faisait comprendre une fois de plus comment on ne pouvait la voir sans l'aimer.

Le soir, quelques hommes politiques vinrent chez la princesse. Parmi eux était le marquis Gualterio, député au Parlement, dont elle m'avait parlé. Je fus charmée de le connaître et je causai particulièrement avec lui ; son patriotisme éclatait dans toutes ses paroles.

« On redoute, me dit-il, de grandes dissidences dans la nouvelle Chambre ; moi, j'espère que nous ne donnerons pas au monde cet indigne spectacle. A l'exemple de la première Assemblée de Washington, après la guerre de l'indépendance de l'Amérique, notre devoir est d'être calmes et unanimes dans nos décisions. Nous devons montrer que nous représentons l'âme collective de la patrie. »

Le vœu du marquis Gualterio[1] a été réalisé par le Parlement italien ; malgré quelques vaines querelles de mots et de nuances d'opinion, dans toutes les occasions décisives, les passions et les

---

[1] Quelques mois après, le marquis Gualterio a déployé dans les Marches une habileté et un courage qui ont puissamment secondé la mission du marquis Pepoli dans ces provinces nouvellement annexées.

vanités personnelles se sont tues et toutes ont fini par se confondre dans l'amour et la gloire du pays.

Je connus aussi, ce soir-là, chez la princesse Marie, le comte Guardabassi, qui avait présidé le gouvernement provisoire de Pérouse. La noblesse de son caractère est empreinte sur sa figure vénérable. Dans un moment où il parlait, au comte Faïna et au chevalier Berardi, la princesse me les désigna en souriant : « Voilà pourtant, me dit-elle, trois hommes condamnés à mort par le pape...

Trois têtes coupées, repartis-je, qui, heureusement, sont restées sur leurs épaules et que Pérouse saluera aux jours de sa délivrance.»

La causerie se prolongea jusqu'à minuit, puis le marquis Gualtario nous reconduisit à l'hôtel. Nous parlâmes, en route, de Giorgini et de Menotti, amis du marquis, puis de Gino Capponi, objet de la vénération de tous les Italiens. Par un de ces courants magnétiques que j'ai souvent constatés dans la vie et qui font que ceux à qui nous pensons ont pensé à nous et s'en sont occupés le jour même, je trouvai en rentrant la carte de l'illustre Florentin.

Le lendemain, je profite d'une tiède matinée du printemps pour aller seule, à travers Florence, jusqu'au jardin de *Boboli*; je traverse la place du Dôme, la rue *dei Calzajoli*, la place du *Grand-Duc* et les galeries, à gauche, des *Offices*, après avoir donné un regard à la galerie de droite, dont l'angle est relié à la *loggia d'Orcagna* par le palais de la Monnaie, où l'on frappe depuis plusieurs jours la monnaie nouvelle à l'effigie *del re eletto*. Une foule impatiente se tient à la porte de l'édifice; c'est à qui aura le premier les pièces d'or, d'argent ou de cuivre, où l'image du souverain resplendit. Les gens du peuple se disputent les pièces de cuivre; ils les percent, y passent un cordon, puis les suspendent à leur cou, à la place des médailles de saints et de saintes. Entre les deux rangs des galeries se tient une sorte de marché d'étoffes communes : gros draps, toiles et indiennes amoncelés dans de petites charrettes ; les marchands, debout entre les deux brancards, sollicitent les passants. Ce sont des scènes populaires ayant pour cadres des arceaux élégants surmontés de statues. Sous les arcades que je parcours sont les établis des vendeurs de mosaïques, de coquillages et de bijoux en chrysocale. J'arrive à l'angle de la galerie du Midi, au pied de laquelle coule l'Arno, et je regarde, enchantée, le tableau qui se déroule devant moi. J'ai à ma droite le pont *Vecchio*; à ma gauche, un peu plus loin, celui *delle Grazie*, dominé par une colline où les maisons s'échelonnent et au sommet de laquelle se détache sur un fond verdoyant la belle façade en marbre blanc et noir de *San Miniato*. Sur le premier plan, en suivant la route qui côtoie et tourne la rive gauche de l'Arno, se dresse une tour carrée d'un ton roux, puis l'église Saint-Nicolas et son clocher célèbre, où Michel-Ange se cacha pour se soustraire à la fureur du pape Clément VII, qui ne lui pardonnait pas d'avoir contribué à défendre la république de Florence contre l'armée papale coalisée avec celle de l'empereur Charles-Quint. Je songe, en regardant ce clocher qui fut un asile pour le génie, aux scènes de pillage et de mort décrétées par le pontife du Christ pour rendre la Toscane à son fils naturel, Alexandre de Médicis. Les grandes figures de Nicolas Capponi et de Philippe Strozzi, défenseurs héroïques de la liberté menacée et bientôt noyée dans le sang, se raniment dans mon souvenir; je les revois avec Michel-Ange dans cette église de Saint-Nicolas, entourés de tous les nobles florentins et faisant prêter aux défenseurs de la ville le serment de défendre la liberté jusqu'à la mort du dernier citoyen. Les hordes du despotisme triomphèrent; qu'importe! le sentiment de l'héroïsme lui survit et plane dans l'histoire comme un enseignement.

Je tourne à droite dans une petite ruelle où sont des boutiques de bijoux, de coffrets et de meubles de la Renaissance, et me voilà en face du *ponte Vecchio*; je flâne un moment le long des devantures d'orfèvres, où s'étalent les parures de turquoises, d'améthystes, de coraux, de camées et de mosaïques de Florence. Je les regarde curieusement, mais sans m'abandonner à une tentation impuissante. L'image de l'Arioste et de ses belles amours me font compagnie durant ma promenade solitaire. A la descente du *ponte Vecchio*, je passe devant le vieil hôtel de la Commanderie, où l'Arioste habita pendant six mois en compagnie de la belle Alexandrine Benucci, veuve de Titus Strozzi; le poëte s'éprit de la patricienne et elle l'aima, comme on doit aimer le génie, d'un amour durable et sacré. Elle le suivit à Ferrare et l'assista dans sa dernière heure, après vingt ans d'une inaltérable affection. Les amours douloureuses frappent la mémoire des hommes et s'y imprègnent plus profondément que nos félicités. Chacun se souvient d'Éléonore d'Este, passion anxieuse du Tasse; bien peu ont retenu le nom de cette clémente et fidèle Alexandrine Benucci.

Je traverse quelques rues tortueuses et débouche enfin sur la place du palais Pitti. J'entre, à droite, dans le jardin par la porte *Bacchino* et je me trouve en face de la belle grotte de Buontalenti. Au-dessus de l'arcade qui en forme l'entrée, sont les armes des Médicis; de chaque côté, deux statues d'Apollon et de Cérès, par Baccio Bandinelli; quatre figures, ébauchées par Michel-Ange, se détachent aux quatre coins de l'intérieur de la grotte : elles semblent sortir des stalactites factices qui la composent et avoir été sculptées dans leur épaisseur. Ces figures, puissantes et inachevées, s'harmonient avec les rochers rugueux qui les encadrent; le reste de la grotte est décoré de figures d'animaux taillées dans les mêmes pierres spongieuses qui forment la voûte. Un bassin jaillissait autrefois au milieu de la grotte; des poissons d'or en égayaient les flots clairs. Aujourd'hui la vasque est à sec; un amas de bustes la remplit : têtes de princes, de poëtes et de guerriers confondues, qui seraient mieux placées ailleurs.

Je monte la belle allée qui conduit sur la plate-forme; le feuillage dentelé des platanes murmure au-dessus de ma tête; à mesure que je marche, Florence et ses tours se déploient sous mes yeux; la coupole de *Santa Maria del Fiore*, le palais *Vecchio* et le *Bargello* dominent les groupes des monuments; j'arrive devant la façade du palais qui donne sur le jardin, j'ai en face de moi la fontaine de *Neptune*, entourée de tritons et de conques marines en marbre; la statue en bronze du dieu de la mer s'élève au milieu des flots. Derrière moi monte l'amphithéâtre entouré de six rangs de gradins; un obélisque égyptien en occupe le centre. J'évoque le souvenir des fêtes que les Médicis donnèrent dans cette enceinte, où chaque dimanche le prince de Carignan offre aux Florentins un concert militaire. Je poursuis ma promenade à travers les avenues, les quinconces et les salles de verdure décorés de groupes mythologiques et de statues. Je donne un regard à la splendide figure de l'Abondance, ébauchée par Jean de Bologne et terminée par ses élèves. Je m'élance, ravie, dans la vaste prairie appelée l'*Uccellare*. Le jardin est presque désert; dans les incommensurables allées de chênes-verts et de lauriers taillés en hauts murs impénétrables, les blanches figures des déesses s'abritent silencieuses et me regardent passer. Quelques arceaux vides, où le ciel découpe son azur, donnent accès dans ces longs corridors et dans ces chambres de verdure. Je m'appuie un moment contre le piédestal d'une Vénus qui frissonne à l'ombre. Deux voix se font entendre à travers l'épaisseur des feuilles entre-croisées ; le timbre de l'une dénonce une femme, la vibration de l'autre un jeune homme. Je me dis en riant : « Ce sont deux amoureux. » Et je suis curieuse de voir leur visage. Écartant les branches sans bruit, je parviens à me rapprocher du couple assis sur un banc de marbre ; je vois une femme de quarante ans, fort belle encore et mise avec une suprême élégance ; son profil de Diane me rappelle celui de la duchesse de Wellington que j'ai vue dans les fêtes de l'aristocratie de Londres ; elle tient un carnet dans une de ses petites mains gantées et balance dans l'autre une ombrelle ; un tout jeune homme à la taille très-mince est placé auprès d'elle. Son visage est d'une merveilleuse beauté ; ses yeux, doux et brillants, regardent la dame avec amour ; son nez grec se dilate ; sa bouche sourit et laisse entrevoir les perles égales de ses dents d'enfant ; ils se parlent en italien. A l'accent de la femme, je devine qu'elle est Anglaise ; à celui du jeune homme, je suis certaine qu'il est Toscan. Son costume, d'ailleurs, est celui de tous les jeunes efféminés de Florence que j'ai vu flâner le long de l'Arno : il porte une petite cravate en soie rouge, une redingote serrée à la ceinture, et à ses doigts dégantés plusieurs bagues à pierres gravées.

« Ainsi, vous vous nommez Rodolphe ? lui disait-elle en riant, c'est un joli nom de roman.

— Je suis heureux que ce nom vous plaise, lui répondait-il d'un ton moitié naïf et moitié tendre ; si celui qui le porte avait le même bonheur, peut-être oserait-il vous parler d'amour.

— Y pensez-vous, répliqua-t-elle en riant plus fort ; mais, mon bel enfant, je pourrais être votre mère.

— Vénus était celle de l'Amour et elle n'en était pas moins adorable, répondit-il en se penchant vers elle ; et il saisit de ses doigts effilés le bras charmant de son interlocutrice.

— Sans doute les divinités mythologiques qui nous entourent vous inspirent ces comparaisons, poursuivit la dame avec enjouement.

— Non, c'est mon cœur qui parle, reprit le jeune homme ; il rêve d'amour à toute heure.

— Et l'exprime au hasard, à tout propos, interrompit-elle. Voyons, qui êtes-vous ? et comment vivez-vous ? lui demanda-t-elle en fixant sur lui son œil fier. » Il repartit sans hésiter :

« J'ai la passion du jeu ; je passe mes nuits à jouer, et tout le jour je cherche l'amour.

— Jolie vie, dit-elle d'un ton railleur; c'est sans doute là ce qui vous donne cette pâleur mate et cet air de frêle jeune fille?

— Oh! vous croyez, fit-il en s'enhardissant : *Se volete, vedrete!* Ses joues se colorèrent et il tenta de saisir la main de la dame.

— Ainsi vous ne faites rien? continua-t-elle; vous ne sentez ni la passion du patriotisme, ni celle de l'art?

— Je lis, le matin, les poëtes qui ont chanté l'amour et je vous l'ai dit, carissima, je passe le jour à le chercher.

— Il paraît que vos recherches sont vaines, et que votre cœur est vide et inoccupé?

— Il est plein de vous et d'une flamme heureuse depuis que je vous ai rencontrée.

— Un feu si subit est un feu de paille, comme disent les Français, répliqua-t-elle. Vous traversez cette allée, vous m'y voyez assise et crayonnant mes pensées, et sans me connaître et m'avoir bien vue, vous me faites une déclaration qui me tombe du ciel.

— Oui, du ciel! vous l'avez dit, madame; car c'est de là que nous vient l'amour. Essayez du mien, par charité; laissez-moi être votre *cavaliere*. »

Elle se leva en éclatant de rire, puis tout à coup devint sérieuse et pensive en le regardant. Il était beau comme Apollon enfant; son teint, coloré par l'émotion, prêtait à ses yeux un rayon plus ardent; elle marchait à pas précipités sur le sable durci; elle fit un faux pas et faillit tomber; il passa son bras sous le sien pour la soutenir; elle s'y appuya un moment, puis, sans se dégager, descendit, en l'écoutant, l'allée sombre jusqu'au bout. Je les suivis à distance, curieuse de savoir ce qu'il adviendrait; je ne pouvais plus les entendre, mais je distinguais les gestes expressifs du jeune homme qui semblait plaider sa thèse d'amour; elle était attentive et ne riait plus; sa démarche et le balancement de son cou trahissaient comme des tressaillements de jeunesse.

La voilà qui se prend à l'ardente folie, pensai-je, et je brûlai de connaître la fin du roman. Ils passèrent avant moi le seuil de la longue avenue. Quand j'y arrivai à mon tour, ils n'étaient plus dans l'allée transversale de droite, où je les avais vus disparaître. Je fus désappointée comme un jaloux qui perd la piste d'une découverte; je me trouvais entre deux rangs de hauts cyprès noirs qui enchevêtraient leurs pousses touffues; on eût dit le péristyle d'un *Campo Santo*. Je prêtais l'oreille, espérant que la voix des fugitifs me remettrait sur leurs traces ; je n'entendis que les chants des oiseaux et les murmures d'une source voisine. En sortant de l'avenue funéraire, je me trouvai en face du grand bassin appelé l'*Isoletta*; ce fut une surprise si charmante pour mes yeux, que j'oubliai la préoccupation de mon esprit. Au milieu d'une immense vasque aux flots clairs, surgissait un parterre embaumé, d'où s'élançait une fontaine surmontée d'une statue colossale représentant l'Océan[1]; les pieds du dieu s'appuyaient sur une orque marine; le Nil, le Gange et l'Euphrate se jouaient alentour. Deux ponts de marbre, élancés des bords du bassin, conduisaient à ce centre merveilleux; toute l'esplanade qui s'ouvrait devant moi était couverte de statues et de fleurs rares. Je savourais ce tableau éblouissant, où l'art et la nature se mariaient, et j'aurais peut-être souhaité en ce moment l'émotion de la dame en fuite avec son beau page, si elle avait eu vingt ans de moins.

De ce côté, le jardin de *Boboli* est borné par de vertes collines qui lui font une admirable enceinte. En quittant l'*Isoletta*, je traversai un grand pré décrivant un demi-cercle, tout couvert de statues, de bustes et de colonnes. Je sortis du jardin par la porte *Romaine* et, lasse d'avoir marché si longtemps, je pris une voiture pour regagner le logis.

Nous dînions presque chaque jour à table d'hôte, en compagnie d'un grand nombre d'officiers piémontais : parmi eux était le major comte de Robilant, que je devais mieux connaître à Naples. Il avait habituellement près de lui un jeune capitaine dont l'air mélancolique et doux frappait tous les assistants ; ses manières étaient pleines de distinction et de réserve ; il se levait pour nous saluer, chaque fois que ma fille et moi arrivions dans la salle à manger ; son front, toujours pensif, portait comme une empreinte fatale, comme l'indice d'une mort prématurée. Je prie mes lecteurs de ne pas oublier cette figure rêveuse que j'indique seulement ici, elle est celle d'un héros et d'un martyr de l'indépendance italienne, que je leur ferai connaître et aimer dans la suite de mon récit.

Ce jour-là, nous brusquâmes le dîner ; nous avions une longue toilette à faire pour aller le soir chez le prince Antoine. L'officier inconnu se leva de sa chaise et s'inclina comme à l'ordinaire, quand nous sortîmes.

[1] Par Jean de Bologne.

La princesse Marie et ses filles partaient, le lendemain dans la nuit, pour la campagne, où nous devions les rejoindre à la fin de mai. Elles assistaient pour la dernière fois aux charmantes réunions hebdomadaires du prince Antoine. On voulut les fêter dans cette heure d'adieu ; on leur répétait de toute part : « Mardi prochain vous ne serez plus là ; restez encore pour nous dédommager. » Et la danse et la causerie se prolongèrent fort avant dans la nuit.

La douceur de l'atmosphère des premiers jours de mai m'avait presque guérie de ma *méchante* toux ; je faisais comme les convalescents, je me hâtais de revivre pour remplacer les jours perdus dans la souffrance. Je secouai ma paresse et j'allai, le lendemain matin de la veillée passée chez le prince, parcourir les remparts de Florence ; je marchai de l'est à l'ouest, le long des murailles crénelées, d'un ton doré, qui se dressent à travers les chênes-verts bordant çà et là l'enceinte intérieure ; dans d'autres parties, les rues aboutissent aux murs, et les maisons, au lieu d'arbres, bornent la route resserrée que je suis à pas lents ; je passe devant les portes *della Croce*, *Pinti*, *San Gallo* et *al Prato*. Toutes ces vieilles portes se composent d'une grosse tour percée, à sa base, d'une arcade circulaire. Que de combats acharnés se sont livrés sous ces voûtes ! Le sang des Guelfes et des Gibelins a teint ces bastions calmes et souriants dans leur vétusté ! Une partie des remparts me ravit et m'arrête ; c'est celle qui se déroule au-dessus de la rue *Saint-Sébastien*. Là, le chemin de ronde est ombragé par une avenue solitaire pleine d'ombre. Une sorte de parapet domine les jardins qui s'étendent en pente au-dessous ; au delà, les Dômes et les clochers de Florence montent en relief ; les coupoles des églises *Santa Croce* et *Santa Maria del Fiore* scintillent au soleil. A ma droite, les parterres du jardin *dei Semplici* répandent dans l'air de pénétrants parfums. La matinée est si douce qu'elle me convie au repos. Je m'assieds sur les larges pierres du parapet et regarde Florence en rêvant. Quelques enfants jouent autour de moi ; des moines en robes blanches lisent leur bréviaire dans l'enclos voisin du couvent des Dominicains ; des maraîchers, montés sur des ânes et sur des mules, dont les grelots tintent en passant, retournent à leurs villages, après avoir vendu leurs charges de fruits ou de légumes, apportées dès l'aube à la ville. Près de moi, un pauvre homme, vêtu d'une redingote râpée, s'est placé à califourchon sur l'étroit parapet où je suis assise ; il mange philosophiquement une croûte de pain, en arrêtant ses yeux extatiques sur le panorama de la cité. Son repas fini, il entonne tout à coup, d'une voix juste et superbe, un chant à travers lequel je distingue ces paroles :

> Bella santa Maria del Fiore
> Dei Toscani sei l'amore !
> Bellissima torre del Giotto
> Tu sei la gioia del petto [1] !

A mesure qu'il répète les derniers vers de ce couplet, sans doute improvisé, les vibrations de sa voix de plus en plus énergique s'enflamment et s'attendrissent ; on dirait qu'il s'adresse à un être adoré qu'il veut convaincre de son amour. Frappée par la beauté de son chant, je lui dis, quand il eut fini de chanter : « *Questo è molto ben cantare* » (ceci est très-bien chanté !) ; il me répond aussitôt en me saluant et en se remettant sur ses pieds :

« Madame, c'est mon métier ; je suis un ténor de théâtre ; j'ai eu l'orgueil, il y a quelques jours, de chanter devant le roi au concert du palais *Vecchio*. Je faisais ma partie dans un morceau d'ensemble.

— Et maintenant, lui dis-je, où chantez-vous ?

— J'ai l'honneur d'être engagé, répliqua-t-il, au grand théâtre de Sienne ; j'y débuterai dans huit jours, et, en attendant, j'essaye ma voix chaque matin en plein air.

— Êtes-vous content de votre engagement ? serez-vous bien payé ? repris-je en songeant au déjeuner frugal que je lui avais vu faire, et au pauvre vêtement qu'il portait.

— On me donne dix écus par mois (à peu près cinquante francs) ; je suis satisfait, reprit-il en levant sa tête brune, pourvu que la gloire y soit. Je sais vivre de peu. »

Je pense aux pauvres comédiens de Gil Blas et je me dis : « En Espagne, ainsi qu'en Italie, cette insouciance et cette sérénité sont possibles ; la nature est bonne, tous les habitants des villes et des campagnes aiment la musique ; l'artiste nomade ne meurt pas de faim ; il paye un repas avec une chanson et un gîte pour la nuit avec le récit de ses aventures. »

Enhardi par le compliment que je lui ai adressé, le pauvre chan-

[1] Belle sainte Marie de la Fleur,
Des Toscans tu es l'amour ;
Très-belle tour du Giotto
Tu es la joie du cœur.

teur m'offre de m'accompagner dans ma promenade ; je le remercie et l'engage à continuer sa répétition en plein air.

« Je serai charmée de vous entendre en m'éloignant, lui dis-je ; à distance, votre voix doit être d'un effet admirable.

— *Al suo comando* (à ses ordres), » me répondit-il en s'inclinant, et aussitôt il enfourche de nouveau le parapet et entonne un solo de la *Lucia* de Donizetti. Sa voix plane, émue et pure, et m'accompagne en marchant. Bientôt je cesse de l'entendre.

J'arrive à la partie du boulevard que domine la *fortezza da Basso* (ou forteresse de Saint-Jean-Baptiste). Je considère ces murs rugueux et sombres; ils furent construits par le duc Alexandre, bâtard du pape Clément VII, imposé pour souverain à la république vaincue. Cette forteresse, longtemps redoutée des Florentins, forme aujourd'hui une saisissante décoration. La terreur qu'elle inspira n'est plus qu'un spectre. Elle renferme une élégante chapelle où sont quelques tableaux de maîtres. J'arrête une voiture vide qui passe et je reviens à travers Florence.

Vers six heures, nous allons dire adieu à la princesse Marie ; elle garde ma fille auprès d'elle et m'engage à profiter de la beauté du jour qui décline pour rendre au marquis Gino Capponi la visite qu'il m'a faite.

« Ragnotti vous accompagnera, me dit-elle ; il faut qu'il commence dès ce soir ses fonctions de *cavaliere* ; s'il ne vous égare pas, nous lui décernerons au retour son brevet de chevalerie.

— Mais s'il m'égare, princesse, me voilà privée pour toute la soirée du plaisir de vous voir.

— Non, une heure suffit pour se perdre dans Florence de long en large. Menez madame par les plus belles places et les plus belles rues, ajouta-t-elle en se tournant vers le professeur.

— Soyez tranquille, princesse, répliqua-t-il en riant, je veux mériter d'être armé chevalier. »

Nous voilà partis ; nous suivons d'abord quelques rues étroites, puis nous débouchons sur la place Saint-Laurent. A notre droite, s'élèvent le cloître et l'église de Saint-Laurent, renfermant la sépulture des Médicis ; le dôme écrasé de la chapelle mortuaire se masse derrière. Cette place, au sol montueux et inégal, est envahie durant le jour par les revendeurs de vieilles ferrailles ; dans un angle, à gauche, est placé sur son haut piédestal couvert de bas-reliefs la statue assise de *Giovanni dalle Bande Nere*, héros du roman du prince Capranica, que j'ai connu à Venise. Cette figure, assez médiocre, est de Bandinelli. Nous suivons une rue large et symétrique, puis nous arrivons sur la belle place de l'*Annunziata*. Au centre s'élève la statue équestre de Ferdinand I*er*, par Jean de Bologne. De chaque côté de la statue sont deux fontaines en marbre et en bronze ; à droite s'élance le péristyle à arcades de l'hospice des Enfants-Trouvés ; sur la frise, peinte en bleu, se déroule une série de poupards au maillot, en stuc blanc, garrottés dans leurs langes. Ces pauvres créatures semblent crier aux passants : « Délivrez-nous, rendez-nous un peu d'air et de respiration ! » En face de l'hospice est le bâtiment appelé *Servi di Maria* (confrérie des serviteurs de Marie), dont le portique, peint à fresque, est presque semblable à celui de l'hospice ; au fond, du côté du nord, se dresse la belle église de l'*Annunziata*, que je visiterai un autre jour. Nou entrons dans la rue Saint-Sébastien, bordée de couvents et d'hôtels à l'aspect monumental. Presque au bout est situé, à droite, le palais du marquis Gino Capponi ; nous en franchissons la porte superbe et apercevons au fond le jardin et l'orangerie. Le marquis est reparti pour la campagne et n'en reviendra que dans quelques jours.

Mon guide, fidèle au programme varié tracé par la princesse, me fait traverser, en retournant, la place *San Marco*. Le jour baisse ; le soleil, qui se couche, incendie le couvent où vécut et médita Savonarole. Je crois voir palpiter dans les flammes du bûcher [1] le fier et saint novateur. Tout en me parlant de la doctrine du moine florentin, que les événements contemporains semblent réaliser, le professeur Bagnotti me ramène à travers la *via Larga* (la plus grande et la plus longue rue de Florence). Le beau palais *Ricciardi* (autrefois de Médicis), y domine tous les palais voisins. Je voudrais le visiter de suite et aux flambeaux. Mon chevalier rit de ce désir de souveraine et me dit avec un stoïcisme résigné :

« Ce n'est pas pour nous, pauvres lettrés, que les monuments revêtent de telles parures, et pourtant nul mieux que nous n'apprécie leur beauté et leur grandeur. Sans nous, le vulgaire (qui attend toujours que les œuvres d'art lui soient signalées) passerait indifférent devant eux, et, sans les artistes qui sont nos frères, ces monuments n'auraient jamais existé. »

Tout en devisant de la sorte, nous arrivâmes sur la place *Vecchia*.

---

[1] Savonarole fut brûlé vif sur la place du Grand-Duc.

9.

En entrant chez la princesse Marie, nous trouvâmes une collation qui nous attendait.

« Ragnotti a-t-il fait son devoir? dirent plusieurs voix.

— Il est adorable, m'écriai-je, et je le sacre chevalier à perpétuité.

— En ce cas, nous lui porterons un toast avec cet *aleatico dolce* (vin muscat et sucré), répliqua la princesse; ce sont les agapes du départ, il faut les égayer, ajouta-t-elle, à l'exemple des anciens. »

Nous ne la quittâmes que vers minuit, émues de sa bonté et impatientes du jour qui devait nous ramener près d'elle.

V

L'absence de la princesse Marie attrista pour nous Florence. Nous nous étions fait une attrayante habitude de la voir tous les jours; nous participions, pour ainsi dire, à sa vie poétique et douce. Tous ses amis s'empressent de nous distraire. Dans la matinée qui suivit son départ, comme nous allions chercher nos lettres à la poste, nous rencontrâmes le comte Faïna qui nous proposa de visiter la partie du palais Pitti que nous ne connaissions point encore. La chaleur était extrême; au lieu de traverser les *Offices* et les rues en plein air, nous nous rendîmes au palais par le passage suspendu. J'éprouvais toujours un intérêt nouveau à le parcourir. Nous en sortîmes par la porte qui donne sur le jardin de *Boboli*; nous franchîmes un portique à droite et nous nous trouvâmes dans le *Cortile della Fama*, au milieu duquel s'élève le groupe antique d'Ajax mourant, soutenu par un guerrier. Quelle expression dans le visage du héros! Comme tous ces beaux marbres grecs, dont la force est empreinte de tant de sérénité, me gâtent déjà les œuvres outrées de Michel-Ange. Les galeries de cette jolie cour sont revêtues de fresques superbes peintes par Pocetti. Nous passons, à droite, une porte surmontée d'un buste antique et gardée par des figures de Nymphes et de Muses, et nous nous trouvons dans la salle du Trésor, où les magnifiques surtouts de Benvenuto Cellini et toute la vaisselle en argent, en vermeil et en or des grands-ducs de Toscane s'étalent sur des bahuts et dans des armoires vitrées de la Renaissance. Que d'exquises merveilles! les émaux, les pierreries, les perles et l'ambre rehaussent les ciselures d'or. Cette vaisselle artistique, dont chaque pièce est un chef-d'œuvre, a figuré, il y a peu de jours, sur la table royale. Ces coupes, dignes des dieux d'Homère, ont porté des toasts à la grande patrie italienne. La frise de cette salle est formée par les portraits des hommes illustres. Je salue, comme des maîtres toujours vivants : Dante, Pétrarque, Boccace, l'Arioste et Galilée.

Nous traversons rapidement l'enfilade des salles du rez-de-chaussée qui n'ont pas été ouvertes le soir de la grande fête du palais Pitti; elles sont toutes revêtues de fresques magistrales représentant la vie de Laurent le Magnifique et d'Alexandre le Grand; des bustes antiques et de beaux meubles de la Renaissance les décorent. Nous sortons par le péristyle qui s'ouvre sur la cour d'honneur et nous faisons le tour de ce vaste *cortile* qui fut le théâtre de fêtes mémorables au temps des Médicis; les chroniques contemporaines en ont raconté les féeries. Les trois galeries, au nord, à l'est et à l'ouest, soutiennent les trois ailes du palais; au midi, dans le fond de la cour, est une grande grotte de forme ovale dont des colonnes d'ordre dorique supportent la voûte peinte à fresque. Cinq statues colossales se dressent dans des niches creusées dans les parois. Dans une vasque aux eaux jaillissantes folâtrent de beaux enfants en marbre blanc; ils sourient aux jolis poissons verts qui frôlent leurs pieds de leurs nageoires frétillantes. Au-dessus de cette grotte murmure une magnifique fontaine ; ses flots retombent sur des gradins, dans des vasques et dans des coupes; elle orne à la fois la cour et le jardin de *Boboli*, dont les arbres frissonnent au-dessus. De chaque côté de ce portique du midi sont deux marbres superbes : l'un représente Pluton et Cerbère; l'autre, Hercule portant sur l'épaule la peau du lion de Némée. Au-dessous de cette dernière figure se trouve un bas-relief en marbre où revit la fameuse mule qui servit au transport des pierres pour la construction du palais. « Je vis, un dimanche, le palais Pitti, dit Montaigne, et
« entre autres choses, une mule en marbre qui est la statue d'une
« mule encore vivante, à laquelle on a accordé cet honneur pour
« les longs services qu'elle a rendus à voiturer ce qui était nécessaire pour ce bâtiment; c'est ce que disent au moins les vers
« latins qu'on y lit [1]. »

---

[1] Partie du journal de Montaigne écrite en italien. — Montaigne ajoute :

Nous entrons dans la chapelle du palais située sous le péristyle de l'ouest. Elle a été récemment restaurée et gâtée, à notre avis, par les fresques médiocres qui la recouvrent. L'autel est formé d'incrustations en pierres dures décrivant des bas-reliefs ; le tabernacle est éclatant ; deux colonnes d'albâtre oriental soutiennent, en face de l'autel, la tribune des chantres.

En sortant de la chapelle, nous montons au premier étage du palais par l'escalier d'honneur et, grâce à la permission que m'a envoyée le baron Perrone, nous nous faisons ouvrir l'appartement occupé par le roi durant son séjour à Florence ; nous traversons le premier vestibule orné de statues, puis celui des bustes, et, tournant à droite, nous parcourons une suite de salons et de chambres situés dans l'aile orientale et décorés de meubles modernes somptueux ; çà et là quelques belles consoles en mosaïque et quelques armoires de la Renaissance arrêtent nos regards.

La dernière pièce est la chambre du roi. Quoiqu'il soit parti depuis plusieurs jours, elle est telle qu'au moment où il la quitta. O placide lenteur et amour du *far niente* des camerieri italiens ! vous vous révélez même dans un palais : les draps froissés et les oreillers flottent encore sur le lit royal ; sur la table de nuit gît une fiole à moitié vide contenant une potion contre la grippe ; sur une table à écrire sont des papiers froissés et l'écritoire qui a servi à Victor-Emmanuel. Dans le cabinet de toilette, les savons, les pâtes, les flacons d'eau de Cologne et de vinaigres sont épars autour de la cuvette contenant l'eau où les mains royales se sont lavées ; il nous semble, tout en furetant, que le soldat-souverain va paraître et nous railler de notre curiosité.

Nous montons au second étage du palais, dont l'admirable bibliothèque Palatine occupe vingt et une salles. Quel choix de livres ! quelle élégance dans les divisions et l'arrangement des rayons ! la fondation de la bibliothèque Palatine est un titre d'honneur dans la postérité pour les grands-ducs de la maison de Lorraine ; ils ont réuni là, dans les éditions les plus rares, 70,000 volumes ; la col-

« Nous vîmes dans le palais cette Chimère (antique) qui a entre les épaules une tête naissante avec des cornes et des oreilles et le corps d'un petit lion.

« Le samedi précédent, le palais du grand-duc étoit ouvert et rempli de paysans, pour qui rien n'étoit fermé, et l'on dansoit de tous côtés dans la grande salle. Le concours de cette sorte de gens est, à ce qu'il me semble, une image de la liberté perdue, qui se renouvelle ainsi tous les ans à la principale fête de la ville. »

lection entière des Elzévirs se trouve dans le nombre. La bibliothèque Palatine renferme aussi 16,000 ouvrages manuscrits : tout l'œuvre de Galilée ; des traités de Torricelli, de Machiavel, de Benvenuto Cellini, et des lettres de Laurent le Magnifique. Je touche avec respect à ces caractères tracés par ces hommes illustres. Une collection d'autographes m'a toujours fait sentir la plus vive émotion intellectuelle ; ces signes, qui reproduisent pour nous les hésitations et les élans de la pensée, sont ce qui reste de plus vivant du génie. Dans les lettres surtout éclate la sincérité de l'esprit ; l'homme, disparu, s'y ranime pour nous et nous parle. Une phrase nous révèle un caractère. La forme même de l'écriture, lente ou précipitée, contient des indices certains sur la nature de l'être évanoui.

Je feuillète avec curiosité un roman de chevalerie écrit en italien et illustré, à chaque page, de dessins à la plume pleins de grâce et de verve. Je voudrais m'oublier des journées entières dans ces chambres recueillies, où tous les morts fameux répondent à notre évocation.

Nous sortons du palais sur la place Pitti ; nous longeons la terrasse de droite et pénétrons dans un long corridor qui relie le palais des Médicis au palais *Boni Torregiani*, acheté par le grand-duc Pierre-Léopold, pour y placer le musée de physique et d'histoire naturelle. Tout en parcourant ces vastes salles où la science, cette éternelle chercheuse de l'humanité, a réuni les produits innombrables de ses efforts et de ses découvertes, je pense à ce misérable Malatesta Baglioni, premier possesseur de ce palais, traître à la liberté ; il vendit Florence au pape Clément VII ; il était du nombre des nobles florentins qui, dans l'église de Saint-Nicolas, en face de la vertu des Strozzi et des Capponi, et prenant Dieu à témoin, avait fait le serment de défendre jusqu'à la mort la république. Il préféra la fortune à l'honneur. Son héritage est dispersé ; son infamie s'est perpétuée à travers les siècles.

Les salles dans lesquelles nous passons, au rez-de-chaussée et au premier étage, sont remplies par le musée minéralogique ; il renferme des blocs énormes des plus beaux marbres, parmi lesquels trône un magnifique fragment de malachite, don du prince Demidoff. Les salles contenant les figures innombrables d'anatomie humaine et d'anatomie comparée offrent en ce genre la collection la plus complète qui existe ; on voit là les effigies de l'homme et de la femme, d'abord sains et beaux ; puis on regarde avec terreur tous leurs organes mis à nu, se décomposant, dans la maladie et la mort, depuis ceux du fœtus jusqu'à ceux du vieillard et du squelette, tous ces organes mystérieux de l'être sont étalés ; on sent, en les considérant, comme une double étreinte de la souffrance et du néant ; on a hâte de se trouver dans le musée d'histoire naturelle où, revêtus de leur pelage intact et de leur plumage radieux, les animaux et les oiseaux paraissent tressaillir et s'ébattre ; ils semblent dire à l'homme vivant qui passe, le front haut, au milieu d'eux : « Tu es notre roi ! » — roi qui tombe et se décompose, répond la pensée encore attristée du spectacle humiliant et vertigineux des salles précédentes. Dans plusieurs chambres sont les instruments de physique ; on y admire les instruments qui servirent à Volta ; puis on passe dans la tribune construite en l'honneur de Galilée par le dernier grand-duc. L'aspect en est imposant ; le marbre et les dorures y fourmillent, mais les fresques qui couvrent les murs sont d'une médiocrité désespérante. Rien du grand souffle de l'art de la Renaissance ne s'est transmis en Italie aux peintres contemporains. Nous en dirons autant des bustes et des médaillons de tous ces savants inspirés qui font cortège à Galilée dans ce tabernacle, dont il est le dieu. Ils sont froids, guindés, et, sans le souvenir de leur génie qui nous accompagne, nous regarderions en souriant ces têtes insignifiantes. On a placé dans cette rotonde plusieurs instruments qui ont servi à Galilée et un de ses doigts desséchés qui palpaient encore, lorsqu'il fut aveugle, le télescope à travers lequel il n'entrevoyait plus que la nuit. Nous montons à la tourelle de l'Observatoire, où l'on nous fait remarquer une lunette de Tisson pour observer le passage des planètes ; un équateur céleste et un magnifique télescope d'Herschell. Je regrette que mon ami l'illustre Babinet ne soit pas près de moi, je serais revenue là, en sa compagnie, par une de ces claires nuits radieuses d'Italie si propices aux découvertes astronomiques ; dirigée par lui, j'aurais fait une excursion aérienne à travers les astres. Oh ! la belle promenade de planète en planète, en suivant la voie lactée, les étoiles filantes, les nébuleuses fluides, les comètes folles et errantes stimulant de leurs queues changées en fouet de flamme le coursier de l'imagination lancé dans l'éther ! tandis que les arbres et les fontaines du jardin de *Boboli* frissonnent et que les parterres du jardin botanique[1] nous envoient leurs

---

[1] Le jardin botanique est annexé au jardin de *Boboli*.

aromes. Ainsi l'esprit nous prête ses ailes et enorgueillit un moment l'être impuissant rivé à la terre.

Nous quittons le palais Pitti et ses dépendances, constatant avec reconnaissance que les Médicis et les grands-ducs de Lorraine ont réuni dans cette immense et poétique enceinte tout ce qui peut ravir l'imagination, élever l'âme et inspirer la science.

Cette visite au palais Pitti en compléta pour moi l'exploration, comme elle la complète pour le lecteur.

Ce même jour, dans la soirée, des amis de la princesse vinrent chez moi ; le chevalier Berardi, très au courant des nouvelles politiques, et qui prenait une part active à tout ce qui pouvait coopérer à l'indépendance de l'Italie, nous annonça l'aventureuse et sublime expédition de Garibaldi ; il venait de l'apprendre par un télégramme qu'on lui avait adressé de Gênes; le bruit s'en répandit aussitôt dans Florence et y produisit une immense émotion. Où donc allait le héros, monté sur le vaisseau fatidique, qui était sorti mystérieusement la nuit, du port de Gênes? Les uns disaient que le gouvernement du roi désavouait le soldat inspiré; beaucoup pensèrent que, sans le concours tacite de M. de Cavour, le navire qui portait le prédestiné n'aurait pu prendre la mer. Le lendemain, quelques détails arrivèrent, mais on doutait encore si Garibaldi et ses hardis volontaires feraient une descente dans les États de l'Église ou s'ils se dirigeraient vers la Sicile. Menotti, fils aîné du héros; Manin, le rejeton glorieux de Daniel Manin ; Bixio, Sirtori, Carini, Lamasa, de Flotte, étaient les lieutenants de l'invincible capitaine. Tous les cœurs tressaillaient d'orgueil. L'Italie était revenue au temps des légendes héroïques. Pour ma part, j'éprouvai une sensation ineffable; quelque chose de fortifiant et d'altier qui fut comme le reflet du courage et du dévouement de ces nouveaux preux.

Le dédain des jouissances matérielles, l'abnégation patriotique, l'amour de l'humanité qui fait dédaigner la mort pour léguer aux générations qui nous suivront une destinée meilleure, cet idéal impalpable, mais vrai, qui dans tous les siècles a produit les martyrs et les héros, était donc encore de ce monde? Quel spectacle pour le poëte! quelle émotion pour le penseur! La fortune, la satisfaction des passions personnelles et même de l'amour, la plus vivifiante de toutes, ne donnent pas de ces joies superbes qui centuplent notre être. Le cœur n'est vraiment grand que lorsqu'il bat de ces palpitations électriques qui font battre d'un pôle à l'autre de la terre des milliers de cœurs! Garibaldi! ce nom, désormais, allait être répété par tous les échos du globe; cette figure unique dans l'histoire allait planer merveilleuse et démesurée sur les sociétés engourdies du vieux monde. Je le revis en songe, dans la nuit qui suivit, ce noble illuminé des temps modernes; je me souvenais du jour où il m'était apparu sombre et menaçant, *courbé sous le poids de son cœur*. Je me disais : « La souffrance intime est féconde; les coups qui frappent une âme énergique la détachent d'elle-même et de son propre bonheur; elle cherche alors pour pâture des félicités plus puissantes. Elle rejette, comme indignes de l'envahir, les ténèbres du mal; la gloire du bien la sollicite et le sang de sa blessure secrète se change en une source où s'abreuve l'humanité! Que serait-il advenu du héros, si la quiétude du foyer et les voluptés tranquilles l'avaient mollement enlacé? Malgré sa trempe impliable, eût-il pu briser ces chères entraves? Les murmures d'une mer azurée, les brises caressantes des tièdes nuits auraient fait écho à la voix d'une femme aimée pour le bercer et l'amollir. La beauté humaine et celle de la nature ont des sérénités splendides qui immobilisent; elles ne se voilent que dans la douleur. Du désespoir jaillit l'action; l'effort, l'élan nous éperonnent et nous crient : En avant! D'autres hommes pleurent et gémissent; troupeau effaré, ils appellent un guide! Tribuns, parlez! guerriers, combattez! vous avez charge d'âmes! vous avez mission de faire triompher le droit et la justice.

Le lendemain matin, je me réveillai toute radieuse de cette fière et collective émotion qui avait rempli mes rêves. Il faisait un de ces jours de printemps limpide et doux qui convient à leur fête. Je montai seule en voiture et me fis conduire aux *Cascine*; il me fallait l'espace, la végétation, les sources vives, le ciel éclatant, l'air chaud, les émanations pénétrantes des arbres et des fleurs. Je n'aurais pu, sans malaise, visiter un monument, quelque grand qu'il fût; je me serais sentie emprisonnée entre les marbres et les peintures. Je mis pied à terre dans un carrefour gazonné, où s'entre-croisent plusieurs allées ombreuses, et je m'aventurai à travers les taillis embaumés qui entourent la ferme royale; les haies d'aubépine étaient fleuries; les sentiers et les pelouses tout émaillés de pâquerettes et de boutons d'or; j'entendis des voix et des rires monter d'un de ces méandres touffus, où je me perdais; il me sembla que le timbre de ces voix claires et perlées ne m'était point inconnu. J'approchai pour voir ceux qui se parlaient ; les mousses et les touffes de bruyère amortissaient le bruit de mes pas. Je penchai ma tête au-dessus d'un buisson et j'aperçus la noble Anglaise du jardin de Boboli assise sur l'herbe; tout près d'elle, le jeune et irrésistible Florentin était accoudé sur l'ampleur de sa robe. Tous deux buvaient, en riant, des sorbets et mangeaient des tranches de cédrat qu'ils prenaient tour à tour sur un plateau apporté du café voisin.

« *Mio Caro* Rodolphe, murmura la dame, c'est le lieu et le moment de me dire votre *canzone*.

— Je l'ai faite cette nuit en pensant à vous, » répliqua-t-il, et il posa ses lèvres sur la main de la belle étrangère ; puis, avec un pur accent toscan, il récita trois strophes d'amour d'une suave harmonie ; le chant des rossignols et des fauvettes accompagnait du haut des cimes vertes sa douce mélopée. Les rayons du soleil, filtrant à travers les rameaux, jetaient sur ses cheveux ondés des reflets d'or ; il était beau comme un marbre grec où le sang et la vie auraient tout à coup circulé.

Émue et rougissante, elle le regardait avec ses grands yeux troublés. Elle dénoua son chapeau rond et l'ôta brusquement comme pour respirer ; sa chevelure en sortit splendide ; elle était superbe en ce moment ; la jeunesse lui était revenue.

Quand il eut dit son dernier vers, elle murmura d'une voix étouffée :

« Quoi! c'est pour moi que vous avez fait ce chant qui enivre? Vous êtes un vrai poëte ; oh! mon doux enchanteur!

— Je ne suis qu'amoureux, » répliqua-t-il, et il tenta d'entourer son cou de ses bras tendus.

Voici le dénoûment inévitable qui arrive, pensai-je, et je me courbai pour ne pas être vue.

Elle le repoussa en s'écriant : « J'entends marcher. » Puis elle se mit à courir à travers les sentiers enchevêtrés ; il la rejoignit et s'empara de sa main avec un mouvement passionné ; elle baissa la tête. Elle semblait dire : « Je suis vaincue. » Je les vis monter tous deux dans un coupé qui les attendait. Le cocher fouetta gaiement ses chevaux.

Debout sur le bord de la route, je suivais du regard la voiture qui disparut dans une avenue sombre, emportant loin de moi ce roman éphémère.

« Ils n'en sont plus à la première page, me dis-je; ils oublient le monde et Garibaldi ! » Je continuai ma promenade, m'étourdissant d'air et de rêverie.

Lorsque je rentrai dans Florence, je rencontrai au milieu des rues et sur les places des groupes animés qui gesticulaient. Le nom de Garibaldi sortait de toutes les bouches ; la préoccupation unanime de la foule me replongea dans le courant d'idées de la nuit précédente et je trouvai folles et puériles les amours de la belle Anglaise et de son chérubin.

Comme j'approchais de l'hôtel, j'aperçus le bon Ragnotti qui causait avec le général Ulloa; j'allai à eux et je dis au général :

« Comment n'êtes-vous pas parti avec Garibaldi? il eût été beau à l'ami de Daniel Manin de se battre auprès de son fils.

— Je ne crois pas au succès de ce coup de tête, me répliqua le général.

— Qu'importe le succès, repartis-je étonnée ; je suis pour la maxime chevaleresque : « *Fais ce que dois, advienne que pourra.* »

— Avant de songer à la Sicile et à Rome, reprit le général, il eût fallu tenter de délivrer Venise et de donner à Naples la liberté. »

Je le quittai en disant à Ragnotti qui me suivit : « Il vient de manquer l'heure du dévouement et de la gloire; il le regrettera un jour. »

En effet, six mois après, je rencontrai à Naples le général Ulloa triste, abattu d'avoir failli à l'entreprise héroïque.

Tout en causant, nous étions arrivés sur la place Saint-Laurent.

« La lumière de ce beau jour est propice pour bien voir la sépulture des Médicis, et je vous engage à la visiter, me dit le professeur Ragnotti; je regrette qu'un écolier qui m'attend m'empêche de vous accompagner. A ce soir, ajouta-t-il; si j'apprends des nouvelles politiques, j'irai vous les porter. »

L'église de Saint-Laurent était en réparation ; je regardai en passant sa façade sans ornement et j'entrai par la porte du cloître des chanoines. Je fis le tour des galeries à colonnettes sous lesquelles se trouvent plusieurs tombes ornées de bas-reliefs et des inscriptions dont quelques-unes sont fort anciennes[1].

Je marchais sur les pierres tumulaires; une herbe haute cou-

---

[1] L'église primitive de Saint-Laurent, ou plutôt la basilique de Saint-Ambroise, car c'est à ce saint que l'église est dédiée, fut construite au quatrième siècle aux frais d'une matrone florentine, nommée Julienne.

vrait le préau silencieux et tout embrasé de la chaleur du jour. Sous les arceaux de marbre, on sentait une fraîcheur bienfaisante; quelques-uns des ouvriers employés aux travaux de l'église faisaient la sieste, couchés sur les dalles; d'autres, assis sur des débris de sépultures, prenaient leur repas de charcuterie et de fromage, en attendant d'aller retourner sous leurs pioches les ossements et la poussière des morts.

Avant de pénétrer dans l'église par une porte latérale à la droite du cloître, je regarde dans un vestibule une belle statue de Paul Jove revêtu de ses habits sacerdotaux; le célèbre historien se tient accoudé sur les volumes superposés de ses ouvrages; ses pieds dédaigneux foulent les livres qu'il a réfutés. Qui donc lit aujourd'hui Paul Jove, hors quelques érudits patients et inconnus? J'entre dans la nef presque entièrement remplie par les échafaudages des maçons qui la réparent. Au-dessus de la porte du milieu s'élève une sorte de galerie nommée le *Sacrario* (lieu saint); c'est là que furent déposées les fameuses reliques que le pape Clément VII, d'exécrable mémoire, donna aux Florentins pour leur faire oublier la liberté qu'il avait noyée dans le sang. Pie IX voudrait bien encore, au moyen de pareils dons, garrotter de nouveau l'Italie dans les fers qu'elle a glorieusement brisés, mais le temps des palliatifs miraculeux est passé; on n'endort plus les âmes avec des simulacres, et tous les os du crasseux et puant saint Labre ne conjureront pas la justice armée des soldats de Victor-Emmanuel et de Garibaldi. Je parcours les nombreuses chapelles qui se déroulent de chaque côté de la nef. Je ne m'arrête et je n'arrêterai mes lecteurs que devant les sculptures et les tableaux qui sont dignes d'admiration. Dans deux chapelles parallèles se dressent sur quatre colonnes de marbre, aux chapiteaux composites, les deux chaires de Donatello, du plus beau travail; elles sont décorées de bas-reliefs, mi-partis en chêne et mi-partis en bronze, représentant plusieurs traits de la vie du Christ. Quelle pureté de dessin! quelle force! quel naturel et quel mouvement dans tous ces personnages! Les deux tons bruns différents, du bois et du bronze, charment les yeux comme une nouveauté, tandis que l'âme est frappée par l'expression vraie de chaque figure d'apôtre et de sainte femme. Cette œuvre de Donatello mourant révèle le génie et la foi de l'artiste.

Dans une autre chapelle, je remarque une *Sainte Famille*, sur bois, du quatorzième siècle. Quelle naïveté dans la Vierge et l'enfant! Les saints qui les contemplent respirent la compassion et le respect; parmi eux se trouve sainte Concordia martyre, dont le visage mystique vous poursuit de sa placidité.

Dans la chapelle suivante est une peinture grecque sur fond d'or d'une étonnante conservation; au centre du tableau rayonne un saint Jean-Baptiste; tout alentour s'enroulent comme un chapelet de petites compositions exquises qui reproduisent en miniatures divers actes de la vie du Précurseur.

J'entre dans la *vieille sacristie*; c'est une des parties les plus rares de l'église. C'est encore Donatello qui est l'auteur du beau sarcophage de marbre placé au milieu de cette chapelle. Les figurines s'y enlacent aux festons de fleurs et de fruits. Au-dessus, s'élève une table de marbre qui sert aux prêtres pour se vêtir. Ce sarcophage renferme les restes de Jean de Médicis et de Piccarda, sa femme, qui tous deux firent réédifier la basilique de Saint-Laurent (en 1423), après que l'église primitive du quatrième siècle eût été détruite par les flammes. Dans une des plus grandes chapelles de la nef, se trouve le mausolée de Jean et de Pierre de Médicis, fils de Côme[1], par André del Verrochio; la bière en porphyre est soutenue par des supports en bronze recouverts de feuillages; on dirait de véritables arbustes. Les Indiens couchent ainsi leurs morts sur un hamac suspendu à des rameaux. Le monument est entouré d'une grille en bronze, où fourmillent mille fantaisies charmantes. En face de ce tombeau sont trois armoires, dans lesquelles on a récemment enfermé les fameuses reliques données par Clément VII, dont j'ai parlé plus haut; elles sont closes dans des urnes d'argent et dans des boîtes d'or et de cristal de roche ciselées et gravées avec cet art merveilleux qui fut une des gloires de la Renaissance. Les pierres précieuses éclatent sur tous ces reliquaires de formes diverses.

Je me fais conduire dans la *chapelle des Princes* ou sépulture des grands-ducs de Toscane. Au fond de la nef, je passe, à droite, une porte; je traverse un vestibule et pénètre dans cette rotonde d'un aspect éblouissant : elle est revêtue jusqu'à la coupole de marbre et de pierres dures formant des mosaïques. Fondée par Ferdinand I*, cette chapelle fut d'abord destinée à recevoir le tombeau du Christ qui est dans le temple de Jérusalem. L'émir Facardin avait fait espérer au grand-duc qu'il pourrait l'enlever aux Turcs, et

[1] Qui présida la république de Florence et fut surnommé le Père de la patrie.

le lui offrir. Cette promesse ne s'accomplit point et la somptueuse chapelle fut plus tard transformée (1604) en sépulture des Médicis. La forme du monument est octogone; huit divisions en composent le pourtour : dans l'une, est la porte d'entrée faisant face à l'autel; dans les six autres, des tombes de grands-ducs surmontées de leurs statues en bronze. La statue de Ferdinand I*r*, par Jean de Bologne, est la plus belle. La grande coupole a été peinte à fresque et ornée de moulures en stuc doré, sous le règne du dernier grand-duc; elle est éclatante, mais ne mérite point d'être décrite. Au-dessous du pavé de mosaïque sur lequel nous marchons, est le caveau renfermant les corps des princes et des princesses de la famille grand-ducale.

J'ai réservé pour la fin de mon exploration la visite de la *sacristie nouvelle* dite *chapelle des tombeaux*, construite par Michel-Ange, où se trouvent les statues ses plus renommées. Ici, point de vains ornements, point de marbres et de pierres de couleurs distrayant les yeux des œuvres d'art. Le plan de cette chapelle est presque semblable à celui de l'ancienne sacristie, mais la sobriété des décorations révèle la main du génie. En entrant, l'attention se concentre sur les deux fameux tombeaux de Julien, duc de Nemours, frère de Léon X, et de Laurent II, neveu du même Pape, qui fut un des violateurs de la république et le lâche spoliateur du duc d'Urbino.

Lorsque Clément VII, ligué avec Charles-Quint, se fut emparé de Florence à laquelle il imposa pour maître son bâtard, il contraignit Michel-Ange, ce fier défenseur de la liberté vaincue, à travailler à cette sépulture de sa famille. Les statues qu'exécuta le grand homme ne sont pas l'effigie des deux princes dont la mémoire était détestée des Florentins, mais des figures pour ainsi dire idéales, où Michel-Ange se complut à reproduire la lutte et la douleur de sa patrie.

Sur le tombeau de Julien, la tête de la statue assise est inspirée et résolue, comme le fut un moment la noblesse florentine, lorsqu'elle jura dans l'église Saint-Nicolas de défendre la république menacée. Deux figures d'ornementation, représentant le Jour et la Nuit, sont placées sur le sarcophage. Michel-Ange a fait quatre vers superbes sur cette dernière figure :

> « Grato m'è il sonno, e più l'esser di sasso
> Mentre che il danno e la vergogna dura;
> Non veder, non sentir m'è gran ventura.
> Però non mi destar; deh parla basso[1]! »

[1] « Le sommeil m'est doux, il m'est plus doux encore d'être de

Ces vers sont comme le sceau de la pensée secrète de l'artiste patriotique, il craint que le marbre ne suffise pas à l'exprimer, il lui prête la voix courageuse de la poésie. Esprits altiers! instituteurs éternels des âmes fortes, on aime à vous rencontrer dans l'histoire! on vous salue comme les vrais souverains de l'humanité, les seuls devant qui la postérité s'incline.

Dans le tombeau de Laurent, l'idée douloureuse et fixe de l'artiste est plus évidente encore. Quelle expression navrante et profonde dans cette tête de jeune guerrier, que le peuple clairvoyant a nommé *il Pensieroso!* Non, ce n'est point là ce Laurent II, hautain et cruel; ce front qui médite, cet œil qui pénètre, cette bouche qui frémit, c'est le symbole de Florence enchaînée, qui rêve au jour où ses fers tomberont. L'Aurore et le Crépuscule décorent ce tombeau et font pendant aux figures du *Jour* et de la *Nuit* du tombeau parallèle.

Dans la même chapelle, est la grande statue inachevée de la Vierge de Michel-Ange, tenant dans ses bras l'enfant Jésus. C'est bien la mère d'un Dieu : l'ampleur, la force et la noblesse éclatent dans les contours, dans l'attitude et jusque dans les plis du vêtement.

Je traverse de nouveau la nef et le cloître; les ouvriers qui ont fini leur sieste et leur repas travaillent en chantant; ils mêlent à leurs refrains le nom de Garibaldi; ils interrompent leur chant pour faire des commentaires sur *questo gran prode* (sur ce grand héros), saint nouveau aux miracles évidents d'une légende incontestable.

Le soir, le professeur Ragnotti vint chez moi, comme il me l'avait promis, puis arrivèrent le comte Faïna, le chevalier Berardi, le poëte Dall'Ongaro et le jeune Zanini. Nous ne parlâmes que de Garibaldi; il était devenu la préoccupation générale. On ne savait encore rien de certain sur le but de son expédition. Nous bûmes du thé à la réussite de son entreprise, boisson pythagoricienne qui, quelques jours plus tard, fut remplacée, dans un nouveau toast, par le fameux vin de Marsala rendu doublement célèbre par le héros.

marbre tant que dure la perversité et la honte. Ce m'est une grande félicité de ne rien voir et de ne rien sentir; ne m'éveillez pas; de grâce, parlez bas. »

Les matinées de printemps, si radieuses en Toscane, me conviaient chaque jour à quelque nouvelle excursion. J'allai, le lendemain, au *Poggio imperiale*, villa grand-ducale située au midi de Florence. Je passai la porte Saint-Pierre en Gallotino (ou porte romaine) qui conduit à la route de Sienne; je pris à droite une longue avenue bordée de hauts chênes-verts et de cyprès séculaires s'enchevêtrant et se déroulant jusqu'au sommet d'une riante colline où s'élève la villa royale. Au seuil de cette sombre avenue sont deux piédestaux portant des aigles impériales et l'écusson des Médicis; puis se dressent sous les rameaux noirs les statues d'Homère, de Virgile, de Dante et de Pétrarque. La voiture suit au pas cette allée monumentale, imposante décoration qui forme comme un corridor spacieux au *Poggio imperiale*. Je mets pied à terre et franchis la vaste esplanade entourée d'une grille de fer, dont la porte est surmontée de deux figures représentant Atlas et Jupiter. Ce palais d'été des grands-ducs de Toscane a été construit aux seizième et dix-septième siècles; la situation en est délicieuse; il est entouré de jardins et de serres et s'adosse à la riante colline d'Arcetri. Je passe sous le péristyle à colonnes et je monte, précédée du custode, l'escalier qui conduit au premier étage; je m'arrête tout à coup, frappée d'admiration, en face d'une statue de Vestale qui semble garder le seuil des appartements royaux. Cette figure antique est une des plus émouvantes que j'aie vues. La tête en marbre blanc a une expression de douleur et de mystère qui s'empreint dans le souvenir et y reste à jamais; les mains superbes sont également en marbre blanc, mais tout le corps pudique est couvert d'une longue draperie en marbre noir qui descend jusqu'aux pieds. Ce vêtement de deuil, dont le visage et le cou se détachent comme la pâleur de la mort des plis d'un drap funéraire, frissonne et se meut; on croit sentir, au travers, les palpitations d'un cœur recueilli et chaste qui songe aux amours impudiques et aux morts sanglantes dont ce palais fut le témoin. Elle a vu, la pure Vestale, passer Giordano Orsini, l'assassin furieux de sa femme, Isabelle de Médicis (fille de Côme Ier); elle a vu les folles amours de cette belle duchesse d'Orléans[1] qui, prise de la nostalgie des plaisirs de la Régence, étourdit et charma Florence par ses intrigues et ses caprices, et força son mari Come III à la

---

[1] Fille du régent.

renvoyer en France, où elle s'abrita dans l'abbaye de Montmartre, cloître de liesse et de volupté qui lui fut plus cher que son duché perdu.

Je parcours les chambres et les corridors silencieux peuplés de marbres antiques et de portraits en pied des grands-ducs et des grandes duchesses. Un buste grec de Méduse me saisit au passage comme si le dard d'un des serpents enroulés dans sa chevelure m'avait percé au cœur. Quelle tête fine et féroce! les yeux petillent, on les dirait peints et brillants : un rayon acéré et dominateur en jaillit; le nez, mince et droit, se dilate et aspire la vengeance; entre les lèvres serrées éclatent comme des perles de petites dents prêtes à mordre. C'est bien le symbole de la méchanceté, mais d'une méchanceté charmante qui s'insinue et s'impose. Cette figure me rappelle la jolie Anglaise, mon irritante et séduisante compagne de route à travers les Apennins. L'art antique ne grimace jamais; il revêt la personnification du vice et du crime d'une sorte d'idéal, il en fait des dieux malfaisants, mais ce sont encore des dieux.

Un portrait en pied de Catherine de Médicis jeune m'arrête par ce même charme du mal poétisé empreint sur le buste de Méduse; elle est debout, svelte et pensive, la jeune princesse qui devait conseiller plus tard la Saint-Barthélemi, sa bouche ironique et voluptueuse fait une moue de dédain; ses yeux noirs perçants projettent leurs rayons froids et directs comme des poignards sur les yeux d'un épagneul qu'elle caresse. On sent une sorte d'affinité entre les penchants de la femme et l'instinct de l'animal; tous deux semblent prêts à déchirer qui leur déplaît et à courir sus à qui les gêne.

Rien de troublé ni de combattu dans l'admiration qu'inspire une petite statue d'Apollon, d'une beauté rayonnante, attribuée à Phidias; c'est le plus rare des marbres antiques du *Poggio imperiale*. C'est la grâce voilée de l'adolescence et l'aurore éclatante du dieu du jour.

J'arrive dans la grande salle de bal peinte en grisaille; je la regarde à peine et m'accoude aussitôt sur le balcon de la fenêtre du milieu que le custode vient de m'ouvrir, en me disant : « *Ecco il colle d'Arcetri!* » J'ai à mes pieds un champ inculte qui s'étend derrière le palais et que domine un peu à gauche la colline d'*Arcetri*, célèbre par le vin *Verdea* et plus encore par le souvenir de

Galilée. Voilà *il piano di Giullari*, où, du milieu des vignes et des oliviers, s'élance la torre *del Gallo* qui servit d'observatoire à ce génie puissant; tout près est la *villa del Gioiello*, où le fier persécuté, encore tout meurtri des tortures de l'inquisition romaine, passa, par l'ordre du pape Urbain VIII, les dernières années de sa vie. Durant la nuit, il observait les astres, dont bientôt ses yeux défaillants cessèrent d'entrevoir la clarté. Le monde incommensurable de ses explorations sublimes lui fut dérobé avant le monde borné où il vivait; la cécité devança la mort comme une avant-courrière sombre; durant le jour, stoïque et résigné, le simple grand homme se plaisait aux travaux des champs; il enseignait aux paysans la culture des vignes et la fabrication du vin *Verdea*. C'est ainsi que son nom s'est perpétué dans la mémoire des *contadini* toscans. Pas un vigneron qui ne le connaisse, ce nom immortel; pas un vendangeur qui ne le répète, en cueillant les grappes aux ceps pliants; pas une jeune fille qui, en s'en retournant le soir à la ferme, au temps des vendanges, ne se montre la tour que je contemple, en disant : « *Ecco la torre di Galileo* ; » et lorsque tout ce peuple des campagnes va prier à Santa-Croce[1], il s'agenouille devant le mausolée du philosophe illustre et l'invoque comme un saint vénéré; les foudres de Rome ont déifié celui qu'elles croyaient abattre; elles en ont fait un martyr pour la foule. L'imagination du peuple italien se plaît aux légendes ; elle entoure d'une sorte de merveilleux la vie de tous ses grands hommes; c'est ainsi que leur trace se perpétue de siècle en siècle dans le souvenir de ces esprits poétiques et naïfs; ils retiennent les noms des génies fameux sans même connaître leurs œuvres. Galilée a-t-il été poëte? Dante, Pétrarque et l'Arioste, astronomes ? Beaucoup l'ignorent; mais, pour eux, leurs noms sont ceux *d'uomini divini*, et ils les donnent sur les fonts baptismaux leurs enfants.

Deux petits paysans qui vendaient des fleurs se disputaient un jour, devant moi, sur une place de Florence, en s'appelant Dante et Pétrarque; je souris et je fus charmée. Est-il un laboureur français ou un fermier anglais qui se nomma jamais Corneille ou Shakspeare? Est-il même un pêcheur breton, malgré la tombe fastueusement romantique du *Grand-Bé*, qui ait choisi, pour parrain de son fils, Chateau-

---

[1] Église de Florence dont je parlerai bientôt et où se trouve la tombe de Galilée.

briand? Dans les peuples trop positifs, le retentissement de la gloire ne pénètre pas à travers les masses; un niveau terne et plat les abaisse; il faut, au tonnerre, les monts pittoresques pour se répercuter; dans les zones uniformes et planes, il meurt presque sans écho.

O terre italienne! terre nourricière et affable, mère du beau et de l'harmonie! je t'aime, parce que tu aimes encore tout ce qui est indépendant de la fortune et de la matière. Il suffit de dire aux Italiens : Voilà un artiste! pour qu'ils regardent attentifs et bienveillants un pauvre être raillé parmi nous. Je pense au philosophique chanteur de Sienne et je me dis : « Il a raison, il est heureux; il ne mourra pas de faim avec ses dix écus par mois! » Le sort des Gilbert et des Hégésippe est inconnu en Italie. La misère, d'ailleurs incertaine, du Tasse tient à son amour qui froissa l'orgueil des princes de la maison d'Este.

Tout en rêvant de la sorte, je regarde la campagne embrasée. Près de la maison où mourut Galilée, est la villa *Bugia*, où l'historien Guicciardini écrivit ses annales. Chaque fois que le nom d'un écrivain ou d'un poëte est prononcé, nous inclinons la tête comme devant la seule royauté durable. Le soleil poudroie sur les cultures de mûriers, d'oliviers et de vignes qui couvrent les coteaux; le thym, la roquette et les bruyères remplissent les interstices du sol; leurs aromes se mêlent aux parfums des fleurs du jardin royal qui se déploie à ma droite en retour de la villa; à gauche, dans un sentier ombreux, quelques paysans poussent des ânes chargés d'herbes; d'autres bêchent la terre ou tracent des sillons en chantant; les abeilles bourdonnent, les cigales jettent leurs petits cris monotones; les papillons et tous les insectes du printemps frôlent la végétation embaumée. Je goûte, en face de ce paysage et de ce ciel radieux, une de ces heures de quiétude et de bien-être qu'on voudrait éterniser. Qu'il serait bon de vivre là, au soleil, dans une de ces chambres qu'habita Galilée!

J'oublie le custode qui m'attend et prend patience en faisant un moment de sieste dans un des fauteuils de la salle de bal.

En sortant du *Poggio*, je tourne à droite à travers une sorte de bourg où se trouvent une église, un couvent, quelques maisons et une *bettolla*; une belle Toscane allaitant un enfant se tient sur la porte de la petite auberge; elle m'engage à me rafraîchir et m'offre du vin d'Arcetri. J'en bois quelques gouttes que je noie dans un verre d'eau. Je demande à la mère le nom de son nourrisson garrotté dans une sangle comme les enfants sculptés sur la frise de l'hospice de la place de l'*Annunziata*. Elle me répond qu'il s'appelle Arioste.

« Mais ce n'est pas là le nom d'un saint, lui dis-je.

— Un tisserand de l'endroit, grand liseur, lui a donné ce nom, réplique-t-elle.

— Et votre curé l'a permis ?

— *Questo fa niente al frate* (ceci ne fait rien au prêtre), » répond-elle en riant.

Je donne à la mère et à l'enfant quelques monnaies de cuivre à l'effigie nouvelle du roi élu et, accompagnée par mille actions de grâce, je remonte en voiture et redescends l'avenue où trônent deux des poëtes immortels, parrains des fils de la Toscane.

Le même jour, je visite *Santa Maria del Fiore*, le *Baptistère* et le *Campanile* de Giotto. Que dire de ces trois monuments qui n'ait été dit? La place du Dôme, où ils se dressent, est irrégulièrement entourée de maisons qui la déparent et l'empêchent d'égaler en beauté la place de Saint-Marc et la Piazzetta de Venise ni même les places du *Campo Santo* de Pise et de la cathédrale de Sienne. Mais, pris séparément, chacun de ces trois monuments ravit et étonne. J'examine d'abord les portes de bronze du Baptistère que j'ai vues éblouissantes un soir au reflet des illuminations; elles sont maintenant inondées des rayons du soleil. Les plus belles sont celles de Lorenzo Ghiberti, mille fois décrites; elles regardent la façade du Dôme. L'artiste les fit à vingt-cinq ans. Une tête chauve, fine, expressive, se détache au-dessus de la corniche qui encadre le bas-relief représentant la reine de Saba; cette tête est celle du père de Ghiberti. On est ému du sentiment qui inspira au statuaire l'idée de déverser sa gloire sur celui auquel il dut la vie et de placer là, comme le couronnement de son œuvre, le portrait de son père au lieu du sien.

J'entre dans le *Baptistère*; cet édifice de forme octogone fut primitivement un temple de Mars. Je trouve à gauche les fonts baptismaux; la cuve en marbre blanc est ornée de fins bas-reliefs par André Pisano; derrière se dresse dans une niche une belle statue du Précurseur. Un prêtre à figure repoussante, couvert d'un surplis sale, baptise en ce moment trois nouveau-nés. Les enfants, sous l'aspersion d'eau froide, font retentir de leurs cris perçants la rotonde silencieuse ; on dirait qu'ils sont épouvantés de la figure diabolique de cet homme qui les fait chrétiens. La beauté devrait être une des conditions de tout sacerdoce. Un monstre, revêtu d'ornements sacerdotaux ou d'oripeaux royaux, inspire toujours au peuple une instinctive répulsion.

Je fais le tour de la rotonde ; à gauche est l'autel de saint Zanobi, qui renferme une image miraculeuse du Christ, puis le mausolée du pape Jean XXIII, déposé par le concile de Constance, et qui vint mourir à Florence. Ce monument est une œuvre des plus rares de Donatello ; la figure de la Foi qui le surmonte est de Michelozzi. A côté est le tombeau d'un évêque de Florence ; vient ensuite le maître-autel que couronne une apothéose de saint Jean-Baptiste, sculptée au dix-huitième siècle. Plus loin se trouve un grand candélabre du treizième siècle, en marbre blanc, formé par une colonne d'un travail exquis ; un lion couché lui sert de base ; une petite statue de moine, expressive, animée et tenant dans la main gauche un chandelier tordu, s'élance du chapiteau. A côté est un très-beau sarcophage renfermant les cendres de saint Jean de Velletri.

L'autel de sainte Madeleine est celui qui me retient le plus longtemps ; la figure en bois de la pécheresse, par Donatello, est un chef-d'œuvre de tristesse et d'ascétisme ; exténué par la pénitence, ce corps amaigri souffre et respire ; l'amour divin l'a consumé ; on sent l'âme frémir sous ces muscles décharnés.

Au-dessus des autels et des tombeaux dont je viens de parler, court une sorte de galerie formant des tribunes à sveltes colonnettes couronnées par les figures des patriarches et des prophètes en mosaïque sur fond d'or. Des scènes de la Bible et de l'Évangile, également en mosaïque sur fond d'or, recouvrent toute la voûte de la coupole. Je crois revoir un fragment de Saint-Marc, et je reste appuyée pensive contre l'un des piliers qui encadrent l'autel de sainte Madeleine. Un jour voilé tombe d'en haut dans la rotonde recueillie ; les enfants baptisés ont cessé de crier ; leurs mères les emportent dans leurs bras ; je suis seule en compagnie d'un bedeau qui m'offre de me montrer le *tabernacle* ; c'est un autel portatif en argent massif, pesant trois cent vingt-cinq livres, que l'on expose au centre du Baptistère le jour de la fête de saint Jean-Baptiste ; il est couvert de bas-reliefs merveilleux exécutés par les plus grands artistes florentins du quinzième siècle. Au-dessus se dresse un grand crucifix d'argent entouré de figurines ; de chaque côté sont les statues de la Foi et de la Paix, en argent guilloché ; tout ce tabernacle merveilleux est rehaussé d'or, d'émail et de lapis-lazuli. Tandis que je contemple ce chef-d'œuvre d'un siècle croyant, devant la porte du Baptistère, par laquelle une zone de lumière se projette sur le pavé, passent et repassent les vendeurs de journaux criant les *nuove di Garibaldi*. J'achète, en sortant, une de ces feuilles, pensant qu'elle renferme quelque dépêche télégraphique sur le héros. Je n'y trouve qu'un commentaire sur son expédition aventureuse.

Je fais le tour du Campanile de Giotto, me tenant un peu à distance, la tête renversée. L'admiration que cette merveille inspirait à Charles-Quint me gagne. Cette tour carrée, haute de deux cent cinquante-huit pieds, est revêtue de la base au sommet de plaques de marbre blanc, noir et rouge, alternées de bas-reliefs et de statues. Les philosophes y sont mêlés aux saints, la Fable à la Bible. Phidias, Apelle, Orphée, Platon, Aristote, Ptolémée, Euclide y resplendissent, à côté des Évangélistes. *Giotto, Luca della Robbia, Donatello, Andrea Pisano*, sont les principaux auteurs de ces sculptures expressives. Je remets à un autre jour l'ascension du Campanile, du haut duquel Florence apparaît comme la carène d'un navire autour d'un grand mât.

Je fais le tour du Dôme ou *Santa Maria del Fiore*, nom suave que l'église emprunte au nom même de Florence et à ses armes primitives : *un lis rouge sur champ blanc*. La construction de cette mémorable basilique fut commencée, en 1298, par *Arnolfo di Lapo*, et ne fut terminée qu'après cent soixante ans. Giotto y travailla et en peignit la façade qu'il orna de statues et de bas-reliefs. Cette façade fut sacrilégement démolie au seizième siècle pour y substituer une façade plus moderne qui n'a jamais été faite ; sur les murs nus qui entourent le portail, on aperçoit les traces nébuleuses de ces peintures à jamais regrettables ; la coupole, œuvre de Brunelleschi, dépasse en hauteur celle de Saint-Pierre de Rome et fut construite un siècle auparavant. Michel-Ange disait, en la considérant : « Il est difficile de faire aussi bien et impossible de faire mieux. » Une élégante lanterne, surmontée d'un globe portant une croix qui resplendit sur le fond du ciel, couronne cette coupole.

La nef est en forme de croix latine, toute revêtue à l'extérieur de marbres de couleur décrivant des dessins gothiques. « C'est une des belles choses du monde et des plus somptueuses, » dit Montaigne, qui jugeait que tous ces marbres n'étaient pas fort naturels. Il se trompait ; ils sont aussi éclatants qu'aux premiers jours, et les siècles ont passé sans les ternir.

J'entre dans l'église et crois pénétrer dans une caverne de glace, tant le froid qui y règne contraste avec la chaleur brûlante du jour. Une lumière voilée filtre à travers les superbes vitraux dessinés par Ghiberti et répand toutes les teintes du prisme sur les mosaïques du pavé. Le vaisseau se divise en trois nefs correspondant avec les trois portes de la façade. Quelques statues et quelques tombeaux décorent seuls les deux nefs parallèles. Les autels se groupent sous les trois petites coupoles, autour du maître-autel qui se dresse sous la grande. Je m'arrête à gauche, dans la petite nef, devant les mausolées de Giotto et de Brunelleschi; créateurs de cette église merveilleuse, ils avaient droit d'y dormir en paix. Je remarque dans la demi-lune, au-dessous des orgues, un magnifique bas-relief en terre vernissée de *Luca della Robbia* ; quelle grâce dans ces nuées d'anges entourant le divin Maître qui prend son vol vers le ciel ! Ce chef-d'œuvre sert de couronnement à la porte qui conduit à la vieille sacristie, par Brunelleschi; des statues d'évêques la décorent. C'est dans cette sacristie que se réfugia Laurent de Médicis pour échapper au poignard de la conjuration des Pazzi qui immolèrent son frère. J'arrive sous la grande coupole toute revêtue de fresques par Vasari. Le maître-autel est couvert de bas-reliefs de marbre de plusieurs époques et de différents maîtres. Derrière l'autel est un groupe inachevé par Michel-Ange représentant Joseph d'Arimathie, soutenant le corps du Christ; les pieds et les mains du Sauveur sont percés par les clous de la croix; tout le corps divin exprime bien l'affaissement de la mort.

La chapelle de la petite coupole de droite est en ce moment tout illuminée par les cierges qui brûlent sur l'autel de saint Antoine ; des femmes prosternées prient avec ferveur ; quelques hommes du peuple psalmodient des versets latins; un prêtre officie, couvert d'une chasuble éclatante. Je passe sous la petite coupole du centre formant le bout de la croix latine : cette chapelle est dédiée à *san Zanobi*. Le sarcophage du saint est revêtu d'admirables bas-reliefs, par Ghiberti. Sous la troisième petite coupole de gauche est la chapelle dédiée à saint André; c'est là qu'on trouve la fameuse Méridienne. Tandis que je la considère, j'entends deux voix qui murmurent derrière un autel soutenu par de sveltes colonnettes ; je fais le tour de l'autel et j'aperçois un de ces frêles Florentins ressemblant au Rodolphe du jardin de Boboli, assis sur le bord d'une niche auprès d'une jeune fille qui n'a pas seize ans ; il presse dans ses mains les mains de la belle enfant qui le repousse en disant : « *Non si deve far l'amore in chiese, vedete questo frate* (on ne doit pas faire l'amour dans l'église ; voyez ce prêtre); » et elle lui désigne du regard la chapelle parallèle de saint Antoine, où un prêtre est debout devant le tabernacle qui resplendit.

« *Anche i frati fan l'amore* (les prêtres font aussi l'amour), » répond le jeune homme en riant.

Mais la jeune fille, se levant, réplique, en faisant le signe de la croix : « *Se volete parlar d'amore, andiamo via* (si vous voulez parler d'amour, sortons). »

Le jeune homme la suit ; ils passent sous la petite nef de gauche. Je marche derrière eux et, sans les perdre de vue, je m'arrête pour regarder un vieux tableau de Domenico Michelino, où le Dante est représenté vêtu d'une toge rouge et couronné de lauriers ; d'une main il tient son poëme et de l'autre il indique les figures créées par son génie, peintes dans le fond du tableau. L'Italie a toujours admis dans ses églises les hommes illustres à côté des saints. J'aime ce culte ; le génie étant une émanation de Dieu, a droit d'être consacré dans ses temples. Un frère franciscain, nommé frère Antonio, commentait Dante au quinzième siècle, dans cette église même de *Santa Maria del Fiore*, comme il eût fait d'un texte sacré.

Nos deux amoureux marchent devant moi ; ils sortent de l'église par la *porta del Cocomero*, couronnée du beau mausolée, en chêne sculpté, d'Alexandre de Médicis, bâtard du pape Clément VII, qui fut assassiné par Lorenzaccio (*Lorenzino*). Je pense au drame d'Alfred de Musset, et, pendant que je regarde la superbe décoration extérieure de la porte, je vois le jeune Florentin et la jolie fille brune monter dans une des voitures qui stationnent de ce côté de la place du Dôme. « *Fiesole !* » crie le jeune homme au cocher. Les chevaux partent, emportant sous les ombrages fleuris de la vieille ville étrusque ce roman commencé dans une église.

La porte du Cocomero est ornée à l'extérieur de colonnes en spirales, dont les deux plus grandes ont pour base des lions d'une fière allure ; sur ces colonnes s'élèvent les statues des prophètes entourant Dieu le Père; au-dessus est la Vierge et l'Enfant au milieu de deux anges. Cette porte latérale est fort belle. Je marche autour de la nef extérieure, admirable dans le haut côté d'où s'élance la coupole. Je m'arrête au sud-est et me réchauffe au soleil, sur la pierre même de Dante (*sasso di Dante*). C'est là que le grand poëte aimait à se recueillir. Je donne un regard aux deux statues modernes d'Arnolfo di Lapo et de Brunelleschi, qui contemplent souriants ce temple élevé à Dieu par leur génie.

Ce même jour (vendredi, 11 mars 1860), nous allons le soir au théâtre de la Pergola avec le comte Faïna et le chevalier Berardi. La salle, moins vaste que celles de la Scala à Milan et de Saint-Charles à Naples, est toute blanc et or. Elle est riante et telle qu'il convient à l'élégante Florence. On joue le *Trovatore* et un ballet tiré des *Mystères de Paris*. J'aperçois dans une loge d'avant-scène une femme vêtue d'une robe flottante en cachemire blanc drapée à l'antique et retenue par des agrafes d'or aux épaules éblouissantes; un de ses beaux bras nus s'accoude sur la balustrade couverte de velours rouge; ses cheveux sont massés comme ceux de la Polymnie. La galerie *des Offices* inspire de ces fantaisies de toilettes grecques qui, à côté, font paraître guindées et ridicules nos modes modernes. Le comte Faïna me dit : « Cette dame est une étrangère. » Je la lorgne et souris, en reconnaissant la belle Anglaise du jardin de Boboli et des *Cascine*; dans le fond de la loge se tient penché derrière elle son page Rodolphe; le roman sans doute est accompli. Mais bientôt l'attention est distraite du double spectacle de la scène et des loges remplies de femmes charmantes; les hommes sortent de la salle; des groupes se forment dans les couloirs et des murmures de voix, parmi lesquels se distingue le nom de Garibaldi, se croisent de toutes parts. M. Berardi nous quitte pour aller s'informer de ce qui se passe; il revient aussitôt nous apprendre la nouvelle du débarquement de Garibaldi dans un port toscan, voisin de la frontière papale. Tous les régiments italiens qui se trouvent à Florence doivent partir la nuit même pour la frontière. La préoccupation patriotique fait oublier le ballet; on cause et on gesticule, on fait mille commentaires sur les éventualités qui se préparent. A la fin du spectacle, les personnes qui attendent leurs voitures dans la belle salle du foyer en stuc blanc, ornée de grands divans en velours rouge, se parlent avec animation; dans les rues, le peuple crie : *Vive Garibaldi !*

Ainsi, mes excursions d'art étaient alternées par les événements politiques. Le lendemain, j'allai visiter le *Bargello*. Ce vieux donjon aux murs cyclopéens, construit par Arnolfo di Lapo, a servi tour à tour de résidence aux podestats et de prison redoutable, où l'inquisition appliquait ses tortures. Le faîte du Bargello est couronné de créneaux; une tour dans le style de celle du palais Vecchio le domine. C'est à cette tour (de Saint-Polinaire) qu'on sonnait autrefois le couvre-feu; la vieille cloche du Bargello se fait encore entendre chaque soir, de dix à onze heures, comme un signal mélancolique du sommeil. Elle tintait aussi, sous les derniers grands-ducs, lorsqu'on exposait au carcan les condamnés aux galères. Durant le moyen âge, on peignait sur ses murs extérieurs l'effigie des rebelles et des traîtres. En 1343, le peuple, après avoir chassé Gauthier de Brienne, duc d'Athènes[1], lui infligea, ainsi qu'à ses partisans, ce pilori de la postérité. La paroi du nord conserve encore quelques vestiges des peintures de Giottino, qui représentent le tyran abattu et maudit par le peuple. Du même côté, contre le mur du palais sombre, se trouve une niche, revêtue d'une fresque qui représente saint Bonaventure accomplissant un miracle. Le temps a presque effacé cette composition. Près de l'angle du midi est une belle fontaine; la vasque est formée par un sarcophage antique; deux dauphins (sculpture moderne) y font jaillir l'eau. J'entre dans le Bargello par une porte cintrée; je pénètre dans un corridor tortueux et voûté, tout empreint de mystère. Je traverse la cour centrale; elle est encombrée de marbres brisés. Des ouvriers maçons réparent en ce moment le vieux monument; les uns portent des poutres, les autres font jouer le marteau et la truelle, en chantant en chœur l'hymne de la maison de Savoie. C'est dans cette cour que le grand-duc Léopold, après avoir aboli l'inquisition (1782), fit faire un feu de joie des instruments de torture que renfermaient les cachots du Bargello.

Je monte dans les vastes salles voûtées par un escalier à rampe sculptée. Plusieurs murs tombés, qu'on reconstruit, décrivent çà et là des précipices; dans l'angle nord du premier étage se trouve la chapelle peinte par Giotto; les fresques précieuses du peintre divin avaient été, durant plusieurs siècles, couvertes d'un enduit

---

[1] Un gentilhomme français, nommé podestat de Florence, qui supprima la république et s'empara de la souveraineté.

de chaux qu'on a fait disparaître; le portrait de Dante jeune, peint par son ami, rayonne sous ces arcs gigantesques. Il est là, ranimé, le fier Gibelin, beau, rêveur et doux; on dirait qu'il parle à Béatrix. Il n'a point l'expression amère et taciturne de tous ses portraits connus. Il tient à la main une branche de grenadier, dont les fruits éclatent comme un sourire. Je contemple longtemps l'image vénérée et j'en emporte l'empreinte dans mon souvenir en sortant du Bargello.

Dans une rue voisine, je m'arrête en face d'un grand palais qui porte sur son fronton aristocratique des écriteaux de chambres à louer. Je me trouve si mal dans l'hôtel où nous sommes descendues, que l'idée me vient de visiter ces appartements meublés. Je traverse une belle cour, au fond de laquelle jaillit une fontaine. L'intendant du palais me montre, au premier étage, un petit logement précédé d'une immense antichambre, où des chaises d'église sont alignées. « C'est là, me dit-il, que chaque soir le prêtre Gavazzi vient prêcher la liberté; il attire beaucoup de monde et surtout des femmes, car il est fort beau, ajoute l'intendant, cela distraira madame.

— Chaque soir c'est trop souvent; répliquai-je, si votre logement n'a pas d'autre entrée, ce spectacle en permanence me le rendrait insupportable.

— *Questo frate ha molto talento* (ce prêtre a beaucoup d'esprit), réplique l'intendant.

Nous jugerons plus tard à Naples ce qu'était ce Savonarole contemporain, moins l'éloquence, la vertu et le martyre.

Je devais au baron Perrone de San Martino la facilité de visiter tous les monuments de Florence, même ceux interdits au public. J'avais un extrême désir de voir *San Donato*, somptueuse villa du prince Demidoff. M. Perrone n'ayant pu m'obtenir cette permission, je me décidai à écrire au prince pour la lui demander : il me répondit avec un aimable empressement qu'il avait donné des ordres pour que son palais, les serres et les jardins me fussent ouverts le mardi suivant.

Le même jour où j'avais visité le Bargello j'allai le soir à la réception de Vieusseux avec notre fidèle Ragnotti et le marquis Dragonetti. Je rencontrai chez l'intelligent vieillard des savants et des littérateurs florentins. La politique était la préoccupation de tous les esprits; on discuta avec vivacité sur l'expédition de Garibaldi qu'on croyait en ce moment dirigée contre le Pape. Un prêtre qui se trouvait là dit :

« C'est trop tôt, le Pape ne peut renoncer à son pouvoir temporel avant que toute l'Italie ne soit libre.

— Vous admettez le principe qu'il le pourra et le devra un jour, répliquai-je en riant, cela me suffit ; votre pays marche à pas de géant à la liberté et à l'unité, avant un an il lui faudra Rome pour capitale.

— Et alors, dit au prêtre le poëte Dall'Ongaro, si le Pape n'abdique pas ses prérogatives de souverain, que pensez-vous que devra faire l'Italie? »

Le prêtre hésita à répondre.

« Si la France vous laisse agir comme je le désire, répliquai-je, il est incontestable que vous n'aurez qu'un élan pour accomplir ce que Garibaldi tente peut-être intempestivement aujourd'hui, et cependant qui oserait condamner son audace? Vous devez tous aimer cet homme comme le précurseur des grandes luttes héroïques qui feront triompher votre cause.

— *È troppo focoso* (il est trop fougueux) dit le prêtre, *bisogna ardar piano* (il faut aller lentement).

— Il est des heures, repris-je, où le mot de Danton, *de l'audace, toujours de l'audace*, doit être la devise des nations.

— *Questa Signora è infiammata troppo di libertà* (cette dame est trop enflammée de liberté), repartit le prêtre.

— *Ha ragione !* (elle a raison) s'écrièrent les assistants les plus hardis.

— Regardez donc un peu mes amis tranquilles et silencieux, » me dit le bon Vieusseux, pour délivrer le prêtre à bout d'arguments, et il me conduisit en face des portraits qui couvrent les murs du salon. Je vis là Manzoni jeune, au noble visage inspiré, près de son gendre Massimo d'Azeglio, puis le poëte Nicolini[1], que Victor-Emmanuel venait de nommer sénateur et qui se mourait en ce moment; puis Giusti, l'auteur des satires dont nous retrouverons la tombe à San Miniato; chaque portrait de poëte ou d'artiste portait leur signature autographe; je lus celle de Gino Capponi au bas d'une tête aux lignes fières et correctes, aussi belle qu'une tête grecque.

---

[1] Auteur de plusieurs tragédies classiques remplies d'allusions patriotiques.

« Ressemble-t-il encore à ce portrait? demandai-je à Vieusseux.

— Oui, malgré l'âge et les infirmités, répliqua-t-il, ses traits si nobles subsistent. Je l'ai vu ce matin, il est pour quelques jours à Florence.

— Je lui ferai visite, » repartis-je, et en sortant de chez Vieusseux j'emportai l'espérance que je pourrais connaître enfin l'illustre Florentin.

Le lendemain (dimanche, 13 mars), comme je traversais la place du Dôme pour aller au Musée *des Offices*, j'y trouvai une grande affluence de peuple. Les équipages du prince de Carignan stationnaient devant l'église où le prince s'était rendu pour fêter un anniversaire patriotique. L'archevêque de Florence avait pris la fuite et fait enlever de la sacristie et des autels tous les vases sacrés et tous les vêtements sacerdotaux, les cierges et jusqu'aux petites cloches servant à sonner l'élévation. Il avait fallu aller querir dans une autre église ce qu'il fallait pour dire la messe. Un prêtre de bonne volonté officiait en ce moment; la foule remplissait l'église et s'étendait sur toute la place. Quand le prince, qui représentait le roi élu, sortit de la cathédrale, il fut acclamé par des milliers de voix. Quelques cris : « A bas l'archevêque ! » se firent entendre. Le prélat avait jeté le défi, le peuple le relevait.

Dans la rue voisine des Calzajoli, les gamins de Florence vendaient les journaux du jour en criant : *Vere nuove sopra Garibaldi* (vraies nouvelles sur Garibaldi). J'achetai une de ces feuilles volantes et, appuyée contre les murs de la vieille confrérie de la Miséricorde, j'y lus que Garibaldi, après avoir fait une provision d'armes et de charbon dans le petit port toscan de Talamona, s'était rembarqué avec ses hardis compagnons d'héroïsme ; il avait renoncé à une expédition dans les États du Pape et allait évidemment tenter une descente en Sicile.

Tandis que je parcourais le journal je sentis tout à coup une sorte de vertige, j'avais comme un voile sur les yeux, il me semblait que la tour du Giotto vacillait et se penchait vers moi. Lorsque je voulus marcher mes jambes ne me portaient plus ; quoique je n'eusse que quelques pas à faire pour rentrer à l'hôtel, je dus prendre une voiture ; j'étais comme foudroyée par ce malaise subit. Je revenais à peine à moi lorsqu'on m'annonça le marquis Gino Capponi. Toute sensation de l'esprit réagit sur le corps et nous atteste la dualité de notre être. Même au déclin, quand nos organes se dissolvent, le choc d'une pensée vive suffit à les ranimer et à retendre leurs ressorts jusqu'à ce que le divorce bienfaisant de la mort s'opère et qu'affranchie de son enveloppe douloureuse l'âme, papillon immortel suivant le symbole des Grecs, sorte de sa chrysalide pour revêtir une forme plus jeune et plus belle. Je me levai de mon fauteuil, joyeuse et raffermie pour recevoir le grand vieillard qui venait d'entrer. Sa mine fière et noble me frappa tout d'abord. Le domestique qui l'accompagne toujours depuis sa cécité, était resté dans l'antichambre. Après les premières paroles de bienvenue je pris la main du marquis et le dirigeai vers un fauteuil; il s'y assit sans hésiter; ses yeux qui ne voient plus restent ouverts, le regard semble y jaillir encore quand sa physionomie s'anime, de sorte qu'en lui parlant on oublie qu'il est aveugle; sa tête a gardé l'empreinte de sa beauté primitive; la bouche est expressive, le nez aquilin et sur le front intelligent, ombragé d'épais cheveux gris, flotte le reflet d'une âme haute et saine. Nous causâmes d'abord de Manzoni et de Giorgini, puis du poëte inspiré Giacomo Leopardi, qui avait été son ami et lui avait dédié des vers. Depuis que j'étais à Florence je relisais ses ouvrages et mon admiration pour ce grand lyrique et ce doux philosophe s'avivait à mesure que je me pénétrais de la beauté de sa poésie et de sa prose. « Quelle forme concise et neuve! quelle profondeur de pensée! dis-je à Gino Capponi, si je prononçais mieux l'italien je saurais déjà par cœur ses vers sur la *Mort et l'amour* et son ode *à l'Italie*.

— Cette dernière pièce est une des plus belles de la poésie italienne, reprit le marquis, le début est foudroyant, et il se mit à réciter les premiers vers de cette ode si fière.

O patria mia, vedo le mura e gli archi [1]
E le colonne e i simulacri e l'erme
Torri degli avi nostri,
Ma la gloria non vedo,
Non vedo il lauro e il ferro ond'eran carchi
I nostri padri antichi. Or fatta inerme,
Nuda la fronte e nudo il petto mostri.

— En voilà un, poursuivit le marquis, qui aurait été heureux de la renaissance de la patrie; comme il l'aimait cette pauvre Italie mor-

[1] « O ma patrie, je vois les murailles, les arcs de triomphe, les colonnes, les statues et les tours de nos aïeux; mais je ne vois pas la gloire et les armes de nos pères antiques. O Italie, maintenant sans défense, tu montres ton front nu et la poitrine nue! »

celée et quel noble orgueil il aurait senti en voyant ses lambeaux réunis reprendre un corps et une âme!

— C'est la gloire de vos poëtes et de vos écrivains les plus illustres, repartis-je, d'avoir toujours aimé passionnément la patrie, pleuré sur sa déchéance et poussé à son affranchissement; ils ont eu l'immortel honneur de tenir ainsi de génération en génération les esprits en haleine et de montrer vivante l'âme de l'Italie. Tant que le génie d'un peuple ne s'éclipse pas, c'est un signe irrécusable que ce peuple doit renaître. Car tôt ou tard l'énergie et la persistance collectives des grandes intelligences rendent au corps social sa vigueur.

— Je n'ai pas connu une âme plus honnête que celle de Leopardi, reprit Gino Capponi, elle éclate dans toute sa beauté dans ces vers adressés à sa sœur :

O miseri, o codardi
Figliuoli avrai. Miseri eleggi [1].

— Je regrette aussi que Silvio Pellico n'ait pu voir les jours glorieux qui se préparent pour nous, poursuivit-il; malgré la torpeur qui l'affaissa dans ses dernières années, je suis certain qu'il aurait tressailli du bonheur de l'Italie et qu'il aurait cessé de se faire agneau devant les loups dévorants.

— Plus affamés que dévorants, répliquai-je en riant; votre peuple unanime dans l'amour de son indépendance et de ses libertés les empêchera bien de mordre, ces loups mitrés; je viens d'entendre les acclamations de la foule accueillir le prince de Carignan à sa sortie du Dôme; *les loups* ne pouvant le déchirer s'étaient enfuis avec rage du sanctuaire de paix et de mansuétude.

— Chrétien comme Manzoni, je déplore la conduite des prêtres, reprit le marquis, ils ne pourront que troubler les consciences, mais les fourvoyer en dehors de la ligne droite et lumineuse de l'amour de la patrie, jamais. Quand un peuple veut *être* et qu'il le veut sans excès et sans crime, c'est qu'il *est* déjà! Son vouloir calme atteste sa virilité; on ne remet plus en lisières ceux qui pensent et raisonnent.

— La Toscane, dis-je, est de toutes les parties de l'Italie celle qui a donné le plus bel exemple de tenue et de décision politique; pas une heure de trouble, pas un mouvement dissident.

[1] Tu auras des fils ou malheureux ou lâches : préfère les malheureux.

— Nos populations tranquilles et intelligentes n'ont pas, Dieu merci, l'orgueil turbulent et aveugle qui égare parfois le peuple et le précipite dans les excès. Elles nous ont laissé faire, elles ont écouté notre voix, se confiant à l'esprit patriotique que nous ont transmis nos pères, poursuivit avec une juste fierté de race Gino Capponi; quand le grand-duc est parti, détrôné par la calme révolution du silence du mépris, la noblesse florentine a compris qu'elle devait se mettre à la tête du peuple et diriger le mouvement unitaire; cette page ne sera pas la moins belle de notre histoire et les hommes qui y figurent méritent, je crois, une place à côté des grands citoyens du moyen âge et de la Renaissance qui succombèrent pour la liberté de Florence. Espérons que nos efforts porteront des fruits plus heureux. Il nous reste beaucoup à faire, mais nous combattons pour une patrie plus vaste et plus forte ; le drapeau que nous défendons est acclamé par trente millions d'hommes d'accord et résolus et visant au même but.

— Contre cette force disciplinée de la bergerie, repartis-je, les loups ne pourront rien.

— Oui, si la France nous laisse agir, répliqua tristement Gino Capponi, mais après avoir combattu fraternellement pour nous, la France semble aujourd'hui nous renier, condamner notre élan et vouloir suspendre la vie qu'elle a contribué à nous rendre ; n'importe, poursuivit-il en relevant sa noble tête qui évoqua pour moi l'image de son aïeul [1], défiant en face Charles VIII, un peuple doit apprendre à se passer d'un autre peuple, s'il ne veut rester éternellement en tutelle ; l'expédition de Garibaldi est aventureuse et a été traitée par vos journaux d'entreprise de flibustier; elle n'aura peut-être qu'un dénouement sanglant ; peut-être à l'heure où nous parlons, lui et ses compagnons ont été massacrés par les soldats du roi de Naples ! Eh bien, quoi qu'il puisse advenir il faut se réjouir de cette fièvre d'héroïsme : elle prouve que les Italiens savent et veulent mourir pour se faire une patrie. « La vie naît de la « mort, » a dit Platon. La vie pour l'Italie ne sortira que de l'immolation volontaire de la génération présente; j'espère qu'elle accomplira son devoir sans s'embarrasser de ce que veut ou ne veut pas votre Empereur.

---

[1] On connaît les énergiques paroles que Pierre Capponi adressa au roi de France; nous les rapporterons plus tard en décrivant le palais Riccardi, où elles furent prononcées.

— Vous parlez en véritable Italien, m'écriai-je.

— Je ne voudrais pas vous blesser, reprit-il, mais plaçons-nous au point de vue philosophique de l'histoire et au-dessus de l'antagonisme des nations. Que penseriez-vous d'un Français qui préférerait l'amoindrissement de son pays à la crainte de déplaire à l'Angleterre ? En France, vos hommes d'État font trop bon marché de notre fierté nationale ; elle a été longtemps courbée par la force et le malheur ; mais, croyez-moi, si on la retrouve toujours poussant un cri d'espérance dans les œuvres de nos poëtes, c'est qu'elle murmurait aussi dans le cœur des citoyens ; l'occasion lui est enfin donnée d'éclater au grand jour. L'humilité ne saurait être une vertu pour un peuple ; elle est sœur de l'esclavage. »

Tandis que ces paroles imagées sortaient de sa bouche sérieuse, je me disais : « Voilà bien l'âme d'un antique Romain ; si ses yeux y voyaient encore malgré son âge, il prendrait une épée et irait combattre entre son roi et Garibaldi. » Je pris sa main et la baisai avec respect. Son émotion altière me gagnait, la vue d'un noble caractère nous fait participer à sa grandeur.

Il reprit : « J'ai connu plusieurs de vos libéraux français et particulièrement Thiers. Alors nous nous entendions ; je me serais dit son ami, car je le croyais celui de mon pays, mais l'attitude qu'il a prise dans la question italienne nous sépare à jamais. Comme Français il pouvait ne pas désirer que l'Italie s'organisât, quoique je pense que ce vieil esprit de rivalité entre nations a fait son temps aussi bien que les guerres de conquête ; mais comme écrivain politique, comme historien philosophique, il était tenu, sous peine de se démentir, de proclamer la justice de notre cause. Le droit est inattaquable dans son essence ; les peuples barbares et les rois despotes le violent et le suppriment sans le discuter. C'est le triomphe de la force contre l'esprit ; la force n'entame pas le droit ; mais le battre en brèche en se proclamant libéral, l'avilir en le soumettant aux convenances de l'ambition ou de la fortune, c'est sortir du temple des croyants pour se jeter dans le camp des fatalistes et des athées.

— Le système historique de M. Thiers, répondis-je, pouvait faire pressentir ces fluctuations.

— Non, répliqua Gino Capponi, car s'il n'avait pas toujours proclamé assez hautement dans ses livres et à la tribune le droit des peuples, il s'était bien gardé de le nier.

— Tout ce que vous venez de me dire, repartis-je, il serait beau, il serait utile de le faire entendre à l'Europe du haut d'une tribune publique. Pourquoi ne parlez-vous pas au sénat? votre voix y produirait l'effet d'un clairon qui rallie.

— Je ne suis plus qu'un pauvre vieillard infirme qui touche à la mort, reprit-il avec tristesse; parfois les élans du cœur me font retrouver la parole et une sorte d'ardeur pour la vérité et la justice, mais plus souvent je me sens frappé de mutisme comme de cécité. Je comprends alors que je ne suis rien ; je n'abjure pas mes espérances, mais j'en remets la réalisation à de plus jeunes et de plus vigoureux.

— Vous avez écrit, lui dis-je, je le sais par Giorgini.

— Oui, une brochure sur l'instruction publique abandonnée aux prêtres par les anciens gouvernants d'Italie; la question est immense, fondamentale pour l'avenir d'un peuple; mon écrit est insuffisant. Tel qu'il est je vous l'offrirai.

— Écrivez maintenant sur la politique, repris-je, une brochure de vous aura le retentissement d'un discours.

— Ce n'est plus l'heure de parler et d'écrire, mais d'agir, répliqua-t-il en se levant; le plus beau livre ne vaut pas un vote d'annexion ni un exemple d'héroïsme donné à la jeunesse par Garibaldi.

— Vous êtes bien le sang de Gino, de Pierre et de Nicolas Capponi[1], m'écriai-je.

— Vieux sang stagnant et inutile, répondit-il, oh! si j'avais trente ans de moins, et si j'y voyais! »

Je pris son bras sous le mien et le reconduisis jusqu'au vestibule où son domestique l'attendait; nos mains se serrèrent; il me dit au revoir ; je le regardai descendre l'escalier d'un pas ferme, puis, me penchant à une fenêtre qui donnait sur la rue, je pensai en le voyant disparaître, appuyé sur le bras de son serviteur, qu'il serait doux d'être la lumière de ces yeux éteints et de recevoir, en retour, la clarté de cette intelligence si pure et si haute. Revenue dans ma chambre, je me sentis encore la tête frappée de vertige, et je fus contrainte tout le jour à rester immobile sur mon fauteuil. Le soir j'eus la visite inattendue de Giorgini dont le vif esprit me ranima de nouveau.

[1] Gino Capponi défendit au quartozième siècle la citadelle de Pise; il est l'auteur d'une chronique florentine du plus vif intérêt. Nous parlerons plus tard de Pierre Capponi, et nous avons déjà parlé de Nicolas page 93.

« Quelle aimable surprise ! lui dis-je en le voyant entrer ; je vous croyais à Pise et je me disposais à aller vous y voir un de ces jours.

— J'y étais ce matin, répliqua-t-il, mais une dépêche télégraphique m'en a fait partir. Vous ne vous doutez pas que je viens de passer trois heures dans une prison.

— Comment cela ? Y a-t-il eu des arrestations politiques ? Est-ce l'archevêque de Florence qu'on a emprisonné pour s'être montré si récalcitrant ?

— C'est une personne moins coupable, à mon avis, et qui m'est plus chère : c'est mon frère, le colonel Giorgini ; il est aux arrêts dans le fort du Belvédère.

— Et pourquoi donc ? m'écriai-je ; il n'a pas, j'en suis sûre, pactisé avec la réaction cléricale.

— Non, non, repartit Giorgini, mais un peu trop avec Garibaldi à qui il a fourni des armes.

— Oh ! si ce n'est que cela il sera gracié ; de la réussite du glorieux coup de tête de Garibaldi sortira naturellement la justification de tous ceux qui l'y auront aidé.

— En attendant mon frère est puni pour avoir agi sans les ordres du gouvernement ; il commandait la place de Talamona [1] où Garibaldi est descendu avec sa petite troupe. Revêtu de son uniforme de général piémontais, Garibaldi s'est présenté chez mon frère et lui a enjoint de lui donner trois canons, des munitions et des armes : il lui a remis pour le décider un télégramme, à transmettre au roi, dans lequel il rendait compte de cette réquisition. Le colonel Giorgini n'a pas cru devoir résister à l'ordre d'un supérieur ; d'ailleurs la population et la garnison sympathisaient avec Garibaldi qui a été escorté jusqu'à son vaisseau par des vivat et des bénédictions. Toutes les barques du port l'ont accompagné au large ; c'était un élan impossible à maîtriser ; un refus de la part de mon frère aurait semblé à tous ces cœurs enflammés d'héroïsme un crime de lèse-patrie.

— Il est absous, m'écriai-je, il est absous ! sa mise aux arrêts est un simulacre de satisfaction accordé par M. de Cavour à la diplomatie européenne ; mais je suis sûre que Victor-Emmanuel justifiera lui-même votre frère qui n'a enfreint en cette occasion la lettre de la discipline que pour en faire triompher l'esprit.

---

[1] Petite ville sur le littoral de la Toscane.

— Si Garibaldi réussit, mon frère est sauvé, reprit Giorgini, mais s'il échoue!...

— N'admettons pas cette possibilité, repartis-je, croyons en son étoile comme il y croit lui-même, l'heureux inspiré.

— Dieu vous entende! cette heure est décisive pour l'Italie, » me dit Giorgini.

M. Berardi survint et la conversation continua sur le même sujet. On n'avait aucune nouvelle de Garibaldi depuis qu'il avait quitté Talamona. L'incertitude se prolongea toute la journée du lendemain : l'expédition de cette poignée de braves préoccupait toute la ville ; j'y pensais moi-même avec une ardeur et un intérêt qui me distrayaient de ma souffrance ; il pleuvait à flots, et une température glaciale avait remplacé la tiède atmosphère des jours précédents. J'aurais voulu d'un coup de baguette être transportée sur le vaisseau fatidique qui cinglait vers le rivage de la Sicile brûlante. Être jeune, être homme me paraissait en ce moment la plus enviable des destinées ; je me demandai et je me le suis demandé souvent plus tard, ce qu'était devenu le génie romanesque et aventureux de la France : comment tant de jeunes Français parqués à Paris où l'inaction politique les dévore, n'avaient pas été tentés par cette iliade vivante. Nous verrons à Naples de nombreux volontaires hongrois et anglais venir grossir l'armée de Garibaldi qui n'a compté dans ses rangs que deux ou trois des nôtres. *La France s'ennuie*, s'est écrié un de nos poëtes, mot chaque jour plus vrai et plus juste. Mais, pour Dieu, jeunes engourdis, voilà une occasion assez belle de sortir de votre léthargie! voilà, j'espère, un clairon assez fier pour faire bondir vos cœurs déviés. Donnez-moi vos chausses et prenez ma robe, et je vous jure que je ne manquerai pas à cette fête de l'imagination et de la liberté.

Ainsi je rêvais emprisonnée dans ma chambre et doublement garrottée par mes habits de femme et mon malaise écrasant.

J'eus le soir nombreuse compagnie : le comte Faïna, Giorgini, Berardi, Dall'Ongaro, le professeur Ragnotti, le jeune Zazini et un employé de la poste, M. Léopold Castagni, qui m'avait rendu mille bons services pour mes lettres depuis que j'étais à Florence. A chaque visiteur qui survenait je demandais : Quelle nouvelle apportez-vous?

« Le télégraphe est muet, répondaient tour à tour ces messieurs : rien de la Sicile, rien de Turin.

— Cette fièvre d'impatience que nous éprouvons est éprouvée à la même heure par tous les Italiens, dit le chevalier Berardi.

— Vous sentez, vous vivez, repartis-je; vous êtes désormais un peuple.

— Cette attente anxieuse peut se prolonger encore quelques jours, reprit le poëte Dall'Ongaro qui énuméra les chances et les obstacles probables de la merveilleuse expédition.

— Votre frère est-il toujours aux arrêts, demandai-je à Giorgini.

— Toujours, il me disait tantôt qu'il regrettait presque de ne pas s'être embarqué avec Garibaldi.

VI

La journée du lendemain se leva radieuse comme pour fêter la grande nouvelle qui dès le matin vint réjouir Florence ; je fus réveillée par un rayon de soleil filtrant à travers ma fenêtre et par ces mots répétés sur un rhythme musical : *Garibaldi e sbarcato a Marsala!* Les vendeurs de journaux criaient ces mots dans chaque rue et la foule leur faisait écho. Je sonnai pour avoir la dépêche télégraphique, elle était concise mais triomphale; le roman devenait de l'histoire, les aventuriers étaient sacrés héros! Je m'élançai de mon lit toute ranimée, j'aurais voulu avoir un fils pour l'embrasser et lui dire : « Voilà des hommes! voilà comment il faut croire! voilà comment il faut être ! »

Vers midi nous sortîmes en voiture découverte pour aller à San Donato. Sur les places, dans les faubourgs et jusque dans la campagne la nouvelle glorieuse répandait une allégresse visible sur tous les visages. Nous passâmes la porte du *Prato*, le ciel riait, les arbres avaient des murmures joyeux et le petit torrent de *Terzolle* jetait les gazouillements jaseurs d'un ruisseau d'idylle. C'était un de ces beaux jours où la nature s'harmonie avec la fête des âmes et semble prendre plaisir à la compléter.

Un joli pont, orné de figures d'animaux, s'élance sur le torrent et conduit au village de San Donato. Nous voilà dans une belle route sablée, on dirait l'avenue d'une demeure royale; des grilles en bronze, divisées par des colonnes que couronnent des vases de marbre pleins d'arbustes en fleur, bordent cette route ; à gauche sont les communs de la villa Demidoff : les bains, la sellerie, les écuries, la ménagerie ; ce sont autant d'élégantes constructions cachées sous des massifs de fleurs et ombragées de beaux arbres ; nous passons à droite la porte monumentale pratiquée dans la grille qui enserre la villa dans un parc anglais et de délicieux jardins. Un domestique en livrée nous attend et nous guide à traver les dédales embaumés. Ce qui manque à cette habitation somptueuse, c'est l'horizon ; c'est l'éblouissant panorama de Florence que nous verrons se déployer du haut du belvédère. Le palais, situé dans la plaine, est un bâtiment moderne sans caractère ; il a été bâti sur l'emplacement de l'ancien couvent de San Donato. Il se compose d'un corps de logis central et de deux ailes en retour. Sur ses murs blancs se détachent de longues files de fenêtres à jalousies vertes ; la porte principale est surmontée d'un écusson de marbre où sont sculptées les armes du prince ; dans l'aile droite sont les appartements privés que le prince malade habite en ce moment ; c'est là que se trouve la bibliothèque contenant les éditions les plus rares. Dans le cabinet de travail du prince sont réunis les portraits de la famille impériale et entre autres le buste, la statue et un portrait en pied de la princesse Mathilde. Un des secrétaires du prince qui nous reçoit à la porte du palais nous donne ces détails, puis il nous fait entrer par une petite porte dans l'aile gauche où se déroulent, ainsi que dans le corps de logis central, les appartements de réception. Nous montons un escalier de marbre d'une richesse inouïe : des moulures dorées encadrent les mosaïques qui couvrent les parois. Nous arrivons dans une antichambre tendue de damas bleu où se trouvent deux des meilleurs tableaux d'Eugène Delacroix ; vient ensuite une série de salons éblouissants, qu'il serait trop long de décrire en détail ; plusieurs sont revêtus de tapisseries des Gobelins ; les meubles, tour à tour en malachite, en bois de rose, incrusté de médaillons de vieux Sèvres, en ébène, rehaussé de bas-reliefs d'ivoire, en laque de Chine, et plusieurs de Boule, sont les plus beaux qu'on puisse imaginer ; les cheminées tantôt en lapis-lazuli, tantôt en rouge antique, tantôt en marqueterie de pierres dures, ont pour couronnement des glaces énormes ; sur des socles en porphyre et en albâtre oriental se dressent les bustes des familles impériales de France et de Russie. Le buste de Napoléon Ier, par Canova, est en face de celui de Pierre le Grand ; dans la salle de billard, Marie-Thérèse regarde comme envieuse Catherine la Grande, éblouissante de beauté, peinte par

Lampi. Les vases, les candélabres, les pendules, les lustres et les objets d'ornementation les plus riches et les plus rares sont innombrables. Ici c'est une collection complète de potiches en vieux Chine ; plus loin, des coupes et des corbeilles en filigrane d'argent du Japon, incrusté de pierres précieuses. Cette première série de salons se termine au bout de l'aile gauche par un délicieux fumoir turc ; réduit charmant qui convie à la rêverie et au *far niente* ; au milieu un jet d'eau murmure en retombant dans une jolie vasque de marbre blanc, ornée d'arabesques coloriées. Les murs sont couverts de peintures dont les salles du sérail de Constantinople ont fourni le modèle. Les dessins des stores sont du même style ; en les soulevant on découvre au dehors un bosquet de grands acacias aux grappes roses et blanches et dont les pieds plongent dans des corbeilles de fleurs. Nous revenons par les salons que nous avons parcourus et pénétrons dans ceux qui remplissent le bâtiment central. Le premier salon, tendu de damas vert céladon, renferme vingt-quatre toiles de Greuze, tableaux ou portraits, autant de chefs-d'œuvre. La fameuse mademoiselle Duthé, est là, éblouissante de grâce et de suavité. Quelle beauté exquise, quelle coquetterie décente, dans ce regard et ce sourire ! On comprend, en la regardant, les folies qu'on a faites pour elle. Dans la salle de l'argenterie se dressent des armoires vitrées, en chêne sculpté, où rayonne une somptueuse vaisselle en argent et en vermeil. Au milieu de la salle est la copie en bronze du *Persée* de Benvenuto Cellini. Aux murs, quatre tableaux de maîtres : le portrait d'une dame romaine, par Paul Véronèse ; une *Hérodiade* inspirée, de Carlo Dolce ; un *David terrassant Goliath*, du même peintre ; un admirable portrait d'homme, par Sébastien del Piombo. Dans la salle à manger est une table immense, dont les pieds fourmillent de fruits, de fleurs et de figurines sculptées. Les artistes florentins modernes n'ont pas désappris l'art merveilleux de la sculpture en bois, une des gloires de la Renaissance. Le portrait de François de Rovère, par Titien, fier, superbe, regarde comme surpris celui de la pâle Dianara Salviati[1], célèbre pour avoir donné cinquante-deux enfants à la république de Florence. Elle n'en faisait jamais moins de trois à la fois ; c'est une grande femme éteinte, morne, sans beauté. Dans la même salle est une

---

[1] Par Bronzino.

belle armoire en noyer représentant la cathédrale gothique d'Orvieto; une autre armoire du même style renferme un jeu d'orgue. La salle de bal, immense et riante, est surmontée d'une coupole où se déroule l'histoire de l'Amour et de Psyché; le meuble en bois doré, style du premier Empire, a appartenu au cardinal Fesch. Le czar Nicolas, en bronze doré, trône là comme un empereur romain. Je préfère à cette salle le petit salon flamand où sont des chefs-d'œuvre. Je regarde longtemps un merveilleux portrait de la mère de Rembrandt. Cette bonne vieille naïve semble vivre et vous dire : « J'ai donné la vie à un fils illustre qui, à son tour, perpétue la mienne par son génie. » Les toiles de Boucher, les plus vives et les plus éblouissantes ornent la salle Louis XV, en compagnie d'une collection de vases de vieux Saxe, la plus nombreuse et la plus rare qui existe. Nous traversons la galerie dite des Chevaliers de San Donato, où les blasons, de tous ces preux qui partirent pour la croisade, sont peints sur des écus qui décrivent la frise. C'est d'un très-heureux effet. Là sont réunis des tableaux du Pérugin, de Carlo Dolce, du Tintoret, d'Andrea del Sarto, du Giorgione; la toile la plus belle est une *Sainte Cécile* du Dominiquin, pensive, inspirée comme une sibylle antique. La cheminée de cette galerie, ainsi que les hautes torchères sont en rouge antique. Nous passons dans la salle d'armes où éclatent des panoplies et des faisceaux merveilleux. Les poignards indiens, dont les manches resplendissent comme autant de joyaux, sont groupés avec art. Quelques-uns ont des lames empoisonnées. J'en ai vu de semblables dans la Tour de Londres. Un autre faisceau est formé par des dagues turques, aux poignées incrustées de pierreries; trois topazes, de la grosseur d'un œuf, rayonnent comme trois yeux sur l'une de ces poignées; des carabines espagnoles, des fusils de la Renaissance et un bâton de maréchal sont réunis en un troisième faisceau; puis, c'est une jolie couleuvrine en bronze, repêchée dans une lagune de Venise, où elle se baignait depuis plusieurs siècles; elle repose, svelte et déterminée, sur son affût; son canon, sculpté, semble prêt à tonner. Cinq cuirasses complètes, damasquinées, se dressent dans cette galerie; les visières des casques sont baissées; on dirait quelques-uns des anciens chevaliers de San Donato, faisant là une veillée d'armes.

Les œuvres de nos meilleurs peintres contemporains ont été réunies dans une autre galerie appelée la *Galerie française;* je retrouve là avec émotion la *Françoise de Rimini* d'Ary Scheffer, flottante aux bras de son amant, dans le tourbillon des âmes châtiées.

Une larme éternelle à sa joue est glacée,

ainsi que je l'ai dit dans des vers que m'inspira ce tableau, lorsqu'il parut au Salon, il y a bien des années. Je regarde charmée cette peinture un peu molle mais où tant d'âme respire. La punition des deux amants est empreinte de mansuétude, ils sont à jamais réunis par la perpétuité du supplice. Puis c'est une belle marine, très-*réelle*, de Joseph Vernet, qui fait paraître maniérée une marine voisine de Gudin; à côté est la *mort du Poussin*, par Granet; ce tableau excellent me cause une émotion personnelle; enfant, je l'ai vu faire par l'artiste provençal qui était un des amis de ma mère. La *Jane Gray*, de Delaroche, me laisse indifférente, je lui préfère une délicieuse pagode peinte par Marillat, et plus encore un magnifique et vigoureux *Samson* de Decamp; la *Corinne*, de Gérard, me parait aussi guindée et aussi théâtrale que m'a semblé la Corinne de madame de Staël, à une récente lecture; la *Stratonice*, d'Ingres, me ravit par la pureté du dessin et la noblesse des attitudes. Je n'avais point encore vu les fresques de Pompéi et les peintures des tombeaux de la voie latine à Rome. Je ne connaissais pas la grande source antique dans laquelle l'artiste français avait trempé son pinceau à l'exemple de Raphaël et de Michel-Ange. Poëtes, peintres, statuaires, inclinons-nous devant cette nourricière divine, abreuvons-nous du lait intarissable de ses mamelles superbes, confessons tous que sans elle la transmission de la beauté, de la sérénité et de l'idéal, se serait perdue à travers les brumes et le mysticisme sombre du moyen âge; le respect et l'imitation de l'antiquité ont produit la Renaissance qui dans l'art, dans la littérature et la philosophie, a retrouvé le courant perdu par le christianisme enté sur le judaïsme. L'étude approfondie de la Grèce et de Rome a seule formé de nos jours quelques grands artistes. Des poëtes comme Goethe et André Chénier (toute proportion gardée); des philosophes comme Bacon et comme les plus illustres de l'école allemande. Parmi les artistes, peu de créateurs, mais des adeptes, que la vénération ramène au foyer de toute lumière et de toute inspiration, et qui puisent dans leur culte le reflet de beauté qui empreint leurs œuvres.

La *Salle espagnole* renferme trois Murillo, une petite fille d'une suavité et d'un naturel enchanteur, un *Saint François mystique*, puis un portrait très-vivant de *Murillo*, peint par lui-même. Le *Saint Barthélemi* et le *Saint Laurent*, de Zurbaran, nous transportent bien loin de l'art grec. Pauvres saints! la contorsion et le tourment sont empreints dans tous leurs muscles; voilà de la peinture réaliste faite pour désespérer M. Courbet, car pour les adorateurs du genre, il ne sera jamais qu'un grotesque manœuvre auprès de l'énergique maître espagnol. Il y a entre eux la même distance incommensurable qu'entre le grand Balzac et les petits romanciers du moment, ses froids imitateurs amoindris. Je trouve là un très-beau portrait de *Philippe II*, par Velasquez : le roi taciturne a l'air doux et triste, sa moustache blonde frissonne sur sa lèvre mélancolique, ses cheveux châtains ombragent son front pensif.

Un des plus beaux salons de la villa Demidoff est celui de Luca Giordano que décorent quatre armoires en écaille avec des peintures sur glace par cet artiste vénitien. Il a rendu quelques scènes de la Bible avec une maestria et un coloris qui rappellent Rubens : ses figures vigoureuses se détachent et se meuvent pour ainsi dire sur ce fond lumineux, en *miroir de Venise*, qui leur prête les contours et les saillies du bas-relief. Ces quatre meubles sont splendides : ils ont pour couronnement de grands vases en vieux Saxe, dits *boules de neige*. Le caprice, la grâce et l'élégance ont mis leur triple sceau sur ces porcelaines inouïes. Un *Salon moresque* copié d'une chambre de l'Alhambra vient après. En sortant, nous entrons dans la salle du foyer : elle est tendue de cuir repoussé; plusieurs chefs-d'œuvre des écoles allemande et flamande y sont réunis. Je regarde longtemps deux tableaux de Van Dyck et deux portraits par Holbein. Dans des armoires sont rangées des coupes, des assiettes et des plats sortis des fabriques de Murano; c'est toute une série de fantaisies inimitables. Quelle légèreté correcte et vive dans ces dessins mats se jouant sur un fond clair! Sur la porte de cette salle retombe un rideau persan où est brodé en bosse un guerrier de Téhéran, debout et armé : on dirait qu'il défend l'entrée de cette porte. Nous terminons la visite du premier étage du palais par la galerie de peinture et de sculpture. Parmi les tableaux je remarque une souriante *Marquise* de Vatteau assise sur l'herbe fleurie; le *Christ à la plaie*, de Rubens; la *Cène*, du Titien; une délicieuse *Paysanne romaine*, par Léopold Robert; des fruits de Saint-Jean aussi vrais que ceux des peintres flamands; deux scènes de la vie de Christophe Colomb, par Eugène Delacroix ; un ravissant Meissonnier, représentant un porte-drapeau. Parmi les marbres se trouvent un très-beau buste de François Arago, par David d'Angers ; un buste très-ressemblant de la princesse Mathilde ; un groupe d'enfants potelés et joyeux, par Bartolini ; la *Bacchante* de Clésinger et deux figures de Pradier.

Nous passons un péristyle et descendons par l'escalier central dans le grand vestibule soutenu par des colonnes en stuc. Cette entrée principale du palais n'est pas en harmonie avec la richesse des pièces que nous venons de parcourir : le prince Demidoff en a ordonné la reconstruction. Les marbres et les mosaïques seront substitués aux plâtres et aux moulages. Sous la voûte de l'escalier s'ouvre à droite la porte de la chapelle grecque, toute revêtue à l'intérieur de panneaux en chêne sculpté, décorés de peintures byzantines sur fond d'or, représentant les douze apôtres debout et comme transfigurés. Le tabernacle est séparé de la nef par une porte en bois doré, d'un travail exquis ; tous les siéges sont en noyer et en ébène sculptés ainsi que les pupitres sur lesquels reposent de magnifiques bibles russes.

Nous traversons une cour intérieure, derrière le vestibule, et nous trouvons à gauche la chapelle catholique érigée ou plutôt restaurée pour la princesse Mathilde : c'est l'ancienne chapelle du couvent de San Donato. Au dehors, ses murs crevassés et son joli clocher gothique sont recouverts de lierre ; la porte de cette chapelle est la reproduction en bronze de la plus belle des portes du baptistère de Florence, par Ghiberti. Nous pénétrons dans l'enceinte étroite et recueillie, où un jour voilé filtre à travers les vitraux. Sur l'autel se dresse un magnifique triptyque sur fond d'or, de Crivelli ; de chaque côté sont deux marbres de mademoiselle Fauveau, espèce de bornes ogives où s'enroulent des fantaisies d'attributs chrétiens et des têtes d'anges. C'est de l'art maniéré sans inspiration, sans force ; le souffle manque à tous ces chérubins miévres et chétifs.

Nous sortons dans les jardins anglais et longeons une immense serre presque vide, ornée de statues en marbre et en bronze ; des vases d'orangers et d'autres contenant des fleurs des tropiques décorent en ce moment les parterres. Nous arrivons à une grotte dont la voûte répand sur nos têtes comme des stalactites de verdure formées par les lianes des plantes grimpantes des quatre parties du monde. Un sentier très-doux monte en spirale au milieu de l'enchevêtrement des branches fleuries; il aboutit au-dessus de cette grotte couronnée d'une tourelle; à mi-partie de sa hauteur sont deux ouvertures donnant sur une serre embaumée. En y entrant, l'éclat des fleurs et leur profusion frappent les yeux d'un éblouissement; cette serre est un écrin où la flore asiatique étale ses corolles les plus rares comme des pierreries énormes. Un jardinier anglais, un des plus savants horticulteurs de l'Europe, nous conduit; il nous montre avec un juste orgueil un massif de *medinella magnifica*, aux énormes fleurs d'un rose tendre comme l'incarnat des joues d'un bel enfant; chaque fleur décrit une sorte de conque charnue d'où s'échappe une grappe pyramidale du même ton rosé : c'est sculptural et superbe. A côté de ces arbustes à la floraison inouïe qui sourient à l'entrée de la serre, se groupe toute la famille des orchidées : il y en a dont les fleurs sont d'un lilas tendre qui nous ravit et dont on nous offre un bouquet. Toutes ces plantes vous enveloppent pour ainsi dire de leurs parfums et vous enlacent de leurs tiges pliantes. Quel abri délectable pour la rêverie ou pour l'amour quand l'orage souffle des Apennins sur Florence, que la pluie et le vent attristent les jardins!

Nous arrivons au belvédère qui couronne la tour rustique au pied de laquelle serpente en murmurant le Mugnone, une jolie rivière qui va se jeter dans l'Arno; l'admirable panorama de Florence se déroule devant nous : tous les monuments, le Dôme, le Campanile, le palais Vieux, la tour Vacca, se détachent en relief sur le fond bleu du ciel. Sur le cercle verdoyant des collines jusqu'aux Apennins, s'échelonnent les églises, les couvents, les forts, les hameaux, les maisons de plaisance et les villas royales; parmi ces dernières, à gauche, sur un sommet verdoyant, se dresse *Quarto*, qui fut la poétique résidence du roi Jérôme, durant son exil. Des bois entourent la maison, des sources circulent sous leurs ombres; des terrasses et des balcons la vue s'étend sur toutes les contrées circonvoisines. C'est là que la princesse Mathilde a passé son adolescence; son souvenir et celui de son père vivent encore dans les cœurs des *contadini* toscans, en parlant d'elle ils disent : *La bella giovine principessa*; en parlant de lui : *Il fratello del grande imperator!* Leur familiarité bienveillante a empreint leur mémoire dans tous les cœurs; effigie pour ainsi dire morale où se perpétue la sympathie des âmes, comme sur le bronze des médailles se perpétuent les traits du visage.

Nous quittons à regret le belvédère, rien ne vaut dans la villa que nous visitons, l'horizon splendide que nous venons d'embrasser. On se lasse des merveilles de l'art, mais les aspects de la nature, sans cesse variés, ont des enchantements inépuisables pour l'âme et le regard. En sortant de la grotte dont j'ai parlé, nous traversons un pavillon chinois qui s'ouvre sur la partie la plus ombreuse des jardins ; les allées, les ruisseaux, les kiosques, les tertres fleuris et les pelouses y dessinent des groupes agrestes qui rappellent Trianon.

Au détour d'une allée nous nous trouvons en face d'un cours d'eau limpide, qui frôle en riant ses deux rives couvertes de gazon; un pont élégant, en marbre blanc, s'élance d'un bord à l'autre; sur les balustres, sont quatre figures d'animaux en bronze, dont une est la reproduction du chien aimé du prince.

« Voilà le pont *Mathilde*, » nous dit l'homme qui nous conduit.

Ce nom retentit partout dans la villa silencieuse.

Il évoque une image envolée, mais toujours présente, qui me rappela ces mots de la princesse Marie Bonaparte, quand je lui exprimai, avant son départ de Florence, mon désir de visiter la villa de *San Donato* : « Je n'ai jamais voulu voir, me dit-elle, cette demeure splendide et royale, vide de sa vraie souveraine. »

Nous rasons le cours d'eau où s'élance le pont *Mathilde* jusqu'à un dôme de verdure sous lequel se cache un petit lac, puis suivant les méandres que décrit une longue allée d'acacias à fleurs roses, nous passons la grille de clôture et retournons à Florence en voyant flotter devant nous, comme une vision, le palais, les serres et les jardins de *San Donato*.

VII

Le soir, nous allons à la réception du prince et de la princesse Antoine, ainsi que nous l'avons fait les autres mardis. Depuis le départ de la princesse Marie, la princesse Antoine s'est montrée charmante pour nous ; elle est venue nous voir plusieurs fois et nous a parlé avec émotion d'une de ses sœurs dont la santé délicate l'inquiète. Je note ce détail parce qu'il se lie à une scène de deuil dont il sera question plus tard. Ce soir-là rien ne troubla la joie et l'anmation de la réception de la princesse : elle fut plus nombreuse que de coutume; on s'entretenait avec feu de la nouvelle du débarquement de Garibaldi en Sicile; le prince et presque tous les assistants étaient convaincus que le héros marchait déjà sur Palerme; le général Ulloa soutenait encore que l'entreprise n'avait pas de chance de succès.

Le professeur Ragnotti nous accompagnait, ce soir-là, chez la princesse. Je lui cherchai querelle, en riant, de ne pas nous avoir suivies à la villa Demidoff et dans nos excursions artistiques des jours précédents.

« Voilà qui est cruel, me répondit-il ; vous me reprochez de m'être imposé une privation qui me désolait; j'avais des élèves, des tyrans que la nécessité m'oblige à conserver; mais, à dater de demain, je suis libre et je ne vous quitte plus, au risque de vous ennuyer.

— On ne s'ennuie jamais de la bonté, de l'esprit et d'un savoir modeste et profond, » lui répliquai-je, en lui serrant la main.

Il tint parole. Le lendemain, à midi, il était chez nous.

« Où voulez-vous que nous allions? me dit-il.

— Allons voir tout ce que je n'ai pas vu, repartis-je, car dans huit jours nous ne serons plus ici. J'ai reçu ce matin une lettre adorable de la princesse Marie : elle nous attend; et l'impatience de la rejoindre me gagne ; il me tarde de contempler avec elle les grands horizons des lacs, des montagnes et des soleils couchants. Florence me semble une prison où j'étouffe; j'ai assez de vos monuments, de vos marbres, de vos tableaux, de vos soirées de spectacle et même des vertes allées des *Cascine*, où l'on va pour se montrer et non pour respirer un air embaumé. Cet Américain, millionnaire, roide, guindé et ridicule, conduisant chaque soir comme un jockey un attelage de huit chevaux, me gâte cette promenade. Je voudrais jeter cet homme, son char grotesque et ses coursiers dans l'Arno.

— Bravo ! s'écria Ragnotti en riant, vous aimez le repos et la campagne; vous n'êtes pas dégoûtée. Avec l'esprit et le cœur de la princesse, quelle vie délectable ! Un mois passé dans sa villa de la *Viano* était mon rêve; mais la *Viano* est sur les terres papales, et je suis exilé. O patrie! murmura-t-il, quand donc seras-tu une et libre?

— Avant un an, » repartis-je. Et, tandis que je nouais mon chapeau, je donnai à lire au bon Ragnotti cette lettre de la princesse, si pleine de grâce et de bonté :

« Madame et chère amie,

« Je suis toujours très-heureuse, en recevant vos lettres empreintes de ce charme de cœur et d'esprit qui fait de votre société quelque chose de rare et de votre style quelque chose d'inimitable.

« Nous sommes ici bien tranquilles et en bonne santé.

« Je songe avec un vif plaisir que, le premier juin, vous viendrez passer quelques semaines avec nous. Vous ne trouverez dans mon ermitage que le bon air, la paix des champs et une hospitalité donnée par le cœur. Il faut que vous sachiez à l'avance que je n'ai pu encore réussir à rendre ma très-humble retraite confortable; j'y travaille pourtant depuis plusieurs années; mais vous ne sauriez imaginer ce que c'est que de faire pousser des arbres et de bâtir une maison, où il n'y avait que des sables et des ruines. Vous trouverez, du moins, vous et votre Henriette, une véritable amitié et la joie d'un accueil empressé.

« Je prends déjà des notes sur tout ce que je veux vous faire voir dans les alentours; vous choisirez ce qui vous semblera en valoir la peine. Ce pays est assez curieux, car, étant moitié toscan et moitié romain, il réunit le bien et le mal des deux gouvernements. Vous serez bien placée pour juger entre eux. Le lac célèbre de Trasimène est le but ordinaire de nos promenades. Je ne sais si vous connaissez la légende de la fameuse sainte Marguerite de Cortone? Vous verrez, je crois, avec intérêt la maison où elle naquit et l'arbre qui abrita les amours de sa jeunesse. Cette pauvre pécheresse, devenue une sainte, est née sur les terres qui m'appartiennent aujourd'hui. C'est justement demain que de tous les villages environnants on se rend en pèlerinage à Cortone, où la sainte est enterrée, pour lui porter des offrandes et des fleurs. Toutes les jeunes paysannes dont je suis suzeraine, précédées de leurs vieux parents, partiront le matin en chantant des cantiques. Cette procession gravira la montagne où est située la ville de Cortone, à douze milles d'ici. C'est moi, la châtelaine de la *Viano*, qui fais les frais de cette fête agreste et religieuse. Il m'est *interdit* de renoncer à ces restes de charges et de droits féodaux. Je me dédommage de l'ennui que j'en éprouve, en vous en faisant le récit, au risque que cet ennui vous gagne.

« M. Berardi pourra raconter à Henriette les détails de cette pieuse cérémonie; mais, pour ce qui est de la première partie de l'histoire de la sainte, elle me semble un peu vive pour être dite, et nécessite des voiles ; le bon et ingénieux Ragnotti se chargera de ce récit qui se trouve, d'ailleurs, dans la *Vie des Saints*.

« Je suis ravie de vos *Pauvres filles de Venise* ; Dall'Ongaro en a très-bien rendu en italien les délicates beautés.

« Je fais des vœux pour Garibaldi et je brûle de le savoir à Palerme. Les journaux me parviennent ici régulièrement. Il me sera bien doux de recevoir la lettre qui m'apprendra que votre départ de Florence est arrêté. Donc, ma chère amie, au revoir. Je vous embrasse, ainsi qu'Henriette, et de la part aussi de mes filles.

« Votre affectionnée,

« MARIE BONAPARTE VALENTINI. »

Le professeur Ragnotti lut tout haut cette lettre empreinte d'une grâce exquise.

« Racontez-moi donc, lui dit ma fille, la vie de cette sainte.

— Elle a aimé comme Madeleine, répliqua Ragnotti, et, quand l'amour terrestre lui manqua, elle se réfugia dans l'amour divin, comme d'autres (et je suis du nombre) se réfugient dans la philosophie.

— Mais ce n'est pas là une histoire, lui répondit ma fille, en le lutinant.

— Où désirez-vous que je vous conduise, me demande Ragnotti à bout d'arguments ?

— Commençons par le palais Riccardi, » repartis-je.

Nous traversâmes la place Saint-Laurent, tournâmes dans la *via Larga* et vîmes se dresser à gauche l'ancien palais des Médicis. La façade est en pierres taillées à bossage, comme au palais *Pitti*, mais disposées avec plus de variété. Les fenêtres du rez-de-chaussée sont grillées avec d'épais barreaux de fer ; les deux rangs de fenêtres cintrées du premier et second étages ont plus d'élégance ; la corniche est lourde et toute la masse du bâtiment a un aspect de citadelle qui semble défier un siège. Nous passons la porte en forme d'arcade suivie d'un vestibule qui aboutit à la cour intérieure, entourée de galeries et soutenues par des colonnes d'ordre corinthien. Sous ces galeries sont des statues, des bustes, des inscriptions grecques et latines et quelques monuments funéraires. Dans les écussons qui couronnent les fenêtres donnant sur la cour, Donatello a sculpté les armoiries des Médicis, et des profils d'après l'antique. Au fond de cette première cour, en est une autre plus

vaste, où se trouve une belle fontaine décorée d'une statue du duc
Alexandre, le bâtard du pape Clément VII, assassiné par son cousin
Lorenzino de Médicis (surnommé Lorenzaccio). L'aile nord du palais
a envahi la petite rue *del Traditore*, ainsi nommée en souvenir de
ce meurtre. C'est dans cette rue qu'était située la maison de Lorenzino, où il attira Alexandre pour lui donner la mort. J'ai relu, le
matin, le drame d'Alfred de Musset, qui reproduit avec tant d'art
et de vérité cette époque perverse et troublée des fastes de Florence. Je marche à travers le palais Riccardi, escortée des ombres
ranimées par le poëte. L'imagination donne une seconde vie aux
personnages historiques.

Aucun palais de Florence n'est peuplé d'autant de souvenirs
de gloire et de corruption; il fut élevé par Côme le Vieux (le Père de
la patrie). Ce prince y reçut, après la chute de Constantinople, les
érudits grecs qui répandirent en Europe le grand souffle de la
Renaissance. Laurent le Magnifique y naquit et y vécut. Son fils,
Pierre II, prince sans courage et sans gloire, y reçut Charles VIII,
après avoir signé avec lui un traité de paix déshonorant pour la
Toscane. C'est dans une salle du palais Riccardi que Pierre Capponi déchira ce traité et adressa au roi de France ces fières paroles:
*Voi fate pur dar fiato alle vostre trombe, che noi faremo sonare
le nostre campane*[1]. Savonarole fit entendre aussi au même souverain des représentations énergiques. Grâce à ces deux grands citoyens, la paix fut conclue à des conditions meilleures, et, le lendemain, Charles VIII et son armée quittèrent Florence.

Les papes Léon X et Clément VII (tous deux princes de Médicis)
naquirent aussi dans le palais qu'Alexandre, fils naturel de ce dernier pape, souilla par sa tyrannie et ses débauches. Son successeur,
Côme I*er*, acheta le palais Pitti qui devint, depuis lors, la demeure
des Médicis. En 1659, le grand-duc Ferdinand II vendit le palais que
nous visitons au marquis Gabriel Riccardi. Il fut habité par ses descendants jusqu'en 1814, où il redevint propriété de l'État. Il est
aujourd'hui occupé par les bureaux de plusieurs administrations,
par les académies *della Crusca* et des *Georgofili* et par la bibliothèque Riccardi, contenant plus de vingt mille volumes et trois
mille manuscrits.

Trois escaliers, dont un fort curieux, en forme de colimaçon,

[1] Faites sonner vos trompettes si cela vous plaît, nous, nous ferons sonner
le tocsin à nos cloches.

conduisent aux appartements. Nous montons l'escalier d'honneur et entrons dans la galerie peinte à fresque par Lucca Giordano; des figures allégoriques représentant les vicissitudes de la vie se détachent vivantes et énergiques sur la voûte. Cette galerie est ornée de quatre glaces sur lesquelles se jouent des amours et des oiseaux peints par Gobiani. C'est d'un ravissant effet. Le plafond de la grande salle de la bibliothèque, que nous parcourons ensuite, est également peint par Luca Giordano.

On nous montre un magnifique manuscrit de Virgile, du quinzième siècle, avec des vignettes exquises. Oh! la jolie et naïve Didon en miniature! comme elle efface la théâtrale Didon, de Guérin, du premier Empire! Je feuillette avec intérêt un manuscrit de l'histoire de Florence, par Machiavel, et une défense de Savonarole écrite par Pic de la Mirandole. Je touche avec respect au testament de Philippe Strozzi, cet héroïque Florentin, qui, jeté en prison après l'assassinat du duc Alexandre, désespéra de la liberté de sa patrie et se donna la mort. Dans un passage de son testament, le fier vieillard demande à Dieu de réunir son âme à celle de Caton. Tout en évoquant ces spectres illustres du passé, je me dis avec orgueil pour l'Italie, qu'aujourd'hui encore elle a des âmes de cette trempe qui ne failliront pas à son indépendance. Les Ricasoli et les Gino Capponi sont les dignes fils des vieilles souches toscanes ; ils ont l'entêtement du patriotisme.

Le nom et l'image des Capponi se retrouvent presque dans tous les monuments de Florence. Comme nous sortons de la bibliothèque, je vois un buste magnifique de Vincenzo Capponi. La tête est d'une beauté saisissante. Dans un écusson de marbre qui couronne ce buste, sont réunies les armes des Capponi et des Riccardi, dont les familles étaient alliées.

Nous traversons une salle démeublée, dont le plafond est à caissons dorés. Une belle madone, en terre vernissée, par Luca della Robbia, nous sourit, et semble nous dire : Entrez! Elle est la gardienne solitaire de la petite chapelle du palais, qui s'ouvre dans cette salle. C'est plutôt un oratoire qu'une chapelle. Le pavé est en marbre noir et blanc; de naïves peintures, représentant l'*Adoration des Mages*, par Benozzo Gozzoli, en couvrent les murs; la porte et les stalles sont en chêne sculpté. Un jour sombre y pénètre à peine par une seule fenêtre.

En sortant du palais Riccardi, nous montons en voiture, et nous

nous faisons conduire à quelques vieilles maisons illustrées par des hommes de génie. Via Chiara (n° 5078), est celle où Benvenuto Cellini passa sa jeunesse : elle n'a gardé aucun vestige de l'aventureux artiste.

Dans la rue Saint-Sébastien, non loin du palais Capponi, est la maison (n° 6229), que se bâtit Andrea del Sarto ; il s'y installa après un voyage en France, et l'habita jusqu'à sa mort. Cette maison est riante et tranquille. Le couvent voisin des Philippines a envahi une partie de son jardin. Une humble maisonnette, de la rue Ricciarda (n° 632), est désignée, depuis des siècles, comme celle où naquit Dante Alighieri ; on pénètre dans le rez-de-chaussée par une jolie porte sculptée ; l'imagination encadre dans son ogive la silhouette austère de Dante. Dans une rue escarpée, voisine de la forteresse du Belvédère (rue de la Côte n° 1600), est la maison de Galilée. Les passants s'inclinent devant l'inscription gravée au-dessus du seuil. C'est là que vivait le grand homme lorsqu'il fut mandé à Rome par le pape Urbain VIII : un Maffeo Barberino, né à Florence, et qui ruina les États de l'Église pour enrichir ses neveux. Ce Barberino, ou plutôt ce *Barbare*, comme ont dit ses contemporains éclairés, contraignit le vieillard[1] à se rendre à Rome, le fit jeter dans les cachots du Saint-Office, et le força à abjurer publiquement la découverte de son génie. O papauté! plaie toujours saignante de l'Italie, tu as empreint de siècle en siècle ton stigmate de sang, de fange et d'ignorance sur le front humilié de la grande mère latine!

Quand il fut sorti des prisons de Rome, l'inquisition papale, qui étendait sa main jusqu'en Toscane, séquestra Galilée sur la colline d'Arcetri. Derrière la maison tranquille où j'évoque l'ombre glorieuse du grand persécuté, est un petit jardin qui renferme encore les restes d'un cadran solaire portant la date de MDCXX ; on assure que cette méridienne fut tracée par Galilée lui-même.

Nous visitons ensuite la forteresse du Belvédère, d'où l'on domine Florence et les campagnes environnantes, elle fut construite par Buontalenti, en 1590. Au milieu des bastions s'élève un élégant petit château qui me fait envie ; quel air pur on y respire! On est là comme suspendu entre ciel et terre. C'est dans cette demeure aérienne et salubre que le grand-duc Ferdinand II vint s'enfermer

---

[1] Galilée avait alors soixante-dix ans.

pendant la peste qui dépeupla Florence de 1630 à 1633. Ce furent presque trois ans de réclusion pour ce prince au milieu de la ville éperdue. On nous montre un puits taillé dans le roc d'une extrême profondeur, et dans lequel on descend par un escalier. Au-dessous des fondations du petit château se trouve le souterrain qui renfermait le trésor des Médicis; son entrée, et les couloirs qui y conduisent, sont tellement enchevêtrés qu'il faudrait le fil d'Ariane pour s'y reconnaître; la porte en est fermée par une serrure meurtrière imaginée par Buontalenti : elle tuait tous ceux qui auraient tenté de l'ouvrir.

Nous terminons nos visites des maisons qu'habitèrent les hommes illustres de Florence, par la maison Buonarotti (via Ghibellina, n° 7588). Michel-Ange ne l'a point habitée; elle fut bâtie par son neveu, qui en fit une sorte de temple au plus grand des sculpteurs modernes. Dans la première salle que nous parcourons est la statue en marbre de Michel-Ange; dans la seconde, est un tableau ébauché par ce maître puissant, et un immense bas-relief qu'il exécuta dans sa jeunesse : Hercule y combat les Centaures; vingt-six figures se meuvent, se tordent, et palpitent dans ce marbre inspiré : c'est une des œuvres les plus étonnantes du maître. La salle qui renferme ce bas-relief est décorée de fresques retraçant des scènes de la vie de Michel-Ange.

Dans la troisième salle est encadrée une des lettres autographes de Michel-Ange, où il raconte avec émotion la mort de son domestique, le fidèle Urbino; à côté sont plusieurs dessins au crayon noir; dans l'un, la main fougueuse du génie a tracé sa première idée de son *Jugement dernier* de la chapelle Sixtine. Un autre dessin au crayon rouge représente un *Christ*. Dans la même salle est le buste de Michel-Ange, par Jean de Bologne; bronze énergique et animé qui vous regarde et vous parle. Dans une autre salle, nous remarquons un dessin représentant la Madone allaitant *il divino Bambino*, puis une belle *Vierge* en bas-relief : ce sont deux improvisations superbes de Michel-Ange. Autour de ses œuvres, et comme pour leur faire cortége, ont été réunis plusieurs marbres et plusieurs tableaux de maîtres.

Ce musée appartient à la famille de Michel-Ange, dont madame Buonarotti, qui vit encore, est la dernière descendante. Après sa mort, ces reliques de Michel-Ange doivent retourner à l'État. La noble femme, qui est une ardente patriote italienne, se félicite que sa patrie libre soit appelée à hériter de ses chers trésors. Pas un des grands noms de l'Italie n'a failli à son origine. Je souris de pitié en entendant parler en France des révolutionnaires italiens. Madame Buonarotti, l'arrière-petite-nièce du républicain Michel-Ange, en fait partie; elle adore Victor-Emmanuel, et n'a jamais voulu voir le dernier grand-duc. En 1855, lorsque les troupes autrichiennes occupèrent la Toscane, elle ne permit pas qu'aucun officier et qu'aucun soldat impérial visitât sa maison. « Michel-Ange a combattu contre l'armée de Clément VII et de Charles-Quint, disait-elle; son ombre nous interdit d'ouvrir le sanctuaire où elle s'abrite aux tyrans nouveaux. »

On sort comme retrempé et meilleur après avoir été en contact avec les œuvres du génie et en compagnie de telles âmes.

Nous nous enquérons en vain dans Florence des maisons où demeurèrent Pétrarque et Boccace; nous ne parvenons pas à les découvrir.

Ce jour-là, en rentrant à l'hôtel, je trouve le billet suivant, du marquis Gino Capponi, à qui j'ai adressé à la campagne un volume de poésie :

« Madame,

« Voilà bien de votre part un acte charitable envers moi, pauvre solitaire, qui vous en témoigne ma plus ardente reconnaissance. Ce livre de vers est une fleur qui ne m'est pas encore fermée; il va bien à cette belle saison. Je compte bientôt être en ville pour quelques jours, et j'aurai soin alors de me procurer le bonheur de causer avec vous quelques instants, et de vous dire combien je suis touché de vos bontés à mon égard, et de l'intérêt que vous prenez à mon pays. Les circonstances sont difficiles, comme vous le voyez, mais le suffrage que vous nous donnez me fait espérer qu'en tous cas, nous ne nous manquerons pas à nous-mêmes : c'est ce qui importe par-dessus tout.

« Agréez, madame, l'assurance de mes sentiments les plus dévoués.

« Vanamista, 22 mai 1860.

« Gino Capponi. »

Ces lignes si nobles, d'une écriture encore ferme et droite, me ravirent. Quoi de plus fier que cette parole : « Nous ne nous manquerons pas à nous-mêmes : c'est ce qui importe par-dessus tout ! »

Elle semble avoir été la devise de tous les hommes publics de l'Italie depuis deux ans.

VIII

Il me restait à visiter à Florence quelques églises et quelques couvents mémorables. Le lendemain, notre fidèle Ragnotti vint nous chercher pour voir l'église Santa Croce. J'avais parcouru plus d'une fois la belle place où elle est située, et qui est célèbre par les jeux et les mascarades dont elle était chaque année le théâtre au temps des Médicis; j'avais examiné, en en faisant le tour, les curieuses façades des maisons historiques qui l'entourent. C'est d'abord la maison *Barberini*, qui a vu naître le pape Urbain VIII, persécuteur de Galilée; puis la maison *Quercioli* ou du Déluge, ainsi nommée en souvenir d'une inondation formidable de l'Arno, qui, en septembre 1557, submergea la place entière. C'est ensuite le beau palais *Serristori*, construit par Baccio d'Agnolo, avec sa façade à arcades superposées; c'est surtout le magnifique palais de l'*Antella*, dont les murs extérieurs sont recouverts de fresques superbes; les meilleures sont de Domenico Passignani, de Jean de San Giovanni et de Parmigianino : ce sont divers sujets allégoriques : des déesses, des vertus, des armoiries, des arabesques, des fleurs enlacées en guirlande. Trois enfants, qui soutiennent le blason des *Antella*[1], sont un chef-d'œuvre. Le matin, quand le soleil les éclaire et se joue dans leur chevelure dorée, on les croirait vivants. Je remarque, au-dessus d'une des fenêtres du premier étage, un Amour d'une grâce exquise; on dirait un ouvrage grec, un fragment des fresques de Pompéi : le bel Éros dort près d'un cygne qui ploie son cou vers lui et tressaille comme le cygne ému de Léda. Ce joli groupe, dont on voudrait orner un boudoir, est de Jean de San Giovanni. J'admire du même peintre deux figures magistrales, l'une représentant la Justice, et l'autre un vieillard, Donato d'Antella, en costume de sénateur. Cette façade de palais est une des grandes pages de la Renaissance que tous nos peintres doivent étudier; la décrire en détail serait trop long.

Chaque fois que j'étais venue sur la place Santa Croce, avec l'in-

[1] Illustre famille florentine.

tention de visiter l'église, j'en avais trouvé les portes fermées. Ce jour-là, mieux renseignées par le professeur Ragnotti, nous arrivons à l'heure voulue, et nous pénétrons dans la nef immense qui sert de sépulture aux Florentins illustres. L'église de Santa Croce, commencée au quatorzième siècle, fut consacrée au commencement du quinzième par le pape Eugène IV. Comme celle de *Santa Maria del Fiore*, la façade est restée inachevée : elle est en pierres brutes. On travaille à une façade nouvelle qu'on exécute d'après un ancien dessin de Cronaca. Nous passons sous des échafaudages chargés d'ouvriers qui chantent en chœur un hymne patriotique, et nous entrons par la porte du milieu. Trois nefs en arcades élancées se déploient devant nous. Autrefois, les trophées d'armes, les bannières, les armures, les casques, les boucliers conquis sur l'ennemi par la république de Florence, étaient suspendus au haut des pilastres ; ainsi on voit à la voûte de l'église des Invalides les drapeaux étrangers attestant les victoires de la France. Sous les derniers Médicis et sous les grands-ducs de Lorraine, ces nobles dépouilles disparurent de l'église de Santa Croce. Les despotes redoutent comme un enseignement dangereux les reliques visibles de la gloire et de la liberté; ils s'évertuent contre les vestiges matériels, mais l'histoire leur échappe et les défie. Tacite et Suétone dominent les Césars de Rome.

Le jour des merveilleux vitraux projette des lueurs variées sur toute l'étendue de l'église. Quand le soleil couchant étend sa pourpre derrière la grande rosace de Ghiberti, représentant le Christ en croix, on dirait que le Dieu se transfigure, et que, détaché de l'instrument du supplice, il va s'élancer et disparaître dans des nuées rougies de son sang.

Nous trouvons en entrant, à droite, le tombeau de Michel-Ange; son corps, resté intact, y repose. L'église de Santa Croce a la prétention de conserver les cadavres. Michel-Ange mourut à Rome, le 17 février 1563; un mois après, on le transporta à Florence, et, pour satisfaire à la curiosité publique, sa bière, ouverte, fut exposée dans l'église que nous visitons. Le corps apparut comme vivant. On eût dit le grand vieillard endormi. Deux siècles plus tard, lorsqu'on répara sa sépulture, on le retrouva de nouveau tout entier, un peu desséché, mais sans aucun signe de décomposition. On raconte qu'une des semelles des sandales qu'il portait aux pieds, se détacha dans le mouvement communiqué au corps par la secousse du couvercle, et que cette semelle fut lancée à un mètre de distance ; les assistants, épouvantés, crurent à la résurrection du génie. Le tombeau de Michel-Ange est surmonté de figures allégoriques de la Peinture, de la Sculpture et de l'Architecture, peu dignes de charmer dans la mort le grand statuaire. En revanche, il voit, en face de son monument, au-dessus d'un bénitier, un adorable médaillon de la Vierge, en marbre blanc, entouré de têtes de chérubins : c'est une œuvre exquise de Bernard Rosselino.

Le mausolée vide de Dante[1], par le statuaire Ricci, fut inauguré avec beaucoup de pompe en 1829; il est d'une médiocrité fastueuse et banale qui contraste avec la fière et sublime naïveté de la poésie dantesque. — Galilée a pour dernière torture le poids des marbres prétentieux qui pèsent sur sa cendre. — Le tombeau de Machiavel ne vaut guère mieux; celui d'Alfieri, par Canova, orné de figures molles et maniérées, est indigne de cet altier tragique à qui le spectre de Dante doit tendre la main dans la nuit. Une ombre plus douce lui sourit, sa Béatrix à lui, cette noble duchesse d'Albany, veuve du dernier Stuart, qu'il a tant aimée, a voulu être ensevelie dans cette église, non loin de son poëte, dont la souveraineté lui parut plus grande et plus durable que celle des rois. Quelques femmes ont l'instinct de la vraie puissance, et devinent qu'elle n'est absolue et immortelle que dans le génie.

Dans la chapelle des Bonaparte, décorée par Bartolini, je regarde la tombe de la princesse Charlotte. Je pense au drame du palais Pisani à Venise, à la mort sanglante de Léopold-Robert. L'amour involontaire qu'elle inspira à l'artiste projette sur le marbre de la jeune femme une auréole moins éphémère que l'éclat de la royauté de son père. A côté de la princesse Charlotte est ensevelie sa mère, Julie Clary, une gracieuse Marseillaise, qui épousa Joseph Bonaparte, et que ma mère a beaucoup connue dans sa jeunesse. Bernadotte épousa aussi une Clary, et la famille royale de Suède descend de ce sang plébéien provençal. J'erre pensive au milieu de cette assemblée de morts illustres qui doivent se trouver bien ensemble; leurs bières sont pour ainsi dire couronnées et embellies par leur souvenir. Comme œuvres d'art, tous les monuments de personnages célèbres que renferme Santa Croce sont inférieurs aux tombeaux plus anciens. Dans les premiers, c'est le prestige des noms qui plane

[1] Dante mourut à Ravenne, où son corps est resté.

sur les mausolées; dans les seconds, c'est le génie des statuaires ou des peintres qui glorifie des noms oubliés. Tout le pavé de l'église est jonché de belles pierres tumulaires couvertes d'inscriptions et de figures. En face du monument d'Alfieri, je contemple, émerveillée, la chaire de marbre de Benedetto da Majano; toute l'histoire de saint François s'y déroule en figurines, formant des groupes qui se mêlent à des paysages sculptés. La base de cette chaire, d'un travail inouï, sert de pierre tumulaire.

A côté du mausolée de Luigi Lanzi, historien de la peinture florentine, j'admire une œuvre puissante de Donatello; c'est une superbe statue en marbre de la Vierge, ravie et éperdue devant l'ange de l'Annonciation; dans la même chapelle se trouvent de belles fresques d'Andrea del Castagno.

Comme contraste à la Vierge de Donatello, voici, au-dessus du monument de *Bruni d'Arezzo*, sculpté par Bernard Rosselino, une *Vierge* calme et souriante d'Andrea del Verrachio.

Nous nous arrêtons dans la chapelle somptueuse des *Castellani*, où les tombeaux modernes se mêlent aux anciens. Nous passons ensuite dans la vieille chapelle des *Bandini* et des *Baroncelli*, dont les parois et la voûte sont revêtues de peintures naïves, par Taddeo Gaddi. Derrière l'autel de cette chapelle se trouve le *Couronnement de la Vierge*, sur fond d'or, par Giotto. La Mère de Dieu est entourée d'un chœur d'anges et de saints d'une merveilleuse beauté.

Giotto avait fait un grand nombre de fresques à Santa Croce. Le badigeon a recouvert, pendant des siècles, plusieurs de ces admirables peintures; délivrées de cet indigne linceul, elles ont reparu dans leur éblouissante pureté. Je considère longtemps un *Saint-Ambroise* et un *Saint-Augustin* de ce grand maître; puis un *Christ sortant du tombeau*, par Beato Angelico. Les apôtres regardent avec amour leur divin maître soulevé sur son sépulcre. Ces peintures, et d'autres fort anciennes, se trouvent dans le corridor qui conduit à la chapelle des Médicis et dans lequel on pénètre par une porte couronnée d'un beau frontispice de Michelozzo Michelozzi. Il y a là, parmi les peintures, deux admirables bas-reliefs en terre vernissée, de Luca della Robbia : une *Vierge* et une *Apparition du Christ à Madeleine*. La chapelle des Médicis doit son nom à Côme le Vieux, qui la fit construire; elle ne renferme aucun tombeau des princes de Médicis; des peintures de l'école de Giotto, des bas-reliefs de Luca della Robbia la décorent. A côté, un mausolée de jeune fille sculptée par mademoiselle Fauveau, fait disparate : ces anges prétentieux n'ont pas le souffle divin de la foi naïve qui inspirait les artistes religieux du moyen âge et du commencement de la Renaissance : ils sont sans beauté, sans inspiration, et comme empreints de l'affectation de la religiosité moderne.

Dans la chapelle des Médicis s'ouvre une porte qui conduit au noviciat des Franciscains. C'est dans ce noviciat que Dante revêtit la robe de moine et la rejeta bientôt pour retourner dans le monde. Nous devons à ce froc jeté au vent la *Divine Comédie*. Au lieu d'être un poëte immortel, Dante, resté dans le cloître, fût devenu un de ces farouches inquisiteurs dont les successeurs dénoncèrent Galilée à l'ignorance papale.

Il nous reste à voir la sacristie et plusieurs chapelles. La sacristie, qui fut due à la munificence de la famille Peruzzi, est une vaste salle dont les murs sont couverts de quatre fresques d'un très-grand style, par Agnolo Gaddi, représentant *Jésus montant au Calvaire*, le *Christ en croix*, la *Résurrection* et l'*Ascension*. La figure de Jésus prêt à disparaître est d'une expression sublime; Giotto n'aurait pas mieux fait. Le portrait de ce maître italien se trouve au-dessus d'une petite porte. C'est une copie de la tête de Giotto peinte par lui-même dans la basilique de Saint-François d'Assise. Quelques tableaux très-rares sont dans la salle de la sacristie, entre autres un admirable *Christ* de Cimabué. Nous passons dans la chapelle Rinuccini, fondée au treizième siècle par la famille de ce nom. Elle est fermée par une grille en fer ouvragé, d'un beau travail, et revêtue de fresques merveilleuses, par Taddeo Gaddi. Sur une de ces fresques se déroulent des scènes de la vie de saint Joachim, de sainte Anne et de leur fille la vierge Marie. La naissance de Marie est une composition exquise. On sent une foi naïve et brûlante dans toutes les œuvres de ce temps. Une seconde fresque représente Madeleine pécheresse, agenouillée aux pieds du Sauveur; elle est absoute par le divin maître, et ses péchés, sous formes de démons, s'envolent en foule à travers le toit de la maison. C'est un drame qui saisit : on dirait qu'il est rendu par des acteurs vivants, tant l'imagination en est frappée. Toutes les autres fresques de cette chapelle sont fort belles. Nous regrettons que l'espace nous manque pour les décrire, comme le temps nous a manqué pour les voir souvent; il serait doux de s'oublier des jours entiers avec ces êtres mystiques que l'art éternise.

Nous ne dirons rien du maître-autel en bois doré qui se dresse au milieu du chœur, et de l'arcade dont il est couronné ; c'est une œuvre médiocre dessinée par Vasari. Nous nous arrêtons dans la chapelle Nicolini où est un beau tableau de l'*Assomption de la Vierge*, par Alexandre Allori. Dans la chapelle Bardi se trouve un *Crucifix* superbe, par Donatello. Dans la chapelle Salviati (aujourd'hui Borghèse), nous admirons un tableau de la *Sainte Trinité*, par Cigoli ; c'est un des chefs-d'œuvre de ce maître. Un des plus beaux tombeaux de la nef du nord, est celui de *Carlo Marsuppini*, secrétaire de la République florentine. La bière, en marbre blanc, est toute sculptée en feuillage ; elle est supportée par une niche, où de petits anges, gracieux comme des amours antiques, entourent de leurs ailes frissonnantes une grande coquille qu'on croirait en nacre. La statue du mort, d'après nature, est couchée sur le sarcophage ; elle semble prête à se réveiller et à nous parler. Mais que nous dirait-elle ? Il n'y a que les morts glorieux qui, de génération en génération, intéressent les âmes.

Nous sortons de l'église et trouvons à gauche le couvent des Franciscains, célèbre pour avoir été le siège de la sinistre inquisition que le pape Grégoire IX établit en Toscane. Là se trouvaient des cachots, des oubliettes, des chambres de torture transformées, Dieu merci, en salles d'asile, en fabriques et en ateliers. Le grand-duc Léopold II, de Lorraine, supprima l'inquisition en 1782. Ce fut cet horrible tribunal du couvent de Santa Croce qui fit brûler (en 1328) Cecco d'Ascoli accusé de nécromancie, qui emprisonna durant dix ans le poëte Luigi Domenechi, qui dénonça Pierre Carnesecchi et Galilée au Saint-Office de Rome, par lequel le premier fut condamné à une mort ignominieuse, et l'autre, l'homme immortel, à la désespérante rétractation des découvertes de son génie. Le chanoine Pandolphe Ricasoli, dont nous avons vu le portrait dans le palais Pitti, fut frappé d'un arrêt de cet exécrable tribunal prononçant la confiscation de tous les biens et l'incarcération à perpétuité de ce prêtre érudit et courageux. Son arrière-petit-neveu le venge aujourd'hui, en donnant la liberté à la Toscane. L'histoire a de ces représailles ; elles en sont l'enseignement. Le dernier martyr de l'inquisition des Franciscains fut le riant poëte Crudeli, de Poppi, coupable de trop de verve et de trop d'esprit. Jeté dans un des sombres cachots du couvent de Santa Croce (en 1759), il y serait mort de désespoir, si le grand-duc n'était intervenu à temps.

Les moines franciscains de Florence furent jusqu'au nombre de quatre mille. Ils donnèrent deux Papes à l'Église : Sixte-Quint et Clément XIV. On connaît leur rivalité et leur lutte publique avec les Dominicains de *San Marco*, au temps de Savonarole.

Trois cloîtres superbes se succèdent dans l'intérieur du couvent ; ils contiennent une foule de pierres tumulaires et de tombeaux anciens et modernes, dont quelques-uns sont couverts de sculptures fort belles. La *chapelle des Pazzi*, par Brunelleschi, se trouve dans le second cloître ; elle est décorée de bas-reliefs exquis et d'ornements, par Luca della Robbia. Nous entrons dans le grand réfectoire, aujourd'hui transformé en fabrique de tapis ; de nombreux ouvriers (hommes et femmes) tissent en chantant des pièces de moquette aux couleurs vives. En ce moment, les mots de *patria* et de *libertà* se mêlent, dans un refrain sonore, au nom de Garibaldi. Je pense au temps où le *Benedicite* des moines fanatiques faisait retentir ces voûtes, lorsqu'ils venaient prendre leur repas, après avoir rendu une de ces effroyables sentences dont la postérité s'épouvante. Une magnifique fresque de Giotto, représentant le *Christ en croix*, revêt tout un côté de cette vaste salle. Un des tisseurs, intelligent, quittant un moment son travail, nous en indique les principales figures ; il sait par cœur les noms des saints et les sujets des légendes. Au pied de la croix est un groupe admirable : la Vierge, saint François, saint Dominique et saint Louis de Toulouse, regardent éplorés le divin crucifié. Du bois de la croix s'élancent comme des rameaux les prophéties écrites de la Bible. Chaque rameau se termine par une figure en pied ou en buste des prophètes ; au-dessus de la croix est un pélican qui se penche vers la tête sublime du Christ ; au-dessous se déroule la Cène, dernières agapes du Dieu qui va mourir. Cette composition, aussi belle que celle de Léonard de Vinci, nous a paru plus expressive encore. Sur chaque tête d'apôtre est une auréole ; la tête seule de Judas ne porte pas cette couronne des élus. Jean repose son front attristé sur le sein du Sauveur. De chaque côté de la Cène sont deux tableaux : l'un représente *saint Louis de Toulouse*, l'autre la *Madeleine éperdue aux pieds du Christ*. Les encadrements de cette fresque immense fourmillent de détails charmants : ce sont des armoiries, des portraits d'évêques et de religieuses entourés de fleurs symboliques.

Je dis à notre *cicerone* improvisé : « Vous devriez reproduire cette fresque immortelle dans un grand tapis.

— *Si signora*, me répondit-il, *lo faremo per nostro re.* » (Oui, madame, nous le ferons pour notre roi.)

Nous remontons en voiture sur la place, éprouvant comme un vertige, où marbres, peintures et spectres fameux se heurtent, se confondent, et tourbillonnent dans une ronde fantastique.

« Avez-vous la force, me demanda le professeur Ragnotti, de visiter un autre couvent et une autre église?

— Certainement, répliquai-je, ces bouffées d'air printanier qui tombent du ciel nous détendront le cerveau avant que nous soyons arrivés.

— *Piazza San Marco!* » dit au cocher notre guide infatigable.

Ce nom de Saint-Marc me fait toujours tressaillir : il évoque pour moi ma chère Venise.

« Nous allons donc voir, dis-je au professeur Ragnotti, ce fameux couvent dont Jérôme Savonarole fut le prieur, où il médita et prêcha ses doctrines. Nous allons parcourir le cloître, les salles et les cellules peintes par Beato Angelico et frà Bartolomeo della Porta; la galerie où Côme le Vieux se promenait et méditait sur la fragilité de la vie et de la puissance.

— Vous ne pouvez visiter l'intérieur du couvent, me répondit Ragnotti, l'entrée en est interdite aux femmes.

— Voilà qui me désespère, repartis-je.

— Bah! me dit-il; patience, dans un an ou deux l'enceinte qui vous est fermée deviendra un musée. Le petit nombre de moines qui habitent encore ce couvent et celui de *Santa Maria Novella*, prendront la clef des champs. Ce ne sont plus les studieux et fiers dominicains d'autrefois; leur seule occupation active est un petit commerce d'essences et de parfums; si vous voulez leur en acheter, vous serez introduite dans une des salles du couvent; mais elle ne renferme aucune peinture de Beato Angelico.

— En ce cas, je n'achèterai rien aux moines, répliquai-je.

— J'ai souvent visité le couvent de San Marco, reprit Ragnotti; plusieurs des tableaux du peintre angélique ont été vendus ou ont péri; il en reste d'admirables dont je puis vous donner une idée; ils ont beaucoup souffert de l'abandon où ils ont été durant trois siècles. A mesure que le savoir des dominicains s'éclipsa et fit place à la paresse et à l'ignorance, les *frati* dédaignèrent ces chefs-d'œuvre et les livrèrent sans défense à la rouille du temps. A chaque occupation de Florence par les Autrichiens, ces soldats étrangers ont été casernés dans le couvent de Saint-Marc; et, comme ils le font encore à Venise, ils ont profané ces belles peintures, qui attestent le génie italien. Cependant un grand nombre d'œuvres intactes, de Beato Angelico, ont survécu. En entrant dans le couvent, on voit, au-dessus de la porte, une figure de *Christ* vraiment divine. Jésus, vêtu en pèlerin, est accueilli par les moines. Dans la salle du chapitre est une fresque magistrale de ce pur artiste. Sous les arceaux du cloître, parmi les fresques qui recouvrent les murailles, Beato Angelico a ses plus belles pages. C'est d'abord, dans la galerie du nord, *Jésus-Christ apparaissant à saint Dominique*; puis un *Saint Thomas d'Aquin*, tout radieux d'extase. Dans la galerie du midi est une fresque représentant la *Passion de Notre-Seigneur*, dont Vasari parle avec admiration. Sur un des côtés de la croix sont groupés tous les saints fondateurs d'ordres religieux; de l'autre côté, saint Marc est auprès de la Mère de Dieu, pâle de douleur et de saisissement; les deux Maries, le visage baigné de larmes, soutiennent la Vierge dans leurs bras; saint Côme et saint Damien figurent dans le même groupe. Au milieu de la frise qui couronne cette fresque est un arbre ombrageant de ses rameaux un *Saint Dominique en prière*. Dans des écussons, qui s'échappent des branches, sont des portraits de papes, de cardinaux, d'évêques, de saints et de maîtres en théologie.

« Dans les dortoirs, dans les cellules, et dans presque toutes les salles du couvent, se trouvent des peintures de Beato Angelico et de frà Bartolomeo, son émule. Une des plus belles d'Angelico, est un *Couronnement de la Vierge*; la figure de Marie a une expression de chasteté divine qu'on cherche en vain dans les madones de la Renaissance. C'est encore du même maître, sur la voûte de la cellule où Côme le Vieux venait se recueillir, une *Adoration des Mages* d'une beauté céleste. Avant d'entrer dans l'église, vous verrez vous-même deux compositions du peintre ineffable; mais l'intérieur de la nef n'en renferme aucune. »

Tout en causant de la sorte, nous étions arrivés sur la place San Marco. Avant d'entrer dans l'église, nous en considérons la façade : elle est d'une architecture composite sans caractère; elle ne fut achevée qu'en 1780, et se ressent du mauvais goût du temps. Nous pénétrons dans la nef par une porte qui conduit au couvent, et nous trouvons, dans un passage, deux fresques de Beato Angelico : c'est d'abord une figure du *Silence*, symbole de la vie contemplative, qui semble vous dire : « Ici est le repos! » Puis un *Christ au tombeau*, qui murmure aux cœurs : « Ici est la foi! »

Le moine qui nous conduit, vulgaire et sale, contraste avec ces deux peintures resplendissantes; il se plaint à nous de la dureté du temps.

« Plus de visiteurs, plus d'acheteurs dans notre pharmacie, nous dit-il; avant de nous chasser, on nous appauvrit. » Je souris de la préoccupation du *saint homme*, et de la façon dont il nous l'exprime. En entrant dans l'église, il nous montre du geste la chaire en bois où prêcha Savonarole; je ne puis m'empêcher de lui dire: « Celui-là aimait la patrie et la liberté! »

Il me répond (comme le prêtre à qui j'ai parlé chez Vieusseux de Garibaldi) : « *Troppo focoso!* (Trop fougueux!)

— C'est pour cela, répliquai-je, qu'on l'a brûlé[1]. »

Les martyrs ne sont pas des hommes inertes; il ne s'en trouve plus un seul dans l'Église contemporaine, tracassière, avide, sans ardeur pour la foi, sans enthousiasme pour le bien.

L'intérieur de l'église de *San Marco* n'a rien de frappant; plusieurs styles s'y mêlent et nuisent à l'harmonie de l'ensemble. Jean de Bologne fut l'architecte de la riche chapelle de San Zanobi, qui se trouve à gauche; au-dessus de l'autel s'élèvent la statue de ce saint et celle de *San Antonino*, deux œuvres remarquables de ce maître. Dans la même chapelle sont de très-beaux bas-reliefs en bronze, par Portigiani; un *Christ* de Giotto, une des peintures les plus renommées de ce peintre, se trouve au-dessus de la porte d'entrée. Il semble regarder avec mansuétude Pic de la Mirandole, dont le tombeau est voisin. Je m'arrête pensive devant cette sépulture, me souvenant que le hardi philosophe dont elle contient les cendres, défendit courageusement Savonarole. La mort a réuni dans la même enceinte l'ombre des deux amis.

Au-dessus d'une porte qui mène de la sacristie dans le cloître, nous trouvons une rayonnante figure de *Saint Pierre martyr*, par Beato Angelico. Là le moine qui nous conduit nous dit :

« Les femmes ne vont pas plus avant. »

---

[1] Savonarole, excommunié par le pape Alexandre VI, pour avoir prêché la réforme des couvents et tonné contre la corruption des Médicis et de la cour de Rome, passionna un moment le peuple qui bientôt se tourna contre lui. Il fut livré à la foule par trois de ses moines, subit d'horribles tortures et fut brûlé avec Dominique *de Pescia* et Sylvestre Maruffi sur la place du Grand-Duc (1498). Après sa mort, le peuple en fit un saint.

Je lui réponds en riant que saint Pierre ouvre pourtant les portes du paradis aux âmes des deux sexes.

Il riposte avec bonhomie « que le cloître n'est pas le paradis.

— *Forse è l'inferno.* » (C'est peut-être l'enfer), dit à son tour Ragnotti.

Le frate répond tranquillement : « *Si signore, qualche volta.* » (Oui, monsieur, quelquefois.)

Nous sortons de l'église et traversons la place San Marco, où j'exprime le regret de ne pas voir la statue de Savonarole.

« Elle y sera un jour, réplique le professeur Ragnotti, à présent que l'Italie est indépendante : elle se souviendra des précurseurs de sa liberté. »

Nous trouvons à gauche, dans la rue du Cocomero, l'Académie des beaux-arts, située dans l'ancien couvent de Saint-Nicolas.

« Entrons, me dit notre guide intelligent, il y a là un musée qu'il ne faut pas dédaigner, même après ceux des Offices et du palais Pitti. »

Nous pénétrons dans un joli cloître décoré de bas-reliefs exquis, par Luca della Robbia. Une série de médaillons des douze apôtres, de saints et de saintes, de moines et de nonnes en terre vernissée, du même maître, s'étend au-dessus des colonnes.

Sous la galerie qui fait face à la porte d'entrée est l'énergique ébauche d'un *Saint Matthieu*, par Michel-Ange. Nous parcourons rapidement plusieurs salles d'études, puis entrons dans le musée des tableaux : il renferme des œuvres de Giotto, de Cimabué, de Beato Angelico, de Masaccio, du Ghirlandajo; plusieurs Pérugin, plusieurs Andrea del Sarto, une Tête, par Corrège, et d'autres magnifiques tableaux des maîtres italiens. Je trouve là un portrait ineffable de Beato Angelico, par Carlo Dolci. Quelle sérénité dans ce visage inspiré se détachant sur la robe de dominicain! Puis c'est le buste en bronze de Michel-Ange, et une petite Vénus antique en marbre de Paros : Aphrodite enfant aspirant à l'amour.

Nous nous reposons quelques heures; et, après le dîner, par une tiède et splendide soirée, nous allons à Fiésole, en compagnie d'une aimable princesse valaque qui loge dans le même hôtel que nous. La calèche découverte qui nous emporte nous permet de regarder sans fatigue l'étendue des campagnes et des horizons qui se déploie devant nous à mesure que nous montons. La fondation de Fiésole, vieille ville étrusque, se perd dans la plus lointaine antiquité. Ce fut la primitive Florence. Bâtie sur le sommet d'une haute montagne, la ville était couronnée au moyen âge par un formidable château appelé *Rocca*, entouré d'un triple mur d'enceinte. Cette forteresse fut rasée au commencement du treizième siècle. Sur les collines et dans les vallons que Fiésole domine, se groupent de jolis hameaux, de belles villas, des couvents, des chapelles, des arbres; les prairies, les jardins abritant des statues; les cours d'eau, les longues avenues, les terrasses chargées d'arbustes en fleur s'étalent sur les versants ou s'enchevêtrent dans les ravins. C'est d'un aspect inouï. Quelles retraites attrayantes! quelles solitudes paisibles à côté d'une grande ville où tant de passions s'agitent. De la route que nous suivons et qui serpente au flanc de la montagne, cet ensemble magique s'agrandit et s'étend. Nous embrassons d'un coup d'œil la plaine où ondule l'Arno, Florence et ses monuments, la chaîne des Apennins, et, au-dessus, les montagnes de Carrare. La plupart des villas que nous côtoyons, riantes ou majestueuses, sont peuplées de souvenirs romanesques et historiques. Au bord d'un sentier accessible seulement aux piétons, est la villa *Ricasoli*, bâtie au commencement du quinzième siècle. Sa chapelle, par Michelozzi, renferme un beau tableau de Beato Angelico; des saints, des philosophes et de grands politiques ont médité dans les vergers qui l'entourent. La villa *Pinzauti*, recouverte aujourd'hui de chinoiseries, fut habitée par Dante Alighieri; les ombrages de la villa *Mozzi*, plantés par Côme le Vieux, ont prêté leur mystère et leur silence à la conjuration des Pazzi, tramée contre Laurent le Magnifique, petit-fils de Côme. La splendide villa *Schifanoia*[1] (en français *Sans-Souci*) est encore souriante et joyeuse du souvenir de Boccace; c'est dans ces bosquets que le gai conteur lisait aux belles Florentines les récits d'amour du *Décaméron*, tandis que la peste dévastait Florence. En approchant de Fiésole se déroulent à gauche les vastes bâtiments et les terrasses d'un grand séminaire, édifice moderne d'un très-bel effet décoratif. A l'est de la montagne se cache, dans une large grotte, une source fraîche aux eaux délicieuses; elle sort du rocher où s'appuyaient les anciennes murailles de la forteresse; du même côté sont les carrières de Fiésole, creusées par l'architecte Brunelleschi, à la fin du quinzième siècle; elles

---

[1] Désignée aussi sous le nom de villa *Palmieri*, et aujourd'hui sous celui de villa Farhill.

ont fourni les pierres de la plupart des monuments de Florence. Leurs cavités immenses et profondes, au-dessus desquelles se dresse la montagne que couronne la petite ville de Fiésole, sont soutenues par des pilastres informes d'une hauteur démesurée. Ces pans de rocs, laissés debout pour empêcher l'éboulement, forment une galerie titanique qui dépasse en grandeur toutes les constructions romaines ; c'est une des plus saisissantes perspectives de la campagne de Fiésole.

Nous arrivons sur la place où s'élève la cathédrale du quinzième siècle; nous regardons en passant le Campanile du haut duquel on embrasse toute la Toscane. Nous entrons dans la nef éclairée; les pilastres sont recouverts, en l'honneur de je ne sais quel saint, de tentures de damas rouge. Les figurines du tabernacle, de Mino de Fiésole, se meuvent sous les rayons des cierges allumés; à travers leurs reflets, la grande chaire de marbre, sculptée par Antoine Ferrucci, découpe ses dentelures; les deux escaliers qui y conduisent dessinent leurs degrés lumineux. Les saints et les saintes des fresques, de Nicomède Ferrucci, s'animent sous les arcades; les psaumes retentissent, l'encens brûle; les habitants de Fiésole, agenouillés, remplissent l'église. Au dehors, tout est silence et solitude.

Nous montons une rue abrupte où de petits mendiants nous escortent. Nous trouvons, sur les portes des maisons, quelques femmes allaitant des enfants; d'autres tissent des galons, des pantoufles et des chapeaux de paille qu'elles nous offrent avec grâce *per pochi denari*; plusieurs nous suivent, en nous sollicitant, jusqu'au point culminant de la rue tortueuse. Là, appuyées contre un fragment de vieux murs, nous voyons se déployer Florence et toute l'étendue du paysage au-dessous de la pourpre ardente du soleil couchant. Quelques zones violettes et brunes, coupent çà et là le ciel incendié. Vue ainsi, Florence m'apparaît centuplée, on dirait qu'elle se dilate dans la rouge lumière qui la couvre et l'encadre; ses monuments, ses maisons, ses remparts, paraissent en bronze incandescent; la fournaise du ciel les revêt et les fouille; tout à coup les teintes plus douces du crépuscule dissipent ce vaste embrasement, la campagne se voile, s'immobilise et se tait. Je laisse ma fille et la princesse valaque marchander des tissus de paille ; je monte seule une petite ruelle à droite et je me trouve devant la chapelle du couvent des Franciscains. Ce couvent est situé sur le plateau le plus élevé de la montagne de Fiésole, il fut construit au quatorzième siècle, sur les fondements de la forteresse anéantie ; je regrette la forteresse, car le couvent qui la remplace n'a aucun caractère architectural. J'entre dans la petite église; une seule lampe, qui brûle sur l'autel de la Vierge, jette un pâle rayon à travers l'obscurité. Un jeune moine franciscain est agenouillé devant la madone; il tourne un moment vers moi sa tête expressive, puis rabat vivement son capuchon sur son visage et se remet en prière.

Je trouve à droite de la petite esplanade, où s'élève l'église, de beaux mélèzes entourant de leur ombre silencieuse un joli pré, où poussent des touffes d'iris; je m'assieds sur l'herbe et m'oublie dans cet abri embaumé : l'air est d'une douceur bienfaisante, les rossignols chantent, la solitude est absolue; à mes pieds, sur le versant du roc, derrière la chapelle, coupant la végétation et les broussailles, se dressent quelques fragments énormes des murs étrusques et les gradins disjoints d'un amphithéâtre; ce sont là les seuls restes de l'antique Fiésole. La nuit de l'histoire, l'inanité des efforts humains, le néant de tout ce que tentent les générations successives enveloppent mon esprit du linceul des morts; les angoisses plus intimes des désirs déçus, des amours trahis, des élans refoulés étreignent mon cœur, c'est la sensation d'un vivant étouffé dans un sépulcre ; inerte condamné, il se dit : « A quoi bon le mouvement et les cris de la vie qui protestent? Rien ne peut détourner la sentence inexorable. »

Des voix m'appellent et m'arrachent à ma rêverie sombre ; l'obscurité envahit la campagne, il faut partir; la voiture rapide descend la montagne; les rues de Florence s'éclairent et répandent au loin des points mouvants et lumineux sur le fond noir de l'horizon. Le ciel d'un bleu violacé s'illumine d'étoiles.

Une journée de fatigue et d'émotions a cela de salutaire qu'elle amène après elle un lourd sommeil, où nous puisons la force de sentir et d'agir encore. Le lendemain matin notre excellent ami Ragnotti vint nous chercher et nous commençâmes nos excursions par la visite du couvent voisin de *Santa Maria Novella*. Nous traversâmes la place de ce nom, où se sont données, jusque sous le dernier grand-duc, les *courses de chars*, instituées par Côme Ier (en 1568). Deux petites pyramides primitivement en bois, marquaient le but de la course; elles furent remplacées, en 1608, par deux pyramides en marbre, dont la pointe est surmontée d'une fleur de lys en bronze et dont la base repose sur de belles tortues également en bronze, ouvrages de Jean de Bologne. Montaigne, il y a trois siècles, assista à cette fête la veille de la Saint-Jean; il la décrit de la sorte :

« Le 25 juin 1581, on fit la course des chars dans une grande et belle place carrée, plus longue que large, et entourée de tous côtés de belles maisons. A chaque extrémité de la longueur on avoit dressé un obélisque ou une aiguille de bois carrée, et de l'une à l'autre étoit attachée une longue corde pour qu'on ne pût traverser la place; plusieurs hommes mêmes se mirent encore en travers, pour empêcher de passer par-dessus la corde. Les balcons étoient remplies de dames, et le grand-duc avec la duchesse[1] et sa cour étoient dans un palais. Le peuple étoit répandu le long de la place et sur des espèces d'échafauds où j'étois aussi : on voyoit courir à l'envi cinq chars vides. Ils prirent tous place au hasard (ou après avoir tiré au sort) à côté d'un des obélisques. Plusieurs disoient que le plus éloigné avoit plus d'avantage pour faire plus commodément le tour *de la lice*. Les chars partirent au son des trompettes. Le troisième circuit autour de l'obélisque, où se dirige la course, est celui qui donne la victoire. Le char du grand-duc conserva l'avantage jusqu'au troisième tour; mais celui de Strozzi[2], qui l'avoit toujours suivi de plus près, ayant redoublé de vitesse, et courant à bride abattue en se resserrant à propos, mit la victoire en balance. Je m'aperçus que le peuple rompoit le silence en voyant Strozzi s'approcher et qu'il lui applaudissoit à grands cris, de toutes ses forces, en face même du prince. Ensuite, quand il fut question de faire juger la contestation par certains gentilhommes, arbitres ordinaires des courses, ceux du parti Strozzi s'en étant remis au jugement de l'assemblée, il s'éleva tout à coup, du milieu de la foule, un suffrage unanime et un cri public en faveur de Strozzi qui enfin remporta le prix; mais à tort, à ce qu'il me semble. La valeur du prix étoit de cent écus. Ce spectacle me fit plus de plaisir qu'aucun de ceux que j'eusse vus en Italie, par la ressemblance que j'y trouvois avec les courses antiques[3].

« Comme ce jour étoit la veille de Saint-Jean, on entoura le comble de l'église cathédrale de deux ou trois rangs de lampions ou pots à feu, et de là s'élançoient en l'air des fusées volantes. On dit

---

[1] François I*er* et Bianca Capello.
[2] Fils du grand Philippe Strozzi, dont le souvenir était sacré pour le peuple.
[3] Les jeux olympiques.

pourtant qu'on n'est pas dans l'usage en Italie, comme en France, de faire des feux le jour de Saint-Jean[1]. »

L'Italie veut aujourd'hui des fêtes moins théâtrales, les jeux auxquels elle s'intéresse exigent une plus vaste scène et une assistance innombrable ; les ovations qu'elle fait au roi qu'elle s'est choisi, ont pour acteurs et pour spectateurs les populations unanimes. Ce jour-là, les jeux olympiques de l'Italie étaient l'expédition en Sicile de Garibaldi ; à l'heure même où nous traversions la place *Santa Maria Novella*, les groupes nombreux que nous y trouvâmes réunis, s'entretenaient avec véhémence de l'arrivée de Garibaldi sous les murs de Palerme ; le hardi général assiégeait la ville, déjà les royaux pliaient, bientôt on apprendrait leur défaite. Il fallait être un poëte ou un artiste étranger pour songer, en ce moment d'absorbante émotion patriotique, à admirer les vieilles fresques d'un couvent et à constater, en souriant, les doléances des

---

[1] Journal de Montaigne, dernière partie écrite en italien. Montaigne ajoute : « Mais le samedi, jour où tomboit cette fête, qui est la plus solennelle et la plus grande fête de Florence, puisque ce jour-là tout se montre en public, jusqu'aux jeunes filles (parmi lesquelles je ne vis point beaucoup de beautés), dès le matin, le grand-duc parut à la place du palais, sur un échafaud dressé le long du bâtiment, dont les murs étoient couverts de très-riches tapis. Il étoit sous un dais avec le nonce du pape, que l'on voyoit à côté de lui à sa gauche, et avec l'ambassadeur de Ferrare, beaucoup plus éloigné de lui. Là passèrent devant lui toutes ses terres et tous ses châteaux, dans l'ordre où les proclamoit un héraut. Pour Sienne, par exemple, il se présenta un jeune homme vêtu de blanc et de noir, portant à la main un grand vase d'argent, et la figure de la louve de Sienne. Il en fit ainsi l'offrande au duc, avec un petit compliment. Lorsque celui-ci eut fini, il vint encore à la file, à mesure qu'on les appeloit par leurs noms, plusieurs estaffiers mal vêtus, montés sur de très-mauvais chevaux ou sur des mulets, et portant les uns une coupe d'argent, les autres un drapeau. Ceux-ci, qui étoient en grand nombre, passoient le long des rues, sans faire aucun mouvement, sans décence, sans la moindre gravité, et plutôt même avec un air de plaisanterie que de cérémonie sérieuse. C'étoient les représentants des châteaux et lieux particuliers dépendants de l'État de Sienne. On renouvelle tous les ans cet appareil qui est de pure forme.

« Il passa ensuite un char et une grande pyramide carrée, faite de bois, qui portoit des enfants rangés tout autour sur des gradins, et vêtus les uns d'une façon, les autres d'une autre, en anges et en saints. Au sommet de cette pyramide, qui égaloit en hauteur les plus hautes maisons, étoit un saint Jean, c'est-à-dire un homme travesti en saint Jean, attaché à une barre de fer. Les officiers et particulièrement ceux de la monnoie, étoient à la suite de ce char.

« La marche étoit fermée par un autre sur lequel étoient des jeunes gens qui portoient trois prix pour les diverses courses. A côté d'eux étoient les chevaux barbes qui devoient courir ce jour-là, et les valets qui devoient les monter avec les enseignes de leurs maîtres, qui sont des premiers seigneurs du pays. Les chevaux étoient petits, mais beaux. »

moines sur les dommages que les préoccupations publiques causent à leur commerce de pharmacie et de parfums. Avant de visiter le premier cloître, le seul dont l'accès nous soit permis, nous entrons dans l'église, dont la façade donne sur la place. La construction de cette église, commencée en 1256, dura plus d'un siècle ; la façade qui s'élève au-dessus de quelques marches, est en marbre noir et blanc, les trois portes qui conduisent dans la nef se couronnent de belles fresques, par Ciocchi. A droite, se déroule sur la place une série de niches, où sont des sépultures de familles illustres. L'intérieur de l'église est en forme de croix latine ; les deux bras sont terminés par les chapelles funéraires de la famille *Ruccellaï* et de la famille *Strozzi*. Nous avançons au hasard dans la nef déserte et nous nous arrêtons tour à tour devant les vieux tombeaux et quelques tableaux de maîtres. Le professeur Ragnotti me fait remarquer le mausolée d'un Ricasoli, sculpté par Romulus, fils de *Taddeo de Fiésole*. Nous tournons dans un des bras de la croix, traversons la chapelle *Della Pura*, où est enseveli un patriarche de Constantinople, mort à Florence, en 1440 ; puis, montant quelques marches, nous nous trouvons dans la chapelle des *Ruccellaï* ; elle est décorée de trois tableaux admirables : une *Sainte-Lucie* de *Rodolphe Ghirlandaio*, toute resplendissante d'extase, puis une *Vierge*, plus grande que nature, par Cimabué, c'est l'œuvre la plus magistrale de ce peintre : l'Enfant Jésus, dans les bras de sa mère, révèle déjà la puissance d'un Dieu ; enfin un *Martyre de sainte Catherine*, étrange mouvement, et qui frappe, ainsi qu'une scène de drame : des rayons d'une lumière vive tombent du ciel et brisent comme la foudre, les instruments de supplice qui torturent la sainte, les bourreaux terrassés mordent la terre, leurs visages, leurs gestes expriment une soudaine terreur, la sainte radieuse sourit au Dieu invisible qui la protège. Cette toile fut dessinée par Michel-Ange et peinte par Jean Bugiardini.

Au milieu d'une autre chapelle se trouve le merveilleux tombeau en bronze du frère Léonard Bati, un chef-d'œuvre de Ghiberti.

Le maître-autel moderne est surchargé de colonnes et d'ornements qu'on voudrait abattre, car ils sont indignes de nous dérober les belles fresques de Ghirlandajo, qui revêtent le chœur. Sur ces fresques incomparables se déroule la vie de la Vierge ; le peintre a placé dans cette composition plusieurs personnages illustres qui furent ses contemporains ; il a aussi immortalisé la grâce sans pareille de Ginevra Benci, la plus belle jeune fille de son siècle. Souriante, parée de joyaux, cet être adorable surpasse en pureté toutes les saintes qui l'environnent. Dans une scène de la Visitation, quelques hommes, appuyés à un balcon, ont été peints par Michel-Ange, au temps où il n'était encore que l'élève de Ghirlandajo. En quittant le chœur, nous entrons dans la chapelle des *Gondi*, où se trouve le fameux crucifix en bois, de Philippe Brunelleschi. Ce Christ où la douleur frissonne, et dont la tête est un chef-d'œuvre d'expression, fut le désespoir de Donatello.

Nous montons quelques marches et parvenons dans la chapelle des *Strozzi*, dédiée à saint Alexis Strozzi. Pour nous, le vrai saint de cette noble famille est le grand patriote Philippe Strozzi, qui subit la torture sans renier la liberté, et qui mourut comme Caton. Si le peuple faisait les saints, c'est lui qu'il aurait canonisé. Nous nous inclinons devant cette tombe sacrée. La chapelle des Strozzi est couverte de fresques, peintes par les deux frères Bernardo et Andrea Orcagna ; elles représentent l'Enfer et le Paradis, tels que les a chantés Dante. L'immortel poëte figure lui-même dans un groupe de bienheureux. Dans la sacristie se trouve un grand vase en granit, supporté par une momie en marbre, sculptée par Michel-Ange, qui s'était inspiré, pour cette œuvre, des figures égyptiennes trouvées dans les fouilles de Rome ; le *couronnement de la Vierge*, par Beato Angelico, resplendit sur le tabernacle de la sacristie. La tête de Marie est d'une beauté ineffable ; les figures et les ornements qui l'entourent ont tout le fini de la miniature. On sent là le patient travail de l'artiste contemplatif. Nous rentrons dans la nef et parcourons encore quelques chapelles. Nous sortons de l'église et passons dans le *Chiostro verde* (cloître vert) ; les murs des quatre rangs d'arcades sont revêtus de fresques où le vert domine, œuvres de *Paolo Uccello*. Au nord de ce cloître s'ouvre la grande chapelle dite des Espagnols ; les peintures qui la décorent à l'intérieur sont de *Taddeo Gaddi* et de *Memmi* ; elles représentent l'Église militante et l'Église triomphante. La cathédrale de *Santa Maria del fiore*, reproduite dans une de ces fresques, symbolise l'Église militante, entourée de religieux, d'évêques et de cardinaux ; le pape et l'Empereur sont dans ces groupes, où figure aussi Cimabué ; la tête du peintre est couverte d'un capuchon d'où sort le profil maigre et la barbe courte et rousse ; Pétrarque, moins ascétique avec sa cape blanche et sa calotte rouge, est là, près de Laure, dont le visage ressemble à tous les portraits qui nous restent d'elle; elle est vêtue d'une robe verte et violette; de son sein s'échappe une flamme ardente, emblème visible de la volupté, ce qui a fait dire aux Florentins que cette femme était plutôt la Fiammetta de Boccace que la Laure de Pétrarque. Plusieurs fresques de la chapelle des Espagnols et du cloître vert sont fort dégradées. Comme le couvent de *San Marco*, celui de *Santa Maria Novella* a servi de caserne aux Autrichiens. Le *Chiostro grande*, qui fait suite au *Chiostro verde*, est le plus vaste et le plus majestueux de Florence; l'entrée nous en est interdite, mais le moine dominicain qui nous conduit nous dit que nous en apercevrons une partie en visitant la pharmacie, où il nous engage à aller nous pourvoir de parfums et du fameux al-kermès. Nous revenons par les galeries du cloître vert, traversons des couloirs bordés de tombes, et nous nous retrouvons sur la place; puis, tournant dans la rue de la *Scala*, en laissant à gauche la belle *loggia di San Paolo*, construite par Brunelleschi, en face de l'église *Santa Maria Novella*, nous arrivons à droite de la rue, devant une jolie porte en chêne reluisant, encadrée de sculptures de marbre: un moine convers nous reçoit et nous fait traverser une série de corridors, de cabinets et de salles décorées de tableaux, de marbres, de stucs dorés. Dans la plus grande salle sont de belles armoires de noyer, renfermant les liqueurs et les essences; au-dessus d'une de ces *credenze* se trouve une superbe peinture de Salviati représentant le *Mariage de sainte Catherine*; une autre salle, où sont les armoiries des Médicis, donne sur un délicieux jardin tout en fleur.

Tandis que ma fille achète aux moines de la poudre d'iris au parfum subtil et suave, je regarde, par l'une des fenêtres de la pharmacie, une partie du grand cloître; il se compose de cinquante arcades sous lesquelles se déroulent des fresques magnifiques de *Cigoli*, d'*Allori*, de *Santi di Tito* et de *Pocetti*. Ces fresques font revivre les actes et les miracles des vies de saint Thomas d'Aquin, de saint Pierre martyr, et de saint Dominique. Au milieu du préau, des statues de saints et de moines se dressent sur l'herbe verte qui couvre les morts. Le ciel d'azur forme un dôme éclatant au cloître silencieux, les oiseaux chantent et se posent sur le relief des sculptures. Quel calme! quel recueillement! Je voudrais aller m'asseoir sur une de ces tombes et y rêver par une belle nuit.

« La vaste salle de réfectoire, me dit le professeur Ragnotti, renferme une fresque magistrale d'Allori, représentant le *Miracle de la manne* et celui des *cailles*. Une aile du couvent, appelée l'appartement des Papes, est aussi décorée de belles fresques, de même que la chapelle où officiaient les souverains pontifes [1]. Mais il vous reste à voir une fresque qui surpasse en puissance toutes celles que vous avez vues jusqu'ici à Florence, c'est celle de *Masaccio* et de *Filippino Lippi*, dans l'église *del Carmine*.

— Allons, lui dis-je, finissons-en avec les églises et les couvents; malgré les chefs-d'œuvre dont ils sont décorés, ils inspirent aux visiteurs la tristesse et l'abattement; la foi qui les fonda, en semble aujourd'hui exilée; ce sont des corps d'où l'esprit s'est enfui; le souffle qui soutient les âmes n'est plus là. »

Nous montâmes en voiture, passâmes le pont *Santa Trinità*; et, tournant à droite, nous arrivâmes sur la place *del Carmine*, où s'élèvent l'église et le couvent de ce nom. L'église primitive, fondée en 1468, fut détruite par un incendie en 1771; on n'en put sauver que la chapelle *Brancacci*, où sont les fameuses fresques. Nous traversons la nef moderne sans nous y arrêter; elle est badigeonnée, et les tons criards de la plupart de ses peintures contrastent avec l'admirable harmonie des fresques de *Masaccio* et de *Filippino Lippi*. Nous trouvons au fond de l'église, à droite, la chapelle que ces deux maîtres ont décorée; je ne décrirai point en détail ces compositions bien connues. Les figures d'Adam et d'Ève dans le paradis terrestre sont d'une beauté vivante; le père et la mère du genre humain regardent, curieux, l'arbre de la science. Plus loin, les voilà chassés et errants; leur corps a perdu l'éclat de la jeunesse et de la pureté; leur front semble assombri par la prescience de la malédiction inexorable dont sera éternellement frappée leur descendance.

Ces deux fresques sont de Masaccio; Filippino Lippi a peint saint Pierre, saint Paul, et Simon le Magicien, argumentant devant le proconsul. Il a exprimé dans le crucifiement de saint Pierre, toutes les angoisses de l'agonie et toutes les espérances de la foi. On n'oublie jamais de telles figures. Michel-Ange et Raphaël se sont inspirés de ces fresques. On retrouve dans la chapelle Sixtine et dans les *Chambres* du Vatican des attitudes, des ports de tête, des draperies et jusqu'à des personnages entiers, imités des fresques de la chapelle *Brancacci*. Dans le tabernacle qui surmonte l'autel de cette

---

[1] Martin V, Eugène IV, Pie II et Léon X résidèrent à *Santa Maria Novella*

chapelle, est une madone du Mont-Carmel, peinture grecque, à l'expression mystique, apportée de Constantinople, en 1268. C'est bien la Vierge la plus chaste et la plus sainte qu'on puisse imaginer. Nous faisons le tour du chœur, où se trouve un superbe mausolée en marbre du gonfalonier Pierre Soderini; la tombe est vide, l'honnête et intègre citoyen, qu'une piquante épigramme de Machiavel a voué au ridicule dans la postérité, mourut exilé à Rome, en 1522. Dans la chapelle mortuaire des Corsini, est une belle fresque de Luca Giordano.

Nous sortons de l'église *del Carmine*; le ciel est splendide, le soleil poudroie sur la place solitaire.

« Où irons-nous maintenant, me demande le professeur Ragnotti.

— Au haut du Campanile, repartis-je; avant de quitter Florence je veux l'embrasser du regard comme j'ai fait de Venise, la veille du jour où je lui dis adieu. »

Mon guide bienveillant se met à rire de mon énergie.

« Allons, répond-il, mais après l'ascension vous n'aurez plus de jambes.

— L'esprit porte le corps, répliquai-je, et jusqu'à ce que la bête nous écrase, il faut qu'elle obéisse. »

Nous mettons pied à terre sur la place du Dôme, et passant à l'est la poterne encadrée de sculptures, nous montons, en faisant plusieurs haltes, jusqu'au sommet *della torre del Giotto*. Le palais Vecchio se groupe à gauche, au pied du Campanile; plus loin, toujours du même côté, se dresse le *Bargello*, l'Arno aux eaux troubles semble rouler des flots d'or; au midi et à l'ouest s'étalent, sur les collines verdoyantes, *San Miniato* et le *Poggio imperiale*. Au levant, Fiésole décrit sur sa montagne une admirable décoration. Je m'enivre d'air, de chaleur et d'espace; je cherche à empreindre dans ma mémoire les détails et l'ensemble de ce panorama immense; je m'oublie plus d'une heure sur la plate-forme qui touche au ciel; je voudrais y avoir un gîte pendant quelques jours, y regarder l'aube apparaître et se graduer, la lumière se dilater et s'étendre en nappe uniforme, puis éclater le soir en incendie autour de l'orbe du soleil.

Lorsqu'il faut redescendre, suivant la prévision du bon Ragnotti, mes jambes ne me portent plus; je me suspends à son bras et me laisse entraîner jusqu'au bas de la tour comme une chose inerte; je me repose quelques heures à l'hôtel et finis de me délasser le soir, assise dans une calèche découverte qui nous conduit à *Bello Sguardo*. Nous franchissons la porte Romaine et suivons une route bordée de haies fleuries qui serpente sur le flanc des collines; les plantes grimpantes, les bouquets d'arbustes jaillissent du roc et retombent en cascades sur le chemin. A mesure que nous montons, Florence et son horizon, déjà décrit, se déploient en panaroma splendide; rien de plus riant que ce cadre de la cité, formé par de belles collines : au delà des groupes des monuments se dressent les groupes des sommets verdoyants, puis les crêtes chauves des Apennins; arrivés sur la terrasse de l'élégante villa de *Bello Sguardo*, nous dominons au couchant les croupes éclatantes des coteaux, qui forment comme des vagues gigantesques dans la campagne toscane : les maisons et les clochers s'abritent à l'ombre des arbres dont se couronnent les sommets; la fumée qui s'échappe des toits projette des aigrettes blanches sur le ciel empourpré du couchant. Assis sous les orangers en fleur, nous prenons un long bain d'air, de lumière et de parfums, tandis que le professeur Ragnotti me répète ces trois vers de l'Arioste qui peignent si bien le paysage que nous contemplons :

> A veder pien di tante ville i colli,
> Par che'l terren ve le germogli come,
> Vermene germogliar suole e rampolli [1].

Nous redescendons la route embaumée où l'exubérante végétation printanière répand ses aromes vivifiants.

Nous rentrons dans Florence par la rue des *Boffi* et trouvons à gauche le vaste jardin *Torregiani*; les plates-bandes et les massifs de fleurs, œillets, roses, jasmins d'Espagne, jettent au dehors des effluves pénétrants. C'est d'une attraction vertigineuse qui force les passants à s'arrêter. Nous entrons et errons une heure dans les méandres embaumés que forment des bosquets sombres, des quinconces ornés de statues, des cours d'eau bordés de pelouses. Une haute tourelle s'élève sur un tertre vert, au milieu de ce parc à l'italienne, où l'on rêve du Décameron de Boccace et de l'*Orlando* de l'Arioste.

Le lendemain je sors seule dès le matin, je fais le tour de la place *Santa Annunziata*, dont j'ai déjà parlé, et m'arrête au nord, devant

[1] A voir ces collines tellement couvertes d'habitations, on dirait que la terre es fai' germer comme elle fait germer les herbes et les arbres.

l'église que je n'ai pas encore visitée : elle est précédée d'un vaste péristyle dont les arcades décrivent une espèce de cloître; une fontaine jaillit au milieu; sous ce péristyle se trouve une admirable fresque de *Pontormo*, représentant la visitation de la Vierge; à côté, sont d'autres fresques incomparables d'*Andrea del Sarto*. La *Naissance de la Vierge* est une des œuvres les plus angéliques de ce divin maître; il y a là une figure d'une grâce ineffable, qui est le portrait de la belle Lucrezia, femme d'Andrea del Sarto; dans une autre fresque, le même peintre a représenté saint Philippe Benizi, offrant sa chemise à un pauvre lépreux; dans une troisième, ce sont des joueurs à la mine passionnée, au geste ardent, placés sous un arbre que frappe la foudre; chaque personnage est saisi d'épouvante. La vie éclate dans toutes ces compositions, dont on emporte un souvenir ineffaçable.

J'entre dans l'église, éblouissante d'or, de marbres, de peintures et des lueurs vives que projettent les vitraux. Le plafond est en bois sculpté et doré, toute la nef resplendit comme un tabernacle illuminé; elle est en forme de croix latine; de chaque côté se déroulent les chapelles, communiquant entre elles par des portes de marbre, comme dans l'église de la Chartreuse de Pavie. Je vais de chapelle en chapelle, ne m'arrêtant que devant les œuvres d'art les plus exquises; dans la cinquième chapelle se trouve le magnifique tombeau de Roland de Médicis, par *Simon Bardi*, frère de Donatello; dans la dixième, un beau groupe en marbre de Bandinelli, représentant Jésus mort, affaissé dans les bras de Nicodème. Les trois figures de la sainte Trinité rayonnent dans une fresque de la coupole, elles se penchent vers la Vierge qui monte au ciel escortée d'une nuée d'anges, de prophètes et de saints. Cette belle peinture est du *Volterrano*. Le chœur est déparé par des œuvres modernes, fort médiocres. Le maître-autel, incrusté de pierreries, brille comme un écrin; il est couronné d'un tabernacle en argent, ciselé par *Maître Martini*, de Bergame; on y a ajouté récemment une porte, œuvre de Torwaldsen. Je m'arrête dans la dix-septième chapelle pour regarder une Vierge du Perugin; elle est assise sur un trône, placide, douce et comme étonnée de sa grandeur, plusieurs saints la contemplent émus de respect. La trentième chapelle est celle qui me retient le plus longtemps; dédiée par les Médicis à la *Maria Annunziata*, elle reluit comme un foyer de lumière dans la nef éclatante. Elle fut dessinée par Michelozzi. Pierre de Médicis ordonna qu'elle devint le sanctuaire d'une image miraculeuse, de la Vierge peinte, au treizième siècle, par la main invisible d'un ange. L'autel, tout en argent, est un don du grand-duc Ferdinand Ier; on voit ce prince représenté sur un bas-relief, à genoux et invoquant la Mère de Dieu. Laurent de Médicis offrit à cette chapelle le tabernacle couronné d'une magnifique tête de Christ, par *Andrea del Sarto*, et Côme Ier, les quarante-deux lampes en argent qui l'éclairent; la lampe du milieu, plus grande, en vermeil, est un présent de Marie d'Autriche, femme de Côme II.

Je sors de l'église, et passant, à droite, sous la galerie du péristyle, où sont les sublimes fresques d'Andrea del Sarto, je me trouve dans un corridor bordé de chaque côté par de beaux mausolées, des bustes et des inscriptions tumulaires. J'arrive sous une arcade qui s'ouvre sur un vaste cloître ; cette arcade est revêtue d'une fresque représentant Jésus, entre les deux figures de la Justice et de la Miséricorde. Tandis que je considère cette œuvre magistrale de Pocetti, deux moines s'approchent de moi et me rappellent avec douceur que les femmes ne peuvent aller plus avant. Quelques soldats malades, couchés ou assis au soleil sous les galeries du cloître, interviennent et disent aux frères : « *Lasciate entrare la donna francese.* » (Laissez entrer la dame française.) — « *Siete padroni* » (Vous êtes les maîtres), répliquent les religieux en s'éloignant, et aussitôt un sergent de l'armée italienne me conduit en souriant sous ces portiques merveilleux, peints par Pocetti et Andrea del Sarto. Plusieurs des vastes salles du rez-de-chaussée du couvent, qui s'ouvrent sur le cloître, ont été transformées en hôpital militaire; de là vient la cohabitation des moines et des soldats; ils semblent d'ailleurs vivre en fort bonne intelligence. La douceur et la cordialité italiennes et surtout toscanes amènent bientôt entre eux la confraternité — « *Bisogna*, me dit mon guide, *che ogni frate prenda una spada; il tempo è venuto.* (Il faut que chaque moine prenne une épée; le temps est venu.) Je lui demande s'il juge tous ces flegmatiques *frati* bien propres au métier des armes ? — « Nous faisons envie aux plus jeunes, me répond-il, et le jour où les couvents seront fermés en Italie, ces troupeaux de célibataires inutiles se feront soldats. »

Tout en causant avec le sergent, je contemple, émerveillée, deux fresques divines de Pocetti et d'Andrea del Sarto. Le premier maître, sous le nom de l'*Affogato*, a peint un pauvre enfant noyé ressuscité par *santo Amadio; il bambino* renaît avec ravissement, ses yeux étonnés aspirent la lumière, ses lèvres frémissantes hument l'air, ses cheveux frissonnent au souffle de la vie. L'autre fresque est la *Vierge au sac*, d'Andrea del Sarto, une de ses œuvres les plus célèbres ; quelle pureté de dessin ! quelle harmonie suave de couleurs! Les draperies sont aussi belles que l'antique ; le visage de Marie émeut comme une apparition céleste. Les grands maîtres de l'école italienne faisaient ces chefs-d'œuvre chrétiens pour quelques écus, parfois même ils se contentaient, comme rétribution de leur génie, des messes et des prières que leur promettaient les moines ; je pense à ces temps de foi évanouis, aux transformations des sociétés, aux couvents ouverts, aux moines libres, joyeux et patriotes, se faisant soldats de l'indépendance; je me dis : « Un jour viendra où les soldats eux-mêmes seront superflus, où les peuples affranchis des rois et des princes se gouverneront eux-mêmes, où le pacte et l'harmonie des familles suffiront pour régir le monde, où les violences et les combats feront reculer d'horreur les consciences. Mais quel labeur sanglant des générations successives, que d'hécatombes avant que la mansuétude et la justice soient reconnues pour les seuls souverains de la terre! »

Le soldat qui me conduit, ne comprenant rien à ma rêverie, me dit : « *Forse la signora è stanca* » (Peut-être madame est fatiguée.), et il m'offre une chaise d'église qu'un convalescent vient de quitter; je m'y assieds un moment. J'ai en face de moi plusieurs bustes de marbre et le beau sarcophage de *Guillaume Beraldi* : c'est un monument du treizième siècle, orné de bas-reliefs d'un grand style. Le moyen âge devinait parfois l'antiquité, il en connaissait, surtout en Italie, de grands vestiges. Il y a sur ce tombeau un cavalier sur un cheval lancé au galop, qui rappelle les cavaliers grecs des frises du Parthénon.

Les dépendances du couvent de l'*Annunziata* sont immenses, elles se relient par un vestibule peint à fresque à la *Confrérie de Saint-Luc* (ou des artistes dessinateurs). La voûte de la grande salle de la Confrérie est couverte d'une fresque de Luca Giordano, l'autel est décoré d'ineffables peintures de Beato Angelico.

Je sors du cloître la tête un peu lasse de toutes ces empreintes de chefs-d'œuvre dont j'emporte le souvenir. Je vais à pied jusqu'à la rue voisine de Saint-Sébastien. Je ne veux pas quitter Florence sans dire adieu au marquis Gino Capponi, dont j'ai manqué la visite la veille. Le marquis est sorti; je parcours un moment le jardin et la serre de son beau palais, puis m'aventurant de rue en rue, j'arrive à l'atelier des pierres dures, situé (rue Cocomero), dans un appendice de l'Académie des beaux-arts. — J'erre dans plusieurs salles où sont réunis les échantillons les plus rares des mosaïques de Florence; tableaux, consoles, guéridons, colonnes, meubles et coffrets, tout cela ne vaut pas une tête de Vierge d'*Andrea del Sarto;* c'est de l'industrie artistique, mais c'est toujours de l'industrie.

Je traverse ensuite la place du Dôme, longe la rue des *Calzajoli* et m'arrête, à droite, devant l'*Or San Michele,* ce bijou d'architecture et de sculpture qu'on voudrait isoler dans un grand square. Que de fois je l'ai contemplé le jour en pleine lumière, la nuit sous les rayons pâles de la lune! Cette admirable chapelle fut primitivement une halle au blé, construite en 1284, par Arnolfo di Lapo. Un incendie la consuma; Taddeo Gaddi la rebâtit en 1337, et bientôt Andrea Orcagna en ferma les portiques et en fit une église. Dans ses murs extérieurs en marbre noir, sont pratiquées des niches où s'abritent les meilleures statues des grands sculpteurs italiens; il y a là le célèbre Saint-Marc, de Donatello, qui fit dire à Michel-Ange, ravi d'admiration : « Marc, pourquoi ne me parles-tu pas? » Les bas-reliefs placés au-dessous des niches, sont de *Luca della Robbia.* J'entre dans la chapelle, je m'y assieds et m'y repose longtemps. Le jour filtre à travers le prisme des vitraux où sont reproduites les scènes miraculeuses de l'image de la Madone; cette fameuse image est la Vierge de Sienne, objet du culte de l'Italie entière au treizième siècle; Andrea Orcagna la renferma dans un tabernacle de marbre blanc, qui resplendit au milieu de la chapelle. C'est un fouilli de sculptures exquises; colonnettes torses, bas-reliefs, clochetons, ogives, figurines, se groupent et s'enlacent dans ce monument gothique, d'une délicatesse inimitable. Je quitte à regret le sanctuaire tranquille de l'*Or San Michele* et me trouve bientôt sur la place du Grand-Duc, j'en fais le tour une dernière fois : le soleil brûlant darde des reflets d'or sur la fontaine de Neptune, qui jaillit à l'angle gauche du palais Vecchio, l'eau frissonne lumineuse sur l'emplacement même où Savonarole fut brûlé vif. Tous les flots de la mer ne laveraient pas ce crime populaire, auquel la papauté et l'inquisition poussèrent la foule égarée. Le grand martyr expirait à peine que la justice du peuple se réveilla, il maudit les instigateurs de la mort du saint et se partagea comme des reliques ses os calcinés. — Toujours à gauche, un peu en retour du palais, dans un enfoncement de la place du Grand-Duc, où s'élève le joli palais des *Uguccioni*, dont Raphaël fut l'architecte, se trouve la statue équestre de Côme Ier, par Jean de Bologne. Elle est fort belle, mais je voudrais pourtant l'abattre et lui substituer celle de Savonarole, dont elle usurpe la mémoire vénérée; sur un des bas-reliefs de cette statue, Côme Ier est représenté à genoux devant le pape, qui par l'intrigue et la force imposa ce souverain à la Toscane. Il est temps que les effigies des défenseurs de la liberté remplacent celles de ses violateurs. Savonarole, Philippe Strozzi, Michel-Ange, Nicolas et Pierre Capponi devraient avoir leurs statues à Florence; Voltaire, Diderot, Condorcet, Mirabeau et quelques autres grands tribuns de notre Révolution, mériteraient mieux que la plupart de nos rois, d'être offerts en exemple à la France.

Je passe sous les galeries extérieures des Offices, et tourne sur la rive droite de l'Arno. C'est là qu'est situé l'hôtel des Iles-Britanniques, primitivement *palais Capponi*. L'illustre Pierre Capponi y naquit. Dans une grande salle, peinte à fresque par Pocetti, se déroulent plusieurs scènes de la vie de ce grand homme; ses aïeux et ses descendants l'entourent : ils inspirent et continuent son héroïsme. Je considère avec émotion cette fière lignée de grands citoyens dont j'ai le bonheur de connaître le dernier rejeton, si digne de sa race.

Je continue à marcher seule sur le quai désert de l'Arno; l'atmosphère est embrasée; les boutiques sont closes; tous les Florentins font la sieste. Mon long séjour en Italie n'a pu me plier à ces haltes de repos. Par la chaleur la plus accablante, mes yeux refusent de se fermer pour dormir. La sieste d'un bain remplace pour moi la sieste du sommeil. Accablée en ce moment par la marche en plein soleil, je cherche l'ombre dans une étroite ruelle qui aboutit sur le quai de l'Arno; je me trouve tout à coup sur la jolie petite place *del Limbo*, où sont les bains des thermes antiques. Avant d'y entrer, je considère cette mignonne *piazzetta*, une des plus recueillies de Florence, et qui semble faite à plaisir pour la scène d'un roman. Un charmant palais à balcon se dresse en face des thermes; les jalousies en sont baissées : elles abritent sans doute d'heureux endormis; à droite, une superbe Madone, peinte à fresque, sourit aux passants, et les convie à rêver. Paris *embelli*, suivant les bourgeois, Paris approprié, badigeonné, aligné, ratissé, éclairé au gaz, n'a plus de ces coins poétiques où l'amour et la prière peuvent se réfugier par les belles nuits.

Le soir, je retrouve l'esprit peu récréatif de ce Paris moderne au théâtre *Nicolini*, où nous conduit le chevalier Berardi. La troupe française, que j'ai vue à Turin il y a quelques mois, est venue donner des représentations à Florence. Elle joue ce soir-là un vaudeville larmoyant et un autre au gros sel, que l'Arioste et Boccace auraient sifflé à cœur joie. Les Toscans, courtois et confiants pour tout ce qui vient de la France, écoutent sans sourciller ces lieux communs parisiens : ils croient encore à notre verve nationale. Plutôt que d'en douter, ils s'accusent de ne pas comprendre. Très-dégagée de cette admiration aveugle, je dis aux bons Florentins que la *Mandragore* de Machiavel ferait bien mieux mon affaire. — L'esprit ne jaillit que de la liberté; un peu de licence n'y nuit pas. Les ciseaux de nos censeurs ont coupé les ailes à l'imagination et à l'audace de nos pères : *Tartuffe*, *Turcaret*, le *Mariage de Figaro*, sont bien heureux d'être devenus des œuvres classiques : la première représentation en serait interdite aujourd'hui. A défaut d'une vraie comédie italienne, ou française, un drame à costumes et à décors militaires sur Garibaldi, m'aurait charmée ce soir-là. Tandis que les acteurs français débitaient leur prose incolore, le nom du fier audacieux était dans toutes les bouches. On savait, depuis quelques jours, qu'il assiégeait Palerme. La nouvelle qu'il s'était emparé des faubourgs circula tout à coup dans la salle; et, comme la première fois que j'étais allée au spectacle à Florence, les cris de « Vive Garibaldi! » retentissaient dans la rue quand nous sortîmes du spectacle.

Décidément, l'esprit engourdi et muselé de la France était un anachronisme; un souffle vivifiant et fort en fustigeait les blêmes lueurs de l'autre côté des Alpes.

Nous étions arrivés au mardi 29 mai (1860); je sortis ce jour-là pour faire quelques visites d'adieu. Nous devions quitter Florence le surlendemain. La princesse Marie m'avait écrit un aimable billet pour me rappeler qu'elle nous attendait le 1ᵉʳ juin. Me trouvant sur la place du Grand-Duc, j'entrai une dernière fois dans le musée des Offices, puis je parcourus la bibliothèque *Magliabechiana*, située sous les portiques de gauche : elle contient cent soixante-dix mille volumes. La principale salle de cette bibliothèque fut, dans l'origine, un théâtre : elle est décorée de bustes d'écrivains et de poëtes. J'erre seule à travers les longues lignes des rayons de livres superposés. Comme à Venise et comme à Milan, je trouve la bibliothèque déserte. La vie politique et guerrière enlève à cette heure la jeunesse italienne à l'étude, et, ce qui vaut mieux, elle l'arrache aux banales intrigues d'amour et aux nuits fiévreuses des maisons de jeu. En sortant de la bibliothèque, je suis, ainsi que la veille, le quai de l'Arno, tourne sur la place *Santa Trinità*, où se trouve l'église de ce nom et le couvent attenant des moines de *Vallombrosa*. Je regarde sans admiration le portail de cette église, que Michel-Ange appelait sa *maîtresse*. J'entre dans la nef, où sont quelques beaux tableaux et deux des meilleures fresques de Ghirlandajo, représentant la *Vie de saint François*. Des tentures de soie fanées et des surcharges de dorure gâtent l'harmonie de la plupart des chapelles comme les oripeaux nuisent à la beauté d'une femme. La place *Santa Trinità* aboutit à la rue des *Legnajoli*, une des plus larges de Florence; au bout, à droite, se déroule la magnifique façade du palais Strozzi; l'aïeul de ce fier Philippe Strozzi qui mourut comme Caton, se fit construire cette demeure princière : elle fut commencée par Benoît de Maiano, et terminée par Cronaca. La façade est en pierre taillée à bossage : elle est couronnée d'une admirable corniche corinthienne, modèle du genre. Les porte-flambeaux en fer ciselé qui décorent les angles du palais sont d'un travail merveilleux; de grands anneaux de fer du même style se suspendent en guirlande au rez-de-chaussée. Le palais Strozzi est, comme architecture, un des plus beaux de Florence; il a quelque analogie avec le palais Farnèse à Rome. Je pénètre dans la cour, entourée de portiques qui se peuplent pour moi de grandes ombres; elles m'escortent et me suivent, tandis que je monte l'escalier et visite la galerie de peinture : des Poussin, des Salvator Rosa, des Pérugin, des Raphaël, des Andrea del Sarto, des Paul Véronèse, des Rubens, des Jules Romain, etc., etc., font de cette collection des ducs Strozzi une des plus précieuses qui existent. J'admire surtout les portraits historiques, lignée complète des ancêtres illustres. Bronzino a peint le grand Philippe, Titien deux de ses descendants. Je salue ces nobles figures qui semblent s'animer et sourire dans leurs cadres, comme si le réveil de l'Italie les faisait tressaillir.

Je rentre à l'hôtel pour faire mes malles; mais bientôt je suis distraite de cette fastidieuse besogne par la visite du marquis Gino Capponi.

« Je viens, lui dis-je en lui prenant la main, de passer une heure en la compagnie des amis de vos aïeux : les Strozzi et les Capponi sont frères dans l'histoire de Florence.

— Ils ont combattu ensemble pour la liberté, repartit Gino Capponi ; puissent leurs descendants n'être pas indignes de leur exemple.

— Tous les Florentins d'un nom illustre se souviendront de leurs ancêtres, répliquai-je. Voyez le baron Ricasoli : quelle conduite admirable ! quelle fermeté ! je dirai presque quel héroïsme civil !

— Le connaissez-vous ? me demanda le marquis.

— Je pars de Florence, répondis-je, avec le regret très-vif de ne pas avoir eu l'honneur de lui être présentée.

— Que ne me l'avez-vous dit plus tôt ? reprit le marquis.

— Je vous ai vu si peu, repartis-je.

— Mais j'espère bien que nous nous reverrons, me répondit le marquis avec bonté. Quand partez-vous donc ? ajouta-t-il, je pourrais dès demain parler de vous à Ricasoli, ou lui écrire.

— Je pars après-demain, au point du jour, pour aller passer un mois à la campagne, chez la princesse Marie Bonaparte Valentini.

— Une personne adorable. Non-seulement elle est belle, répliqua le marquis, mais c'est un grand cœur, un noble esprit ; elle aime l'Italie sans restriction, et a rendu de véritables services à la cause de l'indépendance. Rappelez-moi, je vous prie, à son souvenir. Vous repasserez par Florence en la quittant ?

— Oui, pour quelques jours.

— Eh bien, Ricasoli sera prévenu et très-empressé à vous voir. »

Je remerciai le marquis avec effusion, puis nous causâmes de l'expédition de Garibaldi, thème alors unique de toutes les conversations de Florence.

« Le bruit a couru tantôt qu'il était maître de Palerme, reprit Gino Capponi, et cette nouvelle, j'en ai le pressentiment, ne tardera pas à se confirmer. Je crois maintenant à la réussite complète de son entreprise ; je sens le souffle de Dieu dans le souffle qui nous pousse. Les événements s'enchaînent et s'accomplissent d'une manière tellement providentielle, qu'il faudrait être athée pour n'y pas reconnaître l'intervention d'en haut. Oh ! s'il y avait un pape de génie, quel rôle il eût pu jouer dans la renaissance de l'Italie ! quel lien il eût pu cimenter entre le patriotisme et la foi ! Je suis toujours navré, ajouta-t-il, lorsque je vois dans l'histoire des hommes faillir à une mission glorieuse. La vertu et la vérité sont de leur essence si éclatantes, qu'il faut être frappé de cécité morale pour ne pas les reconnaître et leur obéir quand elles se présentent à nous et nous sollicitent. »

J'écoutais muette et captivée ces nobles paroles. Il poursuivit :

« Est-ce qu'à défaut d'inspiration divine l'histoire, cet enseignement flagrant de l'humanité entière, n'est pas là pour nous tracer la route de l'honneur et du devoir? Est-ce que depuis des siècles elle n'enregistre pas avec respect (abstraction faite des civilisations et des religions diverses) les actes des hommes qui se sont dévoués au bien de leurs semblables (bien inspiré par Dieu même)? Est-ce que d'autre part cette éternelle justicière, l'histoire ne flétrit pas inexorablement, quels qu'ils aient été, les violateurs du bien? rois, empereurs, papes, est-ce qu'ils peuvent échapper à ses arrêts? C'est de l'ensemble de ces arrêts mêmes que se compose le code des lois évidentes qui doivent régir nos consciences. Devant ce foyer de lumière, l'aveuglement involontaire n'est plus possible ; les peuples barbares agissaient insciemment, les nations civilisées savent en quoi consistent le droit et le devoir; lorsque ceux qui les gouvernent prennent pour levier la corruption et basent leur autorité sur le préjudice de tous en vue de leurs appétits tyranniques, ils sentent bien que leur règne n'est que passager, que leur couronne tombera avec leur vie et qu'ils seront décapités par l'histoire.

— Ce que vous dites là est grand et beau, m'écriai-je, ce sont de pareilles convictions qui dans l'avenir rallieront les hommes; la gloire n'aura plus d'usurpateurs, les faux dieux n'auront plus de croyants, l'honnêteté deviendra une des conditions de la puissance et de la renommée.

— N'entraînât-t-elle pas de longtemps le triomphe après elle, reprit le marquis, la pratique du bien doit être la passion et l'idéal de la conscience; est-ce qu'un homme de génie, poëte ou statuaire, suppute en créant son œuvre, les résultats de fortune ou de gloire? Non, non ! indépendant de toute éventualité, il produit le beau, parce qu'il en porte en lui l'abstraction ; de même le bien doit découler de l'honnête homme, dégagé de l'espoir de l'admiration et de l'attente de toute influence sur ses semblables ; je dis plus, la certitude de l'oubli, la prévision de l'anéantissement de nos actions ne sauraient nous faire renoncer à la vertu et à la justice ; la participation même la plus obscure au bien commun est digne de tenter nos efforts. »

Tandis qu'il parlait, je me sentais envahie par une émotion analogue à celle qu'éprouvent les témoins d'un fait héroïque ou les auditeurs d'un chant sublime. S'il avait pu voir mon visage, il y aurait lu l'attendrissement ; il prit mon silence pour de l'inattention :

« Je vous fatigue, me dit-il, avec toutes mes dissertations philosophiques.

— Si je vous écoute muette, repartis-je, c'est que mon âme entière est suspendue à vos paroles, c'est que je ne veux rien perdre, rien oublier du sens qu'elles renferment! Un jour viendra où je ne pourrai plus vous entendre, mais l'écho de tout ce que vous m'avez exprimé de grand ne sera pas perdu : je suis attentive à votre voix comme Platon et ses autres disciples l'étaient à la voix de Socrate, dont ils recueillaient la doctrine.

— Rien de ce que j'ai dit ne mérite qu'on s'en souvienne, repartit Gino Capponi avec simplicité. Souvenez-vous seulement de la sympathie que vous m'inspirez en retour de votre enthousiasme pour l'Italie. »

Il me quitta en me disant au revoir.

Je gardai de sa visite une sérénité bienfaisante, quelque chose de fortifiant et d'inexpugnable.

Le professeur Ragnotti vint dîner ce soir-là avec nous, et avec sa bonté infatigable il se mit à notre disposition pour toute la soirée.

« Il vous reste à voir *San Miniato*, me dit-il ; c'est du haut du *monte alle Croci*, où cette belle basilique est située, que vous devez faire vos adieux à Florence. »

A cinq heures nous partîmes en voiture, nous remontâmes la rive droite de l'Arno et longeâmes les quais jusqu'au pont *alle Grazie* ou *Rubaconte*[1]. Ce vieux pont est d'une telle solidité, qu'il est le seul de tous ceux jetés sur l'Arno qui ait résisté aux inondations. — Quelques masures, restes de deux couvents de femmes, se groupent sur ses parapets. Au bout du pont, à l'angle de la petite place Mozzi, s'élève à droite le beau palais *Torrigiani* : un balcon à balustrade ouvragée, d'une exquise élégance, est suspendu sur le cours de l'Arno ; on y rêve quelque belle femme accoudée ; elle écoute, charmée, durant les tièdes nuits, une sérénade montant

---

[1] Nom du gonfalonier de Florence qui fit construire ce pont.

d'une barque qui fuit. Nous passons devant l'église Saint-Nicolas, dont le clocher abrita Michel-Ange, et prenons à gauche la route qui tourne à l'est sur le flanc de la montagne; nous en gravissons une partie en voiture, puis le cocher refuse d'aller plus loin, et, ne pouvant vaincre sa résistance, nous mettons pied à terre. Le bon Ragnotti nous assure qu'en suivant un chemin à droite nous arriverons bien vite à *San Miniato*. Nous longeons le mur d'enceinte et nous nous trouvons dans des champs de blés, d'oliviers et de vigne. La soirée est splendide; le ciel d'un bleu vif du côté du levant et tout incendié à l'ouest par les lueurs rouges du soleil qui décline. Nous marchons à travers des sentiers bordés de haies fleuries, où se promènent des couples d'amoureux et de jeunes mères conduisant leurs enfants. Devant nous, le couvent, le campanile et l'église de *San Miniato* avec son imposante façade de marbre blanc et noir, se dressant au sommet de la colline toute verdoyante: derrière nous se groupe Florence. Arrivés au pied *del monte alle Croci*, je m'aperçois que le chemin où nous sommes tourne au midi et n'a pas d'issue sur la montagne; je dis à Ragnotti qu'il nous égare; il persiste à croire que nous sommes sur le bon chemin; mais bientôt la route fait un coude dans le faubourg Saint-Georges. Nous tournons le dos à *San Miniato* et entrons dans une rue. Je me renseigne sur la vraie route à des hommes fumant devant une *bottela*; ils me répondent en riant qu'il fallait prendre le chemin de l'est, et que nous en sommes fort loin. — La nuit tombe, le ciel et la campagne s'assombrissent, impossible de songer à recommencer l'ascension ce soir-là. Je cherche querelle à Ragnotti; je le plaisante sur sa distraction tout en continuant à descendre jusqu'à la porte Saint-Georges; là, nous tournons encore sur nos pas pour regagner la place Saint-Nicolas, où notre voiture stationne.

« Temps perdu, excursion manquée, fatigue irritante, dis-je à notre guide qui se désespère.

— Ayez le courage d'être matinale demain, et je réparerai ma faute, » réplique notre fidèle chevalier en me demandant grâce.

Nous finissons par rire de la mésaventure et allons respirer l'air sur le *Lung' Arno*.

Le lendemain, à huit heures du matin, le professeur Ragnotti m'attendait en voiture à la porte de l'hôtel. Je secouai le sommeil, me vêtis à la hâte, et nous partîmes pour *San Miniato*, par une de ces radieuses matinées de printemps qui prêtent à la terre un aspect de jeunesse et de pureté; souriante et enveloppée de teintes roses, on dirait qu'elle vient de sortir de la main du Créateur.

« *Andate il più vicino possibile della chiesa di San Miniato* (Allez le plus près possible de l'église de San Miniato), dit Ragnotti au cocher.

— *Site sicuro, il cavallo e buono, andremmo come il vento* » (Soyez tranquille, le cheval est bon, nous irons comme le vent), réplique le cocher, et il lance au galop son animal frais sorti de l'écurie. Nous passons par la même route que la veille; mais, arrivés sur la place Saint-Nicolas, au lieu de prendre ce malencontreux chemin de droite dans lequel nous nous sommes égarés, nous continuons à gravir celui de gauche, qui monte à l'est *del monte alle Croci*. Le cheval alerte nous mène sans broncher jusqu'au seuil d'une longue avenue de cyprès centenaires. Là, il s'arrête essoufflé : « *Non si può andar più avanti* » (On ne peut aller plus avant), nous dit le cocher. Nous descendons de voiture, et franchissons la sombre allée où, sur la tenture des cyprès, se détachent de distance en distance les stations d'un chemin de la croix. Quelques femmes de la campagne prient agenouillées devant les signes de la rédemption. Au bout de l'avenue se trouvent le couvent et l'église de *San Salvatore*. Une musique religieuse sort de la nef éclairée, dont la porte ouverte nous laisse voir le fond lumineux; nous entrons; les moines franciscains réformés chantent des psaumes dans les tribunes grillées du chœur.
— L'église est déserte; l'harmonie sacrée qui la remplit, et dont les notes graves et pénétrantes s'échappent d'êtres invisibles, produit un très-grand effet. Rien de remarquable dans cette petite église de Saint-Salvator, que Michel-Ange appelait la *bella villanella* (la belle villageoise), sans doute à cause de la campagne attrayante qui l'entoure. A mesure que nous gravissons la route qui conduit de *San Salvator* à *San Miniato*, Florence et une immense étendue de paysage se déroulent autour de nous. A l'est, le cours de l'Arno ondule dans les plis ombreux de ses rives; nous le voyons descendre au loin, à travers de vertes collines, dominées au dernier plan par les Apennins, où ce fleuve prend sa source. Nous voudrions, côtoyant ses bords pittoresques, aller jusqu'aux rocs d'où il jaillit; les contrées et la campagne qu'il parcourt nous attirent; il y a là des villas, des couvents et des hameaux, que nous n'aurons pas vus, et qui méritaient d'être décrits. Même avec le plus grand loisir et une curiosité infatigable, le voyageur n'explore qu'imparfaitement

les contrées qu'il visite; en les quittant, il emporte le regret de paysages et de monuments qui lui restent inconnus. Regret plus amer! l'homme, ce voyageur terrestre, embrasse en vain de la pensée la configuration de ce globe borné, il n'en connaît en mourant qu'une étroite partie! L'Asie a des villes fantastiques qui poursuivent son imagination; l'Afrique, des solitudes impénétrables dont la difficulté le sollicite; désirs stériles! il meurt étranger à la planète qui le compta parmi ses habitants éphémères. Que sera-ce dans ces milliers de mondes flottants au fond de l'éther sur nos têtes? Sommes-nous appelés à les traverser seulement un jour dans les évolutions successives de l'âme?

Tout en rêvant ainsi, je gravis le *monte alle Croci*, appuyée sur le bras du professeur Ragnotti, tournant souvent la tête pour contempler le merveilleux panorama de Florence et de la campagne toscane. Nous arrivons enfin sous la porte *alla Croce*, qui s'élève à l'endroit même de la montagne où fut martyrisé san Miniato, et où l'on a retrouvé son corps. Au-dessus de l'arc de la porte qui fait face à Florence sont de belles fresques, par Michel di Ridolfo del Ghirlandajo; la Vierge, saint Jean-Baptiste et saint Ambroise y sourient à la nature en fête. La végétation printanière envahit de sa floraison les murs de la porte *alla Croce* et des canonnières dont elle est flanquée. On nous désigne près de là quelques pans de murailles brisés, qui faisaient partie des travaux de défense ordonnés par Michel-Ange, lorsque les armées coalisées du pape Clément VII et de Charles-Quint assiégèrent Florence. Nous voici arrivés en face de la basilique de *San Miniato*; à côté s'élève le grand palais épiscopal couronné de créneaux, qui fut fondé au treizième siècle par deux évêques de Florence, monseigneur de Mozzi et monseigneur Ricasoli; on aime à retrouver ce grand nom dans tous les siècles des annales toscanes. Ce palais, la belle tour du campanile et l'église furent endommagés par l'artillerie ennemie, durant le siège (1529) dont je viens de parler; les canons des Florentins, braqués derrière les créneaux, ripostaient aux assaillants; je crois voir encore sur ces hauteurs le gonfalonier Nicolas Capponi, Michel-Ange et Philippe Strozzi, enflammés par la liberté, parcourir les bastions et stimuler les défenseurs de la patrie.

Tout en évoquant ces grands souvenirs, je considère l'éclatante façade de la vieille basilique de *San Miniato*; les incrustations de marbre y décrivent des mosaïques; les bas-reliefs et les moulures rayonnent en ce moment sous le soleil qui les éclaire d'aplomb. Cette église fut construite au commencement du onzième siècle. Le vaisseau se divise en trois nefs dont les arcades sont soutenues par des colonnes de différents styles; quelques-unes, dit-on, sont antiques et ont appartenu à des temples païens. La nef est en réparation au moment où nous y entrons : on restaure et on gâte ces vieux murs; le pavé de l'église, en marbre noir et blanc, est jonché de sépultures dont plusieurs sont modernes et exhalent par ce jour brûlant une fétide odeur de cadavres, mal combattue par les fleurs dont les dalles funéraires sont couvertes. Le chœur et l'abside occupent un tiers de la longueur du vaisseau et s'élèvent sur un plan supérieur; on y arrive par deux escaliers de marbre. Les balustrades qui ferment ce sanctuaire sont revêtues de mosaïques. Une superbe chaire en marbre se dresse dans le chœur. Les stalles en chêne sculpté remplissent le bas de la demi-coupole; au-dessus resplendit une admirable mosaïque du onzième siècle, représentant le Christ, saint Jean, saint François et san Miniato. Ce dernier porte au front une couronne royale; suivant la légende, le bienheureux Miniato avait été roi d'Arménie. Les cinq fenêtres qui éclairent ce merveilleux sanctuaire sont en marbre transparent au travers duquel passent des rayons de lumière. On voit encore sur les parois quelques restes de fresques byzantines; entre les deux escaliers qui aboutissent au chœur s'élève au haut de la grande nef une exquise petite chapelle, sculptée par Michelozzi, sorte de tabernacle où devait être déposée une image miraculeuse du Christ; nous trouvons à côté l'escalier qui descend dans la crypte dont la voûte est soutenue par trente-six colonnes de marbre; au centre est un autel contenant les cendres de san Miniato et de plusieurs autres martyrs. Nous remontons dans l'église, et avant d'en sortir nous nous arrêtons dans la chapelle Saint-Jacques, où se trouve la tombe d'un cardinal; la coupole de cette petite chapelle est un chef-d'œuvre; elle est décorée des plus rares bas-reliefs de Luca della Robbia. Prête à sortir de la basilique, dont les exhalaisons cadavériques me soulèvent le cœur, j'aperçois au-dessus de la porte le monument élevé au poëte Giusti; la tête de son buste est inspirée et porte en ce moment au front une couronne d'immortelles. Sans doute un ami du hardi satirique est venu la veille rêver là et se souvenir; je m'incline devant cette tombe et murmure en m'éloignant ces vers que Giusti adressait au pape :

> O destinato a mantener vivace
> Dell' Albero di Cristo il santo stelo
> La ricca povertà dell' Evangelo
>   Ripiglia in pace;
> Strazi altri il corpo : non voler tu l'alma
> Calcarci à terra col tuo doppio giogo [1].

Nous descendons le *monte alle Croci* par une chaleur accablante, nos jambes défaillantes faiblissent tandis que nos yeux se délectent ravis de l'immense tableau de la cité entière et des campagnes qui l'environnent.

Le reste du jour est donné aux préparatifs du départ; le soir le comte Faïna vient nous chercher pour nous promener sur la place du Dôme et dans la rue des Calzajoli, où nous trouvons une foule compacte. On nous dit que l'enterrement du savant professeur Giovachino Taddeo, nommé récemment sénateur, va passer par là. Tandis que nous prenons des glaces dans le café *Castelmuro* en face *del Or San Michele*, nous entendons un chant de psaume qui part de la place du Grand-Duc. La bière est précédée de toutes les confréries (bannières en tête) des pénitents de Florence, couverts de leurs cagoules; on ne voit que leurs yeux flamboyants à travers les trous de la toile qui cache leur visage; ils portent tous à la main un gros cierge allumé vacillant à l'air; ils sont escortés de gamins déguenillés qui tendent sous les cierges un cornet en papier gris dans lequel ils recueillent les gouttes de cire fondue; après les confréries viennent les hauts dignitaires de Florence, les amis et les parents du défunt; ils portent aussi de longs cierges d'où se répandent dans la nuit des lueurs fumeuses. Ce défilé fantastique et sombre dure près d'une heure; le *Miserere* retentit devant nous et se prolonge au loin de la tête à la queue du cortége. Parmi ceux qui accompagnent le mort illustre passe Ricasoli; sa tête austère et fière, m'apparaît un moment à travers la flamme des cierges. La bière portée par des pénitents en robes noires, est couverte d'un drap de velours pourpre tout jonché de fleurs odorantes; des guirlandes de roses et de tubéreuses encadrent les décorations du professeur Taddeo. — Nous rentrons à l'hôtel, poursuivis par l'harmonie funèbre qui fuit dans la direction de la porte Pinti, où est situé le cimetière de la Miséricorde.

---

[1] O toi qui es destiné à maintenir debout et vivant l'arbre de Jésus-Christ, retourne en paix à la riche pauvreté de l'Évangile. Que d'autres torturent le corps; toi ne tiens pas notre âme courbée vers la terre par ton double joug.

IX

Une ville, quelque belle que la fassent ses monuments, quelque curieuse que la rendent ses souvenirs et quelque attrayante qu'elle soit par sa situation, m'a toujours semblé une vaste prison dont les maisons et même les palais sont des cachots où le corps s'étiole, où l'imagination s'amoindrit. Je ne respire librement, je ne sens des ailes à mon âme qu'en pleine nature; j'éprouve toujours une sensation rafraîchissante, une sorte de dilatation de l'esprit, à me retrouver dans les champs, à voir l'horizon des montagnes, des forêts, des mers, des fleuves, des lacs encadrés de lignes lumineuses et se groupant sous le dôme du ciel; peu d'habitants, leurs labeurs, leur mouvement et leur agitation à distance; le silence dans l'étendue, ou plutôt les voix tour à tour formidables de la tempête, ou à peine murmurantes de la végétation en travail, frôlée par le bourdonnement des insectes. Ce serait pour moi le plus horrible des supplices d'être condamnée à ne jamais voir la campagne et à mourir entre les quatre murs d'une chambre, ces murs fussent-ils décorés de chefs-d'œuvre; l'art ne remplace point le soleil, l'azur, les bois, les eaux qui courent.

J'étais lasse de Florence, de ses marbres, de ses tableaux; j'éprouvais une joie d'enfant à aspirer l'air suave de cette belle matinée de printemps par laquelle nous partîmes (le 1ᵉʳ juin 1860). A sept heures du matin, nous nous rendons à l'embarcadère de la *strada ferrata Leopolda*, qui conduit à Pise et se bifurque à Empoli avec le chemin de fer de Sienne, que nous devons suivre. Florence, l'Arno et les collines sont couverts d'une vapeur rose et nacrée. Le convoi suit d'abord les prairies qui s'étendent derrière les *Cascine*. Les régiments qui sont à Florence font l'exercice dans cette espèce de champ de Mars où nous avons vu les courses pendant le séjour du roi. Escortée d'un domestique, une jeune Anglaise, en amazone de drap noir qui dessine tous les contours délicats de sa taille, et coiffée d'un chapeau Paméla à plume blanche, rase la prairie sur un cheval fougueux; les officiers italiens la regardent comme éblouis. Ce tableau nous apparaît une minute, puis il s'évanouit. Nous traversons le *val d'Arno* dans sa partie la plus fleurie et la plus charmante; nous suivons la rive droite du fleuve qui donne son nom à cette riante vallée où se groupe *San Donnino*, première station; les villages, les châteaux, les bouquets de peupliers et de pins d'Italie s'échelonnent sur les hauteurs; puis voici *Signa*, joli bourg formant la seconde station. Ce lieu est célèbre par la fabrication des plus fins chapeaux de paille de la Toscane. Nous passons un nouveau pont sur l'*Ombrone*, torrent qui descend des Apennins, et nous entrons dans la gorge pittoresque de *Gonfalino*. Ici la route se resserre, les collines s'élèvent, et bientôt *Montelupo* et *Capraja* nous apparaissent avec leurs deux châteaux forts gothiques, longtemps ennemis, et qui se regardent paisiblement aujourd'hui d'une rive à l'autre de l'Arno. Ces créneaux et ces tourelles forment une merveilleuse décoration. On voudrait faire là une halte, et parcourir les terres fertiles circonvoisines où se trouve la villa royale de l'*Ambrogiana*. La vapeur nous emporte loin de *Montelupo* (qui forme la troisième station), et bientôt nous arrivons à *Empoli*, l'antique *Empulum*. Cette petite ville est renommée par ses fabriques de belles faïences et par une église et un baptistère renfermant des fresques de Giotto et de Ghirlandajo. Nous repartons aussitôt par le convoi qui prend la route de Sienne. Nous traversons d'abord *Granajolo*, où la rivière Elsa rit au milieu des prés et des champs cultivés; nous voyons apparaître sur une hauteur, à gauche, *Castel Fiorentino*; c'est aussi un lieu qui fait rêver, et où l'on aimerait à s'arrêter au moins un jour; *Certaldo* nous sollicite plus encore; les ruines de son village primitif, détruit au quinzième siècle, se groupent sur la montagne. Boccace a habité *Certaldo*; on y montre sa maison, couronnée d'une tourelle en brique. L'auteur du *Décaméron* avait été inhumé dans une église de ce village; mais en 1783 son tombeau fut détruit, et le crâne de l'ingénieux conteur, conservé d'abord, finit par disparaître. Pauvre Boccace! il n'avait pas même en mourant un drap pour se faire un suaire, et sa glorieuse tête de mort, comme celle d'Yorik, supputée de main en main, a fini par tomber en poussière on ne sait où. Qu'importe! les œuvres de son génie survivent; la lumière palpite et rayonne sur les cendres.

Nous franchissons au vol la vallée de l'Elsa, moins délicieuse que celle de l'Arno, puis nous arrivons à *Poggibonsi*, un bourg qui s'étend au pied d'une colline couronnée par un vieux château. Le vallon de *Staggio* s'ouvre devant nous; la montagne de *San Dal-*

mazzo se dresse en face. Un tunnel a été percé dans ses entrailles; le convoi s'y précipite en mugissant, et parcourt véloce, dans les ténèbres, l'espace de deux milles. En sortant de la nuit, nous voyons, à droite, les remparts de Sienne, dorés par le soleil. Je ne visiterai qu'au retour la vieille cité républicaine que Côme Ier mit à feu et à sang.

A la station de Sienne, plusieurs officiers piémontais montent dans le wagon où nous sommes; ils nous apprennent la nouvelle de la prise de Palerme par Garibaldi, qui vient de leur être transmise à l'heure même. Aussitôt les voyageurs se parlent avec animation; on s'interroge, on se réjouit, et, dans cette communion d'allégresse, on fait naturellement prompte connaissance. Le capitaine qui me donne la bonne nouvelle est envoyé en détachement à Montepulciano, petite ville toscane que nous apercevons à l'horizon sur le sommet d'un roc. Tout en causant avec cet officier, nommé Pinelli, j'apprends qu'il est l'ami du député Achille Menotti et de son frère, capitaine de bersaglieri, qui commande la garnison de Foïano, un bourg voisin. M. Pinelli nous quitte à une station en nous remettant sa carte, et nous le voyons monter dans une voiture qui prend à gauche un chemin à travers terres. Bientôt nous arrivons nous-mêmes à *Assinalunga*, où la voiture de la princesse nous attend. Tous ces villages de la Toscane ont un aspect décoratif qui charme les yeux; c'est toujours quelque belle église arrondissant sa coupole dans l'éther ou quelque tour y pointant ses créneaux dentelés. Nous partons d'*Assinalunga*, après avoir déjeuné à la hâte dans un petit café enfumé et fort sale.

Nous traversons une plaine fertile couverte de riches cultures; les champs de blés se marient aux vergers d'oliviers et de mûriers, et aux ondulations des vignes qui suspendent aux arbres leurs guirlandes. La plaine est bornée par un cercle de montagnes lumineuses qui va toujours s'élargissant. Sur une des plus hautes est perché Montepulciano, où le capitaine Pinelli se rend en ce moment; çà et là nous rencontrons une belle ferme ou un groupe de maisonnettes blanchies à la chaux. Nous nous arrêtons une minute devant une pauvre *bottela*, où une femme assise sur un banc rapièce une vieille veste en chantant; une petite *contadina*, portant un corset rouge et la tête couverte d'un large chapeau de paille, accourt nous offrir des bouquets de fleurs des champs, de cerises encore vertes et de fraises des bois. Ceci me rappelle qu'il y a trois siècles des enfants ainsi vêtus offraient les mêmes bouquets à Montaigne, qui traversait la même plaine. Rien ne change dans les usages et les mœurs des cultivateurs et des pâtres; les paysans n'ont pas d'annales; ils vivent de traditions; ils conservent et attestent les vestiges du passé. Ce que nous appelons la civilisation en fait de costume, d'ameublement, d'alimentation, de médecine et de culture, est toujours dans les villes en avance d'un siècle ou deux sur les campagnes. Le paysan a peur des nouveautés; il ne se fie pas aux découvertes; il dit : « Mon père et mon grand-père ont fait ceci comme je le fais; donc c'était bon ! » Il a le culte de l'habitude, la superstition de ce qui est transmis, une lenteur tranquille, le dédain de l'initiative; de là beaucoup d'erreurs, mais aussi des mœurs plus douces, moins de turbulence, et une sorte de placidité dans la vie et dans la mort. En Italie, comme dans ma chère Provence, beaucoup de femmes refusent encore de faire vacciner leurs enfants; elles se souviennent de leurs mères qui ont eu la petite vérole, et qui la leur laissèrent avoir. Cela purge et fortifie, disent-elles. Elles oublient que cela défigure. Les paysans, surtout en France, n'ont pas le sentiment de la beauté; ils la jugent instinctivement inutile aux nécessités dont se compose leur existence.

Nous arrivons bientôt dans une longue avenue de grands ormes. Nous touchons aux limites de la Toscane et de la fertile vallée de la *Chiana*, arrosée par le canal de ce nom. Autrefois la *Chiana* était une petite rivière aux eaux tantôt stagnantes et malsaines, tantôt débordantes et inondant les terres. On canalisa la *Chiana*, on y fit affluer les eaux des marais voisins, on épura son cours en le dirigeant à travers les lacs de Chiusi et de Montepulciano, et, ainsi grossie et enfermée dans un lit factice, la *Chiana* toscane[1] devint une rivière bienfaisante qui, après avoir parcouru la vallée où nous la voyons et traversé les deux lacs, prend le nom de *canale Maestro*, et va se jeter dans l'Arno.

Au bout de la belle avenue d'ormes, nous vîmes reluire les eaux de ce vaste canal. Quelques barques de pêcheurs étaient amarrées à ses rives. Nous passâmes un pont, et nous nous trouvâmes dans un champ de blé. Le domestique de la princesse nous dit alors :

« Attention, mesdames, nous touchons à la frontière papale. »

---

[1] Il y a aussi à peu de distance la *Chiana* romaine.

Nous n'apercevions aucun indice de changement de territoire; le domestique nous montra du geste un tronçon de colonne (peut-être antique) dressé au milieu du champ qui marquait comme un poteau la ligne des deux frontières. La nature, insoucieuse de ces divisions d'États, les confondaient sous les ondulations des blés mûrs. Je dis à cet homme qu'il serait plus rationnel que la *Chiana* formât la limite. Il me répondit très-judicieusement : « La *Chiana* a été canalisée par la Toscane, et sans doute elle n'a pas voulu en faire bénéficier le gouvernement papal, qui ne fait rien pour l'amélioration des campagnes et des villes. » Nous franchissons cette frontière ouverte sans rencontrer ni douaniers ni soldats. Tout en gravissant au pas une colline couverte de bois de chênes, je me disais : « Avant un an, l'armée italienne passera par là. » C'est la route à suivre pour aller délivrer Pérouse. Les poëtes devinent parfois la stratégie, ce sont des mathématiciens et des tacticiens instinctifs. En tournant la colline, où des gorges charmantes, vertes et touffues, s'enchevêtrent sur le versant, nous voyons, sur une hauteur à droite, une blanche habitation.

« Voilà la *Viano*, » nous dit le domestique.

A gauche, sur un plateau parallèle, se dessine dans l'azur la petite chapelle de Sainte-Marguerite, dont la princesse nous a parlé dans une lettre. Nous avançons dans un chemin creux qui serpente, puis monte graduellement jusqu'au sommet, où se dresse la villa. Je remarque, à gauche de la route, de grands trous creusés régulièrement sous des racines de vieux chênes.

« Ce sont des tombeaux étrusques, me dit le domestique; vous verrez dans le jardin de la princesse les objets qu'on a trouvé là. »

Nous étions arrivés au-dessus du plateau de la *Viano;* nous tournâmes à droite et passâmes la grille, qui fermait une vaste esplanade tout embaumée par les rosiers et les œillets en fleur. Nous laissâmes à gauche l'élégante maison du portier, ou plutôt d'un des fermiers de la princesse remplissant cet office. La voiture courait dans une avenue sablée bordée de jeunes arbres dont les cimes se couronnaient à peine d'un bouquet de feuillage. Avec les années leurs rameaux croîtront et formeront des allées ombreuses et magnifiques; en face de nous, la villa, d'une blancheur de marbre, éclatait en pleine lumière sous la voûte du ciel, d'un bel azur uniforme; les cultures, les bois, les ravins, les collines, remplissaient l'étendue du paysage. A mesure que nous approchions, nous distinguions les détails de ce joli palais rustique. A la pointe du fronton, l'aigle impériale déploie ses ailes sur les armes de famille des Bonaparte ; de chaque côté sont les statues de la *France* et de l'*Italie ;* deux escaliers ornés, et comme gardés par quatre lions en pierre, conduisent à l'élégant perron sur lequel s'ouvre le vestibule à colonnes, sorte d'*atrium* que nous apercevons jusqu'au fond par de larges portes-fenêtres toutes grandes ouvertes. La princesse et ses filles nous attendent debout sur le perron ; elles descendent vers nous comme nous arrivons, et nous reçoivent avec cette affabilité caressante et douce qui fait oublier au corps sa fatigue, au cœur ses chagrins. La princesse nous conduit dans deux jolies chambres, précédées d'une pièce élégante disposée en cabinet de travail. La salle de musique, le salon où écrit la princesse et les appartements d'amis, sont distribués à l'entour de ce vaste péristyle à colonnes qui s'éclaire au levant et au couchant par des fenêtres aux vitres de couleur, à travers lesquelles le paysage revêt les aspects les plus fantastiques : tantôt la pourpre de l'incendie, tantôt le rose de l'aube, l'opale du crépuscule, l'azur pâle du soir que la nuit envahit, ou la blancheur de la neige qui fait apparaître la campagne printanière couverte de frimas.

Au rez-de-chaussée est un péristyle semblable à celui du premier étage ; à gauche de ce péristyle sont les offices, puis, dans un angle, la chapelle ; à droite, la salle à manger et les cuisines. Du côté opposé à la façade monumentale, le rez-de-chaussée s'ouvre sur une esplanade rustique où se trouvent la ferme, les écuries, le cellier, la basse-cour. Les vieux murs au ton roux de ces bâtiments sont revêtus de chèvrefeuilles et de lierres qui suspendent jusqu'aux toits leurs grappes de fleurs et leurs feuillages. Sur le versant de gauche du plateau où la villa est assise se dessinent les bosquets et les avenues naissantes, les parterres de fleurs, les berceaux de rosiers grimpants ; le petit bois d'acacias où s'abritent les tombeaux et les figurines étrusques se groupe plus bas, à demi caché dans le creux d'un ravin. Quand les plantations auront grandi, ce domaine de la *Viano* sera superbe ; il est déjà admirable par l'horizon des vergers fertiles, des lacs et des montagnes qui l'entourent. Au second étage de l'habitation sont situés les appartements de la princesse, de ses filles et de leur gouvernante. La maison se couronne d'une terrasse à balustrade au milieu de laquelle est un belvédère d'où l'on domine toute l'étendue de la campagne. Au levant se dresse le cercle de collines dont j'ai parlé, dépassé par le *monte Santa Fiora* et le grand roc de *Montepulciano*; le lac de ce nom et celui de Chiusi scintillent comme d'immenses diamants dans les terres. Au midi est la colline de la chapelle de Sainte-Marguerite; au nord se déroulent d'autres chaînes rocheuses; au couchant, un peu à droite du plateau de la *Viano*, apparaît le riant village de Puzzoles, ceint de bouquets de chênes verts, et au delà le beau lac de Trasimène, encadré de montagnes aux croupes azurées et aux cimes lumineuses. La solitude, le silence, la double quiétude de l'immensité du paysage et du ciel; en haut, tous les magnifiques effets des clartés d'aurore, de soleil, d'étoiles et de lune se succédant durant la beauté des jours et des nuits; en bas, le spectacle monotone et calme des bois, des ravins, des blés et des vignes; les vieux *contadini* à profil antique poussant leurs chariots ou leurs charrues attelées de bœuf (déjà quelque chose de la campagne de Rome); sous l'ombrage des vieux chênes, des petites filles en corset rouge, menant paître des troupeaux de porcs qui, les groins allongés, fouillent dans les fosses étrusques à moitié comblées de glands; à travers les champs, les jeunes paysans sarclant ou bêchant, ébahis de voir passer des dames à chapeaux à plume. A l'entour de la villa, les nombreux serviteurs de la princesse, les moissonneurs, les pâtres, les jardiniers s'inclinant devant elle à chaque rencontre et lui baisant la main. Hommage touchant et juste quand il est rendu à la bonté et à la charité. Ces pauvres êtres, éblouis devant cette splendeur et cette beauté qui passent, se disent entre eux : *Sicuro, è una Madona sopra la terra.* Elle, souriante à tous et les faisant heureux sans bruit et sans ostentation, le soir permettant *il saltarello* sous le péristyle du rez-de-chaussée aux sons de la *zampogna* (cornemuse) et des pipeaux rustiques; paysans et paysannes, décrivant sous les colonnes des pas à la fois traînants et rapides qui rappellent la bourrée de nos Auvergnats; Ettore, le valet de chambre bel esprit, remplissant avec majesté l'office *di maestro di ballo*, frappant la mesure avec ses mains, couvrant de sa forte voix de ténor le bruit des instruments et s'élançant au besoin, en se donnant des grâces, pour indiquer la figure; toutes ces bonnes gens joyeux d'une gaieté sérieuse; la princesse et nous formant la galerie et riant de la gravité des acteurs; des deux côtés un beau fragment de la campagne et du ciel rayonnant, même la nuit, encadré par les portes ouvertes; au milieu du tableau la grande lanterne suspendue à la voûte, épanouissant dans la pénombre sa rosace de lumière.

Le matin, la princesse distribuait des aumônes aux pauvres des environs sur l'esplanade de la ferme; c'était un chœur de bénédictions, exprimé dans cette belle langue toscane et romaine que les paysans de cette contrée limitrophe parlent si purement ; tout cela se faisait avec cette simplicité tranquille que donne l'habitude du bien. Il survenait parfois de gais épisodes dans cette pratique journalière de la charité. Un matin, un dentiste ambulant, couvert de breloques et portant une cravate rouge, se présenta à la porte de la *Viano*; il venait, disait-il, offrir ses services à Son Altesse. Ses soins étaient inutiles à la princesse, qui a des dents superbes; les jeunes filles rirent aux éclats et montrèrent leurs perles de quinze à vingt ans, quand l'*artiste* errant se tourna vers elles et leur proposa d'essayer de son talent; mais il y avait des serviteurs et des pauvres qui souffraient par intervalle de ce mal horrible si bien nommé *rage*. La princesse ordonna au dentiste de les soulager avec prudence, de panser les dents malades et d'en arracher le moins possible; notre homme obéit avec respect et donna des preuves d'habileté. Il était radieux en faisant sonner les piastres qu'il reçut de la princesse. Il répétait avec orgueil : « *Siamo per sempre il dentista d'onore della casa della Sua Altezza.* » (Je suis pour toujours le dentiste d'honneur de la maison de Son Altesse.) — Un autre jour, un médecin d'Arezzo vint à la *Viano*. Quelques enfants des fermes voisines n'avaient pas été vaccinés, grâce au préjugé persistant des mères qui ne se décidèrent pas sans résistance à amener *i cari bambini* à la villa ; tandis que le vaccin était inoculé, elles s'écriaient : « *Principessa, questo non è buono, vedete come il povero fanciullo piange.* » (Princesse, ceci n'est pas bon, voyez comme le pauvre enfant pleure.)

Chaque dimanche, la messe était dite dans l'oratoire de la villa par le curé de la chapelle Sainte-Marguerite. Ce pauvre et vieux prêtre est nourri et payé par le châtelaine suzeraine de la *Viano*. Cette messe était la *bonne messe* pour les paysans qui y venaient en foule; ils n'aimaient pas leur curé de Puzzoles, jeune prêtre fanatique, à la figure blême et cafarde, nouvellement arrivé de Rome; ils avaient d'ailleurs contre lui sur le cœur une atroce scène de cimetière, survenue quinze jours avant notre arrivée. Les paroissiens de Puzzoles avaient alloué des fonds à leur curé pour l'agrandissement du *campo santo*; le curé empocha l'argent; les fosses, à peine creusées et amoncelées outre mesure, finirent par rejeter les

17.

cadavres. Un matin, on en trouva plusieurs à moitié dévorés par des chiens. Les parents des morts profanés éclatèrent en imprécations et en menaces contre le prêtre avide. Les gendarmes pontificaux protégèrent comme toujours *il frate maladetto*.

Puzzoles ainsi que tous les villages voisins de cette frontière ouverte de la Toscane s'irritaient de la domination papale; chaque habitant avait chez lui le portrait de Victor-Emmanuel; chaque paysan, en poussant la charrue ou en bêchant la terre, chantait des hymnes patriotiques. Les petits bourgeois s'étaient cotisés pour recevoir en contrebande le journal la *Nazione* de Florence; ils le lisaient devant leur porte aux cultivateurs rangés en cercle, qui venaient s'informer, après leur journée de travail, *dei nuove de l'Italia libera*. Deux ou trois familles de Puzzoles arrivaient par intervalles chez la princesse pour savoir les nouvelles venues de France. L'Empereur, qui avait délivré la Lombardie, délivrerait-il bientôt l'Ombrie et les Marches? Ils espéraient; ils attendaient confiants les secours de la France!

Chaque soir, à l'heure du thé, survenait invariablement un vieux fermier de Puzzoles nommé *maestro Domenico*. Voir et entendre la princesse et savourer une tasse du breuvage chinois, était pour le brave homme une joie immense; quand la châtelaine partait et que la *Viano* se fermait, *maestro Domenico* devenait sombre et malade; il ne vivait en réalité que durant la saison de la *villegiatura*; les jeunes filles se réjouissaient de la componction avec laquelle il dégustait son thé et les gâteaux dont on surchargeait sa soucoupe; les jours où il dînait chez la princesse étaient les grands jours de sa vie, il en emportait comme un éblouissement. Son honnête et placide figure me rappelait celle d'un paysan provençal que j'avais vu dans mon enfance au château paternel; durant la Terreur, il avait aidé ma mère à cacher plusieurs suspects et à les sauver de l'échafaud; il était resté le confident de ses aumônes secrètes, comme l'éclaireur de ses bonnes œuvres; il dépistait la pauvreté à secourir et les douleurs à consoler. Elle le nommait parfois *son Ami*, le faisait asseoir à table à sa droite et lui servait les meilleurs morceaux; alors le brave homme redressait sa tête avec orgueil et disait avec un bon rire: « Me voilà devenu un monsieur. » Il y a beaucoup d'analogie entre les mœurs provençales et celles de l'Italie. La campagne du midi de la France a des aspects qui ressemblent à ceux de la campagne romaine et toscane : mêmes cultures, mêmes effets de lumière, même bourdonnement d'insectes, même température embrasée, tempérée et rafraîchie par les importunes rafales du vent. Les souvenirs de l'enfance doublaient pour moi le bonheur de ces jours de halte passés chez la princesse. C'était l'oubli de toutes les écrasantes nécessités de la vie, du labeur impérieux, du trouble et de l'importunité du monde; des envieuses et futiles passions de la société parisienne, dont l'écho m'avait encore poursuivie, quoique affaibli, à Turin, à Milan, à Florence et même à Venise. Depuis mon adolescence, je n'avais pas goûté un mois de pareil bien-être, un apaisement si complet de toute inquiétude; j'endormais jusqu'à la prévision des jours anxieux qui suivraient; la bonne nature m'avait reprise tout entière et me berçait comme une mère.

Les courants patriotiques et intellectuels arrivaient chaque jour jusqu'à nous dans cette belle solitude; la princesse envoyait tous les matins à Fojano[1] chercher les lettres et les journaux. L'arrivée du messager nous réunissait sous le péristyle du premier étage, où des fauteuils étaient rangés à l'entour d'une table couverte de livres et de brochures. Nous cherchions avec avidité dans la *Nazione* les nouvelles de Garibaldi; désormais maître de Palerme, il songeait à passer le détroit. La cause de l'Italie intéressait en Europe tous les nobles esprits imbus de justice et de vérité. Un jour, nous lûmes dans une gazette que lady Byron, qui venait de mourir, léguait une somme considérable à l'insurrection italienne; c'était comme un appel ému et respectueux à l'âme heroïque du poète que son âme allait retrouver; un hommage à l'époux méconnu et regretté. Elle entendait la voix de Child-Harold s'écrier prophétiquement : « Noble Italie! c'est en vain que l'histoire de tes fautes sera répétée sans relâche par toutes les nations; tu es la Reine des arts, comme tu l'as été de la guerre. L'Europe repentante de ton parricide brisera un jour tes fers. Je crois voir reculer avec épouvante les flots de barbares qui ont inondé tes rivages, je les entend implorer ta pitié[2] !» Byron se serait battu pour l'unité italienne comme il l'avait fait pour la Grèce. Il n'est pas de génie qui ne se sente fils de cette mère de la beauté et de la lumière. Shakspeare lui-même était un enfant de son soleil, égaré dans la brume anglaise. Le souvenir de lord Byron et de l'affranchissement de la

---

[1] Petite ville toscane située à six milles de la *Viano*.
[2] Child-Harold, chant IV°.

Grèce rappelait à la princesse son jeune frère Paul, mort à Navarin. Il avait à peine dix-sept ans, lorsqu'il partit comme volontaire sur l'escadre que commandait lord Cochrane; une nuit on signala l'ennemi; le jeune Bonaparte s'élança sur le pont pour se trouver le premier à l'abordage; un pistolet dont il était armé partit et le tua net. Cette mort rappelle celle de d'Assas; elle fut annoncée à Lucien Bonaparte par une lettre de lord Cochrane: — « Il est mort en héros et digne de son sang, » disait le fier marin au frère de Napoléon. — Le père éprouva une mâle douleur de cette fin glorieuse; la mère en sentit à jamais ses entrailles déchirées; ses larmes, qui ne devaient pas tarir, éclatèrent plus tard en vers touchants:

> Errante notre race expire
> La liberté partout l'attire!
> O Paul, mon bel adolescent,
> Mon fils! la Grèce a pris ton sang!

La princesse Marie ranimait pour moi ces souvenirs dans son cabinet de travail, décoré de fresques historiques et où les deux bustes en marbre de son père et de sa mère, beaux comme des marbres grecs, semblaient nous écouter; un matin, elle me parla de l'Impératrice mère Madame Lætitia, qu'elle avait vue souvent à Rome dans les dernières années de sa vie; la noble vieille, en tournant son rouet, comme l'a peinte Béranger dans une chanson célèbre, racontait à sa petite-fille attentive des traits de l'enfance de ses fils. — « Napoléon, lui disait-elle un jour, était né soldat; à dix ans, il s'échappait chaque matin, au moment du déjeuner, emportant dans les champs le pain qu'on lui donnait avec son lait; il courait chez des paysans et les priait d'échanger son pain blanc contre leur pain bis. Quand je sus la chose, il me dit: Ma mère, je veux m'accoutumer au pain de munition. »

Nous avions aussi avec la princesse de longues causeries sur l'art et la littérature dans ce cabinet recueilli donnant sur la campagne déserte; les jeunes filles chantaient au piano dans la salle voisine, ornée de vases étrusques trouvés à Canino et dont le plafond à fresque faisait revivre quelques scènes de la vie du grand Empereur. Les plafonds de nos chambres, peints à la manière de Pompéi, étaient charmants; les oiseaux et les fleurs s'enlaçaient aux arabesques. La princesse avait fait décorer toute sa villa par un pauvre peintre en voyage dont elle devina le talent. L'Italie possède encore une foule de ces artistes nomades qui vont dans les châteaux, les palais et les couvents quêter des travaux pour vivre; parfois on les emploie à restaurer les vieux tableaux et les anciennes fresques, mais je dois dire, pour être sincère, qu'ils les gâtent presque toujours en les enluminant.

Nous faisions chaque soir dans les environs une promenade en calèche découverte; le plus souvent nous descendions la colline, passions la frontière papale et suivions les bords de la *Chiana*, sur les belles routes communales de la Toscane. J'ai dit que la princesse envoyait chaque jour chercher son courrier à Fojano; elle nous proposa d'aller visiter cette petite ville toscane. Nous partîmes un matin et nous traversâmes la plantureuse vallée de la Chiana où sont situées plusieurs *fattorie* grand-ducales (*fermes modèles*); après trois heures de course rapide sur des chemins bordés tour à tour de peupliers, de chênes et de haies fleuries, nous tournâmes à gauche et les chevaux franchirent au pas le tertre élevé où se groupe Fojano. Nous trouvâmes sur une belle place en dehors des remparts un détachement de *bersaglieri* piémontais qui faisait l'exercice. Cette petite garnison était commandée par le capitaine Menotti, frère du député Achille Menotti; il vint nous saluer et nous accompagna à travers Fojano. Nous visitâmes la cathédrale et une autre église qui renferme deux terres vernissées de *Luca della Robbia* d'une exquise beauté : l'assomption de la Vierge et l'ascension du Christ. Le Sauveur est entouré d'un cortège d'anges gracieux, souriants et d'un modelé merveilleux. La Vierge rayonne au milieu de saints en extase.

La princesse engagea avec son affabilité ordinaire le commandant Menotti à lui faire visite à la *Viano*.

« Impossible, repartit le brave officier, nous passerons bientôt, j'espère, cette frontière ouverte en triomphateurs; d'ici là, il nous est défendu de la franchir même incognito; nous devons éviter les vaines querelles avec les gendarmes pontificaux et les soldats suisses, et résister à la sympathie des populations qui nous attendent comme des libérateurs. »

Ces paroles du capitaine Menotti me rappelèrent Dezanzano libre et Peschiera encore esclave; d'un côté les Italiens affranchis, de l'autre les Italiens parias, regardant avec désespoir la limite arbitraire qui les parque en dehors de la grande patrie. S'imagine-t-on ce que souffrirait une de nos villes, Lyon par exemple, restée française sur les bords du Rhône et devenue anglaise sur les rives de la Saône? Souvenons-nous des douleurs et des humiliations de la France au temps de Jeanne d'Arc, et glorifions Garibaldi à l'égal de cette pure héroïne. Le droit de nationalité est absolu pour tous les peuples; vouloir le circonscrire à quelques-uns, c'est le mettre en péril pour ceux mêmes qui le possèdent. O justice, quand donc seras-tu reconnue sur la terre comme une loi inviolable!

Par une belle soirée, nous allâmes à la petite chapelle de Sainte-Marguerite, si pittoresquement située sur une colline parallèle à celle où est assise la *Viano;* les chemins vicinaux des États du pape sont presque impraticables aux voitures. Nous dûmes monter dans un chariot traîné par des bœufs pour gravir la route défoncée et cahotante qui aboutit à l'ermitage; nous chancelions à chaque pas et nous nous tenions enlacées par la taille pour ne pas tomber du char découvert; l'attelage essoufflé s'arrêtait tour à tour dans les ornières profondes ou sur les aspérités du roc; nous poussions des cris d'effroi suivis d'éclats de rire, car les lourdes et fortes bêtes finissaient toujours par avoir raison des résistances du chemin. Le curé, prévenu de l'arrivée de la princesse, vint à sa rencontre, il avait revêtu ses habits de fête, il portait un rabat brodé, des culottes courtes et un chapeau tricorne. Il nous introduisit dans la petite chapelle où est une effigie très-ancienne du corps embaumé et couché de sainte Marguerite, telle qu'on la voit à Cortone. A côté de la chapelle est la maison où la pécheresse vécut; nous montâmes quelques marches disjointes aboutissant à une chambre voûtée où Marguerite aima et fit plus tard pénitence : comme la Marguerite de Gœthe elle fut séduite par un grand seigneur, elle devint mère, elle oublia Dieu et donna toute son âme à l'amour. Un jour qu'elle attendait au bord du chemin, sous un arbre que l'on montre encore, le maître de sa vie, des anges lui apparurent et lui dirent : « Ne l'attends plus, prie pour lui, il vient d'être tué dans une chasse. » Le désespoir poussa la pauvre fille à la sainteté; elle se soumit dès lors aux plus rigoureuses austérités et fut après sa mort canonisée par l'Église. Telle est la légende que le bon curé nous répéta avec toutes sortes de naïvetés que la langue italienne, fille bâtarde et hardie du latin se permet sans rougir : l'amoureux était beau et la sainte était belle; la chair est faible par les chaudes nuits d'été; le Christ pardonna à la Madeleine et il est certain que l'amour terrestre est un acheminement à l'amour divin, ajouta avec un gros rire l'indulgent *frate*. Tandis qu'il racontait la légende, la princesse vidait sa bourse dans les petites mains tendues de trois pauvres enfants pâles et chétifs atteints de la fièvre endémique que les exhalaisons des lacs répandent dans la contrée; leur mère qui habitait la maison de sainte Marguerite, nous disait qu'elle avait tant prié la *carissima santa*, qu'elle espérait enfin que ses enfants guériraient.

« Oui, avec l'aide d'un médecin et de la quinine, » répliqua la princesse en souriant.

La mère repartit : « *Basta un miracolo.* » (Un miracle suffit.)

La superstition et la foi sont si aveuglément confondues dans ces pauvres êtres, que ce ne sera pas trop de l'éclat tonnant de la liberté pour dégager le pur rayon des brumes séculaires où il est enfoui.

Il n'y avait aucun château dans les environs de la villa de la princesse, c'était un des charmes de cette solitude tranquille que l'absence de tout voisinage. Le voisinage aux champs est un écho fastidieux de la ville, il oblige à la toilette, à une sorte de mise en scène en expectative qui trouble le doux sans-gêne de la vie de campagne. Un jour pourtant, tandis que nous étions à table, un bruit de roues se fit entendre dans l'avenue et nous aperçûmes une calèche qui s'arrêta bientôt devant le perron de la villa. Un valet de pied alla s'informer et revint annoncer à la princesse les visiteurs inattendus. La princesse me dit rapidement :

« C'est la marquise Florenzi Waddington de Pérouse, une femme de beaucoup d'esprit et de savoir que vous serez charmée de connaître. Sa beauté et ses ouvrages l'ont rendue doublement célèbre; elle a été la marquise de Châteauroux intellectuelle du roi Louis de Bavière, de ce Louis XV germanique dont Lola-Montès fut la Dubarry. »

Nous vîmes entrer une femme aux yeux éclatants, au visage expressif et à la taille d'une suprême élégance; son costume de voyage plein de distinction lui donnait encore un air de jeunesse que l'éclair de son esprit rendait plus vif quand elle parlait. Elle était accompagnée de son second mari, sir E. Waddington, un grand Anglais, à la mine joviale et fine, qui avait été fort beau. Il fut longtemps et passionnément épris de la marquise avant de l'épouser, il l'entourait encore en ce moment de tous les soins et de toutes les prévenances de l'amour. Il s'était chargé de l'administration de ses terres et lui avait laissé tous les loisirs nécessaires aux travaux de l'esprit. La marquise Marianna Florenzi Waddington est l'auteur de plusieurs traités philosophiques dont je reparlerai, annotés par Mamiani et loués par Gioberti. Elle ne séjourna qu'une soirée et une nuit à la *Viano;* elle se rendait à Florence pour y passer une semaine. La princesse qui songeait à tout ce qui pouvait m'intéresser et compléter mon voyage d'Italie, s'entendit avec l'aimable marquise pour qu'elle m'emmenât à son retour et me fit voir Pérouse.

« Parmi beaucoup d'autres palais, dont les habitants se sont enfuis, vous trouverez, à Pérouse, mon palais désert, me dit la princesse; il est resté fermé depuis le jour où Schmitd a ensanglanté la ville.»

Sir E. Waddington nous parla de la situation des esprits à Pérouse. Ils étaient de plus en plus irrités du joug papal. Comme à Venise tous les habitants avaient dans leurs maisons les portraits du roi et de Garibaldi. Des soldats suisses, pris de vin, avaient souffleté quelques jours auparavant deux belles jeunes filles de Pérouse qui portaient des épingles avec l'image des deux libérateurs.

La princesse se rendit aussi à Florence où elle resta trois jours pour voir son frère le prince Pierre Bonaparte qui passait dans cette ville.

Nos longues promenades, la compagnie de la princesse et sa causerie charmante, avaient rempli jusque-là toutes mes journées; à peine trouvais-je le temps d'écrire le soir quelques notes rapides. Pendant l'absence de la princesse, je me remis à rêver et à composer. Un matin, après avoir lu dans la *Nazione* des détails sur la marche triomphale de Garibaldi à travers la Sicile, j'allai m'asseoir dans le joli bois d'acacias groupé sur un des versants du coteau de la *Viano* et où s'abritent les petits tombeaux étrusques trouvés dans les terres voisines. Ces naïves figurines qui rappellent la sculpture égyptienne me regardaient de leurs yeux ronds étonnés; elles semblaient éblouies par l'intensité de la lumière et comme importunées des myriades de papillons et d'insectes qui les effleuraient de leur vol. Je m'étais couchée à l'ombre sur l'herbe fleurie, j'étais poursuivie par l'image du héros qui était en ce moment la préoccupation du monde; un chant en son honneur me montait du cœur à la lèvre [1]; je le fredonnai sur un vieil air; le soir j'en fis

---

[1] Je cite ici ces vers parce qu'ils se lieront plus tard à des scènes assez curieuses que j'aurai à raconter :

GARIBALDI

Lion que toute chaîne entrave,
Un jour je le vis, triste et grave,
Courbé sous le poids de son cœur;
Sa tête de Christ, blonde et fière,
Dans l'ombre de la salle entière,
Rayonnait comme une lueur.

plusieurs copies pour les journaux italiens, qui le publièrent les jours suivants, et le lendemain j'allai moi-même à Fojano porter mes lettres; je partis à trois heures dans un cabriolet découvert, il faisait un temps radieux, un homme de la ferme me conduisait, il fouettait le cheval qui volait sur la route, en chantant à tue-tête la *Marseillaise;* il mêlait aux paroles françaises des mots italiens. Je lui demandai qui lui avait appris ce chant.

Son regard profond semblait dire :
« J'ai souffert d'un double martyre,
Gloire brisée, amour flétri ;
Mais j'étoufferai ma blessure.
La Sicile meurt et m'adjure,
Et Rome vers moi pousse un cri.

J'accours, j'accours... » Et, magnanime,
Entraîné par l'élan sublime
Que le dévouement cache en soi,
Avec ses frères de bataille
Il part, et le monde tressaille
De tant d'héroïsme et de foi.

Devant lui l'obstacle s'émousse ;
La mer, qui grondait, se fait douce ;
Les récifs semblent s'aplanir ;
L'ennemi troublé qui l'enlace
Pressent dans ce souffle qui passe
L'Italie et son avenir.

L'audacieux touche la terre
En jetant son grand cri de guerre ;
Tout un peuple lui fait écho.
A ses côtés marchent en ligne
Son fils, son sang superbe et digne,
Sirtori, Manin, Bixio.

Etna vivant embrasant l'île,
Garibaldi, de la Sicile,
Ne fait qu'un bataillon sacré.
On le déifie, on l'acclame ;
Car de la patrie on sent l'âme
Vibrer dans ce fier inspiré.

Mais, lui, ne songeant qu'à l'idée
Dont l'Italie est possédée,
Pour maître proclame son roi !
Ce roi, simple et grand, qui le nomme
Son ami! ce prince, honnête homme,
Qui jamais n'a trahi sa foi.

Son nom, à sa loyale armée,
Est, durant la lutte enflammée,
Répété par Garibaldi.
« Oh ! dit-il, de ne pas se battre,
Il souffre, notre diable à quatre,
Notre Zouave au cœur hardi !...

Mais son ombre nous accompagne.
Marchons !... » Et soudain, en campagne,
Ils s'élancent impétueux.

Il me répondit que c'était un cocher de Puzzoles. En arrivant à Fojano, j'allai demander le capitaine Menotti au beau palais qu'il habitait sur la place. Une vieille femme qui prenait le frais sur les marches de la porte me dit qu'elle allait bien vite quérir le commandant à l'auberge voisine, où il dînait avec des camarades; elle m'engagea à l'attendre dans une vaste salle peinte à fresque qui lui servait de cabinet de travail. Je m'assis près d'une table où

> Tout cède au flot patriotique.
> Et bientôt la ville héroïque,
> Palerme, apparaît devant eux.
>
> Il vient, il vient! Ce cri ranime
> La cité-martyr qu'on décime.
> Les opprimés font des héros;
> La vengeance roidit les âmes.
> Adolescents, vieillards et femmes,
> Se lèvent contre leurs bourreaux.
>
> Ardente, frénétique, ailée,
> Qu'elle est belle cette mêlée
> Que le libérateur conduit!
> Le jour meurt; la lutte hardie
> Redouble comme l'incendie
> Des grands bois au vent de la nuit.
>
> O liberté, que d'hécatombes,
> Que de pleurs versés sur les tombes
> Ton culte impose à tes enfants!
> Dans ton ciel que d'ombres obscures!
> Ah! combien d'horribles tortures
> Précèdent tes jours triomphants!
>
> Mais, aussitôt que ta lumière
> Rayonne sur la foule altière
> Qui t'a conquise avec son sang,
> Liberté, ton long deuil s'oublie...
> Ainsi dans toute l'Italie
> Luit ton réveil resplendissant.
>
> Garibaldi règne à Palerme,
> Et son bras généreux et ferme
> Arrachera Naples au Bourbon.
> De son roi complétant l'empire,
> Ce vaillant, que l'audace inspire,
> Va franchir le détroit d'un bond.
>
> Un mois suffit à son épée
> Pour tracer sa fière épopée.
> Il plane inondé de clarté;
> Tandis que s'enveloppe d'ombre
> D'Abd-el-Kader, le vainqueur sombre,
> Transfuge de la liberté.
>
> Maudite est cette ancienne gloire;
> Elle s'éclipse dans l'histoire
> Sous la nuit d'un vénal démon,
> Et la grande justicière
> Flétrit déjà Lamoricière
> Ainsi qu'elle a flétri Marmont.

étaient épars plusieurs livres : les œuvres d'Henri Heine, les poésies de Victor Hugo, les *Commentaires* de César, les *Causeries du lundi* de Sainte-Beuve. Ces ouvrages révélaient l'esprit du jeune officier ; en attendant la guerre, ce fils d'un des plus nobles martyrs de l'Italie, se distrayait par l'étude. Je trouvai là tout ce qu'il fallait pour écrire. Le capitaine arriva comme je faisais à mes vers sur Garibaldi quelques variantes qui m'étaient venues en route. Je lui lus ces vers, il voulut en avoir une copie qu'il transcrivit à la hâte et qu'il me demanda de signer. Tout en écrivant il me disait : « Les volontaires italiens sont plus heureux que nous, ils peuvent se battre pour la patrie, tandis que la discipline nous lie les bras.

— Votre heure viendra, répliquai-je.

— Oh ! je l'espère bien, s'écria-t-il ; l'inaction de la vie de garnison est pour nous un supplice de Tantale, tant qu'on sent la grande besogne de l'unité inachevée. »

Nous allâmes à la poste porter mes lettres, puis nous fîmes le tour des remparts de Fojano ; le soleil disparaissait en embrasant l'horizon ; la nuit se levait limpide et bleuâtre, toute parfumée des senteurs vivifiantes des champs. Nous marchâmes jusqu'au pied de la côte où la voiture m'attendait ; mon conducteur faisait claquer son fouet en chantant une chanson d'amour. Le capitaine Menotti me dit adieu, puis il ajouta : « Peut-être ne vous reverrai-je jamais !

— Pas de triste pressentiment, repartis-je ; au revoir à Naples, à Rome !...

— Oui, si je n'ai pas la chance de mourir dans quelque belle bataille. » Il prononça ces mots avec un regard fier et triste, le regard que devait avoir son père en marchant au supplice ! Je m'élançai dans le cabriolet ; le cheval partit au galop, et je vis s'éloigner derrière moi le jeune et brave officier qui me saluait encore en agitant sa main.

La pourpre du couchant avait disparu ; des milliers de constellations resplendirent instantanément au ciel, dont l'azur sombre était comme noyé dans cette profusion d'astres. Aussitôt des essaims de lucioles voltigèrent sur la cime des blés qui bruissaient au bord du chemin ; on eût dit une pluie d'étoiles. C'était un spectacle vertigineux : ces rayons mouvants et les clartés immobiles du ciel projetaient de phosphorescentes lueurs sur le paysage embelli : les collines, les villages et les fermes avaient des aspects fantastiques, le cheval se précipitait comme éperonné par la brise embaumée qui nous enveloppait. On n'oublie pas de pareilles nuits.

Le lendemain matin nous allâmes à Chiusi, petite ville toscane où l'on a découvert la plupart des antiquités étrusques qui sont à Florence au musée des Offices; nous suivîmes une route tour à tour bordée de haies et de hauts platanes qui traverse les terres les plus fertiles de la vallée de la Chiana. Par-dessus le canal se dresse une verte colline où Chiusi se groupe au milieu de pins-parasols et de grands oliviers échevelés. Avant d'entrer dans la ville, nous trouvous à gauche un mamelon qui la domine couronné de deux tours dites de Porsenna, mais qui me semblent plutôt gothiques qu'étrusques; nous franchissons un large portail monumental, puis traversons plusieurs rues tortueuses qui nous conduisent au musée *Casuccini*, dépouillé aujourd'hui de ses morceaux les plus rares. Nous remarquons pourtant dans une salle un sarcophage intéressant au-dessus duquel s'enlacent deux figures couchées de grandeur naturelle, le mari et la femme se souriant dans la mort. Les draperies qui les recouvrent sont d'un grand style; le mari tient une coupe, la femme une grenade. Je suis frappée par deux autres statues, l'une représentant un sphinx à visage taciturne, l'autre une Proserpine assise. Nous allons ensuite à l'évêché, vieux palais délabré, où se trouvent quelques beaux vases étrusques, une statue de prêtre égyptien trouvée dans le jardin de l'évêché, et une tête de femme sculptée en bas-relief; cette tête couverte d'un voile est d'une expression triste et profonde, les lignes du visage ont la beauté de l'art grec. Nous parcourons quelques salons où sont des portraits d'évêques et ceux du dernier grand-duc de Toscane et de la duchesse de Parme, entourée de ses enfants. Il est évident pour nous que le gros évêque, à face rubiconde, que nous apercevons assis dans sa bibliothèque, regrette ses anciens souverains et traite d'impie la révolution italienne. Son domestique, après nous avoir fait visiter le palais, nous mène par un passage couvert jusqu'à la cathédrale. Elle s'élève sur une place déserte; derrière le chœur sont encore des fragments de murs étrusques. Cette église, construite au douzième siècle, a été plusieurs fois restaurée et badigeonnée, la nef est soutenue par douze colonnes antiques d'ordres et de marbres différents. Sur le maître-autel sont deux belles torchères en bois doré; dans la chapelle du Saint-Sacrement se trouve un admirable tableau de Giotto, représentant la crèche; l'Enfant Jésus est couché à terre, sa tête repose sur un coussin d'or; le bœuf et l'âne le regardent émerveillés, la Vierge et saint Joseph sont placés un peu en arrière; de chaque côté deux mages se tiennent debout, les yeux fixés sur l'Enfant-Dieu. Le paysage est silencieux et placide; au-dessus plane le Père éternel dans une nuée d'anges; des groupes d'anges en longues tuniques encadrent cette nuée; ils jouent de la trompette et des cymbales, et un plus beau que les autres fait retentir une harpe d'or. Sur la large bordure dorée de ce merveilleux tableau sont peintes des figures de saints, de jolis lévriers et des scènes de la passion en miniature.

Nous revenons sur nos pas à travers le passage et nous nous arrêtons un moment dans le petit jardin en terrasse de l'évêque, tout embaumé de roses et d'orangers; quelques vases étrusques brisés gisent sur les plates-bandes dont les tiges s'enchevêtrent au hasard; devant nous se déroule une vallée pittoresque, le lac de Chiusi et des croupes de montagnes couvertes d'un grand bois de chênes qui forment de ce côté la frontière papale. Une série de tertres plus bas, revêtus de végétation, renferment les catacombes païennes envahies par les catacombes chrétiennes; le néant confond la poussière des civilisations et la poussière des cultes. C'est dans un de ces labyrinthes souterrains nommé *Poggio gagella* que les plus belles tombes étrusques ont été découvertes et que la tradition a placé le mausolée fabuleux de Porsenna, décrit par Varron; les anfractuosités de ces monticules qui décrivent des vagues immenses, sont remplies de blés mûrs, d'oliviers au feuillage bleuâtre, de vignes suspendues aux arbres, de cerisiers aux fruits éclatants. Les fleurs sauvages, les ronces et les folles herbes forment des fourrés au pied des arbres, les insectes bourdonnent dans toute l'étendue du paysage, borné à l'horizon par un cercle de hautes montagnes dont les crêtes lumineuses se couronnent en ce moment de beaux nuages blancs courant dans l'azur. Je m'éprends de cette vallée tranquille; je voudrais que l'évêque, sans m'imposer sa compagnie, me donnât une des plus petites chambres de son palais désert. Il serait doux de s'abriter là durant six mois, d'y travailler et d'y oublier le monde.

Lorsque la princesse fut de retour à la *Viano*, elle nous proposa de faire une promenade au lac de Trasimène. Nous partîmes, par une chaude après-midi, dans une calèche découverte, à laquelle étaient attelés trois bœufs superbes; les chevaux n'auraient pu nous conduire jusqu'au haut de la rude montée où est situé *Casti-*

glione del lago; toutes les routes des États de l'Église sont d'ailleurs si mal entretenues, qu'il faut s'attendre en les parcourant à rencontrer tout à coup de grosses pierres, des troncs d'arbres ou des flaques d'eau jetés à la traverse; où les chevaux bronchent, les bœufs passent résolûment avec une majestueuse lenteur. Notre attelage nous rappelait les chars des rois fainéants. Nous laissâmes derrière nous la blanche villa de la princesse, et nous arrivâmes au village de Puzzoles. Le lac de Trasimène nous apparut tout à coup à gauche dans sa calme étendue, puis nous le perdîmes de vue. La route était bordée de grands chênes qu'encaissaient des massifs de genêts et d'églantiers en fleur; les troncs et les branches des vieux arbres avaient cette fière allure que Salvator Rosa reproduit si bien sur ses toiles. Peu nous importait que le chemin fût moins plane que ceux de la Toscane, les aspects sauvages et inattendus de la nature nous ravissaient. Des frênes gigantesques et séculaires formaient çà et là des clairières silencieuses, dont le sol était tapissé de marguerites, de coquelicots, de bluets et de boutons d'or. Après une heure de marche à travers cette campagne enchantée, les bords de la route se dénudèrent; des champs de grands oliviers s'étendirent de chaque côté; en face de nous *Castiglione del lago* couronné de son magnifique donjon, nous apparut comme une féerique décoration de théâtre; le lac de Trasimène, encadré de belles montagnes, se déployait derrière le village; ses flots enlaçaient le roc où Castiglione est assis et s'allongeaient dans les terres tels que deux bras lumineux. Nous descendîmes de voiture devant la vieille porte du mur d'enceinte et gravîmes plusieurs rues étroites et dépeuplées qui aboutissent au donjon; à gauche, avant d'arriver aux murailles du fort, nous trouvâmes un vaste palais, ancien fief des ducs de Cornia, et qui appartient aujourd'hui au gouvernement papal. Nous parcourûmes plusieurs salles immenses décorées de fresques mythologiques des frères *Zuccari*. Le régisseur nous fit servir du vin de *Montefiascone* et des gâteaux sur une jolie terrasse aboutissant à un passage secret qui conduisait du palais à la citadelle démantelée. J'ai peu vu de ruines plus saisissantes que celles de cette forteresse de *Castiglione del lago* : le haut mur d'enceinte en partie écroulé est tapissé de lierres touffus; une grande tour d'un ton doré monte jusqu'au ciel; quatre plus petites flanquent les bastions. Toute l'imposante construction s'élève au faîte de l'étroite colline comme sur un piédestal; les versants du roc étalent jusqu'aux eaux du lac une végétation exubérante et des bois d'oliviers. Dans un de ces bois qui bordent le rivage, nous trouvons une citerne près de laquelle paissent de grands bœufs aux cornes luisantes. Une jeune fille pieds nus, en jupon rouge et chemise écrue, puise de l'eau dans un seau d'airain suspendu à une chaîne; appuyée sur la margelle, une autre, aux yeux noirs très-vifs et aux cheveux crépus massés à la grecque, cause avec un beau paysan qui la regarde amoureusement. On voudrait être peintre pour reproduire ce tableau; des barques de pêcheurs sont amarrées dans la vase à quelques pas de nous. La princesse choisit la plus grande; nous passons sur une planche chancelante jetée sur la terre fangeuse et nous nous embarquons; huit rameurs nous conduisent; une voile latine se déploie dans l'air, nous prenons le large, et bientôt nous embrassons toute la surface de ce beau lac de Trasimène où nos souvenirs classiques évoquent l'ombre d'Annibal; ces eaux bleues et tranquilles, illuminées en ce moment par le soleil qui décline, décrivent un cercle presque parfait, encadré de collines sur lesquelles les couvents, les hameaux, les donjons et les villas s'étagent, détachant leur blancheur sur la sombre verdure des chênes et des pins. « *Ecco il Borghetto*, » dit un de nos rameurs, en nous montrant du geste une tour qui s'élève dans un défilé de la *Gualandra*[1], sur la rive lointaine, à gauche de la plage où nous nous sommes embarqués. Cette tour, voisine de la route de *Cortona*, domine le champ de bataille où Annibal vainquit Flaminius et les légions romaines. « La furie et l'ardeur des deux armées furent si grandes, dit Tite-Live, elles étaient tellement animées par la bataille, qu'aucun des combattants ne s'aperçut du tremblement de terre qui en ce moment renversa presque de fond en comble plusieurs villes d'Italie, changea le cours des fleuves les plus rapides, fit refluer la mer dans leurs lits, et abattit de très-hautes montagnes. » La mort de Flaminius, tué après trois heures de défense héroïque, devint dans cette mémorable bataille le signal de la déroute complète des Romains. La cavalerie carthaginoise chargea les fuyards; les défilés des collines, les marais qui entourent la tour *del Borghetto*, le lac et un petit torrent qui descend de la *Gualandra* et qu'on nomme encore, en souvenir de ce jour, *il Sanguinetto* (le ruisseau sanglant), furent couverts de morts. En creusant les terres au bord du *Sanguinetto*, on a trouvé de nombreux

[1] Nom d'une chaîne de collines qui bordent le lac de ce côté.

ossements humains qui attestent encore cette immense tuerie; ces vestiges funèbres perpétuent la tradition parmi les paysans; ils savent tous le nom d'Annibal et le murmurent avec une certaine terreur en passant près de la tour *del Borghetto*.

Tandis que je ranimais ces souvenirs de l'histoire, notre barque glissait rapide sur la calme surface du lac.

« Peut-être avant un an, dis-je à la princesse, là-bas, sur l'autre rive du lac voisine de Pérouse, l'armée papale, commandée par Lamoricière, sera vaincue à son tour par l'armée de l'indépendance.

— Je l'espère bien, répliqua la princesse; mais, ajouta-t-elle en riant, cette défaite sera plus facile et moins glorieuse que celle des antiques légions romaines, car je ne crois pas à l'héroïsme de soldats étrangers et mercenaires soudoyés par la tyrannie. »

Le temps nous manqua pour faire le circuit entier du lac de Trasimène. Nous tournâmes seulement, un peu à distance, le rocher ombreux où s'élève la citadelle. Arrivés au milieu de sa base, nous vîmes le lac entier et toute l'étendue de ses rives se déployer devant nous; au nord étaient les deux îles *Maggiore* et *Minore*; dans la première est un beau couvent qui découpait sa silhouette dans l'éther. Une autre île, l'île *Polvese*, la plus grande des trois, semblait flotter au sud-ouest comme un radeau de verdure; un vieux château la domine et nous apparaît entre le ciel et l'eau. Les teintes du soleil couchant rougissent une partie du lac; l'autre s'obscurcit déjà sous le crépuscule. Notre barque a dépassé la citadelle; le patron nous propose de nous conduire à la *Réserve*, où sont parqués les plus beaux poissons; il parle d'une carpe monstre qu'on a trouvée les jours précédents dans le lac.

« Si elle est à vendre, je l'achète, » répond la princesse.

La barque s'engage dans un dédale de nénuphars qui étalent sur les flots leurs larges feuilles et leurs corolles jaunes et blanches. Nous formons de gros bouquets de ces fleurs aquatiques et nous en jonchons le fond de la barque; nous nous arrêtons le long des pieux et des filets qui ferment la *Réserve*. Quelques pêcheurs en gardent l'entrée; ils vont aussitôt quérir la carpe énorme. « *Ecco il re del lago*, » disent-ils en l'apportant en triomphe. Le marché est bientôt conclu; la carpe, posée à nos pieds, bondit sur un lit de nymphéas; on sent qu'elle flaire son élément et voudrait s'y replonger. Pauvre bête! elle est destinée à mourir demain dans un savoureux court-bouillon. Nous débarquons dans un verger d'oliviers et regagnons la route où la voiture nous attend; nous sommes accompagnées d'une escorte de mendiants, vieillards, femmes, enfants, vêtus de haillons, qui sortent tout à coup des broussailles et implorent la charité.

« Voilà une des plaies des États de l'Église, dit la princesse; en Toscane, la mendicité est presque inconnue; mais, quand les travaux manquent aux pauvres, ils ont droit à l'aumône. » Et, avec cette bonté militante qui la rendrait une adorable souveraine, elle fait distribuer des *bajocchi* à tous ces malheureux.

Nous revenons à la *Viano* par une nuit étoilée; la lune suspend son globe tranquille sur les hautes branches des chênes; de vagues clartés filtrent à travers les rameaux et projettent leur blancheur sur la route; le cocher et le valet de pied entonnent une chanson du pays dont l'air mélancolique nous berce; les bœufs nous traînent lentement; tout est quiétude autour de nous; une atmosphère suave et caressante nous enveloppe de sa sérénité et nous verse jusqu'au fond du cœur un apaisement qu'on voudrait éterniser.

X

Le lendemain, dans la soirée, la marquise Florenzi Waddington et son mari arrivèrent à la *Viano*; ils y passèrent la nuit et m'emmenèrent le jour suivant à Pérouse. Nous partîmes de grand matin, laissant la blanche villa encore endormie dans les vapeurs roses de l'aube.

La princesse voulut bien garder ma fille auprès d'elle tandis que j'allais faire cette excursion dans les États du Pape. Nous traversâmes une vallée aussi fertile et plus pittoresque que celle de la *Chiana* : c'étaient tantôt de claires échappées du lac de Trasimène, tantôt des collines, tantôt de grands chênes disposés par la nature en salle de verdure et dressant comme des colonnes de basalte leurs vieux troncs noirs sur des pelouses d'un vert tendre; le soleil jouait à travers; les oiseaux chantaient sur les branches. Tout à coup sur le sommet d'une montagne la petite ville de Panicale nous apparut, disposée en décoration. Les enchantements de la route étaient doublés par la conversation tour à tour enjouée et profonde de la marquise Florenzi; esprit rare, nourri de la philosophie allemande qu'elle éclaire des nettes lueurs de la vivacité italienne. Sa taille svelte, ses yeux noirs, la distinction de toute sa personne faisaient songer à madame du Châtelet, telle que nous la peint Voltaire. Ainsi que la belle Émilie, elle avait su allier les grâces de la femme à la virilité du savoir. Elle s'habillait comme une Parisienne du grand monde, avec cette entente des couleurs et de la coupe des vêtements qui composent un cadre élégant à la beauté. On devinait, par la séduction qu'elle exerçait encore, tout ce qu'elle avait eu d'irrésistible attrait dans sa jeunesse. Il est des êtres privilégiés d'où le charme découle naturellement, comme d'un instrument de musique s'échappe l'harmonie; la belle Marianna Florenzi avait été adorée par le roi Louis de Bavière. Ce prince était fort laid et avait les cheveux roux. « C'est un bonhomme, disait de lui madame de Staël, qui a de l'esprit et de l'âme enfermés dans de tristes organes. » La beauté et l'intelligence de la marquise l'éblouissaient, il venait tous les ans à Pérouse pour la voir quelques jours; elle-même avait voyagé en Allemagne et séjourné à la cour de Munich; elle avait connu la pléiade des grands poëtes et des grands philosophes de la Germanie et fortifié son esprit dans leur puissant contact. Elle publia plusieurs ouvrages philosophiques qui firent grand bruit en Allemagne et en Italie; un de ses écrits eut l'honneur d'être cité par Gioberti, qui en parle en ces termes dans un des chapitres de son grand ouvrage du *Renouvellement civil de l'Italie* : « Si les communistes procédaient avec une rigoureuse logique ils devraient nier l'individu dans l'universel, et comme l'observe une exquise intelligence, ce serait non-seulement diviser les dons supérieurs et incommunicables du savoir, du génie, de la beauté, de la santé, de la force, mais encore cette individualité que chacun possède naturellement [1]. » La marquise Florenzi fut une des premières à faire connaître Schelling à l'Italie. Elle choisit parmi les ouvrages du grand philosophe le dialogue sur *Giordano Bruno* [2], comme pour rappeler à sa patrie un des plus fiers martyrs du libre examen. Elle dédia sa belle et élégante traduction au comte Mamiani, qui mit en tête de la seconde édition une savante préface. Le vieux Schelling, touché de cet hommage d'une femme séduisante et supérieure, remercia la jeune marquise par cette lettre si pleine de grâce et d'émotion :

[1] *Quelques réflexions sur le socialisme et le communisme* par la marquise Florenzi Waddington.
[2] La marquise Florenzi a publié avec ce dialogue les principes de la doctrine de Schelling et la monadologie de Leibnitz.

« Au temps où l'image enchanteresse de la belle marquise Florenzi était présente à mon âme, je n'aurais jamais pu me figurer, même en rêve, que la femme admirée de loin se serait un jour occupée de philosophie allemande et aurait traduit un de mes écrits dans la magnifique langue italienne.

« Et pourtant c'est ainsi.

« Une œuvre écrite depuis si longtemps qu'elle m'était devenue presque étrangère à moi-même, se représente à moi rajeunie, embellie, et sous une forme pleine de grâce, que son auteur n'aurait jamais pu lui donner.

« Vous pouvez juger, noble marquise, de la joie que j'en ai ressentie, mais vous me permettrez de vous avouer en même temps ma crainte; mon ouvrage, pour mériter d'être traduit par vous eût demandé plus d'élégance et plus de vie; je connais trop bien les défauts de mon livre, que le comte Mamiani a indiqués avec tant de justesse, pour m'enorgueillir de la bonne fortune qui est arrivée à mon dialogue sur Bruno.

« Sa Majesté le roi de Bavière m'a fait la grâce de m'envoyer l'exemplaire de votre traduction qui m'était destiné ainsi que votre lettre en allemand (écrite à ma grande surprise en caractères de la même langue), comme un signe de votre particulière bienveillance. Un homme aussi magnanime que le roi Louis peut beaucoup pour les sciences; je lui ai dû pour ma part une situation qui m'a permis de songer avec un loisir plus grand à perfectionner la forme de mes écrits. Ce qui jusqu'à ce jour nous a manqué, à nous autres Allemands, c'est la sociabilité policée de laquelle s'inspirèrent les anciens philosophes et qui semble encore être le privilège de votre belle patrie. Vous deviendrez, noble marquise, la Diotime des philosophes italiens et nous n'aurons plus la douleur de voir votre nation si hautement privilégiée, manquer à la carrière philosophique dans laquelle vous êtes, madame, appelée à primer.

« Je voudrais que mes derniers écrits (dont l'impression m'occupe en ce moment) eussent le bonheur d'attirer votre attention et fussent un jour, par votre protection, connus de vos compatriotes. Permettez-moi, noble marquise, de finir en vous exprimant l'admiration que je ressens pour votre esprit, si élevé, qui ne le cède en rien à la beauté de votre âme, et agréez avec bonté l'hommage de la parfaite estime de votre très-obéissant serviteur.

« Berlin, 16 novembre 1845. « SCHELLING. »

On comprend avec quelle rapidité s'écoula cette journée de voyage, en compagnie d'une personne aussi intelligente. Vers cinq heures, nous vîmes apparaître la vieille et triste *Pérugia*, groupée sur la colline boisée dont elle couronne le sommet. Peu de villes ont des annales aussi sanglantes et aussi déplorables que cette antique cité de Pérouse, la *Perusia* des Romains ! elle fut prise d'assaut, pillée et incendiée par Auguste (alors Octave), qui immola dans la ville en cendre deux cents victimes humaines sur un autel élevé à Jules César. Devenu empereur, Auguste fit rebâtir Pérouse; mais les monuments dont il l'embellit ne couvrirent point la tache de sang de son horrible hécatombe, elle s'est perpétuée de siècle en siècle dans la mémoire des générations qui durant les massacres récents du colonel Schmitd se disaient avec terreur : l'âme d'Octave est sortie des enfers pour animer ce Suisse *indiavolato*. Au moyen âge, Pérouse fut en proie à la guerre civile des Guelfes et des Gibelins; elle n'eut quelques années de paix et de bon gouvernement que sous la domination de Braccio de Mantoue (surnommé Forte Braccio). Ainsi bien des êtres n'ont dans leur vie que quelques heures de rapide félicité projetant leur lueur mélancolique sur le fond noir de longs jours désespérés. A la mort de ce prince énergique et équitable, Pérouse perdit toute liberté; elle fut soumise à la domination tyrannique des papes. Paul III y fit élever une citadelle qui à chaque tentative d'insurrection bombardait la ville esclave. En 1849, quand la cause de l'indépendance triompha à Pérouse, le peuple démolit l'odieuse forteresse; les soldats du pape, Suisses et Autrichiens, travaillaient à sa reconstruction au moment où je visitai la ville en deuil.

J'arrivai à Pérouse le 15 juin (1860), trois jours avant le sanglant anniversaire des massacres de Schmitd. Nous gravîmes à gauche un faubourg désert dans lequel je remarquai une belle fontaine monumentale appelée *fonte Veggie*. Rien de plus pittoresque et de plus triste que cette vieille et néfaste Pérouse; la colline sur laquelle elle est assise domine une superbe vallée qu'arrose le Tibre; ce fleuve, dont le seul nom évoque le spectre de Rome et le fait planer formidable devant nous, coule à une assez grande distance de Pérouse; la circonférence de la ville est presque aussi vaste que celle de Florence; pas une rue, excepté celle du Corso, n'est alignée; les maisons y *poussent* pour ainsi dire à l'aventure; les remparts couverts de végétation (et dont de grands fragments sont étrusques et d'autres du temps d'Auguste); les jardins en fleur, les champs, les tertres verdoyants, les ravins pleins de broussailles s'enchevêtrent dans la ville et la décorent en tous sens de bouquets et de traînées de verdure. J'aime les pierres et les monuments où la nature se mêle. Pérouse ne ressemble à aucune ville connue; on dirait qu'elle a été oubliée durant des siècles dans un paysage tranquille. — A mesure que nous pénétrons dans la ville, l'impression dure et s'assombrit; le peu d'habitants que nous rencontrons sont des mendiants, des soldats suisses et autrichiens [1], des prêtres et des moines. Les moines sont en majorité; en les voyant flâner dans leur saleté et leur corpulence, je pense à ces paroles du publiciste Pecchio: « Voulez-vous des moines blancs, gris, bleus, déchaussés, essoufflés, bêlants et toujours fétides; de petits clercs dévergondés, des cardinaux rusés, des livres ascétiques et insipides; des journaux qui parlent de messes et de bénédictions? Vous aurez tout cela dans le triple royaume de l'ignorance, de la superstition et de l'inquisition. »

Il y avait cent églises et cinquante couvents à Pérouse [2], au moment où je la visitai, et le nombre en aurait été encore plus grand si le gouvernement papal n'eût lui-même transformé récemment quelques cloîtres en casernes.

Comme nous traversions la petite place Saint-François, nous vimes alignés devant la jolie église de ce nom un peloton de soldats autrichiens auxquels un officier faisait faire l'exercice; sa parole sonore retentissait au milieu du silence et de la solitude; ainsi, les premiers mots que j'entendis en entrant dans une ville italienne furent prononcés en langue allemande; cette proclamation de l'esclavage serrait le cœur; tous ces soldats tudesques, mouchards de la cité, avaient des mines insolentes et stupides. Chaque jour, ils insultaient les citoyens, tout était prétexte à leur brutalité. J'ai dit comment de belles jeunes filles furent souffletées par eux pour avoir porté le portrait du roi. La moustache *à la Victor Emmanuel* était aussi poursuivie à coups de sabre par les soudards. Un perruquier, qui s'était façonné à lui-même un accent circonflexe séditieux, avait été rossé dans sa boutique quelques jours auparavant par trois Suisses ivres; sa femme ayant voulu le défendre subit le

---

[1] A l'époque où j'y arrivais, la garnison de Pérouse se composait de six cents Autrichiens et de huit cents Suisses.
[2] Ville de dix-huit mille âmes.

même traitement; c'était aussi chaque semaine des querelles sanglantes entre les carabiniers italiens et les soldats mercenaires. Tous les carabiniers du pape célibataires avaient déserté pour aller servir dans l'armée de l'indépendance; mais les hommes mariés étaient contraints par la misère à continuer leur corvée despotique. Ils étaient chaque jour insultés et attaqués à coups de sabre par la milice allemande dont tous les crimes restaient impunis. Schmidt, le digne chef de cette garnison de sacripants, venait d'être mandé à Rome et promu par Lamoricière au rang de lieutenant général; on les attendait tous les deux à Pérouse; j'aurais voulu rencontrer le général français; je n'aurais pas hésité à l'aborder et à lui dire librement l'humiliation que je ressentais comme Française, de voir sa gloire d'autrefois ternie par l'abandon de la cause libérale. Le crime de lèse-nation est le plus grand qu'on puisse commettre. De quel droit et sous quel prétexte un étranger combat-il pour retenir esclave un peuple dont il ne fait pas partie? Les Pérousiens avaient surnommé Lamoricière *il capo dei birri*. Cette garnison soudoyée, chefs et soldats, sans foi, sans drapeau; Lamoricière, sceptique; Schmidt, protestant, me rappelèrent l'apostrophe véhémente que notre grand lyrique met dans la bouche de la Suisse reprochant à ses fils avilis leur servage sanguinaire :

> Deuil sans fond, c'est l'honneur de leur pays qu'ils tuent ;
> En se prostituant, c'est moi qu'ils prostituent ;
> Nos vieux pins ont fourni leurs piques dont l'acier
> Apporte dans l'égout le reflet du glacier ;
> Ils traînent avec eux la Suisse, quoi qu'on dise,
> Et les pâles aïeux sont dans leur bâtardise.
> . . . .
> Est-ce qu'ils oseront rentrer sur nos hauteurs
> Ces anciens laboureurs et ces anciens pasteurs
> Que le pape aujourd'hui caserne dans ses bouges ?
> Est-ce qu'ils reviendront avec leurs habits rouges,
> Portant sur leur front morne et dans leur œil fatal
> La domesticité monstrueuse du mal ?
> S'ils osent revenir, si par faveur dernière
> Le pape leur permet d'emporter sa bannière,
> S'ils rentrent dans nos monts avec cet étendard
> Dont l'ombre fait d'un homme et d'un pâtre un soudard,
> Oh ! quelle auge de porcs, quelle cuve de fange,
> Quelle étable inouïe, épouvantable, étrange,
> Femmes, essuyerez-vous avec ce drapeau-là ?

Tout en rêvant à ce stigmate de honte, qui marque au front les armées mercenaires, tandis que la gloire couronne d'une auréole les armées libres défendant la patrie, j'écoutais sir E. Waddington me donner les détails qu'on vient de lire sur ces soudards, terreur permanente de Pérouse. La voiture avait franchi quelques rues tortueuses tout à fait désertes ; elle s'arrêta devant un vieux palais dont la grande porte en chêne fut ouverte aussitôt par deux valets de pied. Nous montâmes un escalier monumental et traversâmes une enfilade de salons magnifiques qui aboutissait au cabinet de la marquise. « Voilà où je travaille, » me dit-elle en m'engageant à me reposer quelques instants dans ce sanctuaire éblouissant ; les muses se jouent sur la voûte azurée peinte à fresque ; la bibliothèque se dresse sur la paroi du fond ; les grands poëtes, les philosophes et les historiens la remplissent. Sur les autres parois sont suspendus des tableaux de maîtres et quelques beaux portraits, un entre autres d'Annibal Carrache, d'une vigueur et d'une expression qui frappe tout d'abord ; il représente un ancien duc de Bevilacqua, chevalier de Malte. Sur son habit de velours noir se détache la croix blanche de l'Ordre ; la main aristocratique écrit tandis que la tête fière et pensive reflète la noble préoccupation de l'intelligence et de la gloire. Ce sont ensuite deux cadres de fleurs adorables par Rachel Ruisch, deux intérieurs flamands, un dessin du divin Raphaël où saint Paul, prêchant devant l'aréopage d'Athènes, a la noble attitude de la statue grecque de Sophocle qui est au Vatican ; puis un paysage riant où se groupe, au sommet d'une roche ombreuse, une villa qui semble un rêve de l'imagination : un courant d'eau serpente au pied de ce mont fleuri ; cette eau, c'est le Tibre, c'est le fleuve-roi de la ville éternelle ; cette habitation, c'est Ascagnano, poétique retraite de la marquise, où je conduirai bientôt mes lecteurs. Sur des meubles en mosaïque sont rangés des vases étrusques, et des poteries exquises des fabriques d'Urbin. Pendant que je jette un coup d'œil rapide à toutes ces raretés, la marquise, qui est allée donner quelques ordres, revient me chercher pour me conduire dans l'appartement qui m'est destiné.

« Vous êtes logée, lui dis-je en souriant, comme devraient l'être toutes les muses, comme l'était la marquise du Châtelet à Cirey.

— J'ai là-haut, sous les combles de la maison, deux chambres d'étude moins riches et plus recueillies, répliqua la marquise ; un atelier où je peins toutes les fleurs de mes jardins et de mes serres d'Ascagnano ; puis un grand cabinet plein de livres, où je m'étends sur un petit lit de repos, ayant autour de moi, épars sur des coussins, mes chers philosophes de tous les temps et de toutes les nations; je m'enferme avec eux, je m'oublie en leur compagnie; ce sont comme des rendez-vous mystérieux que je leur donne tour à tour à chacun; je me pénètre de tous les systèmes et de toutes les doctrines; tantôt, mon intelligence les combat; tantôt, attirée, conquise, convaincue, elle s'en enivre avec cette volupté que fait sentir à l'esprit l'assimilation de l'idéal; parfois même, je ne sais si je m'abuse, mais il me semble que ces unions avec des êtres supérieurs, font tressaillir en moi des germes créateurs : aspirations soudaines, idées préconçues, faculté individuelle, qui n'étaient pas en ceux qui m'ont fécondée. Alors, je me mets à écrire, je sens dans mon sein comme un souffle qui m'agite et précipite l'inspiration, d'abord incertaine, presque douloureuse, enfin triomphante, ayant corps et âme, et se manifestant par la parole comme l'enfant qui naît s'atteste par ses cris. Nous autres femmes et mères, nous devons mieux comprendre cette transmission mystérieuse de l'inconnu à l'éclosion de la vie et de la pensée; mais c'est assez de métaphysique pour le moment, ajouta la marquise d'un ton enjoué, vous êtes lasse, vous voilà chez vous, vous avez une heure d'ici au dîner, reposez-vous, habillez-vous si cela vous plaît, ou restez en toilette de voyage; j'aime la liberté pour moi et pour autrui; j'en ai beaucoup usé, de cette chère liberté indispensable à l'étude; ce qui a livré ma jeunesse à tous les puérils commérages de cette bonne ville de Pérouse; on n'a jamais voulu croire à mes rendez-vous platoniques, même avec des philosophes morts depuis trois mille ans; les compagnons de ma solitude avaient toujours un corps, disait-on; de là, toute une série d'aventures qu'on m'a prêtées et qu'on me prête encore. Il doit en être ainsi en France; l'esprit du monde est partout le même; il dénigre systématiquement ce qui s'élève et plane. »

Nos mains se serrèrent et nous échangeâmes un sourire sympathique.

Un délicieux dîner dans une salle à manger splendide et une nuit de repos dans une chambre blanche et rose, affable et souriante comme la poétique hospitalité qui m'était offerte, me délassèrent de cette journée de fatigue.

Le lendemain, à mon lever, je trouvai la marquise dans son jardin suspendu au-dessus des remparts étrusques qui çà et là dressent leurs fragments éternels au milieu de Pérouse; active, infatigable, après plusieurs heures de lecture et de méditation, l'aimable femme présidait aux travaux d'une serre qu'elle faisait construire. Nous nous assîmes là à l'abri des plantes odorantes, regardant la ville et les collines environnantes groupées à travers le vitrage. Les grands bâtiments de l'université étaient en face. Tandis que nous causions survint M. Boschi, professeur de mathématiques et de physique au collège de Pérouse. La marquise me le présenta.

« Mon mari est obligé de partir aujourd'hui même pour la campagne, où nous le rejoindrons dans trois jours, ajouta-t-elle; en attendant M. Boschi vous fera voir Pérouse. »

Je sortis après le déjeuner avec le jeune et intelligent professeur. Il me conduisit d'abord à l'université. Comme nous traversions une rue déserte, nous rencontrâmes un vieillard aveugle et chancelant appuyé sur le bras d'un domestique. M. Boschi le salua avec respect et lui demanda des nouvelles de son fils. — « *Sempre lontano,* » répondit tristement le vieillard.

Cet homme courbé par les années et la douleur était Domenico Bruschi, professeur de médecine et de botanique et père de Carlo Bruschi, qui avait courageusement combattu l'année précédente à la tête des insurgés de Pérouse. Condamné à mort par le pape, il parvint à s'échapper et alla prendre du service dans l'armée italienne.

Le musée de Pérouse est situé au premier étage du palais de l'université. Avant d'y monter, M. Boschi me fait voir le jardin ombreux et recueilli qui répand le calme et la solitude autour du sanctuaire de l'étude. Le professeur de sculpture, M. Guglielmo Ciani, ancien élève de Bartolini, a là son atelier; nous y entrons un moment et admirons un bas-relief de tombe et un mascaron de fontaine rappelant la manière du maître.

Nous trouvons dans la pinacothèque une fresque énergique du Pérugin, puis une madone superbe et souriante qui convie les cœurs à la prière. Comment fut-elle créée si belle et si divine par ce peintre athée? « Jamais, dit Vasari, on ne put persuader le Pérugin de l'immortalité de l'âme; il avait mis toute son espérance dans les biens de la terre. » A côté des ouvrages de ce maître puissant qui forma Raphaël et lui survécut, sont d'admirables tableaux du *Pinturicchio*. A la suite du musée nous trouvons, dans une salle d'étude, le portrait du roi et celui de M. de Cavour; les jeunes artistes patriotes en font des copies à la barbe du légat et de la garnison autrichienne.

En quittant l'université, nous nous rendons à la *porte d'Auguste*, reste de l'arc de triomphe élevé au triumvir exterminateur; une tour carrée et démantelée du moyen âge est à droite de la porte romaine, une autre plus large, plus haute et dont le couronnement à frise sculptée forme une sorte de terrasse soutenue par des arceaux à colonnes, se dresse à gauche; ces trois constructions forment une masse sombre et imposante qui fait rêver de guerre et de carnage, tandis que deux petites places de Pérouse, étranges, romantiques, semblent disposées à plaisir pour encadrer la nuit les rendez-vous furtifs. — Sur la première place dite *degli Aratri* (des Charrues), est une chapelle surmontée d'un clocheton qui se découpe à jour comme une dentelle sur le fond bleu du ciel. Nous tournons à gauche de cette *piazzetta* par une sorte de couloir qui nous conduit en face d'une décoration merveilleuse composée d'une grande arcade, d'un portique à colonnes inachevées ou brisées, d'un oratoire mystérieux et d'un lointain de rue sombre. Quand la lune se joue à travers cette fantaisie d'architecture, elle y projette des perspectives indécises qui en poétisent la beauté; on croit voir des ombres gracieuses se mouvoir sous la galerie ouverte. Je donnerais toute la rue de Rivoli pour ce coin inouï de la vieille cité, nommé *Maestà delle volte* (Majesté des voûtes). En le laissant derrière soi on se trouve en face de la place du Dôme, où jaillit la belle fontaine du treizième siècle, à trois vasques superposées; elle est ornée de statues, de figurines représentant les saisons et les mois; de personnages de l'Écriture sainte, d'allégories symbolisant des fleuves, de la naïade du lac de Trasimène; du lion des Guelfes et du griffon de Pérouse composant les armes de la ville; tout cela fourmille, s'enlace, s'épanouit dans l'air comme un énorme bouquet dont les fleurs sont des têtes souriantes ou graves. Cette belle et singulière fontaine est l'œuvre de Giovanni de Pise, et d'Arnolfo di Lapo. — La nef de la cathédrale de San-Lorenzo (du quinzième siècle) se déroule à gauche; près d'une porte latérale est une chaire sculptée où quelques évêques ont prêché en plein air. A droite est le petit côté du vieux *palazzo governativo* du quatorzième siècle, sur la frise sont juchés un lion et un griffon en bronze qui semblent rugir. Ce dragon farouche et diabolique figurait pour monseigneur Gramiccia, à cette époque légat de Pérouse,

Garibaldi le possédé. Le héros italien était la terreur incessante de ce malheureux Gramiccia, qui se trouvait, l'année précédente, à Ferrare comme vice-légat au moment de nos victoires. Effrayé par l'agitation patriotique qui se manifesta à Ferrare, il s'était enfui bien vite dans le camp des Autrichiens. Durant la bataille de Solferino, on l'entendit sous la tente de l'empereur d'Autriche soutenir que c'était Garibaldi qui conduisait nos bataillons triomphants, Garibaldi invisible qui avait passé un pacte avec le diable pour renverser le pape et la sainte et glorieuse maison de Habsbourg.

Monseigneur Gramiccia se faisait détester à Pérouse par son caractère à la fois tyrannique et pusillanime. Il sortait peu de son palais gardé par les sentinelles suisses, ne recevait que des officiers et des prêtres et se plaisait particulièrement dans la compagnie du sanguinaire Schmidt dont la présence le rassurait sur le succès possible d'une invasion de Garibaldi.

« Mais Garibaldi est en Sicile, lui objectait-on.

— *È un uomo indiavolato* » (C'est un homme ensorcelé.), répondait-il, lui prêtant le don d'ubiquité. Ainsi le grand inspiré de l'Italie, à des points de vue opposés, était un personnage miraculeux de légende pour le légat comme pour la foule. Ange libérateur du peuple; Lucifer redoutable à la tyrannie; en plein dix-neuvième siècle se renouvelait l'histoire de Jeanne d'Arc, sorcière pour ses bourreaux et sainte pour la France. A coup sûr si monseigneur Gramiccia eût tenu entre ses mains l'*indiavolato* Garibaldi, il n'eût pas hésité à le condamner au bûcher, et Schmidt sans sourciller se fût empressé, sous la sauvegarde de Lamoricière, d'exécuter la sentence.

Nous tournons l'angle du palais et nous nous trouvons dans la rue *del Corso*, où se déroule la grande façade sombre du palais habité par le légat fanatique. Les soldats étrangers fument et boivent le long des murs ou groupés sur la grande porte; ils défient du regard et du geste les rares passants et me donnent une idée de l'horreur que doit inspirer la soldatesque à une ville esclave. C'est de ce côté du *palazzo* que se trouve la petite salle *del Cambio* (change, bourse) et l'oratoire attenant décorés d'adorables fresques, chefs-d'œuvre du Pérugin. A la Nativité, à la Transfiguration, aux sibylles et aux prophètes, l'artiste a mêlé Socrate, Léonidas et d'autres héros de l'antiquité; il s'est peint lui-même parmi eux avec sa mine joviale et sensuelle; la tête est couverte d'une calotte rouge d'où s'échappent ses cheveux d'un blond d'ambre. Raphaël, élève de Pérugin, a travaillé à ces belles compositions à jamais vivantes et inspirées; c'est Raphaël qui a peint la tête du Christ dans le groupe de la *Transfiguration;* il a plus tard reproduit cette tête dans son célèbre tableau sur le même sujet. La gravure et la description ont rendu familières à mes lecteurs ces peintures divines qui devraient être abritées derrière des grilles d'or, tandis que la porte du *Cambio,* donnant de plain-pied sur la rue, les livrait, à l'époque où je les vis, aux atteintes de la poussière, du vent et des ordures que le gardien papal laissait pénétrer sans scrupule, avec une insouciance monacale, dans la salle ouverte. — Nous trouvons au haut de la rue du Corso (à gauche) le palais habité par Schmidt. — Ce vieux sabreur a soixante-dix ans ; il vit là comme un chacal dans sa tanière; se grisant doublement avec de la bière allemande et l'âcre fumée de vieilles pipes culottées. Quand les enfants le voient passer, ils s'enfuient avec épouvante, se disant entre eux : « *Ecco il boia.* » (Voilà le bourreau.)

Nous revenons sur nos pas et nous nous arrêtons un moment sur la *place des Papes,* absolument déserte, où se trouve la statue en bronze de Jules III, sentinelle taciturne que salue par intervalle quelque moine qui passe.

La marquise Florenzi a ce jour-là à dîner plusieurs hommes distingués de Pérouse, échappés à la proscription, malgré leurs idées libérales; le savant docteur François Bonucci, professeur de philosophie et de psychologie, auteur d'importants ouvrages scientifiques ; M. Périclès Mancini, professeur de littérature; M. Guglielmo Ciani, le sculpteur dont j'ai parlé; le professeur Boschi, qui vient de me guider à travers Pérouse, et le comte Montesperilli, poëte, archéologue, noble esprit, cœur excellent, l'un des amis les plus dévoués de la princesse Marie Bonaparte. La politique, la philosophie, l'art et la poésie nous passionnent tour à tour; nous causons avec cette animation qu'inspire le sentiment, je dirais volontiers l'amour, des choses dont on parle. A Paris on dit beaucoup de riens charmants, on plaisante sur tout du bout des lèvres, même des convictions les plus sérieuses ; on craint de paraître ému ou grave et l'on dissimule l'enthousiasme et l'admiration comme une faiblesse, on appelle cela le *bel esprit.* J'avoue que je préfère l'esprit sincère et naïf où l'on ose être soi; avouer ses goûts, ses opinions, ses passions mêmes.

La marquise Florenzi dirigea notre longue causerie avec cette *maestria* d'intelligence que donne l'universalité du savoir. C'était une madame de Staël, tranquille et sereine, ne visant pas à l'éloquence et à l'effet, mais émettant tout à coup une pensée rare et lumineuse, en faisant jaillir les déductions avec une parole brève et précise et pour ainsi dire correcte comme un marbre grec. Je la vois encore défiant le temps, toujours harmonieuse et séduisante; vêtue d'une robe de cachemire blanc, aux plis souples et nombreux; sur sa taille svelte se jouait une veste turque brodée d'or; ses yeux éclataient sous les bandeaux bruns de ses cheveux lisses; un peu lasse du voyage de la veille, elle se tenait étendue sur une chaise longue et ses pieds d'enfant reposaient sur un coussin.

Le lendemain, dimanche, le comte Montesperelli vint me chercher pour visiter l'intérieur du Dôme et du palais du gouvernement. L'église malheureusement restaurée a perdu de son caractère. Elle a conservé de superbes vitraux, des stalles en chêne sculpté d'après des dessins de Raphaël, et quelques beaux tableaux. Tandis que nous considérons une *Descente de croix* de Baroccio, nous voyons debout dans la chapelle où se trouve ce tableau un gros officier suisse, à moustaches rousses; il semble attendre, impatient, quelqu'un qui ne vient pas; en nous entendant, il lève la tête et se met à arpenter le pavé à pas précipités; tout son poil fauve frissonne et sa mine est à la fois farouche et grotesque; il est seul dans la chapelle déserte comme un animal dans sa cage.

« Voilà un de vos tyrans, dis-je en souriant au comte Montesperelli, qui attend quelque Pérousienne égarée.

— Elle aura réfléchi et lui laissera monter une garde illusoire, réplique le comte: la race tudesque et la nôtre n'ont jamais pu s'unir, même dans l'amour, que par la violence; il y a de ces répulsions de sang que rien ne surmonte.

— L'indépendance de l'Italie, délivrée des Autrichiens et des Suisses, pourra un jour vous les faire traiter en frères, repartis-je; d'ici là ce sont des ennemis que les Italiennes ne sauraient aimer sans s'avilir. »

Quand nous sortîmes du Dôme, la femme, évidemment attendue, n'y était point arrivée. Le comte riait et se frottait les mains:

« Elles leur jouent souvent de ces tours-là; ce sont de braves cœurs: les promesses sont faites, les rendez-vous sont accordés, mais à l'heure dite le galant odieux se morfond seul aux pieds des remparts ou sous les arceaux d'une église. »

Nous suivîmes la place du Dôme et longeâmes *il palazzo* jusqu'à la petite salle du *Cambio* où je voulus rentrer pour voir de nouveau les chefs-d'œuvre du Pérugin avec le comte Montesperelli qui en a publié une description (illustrée de gravures) d'un vif intérêt. Je m'arrête de plus en plus émerveillée devant le groupe des prophètes et des sibylles si savamment caractérisé dans l'ouvrage dont je viens de parler. La sibylle de Libye et celle de Tibur sont superbes; la tête de Moïse et la tête de Jérémie sont empreintes de leurs visions mystérieuses, Dieu s'agite en eux. Raphaël et Michel-Ange se sont inspirés de toutes ces nobles figures et ne les ont pas surpassées. Dans le groupe de la *Nativité*, je regarde encore la Vierge penchée vers l'enfant Jésus; c'est une des plus belles madones qu'ait peinte le Pérugin. L'amour, la foi et le respect pour ce fils qui lui doit la vie terrestre et qu'elle adore comme un Dieu, resplendissent sur le visage de Marie; l'artiste athée a saisi et rendu à force de génie l'expression de l'idéal chrétien.

Nous ne pouvons visiter les appartements du *palazzo Governativo* occupés par le craintif légat Gramiccia et qui donnent sur la place du Dôme. Nous montons dans la partie du palais située sur le Corso, au-dessus du *Cambio*. Nous trouvons dans l'escalier du premier étage une bizarre statue allégorique de Pérouse en terre cuite, puis nous parcourons une série de salles ornées de vieux portraits de papes et de cardinaux qui aboutissent à une petite chapelle surchargée d'ornements et où un prêtre officie. Le pavé est jonché de rameaux de buis, je ne sais en l'honneur de quelle fête; quelques soldats entendent la messe. Au second étage se trouve une immense salle voûtée qui sert aux assemblées populaires. La voûte est soutenue par des piliers énormes d'une grande hardiesse; les peintures qui la décoraient ont disparu sous une couche de chaux; une sentinelle suisse, hallebarde en main, se promène seule de long en large et siffle, pour se distraire, un air de ses montagnes. Le comte Montesperelli lui demande en allemand s'il se plaît en Italie?

« Oui, répond-il sans hésiter, je suis bien payé! »

Anéantir dans l'homme tout sens moral, n'en plus faire qu'une machine à gain et à appétits, c'est l'office des gouvernements tyranniques; veiller sur les nobles instincts de l'âme, les exciter à l'honneur, au dévouement, à l'abnégation, au martyre, est le propre des nations libres.

En sortant du palais, je regarde l'entablement de la belle porte architecturale par laquelle nous sommes entrés ; les figurines de S. *Lodovico*, de S. *Lorenzo* et de S. *Ercolano*, protecteurs de Pérouse, se dressent sur le fronton; aux corniches s'enlacent des enfants et des feuillages; de chaque côté sont deux lions et deux griffons étreignant la louve de Sienne. Cette porte est un morceau rare de sculpture byzantino-romaine.

Nous traversons la place des Papes et tournant à droite nous trouvons dans une rue montueuse (comme toutes celles de Pérouse) le palais de la princesse Marie. Les fenêtres et les portes sont closes, l'herbe croît sur le seuil.

« Voilà le balcon où la princesse s'est montrée radieuse il y a un an et a été acclamée par le peuple, » me dit le comte Montesperelli en me désignant une fenêtre à balustres du premier étage, « je ne la vis jamais si belle qu'en ce moment-là; on eût cru une reine élue par le choix de la foule. Qui m'aurait dit que ce jour de triomphe était le prélude de son absence! Depuis qu'elle est partie, je ne sais que faire de mon âme, » ajouta en rougissant un peu le noble comte.

Il frappa deux coups à la porte fermée, une vieille femme vint nous ouvrir; c'était la gardienne fidèle du logis. Ses premières paroles furent pour se renseigner de la *cara principessa*. Quand le comte lui apprit que je l'avais quittée l'avant-veille, elle me baisa la main en s'écriant: « *Siete felice, signora* » (Vous êtes heureuse, madame:) puis prenant un trousseau de clefs, elle nous précéda et nous ouvrit les appartements abandonnés avec précipitation durant les sinistres massacres de Schmidt. Tout y était encore comme au moment du départ de la princesse. Dans le vestibule je trouvai une élégante chaise à porteurs; les dames de Pérouse se servent toujours de ce véhicule à bras si cher à nos grand'-mères pour se rendre en hiver au théâtre et au bal, car lorsqu'il pleut ou qu'il neige, les chevaux s'abattent à chaque pas dans ces rues formant précipice. Sur la table d'un premier salon sont encore des ouvrages de broderie commencés par la princesse et ses filles, et un roman de madame Sand (l'*Homme de neige*), dont la lecture fut interrompue par le bruit des fusillades. Dans la galerie, parmi les portraits de famille, je remarque le buste du jeune prince Paul, mort à Navarin; il est d'une beauté idéale. Celui de la princesse, superbe d'aspect, rend la pureté des lignes grecques; mais le regard, le feu de ces yeux si doux et si expressifs, comment les faire pénétrer dans le marbre? — Dans la bibliothèque je trouve les auteurs préférés par la princesse: Alfred de Vigny, Lamartine, Sainte-Beuve, Mérimée, Balzac, Alfred de Musset. Une petite place m'a été donnée près d'eux. Je quitte émue ce palais vide, je me dis : Quand donc celle qui en était l'âme y reviendra-t-elle avec la liberté [1]?

La soirée de ce jour, comme la précédente, fut donnée à la causerie; je goûtais de plus en plus l'esprit de la marquise Florenzi, nous étions en communion d'idées philosophiques. L'intelligence nous lie aussi vite que le sentiment; elle cimente des sympathies plus fortes et plus durables. — Un peu souffrante, la marquise ne put m'accompagner le lendemain, comme elle l'avait projeté, dans mes dernières excursions à travers Pérouse et hors les murs. Elle me dit avec sa grâce cordiale: « Je réserve mes forces pour vous montrer *Ascagnano*, cette retraite où j'ai le mieux senti et le plus travaillé. »

Nous partîmes vers midi avec le professeur Boschi, dans l'équipage en grande livrée de la marquise; nous traversâmes la place du Dôme et montâmes la rue du Corso jusqu'à la citadelle (nommée fort Paolino). Elle fut rasée comme je l'ai dit, en 1849, mais par ordre de Lamoricière, on travaillait depuis quelque temps à sa reconstruction. Nous trouvâmes, ce jour-là, un grand nombre d'ouvriers de Pérouse et des environs occupés à la besogne liberticide; ils étaient sombres et tristes en poussant et hissant les moellons, mais sans doute ils se disaient comme les ouvriers de l'arsenal de Venise: *Bisogna aver pane!* « De ce fort, l'on pouvait et l'on pourra bientôt encore bombarder toute la ville, » me dit le professeur Boschi. Nous descendons à gauche une grande allée d'arbres longeant les vieux remparts dans lesquels se trouve enclavée et murée la porte romaine *Marsia*. Le fronton antique sculpté saillit sur la muraille des remparts que dépasse une tour gothique démantelée. C'est un des curieux aspects de Pérouse. Nous passons ensuite à travers le faubourg Saint-Pierre qui fut le principal théâtre des massacres de Schmidt; beaucoup de maisons portent encore la trace des balles et des bombes. Nous arrivons devant l'église et le couvent de *San Pietro fuori di mura*. La moitié du couvent a été transformée en caserne: comme nous traversons les galeries du cloître où des soldats fument et boivent, l'un d'eux m'entendant parler français au professeur Boschi s'approche et me dit:

[1] Elle y revint cinq mois après et y reçut son cousin le marquis Pepoli, commissaire royal dans les Marches et l'Ombrie.

« Madame, je suis un compatriote et je puis vous montrer le couvent.

— Quoi, vous êtes Français, répliquai-je, et vous servez dans l'armée papale? Votre place n'est point ici, rejoignez nos drapeaux. »

Il courba la tête et ne répondit rien.

Ce vaste et magnifique couvent n'avait plus que trente moines de l'ordre du Mont-Cassin, faisant l'éducation de treize élèves! On s'est battu là il y a un an, et comme les maisons du faubourg, la façade de l'église porte les traces des balles; le sang a coulé dans l'église même. Nous pénétrons dans la nef soutenue par dix-huit colonnes de granit. Un moine nous conduit; nous nous arrêtons longtemps devant un admirable Christ du Pérugin; les stalles et les boiseries ont été exécutées sur les dessins de Raphaël; le moine nous désigne le buffet d'orgue placé très-haut à droite de la nef et qui touche à une fenêtre ogivale.

« C'est dans ces orgues, me dit le professeur Boschi, que se cachèrent six combattants de l'insurrection vaincue, échappés au massacre. Il y avait parmi eux le fils du comte Guardabassi (président du gouvernement provisoire), un jeune moine qui valait mieux que les autres, comprit qu'il serait agréable à Dieu en dérobant quelques victimes aux vengeances papales; il secourut furtivement ces malheureux dont deux étaient blessés; les soldats suisses, gris de sang et de vin, remplissaient l'église et fouillaient de chapelle en chapelle, ils oublièrent le buffet d'orgue. Le jeune moine se tenait agenouillé, cachant de sa robe la porte de l'escalier des orgues. Les soudards défenseurs de l'église passèrent devant lui en le raillant: ils pensèrent qu'il avait peur; les mains jointes, le pauvre moine tremblait et son visage était d'une pâleur livide. Ce n'était pas pour lui qu'il craignait; il avait la terreur de la charité; il songeait aux six proscrits qu'il abritait par sa prière. Tant que dura le jour, il murmura des oraisons. — La nuit, quand les soldats ivres dormirent au pied des colonnes de l'église profanée, le moine apporta un peu de pain et d'eau aux prisonniers; il ne pouvait faire plus sans éveiller le soupçon. Les proscrits restèrent là plusieurs jours; enfin, une nuit, au moyen de cordes que leur procura le moine, ils parvinrent à s'échapper par une des fenêtres ogivales. Quelques paysans qui dormaient dans la campagne sur les meules de blé coupé, virent des formes de corps se mouvoir et descendre entre les arcs-boutants du vaisseau de l'église; ils crurent à un miracle; ils pensèrent que les saints et les anges de marbre s'enfuyaient épouvantés des sacriléges de la soldatesque. Les fugitifs coururent à travers la campagne et parvinrent à passer la frontière toscane. J'aurais voulu savoir le nom et serrer la main du moine qui les avait sauvés.

« Il ne s'est pas fait connaître, me dit le professeur Boschi; sa belle action est restée anonyme, mais les proscrits le reconnaîtront un jour, quand la liberté les ramènera à Pérouse; et peut-être le dévouement de ce moine préservera-t-il le couvent des représailles populaires. »

Nous entrâmes dans la sacristie où sont cinq petits tableaux du Pérugin, d'un fini admirable, et un saint Jean-Baptiste embrassant l'enfant Jésus, œuvre de la jeunesse de Raphaël, d'une exquise suavité. Le moine qui nous conduit nous montre avec un juste orgueil la collection des grands missels et psautiers illustrés de merveilleuses vignettes, faites par les bénédictins du seizième siècle; les plus belles scènes de la Bible et de l'Évangile sont naïvement reproduites dans ces patientes miniatures. Je demande au moine s'il est encore parmi ses frères des artistes et des érudits.

« *Oggi non si fa piu niente* » (Aujourd'hui, on ne fait plus rien.), me répond-il avec simplicité.

En sortant de l'église, nous parcourons la belle promenade *del Frontone*, qui se déroule à droite du couvent. C'est sous ces vieux arbres que les bandes d'insurgés vaincus par Schmidt se réfugièrent et furent tués sans pitié à la baïonnette; en souvenir de cet horrible exploit, le peuple appela Schmidt par dérision *il duca del Frontone*. Nous remontons en voiture tout en regardant le joli jardin du couvent suspendu en terrasse au-dessus de la route que nous suivons et dominant la fertile vallée où serpente le Tibre. Après une demi-heure de marche, nous nous arrêtons à la villa *Palazzone*. Cette villa et les tombeaux étrusques qui l'environnent, appartiennent au comte Baglioni de Pérouse. Le valet de pied de la marquise hèle un paysan de la ferme; il arrive aussitôt avec la clef du grand sépulcre étrusque des *Volumnii* (Velimnas), situé sous un tertre à gauche de la route. Une porte en bois a remplacé la large pierre qui murait l'entrée du caveau et que l'on voit encore debout à côté du seuil. Notre guide allume deux torches de résine; nous entrons dans la sépulture antique taillée à même le roc et dont la forme est absolument semblable à celle d'une chapelle gothique; dans le fond, à la place réservée au chœur dans les temples chrétiens, se trouvent sept tombeaux; sur cinq sont sculptées des têtes de Méduse d'un type grec très-pur; les statues couchées rappellent celles que j'ai vues aux Offices de Florence et à Chiusi; un petit sarcophage sans figure porte une double inscription étrusque et latine. Je suis très-frappée par trois médaillons, dont un représente Apollon et les deux autres des portraits de famille. De petits génies en terre cuite bronzée sont suspendus à la voûte de la chapelle. Deux caveaux latéraux sont inhabités; ils attendaient les morts qui ne sont pas venus. Aux murs de la nef sont çà et là des têtes de serpents en terre cuite, formant des anneaux où l'on suspendait des lampes sépulcrales. En sortant de la nécropole des *Volumnii*, nous sommes éblouis par la belle vallée pleine de soleil et de végétation qui se déroule devant nous et que bordent les ondulations des montagnes, dont une est couronnée par la ville d'Assise découpant en pleine lumière son château fort et sa célèbre église de Saint-François sur un fond d'azur. Plus loin est la petite ville de *Foligno*. Au pied des collines coule le Tibre, qui fait mille circuits. C'est la prolongation de cette vallée toute couverte de blés, d'oliviers, de mûriers et de vignes suspendues aux arbres, que nous suivrons demain pour nous rendre à la villa de la marquise.

Sir E. Waddington nous avait précédées à Ascagnano. Nous partimes avec la marquise le mardi matin (19 juin 1860) par un temps tiède et doux; la route était superbe : tantôt nous suivions les bords du Tibre; tantôt nous le laissions au loin. Nous fîmes une halte à la *Colombella*, joli château qui appartient au fils de la marquise Florenzi et qui domine une colline à gauche de la route. Je trouvai là un intérieur qui me rappela le *Lys dans la vallée* de Balzac. Le fils de la marquise, gentilhomme de campagne, s'est entièrement voué à la culture de ses terres; sa jeune femme, mère d'un bel enfant, fraîche, naïve, recueillie, a des airs de madone; auprès d'elle habitait en ce moment un de ses frères, un beau jeune homme de dix-neuf ans qui se mourait de la poitrine; elle nous parla de lui en pleurant, et comme pressentant sa fin prochaine. Don Benedetto, curé d'un village voisin, était l'hôte de la Colombella et le directeur de conscience de la jeune femme. Grand, fort et osseux, il avait passé la cinquantaine, c'était un mangeur et un buveur résolu qui manquait d'onction et de douceur. A cheval sur le dogme, il était très-accommodant en morale. Je me mis aussitôt à le quereller sur le pouvoir temporel et sur la pratique de l'abstinence qu'il observait très-peu. La marquise me dit :

« C'est de bonne guerre, » et elle me secondait en riant. Sa jeune belle-fille venait au secours de don Benedetto, — il était prêtre, il la guidait dans la foi et dans la charité, cela suffisait pour qu'elle le respectât sans examen. Malgré mes attaques peu orthodoxes, l'aimable femme me prit en sympathie subite. Après le déjeuner, elle me fit visiter le château, tandis que la marquise causait affaires avec son fils. En entrant dans la chapelle, elle se prosterna et pria pour son frère. Quand elle releva la tête, je vis son visage couvert de larmes. — Nous parcourûmes les jardins, très-variés et très-beaux; nous nous assîmes sous les acacias et sous les arbres de Judée, qui entrelaçaient leurs branches fleuries comme des rameaux de stalactites et de corail; puis nous rentrâmes à la villa par un péristyle à colonnes, où se trouve une inscription rappelant les visites du roi Louis de Bavière à la *Colombella*.

Vers trois heures nous nous remîmes en route; la jeune femme m'embrassa en me disant : « Au revoir, j'irai passer la journée de jeudi à Ascagnano pour vous retrouver.

— C'est un ange, me dit la marquise; elle n'a aucun souci de sa grâce et de sa beauté; elle porte des robes trop courtes faites à Pérouse; je n'ai jamais pu lui donner un éclair de coquetterie. »

Nous arrivâmes à Ascagnano par une route bordée de grands arbres décrivant une longue avenue. Leur ombre nous dérobait le Tibre, qui coulait à côté et dont nous entendions le murmure. Nous descendîmes au bord du fleuve romain et montâmes dans un bac pour gagner l'autre rive, sur laquelle se dresse une haute et étroite colline toute couverte d'arbres et de haies embaumées; au sommet est assise, au milieu des jardins, la poétique villa d'Ascagnano. En face de la maison s'élève un joli belvédère, surmonté d'une tour en brique rouge, d'où l'on embrasse un immense horizon. Aux flancs du riant mamelon serpente une route carrossable que prennent les voitures quand le Tibre est à sec, mais en ce moment les chevaux ne peuvent franchir le fleuve grossi par les derniers orages, et nous devons suivre la route abrupte des piétons. Elle est formée par des degrés pavés de cailloux et bordée d'arbustes enchevêtrés qui la parfument. L'imagination ne saurait rêver une retraite plus solitaire et plus enchantée; je regarde avec surprise le paysage inouï qui m'entoure. La marquise s'assied sur une chaise à bras portée par deux paysans de l'Ombrie. L'un, nommé David, est beau comme une statue antique. Je refuse d'abord de me faire hisser de la sorte jusqu'au faîte du roc ombreux, mais bientôt l'essoufflement me gagne et je me confie comme la marquise à deux robustes *contadini*, qui montent, en chantant, le chemin presque perpendiculaire. A mesure que nous approchons du sommet l'air s'épure; il souffle plus vif et plus frais. Au-dessous de nous, la rumeur du Tibre s'étend et se répercute; ses eaux nous sont cachées par les chênes touffus qui poussent sur le flanc du roc. Arrivées au point culminant, nous trouvons la villa, entourée d'une terrasse que décorent de grands vases en terre cuite d'où jaillissent des orangers couverts d'une neige de fleurs. Une sœur de la marquise et sir E. Waddington sont venus à notre rencontre jusqu'à mi-côte et nous ont soutenues en riant sur nos sièges vacillants. Nous entrons dans la villa par un vestibule peint à fresque; dans un magnifique salon, que nous traversons d'abord, des fleurs exotiques se massent dans de grandes potiches chinoises; les perruches s'ébattent sur des perchoirs d'ivoire, les oiseaux gazouillent dans les volières, les fauteuils et les chaises longues forment des méandres autour des tables et des étagères, où se pressent les livres, les albums et les objets d'art.

La marquise me conduit dans l'appartement qui m'est destiné. C'est le même qu'occupait le roi Louis de Bavière quand il venait à Ascagnano. Le lit de ma chambre peinte à fresques est en bois de chêne et s'abrite sous un dais armorié.

Après le dîner, la marquise me fait faire le tour des terrasses et des jardins, à la suite desquels (sur la pente douce opposée au versant où coule le Tibre) sont des terres à blé, des vergers de mûriers et des bouquets d'arbres énormes. — Arrivées sur un plateau nous voyons les belles fermes modèles construites par sir E. Waddington, qui se dessinent sur des coteaux plus bas et ondulent en demi-cercle au-dessous du rocher d'Ascagnano. Au loin de grandes montagnes bornent l'horizon tranquille. Près de nous, dans les clairières ombragées de chênes, paissent des troupeaux de cochons et de brebis gardés par de petites paysannes de dix à douze ans, vêtues d'une chemise écrue, d'un corset en laine jaune lacé sur le dos avec des cordons rouges ou verts; elles portent au cou un collier de corail; leurs cheveux crépus et fauves sont massés sur la nuque, elles marchent pieds nus à travers la pelouse fleurie ou s'asseyent dans une belle attitude, qui s'ignore, sur quelque roc au bord des ravins; leurs grands yeux noirs jettent des regards vagues sur le paysage voilé par le crépuscule. A quoi pensent-elles? Sentent-elles instinctivement la beauté de la nature?

Nous nous reposons sur l'herbe en leur compagnie; les étoiles commencent à briller sur la cime des monts; leurs lueurs pénètrent à travers les feuilles des arbres. Le ciel blanchit, la campagne se revêt par degré de teintes d'opales. Nous parlons avec la marquise des mondes qui flottent sur nos têtes, des aspirations de l'âme, des découvertes éternellement bornées des plus grands génies; de la philosophie des Hindous, des Grecs, des Arabes, et des diverses écoles modernes. Sa sœur nous écoute étonnée, ne comprenant rien à notre métaphysique. C'est un cœur simple et pieux; elle copie depuis plusieurs années les manuscrits de la marquise sans en pénétrer le sens; *cela l'amuse*, dit-elle en parlant des travaux de ce noble esprit; en ce moment elle est tentée de nous croire un peu folles et un peu *démoniaques*. Elle va causer avec les petites bergères et leur dit qu'il est temps de rentrer à la ferme, que la rosée de la nuit est mauvaise aux troupeaux.

Nous passons là de douces heures, nous absorbant, pour ainsi dire, dans le calme absolu de l'atmosphère. Pas un souffle d'air, pas un frôlement d'aile ne trouble le silence de l'étendue, pas un nuage n'altère le rayonnement des astres dans le ciel. Je n'ai trouvé de pareilles nuits qu'en Italie. Comme nous regagnons la villa, nous voyons flotter une vapeur nacrée au-dessus du cours du Tibre. C'est comme un fleuve aérien et impalpable qui double les ondulations du fleuve réel.

Le lendemain, à mon réveil, je trouve la marquise dans la basse-cour, où sont réunis tous les oiseaux et tous les volatiles de la création; ils s'ébattent, joyeux et charmants, sous des abris tapissés de chèvrefeuilles et de rosiers grimpants. Ils ont leur coin à eux dans ce paradis; ils semblent tous reconnaître la voix timbrée qui les appelle et la blanche main qui leur distribue le mil. Tandis que les poussins viennent en foule becqueter les petits pieds de la marquise et que les pintades effleurent les bords de sa robe, je murmure en la regardant ces vers que j'ai faits pour ma mère dans mon enfance et qui rappellent un tableau semblable :

> Sous un orme où l'oiseau pose son nid de mousse,
> Où le coq matinal chante, où la poule glousse,

> Où le paon fait briller son plumage étoilé,
> Tu t'arrêtais pensive en égrenant du blé,
> Et la poule et le coq à la crête écarlate
> Accouraient en grattant le gazon de leur patte,
> Et le paon, déployant sa queue en tournesol,
> Leur disputait le grain qui tombait sur le sol;
> Et les oiseaux dans l'air jetaient de clairs ramages,
> Et le soleil jouait à travers leurs plumages.
> Rêveuse j'admirais ton immense bonté,
> Embrassant la nature en son immensité,
> Monter dans un élan de tendresse infinie,
> Du ciron qu'on écrase aux douleurs du génie.

La marquise tenait à la main un bouquet de plumes au duvet neigeux, comme des marabouts; elle me le tendit en m'apercevant.

« Voilà tout ce qui me reste de ma belle paonne blanche, me dit-elle; elle a disparu cette nuit et l'on n'a pu la retrouver, c'est une couveuse farouche capable d'avoir été nicher au loin dans les broussailles qui bordent le Tibre ou dans quelque creux de montagne; prenez ces plumes elles vous feront une jolie coiffure.

— Mais il faut retrouver l'oiseau, repartis-je.

— David et trois paysans font des battues dans les environs et si ce n'était la peur d'un coup de soleil je me serais mise à leur tête, » répliqua la marquise.

Nous employâmes les heures chaudes de la journée à visiter l'intérieur de la villa; chaque partie en est disposée avec ce goût artistique qui caractérise les maisons italiennes; le luxe des fresques, des stucs, des marbres, des tableaux, des stores, des tentures et des meubles rares est doublé à Ascagnano, par l'irréprochable propreté anglaise. Pas une mouche dans la salle à manger et dans l'office où se trouvent, comme en Hollande, réunis sur des étagères les pâtes, les fruits, les confitures, les salaisons, les conserves de toute espèce. C'est à faire pâmer les gourmets des cinq parties du monde. Pas un atome de poussière dans le salon embaumé par les émanations des fleurs. Nous nous y asseyons une heure et la marquise m'engage à feuilleter deux albums que lui a donnés le roi Louis et qui renferment les dessins de tous les monuments de Munich et de la Bavière. Nous regardons ensuite les portraits de famille rangés dans une galerie voisine. Celui de la marquise resplendit entre tous : elle est là idéalement belle, comme elle le fut à vingt ans. Nous allons après dans la bibliothèque; la marquise y travaille chaque matin à un ouvrage de philosophie qui résumera ses études et ses méditations. Elle m'en lit quelques pages où la profondeur des idées éclate dans l'éloquence de la forme. Je l'écoute ravie et le temps s'écoule avec une rapidité qui m'attriste. Les jours d'une telle harmonie sont si rares dans la vie qu'on voudrait en arrêter la fuite.

Vers cinq heures, un messager apporte à la villa le *Siècle*, le *Journal des Débats* et la *Nazione* de Florence, qui arrivent par contrebande dans l'Ombrie et sont distribués de château en château et de village en village. Pendant le dîner survient le beau paysan David, la face rayonnante. Il a découvert la paonne perdue ; elle a pondu ses œufs dans les grandes broussailles qui bordent le Tibre, au pied du roc d'Ascagnano. Elle les couve immobile.

« Elle sera dévorée cette nuit par quelque chien errant, ou piquée par les vipères, » s'écria la marquise.

L'ingénieux David propose ou de monter la garde auprès de la paonne ou de l'emprisonner dans une cabane qu'il construira sans bruit avec des planches.

En sortant de table, nous allons tous faire visite à la blanche couveuse. Nous descendons par le sentier abrupte, monté à notre arrivée, puis tournant à gauche nous passons à travers les buissons épineux des églantiers à fleurs roses auxquels s'emmêlent des traînées de volubilis blancs ; c'est là que la paonne s'est choisi un nid délicieux entre deux petits rocs moussus ; les flots du Tibre la bercent de leur murmure ; les vieux chênes aux troncs rugueux l'abritent de leur ombre. Quelle jeune accouchée n'envierait cette alcôve ! Nous apercevons la mère tranquille arrondie sur ses œufs comme un monceau de neige ; ses yeux brillent, sa queue et ses ailes frémissent au bruit que font nos pas ; David, coiffé d'un bonnet rouge et armé d'un fusil, fait sentinelle auprès d'elle.

« Voilà, dit-il en brandissant son arme, de quoi chasser l'ennemi.

— Vous ferez peur aux chiens mais non aux vipères, répond la marquise.

— Eh bien, Excellence, réplique David imperturbable, je vais construire la cabane. »

Le jour suivant, le dernier que je dois passer à Ascagnano, arrive dès le matin l'angélique belle-fille de la marquise accompagnée de don Benedetto que la marquise appelle en riant le grand chien de garde de sa bru. A déjeuner la guerre recommence entre le prêtre et moi. Je lui pronostique qu'avant un an le pape aura perdu les Marches et l'Ombrie.

« Il est temps que vous reveniez aux mœurs de la primitive Église, à l'abstinence, à la charité, dit en riant la marquise au *frate* robuste qui engloutit en ce moment d'énormes tranches de mortadelle aux pistaches.

— Les prêtres sont des hommes, répond benoîtement don Benedetto; ils ne sauraient, en revêtant la robe, supprimer les passions.

— En ce cas ils manquent à leurs vœux d'abstinence et de chasteté, observe sir E. Waddington.

— Ces vœux sont volontaires et non canoniques, répond le curé.

— Oh! don *Maledetto*, dis-je à mon tour, voilà une distinction que je noterai.

— Faites, reprend-il imperturbable; je connais les lois de l'Église mieux que vous autres laïques, et je soutiens que l'infraction aux vœux dont vous parlez n'est qu'un péché véniel.

— Dont vous avez le saint privilége de vous absoudre les uns les autres, ajoutai-je.

— *Si, signora*, » me répondit-il impassible, et le déjeuner achevé il alla s'asseoir sur la terrasse et digérer en fumant.

« Venez donc voir les réparations que je fais à ma chapelle, lui crie la marquise.

— J'y dirai la messe quand elle sera finie, riposte don Benedetto, en attendant je vais faire ma sieste. »

Plus curieuse que lui, je visitai la chapelle: c'était une jolie nef gothique presque en ruines et dont les murs extérieurs étaient couverts de lierre. La marquise la faisait restaurer avec ce goût intelligent qu'elle applique à tout.

Nous trouvâmes sous ces arceaux un peu de fraîcheur, mais au dehors l'atmosphère était étouffante; le soleil dardait d'aplomb ses rayons sur le haut sommet d'Ascagnano. Étendues sur des divans, nous passâmes les heures brûlantes à entendre la belle-fille de la marquise nous chanter des mélodies de Schubert. Après le dîner une brise fraîche se leva et nous commençâmes une longue promenade.

« Vous ne connaissez que la cime de mon rocher, me dit la marquise; nous allons en tourner les flancs en suivant la route carrossable. »

Don Benedetto refusa de nous accompagner; il avait, prétendait-il, à confesser quelques serviteurs.

« Je vous interdis la confession de mes femmes de chambre, lui dit la marquise en riant; après votre profession de foi de ce matin vous me paraissez un tentateur plus qu'un directeur. »

Nous marchâmes sous des chênes gigantesques qui bordent un beau chemin où les genêts en fleur forment au pied des arbres des fourrés impénétrables. L'horizon se fermait ou s'ouvrait devant nous suivant les ondulations du sol. Arrivés dans un carrefour de verdure à l'est de la colline d'Ascagnano, nous découvrîmes la plaine que nous avions traversée en venant de Pérouse : des tertres et des coteaux revêtus de végétation la coupaient çà et là; les châteaux, les villages et les couvents se détachaient en blanc sur le fond brun des arbres qui couronnaient les sommets; les teintes pâlies du jour mourant se fondaient dans la nuit lumineuse; bientôt la voie lactée s'étendit dans l'éther comme une avenue sablée d'or. — Ainsi que le soir de mon excursion à Fojano, des essaims de lucioles voletaient de toutes parts; la nature m'attirait telle qu'un être vivant, énergique et fascinateur; je me sentais perdue et pour ainsi dire immobilisée en elle.

« A quoi pensez-vous? me demanda la marquise.

— Je pense, répondis-je, que je voudrais *épouser* un de ces châteaux pour vivre et mourir ici, et, du geste, je lui montrai au faîte d'une montagne une villa surmontée d'un clocher.

— Pour épouser le château, il faut épouser le propriétaire, repartit la marquise en éclatant de rire; or, vous ne vous imaginez pas vers qui votre cœur vient de s'élancer.

— Quel que soit cet inconnu, je l'accepte, m'écriai-je, secouant ma rêverie et riant à mon tour.

— Ce château, poursuivit la marquise, appartient à un de mes cousins, un affreux baron goutteux et octogénaire.

— Son habitation est riante, ses bois sont éternellement jeunes, repris-je, cette vallée me séduit et m'enlace plus qu'aucun lieu du monde ne l'a fait. C'est le foudroiement de l'amour antique que je ressens.

— C'est le panthéisme, ou plutôt le polythéisme qui vous enflamme, répliqua la marquise en riant plus fort: vous êtes éprise des monts, des flots, des arbres, et vous leur prêtez une âme.

— J'adore votre cousin, marquise, mandez-le sur l'heure et mariez-nous.

— Don Benedetto vous bénira, ajouta sir E. Waddington, je serai votre témoin.

— Et mon mari celui du vieux baron, dit la douce belle-fille de la marquise, que notre plaisanterie intéressait.

— Un prêtre et deux témoins cela suffit dans ce bienheureux pays papal pour unir à jamais, continua la marquise, deux êtres étrangers l'un à l'autre.

— Bravo! repartis-je, j'aime cette rapidité qui renverse les obstacles; ces mariages à toute vapeur précipitent les futurs dans les bras l'un de l'autre et leur enlèvent la possibilité de se dédire. Mais, si je n'allais pas plaire au baron, marquise?

— Vous lui plairez, coquette! vous le conquerrez à première vue. Il a l'âge où l'on redevient le Chérubin de Beaumarchais, où le frou-frou d'une robe de soie monte au cerveau; vous dissiperez sa goutte par une secousse électrique et vous lui donnerez un héritier. »

A ces derniers mots prononcés par la marquise, notre hilarité n'eut plus de bornes, nous fûmes tous pris d'un fou rire qui jaillit en éclats aigus dans le silence imposant de la nuit. Nous étions arrivés à un endroit où la route se bifurque, montant d'une part au sommet d'Ascagnano et descendant de l'autre dans la vallée: les grands chênes dessinaient autour de nous une sorte de salle ovale; taciturnes et tristes, ils semblaient irrités de notre bouffonnerie; l'ombre noire et immobile de leurs rameaux formait le fond de la scène; à leur pied, des myriades de vers luisants nous éclairaient comme la rampe d'un théâtre : on eût dit une troupe de comédiens jouant une farce dans un décor sublime. Nous nous étions si bien identifiés à nos rôles que notre dialogue continua de plus en plus gai jusqu'à la villa.

« Je vais faire seller mon cheval et aller chercher le baron cette nuit même, dit d'un ton sérieux sir E. Waddington.

— Il ne pourra jamais monter en croupe, répliqua la marquise, mieux vaut lui envoyer ma chaise à porteurs.

— Il faut mander mon mari par le télégraphe, ajouta l'aimable belle-fille de la marquise, afin que le mariage se fasse au point du jour.

— Hélas! repartis-je, ce messager véloce des cœurs amoureux est proscrit comme diabolique de cette immaculée province de l'Église.

— Nous voici devant les écuries du *manoir*, je vais m'élancer sur mon *coursier fantastique* et fendre l'espace, dit sir E. Waddington imitant la voix enrouée d'un acteur de mélodrame.

— Ne perdons pas un instant pour requérir le saint ministère de don Benedetto, poursuivit la marquise. Holà! quelqu'un, ajouta-t-elle du ton d'une reine tragique qui appelle ses gardes.

— Voilà, Excellence, répondit un domestique en livrée qui traversait la terrasse où nous nous étions assises sur un banc de marbre

— Qu'on m'amène don Benedetto, » repartit la marquise du même accent de commandement.

Don Benedetto parut, mais il se tint à distance, me regardant d'un œil courroucé.

« Approchez, *Caro*, » murmura la marquise en lui faisant un petit geste câlin.

Le *frate* eut un grognement de dogue irrité.

« Je ne veux plus parler avec la dame française, cela m'échauffe la bile, je veux dormir en paix et vais me coucher.

— Cette dame se repent, cher Benedetto, elle implore votre sacerdoce et désire que vous la bénissiez.

— Je ne bénis pas les incrédules; il est tard, bonne nuit; » et il nous salua avec son tricorne à la Basile.

Sir E. Waddington fredonna la cavatine du *Barbiere*.

« Vous outrepassez vos pouvoirs, vous êtes en contravention aux lois de l'Église, poursuivit la marquise prenant une pose superbe; elle se leva, et sa petite main, telle qu'un crampon d'ivoire, saisit la manche noire de la soutane du prêtre.

— Que voulez-vous de moi? répondit don Benedetto décontenancé par cette grave apostrophe.

— Voici, reprit la marquise avec la volubilité que mettent les acteurs dans le débit d'une tirade où quelque révélation décisive éclate. Je veux que demain à l'aube vous mariiez madame dans mon salon transformé en chapelle; les témoins sont prêts; le fiancé arrive cette nuit; discrétion et mystère, don Benedetto, ne songez qu'à Dieu; le mariage est un sacrement!!...

— Mais il faut au moins que je sache le nom *dello sposo*, interrompit don Benedetto comme effrayé.

— Il est de vos amis, répliqua la marquise, il est de mon sang, il est fils et sujet de l'Église, ô homme de peu de foi! C'est le baron suzerain de la *Mantinella*.

— *Tutto questo è una burla* (Tout ceci est une bouffonnerie.), s'écria don Benedetto en se dégageant de la main charmante de la marquise, laissez mourir en paix votre cousin; cette Parisienne philosophe et moqueuse ferait crever de colère ce pauvre baron qui a quatre-vingts ans, la goutte, quatre cautères et un asthme! S'il se marie jamais, je veux que ce soit avec la *grossa Checca, la sua buona serva* (la grosse Françoise, sa bonne servante), qui nous fait si bien le macaroni. »

A cette péroraison, la marquise et moi fûmes prises d'un rire inextinguible, saccadé, douloureux.

« Assez, assez! don Benedetto, exclama la marquise.

— Vous êtes le *Deus ex machinâ*, avec vos quatre cautères, lui criai-je à mon tour.

— Madame, vous ne savez pas prononcer le latin, » repartit le *frate* en disparaissant.

Cette gaieté folle fut suivie pour moi d'une accablante tristesse, le rêve enchanté qui me charmait depuis trois jours au milieu de ce paysage féerique allait finir dans quelques heures. Je fis mes préparatifs de départ avec lenteur et lassitude. Un invincible attrait m'attachait à Ascagnano. Le lendemain (vendredi 22 juin), tandis que la villa dormait encore, je montai au haut de la tour en brique du belvédère. Je voulais embrasser cet horizon adorable et lui dire adieu. Il avait fait la nuit un grand orage, la campagne en était rafraîchie et embellie comme une jeune femme qui sort du bain; le Tibre, grossi par la pluie, roulait des flots plus vifs et plus bruyants. Chaque brin d'herbe se couronnait d'une perle éclatante; les lueurs roses de l'aube couraient en nuées sur les hautes cimes des chênes, les troupeaux et les travailleurs sortaient des fermes dont les cheminées commençaient à fumer. Au loin, sur sa colline tranquille, s'éveillait la villa du vieux baron; je pensai à la grosse *Checca*, devenant châtelaine de cette belle retraite, un autre Ascagnano que j'aurais aimé; je souris tristement de l'ironie du sort! En descendant de la tour, je fis pour la marquise le sonnet suivant:

> Vous avez, Madame, une grâce exquise,
> Un esprit profond, flexible, inspiré.
> Du bien et du beau vous parlez, marquise,
> Et dans votre œil noir court le feu sacré.
>
> Cet œil vif et doux nous prend par surprise,
> Vous en connaissez le charme assuré.

> Soudain l'amitié par vous est conquise
> Et l'amour se sent toujours attiré.
>
> Lorsque vous rêvez aux choses divines
> Dans votre villa ceinte de collines
> Sur les bords du Tibre au milieu des fleurs,
>
> A la voix qui sort des eaux murmurantes
> Pensez quelquefois aux âmes errantes
> Qui vous ont aimée et souffrent ailleurs.

J'écrivis ces vers sur l'album de la marquise entre des strophes de Gœthe et une page d'amour du roi Louis de Bavière.

La sœur de la marquise m'accompagna à Pérouse. Nous partimes à trois heures après des adieux émus où quelques larmes se mêlèrent. La marquise me donna ses ouvrages et des lettres pour ses amis de Florence, de Ravenne et de Bologne, dont je parlerai plus tard.

L'orage de la nuit avait fait déborder sur la route les cours d'eau de la vallée qui vont se jeter dans le Tibre. Le paysage qui se déroulait devant nous me semblait encore plus beau qu'en venant. En approchant de Pérouse, je remarquai sur le bord du chemin un cyprès gigantesque qui pointait dans l'air comme un obélisque; un immense saule-pleureur l'enveloppait jusqu'à mi-corps de ses branches pliantes qui frissonnaient, on eût dit d'une draperie antique. La vieille cité étrusque, assise sur sa montagne, nous apparut tout à coup couronnée d'un arc-en-ciel éclatant.

« C'est le sourire de la liberté prochaine, » dis-je à la sœur de la marquise.

En arrivant, je trouvai le comte Montesperelli, le professeur Boschi et le sculpteur Ciani qui m'attendaient au palais de la marquise pour me dire adieu ; le sculpteur m'offrit deux vues photographiées de la *porte d'Auguste* et de la *porte Marsia*. Des querelles sanglantes avaient eu lieu à Pérouse durant mon séjour à Ascagnano, entre la population et les soldats suisses qui avaient voulu fêter l'anniversaire des massacres et préparaient une brillante réception à Schmidt et à Lamoricière, attendus tous deux le lendemain. Indignée que ce dernier, un Français glorieux, se perdît à jamais dans cette cause, j'écrivis à la hâte mes vers à Garibaldi et les adressai au général Lamoricière, à l'hôtel de la *Grande-Bretagne* où il devait descendre.

J'entends d'ici les timides et les indifférents, c'est-à-dire les gens sans conviction s'écrier : De quel droit? *Il faut respecter toutes les opinions!* Je ne connais pas d'axiome plus lâche, plus immoral et plus révoltant que celui-là; tout ce que peut faire un esprit juste et sincère, c'est de traiter les opinions mauvaises comme des vices et des épidémies; de s'efforcer de les guérir et de les supprimer des sociétés, et successivement de l'humanité entière; tel est le devoir du moraliste et du politique, comme c'est le devoir du médecin et de l'agriculteur de faire disparaître les maladies des corps et des plantes. Que penseriez-vous de ceux qui diraient : Il faut respecter la peste, les épizooties et les insectes qui ravagent les vignes? Admettre le respect des opinions contraires, c'est admettre deux vérités dans le monde; deux justices, deux patriotismes. C'est admettre la vénération de ce qui est condamnable et nuisible. La vérité est absolue en politique, comme le beau l'est dans l'art. Pour juger un système, regardez les œuvres, pesez le résultat; observez l'inspiration qui dirige l'homme. Si c'est la vanité et l'intérêt personnel, la prospérité exclusive d'une caste, l'opinion est perverse et porte en soi un germe fatal à tous, c'est évidemment une maladie qu'il convient d'extirper. Si l'opinion est bonne, elle s'attestera par le dévouement, l'abnégation, l'immolation même des individualités au bien de tous.

A l'heure où les abus et les injustices du vieux monde furent emportés par la grande Révolution française, malgré la violence et l'horreur des moyens qu'employa cette Révolution un moment égarée, est-ce qu'on oserait soutenir qu'il y eut deux opinions respectables en lutte? Est-ce qu'on oserait dire que la noblesse qui allait armer l'étranger contre la patrie était *respectable*, à l'égal de ceux qui couraient mourir à la frontière pour la défendre? La noblesse représentait l'égoïsme avide, tandis que dans les défenseurs de la France resplendissait son âme collective souffrant, saignant et demandant à la mort la vie des générations futures. En Italie, même spectacle, plus grand, plus beau, exempt d'excès; et il serait permis à un général étranger de mettre son épée au service de la tyrannie qui tente d'étouffer le droit!

La nuit tombait quand je me rendis à la diligence qui devait me conduire à *Castiglione del Lago*. je traversai une dernière fois avec la sœur et les amis de la marquise les rues noires et silencieuses de Pérouse, la jolie place *degli Aratri*, la romantique *Maestà delle volte*, la place du Dôme et le Corso; en attendant l'heure du départ nous nous arrêtâmes dans un café pour prendre des sorbets. Je dis à ces messieurs que l'un d'eux devrait m'accompagner dans mon voyage nocturne ; le professeur Boschi était retenu par son cours à l'université, le comte Montesperelli par des travaux archéologiques en retard ; le sculpteur Ciani seul avait trois jours de liberté.

« J'irai de grand cœur, me répondit-il, faire une visite à la princesse, s'il y a une place disponible à la diligence. »

Nous traversâmes une ruelle sombre, au pavé boueux et couvert d'ordures ; l'édilité papale était un mythe pour les habitants de Pérouse : nous aperçûmes une espèce de gros coucou déjà attelé, il restait une place dans la voiture ; le sculpteur alla en toute hâte quérir son petit bagage ; le postillon s'impatientait en attendant le retour *del signore*. A huit heures les portes de Pérouse étaient fermées sans rémission ; l'horloge du Dôme sonnait le premier coup de l'heure inexorable comme nous sortions de la ville esclave.

Au point du jour, nous vîmes apparaître la belle citadelle de Castiglione del Lago, couronnée des teintes de l'aube : le lac de Trasimène roulait des flots d'or. Tandis qu'on attelait la voiture que la princesse m'avait envoyée, nous bûmes du café trouble dans une *botella*, accoudés sur une fenêtre qu'embaumaient des giroflées en fleur ; le lac se déployait splendide devant nous !

Deux heures après j'étais de retour à la *Viano*.

Le lundi (25 juin), la princesse mit une de ses voitures à ma disposition et j'allai avec ma fille visiter la curieuse ville de Montepulciano, qui s'étalait au loin juchée sur sa montagne. La princesse avait projeté de nous accompagner, mais depuis quelques jours elle était attristée par les bulletins télégraphiques qu'elle recevait chaque soir sur la santé du roi Jérôme, son oncle. L'illustre vieillard s'éteignait, et d'un moment à l'autre la nouvelle de sa mort était attendue.

Nous traversâmes la vallée de la Chiana et gravîmes la route en pente douce qui mène jusqu'au sommet de Montepulciano. Je fis prévenir le commandant Pinelli de notre arrivée. Il accourut aussitôt pour nous guider dans la vieille cité toscane. La place où s'élève la cathédrale est étrange et belle : dans un angle est une grande citerne sculptée, surmontée de deux colonnes qui soutiennent les armes de la ville. Nous tournons à droite de la place et trouvons une jolie terrasse naturelle devant une maisonnette de paysans, dont je voudrais être propriétaire. Nous embrassons de cet endroit une vue admirable : la campagne se déroule autour de nous, immense et variée; à droite, sont des bois ombreux s'étageant sur des coteaux au pied desquels scintille le lac de Chiusi; en face de nous, s'étend le lac de Montepulciano; les fermes, les hameaux, les villas se groupent dans la plaine et sur les hauteurs. La *Viano* nous apparaît comme un bloc de marbre blanc sur son piédestal vert. Au delà, le village de Puzzoles, puis le lac de Trasimène entouré de ses pittoresques montagnes, qui revêtent en ce moment des teintes de turquoise; on dirait que l'éther s'y répercute. Quel horizon! quel ciel! Nous nous oublions là durant une heure dans une contemplation délicieuse. En revenant à travers les rues, je remarque quelques beaux palais et une vieille horloge au-dessus d'une tour; debout sur le sommet, se détachant dans l'air, un polichinelle en bronze bat les heures avec une latte sur une cloche qui se balance. Quelque pauvre artiste napolitain en voyage a fait sans doute cette grotesque et joviale figure. Dans une église, nous trouvons deux pierres tumulaires portant le nom de deux Bonaparte (le mari et la femme); ils étaient peut-être de la famille du Bonaparte qui se battit au siége de Rome.

Après avoir goûté au fameux vin de Montepulciano et souhaité au jeune commandant Pinelli une prochaine campagne, où s'accomplira l'indépendance entière de l'Italie, nous retournons à la *Viano*. Comme nous approchons de la frontière papale, nous rencontrons en calèche découverte la princesse et ses filles qui vont faire une promenade au bord du canal. Les deux voitures s'arrêtent un moment. Je demande à la princesse si elle a des nouvelles du roi Jérôme. « J'attends une dépêche ce soir, me répond-elle, le messager de Fojano n'a apporté tantôt qu'une lettre pour vous. » La princesse continue sa promenade, j'arrive à la *Viano* un peu lasse et dis à ma fille de lire la lettre qui est arrivée pour nous; elle l'ouvre et pâlit, cette lettre nous annonce la mort subite d'un oncle tendrement aimé. Une heure après, la princesse reçoit une dépêche télégraphique qui lui apprend que le roi Jérôme vient d'expirer. On lui remet en même temps une lettre, elle en brise machinalement le cachet, puis s'écrie en la parcourant : « Encore une nouvelle de deuil, la sœur de la princesse Antoine est morte, elle allait se marier dans huit jours! »

21.

Ce fut comme un triple glas qui nous frappa toutes au cœur à la même heure, emportant la sereine gaieté que nous goûtions depuis un mois.

La princesse résolut de partir de la *Viano* le 1ᵉʳ juillet pour aller prendre les bains de mer à Livourne; nous la quittâmes la veille. J'éprouvai un grand déchirement en me séparant d'elle et je lui laissai ces vers comme un adieu :

> Vous êtes du sang dont on fait les reines,
> Du sang de César, l'immortel vainqueur;
> Mais vous êtes plus que les souveraines,
> Grande par l'esprit, noble par le cœur.
>
> De tout affligé vous calmez les peines,
> De tout idéal vous sentez l'ardeur,
> Et bien au-dessus des gloires humaines
> Rayonne l'éclat de votre splendeur.
>
> Il vous sied d'avoir le dédain d'un trône,
> Car votre prestige et votre couronne
> Viennent du génie et de la beauté.
> Les cœurs les plus fiers volent sans contrainte
> Vers cette puissance adorable et sainte
> Dont Dieu composa votre royauté.

XI

Quelle ville ravissante que Sienne, qu'il serait bon d'y vieillir et d'y mourir; c'est un de mes vœux les plus chers et les plus arrêtés. Quelle tranquillité en face de la nature! quel attrait historique! C'est une noble cité déserte, sans la vulgarité des petites villes. Sienne, dépeuplée, est restée la grande Sienne du moyen âge avec sa place incomparable, son dôme, ses remparts, ses tours, ses palais, ses fontaines, tous ces monuments rares qui comptent six ou sept siècles et qui semblent bâtis d'hier. Quelles rues affables, pavées de larges dalles, douces aux pieds; rues tortueuses, montant, descendant, s'ouvrant tout à coup sous une arcade ou sur un cloître, ou aboutissant à quelque anfractuosité de roc tapissé de végétation; dépistant les curieux, les jaloux, les importuns. Quel séjour peu gênant! insoucieux de la toilette puérile et du luxe banal; laissant à la rêverie, à l'étude, à l'amour, les heures que les autres villes dévorent en soins frivoles.

Nous avions quitté la *Viano* le matin (samedi 30 juin 1860). Vers quatre heures les vieux remparts de Sienne nous apparurent formant un triangle dont les trois pointes s'appuient sur trois collines. Nous entrâmes dans la ville par la porte moderne de *San-Lorenzo*. Hélas! Sienne n'a plus que sept portes; elle en avait trente-trois avant que Côme Ier de Médicis (1554), aidé de l'armée de Charles-Quint, ne mît à feu et à sang la cité républicaine. Sienne fut défendue par Pierre Strozzi, fils du grand Philippe Strozzi, et lieutenant en Italie du roi de France (Henri II). Pierre Strozzi, en appelant les Français à la défense de Sienne, songeait à venger son père, auquel Côme Ier avait fait, par trois fois, subir la torture. Blaise de Montluc, qui commandait les Français, a consigné dans ses *Commentaires* des détails navrants et sublimes sur la défense des Siennois: ils jurèrent tous de défendre la liberté. Trois cents femmes de la noblesse et de la bourgeoisie, formant trois escadrons armés, aidèrent aux travaux des fortifications. Sienne, comme Brescia, a mérité le surnom d'héroïque; on eût dit qu'en mettant dans ses armes la louve de Romulus, Sienne eût sucé le lait de l'antique Rome [1]. Aucune ville ne montra au moyen âge un courage plus fortement trempé. Il y a encore dans l'aspect de ses habitants quelque chose de martial et de fier. La ville succomba à la famine et dut se rendre à Côme Ier; il ne trouva en y entrant qu'une cité-cadavre. De deux cent mille habitants il n'en resta que six mille; le reste avait fui; cinquante mille avaient péri de faim, dans les combats, ou dans les supplices.

Sienne ne s'est point repeuplée [2], mais renforcée et animée par une garnison nombreuse, sa population avait, le jour où nous arrivâmes, un air de fête et comme un reflet belliqueux qui faisait plaisir à voir. Nous descendîmes à l'auberge de l'*Aquila nera*, et, profitant des dernières lueurs du jour, nous nous rendîmes à la *piazza del Campo*; dans les rues que nous traversâmes les soldats et les habitants chantaient des hymnes patriotiques devant les cafés; d'autres groupes causaient avec vivacité dans cette belle

---

[1] « Les armes de la ville, dit Montaigne, qui se voyent sur plusieurs piliers, c'est la louve qui a pendus à ses tetins Romulus et Rémus. Le duc [a] laissoit encore les anciennes marques et devises de cette ville qui forment partout *liberté*. »

[2] Elle a aujourd'hui à peu près vingt-deux mille habitants.

[a] François Ier, mari de Bianca Cappello, fils de Côme Ier exterminateur de Sienne.

langue toscane que les Siennois ont la réputation de parler mieux encore que les Florentins. Aux murs des établissements publics étaient collées de larges affiches annonçant une représentation au grand théâtre de Sienne au profit des volontaires de *Garibaldi*. L'envie me prit d'aller entendre le pauvre et philosophique ténor des remparts de Florence, mais la fatigue m'en empêcha ; j'eus d'ailleurs un spectacle bien autrement saisissant, lorsque ayant franchi l'escalier qui s'élance sous l'arcade centrale, je me trouvai tout à coup sur la *piazza del Campo*. « La place de Sienne, dit Montaigne, est la plus belle qu'on voie dans aucune ville d'Italie ; on y dit chaque jour la messe à un autel vers lequel les maisons et les boutiques sont tournées de façon que le peuple et les artisans peuvent l'entendre sans quitter leur travail ni sortir de chez eux. Au moment de l'élévation on sonne une trompette pour avertir le monde. » Il faut convenir que c'était là une messe fort commode et assez peu recueillie ! L'autel, dont parle Montaigne, existe encore ; il est adossé contre la façade du *Palazzo pubblico* qui se dresse en ce moment devant moi comme une décoration merveilleuse. Plus étrange et plus beau que le palais Vecchio de Florence, le palais de Sienne est surmonté de la tour dentelée *del Mangia*, où rayonne une belle horloge. Il remplit le fond de la place dont la forme est celle d'une immense coquille ; le sol descend en pente douce de la circonférence au centre. « La plus belle pièce de la ville, dit encore Montaigne, c'est la place ronde (plutôt ovale) d'une très-belle grandeur et allant de toute part se courbant vers le palais, qui fait un des visages de cette rondeur et moins courbé que le demeurant. Vis-à-vis le palais, au plus haut de la place, il y a une très-belle fontaine qui par plusieurs canaux remplit un très-grand vaisseau où chacun puise d'une très-belle eau. Plusieurs rues viennent fondre en cette place par des pavés tissus en degrés [1]. »

Outre le *Palazzo pubblico*, d'autres palais très-beaux et du même style s'élèvent autour de l'ellipse de cette place inouïe ; je remarque, comme une discordance, les jalousies vertes modernes qui ferment toutes les sveltes fenêtres en ogives, même celles du palais. Au moment où j'arrive sur la place, le soleil couchant l'empourpre : on dirait que le sang circule dans les nervures des façades sculptées

---

[1] Partie du journal de Montaigne écrite en italien.

et dans le marbre des figurines *della Fonte gaja* (fontaine joyeuse); des femmes y puisent de l'eau au reflet rose; des gamins de Sienne s'ébattent sur les échafaudages où la veille encore les spectateurs assistaient à une course de chevaux. Le jour décline, il faut nous hâter de visiter l'intérieur du palais. Des soldats piémontais sont de faction à la grande porte ogivale percée à droite de l'édifice. Rien de régulier dans ces beaux monuments gothiques auxquels la fantaisie et l'imprévu ajoutent un charme d'étrangeté; le *Palazzo pubblico*, nommé primitivement *Palazzo della signoria*, fut bâti au treizième siècle par *Agnolo* et *Agostino*, architectes de la république. Nous parcourons la salle de l'ancien tribunal, celle des archives, celle du grand conseil, celle du consistoire et celle des prieurs. Toutes sont décorées de fresques d'un intérêt puissant, peintes par *Sodoma*, par les frères *Lorenzetti*, par *Simone Memmi*, par *Taddeo Bartolomi* et *Spinello Spinelli*. Dans le vestibule sont les portraits des héros païens et chrétiens que le moyen âge se plaisait à réunir même dans les églises. Le *Palazzo pubblico* renferme deux chapelles; l'une fut dédiée à la Vierge après la peste de 1348, elle est ornée de superbes peintures de Sodoma. Dans la salle du consistoire je suis éblouie par la figure de la Justice, que Beccafumi a peinte au milieu de la voûte: les pieds de cette figure magistrale se perdent dans l'ombre, le corps s'éclaire graduellement, et la tête resplendit dans une lueur. C'est un effet magnifique de clair-obscur à désespérer les peintres hollandais.

Je m'accoude un moment à une des fenêtres de la salle de l'ancien tribunal et je considère la façade du palais opposée à celle qui donne sur la place *del Campo*. Elle dresse ses murs dorés sur un creux de vallon ombreux et solitaire qui devait former autrefois les jardins du palais; au loin la campagne s'étend tranquille et souriante. Nous nous rendons au Dôme en montant, à l'ouest, une rue où s'étale la belle façade du palais *Saracini*: j'entre dans la cour monumentale entourée d'une galerie voûtée peinte à fresque, soutenue par des colonnes et décorée de statues de papes et de cardinaux. Nous dépassons le palais, et tournant à droite, nous franchissons un magnifique arceau gothique qui s'élance jusqu'au ciel; c'est une partie inachevée de la cathédrale de Sienne, destinée à former une nef transversale dont l'église actuelle aurait été le transsept. Nous voilà sur la place du Dôme, unique en Europe par sa beauté, son recueillement et sa propreté hollandaise; pas une pierre ébréchée, pas un atome de poussière ; à droite de l'église est le palais du roi ; à gauche, celui de l'évêché ; en face, l'hôpital. L'autorité, la foi, la charité, grâces chrétiennes, trinité divine qui devraient s'unir et s'entendre pour le bonheur de l'humanité. Le dôme me saisit d'admiration et d'étonnement ; depuis le Saint-Marc de Venise rien ne m'a frappée de la sorte ; la façade, œuvre de Giovanni de Pise, est toute en marbre blanc et noir (symbolisant, dit-on, les deux factions des blancs et des noirs) ; elle est percée de trois portails et flanquée aux angles de deux tourelles qui se terminent en pyramide ; les sculptures y fourmillent : ce sont des anges, des saints, des prophètes, puis des animaux, emblèmes de toutes les villes alliées à la ville de Sienne : la cigogne et le griffon figurent Pérouse ; l'oie Orvieto ; l'éléphant Rome ; le dragon Pistoie ; le cheval Arezzo ; le lièvre Pise ; le rhinocéros Viterbe ; le vautour Volterra ; le lynx Lucques ; le bouc Grosseto ; Sienne est représentée par sa louve romaine. J'entre dans la nef que l'obscurité envahit déjà et je suis éblouie par sa magnificence et son harmonie ; les détails m'échappent, le jour fuit, je remets mon exploration à l'aube du lendemain. Nous allons ce même soir à Sant'Agostino, église malheureusement reconstruite au dix-huitième siècle et qui faisait partie d'une vieille abbaye ; à côté est le collége Tolomeo, d'une belle architecture florentine. Dans une chapelle de Sant'Agostino se trouve un Christ admirable du Pérugin, la lumière qui décroit lui prête des teintes d'agonie ; l'Homme-Dieu semble s'agiter en expirant sur la croix. Sant'Agostino est bâti sur un tertre élevé dont la base est couverte de vignes suspendues aux arbres, de gazons, d'oliviers, de mûriers et de figuiers. Des moutons paissent sur ce versant recueilli. Je m'assieds sur une pierre et regarde, charmée, ce coin pittoresque de la vieille Sienne ; j'ai à gauche la petite vallée en entonnoir dont j'ai parlé et où devaient s'étendre les jardins du *Palazzo pubblico* ; à droite, au-dessous des rocs qui soutenaient l'ancienne abbaye, sont de grands arceaux dont les vides ont été comblés ; la nature a envahi les constructions de l'homme ; des lierres gigantesques tapissent ces ruines ; devant une de ces arcades un bel arbre répand dans l'air ses grands rameaux échevelés ; au-dessous coule une source saumâtre appelée *la Fontanella* ; un vieillard courbé y puise de l'eau dans une cruche d'airain ; chancelant et pâle, il remonte essoufflé le sentier abrupt au haut duquel je suis assise. En passant auprès de moi il me dit le nom de la fonlaine et ajoute que ses eaux sont très-bonnes pour plusieurs maladies; il vient chaque soir demander à la naïade bienfaisante le breuvage salutaire à ses maux. Les vertus des sources et des plantes ont créé les divinités de la théogonie grecque.

Je reste à rêver dans ce lieu paisible; c'est la campagne dans la cité, l'oubli du monde, un asile agreste qui me fait envie; je voudrais avoir là une maisonnette. La nuit envahit l'horizon; je descends le sentier que le pauvre homme infirme a monté; je tourne à gauche sous un grand arc qui s'élance à côté du palais et me retrouve sur la place *del Campo*; elle est silencieuse et déserte. Un vélarium étoilé la recouvre comme un cirque antique. Je me hâte d'aller dormir un peu. A quatre heures du matin le *cameriere* de l'*Aquila nera* vient frapper à ma porte. Je suis debout en quelques secondes et, tandis que ma fille dort encore, je vais revoir la *piazza del Campo* et le dôme. Le jour jette ses premières lueurs roses à l'orient, les étoiles brillent du côté opposé. Je m'aventure seule sur la place; les maraîchers y arrivent; des paysannes enveloppées de leurs capes sont debout devant des monceaux de légumes et des bouchers aux manches retroussées dépècent des agneaux, des bœufs, des veaux et des moutons; quelques flaques de sang rougissent çà et là le pavé de la place : je pense au sang humain dont l'inonda Côme Ier.

Je me rends sur la place du Dôme; l'aube y répand de doux rayons, elle me semble encore plus belle que la veille; avant de pénétrer dans l'église qui vient de s'ouvrir, je remarque sur le parvis deux larges dalles en marbre où deux saintes sont agenouillées devant l'image de la cathédrale de Sienne. Les traits noirs du dessin sont gravés en creux sur fond blanc; ces beaux pavés en clair-obscur qui s'étendent dans toute la nef s'appellent *grafitto*; dans l'intérieur, devant la porte, Mercure est représenté sur une dalle où on lit cette inscription : *Contemporain de Moïse*; toutes les sibylles de l'antiquité avec les plus fières attitudes de tête et de corps se déroulent sur ce pavé merveilleux, œuvre de *Beccafumi*; puis c'est une Ève charmante, plus loin le sacrifice d'Abraham et Moïse sur le mont Sinaï. J'avance ravie entre les deux rangs de colonnes d'ordre composite où les feuillages et les fruits s'enlacent de la base au sommet. La voûte est toute d'azur semée d'étoiles d'or; au-dessus des colonnes les bustes en marbre colorié des papes et des antipapes composent une frise inouïe. Dans cette série complète des souverains pontifes figurait autrefois la papesse Jeanne; le P. Mabillon dit que ce buste portait une inscription (*adpositum statuæ nomen fuit, Joannes VIII, femina de Anglia*), et il ajoute que Clément VIII fit retoucher les traits du visage, qu'on le repeignit ensuite et qu'on grava au-dessous le nom du pape Zacharie. D'autres auteurs antérieurs à Mabillon assurent que ce buste fut anéanti comme l'avait été, à Rome (par Sixte-Quint qui la fit jeter dans le Tibre), la statue érigée sur la place même où la tradition affirme que la papesse accoucha durant une procession. Pour effacer ce grand scandale de l'histoire de la papauté, quelques écrivains de l'Église ont nié jusqu'à l'existence de la papesse; Mézeray, combattant ce doute, a dit dans la vie de Charles le Chauve [1] : « Que ce sentiment a été reçu cinq cents ans durant pour une vérité constante. »

Tout en pensant à cette étrange et bouffonne chronique, je continue l'exploration de la nef admirable; le jour se répand en clartés variées à travers les vitraux dont plusieurs sont d'une grande beauté; les stalles du chœur ont des ciselures exquises par François Tonghi; le maître-autel est un chef-d'œuvre; il est orné d'un tabernacle et de huit anges en bronze par Beccafumi. Les peintures sur fond d'or qui décorent les chapelles de chaque côté du chœur rivalisent avec les plus belles de Cimabuë; elles sont de Ducio Buoninsegna. Je m'arrête dans la chapelle Chigi, qui fut bâtie par Alexandre VII; les marbres sculptés, les ornements en lapis-lazuli et les statues du Bernin y sont amoncelés. Je préfère à cette chapelle une chapelle plus ancienne de Saint-Jean-Baptiste qui renferme une statue de ce saint par Donatello, et l'histoire d'Adam et Ève, sculptée par *Jacopo della Quercia*. Je suis ravie de la grande chaire de forme octogone, en marbre blanc (du treizième siècle), un des ouvrages les plus célèbres de Nicolas de Pise et de son fils Giovanni. Le bas-relief du Jugement dernier est une des merveilles de l'art chrétien; chaque figurine expressive, *croyante*, semble palpiter sous le souffle de la résurrection. Il me reste à peine un quart d'heure pour voir la fameuse *libreria* qui fut construite par le cardinal Piccolomini (depuis Pie III); on y entre par une belle porte en bronze, à gauche de la nef; les fresques qui décorent cette salle sont du *Pinturicchio*; quelques-unes ont été exécutées sur les dessins de Raphaël. Je remarque un bel oiseau de paradis figurant l'âme du pape qui

---

[1] La papesse fut élue en 872 et couronna Charles le Chauve.

monte au ciel ; un moine agenouillé contemple en extase l'oiseau splendide.

Le sacristain qui me conduit me montre quelques-uns des magnifiques antiphonaires conservés dans la *libreria;* ces grands livres de liturgie chrétienne sont ornés de miniatures exquises exécutées au treizième siècle par des artistes de Sienne. Il faudrait un mois pour voir en détail toutes les richesses d'art de la *libreria* et du Dôme. Les minutes me sont comptées; à peine puis-je jeter un regard, avant de sortir de la nef, sur le tombeau de *Bandino-Bandini* dont les statues furent faites par Michel-Ange dans sa jeunesse. J'admire encore en courant un bénitier soutenu par un candélabre antique, auquel des figures mythologiques s'enlacent; puis des fonts baptismaux ornés de bas-reliefs de Donatello et de Laurent Ghiberti. Mon cœur se serre en sortant de cette église si calme et si belle, qui m'inspire le même attrait que Saint-Marc. Je n'ai pu la voir assez, l'étudier, méditer dans chaque chapelle, regarder et interroger ces étranges sibylles, vestiges du paganisme confondus au culte du Christ. Je longe à gauche les murs extérieurs du vaisseau et trouve derrière l'église un escalier fantastique qui aboutit sur une place irrégulière et charmante, pavée de larges dalles (comme toutes les rues de Sienne); les maisons et les palais qui l'entourent sont clos et endormis à cette heure matinale. Un importun interrompt ma rêverie, je passe sous une arcade, traverse plusieurs rues silencieuses et regagne l'hôtel. La voiture qui doit nous conduire à l'embarcadère est attelée; je pars avec le regret très-vif de n'avoir pu visiter l'Oratoire de Sainte-Catherine de Sienne, bâti sur l'emplacement de la maison et de la boutique de son père, un humble teinturier; on montrait encore, au temps de Montaigne, la chambre où la jeune illuminée, épouse du Christ, recevait son fiancé divin (1367) « qui s'introduisoit chez elle la nuit par la fenêtre ; » il l'épousa, dit la légende, dans toutes les formes et mit à son doigt un anneau d'or enrichi de diamants. Dans l'oratoire qui a remplacé la maison miraculeuse, est un magnifique tableau de *Sodoma*, représentant la sainte, et, dans l'église de Saint-Dominique (autre église de Sienne que je n'ai pas vue), se trouve son portrait d'après nature, par *Andrea del Vanni*. La même église renferme des peintures de Sodoma où revivent plusieurs traits de la vie de la sainte. Ce sont les chefs-d'œuvre de ce maître illustre, qui mourut à l'hôpital et passa à la postérité avec un surnom infamant (son vrai nom était

Barzi). Les tableaux et les fresques de ce peintre abondent à Sienne, dans les palais, dans les églises et jusque sous les arches des vieilles portes de la cité. L'œuvre entier de Sodoma mériterait d'être reproduit par la gravure. C'est un des maîtres italiens les plus puissants et les plus expressifs. Nous le retrouverons à Rome dans une fresque magistrale de la *Farnesina*, que n'écrase point le voisinage de Raphaël.

Nous avons franchi les vieux remparts, laissant à gauche la belle promenade de la *Lizza*, dont j'aperçois les allées ombreuses où s'abritent des statues ; je les envie ; je voudrais, comme elles, immobile, m'oublier dans ces verts dédales qui ont remplacé le fort meurtrier qu'avait élevé Charles-Quint. La vapeur m'entraîne vers Florence qui n'a plus pour mon esprit l'aiguillon de l'inconnu. Je l'ai vue longtemps, je la connais trop, elle semble banale à mon imagination. C'est Sienne qui me sollicite, Sienne qui me rappelle, Sienne à qui mon désir inassouvi a crié : Au revoir ! quand je suis partie. « L'ennui vous gagnerait bien vite dans cette cité morte, » me dirent le lendemain mes amis de Florence à qui j'exprimais le regret d'avoir quitté si vite cette ville mélancolique dont je rêve encore. Il est ainsi des visages à peine entrevus qui nous révèlent une âme vers laquelle la nôtre est attirée ; on ne les retrouve plus, on y pense parfois, et l'on se dit : Leur regard était un appel, leur sourire une promesse de félicité. L'ennui ne m'a jamais atteinte dans les solitudes que peuple l'histoire et que la nature embellit. Est-ce que les souvenirs, le travail, et quelque affection douce ne suffisent pas au poëte ? les lieux qui l'inspirent et le font planer contiennent son élément vital. L'ennui suivi de l'engourdissement ne le frappe que dans le monde qui entrave sa liberté, lui rogne les ailes et le courbe à son niveau. Je ne comprends rien à madame de Staël regrettant cette affreuse et vulgaire rue du Bac et pleurant le théâtre banal des salons parisiens. Ces lamentations sur l'éclipse d'un bonheur artificiel diminuent, pour moi, ce grand esprit. Ne voilà-t-il pas un beau stimulant pour l'intelligence et une émouvante satisfaction pour le cœur que d'être écoutée par les Elzéar de Sabran, les Lémontey, les Etienne, les Ducis, les Montmorency et quelques diplomates oubliés ? O Corinne, n'as-tu pas pour t'inspirer la campagne de Rome, le golfe de Naples, et Venise, la grande abandonnée, si mal appréciée par ton dédain frivole ! N'as-tu pas pour t'inspirer toutes les régions du globe ? les annales des générations disparues, et la société silencieuse des morts illustres qui t'ont précédée dans la gloire? Replonge ton âme dans les grands courants dégagés des petits ruisseaux parisiens, qui circonscrivent l'esprit comme les liens de Lilliput; chante en vue d'un public éternel! Qu'importe à la renommée ton flux de paroles éloquentes, ailées, mais éphémères, applaudies chaque soir à l'égal des roulades des virtuoses par des auditeurs médiocres? René s'étonnait de cette soif du bruit, de cet appétit du clinquant de la gloire; de ce désespoir du recueillement? Lui aussi eut par intervalle ces velléités mondaines qui nous agitent, nous troublent, et nous dérobent les vraies clartés; mais il se retrempait toujours dans l'apaisement de la nature, dans la compagnie fortifiante des ruines. La fécondation du génie ne vient pas du mouvement qui se fait autour de lui, mais de son immobilité superbe, gourmandant et attirant les flots passagers auxquels il refuse de se confondre. Hugo l'a compris; la solitude a centuplé sa puissance, sa voix lointaine remue et domine Paris, dont les vaines rumeurs se perdent et meurent pour lui dans le bruit formidable de l'immortel Océan.

XII

Nous logeâmes durant ce nouveau séjour à Florence à la pension anglaise *Via del Sol*, où la marquise Florenzi avait l'habitude de descendre; confortable et hospitalière maison dans le voisinage de la place *Santa Maria Novella*, qui n'a qu'un défaut, celui d'être trop petite comme la maison de Socrate; tout voyageur intelligent la préférera aux plus grands hôtels; une lettre de la marquise *al Padrone di casa il signor Battista* nous valut les soins les plus empressés de l'excellent homme, de sa femme et de leur fille, gentille enfant de treize ans, premier prix de danse des théâtres *della Pergola* et de la *Scala*. La jeune et vive *ballerina* était en vacances; elle suivait régulièrement les offices avec sa mère; elle avait toute la naïveté et la pureté de l'enfance. Svelte et frêle comme la Esméralda, je la vois encore avec ses grands yeux étonnés et ses lèvres sérieuses venir s'informer des nouvelles de ma fille que la chaleur rendait souffrante; elle lui montrait avec grâce pour la distraire ses médailles d'honneur et les jolis cadeaux que lui avaient envoyés le roi et le prince de Carignan devant qui elle avait dansé à Turin et à Milan.

Pour le moment, la petite Beppa secondait sa mère dans les soins du ménage; son frère, silencieux et charmant, à tournure anglaise, nous servait à table et s'occupait de la comptabilité, tandis que le signor Baptiste veillait d'un œil et d'une main exercés aux combinaisons savantes de la cuisine. Toute cette honnête et intelligente famille s'entendait pour faire prospérer la maison et formait un intérieur attrayant et doux qu'un peintre hollandais se fût complu à reproduire. Nous occupions dans cette maison tranquille un petit appartement bien frais au rez-de-chaussée; tout le premier étage était habité depuis trois ans par la princesse Lancilloti (née princesse Massimo) de Rome. Infirme et malade, la princesse ne sortait que pour aller à l'église; elle vivait tristement en compagnie d'un ancien sigisbé à mine rébarbative, qui administrait sa fortune. La gracieuse Beppa faisait souvent compagnie à la princesse et la distrayait un peu par sa gaieté. La marquise Florenzi connaissait beaucoup la princesse Lancilloti et m'avait chargée de m'informer de ses nouvelles, ce que je fis, par l'intermédiaire del signor Baptiste, le lendemain de mon arrivée.

Ma première visite à Florence fut pour le marquis Gino Capponi. Je me rendis par une chaude matinée dans cette belle rue Saint-Sébastien, une des plus recueillies de la vieille cité; tout le premier étage du palais Capponi, occupé par la galerie de tableaux et l'immense bibliothèque, était en réparation; je fus introduite dans une des salles du rez-de-chaussée où le marquis me rejoignit, tandis que je considérais de beaux portraits de famille qui semblaient s'animer et me sourire dans leurs cadres. Il y avait là une jeune marquise Capponi, presque adolescente, à la taille élancée, à la tête fine et poudrée, dont les grands yeux clairs se fixaient sur moi; elle ressemblait tellement à ma fille que je ne pouvais en détacher mes yeux. Quand le marquis entra, je lui parlai de cette ressemblance dont j'étais émue, et oubliant qu'il n'y voyait pas, je lui désignai du geste ce portrait en pied si vivant.

« De quel portrait parlez-vous ? me demanda-t-il avec un peu de tristesse.

— De cette femme vêtue à la Louis XV, repartis-je, qui se promène escortée d'un petit nègre.

— Ah! oui, répliqua le marquis, c'est une de mes tantes, je ne l'ai pas oubliée, je l'ai regardée bien souvent lorsque j'avais encore des yeux et je vois toujours sa démarche ailée. — J'ai parlé de vous à Ricasoli, ajouta-t-il, je vais lui annoncer votre retour; il ira vous voir, ou vous recevra au premier jour, si ses occupations l'empêchent de sortir. »

Je remerciai le marquis, nous causâmes ensuite des affaires de Naples. La conquête de la Sicile par Garibaldi commençait à agiter Naples, la brise de la mer apportait jusqu'au fond de son golfe tranquille le souffle de la patrie commune. Le marquis me fit parcourir sa serre et son jardin, puis, me reconduisant à ma voiture, il me dit : « Au revoir, au premier jour j'irai savoir si vous avez été satisfaite de l'accueil de Ricasoli. »

Le lendemain de cette visite, je reçus du baron Ricasoli le billet suivant :

« Vous êtes bien aimable, madame, de vouloir perdre quelques instants avec moi et puisque vous le voulez bien, le temps me manquant pour faire des visites, je serai très-charmé de vous accueillir demain à une heure de l'après-midi.

« Agréez, madame, l'assurance de mon estime bien sincère,

« RICASOLI.

« Palazzo Vecchio, 6 juillet 1860. »

Dans la soirée, comme j'étais accoudée à la fenêtre de ma chambre, je vis arriver dans la *Via del Sol*, et s'arrêter à notre porte les équipages du prince de Carignan. Son Altesse monta chez la princesse Lancilloti, ses valets de pied s'échelonnèrent dans l'étroit escalier. Le prince de Carignan venait faire visite au prince Massimo de Rome, dont le fils avait épousé récemment une des filles de la duchesse de Berry et du prince Lucchesi Palli. J'appris par le baron Perrone di San Martino que le prince de Carignan était allié aux Massimo par les femmes. A l'occasion de son mariage, Son Altesse avait fait cadeau au jeune Massimo d'une voiture et de plusieurs chevaux. Ces procédés gracieux et cette parenté me firent croire à la sympathie des Massimo pour la maison de Savoie, et le lendemain, ayant rencontré la princesse Lancilloti qui revenait de la messe au moment où je me rendais à l'audience du baron Ricasoli, j'acceptai avec empressement l'invitation qu'elle me fit de passer la soirée chez elle. Je m'imaginais avoir affaire à une bonne Italienne.

Je n'échangeai que quelques paroles avec la princesse, une petite vieille, élégante et frêle, qui n'avait plus que le souffle, et je me hâtai de partir pour le palais Vecchio. Je traversai la belle cour moresque connue de mes lecteurs, puis une seconde cour; je montai à gauche un grand escalier et après avoir franchi un dédale de corridors et de salles, j'arrivai au cabinet de travail du grand citoyen Bettino Ricasoli. Un domestique m'annonça; le gouverneur de la Toscane se leva de la table où il écrivait et vint à moi en me tendant la main avec affabilité. Je serrai émue cette main si ferme qui depuis un an tenait fièrement, sans le laisser vaciller au souffle des partis, le drapeau de l'indépendance. Je vis un homme grand, mince, à la tournure anglaise et distinguée, paraissant avoir à peine cinquante ans; le visage était maigre, aux traits réguliers, la physionomie austère et pensive. Une moustache noire ombrageait la bouche un peu large; le nez droit, les yeux au regard d'aigle et le front large et carré, encadré de cheveux bruns, dénonçaient toute la résolution d'un caractère impliable; l'ensemble était fier, aristocratique, et m'aurait peut-être paru empreint d'un peu de roideur sans la grâce aimable qu'il mettait dans son accueil.

« Je sais par Gino Capponi combien vous aimez l'Italie, me dit-il en très-bon français, et je suis heureux de vous voir malgré l'ambiguïté de la politique de votre gouvernement à notre égard; je me demande ce que veut l'Empereur et qu'elle est sa pensée secrète à l'endroit de l'Italie.

— La France se le demande aussi, répliquai-je, et ne devine pas l'énigme que le sphinx tout-puissant se réserve de trancher lui-même.

— Par ses hésitations et ses condescendances pour nos ennemis on dirait, reprit le baron, que l'Empereur a pris à tâche de délier l'Italie de la reconnaissance qu'elle doit à la France; il fait peser sur nous le bienfait et met notre patrie dans la situation d'une femme à qui on prodigue d'abord des présents pour l'humilier ensuite. Certes, l'Angleterre ne nous a pas été du même secours que la France; matériellement, elle n'a rien fait pour nous, mais à l'heure qu'il est elle ne nous marchande pas du moins son appui moral, son approbation, ses applaudissements, tout ce qui peut stimuler une nation qui lutte et se transforme; elle ne nous traite pas avec ce dédain systématique que les partis et même le gouvernement nous prodiguent en France. Elle croit en nous, en notre avenir et nous regarde comme un peuple mûr pour la liberté. J'ajouterai, poursuivit-il, qu'elle nous donne le bon exemple de la stabilité de ses institutions fondées sur les lois et la liberté.

— J'admire comme vous, répliquai-je, ce qu'il y a de grand dans le gouvernement anglais; sa durée, son patriotisme exclusif et toujours en éveil, sont imposants, mais son égoïsme implacable, son manque d'entrailles dans les questions pratiques, tant pour sa propre nation que pour les autres États, me révoltent et m'épouvantent; toute la législation de ce peuple est à refaire; les rouages de ses institutions altières et fortes qui fonctionnent depuis plusieurs siècles, craquent de toutes parts; ces institutions se briseront inévitablement tôt ou tard, car elles sont en désaccord avec le progrès et la justice, ces deux grands régulateurs des sociétés modernes.

— Malgré les défauts de la constitution anglaise, que je reconnais, repartit le baron, je la préférerais pour mon pays qui se transforme et se reconstitue à vos essais de pouvoir tour à tour turbulents ou tyranniques qui, depuis plus de soixante-dix ans, font si bon marché de toute liberté, on pourrait ajouter de toute dignité civile. La constitution anglaise tempérée par nos mœurs affermirait l'indépendance de l'Italie. Une forte aristocratie fonderait notre puissance, tandis que votre égalité nous entraînerait à l'anarchie ou au despotisme. »

Dans ses paroles se révélait le noble Florentin qui comptait dix siècles d'ancêtres illustres, et l'on sentait dans sa sévère appréciation du gouvernement français l'écho de la lutte récemment soutenue contre M. de Reiset et le prince Poniatowski. Tous deux, on s'en souvient, avaient tenté au nom de la France de faire triompher en Toscane l'idée de la confédération; Ricasoli fut en face d'eux comme un roc qui résiste aux flots; il sauvegarda la Toscane et l'étaya à l'unité italienne.

Je le félicitai de la grande part qu'il avait eue à ce résultat patriotique.

« Le jour même où le grand-duc partit, reprit-il, mon parti fut arrêté, je me dévouai inébranlablement à l'idée de l'annexion; mais je dus d'abord cacher mon dessein pour le faire triompher; je savais que je serais combattu par mes amis mêmes; Giorgini, Gino Capponi et d'autres ne jugèrent pas au début l'annexion possible; ils ont fini par se rallier à mes vues. Vous trouverez le germe de mon idée persistante dans deux volumes de documents que je vais vous envoyer; après la guerre, et malgré le traité de Villafranca, j'ai cru fermement à la possibilité de l'unité italienne et je suis certain maintenant qu'elle s'accomplira avant peu tout entière; elle semble décrétée de Dieu même qui a suscité les hommes nécessaires pour la fonder; le Piémont a eu M. de Cavour et le roi, ils ont pris l'initiative; la Vénétie a eu Manin; la Lombardie, sa haine collective contre l'Autriche; les Romagnes et l'Émilie ont eu Farini...

— La Toscane vous a eu, interrompis-je.

— La Sicile, reprit le baron, a Garibaldi et soyez certaine que Naples aura aussi son homme.

— Ou à défaut, lui dis-je, la force des événements, l'entraînement commun; malgré mon admiration pour les individualités puissantes je crois plus encore, ajoutai-je, à l'action collective produite par une force cachée, irrésistible, et que j'appellerai volontiers fatale; cette force éclatera à son heure invinciblement comme certains phénomènes de la nature que rien ne prévoit ni n'enchaîne.

— Quant à Rome, reprit le baron, elle est encore rivée à la papauté ainsi que la Lombardie l'était à l'Autriche; mais il y a entre Rome et son gouvernement le divorce flagrant de la haine. La haine de la papauté nous livre tout entiers les États de l'Église; la papauté, poursuivit-il, a été la plaie séculaire et humiliante de l'Italie, il est temps de secouer son joug; son prestige n'aveugle plus les peuples; le pape pourra garder à Rome un palais et une église qu'il ferait mieux d'aller chercher à Jérusalem, mais c'en est fait de son pouvoir. Dans cette question encore l'appui moral que nous prête l'Angleterre est plus franc, plus net et plus libre des préoccupations religieuses (religieuses en apparence, ajouta-t-il avec un sourire), que celui de la France dont la politique est embarrassée par les intrigues de vos évêques; j'en dirai autant de la question de Naples; je redoute que lorsque le mouvement unitaire, prêt à éclater à Naples, se produira, le gouvernement français ne tente de le faire dévier au profit de souvenirs dynastiques [1].

— Comptez, répliquai-je, sur la force collective, fatale ou providentielle, dont j'ai parlé, et souvenez-vous de vos nobles paroles : « L'unité italienne est décrétée par Dieu même. »

— Oh! j'y crois, reprit-il, je crois que nous sommes à la veille de

---

[1] Allusion aux Murat.

grands événements d'où ma patrie sortira glorieuse. Il me faut cette conviction pour rester aux affaires, car les affaires me tuent; j'ai déjà offert plusieurs fois ma démission au roi; je sens que mon corps affaibli succombe sous les efforts de ma volonté; j'ai un désir impérieux de voyager, d'aller boire les eaux dans vos Pyrénées, puis de revenir me reposer près de ma fille[1] ou dans mon vieux château[2].

— Votre tâche n'est pas terminée, répondis-je; des hommes comme vous n'interrompent pas leur dévouement, ils le donnent jusqu'au bout à la patrie.

— Jusqu'à ce que mort s'en suive, » reprit-il avec un triste sourire.

Tandis qu'il me parlait j'avais remarqué sa pâleur; une toux sèche le forçait parfois à s'interrompre et contractait ses traits. Mais c'était une de ces natures nerveuses et fébriles, brisées en apparence, qui résistent plus longtemps que les organisations sanguines et robustes.

Nous avions causé plus d'une heure, car, outre ce que je viens de rapporter de notre conversation, nous nous entretînmes de tous les hommes politiques de la France et de l'Italie; le premier citoyen de la Toscane me retenait avec bonté malgré les interruptions d'un huissier qui vint l'avertir plusieurs fois qu'on le demandait. Quand je partis, il me reconduisit jusqu'au dernier corridor aboutissant à l'escalier; là, me serrant cordialement la main, il me dit:

« J'irai vous rendre au premier jour votre bonne visite.

— Je vous remercie d'en avoir la pensée, répliquai-je, mais le temps vous manquera; c'est moi, si vous le permettez, qui viendrai vous revoir avant de quitter Florence. »

J'emportai de cette première entrevue l'image ineffaçable de la noble figure de ce fier citoyen. Je me disais, en quittant le palais Vecchio : Les hommes ne manqueront pas à l'Italie; sans recherche d'effet et de personnalité vaniteuse, les plus grands caractères se sont déjà produits sur cette terre antique qui, à travers les siècles, a gardé le don du beau naturel et de la simplicité héroïque.

Le soir de ce jour je reçus de ma visite à la princesse Lancil-

---

[1] Le baron Ricasoli est veuf, il n'a qu'une fille mariée avec un Ricasoli d'une branche collatérale.

[2] Grand domaine seigneurial dans les environs de Sienne.

loti une impression bien différente de celle que m'avait laissée mon entretien avec le baron Ricasoli. La princesse Lancillotti, que son extrême faiblesse obligeait à rester presque toujours couchée sur une chaise longue, m'accueillit ainsi que ma fille, avec une grâce exquise; elle parlait le plus pur français, elle avait l'accent d'une Parisienne, et ce ton vif et bref que donne l'habitude du grand monde. Cet être exténué, sans beauté et sans force, était pétri d'une distinction inimitable qui frappait comme une rareté; elle n'attirait pas, elle étonnait, elle intéressait par l'imprévu; c'était comme une résurrection d'une de ces marquises de l'ancien régime que l'imagination se représente, mais qu'on est tout surpris de rencontrer en chair et en os. En face de cette femme frêle, et pourtant si vivante encore lorsque son esprit petillait dans ses yeux caves ou que l'ironie faisait sourire ses lèvres blêmes, étaient assis deux Italiens robustes au visage vulgaire, l'un était le prince Massimo de Rome, frère de la princesse; l'autre son ancien sigisbé transformé en intendant, en secrétaire, en factotum *ad libitum*.

La princesse me demanda de sa voix perlée si j'avais visité dans la journée quelque couvent ou quelque galerie, et sur ma réponse que j'avais oublié les morts illustres pour faire visite à un illustre vivant :

« Eh quoi! cela vous intéresse? me dit-elle avec une moue dédaigneuse quand je lui nommai Ricasoli.

— Mais beaucoup, madame, repartis-je, et je crois que des hommes de cette trempe intéressent aussi l'Italie et son avenir.

— Est-ce qu'il y a un avenir pour toutes ces folies? murmura-t-elle comme se parlant à elle-même.

— Ne seriez-vous pas Italienne, madame, comme votre nom l'indique? lui demandai-je en souriant.

— Mais certainement, je suis née à Rome, repliqua-t-elle.

— Votre accent parisien et votre indifférence...

— Oh! mon indifférence est absolue pour tout ce qui s'agite, interrompit-elle; je ne veux plus rien connaitre de ce monde; je sais seulement que la terre tourne, qu'elle renverse les rois dans sa rotation et qu'elle tentera bientôt de renverser Dieu.

— Mais c'est le contraire, madame, répliquai-je, le mouvement de rotation imprimé à l'Italie a fait un grand roi d'un petit souverain; pour ce qui est de Dieu, il me semble en dehors de la question, étant infini il ne saurait être atteint par les hommes ni dans sa grandeur ni dans sa durée.

— Voilà une phrase de philosophe, repartit-elle avec un léger rire, moi j'ai la foi du charbonnier et n'ai jamais abordé la métaphysique.

— Eh! madame, repris-je en m'efforçant de dissimuler un peu d'ironie, les croyants les plus orthodoxes font de la métaphysique sans le savoir, car ils parlent chaque jour de Dieu et des aspirations des âmes dans leurs prières; il en est de même des royalistes du droit divin; ils crient à tout propos : « Vive le roi! » mais ils ne se permettent pas de discuter ni de définir la royauté.

— Oh! je vous en prie, répliqua-t-elle, ne parlons pas politique, je l'ai en horreur, elle m'irrite les nerfs.

— Pardonnez ma méprise, princesse; je croyais qu'alliée au prince de Carignan et recevant ses visites vous vous intéressiez à la destinée de la maison de Savoie.

— Je vois ce bon Carignan comme parent, reprit-elle, mais il se garderait bien de m'entretenir de sa grandeur présente; à propos, il abdique, il quitte Florence pour n'y plus revenir, dit-on[1]. Vous en a-t-il parlé? ajouta-t-elle en s'adressant à son frère.

— Il m'a dit simplement qu'il partait, répondit le prince Massimo qui jusque-là avait gardé un mutisme absolu.

— *Spaventato dell' amore dei Toscani* (épouvanté de l'amour des Toscans), dit d'un ton sarcastique le sigisbé.

— Me serais-je trompée, repris-je, il m'avait semblé que le prince de Carignan était véritablement adoré à Florence? »

Le sigisbé me regarda ébahi, il croyait que je n'entendais pas l'italien.

« Nous autres arriérés, nous n'adorons que Dieu, murmura la princesse...

— Prenez garde, répliquai-je, vous touchez encore, princesse, à la métaphysique. »

En ce moment deux domestiques entrèrent : l'un portait un plateau chargé de sorbets, l'autre annonça je ne sais plus quelle jeune comtesse du faubourg Saint-Germain, parente de la princesse et qui arrivait de Rome.

Aussitôt la princesse s'enquit avec vivacité de la santé du pape,

---

[1] Le prince de Carignan fit à cette époque un voyage de trois jours à Turin.

des espérances de Lamoricière, des faits et gestes de quelques cardinaux; ses sympathies éclataient dans ses questions. J'étouffais dans cette compagnie de *Codini*, mon visage s'empourprait au choc des idées de contradiction que la bienséance m'empêchait d'exprimer.

« Vous avez chaud, me dit la princesse, qui suivait de son œil perçant le jeu de ma physionomie, prenez un second sorbet. »

Je la remerciai et me hâtai de partir, elle se leva de sa chaise longue et me reconduisit jusqu'à la porte du salon.

« N'oubliez pas une infirme, me dit-elle avec affabilité, venez me revoir, nous causerons de Paris que j'ai beaucoup aimé. »

Je me promis bien qu'on ne m'y prendrait plus. Cette étude rapide, ce croquis d'un monde évanoui suffisait à mon esprit. Le contact de ce qui blesse mes convictions m'a toujours été intolérable. Entendre railler le droit, la justice, la vérité en langage béat et poli, fait monter en moi une sourde colère; je sens le poignard et le poison sous l'aménité factice du sourire; en ces moments-là je suis tenté d'employer les gros mots rudes et francs du peuple et d'arracher brutalement le masque des sophistes.

Je fis sourire Gino Capponi lorsque je lui racontai, le lendemain, ma visite à la princesse Lancillotti.

« Voilà pourtant, me dit-il, ce que l'intérêt, la vanité et la plaie élargie de siècle en siècle du népotisme ont fait de la noblesse romaine; dans toutes les autres contrées de l'Italie, la révolution (qu'il serait plus juste d'appeler chez nous réformation ou rénovation) s'est faite par en haut; les classes élevées, les esprits supérieurs l'ont infiltrée dans le peuple intelligent, heureux de la recevoir comme une lumière et un bienfait; à Rome le bas peuple n'est qu'un troupeau de mendiants et de moines; la noblesse, à quelques exceptions près, est un assemblage de momies, craignant de tomber en poussière le jour où l'on touchera aux bandelettes dorées qui les enveloppent; reste la bourgeoisie composée de légistes, de marchands et d'artisans. Plus clairvoyante, plus active, elle comprend la nécessité d'une patrie, d'un état civil et d'une bonne administration; elle nous appelle de tous ses vœux et nous recevra en libérateurs. A Naples, c'est autre chose; le peuple de Naples est sans contredit le plus ignorant et le plus arriéré de la civilisation européenne; mais vif, impressionnable, il s'éprendra de la liberté par sensation; il sera frappé de la vérité comme d'un miracle, sa superstition même l'aidera à s'éclairer. C'est un peuple enfant naïf, narquois; il a du sang grec dans les veines; il saisira rapidement le résultat heureux d'une transformation politique. Vous savez, poursuivit le marquis, la scène qui vient de se passer dans la rue de Tolède? elle est caractéristique.

— Je n'ai pu lire les journaux depuis plusieurs jours, répliquai-je.

— François II, reprit Gino Capponi, effrayé des triomphes de Garibaldi en Sicile, s'est senti perdu; après l'essai du don tardif d'une constitution et de l'envoi d'une ambassade à Turin, il vient de tenter un appel à l'affection du peuple; il a parcouru la rue de Tolède et la rive de la *Chiaja* en calèche découverte avec la jeune reine; ils portaient tous deux les couleurs nationales; les lazzaroni les ont regardés, étonnés et méprisants, en murmurant entre eux : « Ils ne croient donc plus à leur droit divin! » Puis des huées se sont fait entendre, parmi lesquelles éclatait ce cri : « Ils renient le grand saint Janvier leur protecteur! » Quelques voix ont ajouté que le sang du saint avait bouillonné de colère le jour même (quoique le miracle ne dût s'accomplir que dans deux mois), que c'était un signe évident de la chute des Bourbons décrétée par Dieu. Ainsi l'ignorance et la superstition, maintenues avec tant de soins dans les populations par le despotisme afin de les soumettre et de les avilir, se sont tournées tout à coup contre ce même despotisme le jour où, abaissant son drapeau, il a tenté de s'abriter derrière la liberté; à travers cette trouée faite à la tyrannie par elle-même, la foule a vu le néant d'une force qu'elle s'exagérait et qui s'était dite étayée sur Dieu même. Je sais bien que l'éducation d'un pareil peuple est entièrement à faire; qu'il est versatile, entraînable, épris de fictions et d'apparences, mais en le gouvernant avec justice, en répandant le bien-être et la propreté dans sa misère et sa crasse séculaires (vous sentirez en voyant Naples l'importance de ce dernier point), nous parviendrons à nous assimiler les Napolitains; l'esprit a toujours raison de la matière et les grands courants patriotiques qui raniment l'Italie, comme les grands fleuves fertilisent la terre, assainiront bien vite ce bourbier stagnant produit de la servitude et de la superstition. Ces contrées, les plus belles du monde, élues entre toutes par la nature, se vivifieront aussi par l'esprit; le règne du mal, qui conduit à l'abaissement des races, n'est que transitoire; tôt ou tard la dignité humaine revendique ses droits, l'âme d'un peuple se réveille et proteste. »

Je l'écoutais comme toujours charmée et recueillie.

« Ricasoli, reprit-il, vous a-t-il parlé de Naples?

— Oui, il espère comme vous l'unité complète de l'Italie.

— Il y aura aidé puissamment, répliqua le marquis; il faudrait à Naples quelques hommes de sa trempe. et si Naples se réunit un jour à la patrie commune, je voudrais que Ricasoli y fût envoyé comme gouverneur. C'est le caractère le plus entier, le cœur le plus droit, l'esprit le plus net de l'Italie. Une fois qu'il s'est posé un but, il y marche sans se préoccuper des obstacles; il blesse les vanités résistantes, les intérêts divergents, mais il les force à plier devant le bien public. Je connais Ricasoli depuis bien des années, je ne l'ai jamais vu transiger avec le devoir; c'est un puritain politique tout d'une pièce; il n'a pas la souplesse et le liant de Cavour, il échouerait en diplomatie, mais, dans les luttes intérieures, les intrigues et les menées des partis se briseront contre ce bloc d'acier. Il sera une des plus grandes figures de l'histoire contemporaine.

— Je pense comme vous, repartis-je, et votre jugement sur cet homme illustre confirme l'impression qu'il m'a laissée. Je suis heureuse de l'avoir connu et connu par vous. Je dois le revoir avant de quitter Florence.

— Je vous reverrai aussi, me dit-il en me quittant, et croyez que quand vous serez partie, je ne vous oublierai pas; votre sympathie pour ma patrie vous a valu toute la mienne. »

Je serrai avec émotion la main du noble aveugle. « Souvenez-vous, repris-je, que vous m'avez promis votre opuscule sur l'éducation.

— Vous l'aurez, me répondit-il, je l'ai donné à relier pour vous l'offrir. »

La chaleur était extrême, depuis notre retour à Florence, ma fille en souffrait, tandis que j'en ressentais un grand bien-être; cette atmosphère brûlante dilatait ma poitrine et en chassait à jamais la toux obstinée qui l'avait déchirée durant plus de deux ans. Nous ne sortions guère que le soir pour aller aux *Cascine*, où nous rencontrions à peine quelques promeneurs. Toute la haute société était en villégiature; la princesse et le prince Antoine se disposaient à quitter Florence, nous allâmes leur faire nos adieux. Nous rencontrâmes chez eux le marquis et la marquise Tuputti, qui me dirent qu'ils se disposaient à partir pour Naples. J'eus un soir la visite du général d'Ayala et de sa jeune femme, qui eux aussi songeaient à rentrer dans leur patrie. Les deux généraux (d'Ayala et Tuputti) profitaient de l'amnistie tardive que François II venait forcément d'accorder aux émigrés. Naples attendait ces deux nobles soldats patriotes pour organiser sa garde nationale. Plus rien ne me retenait à Florence. Nos promenades étaient attristées par la rencontre de nombreux enterrements, qui se faisaient toujours à l'heure du crépuscule; je me souviens qu'un soir, comme nous arrivions au bout de la galerie des Offices, sous les arcades qui font face à l'Arno, nous heurtâmes presque une bière couverte de velours rouge et sur laquelle était une grande croix, formée par des roses blanches. Ce devait être une jeune fille. Les moines qui portaient la morte étaient revêtus de cagoules noires qui cachaient leurs visages; leurs yeux brillaient sombres à travers deux trous, leurs voix lugubres et graves chantaient l'*Ave Maria*. Nous entendîmes le chant se prolonger entre les deux rangs d'arcades des Offices, tandis que nous marchions le long du fleuve. Comme nous tournions sur la place *Santa Trinità*, le même chant retentit, les mêmes hommes sinistres défilèrent portant une bière pareille à l'autre, couverte aussi d'un drap pourpre; des œillets blancs, des myrtes et des tubéreuses y dessinaient une croix et un cœur. « Encore une jeune fille, » pensai-je, et je marchai, la tête inclinée, douloureusement frappée par cette double rencontre de la mort qui semblait me crier : — « Prends garde! » Arrivée devant le palais Strozzi, j'aperçus un troisième convoi. Cette fois-ci, je ne regardai pas la bière, je fus comme saisie d'épouvante, je serrai le bras de ma fille et je me précipitai dans la *Via del Sol* qui s'ouvrait en face du palais; j'entendais derrière nous le *Miserere* des moines vibrer strident dans le silence de la nuit. La petite ballerine, fille du signor Baptiste, jouait au volant devant la porte de la maison de son père; elle riait d'un si bon rire, elle était si vivante et si rose, qu'elle dissipa l'image des trois cercueils.

Je ne voulais pas quitter Florence sans visiter Pise et son fameux *Campo Santo*. Je savais la tristesse immense de ces galeries sépulcrales; j'ai toujours jugé funeste de frapper l'adolescence et la jeunesse de la terreur des symboles dont le catholicisme entoure la mort; ce n'est que l'expérience réitérée des douleurs de la vie qui nous en fait accepter la fin avec douceur et sérénité. Je partis seule pour Pise, laissant ma fille aux soins de madame Baptiste; elle était mère et comprenait ma sollicitude.

XIII

Pise, on s'en souvient, m'était apparue toute fulgurante un soir à la lueur du grand *Luminare;* elle me sembla triste et déserte en plein soleil; plus encore que Sienne, Pise est une grandeur déchue. Elle fut, au moyen âge, une des villes les plus importantes de l'Italie : elle touchait à la mer par l'embouchure de l'Arno, elle eut des flottes qui rivalisèrent avec celles de Gênes et de Venise; son commerce s'étendait aux États barbaresques et à tout l'Orient; elle conquit, au douzième siècle, les îles Baléares sur les Sarrasins, et célébra ce triomphe par la construction du Dôme voisin du Campo Santo. Pise, capitale d'une république, fut peuplée de près de deux cent mille habitants; elle n'en a plus que vingt-cinq mille aujourd'hui; ses rues solitaires, qui s'étendent dans une plaine, la font paraître encore plus abandonnée. Le groupe formidable des monts Pisans, détaché de la chaîne des Apennins, abrite Pise à distance du côté du nord.

En arrivant au débarcadère, je monte en voiture et me fais conduire à la maison de Giorgini, voisine *della piazza dei Cavalieri.* Je traverse le pont *di Mezzo,* donne un regard aux quais silencieux et mornes, et arrive sur cette place où s'élevait autrefois la *tour de la Faim.* Le sommet de la tour a été détruit; la base a été enclavée dans une maison. Le supplice d'Ugolin a rendu ce vestige immortel. Les poëtes donnent à ce qu'ils touchent une vie triomphante du temps; ils prêtent leur âme aux hommes vulgaires et leur attirent le respect et l'amour. Ugolin fut un assassin[1] avant d'être un martyr; si Dante ne l'eût pas chanté, il serait oublié de l'histoire. Alighieri l'a pris par la main et l'a fait planer dans les existences idéales. Pas un passant qui ne murmure en traversant la *piazza dei Cavalieri :*

> La bocca sollevò del fiero pasto
> Quel peccator forbendola a' capelli
> Del capo ch'egli avea diretro guasto.

---

[1] Ugolino della Gherardesca, capitaine du peuple de Pise, exerça dans cette ville une odieuse tyrannie; assiégé et fait prisonnier par l'évêque dont il avait assassiné le neveu, il fut condamné à mourir de faim dans une tour avec ses deux fils et ses deux petits-fils.

Sur cette place, où erre le spectre sinistre du supplicié coupable et les ombres de ses quatre fils innocents, s'élève le palais Corovana (ou des chevaliers de l'ordre de Saint-Étienne). La façade est décorée des bustes de plusieurs princes des Médicis; devant la porte se dresse la statue de Côme Ier; à côté du palais est l'église de Saint-Étienne, qui renferme les vieux trophées conquis sur les Turcs par les Pisans; au milieu de la place jaillit une jolie fontaine. Je traverse une rue tranquille et vais frapper à la maison de Giorgini; les fenêtres sont closes; le maître est absent; une vieille servante me dit qu'il est à Milan chez l'illustre Manzoni. Je regrette ce guide intelligent à l'esprit universel, qui m'aurait si bien montré sa vieille Pise, *Pisa morta*, comme disent les habitants de leur pauvre ville dépeuplée. Je me fais conduire à la place du Dôme, et j'éprouve en y arrivant un saisissement plus vif encore qu'en voyant la place Saint-Marc et les deux places de Sienne; c'est une sensation émue et sombre; on n'imagine pas de tels aspects. L'Italie a cela d'enivrant pour l'artiste et le poëte, que chaque ville leur offre quelque chose d'imprévu. Centres d'une souveraineté ou d'une république, toutes ces vieilles cités ont leurs monuments à part qui les caractérisent. Dans l'angle nord-ouest de ses vieux remparts Pise abrite quatre merveilles : la tour penchée s'élève au midi, en arrière se groupent le Dôme et le Baptistère, au levant s'étend le Campo Santo. Avant d'y entrer, je regarde les hauts cyprès qui le bordent et montent sur les murs du rempart, où trône un grand lion de pierre. Ce lion ressemble au sphinx de la mort ruminant éternellement sur notre néant. En regard du Campo Santo, de l'autre côté de la place, est l'hôpital, vaste construction vulgaire. Je pense aux êtres qui y agonisent et iront bientôt engraisser la terre avide. J'entre sous les arceaux qu'éleva Jean de Pise [1] par la porte couronnée d'un tombeau aérien dont les trois sveltes ogives se dessinent sur le fond de l'azur. Le Campo Santo forme un carré long entouré de quatre galeries murées d'un côté et couvertes de fresques; l'autre côté est bordé de colonnes élancées qui en ceignent le préau où reposent les morts. Ces arcades sont d'une légèreté merveilleuse, elles sont formées par deux fines colonnes encadrant un pilier carré. Leur base repose sur l'herbe verte et ténue; leur fût s'épanouit en ogives qui décrivent des fleurs sur le bleu du ciel. Aux

---

[1] Il construisit le Campo Santo au commencement du treizième siècle.

quatre coins du préau s'élèvent quatre énormes cyprès figurant des gardiens taciturnes des sépulcres. Au milieu un rosier grimpant, tout fleuri, s'enlace au fût d'une colonne; il sourit aux morts comme un dernier ami. Je fais le tour des galeries immenses. Je commence par le côté occidental, où s'ouvre la porte par où je suis entrée. Avant de regarder les fresques, je considère les tombes qui composent le pavé sur lequel je marche : chevaliers croisés, nobles, princes, cardinaux, évêques et moines sont là, se heurtant confondus. Des sarcophages antiques trouvés dans les fouilles et des mausolées modernes se dressent de chaque côté de la galerie, traçant comme une allée sépulcrale. Dans un des petits côtés de la galerie, sont groupés deux trophées formés par les vieilles chaînes de la porte Pisane, conquises jadis par les Génois, et que Gênes a rendues à Pise en 1848. La liberté, mère commune, a fait toutes ces cités rivales se tendre la main comme des sœurs. Je m'arrête émerveillée devant un sarcophage antique où dansent des bacchantes, et devant une magnifique coupe grecque en marbre de Paros, où rayonne un Bacchus barbu qui servit de modèle à Jean de Pise pour sa figure du grand prêtre que nous verrons bientôt sur la chaire du Baptistère. Jean de Pise apprit la sculpture (en 1207) de praticiens grecs appelés à Pise pour travailler à la décoration du Dôme; mais il s'inspira moins de ces maîtres dégénérés que de l'antiquité, dont il admirait passionnément les vestiges. Je regarde longtemps le fameux tombeau antique où l'on ensevelit la comtesse Béatrix, et qui fut un des modèles de Jean de Pise. Le principal bas-relief représente Phèdre et Hippolyte: Phèdre pensive et navrée, telle que l'avait comprise mademoiselle Rachel. L'art du moyen âge grimace auprès de ces figures, sereines même dans la douleur, et de ces beaux vases aux contours harmonieux qui font rêver des coupes des dieux d'Homère. Dans la galerie orientale sont deux petites chapelles où l'on disait autrefois la messe pour les morts. Sur le pavé continuent les sépultures illustres, illustrations éphémères que le néant envahit. Dans l'autre petit côté de la galerie est un beau griffon en bronze, dépouille de l'art arabe, qui fut primitivement placé sur le faîte du Dôme. La tête fantastique semble aboyer comme un démon et s'irriter du calme de cette enceinte; tout près se dresse un ravissant candélabre de marbre blanc sculpté par Jean de Pise; on y sent le souffle de l'art grec; puis c'est le monument d'un *Buoncompagno* du seizième siècle, fastueux mausolée d'un être oublié. Me voilà arrivée vers le haut de la galerie où sont les fresques célèbres d'Orcagna. Je ne décrirai point le *Triomphe de la Mort*, tant de fois décrit et que la gravure a reproduit; j'indiquerai seulement les têtes si pures, si vivantes et si belles de saintes, de saints et d'anges qui forment la frise d'en bas. Dans le groupe du *Trouvère*, une femme superbe m'arrête longtemps pensive par l'attraction de sa pose recueillie. Elle est blonde et comme éclairée par sa chevelure; elle tient un doigt sur sa bouche et semble dire à ceux qui l'entourent : « Écoutez ! » Je me prends à songer qu'elle fut peut-être l'inspiratrice d'Orcagna, la Béatrix de ce Dante de la peinture, et qu'en retour de sa tendresse il a immortalisé sa beauté. Une autre femme jeune et charmante caresse un lévrier blanc posé sur ses genoux, des amours riants voltigent au-dessus d'elle et défient la Mort, dont la faux menaçante se tend au-dessus de l'arc d'Éros. Le sourire du paganisme s'éclipse devant les sombres symboles du christianisme du moyen âge; des démons hideux pourchassent les âmes et les entraînent aux supplices de l'enfer. Non loin de ces beaux couples d'amoureux, insouciants de la mort, des rois couchés dans leurs bières sentent tomber leur couronne de leur front putride sous la morsure des vers. En examinant une à une ces fresques puissantes, œuvres de divers peintres, je constate dans chacune ce mélange de l'inspiration païenne et du catholicisme. Les artistes ne pouvaient se détacher de l'idéal grec dont les fouilles locales et les marbres rapportés de l'Orient avaient mis les modèles sous leurs yeux. Sous la galerie du nord, dans la belle fresque de l'ivresse de Noé, par *Benozzo Gozzoli*, je remarque une admirable figure de femme évidemment inspirée de l'art grec. Souriante comme une nymphe en face d'un satyre, elle cache son beau visage de sa main mignonne; mais à travers ses doigts écartés ses yeux regardent et petillent. Cette figure a été surnommée la *Vergognosa*, elle inspira le proverbe pisan : *Come la Vergognosa del Campo Santo*. Dans une fresque voisine des *Noces de Jacob et de Rachel*, le même maître a exécuté un groupe de danseurs d'une grâce antique. Je considère toutes ces peintures que le temps a pâlies, et qui un jour grossiront de leur poussière la poussière humaine qu'elles encadrent d'une vie apparente. Les insectes bourdonnent dans le préau, je m'assieds au milieu, au pied du rosier grimpant; le soleil rayonne d'aplomb sur ma tête et répand sa chaleur sur le froid des tombes, je pense à tous les corps enfouis là pêle-mêle, puis aux visiteurs sans nombre qui les ont évoqués ; ils dorment aussi au sein de la terre dans d'autres *Campo Santo* ignorés. Qu'importe que le néant proteste, c'est toujours le néant impuissant à triompher de l'oubli. Byron a passé souvent sous ces arcades, tenant à son bras une femme aimée ; Montaigne a regardé le fût de colonne où je m'appuie ; il erra tout un jour dans ces galeries silencieuses et les décrivit avec sa précision accoutumée.

« Je vis avec beaucoup de plaisir, dit-il, le bâtiment du cimetière, qu'on appelle *Campo Santo* ; il est d'une grandeur extraordinaire, long de trois cents pas, large de cent, et carré ; le corridor qui règne autour, a quarante pieds de largeur, est couvert de plomb, et pavé de marbre. Les murs sont couverts d'anciennes peintures, parmi lesquelles il y en a d'un *Gondi*[1], de Florence, tige de la maison de ce nom.

« Les nobles de la ville avaient leurs tombeaux sous ce corridor ; on y voit encore les noms et les armes d'environ quatre cents familles, dont il en reste à peine quatre, échappées des guerres et des ruines de cette ancienne ville qui, d'ailleurs, est peuplée, mais habitée par des étrangers. De ces familles nobles, dont il y a plusieurs marquis, comtes et autres seigneurs, une partie est répandue en différents endroits de la chrétienté, où elles ont passé successivement.

« Au milieu de cet édifice, est un endroit découvert où l'on continue d'inhumer les morts. On assure ici généralement que les corps qu'on y dépose se gonflent tellement dans l'espace de huit heures, qu'on voit sensiblement s'élever la terre ; que huit heures après ils diminuent et s'affaissent ; qu'enfin dans huit autres heures les chairs se consument, de manière qu'avant que les vingt-quatre heures soient passées, il ne reste plus que les os tout nus. Ce phénomène est semblable à celui du cimetière de Rome, où, si l'on met le corps d'un Romain, la terre le repousse aussitôt. Cet endroit est pavé de marbre comme le corridor. On a mis, par-dessus le marbre, de la terre à la hauteur d'une ou de deux brasses, et l'on dit que cette terre fut apportée de Jérusalem dans l'expédition que les Pisans y firent avec une grande armée. Avec la permission de l'évêque, on prend un peu de cette terre qu'on répand dans les autres sépultures, par la persuasion où l'on est que les corps s'y

[1] C'est sans doute de Taddeo Gaddi, qui peignit plusieurs fresques du *Campo Santo*, que Montaigne veut parler.

consumeront plus promptement ; ce qui paraît d'autant plus vraisemblable, que dans le cimetière de la ville on ne voit presque point d'ossements, et qu'il n'y a pas d'endroit où l'on puisse les ramasser et les renfermer, comme on fait dans d'autres villes[1]. »

Le vertige de la mort vous gagne sur cette poussière des générations. On dirait que tous les atomes invisibles du sépulcre se réunissent et se condensent pour absorber les atomes vivants; une sorte d'engourdissement s'empare de moi ; je sens comme un calme bien-être de l'absorption du corps par la terre insensible; toutes les douleurs et tous les orages de la matière s'apaisent; je dirai même que toutes ses perceptions disparaissent; j'oublie que l'on vit encore et que l'on s'agite à deux pas de moi; je suis si bien là en compagnie de ceux qui ne souffrent plus. Tout à coup le souvenir des angoisses endurées se réveille dans mon cœur pour mieux m'enchaîner au repos. Comme toujours, lorsqu'une émotion forte et décisive me saisit, un chant me monte aux lèvres.

Nous passons un jour sur la terre
Tristes comme tout ce qui meurt;
Ne soulevant du grand mystère
    Qu'ombre et rumeur.

Au sein ému de notre mère
Nous échappons insoucieux;
Courant de chimère en chimère,
    Ardents, joyeux.

Aux douces voix que l'âme appelle,
Nos sens, notre esprit sont ouverts;
Mais la nature est infidèle,
    Les cieux déserts.

Les beaux rêves de la jeunesse,
L'amour, la gloire... où sont-ils donc?
Nous nous réveillons de l'ivresse
    Dans l'abandon!

Fléchissant sous le poids de l'être
Nous implorons le Dieu caché;
Des pleurs de l'esclave, le maître
    N'est pas touché.

La trahison de ceux qu'on aime
Anticipe pour nous la mort;
Parfois le dégoût de nous-même
    Au cœur nous mord.

[1] Partie du journal de Montaigne écrite en italien.

Où sont les roses de la joue !
Où sont les candeurs de l'espoir !
La mort qui vient et nous bafoue
    Tend son miroir.

Miroir horrible où se reflète
Vide du cœur, pâleur du front ;
La vie a courbé notre tête
    Comme un affront.

Sous les déchirements de l'âme
Le corps s'altère et se détruit.
Le chagrin est comme une lame
    Frappant sans bruit.

Ravagés par tout ce qui tombe,
Débris de nous, morts avant nous,
Le sombre sommeil de la tombe
    Nous semble doux.

Pour briser le sort qui nous brise
Je voudrais, hâtant le repos
Au vieux Campo Santo de Pise
    Jeter mes os !

Tandis que j'écris ces vers, dont le sentiment m'absorbe, quelques fleurs épanouies du rosier grimpant s'effeuillent sur ma tête et tombent sur mes mains ; les cigales jettent autour de moi leurs cris monotones, les moineaux perchés et encadrés dans les ogives des sculptures chantent joyeusement, le ciel bleu répand de chauds effluves qui peut-être font circuler dans les ossements glacés leur fluide éternel. La douceur et l'aménité de la nature m'enveloppent et me donnent la sensation anticipée de la quiétude de la mort. Mon chant continue moins sombre, plus résigné, présageant dans la tombe les évolutions libres de l'âme.

I

Nous naissons pour finir ; du berceau vers la fosse
    Nous courons éperdus !
La mort, toujours la mort, comme un hideux molosse,
Marche derrière nous avec ses crocs tendus.

O voluptés du corps, allégresses de l'âme,
Sentiment du néant et de l'éternité,
D'où nous venez-vous donc ? et quand s'éteint la flamme
    Où s'en va la clarté ?

II

N'attristons pas la mort, elle est la délivrance ;
Dans la tombe le corps ne sent plus la souffrance ;

Altéré d'infini, l'esprit s'envole ailleurs;
D'un vêtement usé regrette-t-on la trame,
Et libre de la chair peut-on craindre que l'âme
  En sente les douleurs?

Oh! pourquoi, nous livrant aux vers du cimetière,
Infliger à nos cœurs ce deuil de la matière?
Les anciens, fiers de l'homme et penseurs radieux,
Changeaient leurs morts aimés en impalpable cendre,
Puis dans chaque élément ils croyaient les entendre;
  Ils en faisaient des dieux!

Votre sérénité me fit toujours envie,
Grands Stoïques planant au-dessus de la mort;
Il est beau de sortir rayonnant de la vie
Comme en marchant au jour des ténèbres l'on sort!

Le son d'une cloche qui tinte en dehors du Campo Santo me rappelle à moi-même. Je suis restée là plus de deux heures, moyennant *pochi danari* le gardien m'a laissée seule avec les morts; il faut les quitter en leur disant au revoir! Voilà un de ces rendez-vous auquel on est bien sûr de ne pas manquer. Comme je me dispose à sortir après avoir donné un dernier regard au groupe des démons d'Orcagna, un fantôme noir, au visage voilé, aux yeux qui brillent, ainsi que deux charbons à travers les trous de sa cagoule, se dresse sur la porte : il agite d'une main une petite cloche aux sons fêlés et de l'autre me tend une sébile; il me barre le passage en répétant impérieusement : *Signora, per carità date ai morti!* on le dirait détaché de la fresque diabolique. Je me précipite sur la place; le moine de la Miséricorde m'y poursuit, il décrit des cercles autour de moi en agitant plus vivement sa cloche et en répétant avec volubilité : *Date ai morti! date ai morti!* Je suis saisie d'une sorte d'épouvante, ce moine m'apparait comme un messager menaçant détaché de ceux qui conduisaient à Florence les trois cercueils de la veille, ce n'est pas pour moi qu'il m'effraye, mais pour la plus chère moitié de moi-même dont je suis séparée en ce moment. J'appelle le gardien qui fait la sieste au bord du rempart et le cocher qui stationne à l'ombre de la tour penchée. Je leur demande quelques *batocchi* pour donner au quêteur obstiné, qui satisfait s'éloigne en gambadant comme un démon et en criant encore : *Date ai morti!* Ce moine noir qui se démène dans cette place déserte, enveloppée d'azur et où éclatent au soleil les quatre monuments de marbre blanc, est d'un étrange effet.

J'entre dans le Baptistère; les colonnes et les piliers qui relient les arcades sont des débris de temples païens : la chasse de Méléagre court sur les chapiteaux ; les fonts baptismaux sont ornés de sculptures byzantines rapportées de Constantinople. Je regarde, émerveillée, la fameuse chaire de Jean de Pise ; elle est de forme octogone et toute revêtue de fins bas-reliefs ; elle repose sur sept colonnes ayant pour base des lions et des chimères. On prêchait autrefois dans le Baptistère, qui renferme un écho tellement vibrant que la voix du prédicateur devait en être centuplée. Avant d'entrer dans le Dôme, je considère attentive son admirable façade resplendissante en plein soleil ; elle se compose de quatre galeries ouvertes superposées qui diminuent graduellement d'étendue et sont soutenues par des colonnes aux chapiteaux couverts de figurines. De chaque côté de la galerie supérieure est une statue de saint, une troisième statue s'élève au milieu sur le fond du ciel et forme le couronnement de la façade. Trois portes de bronze s'ouvrent dans la galerie inférieure ; elles ont été exécutées sur les dessins de Jean de Bologne pour remplacer les portes primitives détruites par un incendie (1596), et qui dataient de la construction de l'église[1] ; chaque porte est surmontée d'une demi-lune revêtue de mosaïques sur fond d'or. La Vierge rayonne sur la mosaïque du milieu, Jésus et le Père éternel sur les deux autres. Je remarque en entrant dans l'église deux magnifiques bénitiers ornés de statuettes de bronze : la figure de saint Jean-Baptiste et celle de Jésus sont debout au milieu des deux coupes. Le vaisseau, en forme de croix latine, se compose de cinq nefs ; les arcades de la nef du milieu sont soutenues par vingt-quatre colonnes d'ordre corinthien ; au-dessus des arcades court une galerie sombre derrière laquelle se cachent les tribunes destinées aux femmes, selon les rites primitifs. Le plafond de la nef centrale est à caisson de bois sculpté et doré. Tout l'intérieur du Dôme est revêtu de marbre blanc et noir. Une grande mosaïque sur fond d'or recouvre la demi-coupole du chœur. Le maître-autel moderne est incrusté de lapis-lazuli, et décoré de deux statues et d'un beau crucifix de Jean de Bologne ; les stalles en marqueterie sont d'un travail inouï ; sur les vitraux (des quatorzième et quinzième siècles) ont été reproduites quelques-unes des fresques les plus saisissantes du Campo Santo. Je contemple à droite du chœur une ineffable sainte Agnès d'*Andrea del Sarto*, puis la

---

[1] Le Dôme de Pise commencé en 1063 fut consacré en 1118.

fameuse lampe de bronze dont les oscillations firent, dit-on, découvrir à Galilée la théorie du pendule. J'erre de nef en nef me pénétrant de l'ensemble de cette vieille basilique chrétienne que je ne puis explorer en détail. Les temples grecs détruits ont fourni les chapiteaux, les corniches et les architraves de ce splendide édifice, le sourire des dieux de l'Olympe rayonne sur l'immense tristesse du Dieu crucifié.

« Je vis le Dôme de Pise, dit Montaigne, où fut autrefois le palais de l'empereur Adrien. Il y a un nombre infini de colonnes de différents marbres, ainsi que de forme et de travail différents, et de très-belles portes de métal. Cette église est ornée de diverses dépouilles de la Grèce et de l'Égypte, et bâtie d'anciennes ruines, où l'on voit diverses inscriptions, dont les unes se trouvent à rebours, les autres à demi tronquées; et en certains endroits des caractères inconnus, que l'on prétend être d'anciens caractères étrusques.

« Je vis le clocher bâti d'une façon extraordinaire, incliné de sept brasses comme celui de Bologne et autres, et entouré de tous côtés de pilastres et de corridors ouverts [1]. »

J'avais hâte de faire l'ascension de cette fameuse *tour penchée* qui était devant moi, légère, aérienne, détachant dans l'azur ses huit galeries cylindriques formées par des colonnes à jour; mais quand je voulus m'en faire ouvrir la porte et monter au sommet, la difficulté commença. Il faut être trois pour obtenir la permission de gravir jusqu'au haut du campanile, depuis, dit-on, que deux voyageurs (peut-être deux amants), d'accord pour ce double suicide, se sont précipités de la plate-forme entourée d'une balustrade. Je hèle le cocher qui m'a conduite et je cherche en vain sur la place déserte une troisième personne. Tandis que je parlemente avec le gardien inflexible sur sa consigne, une voiture arrive sur la place et y dépose un visiteur; il se joint à nous et nous commençons à monter; la tour a cent quatre-vingt-huit pieds d'élévation; elle est toute revêtue de marbre blanc; le pas glisse sur les dalles polies, le vertige vous prend à mesure qu'on avance sous ces galeries ouvertes et que l'œil ébloui par l'intensité de la lumière d'un jour d'été embrasse l'horizon immense qui se déploie alentour; le corps comme attiré par l'attraction du précipice chancelle à travers l'interstice des colonnes; je suis bientôt forcée de m'appuyer sur le

---

[1] Montaigne, traduit de l'italien.

bras du compagnon inconnu que le hasard vient de m'envoyer. Arrivés sur la plate-forme, nous découvrons une étendue incommensurable : au sud-ouest la mer bleue se confond au ciel et, entre leur double azur, apparaissent les petites îles de la Gorgone et de Capraja; plus loin ces lignes indécises sont : la Corse et l'île d'Elbe; sur un plan plus rapproché, Livourne s'étale au bord des vagues; on trouve en suivant cette plage le point du littoral où Byron brûla sur un bûcher le corps de son ami Shelley; plus près de nous, se groupent les bois des *Cascine* de Pise et la belle ferme de *San Rossore*, propriété de l'État; la mer s'étendait autrefois à la place de cette forêt de pins; en se retirant du rivage elle y laissa des marais pestilentiels. « L'air de Pise, dit Montaigne, passait, il y a quelque temps, pour être très-malsain, mais depuis que le duc Côme (Côme Ier) a fait dessécher les marais d'alentour, il est bon. Il était auparavant si mauvais, que quand on voulait reléguer quelqu'un et le faire mourir, on l'exilait à Pise, où dans peu de jours c'était fait de lui[1]. » Ce fut là le supplice des Maremmes, infligé à la Pia de Dante. Du côté opposé aux *Cascine*, l'œil embrasse, au nord-est, la chaîne des monts Pisans.

Je quitte à regret le sommet de la tour penchée, malgré le malaise que me fait éprouver l'oscillation apparente du monument. Il me semble que la tour vacille et va nous entraîner dans sa chute. On sait qu'une corde plombée tendue au sommet, du côté qui penche, s'éloigne, en touchant à terre, de quinze pieds de la base du campanile. Cette inclinaison servit à Galilée (né à Pise) pour ses expériences de la chute des corps. Je remarque en descendant les sept grandes cloches qui, depuis sept cents ans, n'ont pas cessé de sonner chaque jour : naissance, mariage, mort, elles tintent indifféremment toutes les phases de la vie éphémère. Que sont pour ces vieux témoins insensibles les joies et les douleurs des générations qui passent !

Arrivée sur la place, je me hâte de remonter en voiture et de me faire conduire aux *Cascine*; je franchis une longue avenue d'ormes et de peupliers qui se déroule durant trois milles; des bancs de marbre sont placés au pied des arbres et offrent des haltes de repos aux promeneurs. Le temps me manque pour visiter l'intérieur de la ferme de San Rossore. J'aime mieux parcourir les prairies qui

---

[1] Partie du journal de Montaigne traduite de l'italien.

l'entourent et une partie de la haute *pineta*[1] où se groupent quinze cents chameaux dans des postures sculpturales; on dirait un paysage de l'Afrique ou de la Judée. Les scènes de la Bible palpitent et se déroulent dans le souvenir; le souffle tiède de ces grands bois me convie, il serait doux de mourir à leur ombre.

Montaigne, que je ne saurais trop citer, pour le plaisir de mes lecteurs, visita les *Cascine* et la ferme de *San Rossore* au moment de leur fondation. — « Le vendredi 7 juillet, de bonne heure, j'allai, dit-il, voir les *Cascine* ou fermes de Pierre de Médicis, éloignées de la terre de deux milles. Ce seigneur a là des biens immenses qu'il fait valoir par lui-même, en y mettant tous les cinq ans de nouveaux laboureurs qui prennent la moitié des fruits. Le terrain est très-fertile en grains, et il y a des pâturages où l'on tient toutes sortes d'animaux. Je descendis de cheval pour voir les particularités de la maison. Il y a grand nombre de personnes occupées à faire de la crème, du beurre, des fromages, avec tous les ustensiles nécessaires à ce genre d'économie. De là, suivant la plaine, j'arrivai sur les bords de la mer Tyrrhénienne, où d'un côté je découvrois, à main droite Érici, et de l'autre, encore de plus près, Livourne, château situé sur la mer. De là se découvre bien l'isle de Gorgone, plus loin celle de Capraja, et plus loin encore la Corse. Je tournai à main gauche le long du bord de la mer, et nous le suivîmes jusqu'à l'embouchure de l'Arno, dont l'entrée est fort difficile aux vaisseaux, parce que plusieurs petites rivières qui se jettent ensemble dans l'Arno, charrient de la terre et de la boue qui s'y arrêtent, et font élever l'embouchure en l'embarrassant. J'y achetai du poisson que j'envoyai aux comédiennes de Pise. Le long de ce fleuve on voit plusieurs buissons de tamaris[2]. »

Livourne, qui n'était qu'une forteresse au temps de Montaigne, Livourne, devenue un des grands ports de l'Italie, venait de m'apparaître comme un faubourg de Pise du haut de la *tour penchée*. Il était à peine une heure; dans une demi-heure je pouvais aller à Livourne et revenir le soir coucher à Florence. Malgré ma lassitude l'espérance de revoir quelques instants la princesse Marie me décida à faire cette excursion; en quittant les *Cascine* j'ordonnai au cocher de me conduire à l'embarcadère.

[1] Forêt de pins.
[2] Traduit de l'italien.

« *Signora*, me dit-il, *bisogna veder prima la Santa Spina* (Madame, il faut voir d'abord la Sainte Épine), une des merveilles de Pise, ajouta-t-il.

— Je veux bien, répliquai-je, mais je désire partir dans une demi-heure.

— *State quieta* (Soyez tranquille), me répondit-il, et il lança son cheval au grand galop; *vedrete! vedrete! come è bella*, » répétait-il tout en faisant siffler son fouet en cadence, et en lançant à l'animal des paroles stimulantes qu'il semblait entendre. En quelques minutes nous étions rentrés dans les rues de Pise. Nous suivîmes les quais et trouvâmes sur la rive gauche de l'Arno cette exquise et mignonne chapelle de la *Santa Spina*, qui m'était apparue resplendissante le soir du grand *Luminare*. Une épine de la couronne du Christ, rapportée au treizième siècle de Jérusalem par un marchand de Pise, fut enfermée dans ce bijou de marbre blanc. Jean de Pise décora plus tard la façade de délicieuses figurines de saints et de saintes. Nino de Pise fit les statues qui ornent l'intérieur de la petite nef et le maître-autel. J'admire à la hâte toutes ces têtes expressives d'un fini si rare. Sodoma a là un magnifique tableau représentant la madone entourée de bienheureux. Elle les regarde avec une fierté naïve, et son adorable sourire semble leur dire :

— Je suis la mère d'un Dieu.

Je traverse le pont du milieu, je donne un regard, sur l'autre rive de l'Arno, au beau palais Lanfreducchi. Sur la façade ondule une chaîne au-dessus de laquelle on a écrit *à la Giornata!* Mélancolique inscription qui convient si bien à toute demeure de l'homme. Je murmure les deux premiers vers qui me sont venus au Campo Santo.

> Nous passons un jour sur la terre
> Tristes comme tout ce qui meurt...

L'heure me presse, je salue en passant le palais Lanfranchi, que lord Byron habita avant de s'embarquer pour la Grèce ; il vécut là près des Gamba exilés de Ravenne, le vieux comte Gamba, patriote incorruptible, son fils Pietro, confident et compagnon d'armes de Child-Harold, sa fille, ivresse dernière de son cœur et de son regard. Cette famille était devenue celle du poëte, la consolation et le charme de ses jours désormais comptés; les orangers du jardin du palais Lanfranchi voient passer la nuit ces ombres qui s'aimèrent.

A deux heures j'arrive à Livourne, je franchis en voiture son mur d'enceinte et ses larges rues modernes, sans caractère, et sans monuments qui me sollicitent ; je parcours la vaste place d'armes où sont deux statues de grands-ducs de Toscane. Dans un angle de la place je vois le palais de la poste, où je vais aussitôt demander l'adresse de la princesse Marie que j'ai oubliée à Florence. Les employés ne peuvent me l'indiquer. Je m'informe à quelques grands magasins et à un café de la *via Ferdinanda*, d'où je me fais apporter des sorbets. La chaleur est accablante, le soleil verse comme un torrent de feu dans cette large rue *Ferdinanda*, qui traverse Livourne et mène de la place d'armes au port. Le mouvement ordinaire des marchands, des matelots, des étrangers et des soldats qui s'agitent dans cette rue, est suspendu pour quelques heures ; les habitants de Livourne font la sieste et se cachent à l'ombre. Parvenue au port, je retrouve le travail et la vie ; je m'informe encore à quelques grands hôtels de l'adresse de la princesse ; mal renseignée, je vais chercher la villa qu'elle habite sur toute l'étendue de la plage où sont les établissements de bains ; ma course est vaine. J'erre dans ces nouveaux et somptueux quartiers de Livourne qui me rappellent le *cours des Anglais* de Nice ; la mer bleue phosphorescente déroule devant moi ses flots aplanis ; elle me convie ; il me semble que j'y trouverai un peu de fraîcheur. Je renvoie ma voiture et monte dans une barque couverte. La mer est aussi embrasée que la terre ; on dirait une étuve incommensurable. Je parcours le rivage et le port ; les matelots, ruisselants de sueur, vont et viennent à travers le dédale des navires ; les portefaix crient et gesticulent sur les quais ; les bateliers, comme les lazzaroni de Naples, sont couchés en plein soleil sur un escalier de pierre qui descend dans la mer, où ils feraient bien mieux de se plonger. L'impérieux désir d'un bain d'eau douce s'empare de moi ; je me fais conduire à un bel établissement voisin de l'embarcadère et m'oublie dans cette volupté rafraîchissante jusqu'à l'heure du départ. A cinq heures je reprends le convoi de Pise. Arrivée à la station de cette ville, j'aperçois devant un café un jeune officier d'infanterie piémontaise qui me salue. Je reconnais le fils de la comtesse Visconti, une de mes connaissances affectueuses de Milan : Nous échangeons quelques bonnes et rapides paroles.

« Au revoir, madame ; » me crie le comte Visconti, tandis que le convoi se remet en marche ; ce mot me fait sourire comme une impossibilité. Trois mois après je rencontrai le jeune officier à Naples.

XIV

Le soir en arrivant à Florence, je trouvai la lettre suivante du baron Ricasoli :

« Je vous demande pardon, madame, du retard que j'ai mis dans l'envoi des deux volumes : *Atti e documenti del governo della Toscana* (Actes et documents du gouvernement de la Toscane): ce retard a été causé par le désir que j'avais de vous envoyer en même temps l'épreuve de votre belle et pénétrante poésie[1]; j'espère avoir cette épreuve demain. Je vous préviens, madame, qu'il y aura encore un troisième volume qui contiendra les *actes et documents* qui se sont produits en Toscane, jusqu'au 31 décembre 1859. Quand ce volume paraîtra, je me ferai un devoir de vous l'adresser à l'endroit que vous voudrez bien m'indiquer. A partir du 1er janvier 1860, le gouvernement changea la forme de cette publication et j'espère pouvoir vous envoyer demain le volume qui contient les *actes* qui commencent à cette date jusqu'à la cessation de l'autonomie de la Toscane.

« J'ai pris la liberté de marquer deux pièces significatives. Vous en trouverez bien d'autres, si vous avez la patience de *spigolare*[2] (le mot français m'échappe), parmi l'abondance peut-être un peu excessive des décrets. Avec cette patience vous arriverez à reconnaître l'action, d'abord intellectuelle, par laquelle le mouvement toscan a commencé à se développer et a fini par s'accomplir avec tant de bonheur.

« Je dois vous avouer que je suis accablé d'occupations le soir comme le matin, je n'ai un peu de liberté que l'après-midi, d'une heure à deux. Puisque vous préférez, au lieu de m'attendre, m'honorer d'une seconde visite, veuillez bien choisir cette heure soit demain, soit après-demain. Je serai aux bureaux de la direction de l'intérieur qui se trouve du côté gauche avant de monter la dernière rampe de l'escalier.

« Agréez avec bonté, madame, l'assurance de mon estime et de mon dévouement.   « RICASOLI.

« Palazzo Vecchio, le soir du 10 juillet 1860. »

[1] Mes vers sur Garibaldi que le baron Ricasoli avait envoyés au journal *la Nazione*.
[2] Trier, chercher.

Je fus très-touchée de cette lettre du premier citoyen de la Toscane; elle me confirmait une fois de plus la simplicité dans la grandeur des hommes illustres de l'Italie; comme Cavour, comme Manzoni, comme Gino Capponi, comme Garibaldi, le gouverneur de Florence me traitait avec sympathie, par cela seul que mon esprit lui avait plu et que mon enthousiasme pour l'Italie l'avait intéressé. En France quel est l'homme d'État qui trouve le temps d'être seulement *poli* avec une pauvre femme poëte et qui se soucie de son appréciation? Sont-ce les écrits de madame de Staël qui firent se grouper autour d'elle tant d'illustrations éphémères de la politique et de la diplomatie? Non, osons le dire, c'étaient sa fortune et son salon qui les attiraient; l'intelligence intrinsèque, sans ce qu'on appelle en France une *position*, paraît chose creuse à l'importance dédaigneuse de nos hommes publics. Si madame de Krüdner n'avait écrit que *Valérie*, certes les ministres et les ambassadeurs de la Sainte-Alliance n'auraient pas afflué chez elle. Mais elle était *l'amie mystique* (nous croyons peu au mysticisme en pareille liaison) de l'empereur Alexandre, et aussitôt elle devint une puissance pour les pourchasseurs éhontés de la richesse et de la vanité; la faveur d'un souverain, quelle qu'en fût la source, transforma en sainte une intrigante. N'avons-nous pas vu sous Louis-Philippe, une femme sans aucune valeur intellectuelle réunir autour d'elle tous les hommes du pouvoir à la remorque d'un premier ministre qui la proclamait son Égérie? Quelle pure inspiratrice, en effet, pour un des gouvernants de la France que cette grande dame russe livrant à prix d'or au czar les secrets de notre politique?

Je ne saurais trop insister sur cette aménité naturelle et cette absence de *pose* qui, dans les plus hautes destinées, caractérisent les Italiens; acception faite des sympathies et toute réserve gardée du jugement que je porterai de sa vie politique, je fus aussi frappée à Rome par le cordial et caressant accueil du cardinal Antonelli, qui représentait pour moi une politique odieuse, que je l'avais été précédemment de la réception empressée des hommes illustres de l'Italie libre dont les idées avaient toute ma vénération.

Je parcourus, le soir même, les deux volumes qui m'étaient adressés par le baron Ricasoli, et j'y trouvai la filiation de tous les actes publics de ce génie si ferme, actes qui préparèrent et accomplirent l'annexion de la Toscane au Piémont. Les deux documents que le grand citoyen m'avait signalés étaient une lettre circulaire écrite par lui, le 12 mai 1859, aux préfets de la Toscane, puis un article qu'il fit insérer dans le *Moniteur* de Florence, le 9 juin de la même année. Dans la lettre se trouvaient ces admirables paroles :

« La Toscane a d'une façon solennelle manifesté le sentiment national italien qui était en elle et que l'on n'avait pas voulu reconnaître ; il est temps désormais que toutes les forces de ce pays se déploient. Le gouvernement grand-ducal éteignait, amollissait ou dispersait ces forces. Notre gouvernement national doit les ranimer, les corroborer et les réunir. Que le droit ancien s'unifie avec le nouveau ; que les glorieuses traditions du passé soient égalées par les œuvres viriles du présent ; que nous sentir Toscans, nous fasse dignes et fermement résolus d'être Italiens ; que les cœurs se purifient par la foi, les esprits par la science, les bras par les armes ; que la vertu, la raison, la fortune, le travail, que tout conspire à nous rendre intrépides dans le danger, prodigues de nos labeurs et de notre vie, prudents dans les services publics, sages dans nos délibérations et surtout courageux pour repousser les désirs prématurés ; attendant avec la ferme vertu du citoyen, et une tranquillité inébranlable au milieu des périls, l'accomplissement de la haute destinée réservée seulement aux peuples qui savent agir avec grandeur et souffrir de même. »

Quant à l'autre document, nous le citerons tout entier. Il est court et significatif :

PROGRAMME UNITAIRE
9 *juin* 1859.

« Sous les coups puissants des armées franco-italiennes, non-seulement les bataillons ennemis se dispersent, mais encore toute la vieille Italie tombe en ruine, et l'on voit surgir l'Italie nouvelle telle que la conçurent Dante et Machiavel : libre, armée, unanime. S'il est donné aux Italiens de recueillir entièrement les fruits de la victoire, peut-être pourront-ils accomplir ce qui fut tant de fois dénié à leurs pères, de se constituer enfin en une nation, et d'effacer les frontières tracées par la conquête sur la terre que Dieu leur donna en héritage. Mais à quoi sert de parler de fusion et d'autonomie consentie ou combattue, quand tous nous nous sentons fils de la même patrie ? les noms d'États et de provinces représentent le passé et ne pourront plus, jamais, inaugurer dignement l'avenir qui se résumera dans le seul nom d'Italie. Cette grande et vraie autonomie nationale qui contiendra toutes les autonomies partielles sans les opprimer, ne sera un sacrifice pour personne parce qu'elle sera reconnue utile à tous. Ainsi se trouveront atteints les grands résultats qui légitiment les guerres ; par tant de sang généreux répandu sur les champs de bataille, espérons que nous pourrons constituer une Italie indépendante et d'une manière digne de ses destinées et de sa grandeur. »

Émue par la lecture de ces nobles témoignages d'un austère patriotisme, je me rendis, le lendemain 11 juillet (1860), au palais Vecchio ; l'accueil que je reçus du baron Ricasoli fut encore plus aimable, plus confiant que la première fois. Les affaires de Naples le préoccupaient vivement.

« La manifestation populaire qui s'est produite, me dit-il, lorsque François II s'est montré en public avec les couleurs nationales, m'avait fait espérer de cette foule exaltée quelque acte énergique et décisif ; elle n'a eu que l'ivresse de la liberté sans en avoir la force ; l'occasion est manquée, l'heure de l'élan est passée ; le peuple n'a pas rempli sa tâche ; il devait, sans répandre de sang, se lever unanime, et forcer le roi à partir.

— Il le fera, repartis-je, Garibaldi aidant.

— Je crains qu'il ne le fasse point, reprit le baron ; quant à Garibaldi, bien des obstacles peuvent s'opposer à ce qu'il arrive à Naples ; il est maintenant évident pour moi qu'il faut un levier pour soulever le peuple napolitain et le déterminer à la liberté ; mais ce que le peuple n'a pas su faire, ajouta-t-il, la Chambre que François II est forcé de convoquer peut encore l'accomplir ; tous les exilés vont rentrer à Naples, ils seront élus députés ; leur devoir est tracé d'avance. Dès la première séance de l'assemblée, ils doivent prononcer à l'unanimité la déchéance des Bourbons et la réunion du royaume des Deux-Siciles à l'Italie ; le peuple hostile au jeune roi, en haine de son père, et qui méprise ses concessions tardives, suivra l'impulsion de la Chambre. Si les députés napolitains ne faillissent pas à leur mission, ils peuvent donner au monde ce magnifique spectacle d'une poignée d'hommes faisant résolûment la besogne de tout un peuple ; auront-ils le courage et le dévouement nécessaires ? Je l'ignore, continua-t-il, jusqu'ici aucun caractère ne s'est révélé.

— Vous devriez partir pour Naples, repartis-je avec vivacité, nul mieux que l'émancipateur de la Toscane ne peut enseigner aux Napolitains leur devoir.

— Non, me dit-il, il faut que la solution se produise par les hommes du pays, elle aura ainsi un caractère d'indépendance et de sincérité qui en assurera le triomphe.

— A défaut des hommes, les événements se chargeront de la solution, répliquai-je; sans doute quelque grande individualité comme la vôtre pourrait hâter à Naples ce que vous avez si vite et si bien accompli en Toscane; mais songez que l'exemple d'indépendance et de patriotisme déjà donné par les autres provinces italiennes forme comme un centre d'attraction vers lequel gravitent Naples, Venise, Rome; il y a des forces motrices et toutes-puissantes dans l'ordre moral comme dans l'ordre de la nature.

— C'est bien vrai, s'écria-t-il; aussitôt qu'une vérité utile et moralisante prend corps et devient visible, les esprits y gravitent et s'y rallient. On n'élude pas un principe.

— Voilà une parole brève et profonde, répliquai-je, qui devrait être gravée dans la conscience de l'homme privé comme de l'homme public. La violation d'un principe amène toujours la perturbation.

— Hélas! beaucoup ne voient la vérité que par éclairs, reprit Ricasoli; mais ceux qui l'ayant vue une seule fois face à face, ont eu, ne fût-ce qu'un jour, le pouvoir de la faire triompher, et qui la détournent et la violent à leur profit, ceux-là sont des larrons de la pire espèce; on peut mesurer le préjudice que cause un vol matériel, mais le dommage qu'on porte à la destinée d'un individu ou d'une nation, en lui dérobant la vérité, a des résultats incalculables.

— L'action, dans l'homme public, entraîne presque toujours la conscience, répondis-je.

— C'est ce qu'il ne faut pas, s'écria vivement Ricasoli, voilà sur quoi il faut trembler et veiller à toute heure; il y va pour nous, tôt ou tard, du salut éternel de l'honneur!

— Bien peu, repartis-je, résistent à cette pierre de touche de la vie publique; c'est l'épreuve du feu du moyen âge; on compte les souverains et les hommes d'État qui la traversent, sans y laisser une part de leur âme. De là vient que, de tout temps, les philosophes et les poëtes ont pensé qu'il était plus sûr et plus beau de s'en tenir à la spéculation pure.

— Abstention égoïste et orgueilleuse, s'écria Ricasoli, l'application de toute découverte morale doit être tentée; nous sommes tenus d'y faire participer nos semblables, même de les forcer au besoin à s'y rallier. C'est le secours actif qu'on prête aux faibles, aux menacés, à l'homme qui se noie, au voyageur qu'un assassin attaque dans la nuit; en pareil cas la pitié stérile, la sympathie spéculative est de l'indifférence, je dirais volontiers de la lâcheté.

— Vous êtes une forte nature militante, lui dis-je en prenant sa main avec émotion, vous serez, parmi les hommes d'action, du petit nombre de ceux dont rien ne fera dévier la conscience.

— Et par cela même, reprit-il avec tristesse, je pourrai peu pour la cause que je sers; car, je le sens, je le vois, la politique exigera des palliatifs auxquels je refuserai de me plier, et je deviendrai inutile.

— Mais n'est-ce rien que de laisser un grand exemple de fermeté et de droiture? Tôt ou tard l'humanité guide sa marche sur ces jalons posés par des hommes incorruptibles.

— Après tout, reprit-il, je vous l'ai dit l'autre jour, je sens une soif invincible de repos, de solitude. Je n'y résiste qu'en me disant que c'est de l'égoïsme, et qu'à l'heure qu'il est tout Italien se doit au bien public; mais, en rentrant dans la vie privée, j'éprouverai la volupté intime que nous donne l'entière possession de notre âme et le libre exercice de nos facultés. »

Il me parla alors de ses goûts d'agronome et de sa passion pour l'étude.

« Mes champs m'attendent, mes livres alignés sur leurs vieux rayons s'étonnent de leur repos; je les retrouverai comme des amis dont la compagnie nous communique le calme et la dignité. »

Je lui dis adieu emportant l'empreinte plus nette, plus accentuée de cette figure rigide qui m'avait frappée d'admiration dès notre première entrevue. Depuis cette époque, la mort prématurée du comte de Cavour a placé un moment le baron Ricasoli à la tête des destinées de l'Italie; tous ses actes au pouvoir ont été en harmonie avec les sentiments exprimés dans les deux conversations dont il m'honora; si quelques palliatifs, à l'endroit du gouvernement français et de la question romaine, lui ont été imposés par les circonstances, par la nécessité impérieuse de vie ou de mort de son pays, qui ne devine que sa résistance intérieure à ces concessions apparentes ont déterminé sa retraite du ministère? Pour moi l'homme public inflexible dans ses principes est resté entier. M'étant efforcée de sténographier pour ainsi dire ses paroles, j'ai l'espérance de l'avoir peint tel qu'il est, tel qu'il restera dans l'histoire.

Je n'avais plus que quelques jours à passer à Florence, je voulais visiter Ravenne, Bologne, Ferrare, Modène et Parme avant de m'embarquer pour Naples. En quittant ce jour-là le palais Vecchio, j'entrai dans la galerie des *Offices* pour m'imprégner une dernière fois de l'éternelle sérénité de tous ces chefs-d'œuvre de l'art. A ma sortie du musée je pris une voiture et je dis au cocher, qui parut ébahi de mon ordre : « *Fate il giro di ogni piazza di Firenze.* (Faites le tour de toutes les places de Florence.) *Basterà, signora, delle più grandi* (Il suffira bien, madame, des plus grandes), » répliqua-t-il en riant. Je le laissai faire; je trouvais un plaisir d'enfant à cette évolution, au hasard, à travers Florence; je disais de la sorte adieu à la vieille cité. Je me souviens qu'en traversant une place non loin du *lung Arno*, j'aperçus un bâtiment en forme de rotonde, sur lequel était écrit : *Diorama di Napoli*. Naples préoccupait en ce moment tous les Italiens, ils rêvaient des enchantements de son golfe comme les Israélites de la terre promise; ils sentaient que la possession de Naples assurerait leur indépendance et leur unité. S'appartenir est la foi nouvelle des peuples. J'entrai, je fus éblouie et presque choquée par la vivacité et l'intensité diffuse de la clarté : la mer, le ciel, les îles, le rivage; à gauche du golfe, le palais babylonien des rois de Naples aux murailles dorées, aux terrasses ruisselantes de fleurs; au fond le Vésuve fumant comme un énorme trépied, me parurent transfigurés par le pinceau de l'artiste; tout était azur, pourpre et lumière. La nature et les monuments de notre pâle Europe n'avaient jamais revêtu une telle splendeur; c'était là une ville d'Asie ou d'Égypte au temps des empereurs romains ; les lazzaroni demi-nus, couchés sur les quais, les pêcheurs et les bateliers déguenillés, ramant courbés sur leurs barques, figuraient les esclaves antiques. Un mois plus tard la réalité devait m'apparaître plus fulgurante encore que le tableau. J'eus comme les yeux brûlés par cette reproduction d'une plage en feu. Je me fis conduire dans la campagne pour y chercher un peu de fraîcheur et d'ombre.

Lorsqu'on dit à un cocher florentin d'aller *fuori le mura*, on peut être certain que c'est toujours par la porte Romaine qu'il se dirige à travers champs. La longue avenue de cyprès du *poggio imperiale* lui semble un but qui doit plaire à tous les étrangers. Je connaissais la villa grand-ducale et ne fus pas tentée de m'y arrêter : « *Andiamo più avanti* (Allons plus avant), » dis-je au cocher, qui se flattait de faire reposer ses chevaux et d'avoir lui-même une heure de sieste. « *Dunque, signora*, dit-il avec un soupir, *fino alla Certosa* (Donc, madame, jusqu'à la Chartreuse). — *Si, prestissimo* (oui, très-vite), » répliquai-je. Il obéit et fouetta philosophiquement ses bêtes essoufflées. Nous marchâmes environ deux milles, franchissant de jolis hameaux et des collines riantes couvertes de cultures. Au pied d'une de ces collines se groupe un village, au sommet le grand couvent de la Chartreuse découpe sur la transparence de l'air toutes les dentelures de sa merveilleuse façade. Le coteau que domine la *Certosa* est baigné à sa base par deux petites rivières, la *Greva* et l'*Ema*, qui réunissent leurs flots en gazouillant. Ce vaste monument aérien fourmille d'ogives, de colonnes, de clochetons et de figurines de marbre. Au haut de l'escalier qui conduit à la Chartreuse resplendit une magnifique fresque d'*Empoli* représentant Jésus au milieu de ses disciples. Le couvent est entouré d'un côté de fortifications dont les murs en créneaux pointent dans l'azur; c'est tout ce qu'il m'est permis de voir [1] de ce couvent somptueux, dont les cours, les souterrains, les salles, les cellules, les réfectoires, les cuisines sont autant de constructions élégantes. Les œuvres d'art abondent dans la *foresteria* (appartement des étrangers), où Charles-Quint demeura (1536) et qu'habitèrent longtemps les papes Pie VI et Pie VII. L'église est superbe; elle renferme, entre autres peintures, des fresques représentant la vie de saint Bruno, qui sont le chef-d'œuvre de *Pocetti*. Dans la salle du chapitre se trouvent une fresque de Ghirlandajo et une Vierge du Pérugin. Les cloîtres sont ornés de statues et de petites chapelles toutes dorées; dans les cryptes on voit les tombeaux du fondateur et de plusieurs prieurs de la Chartreuse.

Ce fut là ma dernière excursion dans les environs de Florence.

Le marquis Gino Capponi vint me dire adieu la veille de mon départ; il me donna son petit livre sur l'éducation, laconique de forme, abondant d'idées neuves et profondes, qui me prouvèrent une fois de plus l'étendue de ce noble esprit, dont toutes les convictions reposent sur les inébranlables assises du patriotisme et de la vertu. Je me souviens que dans cette dernière conversation il me dit que

[1] Il est interdit aux femmes de visiter l'intérieur de la Chartreuse.

l'éducation de la jeunesse en France lui causait depuis quelques années un douloureux étonnement.

« Rien qui fortifie la jeunesse, rien qui l'élève, rien qui la prépare à la vie publique, ajouta-t-il pour compléter son idée, rien pour lui inspirer l'amour de la patrie, la passion de l'honneur, l'ardeur des choses idéales et cette fierté ombrageuse qui fait se cabrer une âme devant les fortunes ou les honneurs mal acquis; le mal a commencé sous Louis-Philippe; depuis lors il n'a fait que s'accroître, il déborde désormais chaque jour; il m'est attesté par les récits que font vos journaux des mœurs efféminées de vos *viveurs*, des spéculations éhontées de vos hommes de Bourse, du luxe et de la prodigalité des femmes du plus grand monde, dont quelques-unes ont figuré dans des procès en escroquerie [1]. Je m'étonne que l'Empereur, avec sa clairvoyance et sa fermeté, ne voie pas le péril et ne s'efforce pas d'épurer le marais qui monte autour de son trône. Lorsque l'Autriche gouvernait en Lombardie, elle y faisait régner systématiquement la corruption; c'était son rôle : pour maintenir un peuple esclave qu'on sent frémissant du joug, il faut l'amollir. Je me souviens que l'avant-dernier vice-roi disait au jeune duc L..., de Milan : « Soyez riches, amusez-vous, donnez vos nuits au jeu et aux femmes, « c'est une plus douce manière de passer sa jeunesse que de la « perdre dans les vaines agitations politiques et de se faire jeter au « Spielberg. » Ce langage est naturel à la tyrannie qui se sent temporaire et toujours menacée; mais, lorsqu'on veut fonder une dynastie et représenter dignement une grande nation, il faut veiller sur l'honnêteté publique; il faut en faire la base des institutions et le titre même des faveurs qu'on répand. L'honnêteté d'un peuple est le point d'appui le plus stable du pouvoir; l'honnêteté ne s'écroule pas au premier choc comme la corruption. J'espère, ajouta-t-il, que Victor-Emmanuel s'en souviendra; c'est une âme droite, sans replis cachés ; soucieux de la gloire, dédaigneux du clinquant de la royauté. J'espère aussi que les Italiens sauront lui faire ce plancher solide où les trônes ne s'écroulent point. »

Je l'écoutai sans l'interrompre, cherchant à me pénétrer de ses dernières paroles et à les graver dans mon souvenir [2]. Je me disais tristement : « Je n'entendrai plus jamais cette noble voix. » Les adieux qu'on fait à un vieillard sont toujours empreints de mélancolie; on

---

[1] Allusion sans doute à la vicomtesse de R...
[2] Je les écrivis le soir même.

y pressent la séparation éternelle. Quand il se leva pour partir, je lui demandai la permission de l'embrasser :

« Ne me chargez-vous d'aucune commission pour la France? lui dis-je avec une émotion qu'il devina; je n'y serai pas avant quelques mois, mais enfin j'y retournerai, tôt ou tard, et l'on me parlera de vous.

— En ce cas, répliqua-t-il, vous direz à ceux qui se souviennent de moi, qui m'ont connu jeune, sans infirmité, qui peut-être me croyaient heureux de l'illustration et de la fortune de mes pères, et qui sans doute pensent qu'aujourd'hui je souffre de ma vieillesse et de ma cécité; vous leur direz ceci, qui est la vérité devant Dieu : Je n'ai eu de bonheur dans ma vie que depuis un an, depuis que ma patrie est libre; je revis en elle! »

Il fallait l'entendre prononcer ces paroles, il fallait le voir grand et majestueux, et comme reflétant le patriotisme énergique de ses trois glorieux ancêtres qui défendirent la liberté de Florence. Le respect et l'attendrissement étouffèrent ma voix, je pressai silencieusement ses deux mains vénérables, et je le reconduisis jusqu'à sa voiture.

Après son départ, pour le retrouver encore, je me mis à lire le petit traité qu'il m'avait laissé sur l'éducation; il mériterait d'être traduit et médité par les instituteurs de toutes les nations. Faire de l'enfant un homme (dans l'acception antique), et de l'homme un citoyen, sans le dépouiller de son individualité; régler ses passions par le travail et l'habitude du bien, sans tenter de les supprimer brutalement par des procédés arbitraires, toujours impuissants à étouffer le mal et qui n'ont pour résultat que de faire dévier la droiture et la sincérité de l'âme, tel est le but de ces pages éloquentes. L'écrit de Gino Capponi commence par une saine critique de l'*Émile* de Rousseau; il montre ce qu'a de chimérique l'enfance d'Émile et de plus chimérique encore l'éducation qu'on lui donne; plus loin il combat la méthode des Jésuites; il fait précéder son argumentation contre ces contempteurs du sentiment par des réflexions saisissantes dont j'extrais ces pensées : « En perdant la volonté, toute force de l'individu décline et sa valeur s'amoindrit. » — « On ne saurait établir le despotisme sur un peuple qui use de sa raison (développée par l'éducation). Dans une société qui veille sur elle-même et sur ceux qui la gouvernent, ni la servitude absolue ni le débordement de la licence ne seraient possibles. » — « Considérer l'éducation comme un art et l'étayer par les méthodes était inconnu à l'antiquité; mais ce fut la pensée des Jésuites, qui avaient pour cela d'excellentes et nombreuses raisons En alimentant chez les enfants la vie du cœur et en les élevant par le sentiment, on aurait donné à l'individualité humaine une extension de forces qui était en tout point contraire aux vues des Jésuites. La mission de ceux-ci fut d'arrêter le progrès de l'humanité et non de le développer; de soutenir les vieilles institutions et non d'en fonder de nouvelles. »

XV

Nous partîmes pour Ravenne le lundi 16 juillet (1860), à cinq heures de l'après-midi. La voiture qui devait nous conduire à Forli usurpait, comme celle qui nous avait amenées de Bologne à Florence, le nom de diligence; ce n'était qu'une variété de l'ancien *coucou* parisien, abritant sous sa carapace quatre places d'intérieur et deux places près du conducteur dans un espèce de coupé. Tandis que l'on chargeait nos bagages dans la petite ruelle où stationnait la voiture, entre les *Offices* et le *Palazzo Vecchio*, je considérai les hautes fenêtres et les créneaux de ce dernier monument, sombre et massif de ce côté comme une forteresse. Des nuées de colombes perchaient sur les corniches et s'ébattaient jusqu'au faîte du palais. Elles étaient presque aussi nombreuses que les pigeons de Venise, et je m'étonnai de ne les avoir jamais vues s'aventurer sur la place du Grand-Duc; les Florentins ne les y attirent point par une distribution de grains quotidiens, ainsi que le font les Vénitiens sur la Piazzetta et la rive des Esclavons, les oiseaux sentent par instinct cette indifférence et restent effarouchés loin du sol; il en est ainsi des âmes tristes, délicates et fières qui préfèrent la solitude, même l'abandon, au contact de la foule dont les joies égoïstes narguent leur peine. Je savais gré à ces belles colombes de voleter au-dessus de nos têtes comme pour nous dire adieu; elles symbolisaient la mélancolie que tout départ entraîne après soi. Enfin le *coucou* s'ébranla, nous sortîmes de Florence, suivîmes la route d'Arezzo jusqu'à *Pontassieve*, puis, côtoyant les bords de l'Arno, nous nous enfonçâmes dans la fraîche vallée de la Sièvre; bientôt la route devint montueuse et le paysage plus sauvage et plus beau à mesure que nous nous engagions dans la chaîne des Apennins. J'occupais avec ma fille les places du fond; nous avions en face de nous deux fermiers de Forli; auprès du conducteur étaient deux marchands de bestiaux de *San Benedetto in Alpe*. Ces quatre compagnons de route avaient des mines placides fort rassurantes; nos deux voisins s'endormirent en sortant de Florence; les deux autres voyageurs fumaient et causaient avec le conducteur. Comme nous gravissions au crépuscule une *salita* à travers rocs, il me sembla que les essieux craquaient; je dis à ma fille que notre énorme caisse attachée sur le train de derrière courait grand risque de rouler dans un ravin; elle y regarda par la lucarne ouverte entre nos épaules, puis me fit un signe d'effroi pour m'engager à regarder à mon tour; la caisse était solidement attachée et servait en ce moment de siège à un homme déguenillé qui tenait à chaque main un pistolet armé. Ne comprenant rien à la présence de ce voyageur étrange, je me penchai à la portière pour interroger le conducteur; il était descendu de voiture, voulant soulager ses chevaux que la montée de plus en plus rude essoufflait; il marchait justement de mon côté, et, quand il s'approcha pour me répondre, je m'aperçus qu'il portait aussi deux pistolets; il en tenait un à la main droite et avait l'autre à sa ceinture. J'avoue que je crus un moment à un guet-apens. Que pourraient deux femmes contre six hommes, dont deux étaient si bien armés? La nuit arrivait, la gorge où nous pénétrions devenait plus sombre, l'Arno qui murmurait au loin, à droite de la route, était le seul bruit qui se fît entendre dans la campagne silencieuse. Nous pressentions tout un drame. Ces hommes doux et bons en réalité se transformaient en malfaiteurs, ils prenaient des proportions fantastiques, effroyables : c'en serait bientôt fait *delle due signore* dans ce défilé funèbre.

Tout en m'abandonnant à ces craintes excessives, je me dis que le meilleur moyen de conjurer le danger était de l'affronter au plus vite; je me tournai vers le conducteur qui appuyait sa main armée à la portière, et, touchant le canon de son pistolet, je lui dis : « *Che è questo? — Signora è per i birbanti* (cela, madame, est pour les brigands), » me répondit-il de l'air le plus pacifique du monde, puis il ajouta : « *Mio fratello é di dietro con simili armi* (mon frère est derrière avec des armes semblables). »

Je voulus connaître la cause de cette défense en expectative; il me fit alors un récit peu rassurant sur l'arrestation de la diligence qui avait eu lieu la nuit précédente, ajoutant philosophiquement:

« *È possibile che questa notte non ci sarà niente.*

— Mais il y a donc une bande de voleurs organisée dans ces montagnes? m'écriai-je.

— Non, répliquèrent nos voisins, qui s'étaient mêlés à la conversation, ce sont seulement quelques Florentins sans feu ni lieu, des joueurs qui, ayant tout perdu dans une martingale, ont pour dernière ressource de détrousser les voyageurs. Cela s'est vu de tout temps; parfois même des fils de bonne famille ont exercé ce métier.

— C'est encore pire dans les environs de Bologne, ajouta le conducteur, les États du Pape abondaient en brigands; il en reste encore quelques-uns de débandés; on ne peut faucher en un jour toutes les mauvaises herbes; mais qu'ils viennent, ces *maladetti*: je les défie tous avec cette pipe-là!... et, mettant un des pistolets devant sa bouche comme il eût fait d'un cigare, il lâcha du pouce la détente. Le coup partit, le bruit s'en répercuta de gorge en gorge. Le conducteur triomphant rechargea son arme, puis alla reprendre sa place en sifflant un air patriotique dont ses deux voisins répétèrent le refrain. Ces voix sonores et fortes dissipèrent notre effroi passager. Les voix humaines, même un peu fanfaronnes, rassurent les terreurs muettes. La nuit, toute submergée d'étoiles, était d'ailleurs si éclatante avec ses belles constellations, apparaissant deux fois plus grosses et plus lumineuses que dans un ciel du Nord, qu'elle semblait défier les embuscades; sa sereine clarté pénétrait dans les anfractuosités des montagnes et infiltrait un jour d'opale dans les coins les plus sombres; les lucioles complétaient l'office des astres, elles volaient par essaims sur chaque taillis. Je m'enivrai de la beauté de cette nuit d'été, que les crêtes chenues des Apennins semblaient contempler taciturnes, comme des vieillards regardent rêveurs l'éblouissement d'une jeune femme. J'avais oublié la possibilité d'un danger. Nous arrivâmes vers minuit au joli village de *San Godenzo*, dominé au sud-est par le mont *Falterona*, qui projetait sur les maisons endormies sa grande ombre noire; l'obscurité du village contrastait avec l'illumination du ciel. La nuit, les habitations des hommes ont toujours un aspect de cimetière; les murs sont immobiles et muets, tandis que dans la campagne les plantes et les arbres ont encore des frémissements et des murmures. Pas une lumière ne brillait aux fenêtres; l'auberge seule, à côté de l'église, était éclairée; l'hôtelier se tenait debout au haut d'un escalier extérieur aboutissant à la salle où un souper, composé de mouton froid, d'œufs durs, de tranches de mortadelle, de vin de Montefiascone et de café trouble, nous attendait. Ce repas solide acheva de nous raffermir les nerfs et de chasser les fantômes. Nous remontâmes gaiement en voiture. Nous continuions à gravir les Apennins par une route en zigzag, tantôt s'élevant sur des plateaux découverts, tantôt s'enfonçant dans les couloirs sombres du roc : cette partie des Apennins est plus ombreuse que celle qu'on franchit de Bologne à Florence; des chutes d'eau, des creux de vallons charmants me rappelaient tout à coup les Pyrénées. *San Benedetto in Alpe* nous apparut au bruit d'un torrent tombant en cascades. A partir de ce village nous descendîmes dans la vallée *del Montone*. Bientôt je remarquai dans le ciel des effets inouïs; le firmament fourmillait d'étoiles du côté du couchant, tandis qu'il blanchissait à l'orient et se dépouillait de sa parure d'astres. On eût dit une belle esclave asiatique rejetant sa tunique brodée d'or et ne gardant plus que sa nudité. L'approche de l'aube refoulait la nuit; les rocs et les champs se revêtaient de teintes marmoréennes. C'est enveloppé de cette lueur blanche que je vis groupé sur la route le joli hameau de *Portico*, avec sa vieille église et son campanile à la base couverte de lierre. L'aurore parut, chaude, terne, pesante et enlevant quelque chose à la beauté du paysage; les contours des rocs et les accidents du terrain se heurtaient, pierreux et poudreux; tout ce que la nuit avait fondu et harmonié devenait tranchant et rude. Vers six heures du matin, nous arrivâmes à *Rocca San Casciano*, où nous bûmes du café; les habitants étaient debout, les filatures de soie faisaient entendre leur petit bruit monotone; le soleil embrasa instantanément l'horizon; la chaleur du jour succéda sans transition à la double fraîcheur de la nuit et des Apennins que nous laissions derrière nous. Nous marchions bien réellement sur une terre torride lorsque la petite place forte de *Terra del Sole* se dressa à gauche du chemin. *Terra del Sole* fut fortifiée par Côme Ier pour défendre les limites de la Toscane. Aujourd'hui les barrières sont tombées, l'ancienne Douane papale de Rovère n'impose plus aux voyageurs sa halte inquisitoriale; nous donnons un sourire ironique à ce grand bâtiment vide. La route que nous suivons est bornée à gauche par le *Montone* et à droite par le *Ronco*; à quatre milles de

Forli, la rivière *Montone* se jette dans le lit du fleuve *Ronco*, qui, à son tour, se précipite dans l'Adriatique près de Ravenne. Bientôt Forli, avec ses coupoles, ses palais, ses campaniles et son jardin en amphithéâtre sur un versant des Apennins, se montre à nous dans l'embrasement de l'atmosphère. La force nous manque pour visiter la ville où s'arrêta César avant de franchir le Rubicon; nous nous hâtons d'aller dormir quelques heures dans un vaste palais transformé en mauvaise auberge.

Il n'y avait pas ce jour-là de diligence à Forli qui pût nous conduire à Ravenne. Je dus m'enquérir d'un voiturin; il me demanda quatre fois le prix voulu; je tins bon et laissai mon homme, pendant que nous faisions la sieste, se concerter avec l'aubergiste sur la façon dont il pourrait s'y prendre pour me faire céder. A notre réveil je retrouvai le rusé voiturin couché sur une dalle du grand escalier à l'ombre d'une fresque, endormi en apparence, mais supputant en réalité les chances de son marché; il se dressa *subito* en nous voyant descendre : « *Signora*, me dit-il, *siamo pronti; sarete come due regine voi e vostra figlia nella mia stupenda carrozza* » (Madame, nous sommes prêts; vous serez comme deux reines, vous et votre fille, dans ma merveilleuse voiture), et comme nous arrivions dans le vestibule, il me montra dans la cour de l'auberge sa *stupenda carrozza*, une horrible carriole à laquelle un cheval étique était attelé. Je me mis à rire; s'imaginant que je méprisais son haridelle, le voiturin s'écria : « *Cavallo benedetto, cavallo del paradiso, cavallo d'amore* (cheval béni, cheval du paradis, cheval d'amour). — Cheval de l'Apocalypse, répliquai-je en français, maigre et effroyable d'allure, comme celui que rêva saint Jean. » Il ne m'entendait pas, et continuait de plus belle : « *Vedrete, signora, che diavolo di cavallo* » (Vous verrez, madame, quel diable de cheval!). *Diable* et *Dieu*, c'était réunir tous les attributs de séduction et de force des deux puissances occultes qui gouvernent le monde, et c'en était trop pour ne pas me convaincre. J'augmentai de deux *paoli* le prix consenti, à la condition que je serais seule avec ma fille dans la *stupenda carrozza*. « *Povero me*, exclama le voiturin, *questo è la mia rovina! ma per far piacere alle due gentili signore, basta!* » (Malheureux que je suis, ceci est ma ruine; mais, pour être agréable aux deux charmantes dames, je le veux bien). Puis il ajouta : « *Ma darete la buona mano, signora?* » (Mais vous donnerez le pourboire, madame?), et, sans attendre ma réponse, il se mit à charger notre bagage. Ce fut bientôt fait : à quatre heures et demie nous sortions de Forli. La *stupenda carrozza*, non suspendue, avait sur le pavé des soubresauts de tortue enragée ; les *due regine* en subissaient les contre-coups irritants, ce qui faisait faire piteuse figure à Leurs Majestés. Arrivées sur la belle route qui suit de Forli à Ravenne les bords du Ronco, les secousses s'adoucirent ; j'étais d'ailleurs distraite du voiturin, qui stimulait son triste attelage en chantant à tue-tête, par le charme tout nouveau du paysage : de grands taureaux blancs paissaient par groupes le long du fleuve, avec ces postures pensives et sculpturales qu'ont leurs frères dans la campagne de Rome ; des essaims de papillons et d'insectes bourdonnaient et tourbillonnaient folâtres à l'entour ; on eût dit des almées dansant sur les bords du Nil devant les Sphinx impassibles. Tout à coup, du pied d'un des arbres, qui répandaient un peu d'ombre sur la route embrasée, s'élança dans la voiture à côté du conducteur un soldat piémontais, portant sur son dos un sac de voyage. « *Chè è questo?* (qu'est-ce cela?) » dis-je au voiturin qui continuait à chanter, tout en faisant place au fantassin essoufflé auquel il avait évidemment donné rendez-vous. « *E un soldato, signora, uno dei bravi del paese, bisogna far qualche cosa per la cara Italia* » (C'est un soldat, madame, un des braves du pays ; il faut faire quelque chose pour la chère Italie), me répondit-il en prenant à la dérobée l'argent que lui glissa le nouvel arrivé pour payer sa place. Je me mis à rire : les *duè regine* pouvaient, sans déchoir, être escortées par un défenseur de la patrie.

XVI

Nous entrâmes à Ravenne par la porte *Adriana*, construite au seizième siècle. Byron disait de Ravenne : « Vieille forteresse d'un empire qui tombe. » L'empire d'occident était tombé depuis des siècles ; le pouvoir papal qui lui avait succédé venait de faire comme l'empire. Ravenne, capitale de l'Italie au moyen âge et ancienne résidence des Exarques grecs, avait secoué depuis plus d'un an le joug de l'Église, pour se réunir à la patrie libre. En traversant ses rues à la lueur du crépuscule, je n'y aperçus point cette tourbe de prêtres, de moines et de mendiants qui peuplait encore la triste Pérouse. Ravenne, quoique naturellement mélancolique par sa situation dans une plaine marécageuse d'où la mer s'est retirée[1], m'apparut gaie et vivante; ses femmes du peuple, si justement célèbres par leur beauté, qui l'emporte sur celles de toutes les Italiennes, prenaient le frais devant le seuil des maisons; les soldats de la garnison piémontaise allaient et venaient, parlant aux jeunes filles qui souriaient ; des fanfares militaires se faisaient entendre de plusieurs côtés. Malgré cette joie et la douceur d'un soir lumineux, je me sentais escortée par deux spectres augustes, habitants éternels, dominateurs à jamais survivants de cette cité antique qui vit tant de puissances crouler et s'anéantir : l'un, taciturne, à la bouche austère, glissait à droite dans une ruelle étroite que termine un tombeau; l'autre s'avançait à gauche, poussé par le vent qui soufflait de la *Pineta*[2]; beau, jeune, ardent, il montait un cheval fantastique qu'il éperonnait dans la nue : « O mes dieux! s'écriait mon cœur, je vous reconnais, salut! vrais souverains de Ravenne! »

> Byron chevauche encor sous ces mélèzes sombres;
> Dante rase les murs de ces palais déserts;
> La nuit pousse vers moi deux bruissements d'ombres,
> Deux voix dans l'infini qui murmurent des vers.
>
> J'entends vibrer ces mots que la brise m'apporte,
> Écho d'un dernier chant de ces maîtres des cœurs :
> « Non, les rois immortels de cette ville morte
> » Ne sont pas les guerriers et les Césars vainqueurs.
>
> « Théodoric, Gaston de Foix, ni Charlemagne,
> « Ni le plus rayonnant de tous, Napoléon...
> « C'est nous! Le paysan pensif dans la campagne
> « En menant ses grands bœufs répète notre nom. »

Toute rêverie est tranchée par une réalité, toute émotion de l'âme par une importunité du corps.

« *Dove vanno le signore?* (Où vont ces dames?), me demanda le voiturin.

— *Al miglior albergo* (A la meilleure auberge), répliquai-je.

— *Bene, alla Spada d'oro, all'albergo dei Re* (Bien, à l'Épée

---

[1] Au temps d'Auguste, Ravenne était un grand port où les Romains réunissaient des flottes immenses; elle est aujourd'hui située à six kilomètres de l'Adriatique.
[2] Forêt de pins voisine de Ravenne.

d'or, à l'hôtel des Rois), repartit notre conducteur en faisant claquer triomphalement son fouet.

— *L'albergo dei Re* convient aux *due regine*, dis-je en riant à ma fille, mais j'ai bien peur que toutes ces pompeuses métaphores n'aboutissent à quelque mystification. »

Nous traversâmes une grande place où est situé le théâtre de Ravenne, puis une rue bordée de palais dont les ombres noires absorbaient la pâle lueur d'un seul réverbère; en face de ce réverbère s'ouvrait la large porte de la *Spada d'oro*; la voiture s'arrêta. Un *cameriere* en manches de chemise, qui fumait sur la porte, nous dit que le *padrone di casa* était à la promenade, et qu'il serait bien difficile de nous préparer à souper. Nous avions dîné à Forli, la soirée était brûlante, je répliquai que des sorbets et une chambre bien propre nous suffiraient. Le *cameriere* alluma une lampe en cuivre à trois becs et nous précéda. Nous montâmes le vaste escalier d'un vieux palais transformé en auberge, et parvînmes dans une salle incommensurable, dont les murs étaient décorés d'armoiries et d'inscriptions attestant que le roi Louis de Bavière, plusieurs ducs allemands, et tout récemment le jeune prince de Galles avaient logé à la *Spada d'oro*; des vaisselles ébréchées, alignées sur des étagères crasseuses, faisaient compagnie aux blasons royaux. Cette pièce, où aurait nagé un de nos petits appartements parisiens, servait à la fois de salon et de salle à manger; le *cameriere* ouvrit, à gauche, une porte à deux battants.

« Je vais donner à ces dames, nous dit-il, la *camera del re di Baviera*. »

Notre souveraineté hyperbolique continuait et nous égayait. La chambre où nous entrâmes était immense; les murs et le plafond à solives étaient lambrissés de chêne; deux grands lits qui trônaient parallèlement, une longue table branlante de vétusté, quelques chaises couvertes de vieux cuir repoussé, composaient tout l'ameublement. C'était d'un aspect funèbre et d'une odeur rance qui repoussaient. Je me souvenais de la chambre si somptueuse et tout embaumée de fleurs du roi Louis de Bavière, que j'avais occupée à la villa d'*Ascagnano* : quel contraste!

Tandis que nous rangions nos bagages, le *cameriere* revint avec des sorbets et de la *biancheria* [1]; il se mit à faire les lits, qui, par leur ampleur, me rappelaient mon bon lit brescian. Sa besogne

---

[1] Linge, draps, taies d'oreiller, serviettes, etc.

finie, le *cameriere* partit en nous souhaitant *felice notte*. Je m'accoudai un moment à l'une des fenêtres à entablements sculptés; le ciel était éblouissant d'étoiles; j'étais bien tentée d'aller voir à leur clarté la ruine du palais de Théodoric. Les fanfares militaires continuaient à retentir comme un joyeux appel. Un sommeil invincible me fit surseoir à ma curiosité; ces grands lits béants tendus de draps blancs l'emportaient pour l'instant sur les plus beaux monuments byzantins. Nous nous y plongeâmes avec l'espérance d'un repos absolu. Au bout de quelques minutes je fus prise d'une agitation fébrile, je sentais mon sang en ébullition et ma peau irritée, comme cela arrive au début d'une rougeole. J'attribuai ce que j'éprouvais à la chaleur brûlante du jour et à l'insomnie de la nuit précédente. Ma fille gémissait dans le lit voisin; je pensais qu'elle dormait, je craignais de l'éveiller en poussant une plainte. Elle sauta tout à coup de son lit, je fis le même mouvement et lui demandai ce qu'elle avait.

« Ne sens-tu rien? me dit-elle, et elle ajouta, moitié riant, moitié soupirant : Nous ne sommes pas seules.

— Tu as raison, m'écriai-je, ce n'est pas une éruption qui commence, ce sont ces horribles bêtes! Comment n'y avons-nous pas pensé avec toutes ces vieilles boiseries détraquées? » J'allumai aussitôt notre lampe de forme antique, et constatai la repoussante et nombreuse compagnie qui nous envahissait : elle fourmillait en taches noires sur l'oreiller et sur le drap rabattu.

« Voilà, dis-je, notre escorte royale, voilà nos courtisans.

— Il en sort du bois de lit et des couvertures, répliqua ma fille, c'est à brûler cette chambre pour la désinfester. »

Que faire? Je cherchai en vain une sonnette sur toute l'étendue des parois de chêne.

« Ce sera un épisode pour ton livre, reprit ma fille : Veillée désespérée de deux Parisiennes faisant la chasse à des bêtes immondes qu'on ne peut nommer en style académique.

— Dussé-je appeler au secours et requérir main-forte, on nous changera de chambre, » répliquai-je, et, prenant la lampe, j'allai dans la salle voisine. J'aperçus une grosse cloche à laquelle pendait une corde; je me mis à carillonner; ce fut un vrai tocsin.

Le *cameriere* accourut effaré, en bonnet de coton.

« *Che è questo, signore? il fuoco forse? il fuoco!* (Qu'est-ce ceci, mesdames? le feu peut-être? le feu!) »

Je le conduisis près de nos lits ouverts et lui montrai les traînées d'insectes puants.

« *State quiete, signore, domani avrete un' altra camera* » (Soyez tranquilles, mesdames, vous aurez demain une autre chambre).

Je lui ordonnai impérieusement de nous changer de gîte sur l'heure.

« *Troppo tardi, care signore, bisogna dormire* (Il est trop tard, mes chères dames, il faut dormir).

— Dormir ! vous en parlez à votre aise ; dormir, quand nous sommes dévorées vivantes ! »

Sur ma réclamation persistante, il nous ouvrit, en rechignant, la chambre *del principe di Galles*. Elle était située au nord ; l'atmosphère plus fraîche et un lit plus neuf nous firent espérer une éclosion moins abondante de nos infimes tourmenteurs.

« Allez chercher du linge propre, dis-je au *cameriere*.

— *Impossibile, signore, il padrone di casa ha la chiave della biancheria ; è al caffè con un suo cognato, non so dove* (Impossible ; le maître a les clefs du linge, il est au café avec son beau-frère, je ne sais où).

— Alors, secouez les draps et les taies d'oreiller par la fenêtre. »

Il obéit en disant : « *Povere bestie !* (Pauvres bêtes !) Ces derniers mots nous causèrent un fou rire ; c'étaient les punaises qu'il plaignait.

Je fis dresser un petit lit de camp pour ma fille, et après une heure perdue dans cet emménagement, nous essayâmes de dormir ; nous avions compté sans un nouvel ennemi : à peine fûmes-nous couchées que des bruissements légers et aigus se firent entendre ; c'était un essaim de *zanzare* (cousins) qui s'était introduit par la fenêtre ouverte dans la chambre éclairée.

Nous passâmes une nuit de suppliciés. Quand le jour parut, nous le saluâmes comme un libérateur. J'appelai le *cameriere*, qui dormait encore ; il arriva en murmurant : « *Sono sicuro indiavolate.* » (Elles sont pour sûr endiablées).

Je lui demandai si l'on pouvait avoir un bain.

« *Si signora*, me répondit-il, *un bagno al mare ; ogni sera c'è la barca che va all' Adriatico.* » (Oui, madame, un bain à la mer ; chaque soir il y a une barque qui va à l'Adriatique.)

C'est-à-dire qu'il fallait aller se baigner à une lieue et demie de Ravenne et qu'il n'y avait pas un seul établissement de bains dans la ville; j'avais constaté le même dénûment à Pérouse. O sainte crasse des moines et des gens d'Église, pudibonde saleté, que je vous ai maudites! Quels regrets païens je donnais aux thermes antiques, accessibles à tous, lavant le corps, le maintenant sain et beau, sans peur d'effaroucher l'âme!

Il fallut bien me résigner au mirage de l'Adriatique, dont j'appelais en vain quelques flots vers moi; j'engageai ma fille à tenter de reposer un peu, et me mis à écrire au professeur Fabbri et au comte Cappi, conservateur de la bibliothèque de Ravenne, tous deux amis de la marquise Florenzi Waddington, qui m'avait donné des lettres pour eux. J'adressai aussi un billet à la princesse Murat Rasponi, que j'avais connue à Paris et dont j'avais vu récemment le fils aîné à Turin.

La chambre du prince de Galles, devenue celle de nos très-lamentables majestés, s'ouvrait dans la vaste salle à armoiries dont j'ai parlé. Vers onze heures on nous y servit à déjeuner sur une longue table recouverte à l'un des bouts d'une nappe tachée de vin et que les mouches zébraient de noir en tout sens; ayant demandé au *cameriere* si la viande qu'il nous apportait était froide ou chaude, il étendit sa grosse main, lavée tous les huit jours, sur la tranche de veau et me répliqua magistralement : « *Signora, è fredda.* »

Le professeur Fabbri survint comme nous prenions cet attrayant repas; c'était un aimable vieillard, plein d'érudition et de gaieté; il était accompagné de son fils le jeune Ruggiero Fabbri, d'une charmante figure, professeur de physique, et qui avait déjà publié des écrits scientifiques fort remarquables; il était, ce jour-là (18 juillet 1860), très-préoccupé d'une éclipse de soleil que de gros nuages, présageant un orage, l'empêcheraient sans doute d'observer.

Le professeur Fabbri avait beaucoup connu lord Byron, il l'accompagnait souvent dans ses promenades, à travers la *Pineta* et au couvent *di Bagna-Cavallo*[1], où était élevée la petite Allegra, fille naturelle et consolation du poëte dans l'exil[2].

---

[1] Bourg, dans les environs de Ravenne.
[2] Elle mourut enfant et fut ensevelie près de Ravenne : « Pauvre chère âme, disait lord Byron en parlant d'elle, elle m'a été d'une grande consolation. » Il a rappelé son souvenir dans les deux vers suivants du dixième chant de *Don Juan :*

« Poor little thing! she was as fair as docile;
And with that gentle, serious character. »

« L'éducation de cette enfant, que M. Fabbri appelait la *gentile Allegrina*, était bien la preuve, ajoutait-il, que lord Byron n'était pas contraire au catholicisme.

— Il le traitait, répliquai-je, avec l'indifférence et la tolérance philosophiques. Aux yeux de la philosophie, les nuances de tous les cultes disparaissent ; les philosophes outragés, proscrits, mis à mort par toutes les religions, n'en ont jamais persécuté aucune ; ils se contentent d'éclairer les esprits par leur doctrine et de combattre la superstition en démontrant le préjugé des faits immoraux ou barbares qui en découlent. Souvenez-vous de ce que lord Byron a dit en si beaux vers : « Mes autels sont les montagnes, « l'Océan, la terre, l'air, les astres, tout ce qui dérive du grand Tout « qui a créé l'âme et la recevra dans son sein... »

Le jeune Ruggiero fit un signe d'assentiment. Tandis que nous causions de la sorte, un domestique du palais Rasponi arriva et me remit le billet suivant :

« La princesse Murat Rasponi sera enchantée de recevoir madame Louise Colet, et elle s'empressera d'envoyer à une heure sa voiture la prendre à l'hôtel. »

Certaines de l'aimable accueil de la princesse, nous dîmes au revoir aux messieurs Fabbri, et nous nous occupâmes de notre toilette.

Passer de l'affreuse auberge de la *Spada* à l'historique et somptueux palais Rasponi me fut une sensation délicieuse. Cette vieille demeure patricienne, célèbre dans les chroniques de Ravenne dès le dixième siècle, a été rajeunie à l'intérieur par les restaurations intelligentes dirigées par la princesse Louise Murat, comtesse Rasponi. La cour d'honneur, à portiques, surmontés des quatre ailes du bâtiment, est restée dans son état primitif ; elle est ornée de bas-reliefs et de quelques fragments de sculptures byzantines ; sur un des côtés du palais se déploie une élégante terrasse, d'où l'on aperçoit le Dôme et la tour ronde du campanile.

Nous passons une porte massive, du moyen âge, couronnée du blason des Rasponi ; la voiture s'arrête sous la voûte profonde de l'escalier ; à gauche, au-dessus du palier du premier étage, nous trouvons une inscription en l'honneur du roi Murat, surmontée d'un aigle aux ailes déployées ; les armes des Murat, des Rasponi et des Ghika décorent la première antichambre que nous traversons ; dans la seconde antichambre sont les portraits de la famille Bonaparte, et, entre autres, un magnifique buste de la princesse Camerata, par Bartolini ; puis vient la salle de billard, verte et or, où la série des portraits continue : madame Lætitia et son mari, la princesse Pauline, radieuse de beauté, revivent dans ces toiles de maîtres ; vient ensuite un premier salon d'été tendu de damas bleu et blanc ; sur les dessus de portes sont peintes de belles fleurs qui rivalisent de fraîcheur avec les fleurs naturelles groupées en gros bouquets dans des vases de porcelaine de Sèvres. Nous trouvons la princesse dans ce salon, assise près d'une table couverte de livres et de journaux. La princesse Louise Murat Rasponi, seconde fille du roi Murat et de la reine Caroline, a la physionomie la plus vive et la plus intelligente ; l'esprit pétille dans son regard, elle a les yeux éclatants de sa mère ; elle nous fait le plus cordial accueil. On lui apporte, comme nous venons d'arriver, un télégramme de Naples annonçant que l'agitation est au comble et qu'on s'attend chaque jour au débarquement de Garibaldi dans les Calabres.

« Naples libre ! Naples délivrée des Bourbons, voilà ce que j'espère voir avant de mourir, nous dit la princesse ; il faut que l'Italie affranchie élève un monument à mon père sur le lieu même de son supplice, ajoute-t-elle avec émotion. Toutes les nouvelles sont à l'espérance dans les journaux de France et d'Italie que je viens de lire. Je vous enverrai, chaque matin, le *Siècle* et le *Moniteur*, pendant que vous serez à Ravenne, » poursuit-elle avec bonté. Puis elle me questionne sur mon voyage d'Italie et sur les personnes intéressantes que j'y ai vues ; quand je prononçai le nom du comte Ricciardi et de sa sœur madame Irène Capecelatro : « Je les ai beaucoup aimés, me dit-elle ; enfants, nous avons joué ensemble[1] sur les terrasses du palais de Naples et dans les jardins de Portici. »

Comme nous causions, un domestique entre et fait circuler des sorbets.

« La chaleur est trop grande, me dit la princesse, pour que je vous propose une promenade au dehors ; en attendant que vous puissiez visiter les monuments de Ravenne, je vais vous montrer mes reliques.

— Ce palais est lui-même un monument, répliquai-je ; ce que j'en ai vu me donne un désir très-vif de le parcourir tout entier.

— Commençons par la bibliothèque, où j'ai réuni tous les livres qui ont appartenu à ma mère ; vous y trouverez, ajouta-t-elle avec

---

[1] Le père du comte Ricciardi était ministre du roi Murat.

un aimable sourire, un de vos recueils de poésies que vous lui aviez offert à Paris[1]. » Nous passâmes par une galerie de fleurs et entrâmes dans la bibliothèque; les rayons de chêne sculpté étaient remplis d'un choix de livres d'histoire, de voyages, de philosophie et de littérature attestant l'instruction variée de la reine Caroline. Tous ces volumes avaient été lus et quelques-uns annotés par elle durant les longs loisirs de l'exil. En sortant de la bibliothèque, nous revînmes dans le salon bleu, et entrâmes dans un salon d'hiver qui continuait l'enfilade. Les portraits en pied du roi Murat et de la reine Caroline, peints par Gérard, étaient là et nous regardaient; ils resplendissaient dans leurs costumes royaux. Je remarquai, sur une console, un buste délicieux de la princesse Pauline, par Canova; le front charmant, ceint d'une couronne de roses, était d'une pureté grecque.

Venait ensuite le cabinet de travail de la princesse.

« Voici mes reliques, me dit-elle; j'aime à m'enfermer ici et à rêver, en face de ces vestiges, d'un passé éblouissant et fatal. »

Une sorte de niche encadrée de trophées et fermée par une vitrine à colonnettes d'or se dressait au milieu d'une des parois du cabinet. Là, sur une tenture de moire blanche, étaient groupées les armes et les ordres du roi Murat : l'épée de maréchal de l'Empire à poignée de lapis-lazuli, son ceinturon, son bâton de maréchal, son grand cordon de la Légion d'honneur; l'épée qu'il porta toujours durant la campagne de Russie, et sur laquelle étaient les portraits en miniature de la reine, de ses deux fils et de ses deux

---

[1] Lorsque la reine Caroline vint à Paris en 1837, sous le nom de comtesse Lipona (anagramme de Napoli), je la vis plusieurs fois dans l'hôtel qu'elle habitait rue de la Ville-l'Évêque; elle venait demander à la France une indemnité de fortune au nom de la gloire de l'Empereur. Je la trouvai bienveillante, digne et encore belle. Elle me parla avec une véritable émotion des sentiments qu'elle avait éprouvés en revoyant la France.

La mémoire de Napoléon était partout vivante; son trône était tombé, sa renommée restait souveraine. La reine Caroline rappelait avec orgueil le lien du sang qui l'unissait de si près à la gloire nationale.

Elle entra dans des détails qui me touchèrent.

« Hier, me dit-elle, j'étais au *Théâtre-Français*, dans une *loge grillée*; mademoiselle Mars jouait; cette voix toujours si fraîche, ce talent toujours si jeune, m'ont fait illusion; un moment je me suis revue dans cette même salle, non point cachée comme je l'étais hier, mais en reine, auprès de l'Empereur, entouré de sa famille et de sa cour. Tout le passé s'est ranimé pour moi; ça n'a été qu'une illusion d'un instant, mais elle a été bien délicieuse et bien puissante. »

filles enfants; puis un sabre damasquiné et un poignard à manche de diamants, deux armes que Mourad-Bey offrit en Égypte à Murat, et en retour desquelles le héros français lui donna son épée; c'était ensuite un sabre turc conquis par Murat à la bataille d'Aboukir; puis le châle de cachemire rouge dont il s'enveloppait la poitrine durant la retraite de Moscou; sa boîte de pistolets, et, à côté, une élégante selle de femme qui avait servi à la reine Caroline. La relique la plus émouvante, celle que la princesse ne pouvait regarder sans tressaillir, était la montre que Murat portait encore quelques minutes avant sa mort; en marchant au supplice il la confia à son valet de chambre avec ordre de la remettre à la reine.

« Toutes ces reliques de mon père, sacrées pour moi, me dit la princesse, sont restées entre les mains de ma mère tant qu'elle a vécu. A sa mort, elles furent divisées en parts égales entre ses enfants : vous venez de voir là le lot qui m'est échu. »

Nous passâmes dans la chambre à coucher, tendue de lampas vert-pomme et blanc, rehaussé d'or; entre les rideaux du lit était une magnifique *Assomption de la Vierge* par Luca Longhi, ce grand peintre de Ravenne dont je reparlerai.

« J'ai réuni ici les souvenirs de ma mère, » me dit la princesse en me désignant, dans l'angle de la chambre, une vitrine tout éclatante de bijoux. Il y avait là une parure royale en camées de corail que la ville de Naples avait offerte à la reine Caroline; puis un petit livre à fermoir d'or ciselé qui attira mon attention.

« C'était le livre d'heures de Marie-Thérèse; mon père l'a rapporté de Schoenbrünn, reprit la princesse; c'est un petit chef-d'œuvre du moyen âge; il est orné de miniatures exquises. »

Je feuilletai, émerveillée, le psautier royal. Je n'ai vu dans aucun missel des scènes de la Bible et de l'Évangile rendues avec autant d'expression et une telle pureté de dessin. Une des miniatures me frappa surtout : elle représente le *Père éternel soutenant dans ses bras le Christ mourant*. La barbe vénérable du vieillard-Dieu descend jusqu'à la chevelure de la tête du Sauveur; cette tête navrée s'affaisse sur la poitrine; le manteau flottant du père entoure le corps nu du fils; corps divin d'une pureté et d'une beauté qui me rappelèrent le *Christ au tombeau*, de Giotto, à *Santa Maria dell' Arena*, à Padoue. La main droite s'appuie sur le sein qu'a percé la lance; le bras gauche retombe défaillant; les jambes s'inclinent sur le globe du monde qui heurte les pieds saignant des stigmates de la croix. Cette sphère inerte semble dire : « Je suis la matière circonscrite et périssable, et toi, l'esprit, l'infini, l'éternité ! et tu mourus pour moi ! » Ce n'est là qu'une miniature, mais peu de grands tableaux la valent. La princesse remarqua mon admiration : on verra comment elle s'en souvint.

« Nous venons de visiter, me dit-elle, tout le côté du palais que j'habite ; l'aile parallèle est occupée par mon fils aîné et sa femme. Mon mari et mon autre fils, qui sont en voyage en ce moment, ont leurs appartements au rez-de-chaussée. »

En entrant dans le salon bleu, nous y trouvâmes le comte et la comtesse Joachim Rasponi. La jeune comtesse, née princesse Ghika, svelte et mignonne, fut une suave apparition ; sa tête expressive, qu'ombrageaient de fins cheveux d'un blond cendré, faisait penser à l'un de ces chérubins étonnés de Bernardino Luini. Elle prit aussitôt en amitié ma fille, frêle et souffrante, qui lui rappelait une de ses sœurs.

Elle nous fit parcourir son appartement, aussi riche que celui de la princesse, et dont un des salons donnait sur la terrasse en regard du dôme. Arrivée dans sa chambre éblouissante, elle ouvrit une porte et nous dit : « Voici mes plus beaux trésors. » Dans deux petits lits parallèles, deux enfants dormaient, blonds, gracieux comme leur mère ; ils souriaient à un songe ; sans doute ils la sentaient venir.

Nous retournâmes dans l'appartement de la princesse, en traversant la salle à manger tout en stuc blanc et or et dont la voûte est soutenue par de superbes cariatides d'une fière allure. Des domestiques dressaient le couvert.

« Je vous garde à dîner, » nous dit la princesse.

Je me sentais défaillir de lassitude ; ma fille elle-même ne se soutenait plus. Je compris que nous ferions triste figure en si gracieuse compagnie et je priai la princesse de remettre au lendemain son invitation.

« A condition que vous dînerez chaque jour avec nous, répliqua-t-elle avec bonté. Vous êtes trop mal à la *Spada d'oro*.

— C'est un des signes de l'incurie persistante du gouvernement papal, reprit le comte Rasponi, qu'une ville comme Ravenne n'ait pas une seule bonne auberge. Routes, canaux, édilité, tout a été livré à l'abandon depuis des siècles ; mais, que le chemin de fer, que je ne cesse de demander à la Chambre, relie Ravenne à l'Italie centrale, que les marais soient desséchés, que de grands bassins soient ouverts jusqu'à l'Adriatique, et vous verrez, si vous revenez à Ravenne dans quelques années, la grandeur et la prospérité qu'elle aura reconquises. Ravenne, poursuivit-il, peut devenir pour l'Italie ce qu'est Anvers pour la Belgique : un grand chantier de navires, un port qui n'aura rien à envier à celui que possédait Ravenne au temps d'Auguste. Alors, ajouta-t-il en souriant, les chambres royales de la *Spada d'oro* cesseront d'être une hyperbole et les lits de fer inexpugnables remplaceront les lits infestés.

— Et Ravenne, répliquai-je, vous votera une couronne civique, car nul n'aura plus que vous contribué à son émancipation et à son bien-être. »

Ces paroles n'étaient pas une flatterie; le comte Joachim Rasponi, député au Parlement de Turin, a été pour Ravenne ce qu'a été, pour Bologne, son cousin le marquis Pepoli. Il y organisa la garde nationale, réunit des comités actifs qui maintinrent l'ordre et fonda un journal qui prêcha l'unité.

La voiture de la princesse nous reconduisit à l'hôtel.

Quelle femme, sans exception de rang, n'a senti de ces heures d'accablement absolu qui la fait tomber inerte et la force à se reposer immobile? Quitter un corset, se mettre en pantoufles, dénouer un chapeau dont le nœud gêne la respiration, rejeter un bracelet qui pèse au poignet, un anneau qui blesse la main, s'étendre n'importe où, fût-ce même sur un lit de la *Spada d'oro*, pour étayer le corps chancelant et les jambes fléchissantes, devient, en pareils moments, une irrésistible nécessité. C'est un anéantissement semblable qui oblige Phèdre à s'affaisser sur un siége antique, en s'écriant ce vers pompeux :

Que ces lourds ornements, que ces voiles me pèsent!

C'est une sensation analogue qui fait choir tout à coup, sur les gerbes éparses qu'elle vient de faucher, la moissonneuse épuisée; elle ouvre ses vêtements pour respirer, écarte de son front en sueur ses cheveux brûlants, et, tenant encore sa faucille dans sa main terreuse, s'endort en plein soleil au bourdonnement des mouches qui harcèlent ses pieds nus.

Le bras de fer d'une fatigue abrutissante, nous cloua trois heures sur la couche lacédémonienne du prince de Galles; ce sommeil fiévreux fut suivi d'un dîner peu réparateur. Le comte Cappi, qui était venu nous voir pendant que nous étions au palais Rasponi, revint vers six heures. Bibliophile infatigable, archéologue, numismate et poète à ses heures, le comte Cappi m'offrit de me montrer le musée et la bibliothèque dont il était conservateur.

« Pour ce soir, me dit-il, nous pourrions voir S. *Apollinare in città*; l'heure du soleil couchant double la beauté des mosaïques byzantines qui couvrent la nef de cette vieille église. »

Nous mîmes un chapeau, jetâmes un mantelet sur nos épaules et nous sortîmes en peignoir et en pantoufles, *in tutta confidenza*, comme disent les Italiens.

L'église *S. Apollinare in città* s'élève à côté du palais de Théodoric. Ces deux monuments sont dans le voisinage de la *Spada d'oro*. Ils nous apparurent illuminés par les derniers rayons empourprés du soleil. La tour antique et les huit petites colonnettes de la façade primitive du palais font aujourd'hui partie d'un couvent de franciscains. Une vaste baignoire antique de porphyre est enclavée au-dessous dans le mur; elle servit, dit-on, de bière à Théodoric et fut placée sur son mausolée que nous visiterons bientôt. Les cendres du roi des Goths ont été dispersées et son sarcophage n'est plus qu'un ornement de sa demeure en ruine. Ce palais était somptueux; les portiques qui l'entouraient s'étendaient au loin, soutenus par des colonnes antiques apportées de Rome et de Constantinople; les murs étaient couverts de mosaïques, les salles décorées de sculptures grecques; une statue équestre et colossale de Théodoric se dressait sur le seuil. Le roi goth n'habita qu'en effigie cette merveilleuse demeure, qu'il mit plus d'un tiers de siècle à construire. Le jour où il devait l'inaugurer, la mort le prit par la main et le conduisit dans la demeure éternelle. Ses successeurs et quelques Exarques de Ravenne résidèrent au palais de Théodoric. Charlemagne le détruisit en partie, emportant avec l'autorisation du Pape ses plus beaux ornements et la fameuse statue équestre. Que sont devenues pour nous ces dépouilles?

On sait que Théodoric assiégea durant trois ans Ravenne, défendue par Odoacre. La mort de ce dernier prince détermina la capitulation de la ville. Théodoric y fit son entrée le 3 mars 493; il prit possession *del porto di Classe*, l'ancien port des Romains; il embellit Ravenne, restaura Rome et gouverna l'Italie durant trente-huit ans. C'est Théodoric qui érigea, au commencement du sixième siècle, cette magnifique église de *S. Apollinare in città*, qui n'a pas d'égale dans la chrétienté; il en fit le siége des évêques ariens. Le campanile, de forme ronde, est du neuvième siècle. La façade, qui ne correspond pas à la splendeur de la nef, est supportée par des pilastres et par deux colonnes d'ordre ionique en marbre grec. Deux inscriptions la décorent : l'une en l'honneur d'un chevalier romain, l'autre en l'honneur de Constantin le Grand. L'intérieur de l'église se divise en trois nefs soutenues par vingt-quatre colonnes de marbre oriental apportées de Constantinople et dont les chapiteaux sont gothiques. En pénétrant dans l'église, l'œil est ébloui par les mosaïques sur fond d'or qui se déroulent de chaque côté d'un bout à l'autre de la nef du milieu. La mosaïque de droite représente d'abord la vieille Ravenne et ses plus fameux édifices : l'église de *San Vitale*, le palais de Théodoric avec ce mot écrit sur son fronton : *Palatium*, et des vaisseaux, apparaissant entre les colonnes des portiques. Après la cité, et semblant en sortir, vient une procession de vingt-cinq figures en pied, de saints et de martyrs ; ils sont vêtus de dalmatiques et portent chacun à la main une couronne. Des arbres et des fleurs se groupent derrière ce défilé de bienheureux. La procession s'arrête en face du Sauveur, qui, assis sur son trône, entouré de quatre anges, accueille les saints et les bénit. Sur la paroi de gauche, on voit la forteresse, la *città di Classe*[1] et la mer couverte de navires. Viennent ensuite vingt-deux vierges tenant toutes à la main une couronne d'or ornée de pierreries. Les têtes sont d'une pureté grecque; les corps pudiques, drapés de robes blanches, rappellent par leur allure la procession des Panathénées des frises du Parthénon. Marie, leur sainte patronne, les reçoit et leur sourit; elle a dans ses bras l'enfant-Dieu. Deux anges sont de chaque côté du groupe de la Rédemption, devant lequel les mages agenouillés déposent leurs présents. Le Saint-Marc de Venise n'a rien de comparable à ces deux immenses et splendides mosaïques. Les lueurs du soleil couchant animent chaque figure, leur prêtent le mouvement, les font saillir en relief et comme flotter dans le fluide d'or qui forme le fond des tableaux : on dirait deux visions des scènes de l'Évangile revivant tout à coup pour ramener les cœurs à la foi.

[1] L'antique port de Ravenne.

Les deux nefs inférieures et le chœur, décorés de fragments antiques auxquels ont été malheureusement mêlés des marbres modernes, n'attirent qu'un regard distrait. Le maître-autel, d'un goût détestable, est une profanation. Il a été substitué, au dernier siècle, à l'autel primitif, qui était formé par un bloc de vert antique. On voudrait jeter l'autel moderne dans le Ronco, de même que le fastueux et discordant tombeau du cardinal Alexandre Malvasia (mort à Ravenne il y a quarante ans), qui se trouve à droite du chœur.

En sortant de l'église nous tournons, à gauche du palais, dans une large rue qui conduit à la porte *Alberoni*, à l'est de Ravenne.

« C'est la rue que prenait chaque soir lord Byron, me dit le comte Cappi, pour aller faire sa promenade au bord du canal. Il était superbe à cheval; sa taille, un peu courte, semblait s'élancer plus élégante et plus fière; sa tête inspirée était plus belle encore, animée par la course et encadrée de sa chevelure que l'air soulevait. Que de fois je l'ai vu passer! Les sabots de sa jument anglaise faisaient jaillir des étincelles de ce même pavé où nous marchons. Toujours, en m'apercevant, il me faisait un petit signe de la main, ou bien il s'arrêtait pour échanger avec moi quelques bonnes paroles. Il m'aimait un peu, parce qu'il sentait que je l'aimais beaucoup. Il était adoré à Ravenne. Le peuple l'appelait *il magnifico signore inglese*. Le parti libéral trouvait en lui un chef et un protecteur. Il concourut dans les Romagnes, par sa fortune et son génie, à l'organisation de la société patriotique qu'on désigna sous le nom de *Carbonarisme*. Il avait caché un dépôt d'armes chez lui pour servir à l'heure de l'action. Ravenne, aujourd'hui indépendante et réunie à l'Italie libre, doit une statue, poursuivit le comte Cappi, à ce fier poëte étranger qui l'aima comme un de ses fils. Il quitta la pauvre Ravenne à regret, lorsque les proscriptions de 1821 la décimèrent; il suivit, dans leur exil à Pise, le vénérable comte Gamba, dont les biens furent confisqués; son fils, Pietro, qui devait accompagner le poëte en Grèce et y mourir après lui; son autre fils, qui a survécu pour défendre l'Italie nouvelle [1], et sa fille, la belle comtesse Guiccioli, dont Child-Harold a dit, en parlant de son amour pour elle :

---

[1] Le comte Gamba, représentant de cette noble famille, est aujourd'hui gouverneur de Parme.

> A stranger loves a lady of the land,
> Born far beyond the mountains, but his blood
> Is all meridian, as if never fann'd
> By the bleak wind that chills the polar flood.

« Je ne puis suivre ces bords du canal, ajouta le comte Cappi, sans m'imaginer qu'il va m'apparaître : c'était une de ces figures qui s'imprègnent à jamais dans le souvenir. Il en est ainsi d'une statue grecque ou d'une tête de Raphaël; dans la nature comme dans l'art, ce qui est vraiment beau ne s'oublie point. »

Tandis que le comte Cappi ranimait pour moi Child-Harold, nous étions arrivés sur le quai poudreux et çà et là défoncé du canal; quelques pauvres barques étaient amarrées sur les flots troubles; le mouvement, l'activité, le commerce, manquaient à cette voie navigable si voisine de l'Adriatique. On sentait, ainsi que me l'avait dit le comte Rasponi, qu'il suffirait de la volonté de l'Italie libre pour rendre à Ravenne son antique prospérité. Nous soulevions sous nos pieds une poussière brûlante; de belles jeunes femmes la bravaient, tête nue, radieuses, à bon droit, de leurs chevelures brunes ou dorées qui couronnaient avec magnificence leur front grec. Je n'ai jamais vu de visages aux lignes plus correctes et plus pures : on eût dit que toutes les déesses des galeries du Vatican étaient accourues là en costume moderne. Les robes et les écharpes à couleurs trop voyantes me gâtaient un peu tant de beauté. Nous rentrâmes dans la ville et parcourûmes la place *Maggiore*, où se trouve un portique soutenu par huit grosses colonnes de granit; ce portique conduisait au temple d'Hercule, que Théodoric avait fait restaurer. Le chiffre du roi goth y est encore visible sur l'entablement. Deux hauts piliers, surmontés des statues de saint Vital et de saint Apollinaire, se dressent sur la même place : ce sont deux trophées des Vénitiens qui s'emparèrent de Ravenne en 1441. Une mauvaise statue de Clément XII, du dix-huitième siècle, s'élève en face. A droite, dans une rue un peu en retour de la place, est un beau palais transformé en *Casino*. Nous nous asseyons dans le jardin pour prendre des sorbets. La musique des régiments joue des symphonies sous les acacias en fleurs qui nous entourent. Au bord d'une table voisine s'accoude une jeune femme dont la tête est couverte du *pezzotto* génois; elle est ravissante sous ce long voile diaphane qui l'enveloppe presque tout entière. La nuit, d'une sérénité pénétrante, suspend des myriades d'étoiles à travers les branches fleu-

ries. Mais bientôt le sifflement des *zanzare* altère notre quiétude; nous pressentons le supplice qu'ils nous réservent à l'*albergo della Spada*. En rentrant, nous trouvons une poudre bienfaisante que nous a envoyée le comte Rasponi, et qui, brûlée dans notre chambre, tient à distance nos ennemis.

Le lendemain matin, je m'aventurai seule à travers Ravenne. Voir sans un cicerone qui vous dirige, sans une voix qui commente les faits historiques et règle à l'avance nos appréciations, c'est voir, ou du moins tenter de voir, d'une façon nouvelle. Je traversai la place du Théâtre et suivis, à gauche, la ruelle qui mène au tombeau du Dante. Avant de me faire ouvrir la porte de la chapelle médiocre contenant ces restes illustres, je voulus visiter l'église de Saint-François, où le corps de Dante fut primitivement enseveli. Dante avait été excommunié, et, quand il mourut à Ravenne (14 septembre 1321), ses restes furent réclamés par le cardinal Bertrand del Paggetto pour les livrer aux flammes; c'eût été une sorte d'inhumation à l'antique, qui ne m'aurait pas déplu; les cendres du sublime poëte, dispersées dans la nature, s'y seraient trouvées mieux que sous la mesquine coupole qui les emprisonne; pour de telles immortalités tout monument est vulgaire. Je tourne l'un des angles de la sépulture d'Alighieri et me trouve sur la place recueillie de Saint-François, qui vit passer son cadavre la face découverte, austère dans la mort comme elle l'avait été dans la vie. Lord Byron, en arrivant à Ravenne (le 10 juin 1819), habita la grande maison (c'était alors une auberge) à l'ouest de cette place. Une inscription du comte Cappi, gravée sur une plaque de marbre, rappelle au passant Child-Harold. Le poëte vivant se plaisait dans la compagnie du poëte mort. Byron demeura plus tard au palais Guiccioli, où je conduirai mes lecteurs. Au milieu de cette jolie place de Saint-François se dresse la statue en bronze du pape Alexandre VII; du côté du midi est un palais relié par un grand arceau à une terrasse où s'élève un belvédère, des statues et de grands cyprès; ces belles perspectives décoratives sont la propriété d'un comte Rasponi, cousin du mari de la princesse Murat.

J'entre dans l'église de Saint-François, fort ancienne, mais malheureusement restaurée et badigeonnée; le campanile seul a échappé à l'injure de ces réparations : il est un des ornements de la place. Je remarque dans la nef, deux admirables tombeaux. Je suis très-frappée par un bas-relief représentant un moine dont le corps et le froc sont en marbre rouge, tandis que la tête ascétique et les mains amaigries, en marbre blanc jauni par le temps, simulent la chair macérée. Le pavé est formé de pierres tumulaires. Je lis sur plusieurs le nom des Rasponi. Comme les Visconti de Milan, cette ancienne famille de Ravenne eut des branches très-nombreuses. En sortant de l'église, je passe sous l'arcade du palais Rasponi et j'arrive dans une rue qui porte le nom du Dante. Je m'arrête devant le vieux palais de Santa Croce dont une marchande de merceries occupe le rez-de-chaussée. J'entre pour acheter une résille; je trouve là une mère et ses deux fils : l'un des enfants lit dans un coin, l'autre écrit sur une table en chêne sculpté; le père est patron d'une barque sur l'Adriatique qui va de Ravenne à Venise: la mère élève ses fils, tout en faisant son petit commerce. Des bahuts et des crédences anciennes, d'élégants miroirs de Murano, quelques bons tableaux et de vieux plats de belle faïence composent un mobilier qui me fait envie. La marchande ouvre la porte de sa chambre à coucher et me prie d'y entrer, en me disant : « *Vedete, signora, il bel quadro;* » et elle me désigne une madone de Luca Longhi d'une grâce exquise. Son fils aîné, Antonio Mancini, devinant que je suis étrangère, me propose de m'accompagner à *Sant' Apollinare in città*. J'accepte: il fait un bout de toilette, prend dans ses bras deux gros volumes illustrés de l'histoire de Ravenne et me précède d'un air grave. Nous traversons la grande cour d'honneur de cet immense palais de Santa Croce, dont cette mère et ses enfants me semblent en ce moment les seuls habitants. Une herbe haute et serrée couvre les dalles de cette cour, suivie d'une autre aboutissant à une rue qui nous conduit en face de l'église de Théodoric. Je suis encore plus frappée que la veille par la mosaïque où se déroule la procession des vierges. Les lueurs dorées du matin leur prêtent des contours suaves ; la pureté du jour fait rayonner eur pureté; les clartés du ciel semblent s'échapper des corps transfigurés des chastes Élues. Tandis que je les considère une à une, le petit Antonio me lit à haute voix la description que fait de cette mosaïque le vieil historien de Ravenne et déploie sous mes yeux la planche gravée qui la reproduit. Sans m'adresser une question, sans vouloir accepter une *buona mano*, l'enfant m'accompagne jusqu'à la *Spada d'oro*; arrivé devant la porte, il me dit en rougissant : « *Signora, fatemi l'onore di tenere questi libri fino che partirete da Ravenna.* » (Madame, faites-moi l'honneur de garder ces livres jusqu'à ce que vous partiez de Ravenne). Je prends les volumes et engage l'aimable enfant à venir me revoir le surlendemain. On me remet en rentrant les journaux français que m'a envoyés la princesse Murat et l'*Adriatico* fondé par son fils, où je lis un gracieux article annonçant mon arrivée et mon séjour à Ravenne.

A une heure, la voiture de la princesse vient nous chercher. Ces aimables attentions me pénètrent de gratitude, et frappent d'étonnement le *padrone di casa della Spuda d'oro*, qui, nous voyant voyager sans domestiques, a toisé tout d'abord notre peu d'importance dans le monde; pendant que nous sommes au palais Rasponi, il se décide ce jour-là à faire laver à fond la chambre *del principe di Galles* et à mettre à nos lits *della biancheria* d'une finesse et d'une blancheur vraiment royales.

Comme la veille, nous trouvâmes la princesse dans le salon bleu, assise près de la table en mosaïque où étaient épars les livres et les journaux: parmi les livres se trouvaient les *Souvenirs de madame Récamier*.

« Avez-vous lu cet ouvrage de madame Lenormant? me demanda la princesse.

— Il venait de paraître, répliquai-je, au moment où je quittai Paris, il y a dix mois, et j'eus seulement le temps de le feuilleter un jour chez le libraire qui l'avait édité, pour vérifier si madame Lenormant avait osé me nommer dans son livre; elle s'en était bien gardée; elle n'est pas de ces esprits hardis qui abordent de front un ennemi; elle s'est contentée d'allusions; elle parle avec dédain des femmes auteurs, qu'elle appelle des *bas-bleus*, comme si elle n'était pas un *bas-bleu* commercial et retentissant, écrivant par vanité et vendant les souvenirs les plus nobles et les plus charmants; expurgeant de sa plume pudibonde, au profit d'une coterie légitimiste et dévote, les lettres de personnages illustres que la précipitation de la mort de madame Récamier fit tomber entre ses mains, faisant un portrait grossier et insultant de Béranger [1], qui avait été l'ami de Chateaubriand et de sa tante d'adoption, affirmant qu'elle n'a aperçu qu'une

---

[1] On sent dans cette page que madame Lenormant se souvient de la lettre suivante, qui me fut adressée par Béranger au moment du procès. Cette lettre fut lue en plein tribunal:

« Où en est l'odieuse affaire qu'on vous intente, chère Muse? M. et madame Lenormant, au mépris de la volonté de leur parente, veulent-ils toujours faire casser la donation? Veulent-ils essayer de livrer à l'infamie la femme de talent

fois, à l'Abbaye-aux-Bois, *ce gros petit homme*, tandis qu'elle a été le témoin des nombreuses visites du célèbre chansonnier, que madame Récamier est allée voir elle-même fort souvent à Passy.

— Vous avez été en guerre, interrompit la princesse; je n'ai rien oublié de votre fameux procès, dont nous reparlerons, et je conçois, ajouta-t-elle en souriant, votre irritation à son égard, comme je m'explique jusqu'à un certain point l'aigreur de ses paroles lorsqu'elle touche à ce qui vous concerne : il n'est pas dans l'habitude des dévots d'être modérés et justes envers leurs antagonistes; mais ce que je ne comprends pas, poursuivit la princesse, c'est qu'après vous avoir fait un procès scandaleux pour vous empêcher de publier les lettres de Benjamin Constant, que sa tante

à qui cette excellente madame Récamier portait un intérêt si affectueux, qu'elle me pria plusieurs fois de vous engager de prendre un logement auprès d'elle en attendant que, comme elle, vous puissiez prendre, à ses côtés, un petit appartement à l'Abbaye-aux-Bois, où elle avait désiré que vous fissiez entrer votre fille? En vous rapprochant d'elle disparaissait la nécessité des visites qu'elle vous a si souvent faites autrefois, et dont j'ai vu la dernière peu de temps après la mort de Chateaubriand.

« En revenant sur ce passé, j'ai recueilli mes souvenirs sur l'acte en question. Vous m'aviez fait confidence de cette donation et de la notice que madame Récamier avait désiré que vous fissiez pour mettre en tête de la publication des lettres de Benjamin Constant, notice pour laquelle elle vous avait fourni des renseignements que vous ne pouviez tenir que d'elle seule. Vous savez que je ne me suis lié avec madame Récamier qu'auprès du lit de mort de notre illustre ami Chateaubriand. Benjamin Constant, avec qui nous avions été également liés, était souvent le sujet de nos conversations. Un jour, elle me demanda si vous m'aviez communiqué la notice et les lettres. Je répondis que je ne connaissais des lettres que les fragments cités par M. Loménie[*]. Quant à la notice, je l'avais lue assez légèrement. Elle me dit : « Quand le moment de les « publier viendra, j'espère que vous serez consulté par madame Colet, à qui j'ai « donné ces lettres. »

« Cette conversation fut plusieurs fois reprise, toujours dans le même sens, et j'étais peut-être la seule personne avec qui elle eût voulu l'avoir; car, dans l'idée de publier les lettres de Constant perçait, avec de la gratitude pour le souvenir de cet homme éminent, le désir de le laver du reproche d'insensibilité que Sainte-Beuve avait cru devoir lui adresser dans un article sur madame de Charrière. Je lui avais rapporté les éloges que Constant n'a cessé de me faire d'elle. Je devais donc, plus qu'un autre, lui paraître un conseiller convenable pour le travail qu'elle vous a fait faire et qu'elle se fit relire plusieurs fois. Ajoutons qu'autour de madame Récamier il y avait, sauf Chateaubriand,

[*] *Vie de Benjamin Constant*, dans la collection des *Contemporains*, par un homme de rien. — M. Loménie est aujourd'hui le gendre de madame Lenormant.

vous avait données et dont, par parenthèse, j'ai retrouvé une partie dans son livre, ce qui me semble vraiment inouï, c'est qu'elle fasse paraître sans autorisation les lettres intimes de la famille impériale à sa tante! J'ignore si elle a obtenu de l'Empereur la permission de publier les lettres de la reine Hortense, et si les enfants de mon oncle Lucien ont approuvé qu'elle imprimât celles de leur père; mais ce qu'il y a de certain, c'est qu'elle n'a demandé ni à mon frère ni à moi notre consentement pour livrer au public les lettres de notre mère. Je n'étais pourtant pas une étrangère pour madame Lenormant; elle m'avait connue à Trieste, et avait passé deux jours près de moi chez ma mère; il était de la convenance la plus élémentaire qu'elle m'écrivît pour avoir mon avis sur l'opportunité de sa publication. Ce qui rend son procédé plus choquant, c'est qu'elle entoure parfois

peu de personnes, je crois, bien disposées envers la mémoire de l'auteur d'*Adolphe*.

« La confiance qu'à cet égard elle voulait bien mettre en moi ne diminuait en rien celle qu'elle avait en vous, dont, ainsi que moi, elle estimait le caractère fier et indépendant, le cœur dévoué, désintéressé et généreux jusqu'à l'imprudence. Aussi, quelle a été ma surprise en vous voyant accusée de captation, de fraude, de ruse, etc., vous dont l'énergie un peu trop méridionale a pu quelquefois vous exposer à des reproches si différents! C'est ce que madame Récamier me disait un jour devant madame Lenormant, qui se joignait à tous les éloges que nous vous donnions.

« Comment cette dame n'a-t-elle pas senti qu'elle devait respecter la volonté de sa bienfaitrice? S'il y a scandale dans la publication, c'est le procès qui vous est intenté qui en sera cause. Dira-t-on que madame Récamier, vivante, s'opposerait à la publication des lettres de Benjamin Constant? Mais elle en a livré plusieurs à M. Loménie; mais dans les *Mémoires d'outre-tombe*, on verra un livre tout entier consacré à l'histoire de madame Récamier, et cette histoire, presque complète, elle eût pu la lire dans peu de mois, si elle n'eût pas été chercher le choléra loin de son séjour favori*.

« A la longueur de ma lettre, écrite à la hâte, vous jugerez combien me préoccupe cette affaire. Pauvres femmes de lettres! trop souvent votre sexe vous dénigre et le nôtre vous écrase.

« Sans mes maux de tête, qui continuent, j'aurais été causer avec vous; en soutenant votre courage, en modérant votre juste indignation, j'aurais cru remplir encore les intentions de la digne amie de Chateaubriand; moi, j'ai le respect des morts, et je sais tout le bien qu'elle vous souhaitait.

« Recevez, chère Muse, mes témoignages d'amitié bien dévouée.

« BÉRANGER.

« Juillet 1849. »

---

* Madame Récamier quitta l'Abbaye-aux-Bois pour fuir le choléra qui s'était déclaré dans le voisinage, à l'hospice des Petits-Ménages, et, par une douloureuse fatalité, le choléra la frappa chez madame Lenormant, rue Neuve-des-Petits-Champs.

ces lettres de commentaires malséants; ainsi, à la page 217 du tome Ier des *Souvenirs*, à propos de M. de Rohan-Chabot, elle tente d'insinuer que ma mère mit toute sa coquetterie à monter la tête à ce pauvre duc; il se la montait bien tout seul, ajouta gaiement la princesse : il avait eu de tout temps cet esprit romanesque et exalté qui le poussa au sacerdoce[1]. Vous verrez dans les lettres de madame Récamier à ma mère, que je veux vous montrer, avec quelle grâce et de quelle façon enjouée elle parle du souvenir que l'abbé de Rohan gardait de la reine Caroline. Madame Lenormant, en héritant de sa tante, n'a pas hérité de son style : elle n'a ni la délicatesse de touche, ni le sens devinatoire de ce qui charme ou blesse, que possédait si bien madame Récamier; elle affecte d'appeler presque toujours la reine Caroline *madame Murat*, et elle voudrait faire croire que la reine fut l'obligée gratuite et même un peu la protégée de sa tante, tandis que les lettres de madame Récamier, que vous allez lire, expriment avec un ton de révérence amicale que ce qu'elle tenta en faveur de ma mère, sous la Restauration, lui était inspiré par la gratitude de l'accueil que ma mère lui fit à Naples lorsqu'elle y régnait.

— C'est qu'il y a, répliquai-je, entre le caractère de madame Lenormant et celui de madame Récamier, toute la distance qui sépare une dame de compagnie mécontente et rogue, à l'esprit didactique et sec, d'une femme d'esprit, bonne, belle, idolâtrée, mondaine, et j'ajouterais volontiers un peu païenne, en me souvenant du portrait mi-voilé de Gérard[2]; madame Récamier, amie de ma-

---

[1] Le duc de Rohan-Chabot se fit prêtre, devint évêque, puis cardinal.

[2] Madame Récamier n'était pas cette prude néo-chrétienne qu'on a tenté de nous présenter dans les *Souvenirs*; je me rappelle qu'un jour je lui lisais à haute voix le roman de *Raphaël* de M. de Lamartine, nouvellement publié; arrivée à la scène de la déclaration dans le parc de Saint-Cloud, au moment où la passion du héros éclate et que, pris d'un fougueux élan de sylvain, il embrasse un arbre au lieu d'embrasser celle qu'il aime, madame Récamier s'écria en riant : « Il aurait bien pu lui baiser au moins la main en pareil moment. »

Elle aimait à rappeler le souvenir de sa beauté qui n'était plus et la sensation ravissante qu'elle avait si longtemps produite en paraissant dans un salon ou en traversant la foule : « Le jour où les petits Savoyards ne se sont plus retournés dans la rue en me voyant passer, j'ai compris que tout était fini, » me disait-elle. Ne croit-on pas entendre une belle Grecque du temps de Périclès, heureuse de voir sa beauté proclamée par les regards étonnés des enfants du peuple jouant sur une place d'Athènes? « Il est bien difficile, me disait-elle encore, de vieillir avec harmonie, c'est-à-dire de se vêtir de manière à ce que le costume ne forme pas une dissonance avec les restes flétris

dame de Staël, de Chateaubriand, du pur et tolérant Ballanche, et plus tard de François Arago, de David d'Angers et de M. Ampère; madame Récamier avait respiré le souffle de leurs doctrines libérales et n'avait pas parqué ses sentiments, ses idées, ses opinions et sa foi dans une petite Église puritaine et guindée; c'était un grand cœur, ayant des élans passionnés de sympathie et de charité, dont le pénétrant souvenir m'émeut encore. Madame Récamier ambitionnait les suffrages des personnes éminentes que je viens de nommer, et, dans les deux dernières années de sa vie, de Béranger, devenu l'ami

du déclin; le costume moderne, ajoutait-elle, est affreux par sa recherche d'ornements inutiles qui attirent les yeux et par sa coupe qui force une taille affaissée à se dessiner tout comme une taille juvénile; le simple peplum antique avec ses plis nombreux était bien autrement seyant. La coiffure est tout un problème à résoudre pour la femme qui vieillit; je ne me pardonne pas poursuivait-elle avec un sourire attristé, d'avoir, dans un jour d'éclipse de goût, adopté la perruque qui nécessite toujours le grotesque bonnet bourgeois surchargé de dentelles et de rubans. Il faut vieillir tête nue et oser montrer ses cheveux blancs, parure plus harmonieuse que tous les clinquants. » Elle se souvenait du temps où un petit fichu diaphane simplement jeté sur ses beaux cheveux la rendait adorable. Elle ne voulut jamais dire son âge précis. « A quoi sert, répétait-elle à ce propos, que les hommes puissent mettre une date à notre beauté? Tant que nous leur plaisons nous sommes jeunes, j'ajouterai, à âge égal, plus jeunes qu'eux, car une honnête femme n'a pas eu dans sa vie les passions qui ravagent l'homme avant l'heure. »
Elle n'était satisfaite, avec raison, d'aucun des portraits qu'on avait faits d'elle, elle les trouvait tous maniérés ou empreints d'une roideur démentie par la souplesse naturelle et si attrayante de toute sa personne; pas un peintre n'avait su rendre avec naïveté *cet air étonné et irrésistible de pensionnaire*, dont parle Benjamin Constant, et qu'elle avait encore à quarante ans. La statuaire avait été aussi impuissante que la peinture à reproduire son ineffable beauté; le buste où Canova l'a représentée en *Béatrix* lui paraissait une figure presque imaginaire, « et pourtant, ajoutait-elle, ce sont mes traits; il faudrait seulement y mettre ce je ne sais quoi qui composait autrefois ma physionomie. » Elle me demanda un jour de la conduire chez Pradier pour qu'il tentât de faire un grand médaillon d'après le buste de Canova, et les indications de sourire et de regard qu'elle lui donna elle-même. C'était un travail de divination impossible. Notre grand sculpteur exécuta une œuvre d'art fort belle, mais qui ne rappela madame Récamier ni à elle-même ni à aucuns des amis qui l'avaient connue dans ses jours de prestige. Le meilleur portrait qui soit resté d'elle est encore celui que Devéria fit après sa mort; la vie et la douleur, en s'échappant de l'enveloppe brisée, laissèrent le calme et la beauté revenir sur ses traits flétris; le tissu de la peau se dilata et se polit comme par miracle; le visage immobile rayonna un moment, tel qu'aux plus beaux jours sous les yeux du peintre; il saisit cet éclair de rajeunissement suprême et rendit dans toute sa pureté la douce image endormie. Elle méritait cette suave apothéose, celle qui avait si bien senti l'art antique durant ses voyages en Italie; elle se trouvait à Naples au moment des premières fouilles que le roi Murat fit faire à Pompéi; elle assista, à côté de la reine Caroline, à

et le confident de Chateaubriand; elle eût souffert si leur approbation lui eût manqué. Je le répète, je n'ai jamais vu de contraste plus frappant qu'entre cette femme pétrie de charmes et de beauté, d'une douceur fine et exquise, et cette nièce d'adoption que le hasard jeta dans son intimité [1]. Madame Récamier sentait toute la dissemblance, elle en redoutait les effets pour ses amis et pour leur mémoire; c'est ce qui lui donna la première pensée de me confier trois correspondances de ses amis libéraux, et de me charger de les publier après elle. Elle commença par la correspondance de Benjamin Constant, détesté des ultras et des dévots de son entourage; elle me fit lire une partie des lettres de Chateaubriand, celles mêmes qui se trouvent dans les deux volumes des *Souvenirs*, et un grand nombre de lettres de madame de Staël que madame Lenormant se réserve sans doute de présenter au public sous le jour voilé d'une clarté mystique [2]. Madame Récamier avait fait copier

l'éblouissante découverte de la grande fresque d'*Adonis blessé*, peinture surhumaine, reflet de l'Olympe, réalisation des dieux d'Homère, qui met à néant tous nos faiseurs de pastiches grecs, sans en excepter M. Ingres, malgré les efforts de son génie[*]; elle me disait : « Ce qu'il y a d'âme dans la beauté, ce qui produit le saisissement qu'elle cause également à tous, au poète comme à l'ignorant, n'a été compris et rendu que par les anciens. »

[1] Madame Récamier, passant un jour dans un village où des petites filles lui offrirent des fleurs, choisit parmi elles madame Lenormant et l'adopta.

[2] Depuis cette époque, les lettres de madame de Staël ont paru, encore plus jésuitiquement expurgées que celles de Chateaubriand; tout ce qui pouvait blesser l'esprit de la petite église, dont madame Lenormant fait partie, a été scrupuleusement retranché. Madame Lenormant affirme cette fois qu'elle s'est pourvue du consentement de la famille de madame de Staël et concertée avec elle sur cette publication; il se peut que le gendre et le petit-fils de cette femme illustre, dans la ferveur de leur orthodoxie nouvelle, et champions inattendus du pouvoir temporel du pape contre lequel Corinne aurait tonné de toute son éloquence; il se peut, dis-je, que MM. de Broglie père et fils aient approuvé les interprétations forcées et les atermoiements pieux dont madame Lenormant accompagne chaque lettre de madame de Staël, mais l'âme ardente de la fille de Necker a dû tressaillir d'étonnement, peut-être de colère, en se voyant transformée de la sorte. C'était hier que vivait madame de Staël, beaucoup de ceux qui l'ont connue existent encore; on ne trompe pas les contemporains sur un personnage aussi célèbre, on trompe encore moins la

[*] Ceux qui penseront que j'exagère n'ont qu'à aller voir la reproduction (d'une merveilleuse fidélité) de cette fresque d'*Adonis blessé* faite par M. Ferdinand Gaillard, grand prix de Rome; ils trouveront dans l'atelier de l'artiste d'autres peintures non moins admirables découvertes dans les fouilles récentes que le roi Victor-Emmanuel a fait faire à Pompéi : *Un jugement de Pâris* et une *Néréide sortant des eaux* sont deux chefs-d'œuvre que la gravure devrait se hâter de reproduire. Cette incomparable collection, recueillie par M. Gaillard, serait digne de décorer une des salles de la villa antique que S. A. I. le prince Napoléon s'est fait construire avenue Montaigne.

pour moi ces deux correspondances, elle songeait à me les remettre peu de jours avant sa mort, et me pressait de faire sur Chateaubriand et madame de Staël un travail analogue à celui que

postérité. D'ailleurs les écrits de madame de Staël attestent ses doctrines et ses passions; ils suffisent à recomposer sa figure *réelle*, qui survivra, Dieu merci, à la factice et médiocre image que nous en trace une plume hypocrite. Vouloir faire de madame de Staël un être impeccable au point de vue catholique, la rêver aspirant à rentrer dans le giron de l'Église, de cette Église où l'on introduit du même coup Schlegel et où l'on voudrait précipiter au lit de mort la folle duchesse de Devonshire pour lui faire retrouver sans doute dans l'éternité son saint sigisbé le cardinal Consalvi; oublier le culte que madame de Staël gardait à toutes les idées de son père, protestant convaincu et libéral enthousiaste, c'est un zèle dévot dont l'impuissance fait sourire d'ironie; vouloir enfin, descendant à regret des régions célestes aux choses de la terre, vouloir, lorsque madame de Staël, arrivée à près de cinquante ans, se livre ardente à l'indomptable chimère d'un dernier amour et épouse un homme qui aurait pu être son fils, au lieu de la plaindre et d'avouer la flamme et l'orage qui l'envahirent, vouloir tenter de métamorphoser la femme éprise en sœur de charité qui se dévoue et s'unit par pitié au beau et jeune de Rocca, c'est à faire monter aux lèvres les vers les plus crus de Molière:

<blockquote>Les enfants que l'on fait se font-ils par l'oreille?</blockquote>

Et qui donc ignore qu'il naquit un fils de cet amour positif, qu'on nous présente comme un amour mystique? Qui donc n'a vu, sous le règne de Louis-Philippe, ce triste rejeton d'une femme de génie et d'un homme superbe, disgracieux et hypocondriaque, errer dans les salons de M. de Rambuteau*? Qui donc n'a pas su que ce pauvre être maladif avait rejoint hâtivement dans la tombe sa mère, dont sa naissance causa la mort. En rappelant ces faits connus de tous et qui ne sauraient ternir la gloire de madame de Staël, j'entends des lèvres pudibondes murmurer que je manque au respect qu'on doit aux morts illustres; il y a quelque chose de plus beau, de plus sacré que le respect, c'est la vérité. Prenons garde de trop nous écarter de la nature pour ne nous inquiéter que de la société; tronquer l'homme, ce n'est pas le faire plus grand; taire ce qui nous choque dans une destinée, ce n'est point la rendre plus glorieuse; dans les réalités de l'histoire comme dans les fictions de l'art osons tout aborder et tout peindre; souvenons-nous des anciens, ces maîtres immortels; souvenons-nous de Montaigne, de Saint-Simon, de Voltaire, de Diderot, de Beaumarchais, de Paul-Louis Courier, de Balzac; dédaignons l'obséquiosité du commentateur de madame de Staël qui la loue (pour ménager la vanité de sa noble descendance) de n'avoir jamais porté le nom de ce mari de la dernière heure. Ne sent-on pas qu'il eût été plus fier et plus digne de mettre sur ses

---

* Le fils de madame de Staël et de M. de Rocca avait épousé la fille de M. de Rambuteau; nous lisons ce qui suit, au sujet de ce fils, dans une lettre de Benjamin Constant adressée à madame Récamier après la mort de madame de Staël : « J'ai reçu des nouvelles d'Albertine (la duchesse de Broglie), elle m'écrit tristement; mais ils sont tous bien comme santé. Le grand château lui semble un désert horrible. Je le conçois; elle me donne des détails sur la déclaration de mariage dans le testament et sur la reconnaissance de l'enfant qui est né; il est à Coppet. Albertine me parle de la tendresse qu'elle éprouve pour ce petit frère Alphonse. »

j'avais écrit sur Benjamin Constant [1]. Ce premier travail avait exigé beaucoup de recherches; j'y perdis un temps précieux pour l'écrivain forcé de gagner sa vie au jour le jour; d'ailleurs, je l'avoue, ces trois correspondances, bien que de personnes illustres et dont j'admirais à différents degrés le caractère et le génie, me paraissaient d'un intérêt médiocre; les lettres les plus intimes et les plus vives devaient être élaguées. Madame Lenormant a renchéri sur cette première épuration, elle a coupé dans les lettres de Chateaubriand tout ce qui pouvait blesser la coterie restreinte dont elle quête les suffrages, sans se préoccuper si ce n'étaient pas les passages supprimés qui intéressaient le plus le public, et, chose autrement grave, sans se demander si de telles mutilations de l'esprit des morts n'étaient pas une profanation. Je me montrais donc fort peu empressée à posséder ces lettres; je les aurais acceptées comme celles de Benjamin Constant, pour satisfaire au désir très-prononcé qu'avait madame Récamier d'en faire après elle une suite de publications où sa propre appréciation de ses amis survivrait. Je ne mis pas plus d'ardeur à me faire donner ces correspondances que je n'en avais mis à faire partie du salon de l'Abbaye-aux-Bois. J'avais connu M. de Chateaubriand en 1835; il m'avait écrit deux lettres bien connues, et qui ont été plusieurs fois publiées: ces lettres attestent que M. de Chateaubriand n'avait pas pour les femmes auteurs le dédain que madame Lenormand lui prête; il se peut qu'à l'exemple de Byron il raillât les *bas-bleus*, c'est-à-dire les ladies anglaises et les Françaises femmes du monde, restes des précieuses de Molière, voulant à tout prix écrire sans vocation; mais à coup sûr il était sympathique aux femmes naturellement poëtes; il m'a nommée dans ses Mémoires à côté de madame Des-

cartes le nom de l'homme qu'on avait trouvé bon à mettre dans son lit? (Ne vous effarouchez pas, madame, le mot est dans Racine.) Et dire tout cela d'une façon maladroite et commune, qui ne trompe et ne charme personne, et qui amoindrit ceux qu'on voudrait flatter, s'abaisser à ce métier ridicule sans même pouvoir prétendre à la reconnaissance d'une coterie qu'on sert en rampant; car les castes et les dogmes qui tombent n'ont souci que des défenseurs vigoureux; il leur faut la plume d'airain d'un Veuillot ou le génie d'une madame Swetchine, cette fille éloquente de Bossuet et de de Maistre. On ne gagne rien à sacrifier aux partis la vérité; les partis passent, l'esprit public leur survit et règle l'opinion immuable de la postérité; toute morale de convention n'a qu'un temps; le genre humain ne respecte que la morale éternelle.

[1] Le travail servant d'introduction aux lettres de Benjamin Constant a été publié dans les feuilletons de la *Presse* des 3 et 4 juillet 1849.

bordes-Valmore, et les premiers encouragements que je reçus à Paris me vinrent de lui. Je continuai à le voir par intervalles, depuis l'année où je l'avais connu; je savais son intimité avec madame Récamier, et j'aurais pu lui demander de me présenter à elle, mais j'avais dès lors pour habitude de ne frapper à aucune porte et d'attendre que les moins accessibles s'ouvrissent pour moi d'elles-mêmes.

— Je vois, me dit la princesse, qui m'écoutait avec intérêt, que vous avez connu madame Récamier fort tard; avait-elle encore des restes de beauté?

— Aucuns, repartis-je, mais une expression enchanteresse dans le sourire et dans le regard qui y suppléait; on sentait qu'en elle le cœur alimentait l'esprit; sa voix avait des inflexions caressantes qui pénétraient; elle trouvait pour chacun les paroles qui savaient le mieux attirer et plaire. On pouvait dire qu'elle mettait un art infini dans la bonté, quoiqu'elle fût naturellement bonne; elle revêtait de grâce et de charme les choses mêmes où la bienveillance aurait suffi, la charité, la sympathie qu'elle exprimait à une femme, les ordres qu'elle donnait à ses domestiques. C'était là sa coquetterie universelle dont on a tant parlé; coquetterie adorable et céleste qu'on ne saurait trop louer.

« Ce fut au mois de février 1841 que je la vis pour la première fois; mon nom avait eu à cette époque quelque retentissement dans les journaux. Madame Récamier désira me connaitre et me fit écrire à plusieurs reprises par M. Ballanche, qui avait été en relations avec mon père (Lyonnais comme lui) et m'avait vue toute enfant. Dès le premier jour madame Récamier m'inspira un profond *attrait* : c'est le seul mot qui exprime ce qu'on ressentait pour elle; on ne pouvait se détacher d'elle quand on l'avait connue, elle employait d'ailleurs toutes les recherches de son cœur pour vous retenir. Nous nous liâmes d'une très-vive amitié, malgré la dissemblance d'âge, et j'ajouterai la dissonance de ton et de sentiments que ma brusque franchise produisait dans son entourage [1].

---

[1] Béranger m'écrivait un jour, à propos de ces boutades que je me permettais parfois à l'Abbaye-aux-Bois :

« Madame Récamier a eu la bonté de venir me voir; j'étais absent, remerciez-la de ma part, je vous prie. Vous avez bien mal compris ce que dernièrement je vous ai rapporté d'elle, qui ne vous accuse que de manquer de mesure dans la conversation, non avec elle, mais avec des gens moins bien disposés

Elle voulait sans cesse m'avoir auprès d'elle; elle aimait, disait-elle, quoiqu'elle les redoutât parfois, ce qu'elle appelait mes boutades de sauvage. Si la distance qui nous séparait à travers Paris¹ m'empêchait de la voir pendant quelques jours, elle me faisait écrire par M. Ballanche ou par M. Ampère de venir bien vite; si

pour vous. Vous m'avez raconté vous-même une sortie faite par vous contre les juges du maréchal Ney, en présence de M. Molé.

« BÉRANGER.

« 7 mars 1849. »

Qu'il me soit permis de reproduire encore ici deux lettres des amis de madame Récamier qui attestent à la fois l'affection qu'elle avait pour moi et le don qu'elle m'avait fait des lettres de Benjamin Constant :

« Madame,
« Si madame Récamier n'était pas souffrante en ce moment, elle aurait l'honneur d'aller vous voir. Elle désirerait vous parler d'une chose qui l'intéresse beaucoup et qui, elle le croit, vous intéressera beaucoup aussi.
« Madame Récamier est toujours heureuse de vos visites : elle serait heureuse en particulier d'une circonstance qui lui permettrait, madame, d'en espérer une plus prochaine.
« Permettez-moi, madame, de joindre ma prière à celle de madame Récamier.
« Daignez agréer, madame, l'expression de mon admiration et de mes sentiments les plus respectueusement distingués.

« BALLANCHE.

« 23 janvier 1845. »

A la fin d'une grossesse pénible, j'avais envoyé en dépôt chez madame Desbordes-Valmore les lettres de Benjamin Constant, dont la lettre suivante m'accusa réception :

« Chère madame Colet, quand je vous dirais d'être moins triste et de surmonter une telle préoccupation, je ne ferais que peser davantage sur une terreur insurmontable, durant cette grossesse très-douloureuse, et votre courage n'a pas besoin de mes conseils. Je ne ferai donc, à la lettre, que ce que vous me demandez de faire. Le carton, et ce qu'il peut contenir, sera mis dans un coin sacré, pour vous être rendu après votre délivrance. J'ai le pressentiment tout contraire au vôtre, que Dieu y présidera, et que vos amis n'auront que des grâces à lui rendre... Sinon, soyez sans alarme.
« Le carton ne sortira de mes mains, comme vous le souhaitez, que pour rentrer à l'Abbaye-aux-Bois, dans les mains charmantes de l'ange qui vous l'a donné. Je ne dirai rien à madame Récamier de vos dispositions graves, si tendres et si délicates, qui lui serreraient le cœur déjà navré de la perte de tant d'amis. Je considérerais comme un crime d'altérer ce qui lui reste de sécurité sur les vivants. Son divin sourire ne pleure que trop, vous l'avez bien vu !
« Je vous écris trop à la hâte pour vous écrire longtemps, mais je sais toujours ce que je fais en vous disant que vous pouvez compter sur l'affection sincère de votre amie

« MARCELLINE DESBORDES-VALMORE.

« 23 mai 1846. »

¹ Je logeais alors près de Montmartre.

j'étais malade ou affligée, elle accourait chez moi; lorsqu'elle était à la campagne à Auteuil ou à Passy, elle m'engageait pour y passer des journées entières; elle me chargea par deux fois de lui choisir une lectrice[1] à qui elle dictait ses lettres; elle me disait souvent : « Si vous étiez libre, je vous demanderais de ne pas me quitter; votre vivacité, vos enthousiasmes et vos indignations mêmes me rappellent madame de Staël. » Elle avait fini par m'attirer la bienveillance de tous ses amis; bienveillance sincère chez quelques-uns, apparente chez d'autres. Les lettres et les ouvrages que j'ai conservés de M. Ballanche, de M. Ampère, de M. Brifault, et même du duc de Noailles, si fier de ses titres et de sa fortune dus à la faveur de madame de Maintenon[2], en font foi; ces lettres ont figuré dans le procès[3], elles ont couvert de confusion madame Lenormant, qui elle-même avait dû se soumettre à la sympathie qu'avait pour moi celle dont je fus aimée jusqu'à la dernière heure. Sur son lit de mort elle prononçait encore mon nom: elle désignait les livres de sa bibliothèque qui devaient m'être envoyés, et contraignait une dernière fois, de la tombe, la femme qui devait m'outrager à m'honorer par ce souvenir[4]. — Vous me pardonnez, princesse, de vous avoir parlé si longtemps de ces émotions lointaines; mais j'avais à cœur de vous faire bien connaître mes relations avec cette femme célèbre qui fut l'amie de la reine votre mère. Le procès scandaleux suscité par madame Lenormant, un mois après la mort de sa bienfaitrice, avait pu laisser dans votre esprit quelque doute sur le degré de mon intimité avec madame Récamier. Que vous en semble maintenant, princesse, de cette étrangère, de cette intruse, de cette bas-bleu, soufferte à peine par tolérance dans le salon de l'Abbaye-aux-Bois, de cette femme, enfin, s'introduisant furtive-

---

[1] D'abord mademoiselle de Lajolais, auteur d'un excellent livre sur l'éducation, puis madame E. Amelin, qui copia à l'Abbaye-aux-Bois toute la partie des Mémoires de Chateaubriand consacrée à madame Récamier, les lettres de Benjamin Constant, celles de Chateaubriand et celles de madame de Staël que madame Récamier me destinait. Madame E. Amelin est maintenant employée à la bibliothèque de l'Arsenal pour faire des copies d'anciens et précieux manuscrits.

[2] « Que seraient les Noailles sans la Maintenon? » a dit Paul-Louis Courier.

[3] En première instance dans l'éloquente plaidoirie de M. Langlois, aujourd'hui conseiller d'État, et en Cour d'appel dans celle de M. Jules Favre, chef-d'œuvre d'ironie.

[4] Une lettre de madame Lenormant (elle figure au procès), dans laquelle elle me rappelait combien sa tante d'adoption m'avait aimée, accompagna cet envoi.

ment chez madame Récamier pour lui *voler* une correspondance? car telle fut l'accusation infâme que madame Lenormant osa porter contre moi, lorsqu'en plein tribunal, elle nia la signature de sa tante apposée à l'acte de donation des lettres de Benjamin Constant [1].

— Tout ce que vous venez de me dire, répliqua la princesse, qui m'avait écoutée sans m'interrompre et en m'encourageant par ses regards bienveillants, m'inspire une curiosité très-vive de relire ce fameux procès; il m'a beaucoup intéressée dans le temps. Je me souviens que vous parliez, dans votre introduction, de mon père et de ma mère à propos du séjour à Naples de madame Récamier, et c'est justement ce séjour que rappellent les lettres que je veux vous communiquer.

— Je puis satisfaire ce désir, répondis-je à la princesse; j'ai réuni tous les documents relatifs à cette affaire qui fut un des grands chagrins de ma vie et une sorte de ruine pour moi. Ces documents, je ne m'en sépare jamais; je les ai apportés en Italie, ils sont au fond de ma malle, et je vous les enverrai ce soir même en rentrant à l'hôtel. Vous y verrez l'acte de donation signé par madame Récamier, le plaidoyer de mon avocat au tribunal de première instance, dans lequel sont produites toutes les lettres des amis de madame Récamier dont je vous ai parlé, l'arrêt de la cour, déclarant que la correspondance de Benjamin Constant m'avait été bien véritablement donnée, que l'acte de donation était authentique et en bonne forme, mais que madame Récamier n'avait pas le droit de disposer de cette correspondance et de la faire publier sans le consentement des héritiers de Benjamin Constant.

— Ah! ah! interrompit la princesse en riant, ceci impliquerait que madame Lenormant aurait dû s'assurer de notre permission avant de faire commerce des lettres de ma mère.

---

[1] « Je donne à madame Louise Colet la copie des lettres de M. Benjamin Constant, me confiant à elle pour en faire l'usage qu'elle jugera le plus convenable à sa mémoire, mais avec la condition que ces lettres ne pourront être ni communiquées ni publiées qu'après moi.

« Cette preuve de confiance étant toute personnelle, si, contre toute vraisemblance, je survivais à madame Louise Colet, la copie des lettres de M. Benjamin Constant me serait rendue et deviendrait ma propriété.

« Approuvé l'écriture,
« *Signé :* J. Récamier.

« 17 juillet 1846. »

— Vous y trouverez aussi, repris-je, le second procès en cour d'appel, procès entrepris par madame Lenormant pour me forcer à rendre l'acte de donation, laissé entre mes mains par le premier arrêt, et que le second arrêt m'a laissé également; enfin, vous verrez parmi ces documents toutes les lettres de Benjamin Constant, dont on a tant parlé. Elles sont d'un intérêt moins vif qu'on ne l'imagine; elles se ressemblent à peu près toutes : sentiments froids, mots brûlants, passion essoufflée et factice d'un vieillard qui veut plaire.

— N'importe, répliqua la princesse, je suis impatiente de les lire; comme tout fruit défendu, ces lettres d'un amour tardif me tentent. Vous avez donc pu les faire imprimer?

— Je suis très-innocente de cette infraction à l'arrêt, commise avant l'arrêt même; j'ajouterai que l'impression de ces lettres fut connue de mes juges.

— Comment cela? repartit la princesse.

— La chose est bien simple; il est d'usage que lorsqu'un roman ou tout autre ouvrage de quelque étendue paraît dans un journal, on l'imprime d'abord en *placards* pour faciliter la correction des épreuves. J'avais reçu un de ces placards complet, renfermant mon travail d'introduction, que vous trouverez aussi parmi les documents; plusieurs de ces placards complets furent distribués au tribunal et aux avocats, et j'ai conservé naturellement celui qui m'avait été envoyé du journal : je crois même que s'il me prenait fantaisie de le publier aujourd'hui, et que madame Lenormant eût l'étrange audace de m'intenter un nouveau procès, il n'y aurait pas de tribunal en France qui lui donnât gain de cause. Madame Lenormant n'a-t-elle pas violé la première l'arrêt d'interdiction en publiant une partie de ces lettres dans les *Souvenirs de madame Récamier?* La justice et le droit sont absolus dans leur application. L'infraction de l'arrêt par madame Lenormant m'autorise légalement à l'enfreindre à mon tour. Je suis convaincue que M. Troplong, qui présidait la cour d'appel au moment du procès, déciderait désormais, avec son équité bien connue, que cet arrêt n'est plus obligatoire. Les considérants du jugement surprirent un peu, lorsqu'il fut rendu, les hommes compétents; car ces considérants impliqueraient que les lettres d'Henri IV, nouvellement découvertes, ne sauraient être livrées au public sans l'autorisation d'Henri V, héritier des Bourbons.

— Et ils impliqueraient plus rigoureusement encore, dit la princesse en riant, que les lettres de ma mère ne pouvaient paraître sans mon consentement ; or, je ne me propose pas d'intenter un procès à madame Lenormant ; je me contente de trouver un peu de témérité dans son procédé envers moi après ses antécédents envers vous.

— Une dernière réflexion, princesse, et j'en ai fini avec ce long récit rétrospectif; en lisant mon introduction aux lettres de Benjamin Constant, vous y verrez la rencontre de madame Récamier et de Fouché à Terracine, puis la scène douloureuse qui se passa au palais de Naples lorsque le roi votre père, hésitant entre l'affection qu'il portait à l'Empereur et l'indépendance de son royaume, se décida à laisser entrer la flotte anglaise dans le golfe; madame Récamier fut témoin de cette scène et m'en raconta tous les détails. Comment aurais-je pu les deviner? Dans les *Souvenirs* publiés par madame Lenormant (après mon introduction) les faits dont je viens de parler sont racontés en termes presque identiques. Ainsi madame Lenormant se déjuge une fois de plus et fait tomber elle-même toutes les accusations qu'elle avait osé porter contre moi. »

Quand j'eus cessé de parler, un serrement de main de la princesse m'assura de sa sympathie. Elle me conduisit dans sa chambre, ouvrit son secrétaire et y prit plusieurs paquets étiquetés contenant des lettres importantes adressées à la reine Caroline. Sur l'un des paquets était écrit : *Lettres de madame Récamier*, elle l'ouvrit et en tira de petites feuilles de papier couvertes d'une écriture fine, à pattes de mouches, comme on dit.

« Pouvez-vous lire? me demanda la princesse.

— Oh! sans doute, répliquai-je, je lis toutes les écritures; celle-ci m'émeut rien qu'en la touchant, comme si cette femme regrettée se ranimait et me parlait. »

Nous parcourûmes une douzaine de lettres dont quatre seulement offraient quelque intérêt ; les autres n'étaient que de courts billets ; des remerciments à la reine pour des fleurs envoyées et des rendez-vous pris pour visiter ensemble les environs de Naples : les quatre lettres plus importantes, d'une époque postérieure aux billets, étaient comme l'éclaircissement des lettres de la reine Caroline qui se trouvent dans les *Souvenirs* de madame Lenormant. Je les lus tout haut à la princesse ; lorsque j'eus fini elle me dit :

« Voulez-vous les publier dans votre voyage d'Italie, en racontant simplement notre causerie d'aujourd'hui? »

J'eus un saisissement de joie inexprimable; quelques larmes me montèrent aux yeux.

« Oh! vous ne savez pas, m'écriai-je, tout le bien que vous faites en ce moment, ce n'est pas seulement là un procédé aimable. C'est une bonne action; vous venez d'être pour moi la manifestation visible de cette justice réparatrice qui trop souvent ne nous est accordée qu'après la mort. Vous avez pu comprendre par notre conversation quelle douleur indignée et quel ineffaçable grief m'avait laissés l'insulte publique de madame Lenormant. Les plaidoiries de mes avocats, la lettre célèbre de Béranger, l'opinion de tous les honnêtes gens, l'arrêt même du tribunal avaient proclamé ma loyauté. Mais le public oublie et se renouvelle; on ne cherche guère dans les vieux journaux pour s'éclairer sur la moralité des faits, on n'en voit que le résultat; l'interdiction de la publicité des lettres semblait impliquer une sorte de censure; l'occasion ne m'était pas offerte de rouvrir les débats et de rappeler les indifférents à la vérité; madame Lenormant se taisait et restait dans l'ombre; quoique impatiente de spéculer sur la vie intime de sa bienfaitrice, elle n'osa pas le faire trop tôt. Le réveil des partis, que fit éclater en France la guerre d'Italie, lui sembla un moment opportun pour publier son livre. Elle eut la prudence de ne pas m'y nommer; elle usa contre moi de l'allusion, arme des fourbes, et, contre Béranger mort, de la calomnie, vengeance des pusillanimes. Je quittai Paris au moment où son ouvrage parut; le temps me manqua pour relever le gant qui m'était obliquement jeté. Le spectacle glorieux qui m'attendait en Italie m'enleva à la préoccupation de ces subtiles duplicités. Mentez, calomniez, il en reste toujours quelque chose, c'est la règle immuable des Basiles mâles et femelles. Je sentais bien ce que quelques pages de ce livre, empreintes d'une componction doucereuse, cachaient de fiel et de venin. Je me disais qu'il faudrait tôt ou tard récrire cet épisode des chroniques contemporaines, lui arracher les voiles dont une main intéressée l'enveloppait et l'offrir au public dans sa nudité. Les restrictions et les petites ruses composent l'élément malsain des coteries; le public sincère méprise les oripeaux qui parent les idoles; il ne demande qu'à voir en pleine lumière; sitôt que la vérité se produit, il la reconnaît, la proclame et interdit à l'imposture d'usurper sa place. J'espérais cette heure de réparation définitive; j'attendais cette lueur révélatrice et sacrée qui éclaire un jour les actes de notre vie. En me fournissant l'à-propos de revendiquer ma part de justice, vous avez, princesse, plus fait pour moi que si, durant la haute fortune du roi votre père, vous m'aviez comblée de fortune et d'honneurs.

— Je n'avais songé qu'à ma mère au début de cet entretien, répliqua-t-elle avec un affectueux sourire, et voilà que je vous cause une grande joie.

— C'est que, repartis-je, un bon sentiment en enfante un autre; je crois à cette filiation providentielle du bien, dont le contraire, la filiation fatale du mal, devrait suffire pour épouvanter les méchants. »

Le soir même la princesse fit copier pour moi à un de ses parents les quatre lettres qu'on va lire :

Madame Récamier à la reine Caroline, alors exilée à Trieste :

« Naples, 20 octobre 1824.

« Madame,

« Je ne puis m'éloigner d'un lieu où j'ai été si tendrement occupée de vous sans céder au besoin de vous le dire. J'ai su avant de quitter Rome, par madame la marquise Pepoli[1], les nouvelles persécutions dont vous étiez l'objet, et vous savez aussi comment j'ai perdu l'espoir que j'avais eu quelques moments de pouvoir vous être utile. De nouvelles combinaisons ministérielles[2] pourraient me rendre cet espoir. Vous jugez avec quel bonheur je le ressaisirais. Il est impossible que les amis que vous avez conservés, la place que vous tenez dans l'opinion, l'estime et l'admiration dont vous êtes entourée, ne finissent point par rendre à votre position toute l'indépendance dont elle est susceptible. Daignerez-vous me faire savoir vos espérances et vos projets? Si j'avais un moyen quelconque de vous revoir avant de rentrer en France je le saisirais avec bonheur. Je compte rester à Rome jusqu'au mois de février. J'ai passé trois mois à Naples; je venais avec regret dans ce beau pays, attristé pour moi par de douloureux souvenirs; mais, par un sentiment que vous comprendrez, j'ai recherché ce

---

[1] La marquise Pepoli, qui résidait alors à Rome, était la fille aînée de la reine Caroline.
[2] On avait pensé que M. de Chateaubriand serait appelé au ministère.

que je redoutais. Je me suis fait conduire, seule dans une barque, en face du palais; je suis restée longtemps les yeux fixés sur la terrasse et sur la porte de votre chambre et le cœur oppressé de mille souvenirs. — Pendant mon séjour à Naples, j'ai souvent entendu parler de vous et toujours avec le même éloge; vous avez vaincu l'injustice des partis; c'est un miracle qui n'appartient qu'à vous. Vous savez que j'ai trouvé à Rome l'abbé de Rohan; qu'avez-vous pensé de sa vocation? Il vous conserve un souvenir reconnaissant; nous avons longtemps parlé de vous et peut-être s'est-il fait un scrupule du plaisir qu'il avait pris à se rappeler ses innocentes amours. Adieu, chère madame, permettez-moi de vous embrasser et comptez-moi toujours parmi les personnes qui vous sont le plus entièrement dévouées.

« J. Récamier. »

La reine Caroline, touchée de cette lettre, y fit la réponse publiée dans les *Souvenirs*.

Madame Récamier, arrivée à Rome, écrit de nouveau à la reine :

« Madame,

« Combien vous m'affligez en me parlant de vos nouvelles persécutions! Elles seraient inexplicables si la considération qui s'attache à un noble caractère et à de grandes facultés n'était trop souvent un sujet d'ombrage; je bénirais mille fois mon sort s'il était vrai que je fusse destinée à avoir quelque heureuse influence sur votre avenir. Je quitte Rome les premiers jours d'avril, rien au monde ne m'empêchera d'aller à Trieste. L'idée de vous voir bientôt et de retrouver près de vous des souvenirs qui me sont si chers me fait souvent battre le cœur; j'aurais fait le voyage bien plus vite si mes projets ne se trouvaient pas enchaînés à ceux des personnes qui voyagent avec moi[1]. Amélie est bien fière de votre souvenir; elle a grandi dans une atmosphère où tout vous aime. Nous avons été charmés de madame la marquise de Pepoli; je l'ai trouvée belle, spirituelle et parfaitement naturelle. J'ai fait votre commission près de l'abbé de Rohan; il a été très-touché de votre souvenir et de la grâce délicate avec laquelle il était exprimé; il m'a bien recommandé de vous parler de lui, et sa voix si tou-

[1] MM. Ampère et Ballanche et madame Amélie Lenormant, nièce adoptive de madame Récamier.

chante l'a été plus encore en parlant de vous. Les souvenirs que vous laissez ne s'effacent point, je le sens, et je serais heureuse de pouvoir vous le dire. Recevez l'hommage de ma tendre et profonde affection.

« J. RÉCAMIER.

« Rome, 1825. »

Les deux lettres qui suivent furent écrites de France après l'entrevue à Trieste de la reine Caroline et de madame Récamier :

« Madame,

« Il y a des mois, des siècles que je n'ai eu de vos nouvelles; j'ai envoyé une lettre et des livres pour vous chez M. de Mercey, il était absent; j'attends une occasion pour vous les faire passer; je suis moi-même établie depuis quelques jours à la campagne, chez M. de Montmorency. Cette charmante retraite[1] au milieu des bois a été arrangée par M. de Chateaubriand; c'est ici qu'il a écrit les *Martyrs*; je ne suis pas, comme vous savez, indifférente à un souvenir, j'aime à penser à vous dans cette solitude, à me rappeler nos entretiens au bord de la mer et les moments si courts qui m'ont laissé de si longs souvenirs ! J'ai vu plusieurs fois à Paris MM. de Mosbourg[2] et de Mercey, c'est par vous qu'ils sont attirés vers moi. *Je ne suis pas la rose, mais j'ai vécu près d'elle.* Nous avons parlé sans cesse de vous, de vos intérêts, de vos espérances, et nous attendons le moment favorable pour unir tous nos efforts. Monsieur de Mercey vous est bien respectueusement, bien tendrement dévoué; un peu trop peut-être pour son repos; nous nous attristons ensemble et nous admirons votre courage à supporter une vie si monotone. Il m'est très-doux aussi de parler de vous avec mes amis et de leur faire partager ma tendre admiration. La visite que je vous ai faite a été fort approuvée, car vous avez vaincu l'injustice des partis. Tous vous rendent hommage, et ce suffrage universel doit amener un changement favorable dans votre situation. Serait-il vrai que vous pensez à l'Amérique? Je m'en affligerais, car je rêve toujours de vous revoir en Italie. Vous occupez-vous des Mémoires[3] dont vous m'avez

---

[1] Dans la Vallée-aux-Loups.
[2] Ancien ministre des finances du roi Murat, resté fidèle à sa famille.
[3] Ces Mémoires n'ont pas été terminés.

parlé? Je l'espère, c'est une occupation digne de vous; il est important de combattre les erreurs historiques dont nous sommes inondés. Qui le peut mieux que vous? J'ai vu aussi combien vous attachez de prix à défendre une mémoire qui vous est chère et à éclairer des faits douteux; il est impossible que cet ouvrage ne soit pas du plus grand intérêt, et mon orgueilleuse amitié désire ce qui peut ajouter encore à l'opinion qu'on a de vous et vous montrer à tous telle que je vous vois. Adieu, madame, me permettez-vous de vous charger de distribuer mes souvenirs autour de vous et de vous assurer de mon plus tendre dévouement.

« J. Récamier. »

« Madame,
« Je me trouve à trente lieues de Paris avec un de vos admirateurs les plus dévoués; l'attachement, le culte qu'il vous a constamment gardé me semble un lien entre lui et moi, et je saisis avec bonheur l'occasion de joindre mon souvenir au sien. Il y a des siècles que je n'ai reçu de vos nouvelles. Je sais que vous n'aimez pas à écrire, mais si vous vouliez dicter quelques détails ils seraient reçus avec bonheur et reconnaissance. J'avais quelque espoir de vous faire une visite l'été prochain, mais vous m'avez parlé d'un voyage d'Amérique, et il me faudrait alors renoncer à l'un de mes plus doux songes; daignez me faire savoir vos projets. Avez-vous entendu parler de vos anciens amis? Les sermons du duc de Rohan ont toujours un prodigieux succès. Je crains pour lui qu'une image charmante ne vienne quelquefois troubler ses pieuses méditations. Je vois toujours M. de Forbin[1]; je reçois

---

[1] Le comte Auguste de Forbin, d'une des plus anciennes familles de la noblesse de Provence, fut un des hommes les plus beaux et les plus brillants du premier Empire; peintre et littérateur assez médiocre, il a laissé des tableaux qui sont encore dans quelques musées, des romans et des voyages dont ses amis se souviennent; chambellan du prince Borghèse, il fut très-attaché, pendant tout le règne de Napoléon, à la famille impériale. J'ai trouvé à Naples, dans un salon du Palais-Royal, un tableau du comte de Forbin, représentant une vue de l'Alhambra offerte par lui à la reine Caroline; il avait été fort épris de la princesse Pauline. Son amour éclata avec si peu de ménagement pendant un séjour de la princesse à Aix en Provence, où elle prenait les eaux, que le prince Borghèse ordonna au comte de Forbin de partir sur l'heure pour Rome, où il le chargea d'une mission (le mot commission serait plus juste) auprès de ses intendants. Ma mère, qui voyait souvent la princesse et qui était l'amie d'enfance du comte de Forbin, fut la confidente de son désespoir. Sous la Restauration, on voulut rompre avec ces souvenirs; on

des lettres gracieuses de la duchesse de Saint-Leu, et je vous garde à jamais la plus tendre admiration.

« J. Récamier.

« 1826. »

La princesse Murat me montra, le même jour, d'autres lettres d'un vif intérêt, adressées à sa mère et à sa famille; entre autres, une lettre de lord Byron au comte Rasponi, qui, dans sa jeunesse, avait été l'ami du noble poëte.

« Byron demeura plus de deux ans à Ravenne[1], me dit la princesse, mon mari le voyait sans cesse; ils montaient à cheval ensemble, presque chaque jour, comme cette lettre vous l'indique; le but de leur promenade était la *Pineta*, notre antique forêt de pins, qu'il faut que vous parcouriez. Pour aujourd'hui, nous visiterons le tombeau de Théodoric, et nous irons jusqu'à l'Adriatique, si le temps le permet. »

XVII

Après le dîner nous partîmes avec la princesse, en calèche découverte; nous franchîmes la porte *Serrata* (fermée), qui fut murée par les Vénitiens au temps de leur domination. Les marbres qui décorent le couronnement de l'arc faisaient partie de la porte antique *Aurea*. A un quart de lieue de Ravenne, au milieu d'une campagne riante, nous trouvâmes le tombeau de Théodoric vulgairement appelé *Santa Maria della Rotonda*. Le roi des Goths se fit construire cette impérissable demeure de la mort qu'il jugeait éternelle, à l'imitation des somptueux mausolées d'Auguste et d'Adrien à Rome. Moins vaste que le tombeau d'Adrien (devenu le fort Saint-Ange), le tombeau de Théodoric est construit en pierres

renia presque ces belles idoles tombées; on abjura le culte, peut-être excessif, qu'on avait eu pour elles, et on tenta de les transformer en divinités provocantes. J'ai beaucoup vu le comte de Forbin dans mon enfance; ami de ma famille, parrain d'un de mes frères, il venait souvent au château de Servannes, chez ma mère. A mon arrivée à Paris, en 1835, je retrouvai le comte de Forbin, ou plutôt je ne le retrouvai plus, il avait été frappé d'une vieillesse anticipée; le charme de son esprit charmant s'était éclipsé. Bientôt après la mort le frappa.

[1] Il y arriva en juin 1819, il avait alors trente-deux ans, il en partit à la fin d'octobre 1821, et alla s'établir à Pise.

énormes; la coupole monolithe étonne les architectes, moins par son élégance que par son poids écrasant; elle se couronnait autrefois du sarcophage en porphyre qui renfermait le corps de Théodoric, comme si, couché dans sa bière, il voulait encore dominer sa capitale. Mais lorsque les ariens furent chassés de Ravenne par les archevêques orthodoxes, on jeta au vent les cendres du roi goth, et à la place où elles reposaient s'élève aujourd'hui une petite croix de fer. Nous faisons le tour des dix arcades sur lesquelles repose la rotonde; les constructions inférieures demeurèrent longtemps enfouies dans le sol; on les dégagea en creusant la terre à l'entour, ce qui a fait filtrer les eaux dans la chambre ronde inférieure. Devenue une vasque aux flots dormants et moussus, cette salle ne renferme plus aucun ornement; ses portes de bronze, son pavé de marbre, les mosaïques qui revêtaient les parois, les statues qui décoraient le pourtour ont été anéanties. Nous montons à la chambre supérieure par un des deux escaliers de marbre s'élançant des arcades et aboutissant à une galerie qui ceint la rotonde; je m'accoude un moment sur la balustrade : des prairies, des rizières, des acacias en fleur répandent leurs parfums; des peupliers jettent dans l'air leurs murmures; la tombe est vide et muette; la nature, à l'entour, surabonde de vie et de rumeurs. Nous entrons par une large porte dans la chambre supérieure; quatorze fenêtres hautes et étroites y font pénétrer le jour; cette chambre est nue comme celle du rez-de-chaussée. Le tombeau de Théodoric n'est plus qu'un imposant squelette attestant encore la beauté du corps primitif.

Nous remontons en voiture et suivons la belle route qui longe *il canale naviglio*; un vent très-fort, soufflant de l'Adriatique, fait bruire les pins sonores de la forêt antique; sur le canal filent de grandes barques qui portent des cargaisons de promeneurs; ils chantent en chœur un hymne patriotique; plusieurs personnes saluent, en passant, la princesse.

« Voilà les Ravennois, me dit-elle, qui vont se baigner à la mer; ils partent ainsi en foule chaque soir. »

Ils vont prendre à l'Adriatique le bain que m'offrait en expectative le *cameriere della Spada d'oro*.

Comme nous approchons du rivage, le vent redouble de furie. Nous descendons de voiture devant quelques maisons qui bordent le port; je pense au port antique d'Auguste et à celui que Victor-Emmanuel pourra rendre à Ravenne. Nous nous asseyons dans une barque conduite par quatre rameurs; malgré l'énergie de leurs efforts, ils ne peuvent franchir les vagues, qui se dressent bruyantes et formidables; elles couvrent la barque de leur écume et menacent de nous engloutir; nous sommes forcées de remonter l'embouchure du canal. Je regrette la vue de l'Adriatique, dont la grande voix s'élève derrière nous comme une lamentation; j'aurais voulu contempler dans la tempête cette mère de Venise qui semble gémir sur sa fille esclave.

En arrivant le soir au palais Rasponi, nous y trouvons une gracieuse réunion de jeunes filles et de jeunes femmes de Ravenne, dansant au piano avec la fleur des officiers de la garnison piémontaise; dans un groupe de causeurs se trouve le gouverneur de Ravenne, un ami de M. de Cavour, qui déploie une grande énergie pour déjouer, dans les Romagnes, les intrigues des prêtres.

« La conscription dont je m'occupe, nous dit-il, se serait faite avec facilité sans les menées du clergé; mais les prêtres refusent la confession, la communion et même le mariage à tous ceux qui se rendent sous les drapeaux.

— Ils ont agi de même, répliqua la princesse, envers ceux qui ont voté l'annexion.

— Mais c'est mettre, dis-je, toute une province en interdit; de là à l'excommunication il n'y a qu'un pas.

— Pourquoi vous embarrassez-vous des armes de l'Église? s'écria le colonel Radaelli, un brave né à Venise, il faut forcer les Romagnols à se servir d'autres armes; ils sont naturellement courageux; une fois dans nos rangs, de menacés ils deviendront menaçants.

— On ne rompt pas si facilement avec des habitudes religieuses de tant de siècles, objecta la princesse, et c'est ce qui rend vraiment déplorable, je dirai presque impie, de voir les prêtres mêler les questions de foi à la politique.

— Tenez bon, vous verrez qu'ils céderont, reprit le colonel en s'adressant au gouverneur.

— C'est mon avis, répondit celui-ci; persévérance inébranlable doit être notre mot d'ordre à tous, si nous voulons organiser l'unité. »

La princesse me présenta ces deux fermes défenseurs de l'Italie; le colonel m'offrit avec amabilité de me faire faire quelques excursions aux environs de Ravenne.

« Il faut conduire madame à l'église de *Santa Maria in porto fuori*, lui dit la princesse ; je me réserve de lui montrer les autres monuments. »

Durant la semaine que nous passâmes encore à Ravenne, tant de grâce et de bonté ne se démentirent pas un instant ; nous dînions chaque jour au palais Rasponi, et le soir nous allions à la promenade, choisissant toujours pour but quelque belle église ou quelque point curieux de la vieille cité. Dans la matinée, le comte Alexandre Cappi, le professeur Fabbri ou son fils venaient me chercher ; voir avec eux, c'était voir dans le passé et le présent ; ils éclairaient chaque monument de la lumière de l'art et de celle de l'histoire.

Un matin le comte Cappi me conduisit au musée. Nous entrâmes en passant dans le tombeau du Dante, dont je n'avais vu que l'extérieur. Excepté un bas-relief représentant le poëte, tout est détestable sous cette coupole aux ornements d'un faux goût. La grande ombre du poëte doit y étouffer et stigmatiser ceux qui l'ont si mal logée d'un de ces vers vengeurs ineffaçables dont il marque au front ses ennemis.

Nous nous hâtons d'aller visiter l'*Academia di belle arti*. Je remarque dans une des salles du rez-de-chaussée une vaste mosaïque trouvée dans les environs de Ravenne, il y a quelques années : des paons faisant la roue se groupent au milieu ; c'est une œuvre byzantine qui servait de pavé à la vieille église de Saint-Sévère, du quatrième siècle.

Dans la galerie de peinture je suis très-frappée par plusieurs tableaux de Luca Longhi, de Ravenne. Les œuvres de ce peintre de génie, presque inconnu en France, mériteraient d'être décrites et gravées dans nos journaux d'art. Le comte Cappi a fait ce travail pour l'Italie ; son texte est accompagné de planches magnifiques, reproduisant les toiles les plus importantes de Longhi. Je m'arrête longtemps devant son portrait de Charles-Quint en costume de moine : la face ascétique ne révèle plus aucun souci des choses de la terre ; la main royale repose sur une tête de mort, et dans un angle du tableau, on lit ces mots : *Je n'ai trouvé de paix qu'ici.* A côté est une Vénus qui nous transporte bien loin du mysticisme ; forte, charnue, éblouissante, elle saillit en relief du fond du tableau ; elle est de la famille des Vénus du Titien. Barbara Longhi, digne fille de Luca Longhi, a là une Judith inspirée. Dans la galerie des dessins, je suis éblouie par une statue de marbre blanc ; elle représente un chevalier de Ravenne nommé Guidarello

Guidarelli; cette figure couchée décorait autrefois un tombeau. La tête, couverte d'un casque, est expressive et vivante; on aperçoit les dents entre les lèvres fines qui s'entr'ouvrent; la poignée de l'épée, en forme de croix, repose sur la poitrine, la pointe est tendue entre les deux pieds. Le corps semble se mouvoir sous la cotte de mailles et la cuirasse; les mains sont cachées sous les gantelets, les bras sous des brassards, où est sculptée la tête du lion de Némée. Cette statue, par Baldini, est un chef-d'œuvre du quinzième siècle.

Du musée nous allons à la bibliothèque; le comte Alexandre Cappi en est le conservateur savant et infatigable. Un ancien couvent de camaldules, construction immense et somptueuse, renferme à la fois le collége public et la bibliothèque. Nous traversons deux cloîtres aux arceaux élégants; des arbres murmurent autour du préau, une citerne sculptée est au milieu. Nous montons un escalier monumental et arrivons dans un incommensurable corridor, où se trouvent tous les portraits d'anciens élèves qui se sont distingués dans les études classiques. A l'extrémité de cette galerie d'écoliers célèbres (hélas! oubliés) sont rassemblés les fragments de marbres antiques trouvés dans les fouilles faites aux environs de Ravenne. Je remarque quelques beaux débris de bas-reliefs et une ravissante petite tête de femme, sculpture grecque admirablement conservée. Nous parcourons les salles que renfermait l'ancienne bibliothèque des camaldules : cinquante mille volumes alignés, c'est décourageant et écrasant pour moi, comme une armée de cinquante mille hommes pour un seul combattant! Que sont nos efforts d'originalité, d'inspiration et de renommée? ils disparaissent dans la mêlée commune.

Je touche avec humilité et respect aux manuscrits du Dante, et sans aucune émotion au *Rocco*, bâton pastoral des anciens archevêques de Ravenne; au bout du bâton est une tour d'ivoire sculptée d'une forme absolument semblable à la pièce du jeu d'échecs qui porte ce nom. Dante parle du fameux *Rocco* des archevêques de Ravenne dans le vingt-quatrième chant du *Purgatoire*, en énumérant les pêcheurs de la *gola* (les gloutons, les gourmands) :

> ¹ Vidi per fame a voto usar li denti
> Ubaldin della Pila e Bonifazio ²
> Che pasturò col rocco molte genti.

¹ Je vis excités par la faim, user leur dents dans le vide, Ubaldin della Pila et Boniface, qui guida (plus exactement, qui fut le pasteur) avec le *rocco* des multitudes.

² Boniface Fieschi de Gênes, archevêque de Ravenne au treizième siècle.

Ce sceptre d'archevêque se trouve dans la salle des médailles, dont la collection est fort belle. Ravenne possède deux séries complètes de tous les papes et de tous les Médicis, ducs et duchesses; la série des papes commence à Grégoire III et se continue sans interruption jusqu'à Pie IX. Dans cette longue suite de saints-pères, figure Benoît III; la médaille porte la date précise de l'époque assignée au règne de la papesse Jeanne, ce qui impliquerait que l'existence de celle-ci fut une fable; reste à décider si c'est la médaille qui est apocryphe ou bien le buste de la papesse qui fit partie [1] de la collection des papes qu'on voit dans la cathédrale de Sienne; Mabillon en affirme l'authenticité, et plusieurs chroniqueurs assurent l'avoir vu; je laisse à de plus compétents à se prononcer. Ce qui éveille tout autant ma curiosité, c'est de savoir à qui appartint la splendide cuirasse en or pur, rehaussée de grenats orientaux, dont on conserve les débris dans cette même salle des médailles; est-ce *Galla Placidia*, l'impératrice d'Orient, la reine aventureuse et ardente dont nous verrons bientôt le tombeau, qui revêtait cette armure éblouissante pour chevaucher à travers les camps?

J'allai un soir avec la princesse Murat visiter la basilique de *S. Apollinare in Classe*. C'est bien le temple chrétien le plus imposant qu'on puisse se figurer. Nous suivîmes sur les rives du Ronco la route que nous avions parcourue en venant de Forli; la voiture s'arrêta en face de la *colonne des Français*, élevée à l'endroit même où fut livrée la grande bataille dans laquelle périrent vingt mille hommes. Gaston de Foix, qui commandait les nôtres, y mourut en remportant la victoire. Il y a dans la galerie des batailles de Versailles un tableau assez médiocre d'Ary Scheffer sur cette sanglante journée de Ravenne, dont le souvenir inspira de beaux vers à lord Byron:

> Chaque soir je vais rêver au lieu même
> Où périt si jeune dans sa gloire un héros adolescent, Gaston de Foix.
> Il vécut trop longtemps pour les hommes
> Et mourut trop tôt pour l'orgueil humain.
> Une colonne brisée, artistement sculptée,
> Mais que l'oubli se hâte de détruire,
> Rappelle sur son fût le carnage de Ravenne,
> Tandis que sa base est envahie par les ordures et les ronces.

La fange, et des immondices les plus repoussantes, entourent toujours la base de la colonne commémorative; son fût de marbre blanc

---

[1] Sixte-Quint le fit enlever.

se détache sur le fond des cyprès plantés en demi-cercle; dépassant leurs cimes, au second plan, sont de hauts peupliers qui bruissent dans l'air; on dirait qu'ils gémissent sur ces ossements amoncelés; l'homme oublie, car il meurt et passe, mais peut-être la nature éternelle se souvient?

Nous remontons en voiture et, prenant la route de Rimini, nous voyons bientôt apparaître au milieu des grandes terres marécageuses et désertes la basilique de Saint-Apollinaire. C'est le seul monument qui atteste encore la grandeur et la richesse de la cité de *Classis*, ce port immense de Ravenne, fondé par Auguste, et qui subsista dans sa magnificence jusqu'au huitième siècle. Luitprand détruisit Classis; la solitude envahit bientôt les ruines, et leurs restes furent peu à peu dissous par les eaux filtrant à travers les terres. Sous Auguste, un temple à Apollon s'élevait où s'élève aujourd'hui Saint-Apollinaire. Un temple à Jupiter, un capitole et à côté les prisons (le triomphe près de l'infamie), rappelaient, à Classis, les monuments de Rome; les chantiers de navires, le mouvement d'un grand port faisaient de cette cité une des villes les plus importantes de l'empire. Dès le commencement du sixième siècle les églises byzantines remplacèrent, à Classis, les temples païens; elles furent construites avec leurs débris; à leur tour elles ont disparu. Une seule survit altière, et émouvante dans son abandon comme les temples de Pœstum et d'Agrigente; son campanile, grande tour ronde, isolée au bord du Ronco, la garde telle que la sentinelle invalide et fidèle, d'une majesté abandonnée; elle semble dire au temps, ce niveleur brutal : « Tu n'y toucheras pas. » Autrefois la basilique était ceinte d'un immense portique, où les processions et les cérémonies du rite se déployaient. Neuf portes de bronze, trois à l'occident, trois au midi, trois au nord, donnaient accès dans la nef; cinquante fenêtres à vitraux merveilleux y répandaient la lumière; aujourd'hui toutes les portes, excepté celles du milieu, sont murées, presque toutes les fenêtres sont closes. On voit encore sur la façade des fragments de marbres grecs et cinq clous énormes en forme de doigts qui servaient à suspendre les tentures et les bannières dont on décorait les arcs et les architraves le jour de la fête de saint Apollinaire. En entrant dans l'église on éprouve un saisissement religieux, dans l'acception infinie du mot. Un silence foudroyant, une solitude qui écrase, remplissent la nef qui se déroule incommensurable, soutenue par deux rangs de hautes colonnes d'ordre corinthien en marbre cipolin. Les ornements passagers du culte ont disparu des autels, il ne reste que les marbres, les mosaïques, la série complète des portraits des archevêques de Ravenne et leurs tombeaux se déployant jusqu'au chœur. La pourpre du soleil couchant filtre à travers les vitraux, elle répand dans toute l'étendue du temple comme les lueurs d'une vision; dans le chœur resplendit la transfiguration du Christ sur le Thabor; la main du Père sort des nuées et s'étend sur le fils; Élie et Moïse sont de chaque côté du Rédempteur. Les figures se détachent sur le fond d'or et sur le fond d'azur étoilé des mosaïques. Les détails superbes de ce temple unique, les bas-reliefs, les urnes et les autels grecs, nous ne voulons ni les voir ni les décrire de peur d'amoindrir, en la divisant, la grandeur de l'impression que produit l'ensemble. Pourtant les mosaïques de Saint-Apollinaire et celles des autres églises de Ravenne l'emportent en intérêt historique et artistique sur les mosaïques de Saint-Marc; elles leur sont antérieures de plus de quatre siècles; dans l'art, le droit d'ainesse implique l'inspiration, l'invention; ce qui vient après n'est plus que l'imitation et le métier, la sève première décroît; la manière remplace le naturel et la force.

C'est dans l'église de Saint-Apollinaire que l'empereur Othon III fit pénitence du meurtre de Crescentius. Une inscription placée entre deux tombeaux rappelle ce souvenir.

Nous descendons dans la crypte où repose le corps de saint Apollinaire, premier archevêque de Ravenne. L'eau qui vient des marais couvre le pavé de marbre; les fondements de l'église seront insensiblement minés par l'action lente, mais certaine de l'humidité. Il serait digne de la grandeur du nouveau roi d'Italie de conserver à l'admiration du monde ce temple chrétien, aussi beau que les plus beaux temples antiques, et de réédifier, à l'exemple d'Auguste, le port de Classis, qui n'est plus aujourd'hui qu'un grand marais pestilentiel.

Je visite en un jour toutes les autres églises de Ravenne. *San Vitale* qui a servi de modèle à la cathédrale d'Aix-la-Chapelle, est de forme octogone; huit pilastres énormes soutiennent sa coupole. Des réparations modernes ont gâté l'aspect imposant du temple. Je donne toute mon attention aux vieilles mosaïques du chœur, qui représentent l'empereur Justinien (fondateur de San Vitale) entouré de sa cour. A gauche de l'empereur est l'impératrice Théodora, la comédienne, la courtisane hardie, que n'étonna point l'éclat d'une couronne; elle porte haut sa tête lascive, et semble dire insolemment à ceux qui la regardant: « Eh! bien, oui, j'ai régné! je suis montée de la fange au trône. »

Je me rends ensuite au tombeau de *Galla Placidia* (S. Nazario in Celso). Placidia est une autre de ces grandes impures qui, née dans la pourpre, ne fut pas plus chaste que la comédienne Théodora; le vertige de la puissance produisit en elle l'irréfrénable furie des sens.

<blockquote>Qui peut tout ce qu'il veut, veut plus que ce qu'il doit,</blockquote>

a dit notre vieux Corneille dans un vers monosyllabique. (La phrase est dans Tacite.)

Galla Placidia, fille de Théodose, sœur d'Honorius et mère de Valentinien III, naquit à Constantinople et mourut à Rome. Esclave deux fois des barbares, elle épousa, durant sa captivité, un roi goth, beau-frère d'Alaric, qu'elle séduisit par sa beauté. La puissance de la femme survivait à celle de la souveraine. Galla Placidia fut ensevelie à Ravenne; le petit temple qui recouvre son mausolée colossal est en forme de croix grecque. La voûte est revêtue de mosaïques admirables: les apôtres s'y détachent sur un fond d'azur semé d'étoiles d'or. Une croix d'or resplendit au centre; des corbeilles de fruits et des colombes décrivent une bordure merveilleuse. La fameuse mosaïque de la coupe et des colombes, qu'on voit aujourd'hui au Capitole de Rome, décorait autrefois cette sépulture. Galla Placidia voulut être inhumée dans ses habits impériaux, assise sur son trône, la tête ceinte de la couronne, les bras et le cou ornés de joyaux. On la voyait ainsi par une ouverture dans une sorte de niche posée sur son mausolée et dont les parois étaient en argent rehaussé de pierreries. Au seizième siècle (1577) des enfants mirent le feu à ces restes de Jézabel parée et fardée dans la mort, et ce qui survivait de tant d'orgueil devint cendre.

Deux autres sarcophages renferment les restes de l'empereur Honorius et ceux de Constance, général romain, second mari de Galla Placidia; près d'elle aussi reposent, dans deux tombes plus petites, son fils Valentinien et sa fille Honora.

En sortant de cette sépulture fastueuse je me rends au dôme, érigé au quatrième siècle, mais entièrement reconstruit au dix-huitième; je ne m'arrête que devant les restes précieux qui servaient d'ornements à la primitive église et qui ont été conservés dans la nouvelle : c'est le siége (du sixième siècle) en ivoire sculpté, de saint Maximien, puis la chaire merveilleuse de saint Damien, les admirables tombeaux de marbre du cinquième siècle de saint Renauld et de saint Barbatien, tous deux archevêques de Ravenne ; un *Ecce homo* en bronze doré, du quatrième siècle, qui ornait l'autel du Baptistère ; une croix d'or, une autre en argent et un reliquaire en pierreries, renfermant le doigt de saint Apollinaire.

Dans le Baptistère le bénitier est formé par une belle coupe antique en marbre blanc, provenant du temple de Jupiter à Césarée.

Je visite ensuite *Santa Maria in Cosmedio*, ou baptistère des ariens ; la mosaïque (du sixième siècle) qui recouvre la coupole, représente le baptême du Christ sur fond d'or ; des saints portant des couronnes forment une bordure resplendissante.

Je vais à l'église de *San Giovanni evangelista*, qui renferme une chapelle peinte par Giotto ; la beauté de l'art grec a passé dans le pinceau de Giotto. Je vois là des figures d'évangélistes et de sibylles que le grand peintre semble avoir empruntées aux fresques antiques ; le visage d'une sibylle écrivant me poursuit comme une apparition païenne. Mais où le génie de Giotto se montre dans toute sa splendeur, c'est dans l'église de *Santa Maria in porto fuori*, que je vais visiter avec le colonel Radaelli. Nous partons un matin au bruit des fanfares que sonnent encore les régiments passés en revue ce jour-là par un général piémontais. Nous franchissons la porte *Alberoni*, suivons les murs de la ville jusqu'à un petit pont jeté sur le canal, traversons des terres fertiles, puis les landes marécageuses qui formaient autrefois le port militaire des Romains. C'est là que s'élève, à deux milles de Ravenne, l'église de *Santa Maria in porto fuori*, dans une solitude moins absolue que *S. Apollinare in Classe*. Quelques masures et quelques arbres l'entourent, le campanile qui se dresse à côté est une tour carrée dont la construction est antique jusqu'au milieu de son élévation. Cette tour formait un des phares superbes du port romain. Un enfant déguenillé nous ouvre la porte de l'église abandonnée. Elle fut érigée au onzième siècle par *Pietro Onesti*, de Ravenne, surnommé l'*impie*. Durant une effroyable tempête sur mer, *il Peccatore* fit vœu à la Madone de lui élever un temple si elle le sauvait. La façade est sans ornements, les pilastres et les colonnes des trois nefs disparaissent à moitié sous le sable, et l'humidité détruit les admirables peintures de Giotto qui recouvrent les parois et le chœur; les portraits des prophètes et des apôtres, expressifs et saisissants comme s'ils vivaient, se déroulent en bordure de chaque côté le long de la voûte. Je m'arrête émerveillée devant les compositions dont je vais parler; c'est d'abord la *Présentation de Jésus au Temple* et au-dessus un paysage tranquille au bord du Jourdain, puis l'*Arrestation du Christ par les Pharisiens*, en face est le *Massacre des Innocents*, fresque magistrale; la fille d'Hérode se penche à une fenêtre et regarde indifférente tous ces pauvres enfants éperdus qu'on égorge par ordre de son père; l'expression de la tête d'Hérodiade fait pressentir le meurtre de saint Jean-Baptiste. La mort de sainte Anne forme le couronnement d'une fenêtre : quelle tête idéale que celle de la mère de Marie! Dans le chœur est une figure du Christ ressuscité apparaissant aux apôtres, dont aucune description ne peut rendre la beauté; le Rédempteur semble dire : « Eh quoi! si vite, vous m'avez oublié? » Les visages et les mains sont d'un modelé grec; tous les nus qu'a peints Giotto révèlent sa profonde étude de l'antiquité; sur la voûte du chœur sont les quatre évangélistes écrivant, d'une *maestria* écrasante; de chaque côté se trouvent deux petites chapelles où Giotto a peint des scènes de la vie du Rédempteur. Que la gravure s'empresse bien vite de reproduire ces chefs-d'œuvre, avant qu'ils disparaissent à jamais, qu'elle en conserve du moins le reflet à l'histoire de l'art. O grand Giotto! quelle douleur tu dois sentir dans la tombe en pensant au néant de ton génie! tu as réuni la force et la grâce, l'expression, la beauté idéale de Raphaël et de Phidias, et voilà que les miasmes de la vase impure montent vers tes œuvres dignes de l'immortalité et les dissolvent comme une vile matière! Quel désespoir pour l'âme des poëtes et des artistes de voir périr ce qu'ils ont cru être impérissable! Que nous reste-t-il des poëtes antiques? De tes vers immortels, trois strophes, ô Sapho! ont à peine survécu! Que deviennent toutes ces sublimes créations perdues? poussière de l'art qui grossit un jour la poussière de l'homme! Avant de sortir de l'église je regarde quelques vieux tombeaux recouverts de sculptures exquises.

En rentrant dans Ravenne nous traversons une place où se dresse la *Torre del Pubblico* ou *della città*, tour carrée qui penche comme celle de Bologne; elle semble dire à la vieille cité : « *Memento mori!* » La liberté nouvelle qui sourit sur Ravenne lui répond : « Je suis la Résurrection. »

Tout en causant, durant notre excursion hors les murs, le colonel Radaelli m'a appris qu'il logeait dans le vieux palais Gamba; je lui exprime le désir de visiter cette demeure déserte, peuplée pour moi d'ombres illustres et charmantes. Nous arrivons dans une rue tranquille, montons un perron et entrons dans le petit palais abandonné. Le colonel et ses domestiques occupent le premier étage; le reste est livré à deux vieux serviteurs des Gamba (le mari et la femme), gardiens de la maison; tandis que le colonel me fait servir des fruits et du vin doux, je pénètre dans les couloirs et les chambres vides; je m'arrête dans un joli cabinet dont la fenêtre s'ouvre sur un étroit jardin plein de ronces, où quelques arbres poussent à l'aventure. Je crois voir la belle Térésa courir, enfant, le long des murs moussus; ses cheveux d'or défient par leur éclat les rayons du soleil qui filtrent à travers les branches. La poétique antiquité eût fait un astre de cette phosphorescente chevelure, comme il advint pour celle de Bérénice. Je trouve au rez-de-chaussée de vieux portraits de famille entassés dans une salle délabrée; ils sont tous là silencieux : guerriers, prêtres, magistrats, aïeules au chef branlant, jeunes mariées aux regards émus, jeunes filles au pur sourire. Je recompose les chroniques inconnues de cette longue lignée d'ancêtres, et je les salue tous avec sympathie. En sortant du palais Gamba nous allons au palais Guiccioli. Une belle galerie se déroule au fond de la cour d'honneur. Lord Byron a passé sous ses arcades dans tout l'éclat de sa beauté et de son génie. Les maîtres du palais sont absents, le marquis et la marquise Guiccioli, qui m'ont reçue à Venise avec tant de cordialité, résident en ce moment à Rimini. Je visite les appartements, somptueux mais décorés à la moderne, et ne gardant rien de ces vestiges du passé qui doublent la vie présente par la vie des souvenirs; un seul boudoir délicieux, entièrement peint à la Watteau, fait rêver dans son cadre harmonieux à quelque belle marquise Guiccioli du dix-huitième siècle.

Je me trouve à Ravenne le jour[1] de la fête de *S. Apollinare*, patron de la ville. Cette fête était, depuis des siècles, célébrée par une grande procession et des réjouissances publiques; elle eut, cette année-là, un caractère plus patriotique que religieux. Cependant la procession, clergé en tête et suivie de toutes les confréries, le visage

---

[1] Le lundi 25 juillet 1860.

couvert de la cagoule, sortit du dôme vers quatre heures. Nous la vîmes passer de la terrasse du palais Rasponi. Un dais de drap d'or, abritant les reliques du saint, était porté par des desservants en chasubles rouges; les croix en vermeil, les bannières à images, les cierges allumés formaient une sorte de tabernacle mouvant autour du dais; on eût dit une cérémonie du moyen âge. Le défilé terminé nous montâmes en voiture pour aller voir le feu d'artifice, en face du palais de Théodoric. En attendant la nuit, nous parcourûmes les longues allées de la promenade publique, où toutes les belles Ravennoises affluaient ce jour-là dans leurs plus pimpants atours. Comme nous étions arrêtés dans le rond-point où la musique des régiments jouait des symphonies, une femme aux cheveux d'or passa en voiture et salua la princesse. « C'est la comtesse Santucci, sœur de la marquise de Boissy, » me dit la princesse, qui aussitôt fit approcher sa calèche de celle de la comtesse. Quand l'aimable femme sut que je connaissais sa sœur, elle me témoigna cette aménité caressante qu'on ne trouve qu'en Italie. Le lendemain elle accourut pour me voir. C'était l'avant-dernier jour que je passais à Ravenne, je regrettai de l'avoir connue si peu.

Le jour même de mon départ (jeudi 26 juillet), le comte François della Torre, neveu de la princesse, vint me chercher dans la matinée pour me conduire à la *Pineta*. Cette immense forêt, dont les bois servaient à la construction des flottes romaines, s'étend sur une circonférence de vingt-six milles. Boccace en a fait le théâtre d'une de ses plus charmantes nouvelles. Dryden l'a chantée, lord Byron l'a célébrée dans une strophe de *Don Juan :*

> Heure si douce du crépuscule dans la solitude
> De la forêt de pins, sur la rive silencieuse
> Bordant les bois antiques de Ravenne,
> Qui s'élèvent où jadis roulaient les vagues de l'Adriatique,
> Là où se dressait autrefois la dernière forteresse de César,
> Forêt toujours verte, que les contes de Boccace
> Et les vers de Dryden consacraient pour moi,
> Combien j'ai aimé sous ton ombre le déclin du jour.

L'écoulement des eaux des marais voisins fait circuler çà et là, dans la *Pineta*, plusieurs courants bourbeux où de pauvres femmes lavent leur linge ; des ponts vacillants sont jetés d'une rive à l'autre. Nous errons près de trois heures à travers ces pins centenaires, témoins éternels de la fuite des générations sur la terre ; quelques-uns, pourtant, meurent et tombent en étendant leurs grands squelettes oubliés sous l'ombre des survivants. Nous traversons des carrefours ombreux et des clairières brûlantes jonchées de bruyères et de genêts, puis des landes nues, dont le sable répercute la chaleur intense du jour; des vipères à la piqûre mortelle frétillent sur le sol embrasé. Le grand cimetière du peuple est situé dans la *Pineta*; là dorment tous les morts obscurs; les nobles et les riches étaient autrefois inhumés dans les églises. Une végétation vigoureuse de plantes et d'arbustes couvre la vaste enceinte, que dominent un presbytère et une église; c'est le *Campo Santo* le plus solitaire et le plus recueilli que j'aie vu; il convient aux morts qui n'ont plus que faire des importunités et du bruit.

Le soir, à dix heures, il fallut partir; nous nous rendions à Bologne pour y passer quelques jours. Les adieux furent tristes et attendris; la princesse nous combla jusqu'au dernier moment d'attentions exquises; elle m'offrit un grand album des gravures de l'œuvre de Luca Longhi publié par le comte Cappi, puis la copie de la divine miniature du livre d'heures de Marie-Thérèse et les portraits du roi et de la reine Murat.

« Je veux qu'à Bologne vous vous souveniez encore de Ravenne, me dit-elle avec sa grâce accoutumée; voici une lettre pour ma nièce la comtesse Tattini. Ma nièce me rappellera à vous en vous fêtant, comme j'ai été heureuse de le faire moi-même. »

Il ne m'était pas donné de reconnaître tant de bonté; garder le souvenir, raconter l'émotion, c'est la gratitude du poëte.

Trois semaines après, j'eus pourtant la satisfaction de causer un peu de joie à la princesse Murat, en lui envoyant de Milan, où j'étais allée dire adieu à Manzoni, les vers que l'illustre poëte avait faits sur son père. Il me les offrit pour elle et pour moi. La liberté de l'Italie lui permettait enfin de les publier.

Ces strophes, où tant de patriotisme palpite, sont suivies d'une ode, une des plus belles de la poésie contemporaine. Je reproduis ici ces deux chants encore inconnus en France, certaine qu'ils y trouveront un écho retentissant.

LA PROCLAMATION DE RIMINI[1].

(FRAGMENT DE CANZONE).

Toi qui t'apprêtes à la grande entreprise,
Prince! toi qui as proféré la parole

---

[1] Proclamation par laquelle Joachim Murat appela les Italiens à l'unité qui se réalise aujourd'hui.

Que depuis tant de siècles attendait en vain l'Italie,
Alors que ceux qui redoutent de la voir unie,
Enchaînaient son bras vaincu,
Et après l'avoir morcelée, la repaissait d'outrages,
Tandis que nous entendions les avides et longues querelles
Des rois, tout haletants pour lui faire injure,
Dans toi seul un rayon unique
De notre espérance survivait, en pensant
Qu'il était encore une contrée indépendante
Et que là veillait une épée libre.

Cependant de toutes parts retentissait un cri :
Liberté des peuples, gloire et paix !
Et le Congrès de l'Europe s'ouvrait ;
Et cette reine de tant de mers,
Cette antique et belle guerrière
Ne fut pas trouvée digne d'y siéger !
A l'écart, le doigt posé sur la bouche,
Elle dut attendre son destin de ses ennemis.
Tel le mendiant est assis
Sur le pavé, à la porte du riche :
Aucun passant ne l'appelle son ami,
Et ne pas l'insulter paraît généreux.

Est-ce que les flancs glorieux de cette mère illustre
Sont devenus inféconds ? Est-ce que
Le lait antique est aujourd'hui tari dans ses veines ?
Ou nourrit-elle des fils qui pour elle hésiteraient
A verser leur sang ? Est-ce qu'il s'en trouve
A qui il paraît plus beau de se combattre et de s'injurier entre eux ?
Blasphème insensé ! les forces étaient éparses
Et non les volontés ; dans tous les cœurs
Tressaillait cette pensée :
« Nous ne serons jamais libres si nous ne sommes unis !
« Nous resterons un vil troupeau entre des mains moins fortes que les nôtres,
« Jusqu'à ce que surgisse un homme qui nous rassemble. »

Il a surgi cet homme suscité par Dieu, oui...
. . . .

Par ce Dieu qui soumet parfois au joug étranger
La valeur d'un peuple qu'il châtie,
Mais qui un jour brise enfin l'épée de l'iniquité,
Confond les oppresseurs,
Et inspire à celui qui combat pour la patrie
La furie et la joie des périls.
C'est d'accord avec Dieu même, prince,
Que tu ramasseras les tronçons épars de l'Italie
Et n'en feras qu'un faisceau dans ta main.

Ces vers, si glorieux pour la mémoire de Murat, ne furent qu'un chant qui retentit sur sa tombe. Murat, mort, emporta avec lui sa dynastie; mais il a mieux fait que de léguer des prétendants à l'Italie, il lui a légué des défenseurs. Ses petits-fils, les comtes Rasponi et le marquis Pepoli, ont concouru à réaliser la proclamation de Rimini.

L'homme vraiment suscité par Dieu, l'homme prédit par Manzoni, dans ce chant qu'on dirait fait d'hier, c'est *Vittorio Emmanuele* (nom prophétique), archange de la victoire envoyé pour libérer l'Italie et, suivant l'expression du poëte, pour en faire un faisceau dans sa main.

L'autre pièce qui est complète a pour titre : *Mars* 1821.

C'est un hommage à l'héroïque entreprise vaincue qui jeta dans l'exil ou dans les cachots tant de généreux Italiens et détermina Santa Rosa, Paul Bonaparte, lord Byron et Pietro Gamba à aller mourir en Grèce. La traduction ne saurait rendre le mouvement haletant, précipité de ces strophes sublimes, dont chaque vers est un cri d'indignation et d'espérance.

MARS 1821.

Debout sur la plage aride,
Les regards tournés vers le Tessin franchi,
Tous, pénétrés du nouveau destin,
Certains d'avoir au cœur la vertu antique,
Ils ont juré : Que désormais cette onde
Ne coulerait plus entre deux rives étrangères,
Qu'il ne serait plus une contrée où surgirait une barrière
Entre l'Italie et l'Italie ; non, jamais plus !

Ils l'ont juré : d'autres braves à ce serment
Répondirent sur d'autres rives fraternelles,
Affûtant dans l'ombre les épées
Qui, tirées maintenant, brillent au soleil.
Déjà les mains ont étreint les mains ;
Déjà ces paroles sacrées ont retenti :
« Ou réunis sur le lit de mort,
« Ou frères sur une terre libre. »

Celui qui pourra de la double Doire,
De la Bormida mariée au Tanaro,
Du Tessin et de l'Orbe, aux forêts sombres,
Distinguer les ondes confondues aux ondes du Pô,
Celui qui pourra détourner les courants mêlés
Du rapide Mella et de l'Oglio,
Celui qui pourra ressaisir les mille torrents
Que verse l'embouchure de l'Adda,

Celui-là pourra seul diviser encore
En plèbes méprisées un peuple qui se relève,

Et s'opposant aux temps et aux destins,
Le rejeter aux anciennes détresses.
Ce peuple qui doit être libre tout entier,
Ou esclave des Alpes à la mer,
Ce peuple est un par les armes, un par la langue, un par le culte,
Un par les souvenirs, par le sang, par le cœur.

Avec le visage abattu et défait,
Avec le regard atterré et incertain
D'un mendiant toléré
Par merci sur la terre étrangère,
Le Lombard devait vivre dans son pays natal ;
La volonté d'autrui devait être sa loi ;
Son destin le mystère d'autrui,
Son lot : servir et se taire.

O étrangers ! l'Italie rentre dans son propre héritage ;
Elle reprend le sol qui lui appartient ;
O étrangers ! arrachez vos tentes
D'une terre qui n'est pas votre mère ;
Ne voyez-vous pas qu'elle tressaille
Depuis le mont Cenis jusqu'à l'écueil de Scylla?
Ne sentez-vous pas qu'elle vacille et se dérobe
Sous le poids de vos pieds barbares ?

O étrangers ! sur vos étendards,
Est l'opprobre d'un serment trahi !
Un arrêt rendu par vous-mêmes
Vous poursuit dans ce démêlé impie ;
Vous qui en masse vous écriâtes un jour [1] :
« Que Dieu rejette la force étrangère,
« Que tout peuple soit libre ! et que périsse
« Le droit inique de l'épée ! »

Puisque la terre où vous gémissiez opprimés
A englouti les corps de vos oppresseurs,
Puisque le visage des maîtres étrangers
Vous parut si cruel en ce temps,
Qui vous a dit qu'éternellement stérile
Serait le deuil des Italiens?
Qui vous a dit qu'à nos plaintes lamentables
Serait sourd ce Dieu qui vous entendit?

Oui, ce Dieu qui dans l'onde empourprée
Submergea le persécuteur d'Israël,
Ce Dieu qui, au poing de la mâle Jahel,
Mit le marteau et dirigea le coup,
Ce Dieu qui est le père de tous les peuples,
Ce Dieu qui n'a jamais dit au Germain :
« Va et recueille où tu n'as pas semé,
« Étends tes serres, je te donne l'Italie! »

Italie bien-aimée ! partout où monte le cri de douleur
De ton long servage,

[1] 1813.

Partout encore où l'humanité
N'a pas déserté toute espérance,
Partout où la liberté a fleuri,
Partout où elle mûrit en secret,
Partout où l'on pleure sur une grande infortune,
Il n'est pas un cœur qui ne batte pour toi !

Que de fois tu épias sur les Alpes
L'apparition d'un étendard ami !
Que de fois tu as tendu ton regard
Sur les déserts de ta double mer !
Voici enfin que, s'élançant de ton sein,
Serrés autour de ta bannière sacrée,
Forts, armés de tes propres douleurs,
Tes fils se sont levés pour combattre.

Qu'aujourd'hui, ô braves ! sur vos visages éclate
La fureur de vos pensées secrètes,
C'est pour l'Italie qu'on combat, sachez vaincre !...
Sa destinée est suspendue à vos épées.
Ou, nous la verrons, ressuscitée par vous,
Assise au banquet des peuples,
Ou plus asservie, plus vile, plus méprisée,
Elle restera courbée sous l'horrible verge.

Oh ! journées de notre rachat !
Oh ! qu'il est à plaindre celui
Qui, de loin, de la bouche d'autrui,
Comme un homme étranger, vous apprendra !
Celui qui, vous racontant un jour à ses fils,
Devra dire en soupirant : « Je n'y étais pas !... »
Celui qui en un tel moment n'aura pas salué
La sainte et victorieuse bannière !

Nous le répétons, c'est dans l'original qu'il faut lire ces vers ; c'est sur le marbre qu'il faut les graver. Bien autrement que les conquêtes de Trajan et d'Antonin ils ont droit de se dérouler sur quelque colonne gigantesque. Il en est une au Forum romain [1] où je voudrais les inscrire : seule intacte, debout au milieu des ruines, cette colonne d'un temple oublié formerait ainsi le trophée superbe de l'indépendance de l'Italie.

XVIII

La diligence qui nous conduisit à Bologne n'était pas meilleure que celle qui nous avait amenées de Florence à Forli. J'avais pris le coupé pour moi et ma fille ; coupé étroit, inaccessible, juché sur

---

[1] Colonne de Phocas, la plus grande du Forum.

un train élevé et auquel nous ne pûmes nous hisser qu'au moyen d'une échelle. Le conducteur nous avait juré par tous les saints du calendrier et tous les dieux du paganisme que nous serions seules jusqu'à Bologne dans notre cage cahotante, prenant à témoin les *illustrissime Eccellenze* le professeur Fabbri et le comte Cappi, qui nous mirent en voiture, *che le due amabili signore potevanno esser quiete come su un altare* (que les deux aimables dames pouvaient être tranquilles comme sur un autel). La nuit était sombre, la route aussi peu sûre que celle des Apennins; non-seulement la diligence avait été arrêtée il n'y avait pas huit jours, mais elle avait versé l'avant-veille et plusieurs voyageurs avaient été *molto feriti* (grièvement blessés) l'un même était mort, croyait-on; les chemins défoncés et le brigandage étaient un double héritage laissé à l'Italie libre par le gouvernement papal. On ne pouvait en un an faire disparaître le déplorable laisser-aller de plusieurs siècles. Le conducteur nous parlait de ces dangers probables d'une voix tranquille et avec une passivité tellement souriante que sa quiétude nous gagna; le ciel, où grondait un orage, était entièrement obscur; nous ne distinguions pas même les arbres qui bordaient la route. Privées de la distraction du paysage, nous essayâmes de dormir; ma fille finit par s'assoupir, la tête appuyée sur un petit coussin posé sur mes genoux. Aux descentes, quand les chevaux se précipitaient, la violence des soubresauts lui arrachait des gémissements. Nous arrivâmes à Lugo vers une heure du matin. Tandis que nous relayions, nous vîmes sortir d'un café à peine éclairé sous les grandes arcades du marché, un homme enveloppé d'un manteau; il s'approcha de la voiture et réclama une place qu'il avait retenue dans le coupé; nous nous récriâmes, le conducteur répéta de sa voix la plus caline : *State quiete, care signore*, et fit placer le nouveau venu à nos côtés. J'avoue qu'il fut accueilli avec une vivacité d'irritation qui aurait mérité une réplique impolie; la fatigue nous rendait féroces; la lourdeur de l'atmosphère pesait sur nous. Nous étions déjà fort à la gêne à deux; ce compagnon de route allait nous mettre dans des étaux. Mes reproches adressés au conducteur en italien barbare, et les plaintes que nous échangeâmes avec ma fille, firent comprendre à l'inconnu qu'il avait affaire à la *furia* de deux Parisiennes; il s'excusa avec douceur et du ton le plus exquis du dérangement qu'il nous causait, il se fit tout petit et se tint au bord de la banquette pour nous laisser plus de place ; il s'exprimait en si pur français, que je le pris pour un compatriote et je lui dis en riant :

« J'espère, monsieur que vous voudrez bien faire retomber notre maussade accueil sur la tête du conducteur ; convenez qu'en France il ne serait pas possible de se faire payer une place deux fois.

— Je suis Italien, répliqua-t-il gaiement, mais je me garde bien de défendre tous les petits méfaits de mes chers Romagnols ; ce sont de mauvaises habitudes produites par un mauvais gouvernement, l'ère nouvelle doit les extirper à jamais. »

Je compris à ces paroles qu'il était libéral, et je lui demandai aussitôt s'il connaissait le marquis Pepoli et ses sœurs.

« J'habite Bologne et je les vois souvent, » répliqua-t-il.

Nous causâmes le reste de la nuit de Ravenne et de Bologne. Quand le jour parut il me remit sa carte ; l'inconnu était M. Angelo Marescotti, professeur d'économie politique à l'université de Bologne, homme d'autant d'esprit que de savoir. A mon tour je me nommai en le remerciant encore d'avoir répondu par tant de courtoisie à notre brusquerie farouche. Nous arrivâmes à Bologne à cinq heures du matin. M. Marescotti nous procura une voiture, fit charger nos bagages et nous dit au revoir.

« Oh ! bien certainement, répliquai-je, nous avons à cœur de vous revoir, toute notre coquetterie y est engagée ; il serait affreux que vous gardiez de nous la laide et impertinente image des deux femmes qui vous sont apparues cette nuit ; un Français ou un Anglais nous auraient tancées de la belle manière ; les Italiens font mieux : par leur aménité imperturbable ils donnent à toute brusquerie une leçon tacite.

— En devenant un grand peuple nous prendrons bientôt les défauts des nations libres, » me répliqua en souriant M. Marescotti.

Nous arrivâmes en quelques minutes au grand hôtel Brun et ne songeâmes plus qu'à dormir tout le reste du jour.

Vers le soir, tandis que ma fille repose encore, je sors pour faire quelques visites ; je vais d'abord chez M. Protche, directeur des chemins de fer du centre et frère du commandant Protche, que j'ai connu à Milan ; il me fait ce cordial accueil qui lie bien vite des Français en pays étranger. Sa femme et sa fille sont absentes, il m'en exprime le regret, et se met à ma disposition pour nous montrer Bologne le lendemain. Ancien élève de l'École polytechnique, mathématicien et ingénieur éminent, M. Protche est un des esprits les plus sérieux et les plus sympathiques que j'aie rencontrés; il unit, chose rare, la force à la bonté, la fermeté d'un stoïcien à la douceur d'un apôtre. A la tête d'un nombre immense d'employés et d'ouvriers, dirigeant les travaux des voies ferrées qui uniront bientôt Ferrare à Bologne et Bologne à Florence, il est le père encore plus que le général de cette armée de travailleurs; il n'a d'ennemis que les paresseux et les fripons, reste de la tourbe ténébreuse qui formait le bas-fond des villes anciennement soumises au pouvoir papal; contre ceux-là, il se montre inflexible et armé du revolver préservatif, indispensable pour tenir en respect des hommes qui ne reculent pas devant le guet-apens de l'assassinat.

En quittant M. Protche, je me fais conduire au palais de la jeune comtesse Caroline Pepoli-Tattini, nièce de la princesse Murat Rasponi: la comtesse est en *villégiature* dans les environs de Bologne; je laisse à son portier la lettre de sa tante et ma carte.

Je vais ensuite chez la comtesse Rossi-Martinetti, qui fut célèbre à Bologne par son esprit et sa grande beauté; elle inspira dans sa jeunesse un sentiment très-vif à Napoléon Ier; elle avait une grâce pénétrante, un éclat dans les yeux, une douceur dans le sourire qui troublèrent le cœur du vainqueur de l'Italie. Sa nièce, la marquise Florenzi Waddington m'avait donné pour elle une aimable lettre d'introduction et l'avait avertie depuis quelques jours de mon passage à Bologne. La comtesse Martinetti habite un beau palais entouré d'un vaste jardin ombreux décoré de statues, d'un temple grec et de longues galeries ouvertes; les bosquets et les hautes avenues ont pour perspective lointaine la tour penchée de Bologne (torre Asinelli).

La comtesse Martinetti, un peu lasse de la chaleur du jour, avait ce soir-là défendu sa porte; mais à mon nom elle me fait rappeler par un domestique et accourt elle-même à travers le vestibule pour me recevoir. Il me semble qu'une statue antique s'est élancée d'un socle; elle m'apparaît toute vêtue de blanc, sa robe drapée retombe en plis souples autour de sa taille fine et droite; ses cheveux, vrai duvet de cygne, ondulent sur son front et ses joues; une pointe en tulle clair les couronne; elle est ainsi ravissante à voir, sa beauté ineffaçable subsiste malgré son grand âge; elle a su vieillir *harmonieusement*, suivant l'expression de madame Récamier; son regard est toujours vif, son sourire toujours attrayant; son nez grec flexible et charmant; je n'ai jamais vu de traits plus corrects et plus doux.

« Je vous attendais depuis plusieurs jours, me dit-elle en me tendant sa petite main nacrée, et malgré ma fatigue je ne veux pas me priver de votre première visite; je sens désormais le poids des années, je ne le secoue que lorsque mon esprit s'intéresse à quelque chose ou à quelqu'un, et vous m'intéressez beaucoup, » ajoute-t-elle avec bonté.

Elle parle le français sobre et net du dix-septième siècle avec ce ton exquis des grandes dames d'autrefois. Elle a écrit à vingt ans un roman dont on se souvient, mais qu'elle ne veut pas qu'on lui rappelle.

« Ce sont là des péchés de jeunesse, dit-elle; des velléités de bruit et de renommée qui ne servent qu'à troubler la vie. »

Nous causâmes longuement ce premier soir; son affabilité m'enlaçait, et sans ma fille qui m'attendait, je ne l'aurais quittée que fort tard. Elle m'engagea à dîner pour un des jours suivants.

« J'irai vous voir d'ici là, ajouta-t-elle, quoique je ne sorte presque jamais; je veux connaître au plus vite votre chère enfant. »

Je la suppliai de ne point se fatiguer pour moi, et lui promis de lui amener ma fille.

Le lendemain M. Protche vint nous chercher vers midi, nous parcourûmes ensemble les plus beaux quartiers de Bologne; j'étais ravie de ces longues rues bordées d'arcades si propices à la sécurité des piétons, leur permettant de flâner à l'aise, les abritant du soleil, de la pluie et du vent âpre qui souffle souvent des Apennins.

Nous nous arrêtâmes d'abord *piazza Maggiore*. Sur l'un des côtés est la fontaine couronnée du superbe Neptune de Jean de Bologne; dans la vasque posent les pieds de quatre sirènes voluptueuses qui pressent leurs mamelles et en font jaillir l'eau. Le vieux Neptune les regarde d'un air lascif; plus d'un légat a dû les considérer, charmé, du balcon du *palazzo del Governo*, qui se dresse en face de la fontaine; au-dessus de ce *palazzo del Governo* du treizième siècle, plusieurs fois reconstruit, s'élève la tour de l'horloge (du quinzième siècle). Une belle madone en terre cuite orne la façade du palais; elle sourit aux passants comme pour leur dire: entrez! — Nous passons la grande porte monumentale, que couronne une statue en bronze du pape Grégoire XIII. Pour la sauver en 1796 de la fureur du peuple, cette figure dut être transformée en *San Petronio*. Le peuple de Bologne a gardé la vénération des saints, mais il ne porte aucun respect aux pontifes, qui ne furent pour lui durant des siècles que les représentants de la tyrannie. Nous traversons une vaste cour intérieure, montons l'admirable escalier de Bramante et parcourons la galerie d'Hercule au fond de laquelle se dresse une grande figure de ce dieu ; puis la salle Farnèse, dont les murs sont revêtus de fresques de *Cignani*, de *Scaramuccia* et de *Pasinelli*, et où trône une statue d'Alexandre VII. Nous visitons ensuite l'immense basilique de *San Petronio*, du quatorzième siècle, dont la façade et le vaisseau n'ont jamais été terminés ; les trois portes, toutes couvertes de bas-reliefs, sont des chefs-d'œuvre de l'art chrétien ; celle du centre (*de Jacopo della Guercia*) était surmontée d'une statue en bronze colossale du pape Jules II, modelée par Michel-Ange ; le peuple la jeta en bas (en 1511), la brisa en morceaux, puis en fondit une pièce de canon qu'il appela la *Julienne*. La destinée de toutes ces malencontreuses statues de papes me rappelle ce mot que l'illustre Farini m'a dit à Florence : « A Bologne, l'amour qu'on a pour Victor-Emmanuel est doublé par la haine qu'inspirait le pouvoir papal. » Les dates prouvent que cette haine n'était pas d'hier !

En entrant dans la basilique de Saint-Pétrone, on est frappé par la hardiesse des arceaux que décrivent les trois nefs ; le vaisseau devait avoir six cent huit pieds de longueur, il n'en a que trois cent cinquante. Quoique le plan primitif ait été tronqué, cette église est restée une des plus importantes de l'Italie ; elle est ornée de fresques et d'excellents tableaux des peintres bolonais, s'alternant avec de magnifiques bas-reliefs de marbre, parmi lesquels *Adam et Ève* et l'*Annonciation* d'Alfonso Lombardi sont des merveilles.

En face de Saint-Pétrone s'élève, au nord de la place, l'ancien palais des Podestats (du treizième siècle), au milieu duquel s'élance une tour d'une architecture ancienne du plus bel effet ; quatre statues en terre cuite la couronnent. Un jeune roi[1] fut longtemps prisonnier dans ce palais des Podestats, où une jolie Bolonaise venait le distraire par son amour. Les femmes de Bologne sont après celles de Ravenne les plus belles de l'Italie. Les Romagnols, race énergique, ont gardé la sève primitive du sang oriental.

[1] Enzius, roi de Sardaigne, fils de l'empereur Frédéric II.

Le quatrième côté de la *piazza Maggiore* est occupé par le *portico dei Banchi*, longue galerie au-dessus de laquelle s'élance la coupole de l'église voisine de *Santa Maria della vita*. Des boutiques élégantes se déroulent sous ces vieux arceaux ; nous les suivons jusqu'à la rue *Maggiore*, qui traverse la ville dans toute sa largeur ; nous y trouvons le mouvement et la vie. Bologne, dans ce quartier, m'apparaît aussi peuplée que Gênes [1] ; les habitants affairés se heurtent en marchant, les acheteurs se pressent dans les magasins et dans les cafés ; les boutiques de barbiers sont très-nombreuses ; ouvertes sur la rue, elles laissent voir au passant les Bolonais de tous âges, assis sur un fauteuil, le cou ceint d'une large serviette, le visage couvert d'une mousse de savon à travers laquelle des Figaros vifs et hâbleurs font courir le rasoir. Toutes ces boutiques de barbiers sont avenantes, elles engagent les flâneurs à s'arrêter ; on y débite les nouvelles politiques et les chroniques galantes de la ville ; ce sont de petits centres de causeries bourgeoises, comme à Naples les pharmacies.

Nous remarquons en passant le beau palais Zampieri, dont la superbe collection de tableaux a été vendue, mais qui possède encore d'admirables fresques des trois frères Carrache ; nous nous arrêtons aussi sous le portique *de' Servi* pour voir les fresques à demi-effacées d'Elisabeth Sirani et un *Ecce homo* de sa sœur Barbara.

Au bout de la rue *Maggiore* nous trouvons, après avoir franchi une petite place, les deux tours qui penchent ; elles sont carrées et construites en briques ; la plus haute, la *torre Asinelli*, a deux cent cinquante-six pieds d'élévation ; sa sœur cadette la *Garisenda*, qui a eu l'honneur d'être chantée par Dante, n'a que cent trente pieds. A côté des tours s'élève une belle construction ogivale appelée *foro de' Mercanti*, puis la petite église *San Bartolomeo* ; elle est célèbre par une exquise madone de Guido Reni, qui fut volée en 1855 et vendue en Angleterre. L'acquéreur, par amour de l'Italie indépendante, l'a renvoyée à Bologne il y a quelques mois, ce qui a fait dire au peuple que les Anglais hérétiques avaient eu plus de souci de leur madone que le Saint-Père.

Nous dînons ce jour-là chez M. Protche, en compagnie d'un de ses employés, le marquis Pietra-Mellara descendant d'une des plus anciennes familles de Bologne, et qui n'a pas dédaigné dans la

[1] Bologne a 75,000 habitants.

mauvaise fortune de travailler sous la direction de l'éminent ingénieur dont il est devenu l'ami ; esprit charmant et moqueur, le marquis Pietra-Mellara, que je revis les jours suivants, me raconte en traits mordants la vive chronique de la société bolonaise. C'est du Tallemant des Réaux et du Brantôme, où la finesse des périphrases voile la crudité du fond ; le marquis, avec sa figure pâle et aristocratique, fait ces gais récits d'un air grave ; on dirait un moine ascétique répétant de joyeux fabliaux du moyen âge. Je retrouverai quelques mois plus tard le marquis Pietra-Mellara à Naples, à la tête d'un bataillon de garde nationale mobile de Bologne, et prouvant par son patriotisme que ces vives intelligences italiennes savent allier le sérieux à la gaudriole que nos pères appelaient l'esprit gaulois. Cet esprit incisif a sombré à jamais parmi nous, submergé par un pathos élégiaque qui cache la corruption sans la supprimer, hélas !

Après ce dîner plein d'aménité cordiale, M. Protche nous conduit en calèche découverte à *San Michele in Bosco* ; c'était autrefois un couvent de bénédictins (du quinzième siècle), un des plus somptueux que possédât l'Italie ; il fut transformé en maison de plaisance pour les légats des papes. (Pie IX y a résidé.) C'est aujourd'hui une *villa reale* retentissante encore des vivat qui y saluèrent Victor-Emmanuel il y a quelques mois. Nous passons la porte *Castiglione*, l'une des douze portes de Bologne, et gravissons de belles allées qui serpentent sur un coteau ombreux, ramification du versant de l'Apennin. Je ne connais pas de résidence royale plus attrayante et plus enviable que *San Michele in Bosco* ; de ses terrasses et de ses jardins on domine le panorama splendide de Bologne avec ses dômes, ses tours, ses remparts, ses portes monumentales et cette titanique galerie de six cents quarante arcades qui part de la ville et se déroule jusqu'au sommet du mont *della Guardia* [1], couronné par l'église *della Madonna di San Luca*. Nous passons une porte cintrée, que gardent des soldats piémontais, et pénétrons dans deux cloîtres superbes, ceints de sveltes colonnes de marbre blanc ; les fenêtres des cellules s'ouvrent au-dessus de cette galerie ; on en voudrait une pour y vivre et y rêver en paix ; les préaux entourés d'orangers en fleurs sont jonchés de sable rose [2] ; des fresques des frères Carrache et de Guido Reni, que le temps altèrent, déroulent

[1] Plus d'une lieue de parcours.
[2] Fait avec de la brique broyée.

sur les murs la vie de saint Benoît et de sainte Cécile. Nous parcourons l'église, où sont des peintures, de Tiarini, de Canuti et d'admirables médaillons de Carlo Cignani; puis la sacristie, l'ancien réfectoire et une galerie immense ornée de portraits de cardinaux et de papes, de bas-reliefs, de statues et d'armes anciennes. Nous entrons ensuite dans l'appartement des prieurs, transformé en appartement royal; le général Cialdini et son état-major habitent en ce moment *San Michele in Bosco*.

La nuit, claire et lumineuse, nous surprend dans le dédale des chambres; elle y répand des teintes d'opale; la lune se lève dans les jardins en fleurs. Nous les visitons à sa lueur; des cygnes nagent dans un bassin où retombent les rameaux de grands saules pleureurs, des ruisseaux serpentent dans les anfractuosités de la colline boisée qui décrit comme un parc naturel au delà des plates-bandes et des allées du jardin. Nous nous asseyons sur un banc de marbre pour savourer les enchantements de ce beau soir et de ce beau paysage; les corolles variées des plantes semblent respirer et s'ouvrir pour nous envoyer leurs parfums. Un pareil lieu me fait comprendre les regrets amers que les moines et les prêtres donnent au pouvoir temporel. Les favoris du sultan n'abandonneront pas sans désespoir leurs palais des rives du Bosphore. Les austérités du cloître ont-elles jamais existé à *San Michele in Bosco*? était-ce bien un couvent que cette poétique solitude qui semble avoir été créée pour servir de cadre aux plus riantes amours de la jeunesse?

« La fraîcheur de la végétation et des arbres qui nous entourent m'étonne par cet été brûlant: comment se fait-il, dis-je à M. Protche, que dans les environs de Paris les feuilles jaunissent vers la fin de juillet et qu'elles restent d'un vert aussi vif dans la chaude Italie?

— En creusant le sol voisin des Apennins on trouve l'argile à peu de profondeur, me répondit-il, l'argile imperméable repousse les cours d'eau et les fait filtrer à travers la terre végétale sur laquelle nous marchons; les racines des arbres en sont pour ainsi dire baignées; de là la sève persistante des troncs et la fraîcheur des rameaux; de là aussi l'inclinaison des hauts monuments et des tours; car bien que l'argile soit stable comme le calcaire, l'accès des eaux l'amollit à la surface; ce lit humide sur lequel repose une terre friable n'est pas une base solide pour les constructions. »

Je l'écoutais avec intérêt et lui demandais tour à tour le nom des montagnes et des rivières du beau pays que nous dominions.

« Chose étrange, me dit-il, il y a dans cette contrée centrale de l'Italie plusieurs rivières qui portent le même nom que nos fleuves français. Ainsi le *Taro*, grand torrent voisin de Parme, est notre Tarn ; le *Rodano*, qui coule près de Reggio c'est le Rhône, moins la grandeur ; la *Ghironda* est notre Gironde ; enfin le Reno, dans les environs de Bologne, est le nom italien de notre Rhin. Est-ce nous qui avons baptisé ces cours d'eau de la Péninsule, où les Romains, dans l'antiquité, ont-ils donné ces noms aux fleuves des Gaules ? »

Le gardien de l'*Orto reale* vint nous dire qu'il fallait partir ; je jetai un long regard de regret à ces ombrages harmonieux que la lune, suspendue à la cime des arbres, semblait contempler avec amour. La nuit était d'une sérénité si douce que j'exprimai le désir de continuer notre promenade.

« Nous pourrons faire le tour des remparts, me répondit M. Protche, je ne sors jamais qu'armé et on connaît mes habitudes dans Bologne.

— Y-a-t-il donc quelques dangers si près de la ville, demandai-je ?

— Les rôdeurs de nuit et les malfaiteurs diminuent, mais il en reste encore, répliqua M. Protche (en remontant en voiture et en plaçant près de lui un revolver) ; c'était bien pis au temps du pouvoir papal ; vous savez cette curieuse histoire d'une troupe de brigands, qui avait pour chef le fameux *Passatore*, faisant tout à coup invasion dans une ville de la Romagne à l'heure du spectacle ; elle apparut sur le théâtre en plein opéra ; les acteurs s'enfuirent en poussant des cris à travers les coulisses ; Passatore fit aux spectateurs une petite allocution persuasive pour en obtenir une forte rançon ; tous s'exécutèrent de bonne grâce, heureux d'en être quittes pour leur argent. Dans ce bon temps, ajouta-t-il, les propriétaires des châteaux environnants étaient réduits à payer un tribut annuel aux brigands pour n'en pas être inquiétés. »

Tout en causant de la sorte nous achevâmes, sans coup férir, le tour des remparts ; les gardes nationaux faisaient des patrouilles au pied des murailles.

Le lendemain matin je reçus une aimable lettre de la comtesse Caroline Pepoli-Tattini, qui nous engageait à dîner et à passer une partie de la journée à sa villa. Avant de nous y rendre nous fîmes visite à la comtesse Martinetti ; elle nous reçut dans son poétique jardin, digne d'une *Muse* et d'une *Grâce*, ainsi qu'on l'avait doublement nommée dans sa jeunesse. Nous la quittâmes vers trois heures et arrivâmes bientôt *fuora di porta Castiglione*. Au pied d'un tertre voisin de la colline de *San Michel in Bosco*, au-dessus de terrasses couvertes de fleurs, la jolie *villa Tattini* nous apparut. Le comte et la comtesse, entourés de leurs beaux enfants, nous firent un charmant accueil; la comtesse Tattini, petite-fille de Murat, est d'une fraîcheur éclatante; sa bouche rose aux dents de perle et ses yeux pleins de feu restent à jamais dans le souvenir; on peut dire d'elle ce que madame Récamier disait de sa mère: « Elle est fort belle et parfaitement naturelle. » Elle avait réuni pour nous quelques hommes distingués, parmi lesquels je fus très-heureuse de rencontrer le député Minghetti [1], esprit fin, éloquence attique; ami intime de M. de Cavour, il défendait sa politique à la tribune et dans des brochures empreintes du plus pur et du plus sage patriotisme. Nous causâmes longtemps ensemble du grand ministre. « Pour faire triompher les doctrines de M. de Cavour je donnerais ma vie, » me disait M. Minghetti.

Dans la soirée arrivèrent à la villa M. Bignami, un banquier patriote, officier de l'ordre de Saint-Maurice, ami de M. Protche et avec qui nous nous liâmes les jours suivants; puis le général Cialdini déjà célèbre et dont le nom devait retentir si glorieusement quelques mois plus tard. Puis des professeurs de l'université de Bologne, et parmi eux M. Angelo Marescotti notre compagnon de route; il vint à moi en riant, je lui pris la main et lui dis gaiement:

« Nous ne sommes plus deux Gauloises barbares. »

Bientôt une jeune femme svelte, au visage expressif, au regard pénétrant, aux fins cheveux bruns ondés, entra dans le salon, elle portait une parure de corail rose qui lui seyait à ravir. Cette ravissante personne était la comtesse Paolina Pepoli-Zucchini, sœur cadette de la comtesse Tattini. Nous fîmes à l'instant connaissance; elle me dit avec une aménité exquise qu'elle viendrait nous chercher le surlendemain pour nous montrer l'université, la bibliothèque et le musée. La comtesse Zucchini, veuve depuis plusieurs années, avait l'air ce soir-là d'une jeune fille. Elle ne s'était pas remariée pour ne point se séparer d'un fils qu'elle adorait; une loi papale, non encore abrogée, enlevait aux veuves la tutelle de leurs

---

[1] Il fut ministre depuis cette époque.

enfants en cas de second mariage. Il est curieux de remarquer combien l'Église a essayé de propager par tous les moyens la loi du célibat, loi si profondément immorale à mon avis.

Les deux petites-filles de Murat sont parfaites musiciennes; elles ont chacune une voix superbe; l'une de contralto, l'autre de soprano; elles nous chantèrent plusieurs duos de Verdi avec une maestria sans égale. Tandis que ces voix si expressives et si belles remplissaient d'harmonie les salons de la villa, je considérais la martiale figure du général Cialdini qui se tenait debout au-dessous d'un portrait en pied de Murat; le futur vainqueur de Lamoricière était plein de jeunesse et de force; sa taille élancée se dessinait dans une redingote noire serrée à la ceinture; sa bouche, encadrée entre sa fine moustache et sa barbe à pointe, souriait frissonnante au chant qui retentissait; ses yeux hardis jetaient des éclairs; sur son front large et ouvert couronné de cheveux noirs passaient des lueurs soudaines; on eût dit que cette musique inspirée de Verdi était une fanfare qui l'appelait au combat; dans tous ses traits respirait la bravoure. Le chant fini, la comtesse Tattini me présenta le général; nous causâmes ensemble une partie de la soirée et je trouvai dans son esprit autant de vigueur et de feu que dans son regard. Il me promit une visite, mais deux jours après il dut quitter Bologne et j'eus le regret de ne pas avoir serré une dernière fois cette main martiale.

M. Protche avait eu l'aimable attention de venir nous chercher à la *villa Tattini* afin de nous garer, nous dit-il, d'une de ces attaques nocturnes qui se produisaient encore à l'entour de Bologne. Il était plus de minuit quand nous arrivâmes à l'hôtel.

« Si vous aviez le courage d'être sur pied demain à sept heures du matin, nous ferions l'ascension de l'église de la Madone de saint Luc et nous visiterions le Campo-Santo, » me dit M. Protche.

J'acceptai sans hésitation et nous partîmes le lendemain à l'heure dite; le soleil embrasait déjà l'horizon. Nous allâmes en voiture jusqu'à la porte de Saragosse, où la galerie qui conduit à la montagne de la Guardia se bifurque avec celle qui mène au *Campo Santo*; là nous mîmes pied à terre et commençâmes à suivre cette voie triomphale dédiée à la Vierge. J'ai dit qu'elle se compose de six cent quarante arcades; les voûtes et les murs sont couverts de fresques des maîtres de l'école bolonaise; quinze chapelles forment autant de stations et de haltes conviant à la prière ou au repos; des madones sculptées ou peintes nous sourient de distance en distance pour nous donner courage. La campagne ruisselante de lumière se déroule à travers les arceaux qui en encadrent les fragments comme autant de beaux paysages; des *contadine* en costumes pittoresques sont çà et là agenouillées devant la Vierge et *il divino Bambino*; des femmes élégantes portant des bouquets de fleurs montent sans s'arrêter devant les saintes images.

« Elles vont au camp situé sur la montagne, me dit M. Protche, voir leurs maris ou leurs amoureux. »

A mesure que nous avançons la galerie s'élève plus abrupte vers le sommet du mont; nous faisons une halte à un petit café qui fut probablement un oratoire; le *padrone di casa* y vend des images, des chapelets, des médailles et l'histoire authentique *della Madonna di san Luca*. Tout en faisant son commerce pieux il distribue des petits verres aux passants, et sert en ce moment des fritures et du macaroni aux officiers piémontais assis autour des tables dressées sous le portique; plusieurs des jeunes femmes que nous avons rencontrées en route déjeunent gaiement avec les défenseurs de la patrie à l'ombre de la galerie; le panorama immense de la ville et des champs où le soleil poudroie, continue ses perspectives à travers les arceaux. Nous nous asseyons un moment dans cette salle à manger aérienne à laquelle la nature compose un décor éblouissant. La chaleur s'engouffre sous la galerie, elle empourpre tous les visages. Nous buvons du café pour nous ranimer un peu et achever l'ascension de la montagne; arrivés au sommet nous faisons le tour de la plate-forme avant de visiter l'église; des canons sont alignés sur une redoute; des tas de boulets gisent sur une esplanade; des soldats en manches de chemise construisent en chantant des travaux de défense; d'autres font la sieste au soleil la tête appuyée sur les affûts ou sur les obus, couche martiale qui leur semble douce. Ce qui reste des bâtiments de l'ancien et magnifique couvent de femmes (que gouvernèrent des abbesses titrées et puissantes ne dépendant que du saint-siège) a été transformé en caserne; de ce côté le sommet du mont de la Guardia, couronné d'un fort au temps des Romains, domine des gorges boisées. C'est jour de fête; on dit la messe dans l'église au moment où nous y entrons; des femmes de la campagne et des soldats sont agenouillés sur le pavé et prient dévotement; plusieurs soldats reçoivent la communion; une sorte d'extase rayonne sur leur visage. Eh bien! ces mêmes hommes profondément croyants, s'élanceraient à l'instant, pleins d'ardeur et de foi patriotiques, si un appel se faisait entendre au dehors et leur ordonnait de marcher sur Rome pour renverser le pouvoir temporel du Pape !

L'église est en forme de rotonde; le badigeon et les réparations successives lui ont fait perdre tout caractère; elle a été dépouillée de ses plus beaux tableaux et ne garde plus que quelques peintures de la jeunesse de Guido Reni. Derrière le maître-autel est une espèce de tabernacle auquel on arrive par un étroit escalier : c'est à qu'on conserve l'image miraculeuse de la madone byzantine peinte par l'évangéliste saint Luc; elle est entourée d'ex-voto, un rideau de soie pourpre recouvre l'armoire dorée dans laquelle elle est enfermée et qu'un sacristain nous ouvre moyennant *danari*; deux panneaux dorés et éclatants de pierreries nous laissent voir en se dépliant la madone dans son cadre d'or. Elle est sérieuse et recueillie; son visage, son cou et ses mains ont une teinte bistrée, presque noire; la tête est couverte d'un voile et ceinte d'un bandeau d'où jaillit une auréole; la main droite retient les plis épais du vêtement qui enveloppe la Vierge; le reste du corps disparaît dans un nuage. Le *divino Bambino* est assis sur le bras gauche de sa mère couvert d'un habit de lévite d'où s'échappent ses pieds nus. Sa tête couronnée de rayons est brune et maigre. Tandis que nous considérons la vieille image, tous les assistants se précipitent dans l'escalier et remplissent le tabernacle; ils nous prennent au moins pour des altesses; plusieurs murmurent : *Sono felici questi principi*; ils veulent avoir leur part du spectacle et des faveurs qu'accorde la madone; ils baisent avec componction le bas du cadre et les panneaux de l'armoire; les pauvres soldats mettent leur vie sous la protection de la Vierge; les paysans lui recommandent leurs récoltes; je murmure le vieux cantique gravé au bas de l'image que nous vend le sacristain :

> Tu es la belle aurore
> Qui porte le soleil dans son sein !
> Devant toi s'incline
> La plus rayonnante beauté.
> Nous ne sommes que les ombres glacées
> De la nuit épaisse et noire.
> Oh ! prends souci de nous !
> Et de nous aie pitié !

L'image de la madone peinte par saint Luc était enfermée dans l'église de Sainte-Sophie de Constantinople. Un bon ermite de la Grèce, nommé Théocle Kmnie, vivait au douzième siècle ; un jour le Seigneur lui apparut en songe dans le désert où il s'était retiré et lui ordonna d'aller visiter Sainte-Sophie. L'ermite partit aussitôt ; en entrant dans le temple il fut frappé par la vue de l'image miraculeuse au-dessous de laquelle étaient écrits ces mots : *Ceci est l'œuvre de saint Luc, apôtre du Christ. Ce tableau doit être porté dans l'église de Saint-Luc, construite sur la montagne de la Guardia, et placé au-dessus de l'autel.* Le bon ermite se renseigna auprès des prêtres de Sainte-Sophie où pouvait être située la montagne de la Guardia, mais ceux-ci, aussi ignorants que lui en géographie, ne surent le lui dire; Théocle ne se découragea point ; il supplia les prêtres de lui donner l'image, leur jurant qu'il ferait le tour du monde pour découvrir la montagne et accomplir l'ordre du ciel, les prêtres émus de sa foi lui livrèrent la madone miraculeuse ; l'ermite l'enferma dans une grande boîte qu'il chargea sur son dos et se mit en marche. Il traversa la Grèce, la Morée, l'Albanie, le golfe de Venise, longea le littoral de l'Adriatique et se rendit à Rome ; là comme il passait devant la basilique de Constantin, l'ambassadeur de Bologne, le signor *Passipovero*, qui était à la fenêtre de son palais, le vit marcher courbé sous son fardeau.

« Où vas-tu donc, bon ermite ? lui cria-t-il.

— Je vais à la recherche du mont de la Guardia, répondit l'ermite.

— Arrête-toi, répliqua l'ambassadeur, le mont de la Guardia est à Bologne et je t'y ferai conduire. »

En apprenant sous quelle charge précieuse fléchissait le dos du pauvre ermite, l'ambassadeur le combla d'honneurs et lui donna une brillante escorte pour l'accompagner à Bologne. L'image de la madone fut portée en grande pompe sur la montagne et déposée dans la chapelle du couvent, fondé par deux grandes dames de la ville. Chaque année, surmontée d'une couronne d'or ornée de pierreries et abritée sous un dais, elle était conduite à Bologne à l'époque des fêtes des Rogations. L'archevêque, clergé en tête, se rendait sur la montagne pour prendre la madone ; un jour un grand orage éclata comme la procession descendait ; le torrent du Reno débordait sur la route, le cortège marchait entre deux eaux ; l'image miraculeuse fut mouillée. L'archevêque et ses desservants le furent encore plus et décrétèrent qu'il serait irrespectueux d'exposer désormais la Mère de Dieu aux intempéries de l'atmosphère; il fut aussitôt décidé qu'une galerie s'élèverait depuis les portes de la ville jusqu'au sommet de la montagne; puisque les Bolonais s'étaient construit dans leur rue des portiques à leur usage, il était juste d'en faire un qui les surpassât tous pour la divine Marie. Les dons des fidèles de l'Italie entière concoururent à cette immense voie sacrée qui fut commencée en 1675 et presque terminée en un an. Suivant la notice sur les faits et gestes authentiques de la madone, elle n'a cessé, jusqu'à nos jours, de produire des miracles; la dernière fois qu'on la promena en public, ce fut pour célébrer le retour de Gaëte à Rome de Pie IX, à qui la bonne Vierge promit un règne éternel sur les Romagnes; oh! vérité des aruspices!

Tout en lisant la légende de la madone de saint Luc et l'historique *del Portico*, nous redescendons la galerie regardant les fresques, nous arrêtant aux stations, et nous sentant fléchir sous la chaleur de plus en plus intense; enfin nous retrouvons notre voiture qui nous conduit en quelques minutes au *Campo Santo*. Le cimetière de Bologne est le plus beau de l'Italie: il est situé dans l'ancien couvent *della Certosa* (Chartreuse), un de ces somptueux édifices que les moines possédaient par milliers; nous traversons le vieux cloître vaste et majestueux et visitons d'abord l'église. Elle renferme un très-beau *Jugement dernier* de Canuti et le *Baptême du Christ*, œuvre capitale de cette belle Élisabeth Sirani [1], morte à vingt-sept ans empoisonnée. La comtesse Tattini m'a donné la veille plusieurs biographies sur cette femme célèbre et sur le fameux procès qui suivit sa mort; j'ai passé une partie de la nuit à relire ce drame; j'ai vu revivre la jeune Élisabeth, poëte, musicienne, gravant les tableaux de son père et ceux de Guido Reni; puis inspirée et créatrice à son tour, peignant avec fougue ces grandes toiles qui frappent d'admiration par le mouvement, le naturel et l'heureuse ordonnance des figures; elle avait une verve et une facilité que le temps aurait modérées. A la maestria de son talent, elle aurait joint si elle eût vécu, la méditation qui conduit dans l'art à la perfection; elle se disposait à partir pour Rome quand la mort la frappa, elle voulait y étudier Raphaël, Michel-Ange et la sublime antiquité. Elle vivait pure et recueillie dans l'humble maison de son père, fiancée à l'un de ses élèves, mais plus éprise de gloire que de

---

[1] Fille du peintre Andrea Sirani, née à Bologne en 1638, morte en 1665.

bonheur. L'empereur et l'impératrice d'Autriche, et tous les princes de l'Italie vinrent s'asseoir dans son atelier; ils lui achetèrent ses tableaux, lui offrirent des bijoux superbes et lui commandèrent leur portrait. Elle improvisait pour ainsi dire toutes ses compositions; il reste un portrait d'elle, fait par elle-même, où elle est représentée peignant son père, le bon Andrea Sirani qui l'adorait. La muse, insoucieuse du gain, abandonnait au vieillard économe tout l'argent qu'elle gagnait; elle ne se réservait en cachette que quelques petites sommes qu'elle donnait à sa mère pour lui procurer, disait-elle, quelques douceurs. Dans ce portrait qui la fait revivre, ses belles mains potelées tiennent la palette et le pinceau; le sein et les épaules d'une pureté parfaites jaillissent du corsage collant; deux rangs de perles entourent le cou sculptural, une sorte de résille recouvre au-dessus de la tête ses fins cheveux qui retombent de chaque côté en longues boucles à peine ondées; le front haut est inspiré, les yeux très-grands rayonnent de génie; le nez est droit et fort, la bouche un peu large a l'expression résolue et railleuse; le menton est ferme et gracieux à la fois; tout l'ensemble de la physionomie révèle la force et la bonté. Elle avait des boutades de malice contre ce qui était ignoble, vulgaire ou méchant, et elle les traduisait aussitôt dans de vives caricatures qu'elle faisait à la plume en se jouant. C'est une de ces épigrammes qui, assure-t-on, causa sa mort; elle représenta d'une façon grotesque et repoussante avec la mine basse et l'œil féroce, un riche vieillard mal famé, du nom de *Reali*, qui passait pour avoir assassiné sa femme dans sa propre maison. Celui-ci paya la jeune servante des Sirani, choyée et aimée par ses maîtres, surtout par Élisabeth. Lucia Tolomelli versa du poison dans une panade le soir même où, sans motif, elle quittait la maison de ses maîtres. Le drame est saisissant : on revoit le repas du soir, les sœurs, le jeune frère, le père malade de la goutte couché dans une chambre voisine, la petite servante Lucia lui demandant son congé, tandis que la famille soupe; ses cousins viennent la chercher, elle part. La mère un peu lasse quitte ses enfants, mais soudain entendant les gémissements d'Élisabeth, elle s'élance éperdue de son lit et y porte sa fille glacée qui répète : *Mi sento morire!* Les prêtres arrivent et les derniers sacrements sont reçus; Élisabeth expire et se décompose aussitôt. Bologne est en deuil à l'horrible nouvelle; elle fait des funérailles royales à sa *cara pittrice*. Les arcs de triomphe, les trophées, les urnes lacrymales, les bannières et les devises s'élèvent et flottent de la maison mortuaire à l'église de Saint-Dominique; un maestro du temps compose une marche funèbre qui accompagne la morte jusqu'à la chapelle des Guidotti; le chef de l'illustre famille de ce nom, veut qu'Élisabeth repose à côté de Guido Reni et la fait inhumer dans le caveau de ses ancêtres où ce peintre est enseveli. On grave ces mots sur la tombe de la jeune immortelle : *Elisabeth Siranæ una cum Guidano Reno tumulatæ*. Cependant le procès commence, la servante subit la question, sans faire un aveu; des mains puissantes la protégent et ont promis de la sauver; elle est absoute et s'enfuit de Bologne. Le vieil Andréa meurt de chagrin, la mère languit et expire à son tour, les enfants se dispersent, la famille des Sirani a perdu son âme. La tragédie s'enveloppe de ténèbres : sans la caricature révélatrice (retrouvée à Florence) de cet horrible Reali, et sur laquelle une main mystérieuse a écrit son crime, on en serait encore aux conjectures; la lumière se fait en Italie avec la liberté, elle éclaire toute une série de chroniques sinistres et émouvantes, sources inépuisables pour le roman et le drame. L'histoire des Cenci n'a plus de mystère et celle de la *Monaca di Monza* vient de nous être dévoilée.

Émue par le récit de sa mort, je regarde attentive la grande toile de la noble fille qui se trouve dans l'église de la *Certosa*. Saint Jean-Baptiste est debout sur les rives du Jourdain, le Christ, les mains jointes, le visage extatique, est agenouillé devant le précurseur qui va lui verser le baptême; deux anges derrière le Sauveur déploient les linges qui doivent étancher l'eau sacrée; des groupes de spectateurs regardent alentour. Dans le ciel, Dieu le père et le Saint-Esprit se montrent escortés d'une nuée d'anges.

En sortant de l'église, nous parcourons les chambres et les galeries mortuaires qui se déroulent à perte de vue devant nous. Le Campo Santo de Bologne est une véritable cité de la mort. Les bustes, les statues, les emblèmes, les inscriptions s'efforcent de ranimer toute cette poussière humaine qui n'a plus souci de nos vanités. Il y a là des sépultures fort belles; les plus remarquables sont celles qui, enlevées aux cloîtres et aux églises, ont été transportées à la *Certosa*. En passant dans une petite salle plus recueillie que les autres, je m'arrête tout net devant un buste de jeune fille qui se détache du marbre, comme si la morte qu'il représente allait sortir de sa tombe; il vous sourit et semble vous dire : « Regardez-moi donc, je suis belle ! » Le cou mignon, entouré d'un collier de perles, s'élance d'une fraise de dentelle; sur les cheveux bouclés repose à gauche une fleurette déliée, suave comme la tête qu'elle couronne; les traits sont exquis et juvéniles; la jolie trépassée n'avait pas vingt ans; je lis au-dessous de cette grâce fugitive : *Maria Barberini, nièce d'Urbain VIII* (1621). C'est l'heureux ciseau du *Bernini*, qui la fit revivre.

Les morts ne communiquent pas aux vivants leur quiétude ni leur sereine abstention des nécessités animales. Nous sortons du *Campo Santo*, affamés et rompus de fatigue, n'aspirant qu'à déjeuner et à faire la sieste. Une fois le corps ranimé, ma curiosité se réveille et je sors vers quatre heures pour visiter Saint-Dominique. Sur la place où cette église est située s'élèvent deux colonnes surmontées d'une statue de la Vierge, en bronze, et d'une figure de saint Dominique; à côté, sont deux tombeaux gothiques du treizième siècle, couverts de bas-reliefs et soutenus par des colonnettes. La façade et l'intérieur de l'église de Saint-Dominique ont perdu tout caractère. L'église primitive du quatorzième siècle a été presque entièrement reconstruite; heureusement que le tombeau de saint Dominique (fondateur des dominicains) et quelques autres non moins précieux ont échappé à la destruction. Je suis frappée, en entrant, par un tableau de Louis Carrache représentant saint Raymond marchant sur la mer; les pieds du saint reposent sur les bords de son manteau qu'il soutient avec un bâton sur sa tête. Nous entrons dans l'admirable chapelle où repose le corps de saint Dominique; son tombeau, par Jean de Pise, est revêtu de bas-reliefs admirables, où se déroule la vie du saint; c'est là un des plus beaux ouvrages de Jean de Pise. Quelques sculptures furent plus tard ajoutées à ce tombeau. Un petit ange agenouillé, à la tête souriante et expressive, a été fait par Michel-Ange dans sa jeunesse.

Je remarque un bas-relief en marbre représentant saint Pétrone qui porte la cité de Bologne ceinte de murailles et de tours. Je m'arrête devant le mausolée d'Anzius; ce jeune roi de Sardaigne dont j'ai parlé, prisonnier de la république de Bologne, mourut après vingt-deux ans de captivité : on lui fit une sépulture fastueuse dont l'inscription atteste encore l'orgueil républicain des anciens Bolonais; dans la chapelle voisine est le tombeau de Taddeo Pepoli qui gouverna Bologne, battit monnaie à son effigie, mais dont le patriotisme ne valut pas celui de son illustre descendance; les temps influent sur les hommes, et tel mauvais prince du moyen âge serait forcé d'être aujourd'hui un grand et honnête citoyen.

A côté de ce beau monument de Taddeo Pepoli est une chapelle renfermant des reliques, où se trouve un portrait authentique de saint Thomas d'Aquin, par Simon de Bologne; puis vient la chapelle splendide du Saint-Rosaire ornée de belles peintures de Guido Reni et de Louis Carrache. Je repasse par le chœur pour regarder encore la fresque de saint Dominique montant au ciel; les anges et les bienheureux lui sourient et le reçoivent comme un frère attendu; cette superbe peinture est de Guido Reni. Avant de sortir de l'église, je m'arrête sur la pierre tumulaire qui couvre les cendres de ce maître; à côté est celle d'Élisabeth Sirani : je m'incline émue et salue dans la mort cette sœur idéale. Je vais ensuite à *Santa Cecilia*, église longtemps abandonnée, qu'on répare; elle renferme une fresque fort belle de Francia représentant le martyre de sainte Cécile, plongée dans un bain d'huile bouillante. A *San Giacomo Maggiore*, que je parcours après, se trouvent la célèbre madone du même maître et plusieurs tableaux des Carrache. Le temps me manque pour voir et pour décrire toutes les œuvres que Bologne possède des peintres illustres qu'a fournis en si grand nombre son école : Primatice, Francia, les frères Carrache, le dominicain Guido Reni, l'Albane, le Guerchin et beaucoup d'autres, puissants, inspirés, naquirent à Bologne; les artistes jaillirent à flots pressés durant la Renaissance de cette féconde terre italienne, comme jadis les légions romaines sortaient du sol.

Nous passons la soirée de ce jour chez M. Protche qui a réuni pour nous quelques amis; je suis charmée de retrouver le marquis Pietro Mellara et M. Bignami, qui luttent d'esprit et d'épigrammes. Sous des dehors brillants, M. Bignami cache un cœur excellent; il a une fille encore enfant et se prend d'une paternelle sympathie pour la mienne un peu languissante; il s'efforce de la distraire avec cette gaieté cordiale et douce que je n'ai trouvée qu'en Italie. Je fais, ce même soir-là, connaissance de M. Martinelli, député de Bologne, patriote intègre, auteur de plusieurs brochures politiques qui ont contribué à l'émancipation des Romagnes.

Le lendemain, vers midi, la charmante comtesse Zucchini vient nous chercher dans sa voiture pour visiter l'*Academia delle Belle Arti*, l'université et la bibliothèque. Nous commençons par l'*Archiginnasio* (la vieille université), si célèbre durant le moyen âge et la

Renaissance par ses chaires de droit, de philosophie, d'anatomie et de chirurgie. Nous trouvons à la porte notre aimable professeur Angelo Marescotti qui nous accompagne à travers les salles. Dans la grande cour entourée de portiques sont les tombes des professeurs illustres ; sur les murailles se déroulent, comme à l'université de Padoue, les armoiries d'écoliers célèbres de toutes les nations. Dans une salle du premier étage, nous trouvons les armes des nobles Bolonais ; celles des Pepoli se composent d'un damier argent et noir avec le bonnet de Venise[1]. Je remarque parmi les blasons celui d'un élève qui se distingua au moyen âge, qui porte le nom de d'Azeglio ; sans doute un aïeul du gendre illustre de Manzoni.

La salle d'anatomie est superbe ; elle est toute lambrissée en chêne sculpté et décorée des grandes statues en bois des docteurs célèbres. Au plafond rayonne Apollon. En Italie, la science ne dédaignait pas l'inspiration de la poésie et partant elle ne repoussait pas les femmes, elle les admettait, au contraire, avec honneur à l'enseignement public. Plusieurs femmes ont professé dans l'université de Bologne. A l'applaudissement de la foule, au quatorzième siècle, la jeune Novella Calderini y remplaçait souvent son père. Elle se cachait derrière un rideau, afin que l'attention des auditeurs ne fût pas distraite par sa beauté. Au dix-huitième siècle, Clotilde Tambroni y enseigna le grec, et Gaetana Agnesi les mathématiques ; le président de Brosses a parlé de cette dernière. Elle mourut à Milan, où elle consacra les dernières années de sa vie à soigner les blessés dans l'hôpital militaire. En France, la Sorbonne n'admet pas même les femmes comme auditeurs, et les plus intelligentes d'entre elles, si elles étaient tentées de se faire entendre (même derrière un voile) au Collége de France, seraient huées par notre omnipotente jeunesse masculine ; les Français sont restés les barbares de la loi salique : ils ne se plaisent au commerce des femmes que pour les dégrader.

En traversant de nouveau la cour, nous entrons dans la chapelle située sous le portique du fond. Elle est petite et recueillie ; elle dispose à la méditation ; la fresque du plafond, peinte par *Cesi*, représente la Foi voilée. Hélas! c'est la seule Foi que confesse la science qui cherche et découvre à travers le doute.

Nous nous rendons ensuite au musée et saluons en passant les

---

[1] Les Pepoli étaient patriciens de Venise.

belles façades des deux palais Pepoli, ancien et moderne, et celle du palais Bevilacqua, un des plus imposants de Bologne.

Je ne décrirai point les tableaux de l'*Academia delle Belle Arti*, la gravure a reproduit les plus célèbres, et le catalogue de tous est populaire; je parlerai seulement de ceux qui m'ont frappée. Je m'arrête d'abord devant un Christ au crayon de Guido Reni, une des figures les plus saisissantes de ce maître; puis devant un Samson, du même, nu comme un gladiateur antique, révélant la force et la volonté; sa main robuste fait jaillir de l'eau de la mâchoire d'âne dont il vient de frapper les Philistins; l'enfant Jésus, entouré d'anges et de saints, par Annibal Carrache, et son Assomption sont bien connus. L'Albane a quatre tableaux religieux dans le musée de Bologne, ce sont les seuls tableaux de ce genre qu'ait faits ce maître; ils éveillent plutôt la curiosité que l'admiration. Un superbe portrait de saint Charles Borromée, par Tiarini, semble se détacher de la toile et vouloir parler aux assistants : *Notre-Dame de la Pitié* et le *Massacre des innocents*, deux grandes toiles de Guido Reni, ont été popularisées par la gravure; je leur préfère peut-être sa puissante ébauche représentant saint Sébastien martyr. Six tableaux d'Élisabeth Sirani m'attirent tour à tour; celui que j'aime le mieux est saint Antoine de Padoue en extase devant l'enfant Jésus qu'entourent des anges. J'admire encore quelques tableaux de Francia, puis, considère, attentive, trois grandes toiles du Dominiquin, qui ont fait sa gloire : le *Martyre de sainte Agnès*, *Notre-Dame du Saint-Rosaire* et le *Martyre de saint Pierre de Vérone*. L'expression et le mouvement caractérisent ces trois compositions célèbres, mais qui toutes trois pâlissent et s'éclipsent en face du chef-d'œuvre de Raphaël, de cette *sainte Cécile* dont toutes les figures sont pures comme l'art grec, vivantes comme la nature, harmonieuses comme la musique qui frémit sur les lèvres des anges, que la sainte écoute ravie. On dit que Francia mourut de tristesse et de découragement, en regardant ce tableau, miracle de l'art, qui lui fit sentir l'impuissance des efforts humains. C'est l'effet écrasant que produisent les statues grecques et quelques fresques de Pompéi. Par une singulière analogie, il y a dans la fresque de l'*Adonis blessé*[1] une figure qui regarde et réfléchit, dont la pose est semblable à celle de la Madeleine du tableau de

---

[1] Dont j'ai parlé dans une note, page 320 de ce volume.

sainte Cécile ; c'est le même port de tête recueillie et passionnée, la même noblesse de lignes. Pompéi était encore enseveli sous les cendres au temps de Raphaël ; mais les marbres, trouvés dans les fouilles de Rome, lui avaient fourni les modèles de ces superbes attitudes, naturelles à l'antiquité.

Tous les livres de la bibliothèque, où nous allons en sortant du musée, furent légués à Bologne par Benoît XIV. Le savant conservateur, M. Veggetti, nous accompagne à travers les salles. Nous nous arrêtons longtemps dans celle des manuscrits, décorée de portraits, parmi lesquels celui de Benoît XIV frappe tout d'abord ; il est en mosaïque de Rome ; les chairs et les cheveux blancs sont d'un fini et d'une vérité que la plus belle peinture ne surpasse point ; ce portrait fut envoyé à Bologne, sa ville natale, par Benoît XIV. Mille manuscrits orientaux couvrent plusieurs rayons de cette salle. M. Veggetti me désigne les plus rares, puis il met sous mes yeux la fameuse lettre autographe que Voltaire adressa à Benoît XIV en lui dédiant *Mahomet*; il me montre aussi une réfutation de Luther, par Henri VIII, dédiée à Léon X et qui porte la signature de ce roi.

Nous dînons ce jour-là chez la comtesse Martinetti. Je suis charmée de retrouver parmi les convives M. Marliani, que j'ai connu autrefois consul d'Espagne à Paris ; sa femme y avait un salon dont la littérature et l'art se souviennent encore. Depuis les glorieux événements de l'Italie, M. Marliani a repris sa nationalité ; il est aujourd'hui député au Parlement de Turin.

A l'issue du dîner, il y a réception au palais Martinetti ; on se réunit sous un portique du jardin éclairé par des globes aux lueurs d'opale ; une jeune mère et sa fille chantent un duo de Rossini ; la lune rayonne sur la cime des arbres ; les statues semblent écouter pensives.

Quand le chant est fini, la comtesse me demande mon impression sur Bologne.

« C'est une ville bien caractérisée, répliquai-je, et que je crois destinée à devenir immense. Bologne, avec l'unité, sera pour l'Italie ce qu'est Lyon pour la France, une cité centrale où rayonneront le nord et le midi ; géographiquement parlant, Bologne semblerait même indiquée plutôt que Rome pour être la capitale de l'Italie. On en a dit autant de Lyon à l'égard de Paris ; mais les grands souvenirs historiques d'un peuple l'emporteront toujours, pour le choix d'une capitale sur la position topographique; la gloire et les splendeurs du passé ne sont pas, Dieu merci, lettre morte pour l'imagination des peuples; ils en ont plus de souci que des facilités matérielles; d'ailleurs, avec les réseaux des chemins de fer, il n'est plus de distance.

— Oui, reprend la marquise, il faut à une capitale des annales héroïques; c'est l'enseignement que le passé lègue aux générations qui se succèdent; les villes secondaires ont pour elles le prestige de l'art et des faits romanesques. Ainsi, ajouta-t-elle, vous ne pouvez quitter l'Italie du centre sans voir Ferrare, Modène et Parme.

— La visite de ces deux dernières villes est facile, repartis-je, c'est une promenade en chemin de fer. La marquise de Boissy m'a recommandée à son frère, gouverneur de Parme, et à sa belle-sœur la comtesse Gamba.

— La marquise de Boissy, reprit la comtesse Martinetti, est un de mes souvenirs le plus cher et le plus poétique; vous trouverez dans la comtesse Gamba une de ces Italiennes instruites et sérieuses, que je voudrais voir plus nombreuses parmi nous.

— J'irai à Parme au premier jour, comtesse, mais aller à Ferrare est plus grave, ajoutai-je en riant : je n'ose m'aventurer seule sur cette route qu'on dit peu sûre.

— Que ne suis-je un *cavaliere*, répliqua-t-elle, ou seulement que n'ai-je quelques années de moins, nous partirions ensemble dans ma voiture. Ferrare a toujours eu pour moi un vif attrait. Ne manquez pas d'y voir les manuscrits du Tasse, surtout quelques sonnets sublimes, peu connus, que le malheureux poëte écrivit dans sa prison. »

M. Protche, qui était présent à cette conversation, intervint et me dit avec sa bonté toujours en éveil :

« Je pourrai, madame, vous conduire à Ferrare; j'ai quelques ordres à donner pour le chemin de fer qui doit relier cette ville à Bologne; j'utiliserai ainsi cette promenade. »

J'acceptai cette aimable proposition, et mes excursions à Parme et à Ferrare furent fixées aux jours suivants.

Le lendemain, je ne sortis pas pour recevoir quelques visites qui m'avaient été annoncées. Je fus heureuse de revoir madame de Franchis, son mari, conseiller à la Cour de cassation de Bologne, et leur fils unique, beau et intelligent jeune homme. Je les avais connus à Paris. Madame de Franchis voulut bien m'offrir de garder ma fille pendant que j'irais à Parme. Les députés Minghetti et Martinelli vinrent aussi me voir ce jour-là; ils m'apportèrent leurs brochures sur les abus du gouvernement pontifical; réfutations lumineuses et concluantes de tous les arguments arbitraires des défenseurs du pouvoir temporel; une réponse de M. Minghetti à une longue note diplomatique du comte de Rayneval renferme des documents qui me seront d'une grande utilité, quand j'aurai à parler de la législation et de l'administration romaines. Le temps manque presque toujours aux voyageurs pour approfondir de pareilles questions; il est précieux que des esprits éminents les leur présentent pour ainsi dire concentrées et éclaircies. Tandis que je causais de ces institutions en ruine avec ces messieurs, entrèrent MM. Bignami, Pietra Mellara et Marescotti : la conversation devint générale; puis arriva dans toute sa grâce et sa beauté la comtesse Tattini qui, apprenant mes projets d'excursion, engagea ma fille à passer chez elle la journée où j'irais visiter Ferrare.

XIX

Je partis seule de Bologne, le 1ᵉʳ août 1860, de très-grand matin; toute la nature était en fête; la campagne, rafraîchie par la nuit, déployait ses aspects variés sous l'incommensurable coupole du ciel qui n'avait qu'une teinte : l'azur. La vapeur me fit franchir plus vite qu'un char antique la route parallèle à la voie Émilienne dont j'ai parlé; à huit heures j'étais à Modène. Je commençai par m'enquérir du député Achille Menotti et de son confrère le bon docteur Créma, qui m'avait si bien soignée à Florence. Tous deux étaient absents; j'avais compté sur eux pour me guider dans la ville inconnue; je m'y aventurai seule au hasard. La première chose qui frappe, en entrant dans Modène, c'est la masse énorme du palais ducal. Au sud, sa façade s'élève sur une vaste place à laquelle aboutit la *via Grande* qui mène à la *via Emilia*; les deux ailes donnent sur le *corso Naviglio*. L'ombre de ce palais domine pour ainsi dire Modène resserrée dans son carcan de bastions et qui compte à peine trente mille habitants. Cette construction pesante et somptueuse du dix-septième siècle, que les deux derniers grands-ducs avaient fait encore agrandir, était bien le symbole de leur insolente autocratie écrasant le peuple taillable et corvéable à plaisir.

Je traverse la vaste cour entourée d'une colonnade et monte à gauche l'escalier d'honneur; de grosses et hautes colonnes d'ordre corinthien en soutiennent le plafond et s'élancent le long de la rampe; c'est d'un bel aspect décoratif. Cette entrée, les salles et les galeries qui suivent conviendraient à l'habitation d'un puissant souverain et non à celle d'un chétif despote. La collection de tableaux des grands maîtres italiens que renfermait autrefois le palais a été vendue à l'étranger; les tyrannies aux abois battent monnaie avec les chefs-d'œuvre de l'art; je ne trouve plus à regarder qu'un Christ de Guido Reni, qui semble remplir d'une tristesse immense ce palais vide. Il reste aussi deux superbes portraits par Titien, dont l'un représente une duchesse de Modène qui sourit à un petit nègre; sur une console en mosaïque reposent un violon et une guitare en ivoire d'un travail exquis; leur harmonie qui dort a ému des cœurs qui ne battent plus; ces instruments insensibles furent acteurs dans quelque légende d'amour à jamais perdue. Je traverse un salon chinois d'une rare magnificence, puis je quitte ce palais dépouillé de la souveraineté de l'art qui survit à toutes les autres et remplit encore de sa majesté le palais des Doges à Venise, le palais Pitti et le palais Vecchio à Florence, celui de la Signoria à Sienne, le palais royal de Palerme et le palais Ducal de Parme. Les artistes sont les seuls rois qu'on ne détrône point; ils ont mieux qu'une couronne, ils ont une auréole qui projette ses rayons à travers les siècles.

Je suis à pied la belle rue del Corso, tourne à droite à travers des rues tortueuses et me trouve bientôt sur la *piazza Grande*, où s'élève le Dôme. Cette vieille église de Modène, érigée au onzième siècle par la comtesse Mathilde[1], est une des plus curieuses de l'Italie. Avant de pénétrer dans la nef, j'examine le portail; il est encadré par deux fines colonnes qui s'élancent de la croupe de deux lions en marbre rouge. Ces lions sont formidables : on dirait que le sang fait irruption dans les poils de leur crinière. En entrant, je suis frappée par l'élégance de la voûte. Au-dessus des gros piliers

---

[1] Fille de la comtesse Béatrix qui a son tombeau dans le Campo Santo de Pise. La comtesse Mathilde légua, en mourant, tous ses biens au Pape; ils ont longtemps composé ce qu'on appelait le patrimoine de Saint-Pierre.

alternés à des colonnes qui soutiennent cette voûte, se déroulent des tribunes à colonnettes légères. Je remarque un curieux reliquaire nuit et jour éclairé; puis la chaire, un chef-d'œuvre de *Tomasone di Campione*; la rampe est décorée de douze figures d'Apôtres; les bas-reliefs des parois se détachent sur un fond d'or; sous la petite voûte sculptée qui recouvre la chaire, rayonne une belle fresque. Je m'arrête devant un magnifique tombeau dessiné par Jules Romain; je regarde les stalles, patient travail du quinzième siècle, puis je descends dans la crypte: au milieu est un autel en marbre entouré de deux rangs de minces colonnes ayant pour base des lions fantastiques qui écrasent des hommes. La voûte fourmille de sculptures. Je m'assieds un moment dans cette chapelle souterraine si tranquille et si fraîche; le soleil y projette par la porte ouverte une zone d'or qui me rappelle qu'il faut partir. L'oubli du temps m'est interdit; la halte et la rêverie ne sauraient avoir place dans cette journée circonscrite. Je remonte dans la nef et sors à gauche par une porte latérale superbe, toute en marbre rouge; elle est flanquée de deux colonnes supportées par des lions qui étreignent des agneaux et de quatre colonnettes réunies qu'enlacent des serpents. Au dehors est une tribune couverte, surmontée d'une statue d'évêque qui porte une croix sur sa tête. Au mur extérieur est adossée une belle chaire sculptée où l'on prêchait en plein air comme à Pérouse. Je me trouve sur la petite place *della Torre*, transformée en ce moment en marché: des tas de légumes, des poissons puants, des moutons dépecés couverts d'essaims de mouches, des fruits verts, des vases et des assiettes en terre brune, des fichus en rouennerie, des bêches, des couteaux, vrais eustaches, et des menus objets de mercerie commune s'étalent pêle-mêle en pleine lumière sous de petites tentes de toile déchirée dont le soleil se rit. Tandis que les vendeurs et les vendeuses me sollicitent, je considère le campanile isolé nommé la *Ghirlandina* à cause de la guirlande en fer qui ceint sa girouette. C'est une tour carrée revêtue de marbre et fort haute; son horloge ressemble à celle de la place Saint-Marc à Venise; elle tinte et m'avertit que je n'ai plus que trois quarts d'heure à rester à Modène. Je reviens sur la place du Dôme; j'achète un bouquet à un *birrichino* (gamin) qui me fait approcher une voiture, et en quelques minutes je me retrouve sur la place Ducale, absolument déserte comme si la ville était abandonnée; l'azur profond et uniforme du ciel jette au-dessus de la vaste enceinte un vélarium éclatant. Je voudrais voir là, en face de ce palais, d'où la haine et le mépris de Modène ont classé François IV et François V, un monument élevé à leurs victimes. Symbole de la pureté de son patriotisme, la statue en marbre blanc de Ciro Menotti en formerait le couronnement; il tendrait la main à ses compagnons de supplice et leur dirait du regard : « Le jour de l'apothéose est arrivé! » La place Ducale est en ce moment un large foyer de chaleur ambiante. Je me fais conduire au jardin Ducal, à droite en avant du palais. Je parcours les plates-bandes, en compagnie des lézards qui frétillent sur le sable; je cherche un peu d'ombre dans un vieux quinconce de pins décharnés et m'assieds sur les brins odorants et ténus, dont ils ont jonché le sol; partout le soleil répand la double léthargie de la solitude et du silence; je n'entends que le chant des cigales et le frôlement des papillons. J'ai peur de m'endormir et d'oublier l'heure; me voilà courant à travers les allées, gagnant la grande rue que bordent les casernes et arrivant haletante à l'embarcadère. La chaleur m'éperonne au lieu de m'engourdir (*child of the fire*); je suis de la race des salamandres, je me sens plus vivace et plus forte, quand l'atmosphère est en feu.

Le convoi part; je regarde fuir à gauche les remparts de Modène; puis voici *Rubiera* avec ses grands murs démantelés revêtus d'un frais manteau de lierre; c'est dans le donjon de Rubiera que François IV et François V, tour à tour geôliers et bourreaux, enfermaient les carbonari avant de les envoyer au gibet ou de les livrer à l'Autriche. Bientôt je franchis Reggio, ceinte de fortifications, que domine une citadelle; enfin Parme m'apparaît souriante et blanche dans sa plaine toute verdoyante; les grands arbres du jardin Ducal et du Stradone[1] l'éventent de leurs rameaux; la *Parma*, presque à sec dans son lit trop large, ondule avec un petit bruit autour de la cité : on dirait une respiration affaiblie. Sur la *Parma* sont jetés trois grands ponts qui donnent accès dans la ville. Je passe sur le *ponte di Mezzo* et me fais conduire à la place du Dôme. La façade du Dôme (église du douzième siècle) est inachevée; la tour de gauche n'a jamais été terminée; celle de droite est couronnée par un ange en bronze doré; les colonnes du porche reposent sur des lions. Au-dessus du portail est une tribune d'où l'évêque bénissait le peuple.

[1] Grand boulevard extérieur au sud de Parme.

Plusieurs statues de saints et de personnages historiques (dont l'une parmi ces dernières est dit-on antique) décorent cette façade. J'entre dans l'église divisée en trois nefs, et me dirige bien vite vers le chœur pour voir la coupole peinte par le Corrége; plusieurs rangs de gradins en marbre blanc, fermés par une balustrade, séparent le sanctuaire exhaussé de la partie inférieure de l'église. Je lève la tête et oublie tout ce qui m'entoure en contemplant cette fresque puissante : on dirait que les figures se meuvent et que, sorties des grands arceaux qui soutiennent la coupole, elles s'élancent vers le ciel. Le paradis s'entr'ouvre, le Christ est au centre, à peine visible, entouré de bienheureux; il attend sa mère qui monte dans un nuage, soutenue par des chœurs d'anges d'une grâce ineffable. Presque toutes les figures sont en raccourci; elles flottent gracieuses et vivantes dans ce fluide du clair-obscur dont Corrége fut le créateur; les lumières et les ombres ont des gradations inouïes; le peintre éclaire ses personnages, comme la nature nous éclaire, avec des variétés de ton, d'éclat et d'obscurité qui, avant lui, paraissaient insaisissables à l'art; les contours s'émoussent sur ce fond magique; ils perdent en fermeté ce qu'ils gagnent en grâce et en moelleux. Mais qui donc songerait, devant cette splendeur si vraie, si souriante, à demander des lignes plus arrêtées et plus sculpturales? Quel est le pédant qui, en face d'une jeune fille aux cheveux d'or, aux yeux brillants, aux lèvres purpurines, à la fraîcheur vivante, à la démarche ailée, penserait à regretter la Vénus de Milo? Cette Vénus est divine, mais elle est de marbre: les corps et les têtes du Corrége sont faits de chair et de rayons. Est-ce à dire que le peintre manqua de force? Oh! certainement non! regardez plutôt ces figures colossales et superbes des apôtres qui se dressent entre les fenêtres de la coupole! Quel contraste énergique avec ces beaux enfants groupés vers la pointe des arcs et ces anges qui glissent autour de l'attique, répandant encore des parfums sur la trace des pas de la Vierge disparue.

Je sors de l'église, et le Baptistère, que je n'ai fait qu'entrevoir en passant, m'apparait dans toute sa splendeur; les trois portes à ogives, les niches, les bas-reliefs, les colonnettes, les milliers de figurines, les ornements exquis et déliés se détachent en clair sur le fond brun du marbre; on dirait que la vie circule dans ces scènes de l'histoire de Marie, de la Passion du Christ et de l'Apocalypse. Même après les baptistères de Florence et de Pise, celui de Parme (du treizième siècle) est un chef-d'œuvre qu'il faudrait voir longtemps et décrire en détail. L'intérieur est revêtu de belles fresques par *Nicolo* de Reggio et *Bartolomeo* de Plaisance, elles sont comme couvertes d'une ombre que l'éclat du jour ne dissipe point; les figures s'effacent sous la brume des siècles.

Derrière le Dôme se trouve l'église de *San Giovanni Evangelista*. Les peintures de la coupole sont du Corrége; elles représentent la *Vision de saint Jean*. Composition plus sobre que celle du Dôme, cette fresque est l'œuvre sévère du Corrége. Saint Jean semble refléter la force du Dieu qu'il entrevoit; les Évangélistes et les Pères de l'Église ont des allures superbes. Il y a dans cette église des fresques du Parmesan dignes d'être admirées même après celles du Corrége, mais le chef-d'œuvre du Parmesan est à la *Madonna della Staccata*, superbe église du seizième siècle. Je m'y fais conduire et reste éblouie devant le *Moïse* peint en grisaille à la voûte, près du chœur. Le Parmesan a représenté Moïse brisant les tables de la loi; cette figure est d'une puissance qui terrasse : on la dirait sculptée, et je ne sais si je ne la préfère point, pour la noblesse et l'expression, au fameux Moïse de Michel-Ange; il est vrai qu'elle lui est postérieure. A côté, le Parmesan a peint en clair-obscur Adam et Ève. Ève est d'une beauté où l'intelligence resplendit. Aucun artiste n'a mieux rendu la mère inquiète et curieuse de l'humanité.

J'ai hâte d'aller à *San Ludovico*, non pour visiter cette église du couvent de *San Paolo*, dans laquelle se trouve le fastueux monument que Marie-Louise a fait élever au comte Neiperg par Bartolini, mais pour voir les fresques du Corrége qui décorent le parloir de l'abbesse *dona* Jeanne de Plaisance. Cette abbesse qui, moins les crimes, fut de la famille de la *Monaca di Monza* et des galantes religieuses vénitiennes que le peintre Longhi nous montre au parloir agaçant des masques, préférait, aux symboles sombres du catholicisme, les allégories riantes et nues du paganisme; ce parloir n'est pas une salle de couvent, c'est un boudoir où la Pompadour et la Dubarry se seraient pâmées. Mais Corrége ennoblit les dieux de la mythologie et les rend presque chastes. Diane éblouissante, assise dans un char d'or conduit par deux cerfs, revient de la chasse en rêvant; Endymion est tout près, mais Minerve n'est pas loin. Dans le voisinage d'Adonis et du groupe enivrant des Grâces, le groupe des Parques rappelle le néant de la volupté; la Fortune sourit et dit : « Vivez heureux ! » Une Junon apaisée, un Faune lascif, un beau vieillard symbolisant la tranquillité, Vesta, un groupe de jeunes Vestales, le temple de Jupiter et une Cérès adorable composent autant de cadres d'une merveilleuse beauté. Dans les bordures, des enfants d'une grâce *correggiesca*, suivant l'expression de Vasari, s'enlacent aux fruits, aux feuillages, aux fleurs et aux attributs de chasse. Trois croissants, blason de l'abbesse (armoiries orientales qui font penser à quelque sultane) et la crosse, marque de sa dignité, forment la clef de voûte et relient ces grands médaillons où se jouent les divinités de l'Olympe. Rien d'attrayant comme ces peintures du Corrége. Quels beaux enfants que ces Amours! quelles divines jeunes filles que ces trois Grâces. Je m'assieds à l'ombre du chef-d'œuvre et me délasse un moment de mes courses précipitées. Je voudrais avoir pour une heure la puissance de l'abbesse Jeanne et me faire apporter là un bain parfumé ; je me dis que ce désir est sans doute impossible à réaliser à Parme, aussi bien qu'à Pérouse et à Ravenne. Je demande à tout hasard, en sortant, au cocher qui m'attend, si un établissement de bains existe dans la ville. « *Si signora*, me répond-il, *sonno i bagni de l'Indepidenza*. (Oui, madame, il y a les bains de l'Indépendance.) » Et il me conduit à travers de larges rues bien alignées à ces thermes modernes inaugurés par l'indépendance de l'Italie et qui convient ses défenseurs à faire quelques ablutions. Je prends ma part de ce bienfait ; je fais une heure de sieste aquatique ; à défaut des essences dont devait user l'abbesse Jeanne, j'effeuille dans le bain mon gros bouquet acheté le matin à Modène ; les roses et les tubéreuses flottent sur l'eau et la parfument ; un sorbet apporté du café voisin achève de me raviver, et je puis ainsi faire visite au comte et à la comtesse Gamba avec un aspect moins harassé. Un voyageur dont le visage et les habits sont couverts de poussière, dont les lèvres sont sèches et la gorge enrouée, n'a-t-il pas l'air de dire, en se présentant : « Faites-moi boire et faites-moi manger ; offrez un lit à ma fatigue? »

Je traversai la belle *piazza di Corte*, où se massent les constructions diverses qui forment le palais ducal, et je trouvai sous une voûte un escalier de dégagement qui me conduisit à l'appartement qu'occupait la comtesse Gamba : elle me reçut avec la grâce que m'avait fait pressentir la comtesse Martinetti. Quand je lui dis que je devais repartir le soir à huit heures :

« Hâtons-nous, me répondit-elle, vous ne pourrez voir le palais et les galeries qu'en courant. »

L'appartement où nous causions était celui qu'avait occupé le comte de Chambord dans une dernière visite à sa sœur. Son portrait en pied décorait le salon. Jeune, blond, l'air placide, ce prince inoffensif contrastait avec les figures tour à tour martiales et sombres des princes et des cardinaux de la triple famille d'Este, Farnèse et Gonzagues qui nous entouraient. La comtesse me dit avec bonté : « Je vais vous conduire dans les grands appartements. »

Nous traversâmes une galerie de communication et arrivâmes dans la série des salles et des chambres habitées par la dernière duchesse régente. Dans un premier salon sont plusieurs portraits des rois de France, et parmi eux Louis XVIII et Charles X en costumes royaux; dans la salle du Trône, formant galerie de tableaux, je remarque une toile admirable du Parmesan représentant le *Mariage de la Vierge*; puis vient un boudoir blanc et or meublé avec tout le luxe parisien moderne; c'est là que se tenait ordinairement la jeune duchesse. Ce boudoir est suivi de la chambre où elle couchait auprès de ses enfants, dont les petits lits sont encore tendus de courtines blanches et dont les portraits sourient au-dessus : c'est un nid de famille qui fait rêver. Dans un cabinet se trouve la splendide toilette en vermeil de Froment-Meurice que les légitimistes français offrirent à la duchesse le jour de son mariage. On ne peut se défendre d'une impression triste, sinon sympathique, en songeant à ce que fut cette destinée : Enfant, Louise-Marie-Thérèse de Bourbon est chassée de France par la révolution de 1830; mariée au duc de Parme, Ferdinand-Charles III (un Bourbon d'Espagne), elle le voit un jour rapporté sanglant dans ce palais qu'il remplissait de honte; ainsi, toute petite fille, elle avait vu son père mourir sous le couteau de Louvel. Nous traversons la chambre où le duc expira ; ici la *vendetta* fut juste; un frère vengea sa sœur qu'avait outragée ce prince despote, puéril et grossier, qui ne voyait dans la souveraineté que la facilité des plaisirs et l'impunité des vices. L'indignation de Parme sauva le meurtrier. Devenue veuve, la princesse Louise de Bourbon aima passionnément ses enfants, mais elle eut en régnant l'aveuglement fatal de sa race; il y a dans cette vie désormais finie pour l'histoire deux actes dont l'attendrissement, qu'inspirent ses malheurs, ne saurait l'absoudre; une double éclipse de patriotisme et de la dignité rejette dans l'ombre cette figure un moment touchante : elle appela les Autrichiens dans l'Italie libre, et, détrônée par la volonté du peuple, on la vit, sœur et femme d'un Bourbon, petite-fille d'un roi de France par droit divin, implorer l'assistance d'un Bonaparte qui portait la couronne de ses ancêtres. Ajoutons pour être vrais, que sans ces deux ombres à sa renommée sa chute eût été la même et sa déchéance irrévocable ; suivant la belle expression de l'illustre Ricasoli : « On n'élude pas un principe. » L'Italie entière voulait son indépendance et son unité, et Parme eût-elle été une république régie par des justes, elle aurait dû s'absorber dans la patrie commune ; la plus pure et la plus éclatante étoile n'échappe pas à la loi de la gravitation.

Au moment où je visitais Parme, la duchesse espérait encore une restauration ; elle refusait de faire enlever du palais les portraits de famille, ses livres, son linge et tous les meubles intimes qui lui appartenaient.

« Si elle s'obstine, me dit la comtesse Gamba, le gouvernement est résolu de lui renvoyer en Suisse tous ces objets. »

Nous parcourûmes l'appartement que la princesse occupait avant son veuvage. Dans un beau salon orné de panoplies d'armes se trouvent les portraits des Farnèse. Le pape Paul III, fondateur de cette dynastie, est là près de son bâtard Pierre-Louis Farnèse, à qui il donna Parme et Plaisance. Ce premier duc, par ses cruautés et ses turpitudes, est de la famille des Césars de Suétone. Je le considère : sa figure est méchante et lascive ; il porte sur la tête une toque à plumes blanches. Il mourut assassiné et l'on jeta son corps aux égouts de Plaisance. Son petit-fils, le grand Alexandre Farnèse lava cette honte dans la gloire ; il eut pour successeur son fils, Ranuce Ier, qui remplit Parme de terreur et voulut avoir un palais surpassant en grandeur et en magnificence ceux des plus puissants souverains de l'Europe. Ce palais ne fut jamais terminé. L'aile qui existe, attenante aux constructions modernes, renferme la bibliothèque, la galerie de peinture et de sculpture et le théâtre Farnèse.

Parmi les portraits des ducs et des duchesses de Parme qui nous regardent est celui de Marie-Louise. Quoique régnant de par l'Autriche, elle se fit adorer à Parme ; elle y fonda des hôpitaux, enrichit la bibliothèque et le musée, et fut surnommée par le peuple la *bonne duchesse*. Elle aimait en bourgeoise fidèle son général Neiperg et semblait avoir perdu le souvenir du demi-dieu guerrier qui la fit impératrice. Cette salle des portraits aboutit à un boudoir tout fourmillant de vieux Saxe qu'aucune femme ne peut regarder sans envie. Les plus gracieuses peintures le décorent. Il y a là deux petits Dauphins de France, poupards roses, emmitouflés d'hermine, mains potelées tenant au lieu de sceptres des bilboquets, beaux fronts riants portant pour couronne les blonds anneaux des cheveux naissants. Ce boudoir et la jolie chapelle des Farnèse[1] sont ce que je préfère dans l'appartement des anciens ducs de Parme : c'est plutôt un oratoire qu'une chapelle ; vingt personnes à peine pourraient y prier ; elle est toute revêtue de peintures sur fond d'or et décorée de figurines en bois doré et peint ; l'autel et ses ornements sont de ce même style, mi-partie byzantin et mi-partie de la Renaissance. Un jour voilé y pénètre à travers deux étroites fenêtres qui s'ouvrent sur la grande cour Farnèse.

Il me reste à voir les galeries et le théâtre. Je crains de fatiguer la comtesse Gamba et j'insiste pour qu'elle ne m'accompagne pas plus longtemps. Elle me donne *per cavaliere* son fils, aimable enfant de douze ans, qui a déjà le sentiment de la beauté dans l'art. Nous marchons précédés du custode, traversons la vaste cour Farnèse, où se dressent à droite des pans de murs gigantesques inachevés : on dirait une brèche où l'ennemi a passé. L'ennemi fut l'impôt d'un petit peuple qui ne put suffire au faste écrasant de ses ruineux souverains. Au fond de la cour, sous une voûte colossale, s'élance à gauche, derrière une grille, un escalier plus large que celui du palais de Versailles. Il nous conduit au premier étage, où se trouve le musée de sculpture. Dans quatre salles aux plafonds peints à fresque et du plus bel aspect sont rangés les marbres et les bronzes. Je ne puis que regarder à la hâte les antiquités découvertes à *Velleia*, qui remplissent la première salle. *Velleia*, dans le voisinage de Plaisance, fut comme Pompéi ensevelie durant des siècles. Les éboulements des monts *Moria* et *Rovinazzo* engloutirent tout à coup la ville au quatrième siècle. On y fit des fouilles en 1760 ; on découvrit, parmi les ossements amoncelés, un grand nombre de médailles, des inscriptions en marbre et en terre cuite, des vases, des fragments de bas-reliefs, des statues et la fameuse *table alimentaire* en bronze de Trajan, sur laquelle il ordonne la distribution d'un million cent quarante-quatre mille sesterces

---

[1] Du commencement du dix-septième siècle.

pour la nourriture des enfants des pauvres; c'est le plus grand des monuments antiques de ce genre qui ait été retrouvé. Sur une autre table sortie des fouilles de *Velleia* est gravée la loi qui régissait la Gaule cisalpine. J'éprouve un très-vif regret de ne pouvoir aller visiter la ville antique. Il est à souhaiter que des fouilles y soient poursuivies. Velleia doit cacher encore des merveilles. C'est aussi dans les fouilles locales du théâtre romain de Parme qu'ont été découverts la délicieuse statue en bronze d'Hercule ivre, celles de Bacchus enfant, d'Apollon et de Mars; un Faune et un buste superbe de l'empereur Adrien.

On s'arrête frappé d'étonnement devant les statues colossales en basalte d'Hercule et de Bacchus d'une parfaite conservation; ce sont bien là les dieux de la force, les dominateurs de la matière. Ces gigantesques figures ont été trouvées à Rome, sur le Palatin, dans l'*Orto Farnesiano*. Viennent ensuite les vases étrusques, grecs et romains, puis une collection de vingt mille médailles et camées antiques. Nous montons au second étage du palais où se trouvent la galerie de tableaux et le fameux théâtre Farnèse. Nous entrons d'abord dans le théâtre, squelette d'un monument incomparable : on dirait une splendide momie d'un Pharaon, dont les bandelettes dorées et peintes tombent en poussière. La *Scala* de Milan nagerait dans cette immense salle. Des colonnes dorées soutiennent et séparent trois rangs de loges hautes et larges. La loge ducale et la scène sont ornées de colonnes d'ordre corinthien et de statues représentant les sciences, les arts et les dieux de l'Olympe. Au plafond rayonnait une vaste fresque de *Leonello Spada* et de *Girolamo Curti*; on ne voit plus qu'à travers une brume opaque ce beau ciel azuré, où flottaient les déités de l'Olympe. Au centre, Jupiter trônait assis sur un aigle. Ce théâtre fut inauguré pour le mariage d'Odoacre Farnèse et de Marguerite de Médicis. C'est encore un de ces monuments de l'Italie que Victor-Emmanuel doit réparer pour y donner quelque grande fête à la patrie. Les gouvernements modernes, soucieux du bien-être des peuples, ne pourront plus élever de tels édifices, mais conserver ceux qui restent; veiller sur tous les précieux vestiges de l'art sied à la gloire d'un roi populaire; démolir et niveler, fût-ce pour l'agrandir, une vieille cité, n'est pas à notre avis un signe de grandeur; rompre avec le passé, que l'architecture atteste à l'égal des annales écrites, c'est morceler l'histoire d'un peuple.

Nous entrons à gauche, par une large porte, dans la galerie de peinture : elle renferme six cents tableaux. Les plus célèbres, ceux du Corrége et ceux des Carraches ont été reproduits par le burin. Paolo Toschi a gravé l'œuvre complète de Corrége ; son *saint Jérôme* et sa *Madonna della Scodella* ont été à Paris. Qu'en dire qui n'ait été dit? Je me contente de garder le souvenir éblouissant de ces deux merveilles. Je les ai vues à Parme isolées dans deux beaux salons aux tentures de soie pâle, où elles répandent comme un rayonnement; la *Deposizione di Croce*, *Santo Placida e santa Flavia*, l'*Andata al calvario*, un portrait à l'huile et une madone *della Scala* peinte à fresque, sont les autres ouvrages du Corrége que possède cette galerie. Raphaël y est représenté par un Christ dans une gloire que des saints entourent; Titien, par un *Christ portant sa croix*; Léonard de Vinci, par une adorable tête de *Vierge*, en grisaille; Francia, par trois de ses plus beaux tableaux : la *Madone sur un trône*, une *Deposizione* et une *Vierge* vraiment divine; le Parmesan, par *lo Sposalizio* de sainte Catherine entourée d'anges, par *il divino Bambino* souriant entre deux saints, et par sainte Catherine que contemplent deux enfants. Les trois frères Carrache, par des chefs-d'œuvre bien connus; *Sébastien del Piombo*, par un portrait de Clément VII; Holbein, par un portrait d'Érasme.

Du musée nous allons à la bibliothèque; cent quarante mille volumes y sont alignés dans des salles superbes, aux plafonds peints à fresque, aux frises formées par les portraits d'écrivains illustres; les grands esprits humains, éclaireurs des générations, sont logés là comme ils méritent de l'être. La bibliothèque de Parme me parut la plus belle que j'eusse encore vue en Italie; elle renferme une foule de manuscrits hébreux et persans des plus rares, et des collections de gravures sans rivales. Marie-Louise a agrandi et enrichi cette bibliothèque : elle s'y complaisait. Ceci éclaire et poétise cette terne figure historique. Parmi des portraits suspendus dans un corridor, je regarde avec ravissement un Pétrarque adolescent, svelte, fin, souriant, en robe d'archidiacre[1], la tête couverte d'une capuche noire : on dirait un bel éphèbe de la Grèce. On me montre un manuscrit de ce divin poëte trouvé dans le bagage de François Iᵉʳ, après la bataille de Pavie. Il me semble que quelque chose du génie de l'amant de Laure et de l'héroïsme du roi de

---

[1] Pétrarque fut archidiacre de la cathédrale de Parme.

France en émane encore. Nous descendons l'escalier monumental du palais Farnèse et sortons de la voûte qui s'ouvre au delà de la cour sur une rue montueuse et courte, conduisant au jardin Ducal. Ces beaux ombrages ressemblent à un fragment des jardins de Versailles ; ils entourent une résidence d'été (*palazzo ducale del Giardino*) où sont des fresques inachevées d'Augustin Carrache. Le temps me manque pour les voir. Un domestique de la comtesse Gamba vient nous avertir qu'on nous attend pour dîner. Nous nous hâtons de rentrer au palais ; j'y trouve le comte Gamba, gouverneur de Parme, et son fils aîné, tous deux d'une beauté frappante ; ils me rappellent ces paroles d'Alfieri : « L'Italie est la terre où la plante-homme croit la plus forte et la plus belle. » L'accueil est cordial et charmant ; je suis heureuse de connaître le frère de Pietro Gamba et de serrer cette main qui serra si souvent celle de Byron. Le comte Gamba me parle des fêtes patriotiques données à Parme, il n'y a pas trois mois, à Victor-Emmanuel.

« Ce fut un jour de mâle consolation, ajoute-t-il ; les ombres de mon père et de mon frère ont dû s'en réjouir dans la tombe. »

L'heure du chemin de fer par lequel je dois repartir précipite la causerie et le dîner. La comtesse Gamba m'accompagne dans sa voiture au chemin de fer, elle me fait promettre de lui amener ma fille, en nous rendant à Turin.

« Il faut qu'elle voie nos Corrége, me dit la comtesse, c'est le peintre des femmes, celui que les jeunes filles comprennent et adorent à première vue ; sa grâce transparente et pure les pénètre. Quand j'ai près de moi ma fille, qui est en pension à Florence, elle passe des journées entières dans les galeries à contempler la *Madonna della Scodella* et l'*Andata al calvario*. » Hélas ! depuis que j'ai écrit ces lignes, cette poétique fille des Gamba, que quelques paroles de sa mère m'avait fait entrevoir, leur a été enlevée par la mort. Elle n'est plus aujourd'hui qu'une de ces figures lumineuses du Corrége qui l'attiraient vers le ciel. C'est ainsi qu'en songe elle doit apparaître à sa mère qui la pleure.

En arrivant à Reggio, je trouve à la gare M. Protche qui est venu à ma rencontre. Nous décidons pour le lendemain notre excursion à Ferrare.

XX

La route la plus directe qui mène de Bologne à Ferrare est sans intérêt; elle traverse des terres fertiles et planes, où aucun accident de paysage ne se produit; les effets de lumière y suppléent parfois et groupent tout à coup des nuages qu'on prendrait, à distance, pour des rochers bordant le bras du Pô qui arrose la plaine marécageuse où Ferrare est située. J'ai observé la même fantasmagorie en Hollande : des forts lointains, des chaînes de montagne y sont dessinés dans le ciel par les vapeurs qui montent le long des canaux.

Nous étions partis en poste de Bologne à sept heures du matin; à midi, nous entrions à Ferrare qui, depuis longtemps déjà, nous apparaissait à l'horizon couronnée de son château ducal imposant et sombre comme une forteresse. Sa masse carrée, dont les angles sont flanqués de quatre grosses tours, se détachait superbe sur le bleu du ciel. Ce château-donjon donne à Ferrare un aspect particulier; c'est encore une de ces villes d'Italie qui ne ressemblent à aucune autre. Nous traversâmes la *piazza maggiore di san Crespino*, où s'élèvent les belles arcades *del palazzo della Ragione*; malheureusement des constructions modernes ajoutées à ce palais du quatorzième siècle en ont rompu l'harmonie. La curieuse façade du Dôme (même siècle) se dresse sur cette place. Nous faisons arrêter la voiture pour considérer le portail encadré, comme celui du Dôme de Modène, de sveltes colonnes que supportent des lions en marbre rouge; dans une niche est la vieille statue d'Albert d'Este, marquis de Ferrare, qui obtint, en faveur de cette ville, plusieurs bulles du pape Boniface IX. Une de ces bulles, décrétant la création de l'université, est gravée sur deux colonnes de la façade du Dôme. Tout l'intérieur de l'église a été récemment reconstruit et ne mérite pas qu'on s'y arrête.

En face de l'auberge où nous descendons est le palais Ducal avec ses hautes murailles d'un ton doré : on le dirait bâti d'hier. Tandis que nous déjeunons, survient M. Allard, ingénieur français des chemins de fer de Ferrare, que M. Protche a fait prévenir de son arrivée. Il nous conduit au château; mais à peine avons-nous franchi la porte de l'auberge que plusieurs guides nous entourent et nous offrent de nous accompagner. M. Protche en choisit un qui parle français : c'est un vieux soldat, bel esprit, qui a servi sous le prince Eugène et qui se pique de connaître tous les mystères de l'histoire des ducs d'Este. En quelques pas nous sommes au bord d'un fossé plein d'une eau verdâtre et moussue, où montent, comme d'un lac stagnant, les murs et les tours du château. Nous passons un pont-levis bordé de grosses chaînes, nous traversons la grande cour où se trouve, sous une arcade, une fresque effacée de Bartolomeo Faccini représentant plusieurs princes de la maison d'Este. Nous montons l'escalier massif et arrivons dans la salle d'honneur où *Dosso Dossi*, célébré par l'Arioste, a peint à fresque des Bacchanales. Tandis que nous considérons plusieurs groupes de Satyres et de Bacchantes pleins de vigueur, notre guide déploie sans sourciller son érudition romanesque ; il nous montre un petit miroir suspendu au mur en face d'une fenêtre et où se reflète une autre fenêtre percée plus haut, dans une aile en retour de la chambre de Parisina.

« C'est dans cette glace, nous dit le guide, que le duc Nicolo III, se promenant, un jour, pensif le long de cette salle, aperçut tout à coup Parisina, sa femme, dans les bras de son fils Ugo, » puis il ajoute, en guise de commentaire et de circonstance atténuante : « C'était au mois de mai précisément. »

Nous partons d'un fou rire, en lui entendant prononcer ces paroles avec l'accent que prenait Odry pour débiter une sentence morale ou plutôt immorale.

« Comment n'avaient-ils pas fermé la fenêtre ? objecte M. Allard.
— Sans doute il faisait chaud, » réplique le custode imperturbable.
Nous montons à la chambre de Parisina, tout en rêvant à cette sanglante chronique (1425) que Gibbon raconte en quelques lignes et que lord Byron a commentée dans un poëme touchant. La chambre de Parisina est ornée d'un meuble en satin blanc avec des fleurs en relief qu'Éléonore d'Este broda, un siècle après la catastrophe ; au plafond se détachent de vieilles armoiries. Nous visitons ensuite la chambre d'Éléonore donnant sur une terrasse où elle brodait, nous dit le guide, en regardant le Tasse dans sa prison. Autre difficulté d'optique dont le vieux soldat ne s'embarrasse point. Cette chambre ainsi que la vaste salle des légats (où sont peintes les armoiries de tous les légats qui ont gouverné Ferrare) ont été

remeublées en 1819 pour recevoir l'empereur d'Autriche, François Ier, et sa femme. Nous traversons un joli cabinet orné de tableaux et la chapelle où prêcha Calvin devant Renée de France, fille de Louis XII et d'Anne de Bretagne qui embrassa le protestantisme; elle reçut à la cour de Ferrare Clément Marot et Rabelais, et protégea Agrippa d'Aubigné, encore enfant (aïeul de madame de Maintenon) qui devint plus tard le chantre énergique et vengeur de la Saint-Barthélemy. Renée de France, femme d'Hercule II, duc d'Este, fut la mère d'Alphonse II, le persécuteur du Tasse. Tout en me rappelant ces souvenirs historiques, je voudrais que notre guide pût nous désigner, dût-il nous induire en erreur, la salle où Montaigne, en visitant Ferrare, fut reçu par le duc Alphonse; mais le nom de Montaigne l'étonne, il n'a jamais entendu parler de ce monsieur-là.

« Le mercredy matin, MM. d'Estissac[1] et de Montaigne alarent baiser les mains au duc. On lui fit entendre leur dessein; il envoya un seigneur de sa cour les recueillir et mener en son cabinet, où il étoit avec deux ou trois. Nous passâmes au travers de plusieurs chambres closes, où il y avoit plusieurs jantilshomes bien vêtus. On nous fit entrer. Nous le trouvâmes debout contre une table qui les attendoit. Il mit la main au bonnet, quand ils entrarent, et se tint tous-iours descouvert tant que M. de Montaigne parla à lui, qui fut assis longtemps. Il lui demanda, premièrement, s'il entendoit la langue italienne? et luy ayant esté respondu que oui, il leur dit en italien très-éloquent « qu'il voioit très-volontier les « jantilshomes de cette nation, estant serviteur du roy très-crestien « et très-obligé. » Ils eurent quelques autres propos ensemble et puis se retirarent; le seigneur duc ne s'étant jamais couvert[2]. »
On voit d'ici l'auteur des *Essais*, le cou entouré de sa haute fraise, son grand cordon de Saint-Michel flottant sur son pourpoint de velours, reçu en prince par ce petit souverain de Ferrare, qui honorait encore plus en lui le gentilhomme français que l'homme de génie, et l'on se dit tristement que cette réception flatteuse du duc Alphonse influa sur l'impression froide et presque dédaigneuse que causa à Montaigne la vue lamentable du Tasse enfermé dans un hôpital de fous.

Avant de quitter le palais des ducs d'Este, nous montons sur la plate-forme de la tour des Lions, la plus ancienne des quatre tours

---

[1] Ami de Montaigne voyageant avec lui.
[2] *Voyage d'Italie*, partie écrite par le secrétaire de Montaigne.

du château. Ferrare avec ses larges rues alignées, bordées de palais majestueux et vides, se déroule autour de nous. Pas un habitant ne passe le long de ces demeures patriciennes fermées. Dans les quartiers populaires, nous apercevons çà et là quelques taches noires qui sont des hommes. Du sommet de la tour nous descendons dans ses fondements, où sont creusés sous terre de sinistres cachots : ils me rappellent ceux des puits de Venise. C'est dans les deux plus sombres et les plus étroits qu'on enferma Parisina et Ugo ; ils furent décapités dans une autre prison sous la tour de l'Horloge qui était le lieu des exécutions[1]. Les instruments de torture et de mort ont disparu de ces geôles souterraines qui ne sont plus que des antres aujourd'hui vides et glacés. Nous y sentons un frisson qui fait claquer nos dents et nous nous hâtons de remonter bien vite à la lumière du jour brûlant. Nous sortons du château ducal par une galerie qui communique avec le *Palazzo comunale*. Une magnifique *loggia* (portique ouvert) en marbre d'ordre dorique se déroule au nord de ce monument ; du même côté, est un escalier extérieur d'un superbe aspect décoratif aboutissant dans la cour du palais où l'aigle ducal se déploie sur les entablements. Plusieurs salles du *Palazzo comunale* sont d'un vif intérêt : l'une renferme tous les portraits des *Gonfalonieri* et des légats qui ont gouverné Ferrare ; dans une autre plus petite sont de belles peintures sur fond d'or de *Dosso Dossi*. Il y a là un Apollon plein de maestria. Nous descendons du *Palazzo* immense et revenons sur l'esplanade du château ducal, en suivant les murs extérieurs. De la résidence des ducs d'Este à l'hôpital Sainte-Anne, où fut enfermé le Tasse, il n'y a qu'un pas. Alphonse II voulait avoir sous sa main son prisonnier d'État. Qu'on ne s'y trompe pas, c'est un crime d'État qu'avait commis le Tasse, aux yeux de ce petit souverain, en aimant une princesse d'Este et peut-être en s'en faisant aimer. On a cru longtemps que les vers amoureux du Tasse étaient adressés à Éléonore, sœur d'Alphonse ; mais on assure aujourd'hui qu'ils furent écrits pour sa femme. Pigna, secrétaire d'Alphonse, jaloux du Tasse, et qui a son tombeau à San Francesco[2], près de ceux des princes

---

[1] Historique. Je prie mes lecteurs de ne pas s'imaginer que je me suis fiée à aucun des renseignements illusoires qu'a pu nous donner notre facétieux custode ; l'excellent *Guide* de M. Napoléon Cittadella m'a fourni sur Ferrare des faits curieux et des dates certaines.

[2] Église de Ferrare.

d'Este, excita la colère du duc ; on frappa sans bruit un génie éclatant déjà proclamé par l'Italie entière, en laissant l'offense réelle dans le mystère. On n'aurait pu la dévoiler sans nuire à la princesse d'Este ; on se contenta d'accuser le Tasse de démence et de le faire enfermer, en s'apitoyant sur son sort, dans un hôpital de fous. On tenta de tuer l'esprit ; on n'osa pas tuer le corps. Le duc Alphonse recula devant le supplice infligé à Ugo et à Parisina par un de ses ancêtres. Les temps étaient moins barbares, le crime moins flagrant, la renommée du Tasse trop glorieuse ! Tuer cette renommée destinée au triomphe du Capitole et au triomphe plus sacré de la postérité, transformer le fier poëte élu entre tous les êtres, beau, jeune, ardent, plus digne qu'aucun potentat de l'amour des jeunes souveraines, en fou immonde, le savoir errant, désespéré dans les cours et dans le cloître de l'hôpital Sainte-Anne, humilié, confondu aux insensés vulgaires, parut au duc une vengeance plus raffinée et plus poignante. Quant au cachot où l'on prétend que le Tasse vécut sept ans, nous ne croyons pas et personne ne peut croire, en le voyant, qu'il y ait été enfermé un seul jour. C'était sans doute le cabanon hospitalier où le poëte irrité, rendu sauvage par la douleur, fuyant les regards curieux qui venaient l'insulter, aimait à se réfugier pour écrire. Nous verrons bientôt que le génie du Tasse ne s'était pas éclipsé et que les chants de sa prison sont aussi beaux que ceux qu'il créa en liberté. Pour se recueillir et planer par anticipation dans sa gloire, il préférait ces murs lugubres à la vue repoussante de ses compagnons d'infortune et à la surveillance des geôliers. Il y avait plusieurs années qu'il languissait dans cet hôpital, lorsque Montaigne vint à Ferrare. Il connaissait la gloire du Tasse ; il cite les vers de la *Jérusalem délivrée* dans les *Essais* et proclame le poëte le plus grand de son temps. Comment l'admiration et la pitié ne l'ont-elles pas troublé et ému, en voyant l'infortuné face à face ? J'ai montré plus haut Montaigne reçu dans le palais d'Alphonse ; sans doute un courtisan, Pigna peut-être, l'ennemi du Tasse et l'instigateur de ses tortures, proposa à Montaigne d'aller voir par passe-temps l'homme de génie déchu, atterré, devenu bête fauve. Qu'on se figure Montaigne dans ses habits d'apparat, suivi des gentilshommes qui l'accompagnaient en voyage et de quelques-uns de la cour d'Alphonse, faisant subitement irruption dans le refuge du poëte ! Il est là caché, seul, assis à terre, dans ses vêtements en désordre, la barbe et les cheveux hérissés, méditant ou écrivant. Tout à coup un bruit se fait autour de lui; le geste d'un gardien lui dit : « Lève-toi! » La troupe libre et heureuse apparaît ; saisi d'étonnement et d'orgueil farouche, lui, fixe ses yeux hagards sur ces visiteurs insolents ; son visage est effaré; ses lèvres pâles murmurent des paroles vagues en réponse aux questions indiscrètes dont Montaigne insulte sa détresse. Que lui veut ce gentilhomme français? vient-il le délivrer? Si ce n'est pas la liberté qu'il lui apporte, c'est une angoisse de plus qu'il lui fait subir; c'est la raillerie de la joie, de la santé et de la fortune à la détresse, à la maladie, au désespoir. Ce velours du pourpoint, ces plumes de la toque heurtent brutalement sa camisole de force et sa tête nue où resplendira l'auréole des siècles. Lui aussi a revêtu l'habit de gentilhomme; il l'a porté en France à la cour de Charles IX [1]. La fraise de dentelle a ceint ce cou décharné menacé du carcan ; les gants de daim parfumés ont couvert ces mains tremblantes et osseuses; ces mains ont pressé les mains blanches des altesses et des reines ; il voit le mirage du passé, et l'humiliation présente s'en accroît. Encore une fois que lui veulent cet homme et sa suite? de quel droit jouissent-ils du spectacle de son dénûment? que peut-il leur dire? Il se ramasse dans son orgueil, il s'enveloppe dans son supplice, il recule en rampant dans le coin le plus sombre de sa tanière.

A guisa di leon quando si posa [2],

et là immobile et menaçant dans sa silencieuse colère comme un mort formidable que la vie insulte, il laisse passer ce flot d'importuns devant son ombre indignée. Montaigne n'a vu que le corps misérable; le feu qui l'anime, l'esprit qui survit, il les juge à jamais disparus; voici la page didactique du philosophe raisonneur, page sans entrailles qu'on voudrait déchirer du livre des *Essais* : « Comme des grandes amitiez naissent des grandes inimitiez; des santez vigoreuses, les mortelles maladies : ainsi des rares et vifves agitations de nos âmes, les plus excellentes manies et plus destracquées; il n'y a qu'un demi-tour de cheville à passer de l'un à l'aultre. Aux actions des hommes insensez, nous veoyons combien proprement la folie convient avecques les plus vigoreuses operations

---

[1] Tasse accompagna à Paris le cardinal d'Este, légat du Pape.
[2] Dante.

de nostre ame. Qui ne sçait combien est imperceptible le voisinage d'entre la folie avecques les gaillardes eslevations d'un esprit libre, et les effects d'une vertu suprême et extraordinaire? Platon dict les melancholiques plus disciplinables et excellents : aussi n'en est-il point qui ayent tant de propension à la folie. Infinis esprits se treuvent ruinez par leur propre force et souplesse : quel sault vient de prendre, de sa propre agitation et alaigresse, l'un des plus iudicieux, ingénieux, et plus formez à l'air de cette antique et pure poësie, qu'aultre poëte italien aye iamais esté? N'a-t-il pas de quoy sçavoir gré à cette sienne vivacité meurtrière? A cette clarté qui l'a aveuglé, à cette exacte et tendue apprehension de la raison, qui l'a mis sans raison? A la curieuse et laborieuse queste des sciences, qui l'a conduict à la bestise? A cette rare aptitude des exercices de l'ame, qui l'a rendu sans exercice et sans ame! J'eus plus de despit encores que de compassion, de le veoir à Ferrare en si piteux estat, survivant à soy mesme, mescognoissant et soy et ses ouvrages, lesquels, sans son sçeu, et toutes fois à sa veue, en a mis en lumiere incorrigez et informes. »

O pauvre et grand esprit! O douloureux martyr de la corruption des cours! En ce moment la *bétise* n'était pas en toi; le corps qui était *sans âme* ce n'était pas ton pauvre corps défaillant et courbé; la morgue du pédant, l'éclipse du cœur et l'indifférence de l'homme heureux aveuglèrent ton juge et démoralisèrent son génie; l'heure était bien choisie vraiment pour faire une étude physiologique de tes tortures! s'il fût venu à toi les bras tendus, les pleurs dans les yeux et en t'appelant frère, il eût désarmé ta douleur et apaisé ton ressentiment de Titan terrassé! C'est lui qui fut frappé de démence et de stupidité en cette rencontre, c'est lui qu'il faut plaindre, c'est toi qu'il faut glorifier!

Je m'assis dans cette geôle étroite où Goethe et Byron se sont assis; une inscription sur une plaque de marbre constate encore la réclusion du Tasse qui dura sept ans; ce cachot est tout ce qui reste de l'hospice primitif de Sainte-Anne; les chambres, la chapelle, les jardins et les cours ont été bouleversés; les constructions modernes ont remplacé les anciennes; l'infirmerie, les loges, la pharmacie, tout a pris l'aspect d'une de nos maisons de santé. On nous montre les bains et les appareils des douches, et nous apercevons à travers les clôtures quelques pauvres fous qui nous regardent passer; eux du moins n'ont pas conscience de leur misère, ils ne sont pas poursuivis par le souvenir d'une grandeur méconnue, ni d'un génie survivant qui s'atteste encore par ses œuvres. Nous allons à la bibliothèque chercher et lire les chants de douleur que le Tasse écrivit dans sa prison. On y sent palpiter son âme bien mieux que dans le cachot du vieil hospice.

La bibliothèque de Ferrare est dans un magnifique palais du quatorzième siècle appelé *palazzo del Paradiso;* sous les portiques d'une vaste cour sont réunis des marbres antiques, d'autres du moyen âge et de la Renaissance et de précieuses inscriptions grecques et latines; au fond de la cour s'étend le jardin botanique; au premier étage du palais on trouve l'université, les cabinets de minéralogie, de numismatique et les salles contenant la bibliothèque, qui se compose de cent mille volumes; dans la première salle sont les portraits de dix-huit cardinaux tous nés à Ferrare, cette salle est remplie par les livres sacrés et les ouvrages de théologie; dans une autre salle se dressent quatre vitrines renfermant des psautiers énormes du quinzième siècle, illustrés des plus belles miniatures, trois volumes *di forma atlantica,* dit le catalogue italien, contiennent la Bible (traduction de saint Jérôme) avec des vignettes merveilleuses; mais ce qui attire tous les visiteurs, c'est le monument de l'Arioste élevé au fond d'une galerie; il est couronné par le buste du poète. Ce monument était autrefois dans l'église de San Benedetto; le général Miollis le fit transporter à la bibliothèque en 1801; dans une salle à côté, on a rassemblé dans une vitrine le fauteuil de l'auteur de l'*Orlando*, son buste en marbre et son écritoire en bronze, vrai bijou qui lui fut donné par le duc d'Este; la petite coupe destinée à contenir l'encre est soutenue par trois Sirènes dont les queues dessinent les pieds de l'écritoire. Un Amour à mine railleuse folâtre au-dessus. Dans la même vitrine est une belle médaille de l'Arioste, la tête forte est fine d'expression; au revers est la main de la Satire qui coupe la tête d'un serpent. La bibliothèque de Ferrare possède le manuscrit complet des *Satires* de l'Arioste, plusieurs lettres et une partie du *Roland furieux;* je touche avec intérêt à ces pages du grand poète, mais ce qui me saisit d'une émotion soudaine qui va jusqu'aux larmes, ce sont les manuscrits du Tasse; de grands fragments de la *Jérusalem délivrée,* avec des corrections en marge, des prières composées par lui dans sa prison, où la douleur et la foi éclatent en vers sublimes. Ma main tremble en tenant un sonnet adressé au duc Alphonse, où la détresse de l'homme et l'orgueil du poète sont exprimés en vers humbles et fiers; je ressens comme le contre-coup des déchirements de ce génie torturé; ces vers sont tracés d'une écriture ferme et droite sur une petite feuille de papier jauni; je les lis en pleurant et les copie avec respect; les voici affaiblis par la traduction qui ne saurait rendre cette poésie concise et sobre comme celle de Dante :

SONNET DU TASSE DANS SA PRISON AU DUC ALPHONSE D'ESTE.

Quand j'entends ton nom aimé ma langue
Se délie pour dire encore que tu es équitable et fort;
Il me semble que sur les nues un souffle me porte,
Mais bientôt je retombe dans ma plainte honteuse et amère.

Et si ta pitié souveraine, tout-puissant Alphonse,
Ne triomphe pas de ma destinée misérable et du sort cruel,
Ma langue se glace, même avant que le froid de la mort
Ne m'envahisse, et plus rien ne m'est cher, que les larmes.

Je pleure sur la mort, non sur la mort seule[1],
Mais sur le genre de mort et sur ma fidélité qui n'arrive pas jusqu'à toi,
Et qu'il me semble voir ensevelie avec mon nom.

Ni pyramides, ni colonnes funéraires, ni même le tombeau de Mausole
Ne me seraient une consolation;
C'était un autre monument que je croyais m'élever par mes vers.

La gloire du Tasse écrase désormais son persécuteur; elle éclaire d'un de ses rayons cette maison princière oubliée par l'histoire. Sans ce grand martyr qui donc se souviendrait de ce petit duc d'Este et d'Éléonore? Ferrare doit au Tasse un monument vengeur; son ombre désolée semble errer à travers la cité qui fut sa prison, elle amoindrit pour nous l'Arioste heureux, aimé, fêté et qui meurt en épicurien dans sa maison riante. Cette maison est située *Strada Mirasole*, dans le voisinage de *Porta-Po*. Sur sa jolie façade en brique rouge est cette inscription :

Parva sed apta mihi, sed nulli obnoxia, sed non
Sordida, porta meo sed tamen ære domus[2].

Nous montons, par un étroit escalier, dans la chambre où mourut l'Arioste le 6 juin 1533. Tasse n'était pas né : il ne vint au

---

[1] Le vers italien est superbe de concision:

Piango il morir, nè piango il morir solo,
Ma il modo.

[2] Petite maison, mais qui me convient, où personne ne me trouble, cependant honorable et que j'ai achetée de mes deniers.

monde que onze ans plus tard, sous les grenadiers et les orangers de Sorrente, inspiration des jardins d'Armide. Comme il dut y rêver dans sa prison, à cette plage lumineuse où, enfant, sa mère le baignait dans les flots bleus, tandis qu'il regardait au loin le Vésuve en flammes! L'éclat de la poésie du Tasse reflète toutes ces éblouissantes lueurs dont le golfe de Naples l'inonda en naissant.

On a remis à neuf la chambre de l'Arioste; elle a désormais un vernis moderne qui lui enlève tout intérêt. En face de la porte se trouve une cheminée de marbre; le plafond est à poutres de chêne, la fenêtre à petites vitres bombées. Cette fenêtre s'ouvre au couchant, sur une cour où pousse un grand figuier; de vastes jardins sont au-delà. Un assez mauvais buste en marbre de l'Arioste regarde de la chambre silencieuse les ombrages et le ciel qu'il regarda lui-même en expirant. L'image de l'Arioste est partout dans Ferrare. Dosso Dossi l'a peint dans une belle fresque du couvent de San Benedetto, représentant le *Paradis*; la tête satirique du chantre de Joconde y sourit malicieusement entourée d'un chœur d'anges. « Placez-moi, disait-il au peintre qui était son ami, dans ce Paradis-là; car je ne suis pas bien sûr d'avoir ma place dans l'autre. »

Ferrare est traversée, dans toute son étendue, par une large rue, la plus imposante du monde; seulement l'herbe y croît, et y rencontrer un passant est une rareté qui effarouche les moineaux voletant par troupes sur le pavé. Cette rue est bordée de palais superbes aux portes monumentales. Le plus majestueux de ces palais est celui *dei Diamanti* (des Diamants), qui fut construit par les princes d'Este; la cour est entourée de portiques. Dans les salles qui composent la galerie de tableaux sont quelques fresques magistrales. Je regarde longtemps un portrait d'Alphonse II, le bourreau du Tasse, blond, pâle, à l'air froid; puis un curieux portrait du cardinal Rosetti, envoyé du Pape à la cour de Henri VIII. Il tient à la main un dessin représentant la *Mort de Thomas Morus*. Le *Martyr d'un évêque de Ferrare*, par le Guerchin, et une *Ascension de la Vierge*, par le Pérugin, sont les deux plus belles toiles du musée : l'*Ascension de la Vierge* se détache sur un paysage saisissant : la mer s'étend au loin; un rocher se dresse sur le premier plan; un oiseau est placé sur un tronc d'arbre, au pied duquel sont un lapin et une perdrix qui regardent la Vierge. — A côté du palais *dei Diamanti* se dessine la porte étrange d'un autre palais désert; des colonnes soutiennent l'architrave ornée de lions et de médaillons bizarres; des Amours en marbre supportent un balcon où sont nichés des singes et des bustes de femmes.

« Voilà la maison où Lucrèce Borgia fit empoisonner plusieurs gentilshommes de Ferrare, » nous dit notre guide facétieux, qui, à chaque monument, n'a cessé de nous débiter quelque chronique galante ou tragique de la maison d'Este, et, comme nous arrivons dans la salle du Balcon : « C'est ici, ajoute-t-il, que Lucrèce fit apporter les bières où devaient être enfermées ses victimes.

— Il est évident, dis-je à M. Protche, que l'écho du drame de Victor Hugo est arrivé à cet homme à travers le libretto de l'opéra de Donizetti. »

Aucun guide de Ferrare ne fait mention du palais où Lucrèce accomplit sa vengeance. Si la scène a eu lieu, elle a dû se passer dans le *Palazzo comunale*, que les princes d'Este habitaient à cette époque. — Nous visitons encore quelques églises, regardons en courant quelques admirables façades de palais, puis allons nous asseoir sur un banc de marbre de la vaste *piazza Ariostia*. Une grande colonne antique, apportée de Vérone, se dresse au milieu de la place. Elle a servi de piédestal à plusieurs statues de Papes et à celle de Napoléon Ier, successivement renversées et détruites. Aujourd'hui la statue de l'Arioste est debout sur le fût de la colonne, où elle se détache en plein azur. Cet azur implacable répand autour de nous son embrasement; M. Protche fait apporter des sorbets qui laissent notre soif inapaisée. Un vendeur de pastèques étale sa marchandise sur le pavé de la place, criant à tue-tête : *Fresche et buone per due bajocchi!* (fraîches et bonnes, pour deux baïoques). Nous achetons une énorme pastèque, dont nous mordons à belles dents la chair rose aux pepins noirs; nous en frottons nos visages et nos mains, comme font les lazzaroni de Naples, et ressentons un bien-être rafraîchissant de cette ablution parfumée. A l'angle de la place s'élève le magnifique palais Bevilacqua, avec sa cour de la Renaissance à double rang d'arcades en briques rouges. Je me demande si c'est encore là une des propriétés de cet insolvable marquis de Carabas, beau-frère du général Lamasa?

Le soleil décline; une brise fraîche se lève soufflant des rives du Pô; il faut partir. Ferrare, dépeuplée, mais belle encore par ses monuments et ses souvenirs, m'enlace et me retient; y vivre me semblerait doux. De plus en plus je me sens attirée par les solitudes qui préparent à la mort. La pourpre du couchant embrase l'horizon comme nous sortons de Ferrare. Quelques gros nuages flottent à l'entour de l'orbe éclatant, et figurent une citadelle incendiée. Bientôt toute l'étendue de la plaine marécageuse s'embrase, et nos chevaux semblent courir à travers le feu. Je n'ai jamais vu de chute de jour plus splendide; le calme et les lueurs voilées lui succèdent instantanément; la lune se lève énorme, éclairant la route de molles clartés : elles évoquent pour nous des ombres chères et sacrées; nous nous souvenons des morts regrettés qui ne voient plus la nature pour nous si belle. M. Protche me parle de son père, un brillant colonel d'artillerie du premier Empire, qu'une fin prématurée lui enleva. C'est lui, fils aîné de la famille en deuil, qui remplaça le père absent, auquel il a voué un culte. Je lui raconte d'autres douleurs. Nous mêlons des confidences de tristesses et des émotions pures qui lient à jamais les âmes à travers l'absence et dans le silence d'un oubli apparent.

Je ne passai plus que trois jours à Bologne. Je dînai une seconde fois à la villa Tattini et chez la comtesse Martinetti. Je ne pus échanger qu'une visite avec l'aimable marquise Tenari (née Favi Ghisiglieri), pour qui madame Beatrice Mancini m'avait adressé une lettre. La marquise me fit parcourir son beau palais renfermant les portraits de toute la lignée glorieuse de ses ancêtres. La veille de notre départ, M. Bignami vint nous chercher dans la soirée pour nous conduire à la *Montagnuola*, promenade publique située au nord de Bologne, sur une colline. Ces beaux ombrages sont dus à l'occupation française. A travers les arbres se groupent la ville et la campagne environnante. C'est un dimanche; la bourgeoisie de Bologne afflue dans les quinconces, où la musique des régiments joue des symphonies. Nous quittons la *Montagnuola* pour aller parcourir les gorges boisées des premiers versants des Apennins, qui abritent les plus riantes villas. Quelle soirée caressante et douce! quelle cordialité dans notre compagnon de cette excursion d'adieu!

Le lendemain, à l'aube, MM. Protche et Bignami étaient à notre porte pour nous accompagner au chemin de fer. Nous quittâmes Bologne avec émotion. On y avait lutté pour nous de grâce et d'hospitalité; on nous y avait fait, durant dix jours, une vie de fêtes. Nous nous arrêtâmes quelques heures à Parme chez l'aimable comtesse Gamba, qui nous fit revoir le musée et les monuments, et le soir de ce même jour (4 août 1860) nous couchâmes à Turin.

XXI

Au moment où nous arrivions dans la capitale, désormais provisoire, de l'Italie des événements décisifs s'accomplissaient dans le midi de la Péninsule. Garibaldi était maître de toute la Sicile, où il ne restait plus aux Bourbons que la citadelle de Messine dont les soldats voulaient se rendre au libérateur et que leur général s'obstinait à défendre. Garibaldi adressa de Messine une proclamation aux femmes de l'Italie; il demandait aux mères leurs enfants pour délivrer toute entière la mère commune, la patrie. Le 5 août, deux mille volontaires s'embarquaient à Gênes et allaient grossir l'armée du héros; deux autres mille hommes partaient quelques jours plus tard; des souscriptions étaient ouvertes et se couvraient aussitôt pour défrayer les convois successifs de ces libres soldats; je n'ai jamais vu un élan plus beau et plus unanime : c'était comme la palpitation héroïque de tout un peuple. Le comte de Cavour facilitait les départs d'hommes et d'armes, malgré les ménagements diplomatiques qu'il était forcé de garder vis-à-vis de l'Europe. Il fallut tout son génie de conciliation et d'audace pour mener de front cette politique à double face nécessitée par la crise suprême d'où l'unité italienne allait sortir triomphante. Au dedans, il était entraîné par les forces vives et l'enthousiasme de la nation; au dehors, tout lui faisait obstacle. Mais la *vérité* de son patriotisme (j'écris le mot à dessein) l'inclina vers le souffle qui poussait l'Italie. Les plus ardents patriotes l'accusaient pourtant d'hésitation, quelques-uns même de trahison. A distance, et maintenant que le fier ministre est dans la tombe, nous pouvons juger quelles furent la hardiesse et la décision de ce grand homme d'État. Naples frémissait dans l'attente du débarquement de Garibaldi; la population entière appelait le héros; mais il y avait encore à Turin les ambassadeurs du roi de Naples, déjà détrôné de fait. Ce fut dans ces circonstances complexes que le roi Victor-Emmanuel et Garibaldi échangèrent les lettres qu'on va lire. Les événements accomplis depuis cette époque en font, à mon avis, deux documents caractéristiques.

« Cher général,

« Vous savez que lorsque vous partîtes pour la Sicile, vous n'avez pas eu mon approbation. Aujourd'hui je me décide à vous donner un avertissement dans les graves circonstances actuelles, connaissant la sincérité de vos sentiments pour moi.

« Afin de faire cesser la guerre entre Italiens et Italiens, je vous conseille de renoncer à l'idée de passer avec votre valeureuse troupe sur le continent napolitain, pourvu que le roi de Naples consente à évacuer toute l'île et à laisser les Siciliens libres de délibérer et de disposer de leurs destinées.

« Je me réserverais pleine liberté d'action relativement à la Sicile dans le cas où le roi de Naples ne pourrait pas accepter cette condition. Général, suivez mon conseil, et vous verrez qu'il est utile à l'Italie à laquelle vous faciliterez de pouvoir augmenter ses mérites en montrant à l'Europe que, de même qu'elle sait vaincre, de même elle sait faire un bon usage de la victoire.

« VICTOR-EMMANUEL. »

« Sire,

« Vous savez quel profond respect et quel dévouement j'ai pour Votre Majesté, et il m'est pénible de ne pouvoir vous obéir comme je le désirerais. La situation actuelle de l'Italie ne me permet pas d'hésiter : les populations m'appellent ; je manquerais à mon devoir et je compromettrais la cause italienne si je n'écoutais pas leur voix.

« Permettez-moi donc de contrevenir cette fois à vos ordres. Lorsque j'aurai rempli ma tâche et délivré les populations du joug qui les opprime, je déposerai mon épée à vos pieds et vous obéirai alors pour tout le reste de ma vie.

« GARIBALDI. »

En définitive, c'est Garibaldi qui entraîna la nation ; il enflamma l'âme collective du peuple, sans laquelle rien de grand ne peut s'accomplir. Le lendemain de mon arrivée à Turin, j'allai voir M. de Cavour ; il me reçut comme au mois d'avril, dans ce cabinet vert dont j'ai déjà parlé, et où je le reverrai toujours, en pensant à lui, vivant, aimable, enjoué, portant avec une sorte de prestesse le poids de l'Italie en éclosion. Je lui parlai des diverses villes que j'avais habitées, et d'abord de Florence.

« Croyez-vous, me dit-il, qu'il soit vrai qu'on y regrette le grand-duc et sa petite cour ?

— Quelques nobles entêtés et quelques fonctionnaires destitués peut-être, répondis-je; mais la bourgeoisie, les ouvriers sont ravis de l'annexion.

— Oui, répliqua-t-il, le tiers état se forme rapidement en Italie; il en sera la force et la base, comme il l'a été pour la France; le tiers-état est armé par la garde nationale, heureuse de son importance, et aimant sérieusement la patrie; le tiers-état se soucie peu de la représentation d'une petite cour; d'ailleurs, j'ai donné aux Toscans le prince de Carignan, qui vaut mieux que leur grand-duc. L'avez-vous vu? ajouta-t-il; avez-vous vu Perrone?

— J'ai vu M. Perrone plusieurs fois; il est très-souffrant.

— Le travail le tue, répliqua M. de Cavour; je l'en accable.

— Un général d'armée comme vous a le droit de ne pas épargner ses soldats.

— Il y a des temps, dit-il, où le travail de cabinet est meurtrier comme un champ de bataille.

— Le prince de Carignan, repris-je, m'a paru très-aimé; plusieurs fois je l'ai vu acclamé par la foule à la promenade, au sortir du théâtre ou de l'église. Il y a peu de jours, j'ai rencontré le prince de Carignan dans l'étroit escalier de l'hôtel où je logeais à Florence; il venait de faire visite au prince Massimo, de Rome.

— Les Massimo sont alliés aux Carignan par les femmes, répliqua M. de Cavour, mais le prince de Carignan est trop bon d'être allé voir ce vieux *codine*. Le prince Massimo est le plus réactionnaire des princes romains; il vient de marier son fils avec une fille de la duchesse de Berry et de Luchesi-Palli.

— La sœur du prince Massimo, la princesse Lancilotti, que j'ai vue un soir à Florence, repartis-je, partage la haine de son frère contre l'Italie libre.

— C'est une femme de beaucoup d'esprit, reprit M. de Cavour; elle a du trait, du mordant, et toute l'insolence d'une de vos vieilles marquises du faubourg Saint-Germain; elle est bourrée de préjugés qui se traduisent en boutades fort drôles contre nous. A Rome, on citait les mots de la princesse; ils faisaient événement dans cette ville endormie. Quand on la maria, elle et sa sœur, comme son mari était fort gros et fort court, et celui de sa sœur grand et roide, elle dit : « On m'a fait épouser un sarcophage et à ma sœur un obélisque. »

— La noblesse, lui dis-je, se distrait par des mots et des jeux d'esprit; la bourgeoisie et le peuple lui répondent par de l'action; ils ont pris partout la place de la noblesse et ils mènent le monde. Je lui parlai ensuite de Pérouse, où je n'avais trouvé dans les rues désertes que des mendiants et des prêtres. La garnison papale, ajoutai-je, est à moitié composée d'Autrichiens et de Suisses. La première langue que j'ai entendue en entrant à Pérouse a été la langue allemande.

— Y avez-vous rencontré Lamoricière? me demanda M. de Cavour.

— Je l'ai manqué d'un jour; il devait arriver le lendemain avec Schmidt, qu'on vient de nommer général, et au moment de mon départ je lui ai laissé, à l'hôtel où il descend toujours, mes vers adressés à Garibaldi, dans lesquels je prédis à Lamoricière qu'il sera vaincu par l'Italie. Ces vers sont imprimés, ajoutai-je, et, si ma prophétie se réalise, on ne dira pas qu'elle a été faite après coup.

— Et vous aviez signé ces vers en les lui envoyant? me demanda M. de Cavour.

— Ne pas signer une attaque directe eût été une lâcheté, lui dis-je; j'en voulais à Lamoricière d'avoir menti à sa gloire militaire et à son libéralisme, auquel je crus un jour. J'avais assisté à la séance de l'Assemblée constituante, où il stigmatisa l'expédition de Rome, et le voilà soldat du Pape!

— Mais, savez-vous, me dit en riant M. de Cavour, qu'il aurait bien pu faire courir après vous et vous mettre en prison.

— Bah! les généraux du Saint-Père y regarderaient à deux fois avant de mettre la main sur un Français et même sur une Française. »

Je lui racontai ensuite l'accueil que m'avait fait à Ravenne la comtesse Rasponi, fille du roi Murat.

« Murat, reprit-il, est mort comme un martyr, comme un patriote italien, et si Garibaldi s'empare du royaume de Naples, nous lui devons un monument; il l'aura, ajouta-t-il, pourvu que son fils ne s'imagine pas qu'il deviendra jamais roi, et n'agite pas le midi de l'Italie par des prétentions vaines; en dehors de la dynastie de la maison de Savoie, qui représente un principe, le peuple italien ne se battra plus pour des querelles de trônes; ce qu'il veut désormais, c'est la patrie assurée, *une*, grande et puissante.

— La comtesse Rasponi l'a compris, répliquai-je; avant tout elle est Italienne, et ses fils sont les plus fidèles serviteurs de votre roi.

J'ai vu chez elle, poursuivis-je, le gouverneur de la province, un de vos disciples. Nous avons causé du recrutement, qui n'aurait trouvé aucune résistance parmi le peuple sans les menées du clergé. Les mêmes prêtres qui ont refusé la communion à ceux qui votèrent l'annexion la refusent aujourd'hui à vos soldats, ainsi que le mariage religieux; il serait bien temps que la loi sur le mariage civil fût promulguée.

— Elle fera partie de notre nouveau code, auquel nous travaillons sans désemparer, reprit M. de Cavour, et vous serez contente des garanties accordées aux femmes par cette loi; nous avons pris à la loi française ce qu'elle avait de bon, mais nous avons aussi emprunté quelque chose à la loi autrichienne : une sauvegarde pour la femme qui n'est point dans le code français. Il faut reconnaître le bien dans ses ennemis même. » Puis il entra, au sujet de cette loi, dans de curieux détails sur tout ce qui, dans les antiques et modernes législations, se rapporte aux femmes.

« Puisque le sort des femmes vous intéresse en général, il doit vous intéresser un peu en particulier, repris-je, et je voudrais bien obtenir de vous, monsieur le comte, une petite grâce.

— Laquelle?

— Mon passage sur un vaisseau de l'État pour me rendre à Naples.

— Ah! ah! répliqua-t-il en riant, vous voulez aller rejoindre Garibaldi, mais il est encore de l'autre côté du détroit.

— Il le passera, et je veux assister à son entrée triomphale à Naples, pour pouvoir la décrire.

— En ce cas, nous verrons! Aussitôt que Garibaldi aura mis le pied dans Naples, j'y enverrai des troupes, et si la compagnie d'un régiment ne vous épouvante point, vous aurez un passage sur un navire de guerre. »

J'allais remercier M. de Cavour, lorsque son secrétaire entra et lui remit un carré de papier. Il y jeta les yeux et se leva vivement.

« Adieu, me dit-il, partez vite; c'est un ministre qui m'attend. » Et il se dirigea vers un salon du fond, en tournant encore la tête de mon côté. Je restai debout, le regardant un peu interdite de sa disparition. « Pas un mot de plus pour aujourd'hui, me cria-t-il; c'est Farini, vous dis-je, Farini qui revient! »

Je m'éloignai, ne comprenant pas bien toute l'importance qu'avait en ce moment pour M. de Cavour la visite de M. Farini.

Le soir même de cette conversation je dînais avec ma fille chez M. et madame Mancini. J'eus la joie de retrouver parmi les convives l'illustre Poërio ; il m'apprit que M. Farini était allé à Gênes pour empêcher une expédition de huit mille volontaires que Bertani, président du comité garibaldien, devait diriger sur les Marches et sur l'Ombrie. La discussion fut longue et orageuse à ce sujet entre Farini et Bertani, mais ils finirent par s'entendre. Il fut décidé que ce corps de huit mille hommes s'embarquerait à Gênes pour la Sicile, et qu'une fois en Sicile, il serait maître de faire ce que bon lui semblerait. C'est du résultat de cette conférence que M. Farini venait rendre compte à M. de Cavour, lorque notre conversation fut interrompue.

Trois officiers napolitains de la plus haute distinction, et qui devaient plus tard s'illustrer au siége de Gaële, assistaient à ce dîner. C'étaient le colonel de Ranzio, le major Somma et le capitaine Pierantoni ; tous trois avaient quitté le drapeau de François II pour venir prendre du service en Piémont. Ils nous prédirent la prochaine délivrance de Naples et nous affirmèrent, ce qui se réalisa bientôt, que l'armée ne défendrait pas son souverain détesté et que Garibaldi n'aurait qu'à se montrer pour devenir maître de tout le royaume.

Je ne passai que quelques jours à Turin. Les bains de mer avaient été ordonnés à ma fille, et je me hâtai de la conduire à Gênes. La population et le mouvement de cette grande ville me parurent doublés. Un grand nombre de vaisseaux de guerre étaient à l'ancre dans le port ; parmi eux se trouvaient deux navires piémontais qui avaient été armés pour empêcher l'expédition des garibaldiens dans les États du Pape. Le soir même de notre arrivée, nous vîmes partir, des fenêtres de l'hôtel Feder, qui donne sur le port, deux grands bateaux à vapeur américains emmenant trois mille garibaldiens aux cris enthousiastes de la population, qui les accompagnait dans des barques. On les saluait du rivage ; la foule se pressait sur la terrasse, sur le môle et sur les hauteurs qui dominent le port. L'expédition de Garibaldi avait cessé d'être clandestine ; le succès de son héroïsme l'avait fait revendiquer par la nation tout entière. Pas un cœur qui ne voulût sa part de ce péril romanesque et de cette gloire si belle. Dans les rues et sur les places on ne voyait plus que des garibaldiens. Les embarqués de la veille étaient aussitôt remplacés par les aspirants du lendemain. Le soir, ils se pressaient à l'*Acquasole* et sur les terrasses du café de la *Concordia*, entourés et fêtés. La musique des régiments leur sonnait des fanfares d'adieu. Ils étaient superbes dans leurs habits rouges. Plusieurs ateliers, à Gênes, travaillaient nuit et jour à la confection de ce triomphant uniforme décrété par l'inspiration de Garibaldi.

Aux tables d'hôtes des hôtels de Gênes ce n'étaient que jeunes Anglais, Polonais, Hongrois en casaques rouges qui venaient grossir l'expédition. Par ces belles nuits, on les entendait, dans les salons, chanter des hymnes à la liberté ; la foule écoutait au-dessous des fenêtres ouvertes et reprenait en chœur le refrain.

Le comité d'armement de Bertani fonctionnait avec activité ; il était en ce moment présidé par M. Macchi-Mauro, député, que j'avais connu en arrivant en Italie ; il remplaçait Bertani, mandé en Sicile par Garibaldi. Quoique écrasé d'occupations, il vint me voir quelquefois pendant les jours que je passai à Gênes ; il se plaignait des entraves que M. de Cavour mettait au départ des volontaires ; il s'en irritait dans son patriotisme fougueux. Le corps de la nation allait plus vite que la tête. Une lettre du comte Oldefredi, député et ami de M. de Cavour, que je reçus à cette époque, caractérise bien la situation des esprits en Italie durant cette heure décisive. J'avais demandé au noble comte, directeur des chemins de fer italiens, des billets de circulation, il m'écrivit, en me les envoyant :

« J'aurai le plus grand plaisir, madame, à vous voir avant votre
« départ pour Naples. Naples et le Piémont se trouvent dans une
« situation où il n'y a plus d'hésitation possible ; le passé du roi de
« Naples est trop récent pour qu'il soit oublié par son peuple. Ac-
« cepter une dynastie qui n'accorde une constitution que pour
« calmer les esprits et la violer aussitôt, est une impossibilité qui
« serait immorale sans être politique ; il ne reste donc que le re-
« mède extrême de l'annexion : il offre des difficultés très-sérieuses,
« mais il a du moins l'avantage de n'être pas une idée fausse. Le
« Piémont avait à choisir entre couper court à tout mouvement
« dans l'Italie méridionale ou se mettre à la tête de ce mouvement
« pour le diriger. En se décidant pour le premier parti, il aurait eu
« toute l'Italie contre lui et peut-être la diplomatie favorable. Le
« dernier choix lui fera conserver tout son ascendant en Italie, et
« peut-être l'Europe acceptera-t-elle les faits accomplis. Il évite en
« outre de se laisser déborder par le mouvement comme il en a

« couru dernièrement le risque. Reste à accomplir les faits, et
« certes ce n'est pas facile, quoi qu'on en dise. Un échec de Garibaldi
« serait peut-être le signal d'un nouveau 15 mai[1] à Naples. Gari-
« baldi est un très-grand caractère qui rappelle les héros de l'anti-
« quité. Ses défauts ont leur source dans sa vertu même; il est
« loyal et droit comme son épée et croit que tout le monde l'est
« ainsi. Malheureusement il se laisse quelquefois entraîner dans
« des impasses.

« 15 août 1860. »

Depuis cette époque, aucune ombre n'a voilé le caractère du héros italien; il est resté, suivant la belle expression du comte Oldefredi, *loyal et droit comme son épée*. Quelle grande figure dans l'histoire contemporaine! comme on comprend bien son prestige et son autorité sur les masses! Domination pure, régénératrice, qui les empêche de s'égarer dans les crimes et les tempêtes des révolutions stériles. La gloire de Garibaldi fut en ce moment à son apogée; son influence était souveraine; presque chaque soir j'allais avec M. Macchi voir, de la terrasse du port, les convois de volontaires qui s'embarquaient. C'était dans le port un va-et-vient de chaloupes, des chants, des cris, des vivats. Le cercle des collines couvertes de forts et de villas s'illuminait sous la pourpre du couchant. L'écho du palais désert des Doria répétait les acclamations de la foule. La fille de Garibaldi les entendait de la plage, reine idéale de tout ce peuple. Son père l'avait laissée à Gênes chez des amis, en partant pour son expédition aventureuse. Menotti, le fils aîné du héros, l'accompagnait, tandis que son plus jeune fils finissait ses études à Liverpool.

L'enthousiasme patriotique de l'Italie me gagnait par ces beaux soirs où la fête de la nature complétait celle de la liberté. Palerme et Naples m'attiraient; ces vaisseaux à vapeur fumant devant moi me criaient : « Viens! » Aller voir ces peuples délivrés, joyeux, fiers, armés, quel spectacle pour le poëte! pourtant il y a toujours une ombre de deuil sur les pages les plus radieuses de l'histoire. Je me disais, en voyant s'embarquer les volontaires : « Que de mères en pleurs! combien de ces jeunes courages qui vont dispa-

---

[1] Le 15 mai 1848, le roi Ferdinand II, après avoir renversé la constitution qu'il avait octroyée, fit arrêter et massacrer les députés dans les rues de Naples.

raitre dans la mort! Les hécatombes humaines ne cesseront donc jamais d'ensanglanter la terre! Encore lorsqu'on meurt pour un principe! » Mais à l'heure même des milliers de chrétiens étaient massacrés à Damas. Je lisais en frémissant ces horribles récits; ils attristaient les gais clairons de la guerre qui sonnaient au port. Nous faisions chaque jour une promenade en bateau; l'enfant qui nous conduisait s'appelait Nicolo et sa barque *il Paradiso terrestre*; il nous répétait sans cesse, en brandissant sa rame comme une épée : « *Io pur voglio andare dov'è Garibaldi.* (Et moi aussi je veux aller où est Garibaldi.) » Le nom du héros sortait de toutes les bouches; il était sacré pour le peuple jusqu'au fanatisme. Un vieux batelier apprenait à nager à ma fille, qui plongeait dans la mer vivifiante, tandis que la main vigoureuse de cet homme tenait la corde passée autour de ses reins. Idolâtre de Garibaldi, le batelier demanda un jour à ma fille de faire écho aux vivat qui faisaient retentir ce grand nom sur tous les ponts des vaisseaux. « Je ne crie que *Vive la France!* » répliqua ma fille, et elle ajouta en riant : « Sans elle vous ne seriez rien du tout. » Le visage du batelier s'empourpra de colère; aussitôt il lâcha la corde de toute sa longueur, ne la retenant plus à son extrémité que du bout des doigts. Ma fille fit un plongeon et disparut quelques secondes sous les vagues. Je poussai un cri et me précipitai à mi-corps de la barque où j'étais assise. « *Briccone! che questo?* dis-je au batelier en saisissant son bras. — *Signora*, me répondit-il avec un sang-froid terrible, *senza voi che amate molto l'Italia, l'avrei affogata.* (Madame, sans vous qui aimez bien l'Italie, je l'aurais noyée.) » Et tout en disant ces mots, il dévidait la corde et faisait reparaître à la surface ma fille qui me rassurait en riant.

Je ne retrouvai pas à Gênes le comte Ricciardi, il venait de s'embarquer pour Naples avec sa famille; je fus heureuse de revoir son ami, M. Frédéric Filippi; il nous engagea à passer une journée chez son père dans leur jolie maisonnette sur la rive de Pegli. La belle Maddalena n'y était plus : quel avait été le dénoûment de cette idylle [1]? Nous parcourûmes de nouveau la somptueuse villa Pallavicini et les gorges les plus prochaines de ces riantes collines où s'abritent des maisons à façades peintes en décor; puis nous nous assîmes sur la plage. Les grands flots de la mer montaient en écume

---

[1] Voir page 72 du premier volume.

neigeuse qui caressait nos pieds. Un excellent dîner nous reposa de notre longue promenade. J'emportai de cette journée une impression que je fixai le soir même dans les strophes qu'on va lire :

A M. FRÉDÉRIC FILIPPI.

Ta maison est rouge et petite
Sur un frais coteau s'appuyant ;
Quand la mer gronde elle s'abrite
Dans son nid toujours verdoyant.

Elle est douce, riante, affable,
Devant l'immensité des flots ;
Sur cet horizon formidable
Elle a vu passer le héros.

Elle a vu le grand téméraire,
Le pur, le juste, le hardi,
Et l'on dirait qu'elle s'éclaire
D'un rayon de Garibaldi.

Car sous son toit elle recèle,
Honneur, courage et loyauté,
Et pour la muse elle est plus belle
Que les palais de la cité.

Dans cette maison recueillie,
Où ton amitié m'appela
A la grandeur de l'Italie,
J'ai bû le vin de Marsala.

Je me suis assise attendrie
Près de ton père, beau vieillard
Dont la gloire de la patrie
Rajeunit l'âme et le regard.

Quand dans Paris, la ville sombre,
Je traînerai mes longs ennuis,
Ta maison luira dans mon ombre
Comme une étoile au fond des nuits.

Depuis quelques jours, Gênes espérait chaque matin la nouvelle du débarquement de Garibaldi dans le royaume de Naples. On savait que, suivi d'une partie de ses braves, il avait quitté la Sicile désormais délivrée. Mais sur quel rivage s'était-il dirigé? On eût dit que le navire invisible qui portait le héros avait sombré dans le détroit orageux, tant sa course était mystérieuse. Ma confiance dans l'étoile de Garibaldi et dans la fortune de l'Italie ne s'affaiblit pas un moment durant ces heures d'incertitude et d'angoisse. Je me disais et je disais à ses amis : « J'en suis sûre, la nouvelle du débarquement de Garibaldi dans les Calabres éclatera tout à coup comme la foudre. » Dans cette attente, je disposai tout pour mon voyage à Naples. Je voulais revoir une dernière fois M. de Cavour et aller dire adieu, à Milan et à Venise, à quelques amis bien chers; je me rendis à Turin le lundi 20 août 1860; le lendemain à midi j'étais chez M de Cavour.

« Ah! me dit-il en riant, sitôt que j'entrai dans son cabinet, je crois que vous partirez bientôt; vous pouvez préparer votre habit rouge.

— Garibaldi est débarqué! m'écriai-je.

— Vous m'en demandez trop, répliqua-t-il; je n'ai pas le temps de causer aujourd'hui; j'ai donné l'ordre, à Gênes, à l'amiral Sera que vous eussiez votre passage sur un beau navire; je vous enverrai à Gênes une lettre pour Villamarina.

— Vous l'oublierez, monsieur le comte, dans ce grand tourbillon qui vous emporte.

— Je n'oublie rien de ce que j'ai promis et de ce que je veux faire, me répondit-il; adieu, chantez Garibaldi et aimez toujours l'Italie comme vous l'aimez. »

Je lui tendis la main avec émotion. Il était debout, vif, actif, l'œil éclatant, le teint animé, plein de force et de jeunesse en ce moment. Lorsque je fus sur le seuil de la porte du cabinet vert, je tournai la tête pour le saluer encore une fois; il s'était rassis à son bureau.

« Au revoir! me cria-t-il; quand vous reviendrez de Naples, passez par Turin. »

Le soir, vers six heures, le bruit se répandit dans Turin que Garibaldi était débarqué à Reggio. Je partis à sept heures pour Milan. Par un heureux hasard, je trouvai dans le même wagon que moi M. Farini, qui allait coucher à la campagne. Je lui demandai si la bonne nouvelle était vraie.

« Je crois pouvoir vous assurer que oui, » me répondit-il en souriant.

Le lendemain matin, au moment où je montais en wagon à Milan pour me rendre à Venise, je lus dans les journaux qu'on vendait à l'embarcadère la dépêche télégraphique qui annonçait le débarquement de Garibaldi et la prise de Reggio. A Vérone, je l'annonçai aux employés du chemin de fer; à Peschiera, la garnison était doublée et presque sous les armes; le visa des passe-ports fut minutieux; on ne se contenta pas d'entr'ouvrir mes malles comme huit mois auparavant, on les fouilla en tous sens. Le chef des douaniers mit la main sur une boîte ronde en fer-blanc.

« *Ch'è questo, signora*" (Qu'est cela, madame?) me demanda-t-il.

— *Questo è polvere* (Ceci est de la poudre), répondis-je d'un air sérieux.

— *Polvere per armi?* (Poudre pour des armes?) reprit-il.

— *Guardate, signore.* (Regardez, monsieur). »

Sa moustache blonde se hérissa; il ouvrit la boîte, et son uniforme fut aussitôt couvert d'un nuage blanc. « *Polvere di riso !* » s'écria-t-il moitié riant, moitié furieux; l'assistance riait aux éclats, car la poudre de riz, en se renversant, avait jailli au visage du douanier et lui donnait des allures de pierrot. Voyant l'hilarité générale, il commença à se fâcher, lança un juron allemand et rejeta la poudre dans ma caisse; les rires continuèrent plus fort. Il y avait dans l'air quelque chose de querelleur et de belliqueux. Le débarquement de Garibaldi à Reggio montait toutes les têtes. Le soir, quand j'arrivai à Venise, un vieux gondolier qui, pendant mon séjour de l'hiver précédent, m'avait souvent conduite au Lido, me reçut au débarcadère. Il avait deux fils au service de l'Autriche; ils s'étaient enfuis de Pola pour devenir volontaires de Garibaldi. Je dis au gondolier la bonne nouvelle et lui remis plusieurs journaux de Milan, qui avaient publié, le matin, la dépêche télégraphique. Aussitôt il la transmet, à voix couverte, de gondolier à gondolier. Ces mots: *E sbarcato il grand'uomo !* (Le grand homme est débarqué!) répétés avec une sorte de rhythme musical, volent de lagune en lagune; en une demi-heure tout Venise se les répétait; bien des cœurs battaient de joie, bien des fronts rayonnaient. Ce que c'est que l'électricité de la gloire, quand cette gloire est celle de tout un peuple !

Le surlendemain, je visitai l'île des *Vignole* (des vignes), la seule des îles qui entourent Venise que je ne connusse pas. Je trouvai là une famille dont je n'oublierai jamais le tableau : la vieille mère ridée, qui filait au soleil sous une tonnelle; son mari cueillant les fruits qu'il devait aller vendre, le lendemain, à Venise; trois de leurs fils sarclant la terre; une bru d'une beauté admirable, qui me répondit, quand je lui dis quelle était belle : « Regardez mon mari, il est plus beau que moi ! » et elle l'appela pour me le montrer. Eux aussi avaient un fils dans l'armée de Garibaldi. Lorsque je leur appris la nouvelle de la veille, ce furent des larmes et des exclamations de joie. Aussitôt la jeune femme me fit un bouquet superbe, et le père m'offrit dans un panier ses plus beaux fruits. Par un hasard singulier, c'était le jour de ma fête. Ces bonnes gens la célébraient à leur insu. Trois jours après, je racontai cette scène à l'illustre Manzoni. « Quelle idylle de poëte vaudrait cette idylle vivante ! » s'écria-t-il.

Je fus très-heureuse de retrouver à Venise le baron Emilio Mulazzani ; nous revîmes ensemble les *Zattere* et fîmes le tour de l'île de la *Giudecca*, toute parée de ses jardins et de ses grands arbres au feuillage sombre. Venise me parut plus merveilleuse encore par ces soirées empourprées de l'été. Je retournai à l'île des Arméniens ; j'y revis frère Jacques, très-amaigri et fort triste ; depuis plusieurs mois il était sans nouvelles de sa sœur, qui habitait Smyrne ; c'était tout ce qui lui restait de sa famille.

« La vie monacale, me dit-il, a des mélancolies profondes qui finissent par miner le corps, quelquefois l'âme en est abattue. Mais toutes nos peines nous seront des joies dans un autre monde. »

Nous nous étions assis dans le belvédère couvert de ceps de vignes ; les feuilles, sur nos têtes, s'enlaçaient aux raisins mûrs ; devant nous, sur la lagune à peine ridée, Venise flottait au loin lumineuse et marmoréenne ; le groupe verdoyant du jardin public tranchait sur la blancheur des maisons et le ton doré du rivage ; çà et là, dans les îlots voisins, des touffes de plantes et de fleurs riaient sur les flots bleus ; derrière nous, le Lido ravagé étalait encore quelques allées ombreuses et des restes de végétation.

Je racontai à frère Jacques les fêtes patriotiques de l'Italie dont j'avais été le témoin ; il savait les grands événements qui, dans leur marche providentielle et sûre, tendaient tous à l'unité ; il s'y intéressait. Les Arméniens ont l'esprit éclairé plus que tous les autres moines de la Péninsule. Indépendants sur une terre esclave, ils n'ont aucun intérêt au maintien de la double oppression du pouvoir papal et de l'étranger. Tout en causant, frère Jacques m'offrit une grappe énorme du muscat noir qui pendait sur nos têtes, puis un bouquet de roses des plates-bandes voisines. Je le quittai en lui souhaitant paix et bonheur ; deux vœux illusoires, qui me semblent toujours empreints d'un peu d'ironie involontaire, soit qu'on nous les adresse, soit que nous les exprimions nous-mêmes à autrui. Le soir, je soupai gaiement avec le baron Mulazzani, dont l'esprit parisien persiflait tous mes enthousiasmes et toutes mes tristesses. Le lendemain 26 août, je quittai Venise ! Venise adorable par une aube d'été et n'attendant pour renaître que la liberté. Je fus conduite au chemin de fer par le vieux gondolier à qui j'avais donné, trois jours avant, la nouvelle du débarquement de Garibaldi à Reggio. Comme j'allais m'élancer de la gondole, il me dit en baissant la voix : « *Signora, benedetto il giorno dove si dira : Garibaldi è sbarcato in Venizzia!* »

XXII

Je ne restai que deux jours à Milan ; presque toutes mes connaissances étaient en villégiature. La comtesse Maffei, que j'aurais eu tant de bonheur à retrouver, passait l'été dans les environs de Bergame. Je revis mon ami l'avocat Francia et le professeur Giorgini, qui m'apprit que l'illustre Manzoni était à la campagne à une lieue de Milan. J'allai, par une belle soirée, dire adieu au grand poëte; il était devenu une de mes affections les plus chères et les plus sacrées ; j'eus le plaisir de rencontrer chez son père madame Giorgini, que je désirais connaître depuis longtemps, et son fils, charmant enfant d'une intelligence prodigieuse, charme et orgueil de Manzoni, répandant autour de lui le mouvement et la vie. Je trouvai le noble vieillard rajeuni par cette joie intime et par la joie plus mâle de l'indépendance italienne. Je lui parlai de Pérouse, de Bologne, de Ravenne et surtout de Florence, où j'avais connu son ami Gino Capponi : « Vous et lui vous êtes, lui dis-je, deux enseignements vivants pour l'Italie, deux exemples de fierté et de vertu que la génération présente doit imiter. Vous trouvez aujourd'hui votre récompense dans le triomphe éclatant de vos principes. » Il m'apprit qu'il avait eu ce jour même la visite des deux fils du roi qui habitaient en ce moment le château royal de Monza. C'est durant cette visite d'adieu qu'il m'offrit ses beaux vers patriotiques, que j'ai donnés à mes lecteurs. Quand il sut que je partais pour Naples : « Vous êtes heureuse, me dit-il ; si j'avais quelques années de moins, je ferais aussi ce voyage. Saluez de ma part Garibaldi. »

Dans le cœur de Manzoni, comme dans tous les cœurs italiens, c'était à cette époque une certitude que Naples serait au héros dans quelques jours.

Je prolongeai ma visite jusqu'à minuit; je ne pouvais me décider à le quitter. Je sentais que cette fois c'était bien un adieu; peut-être le dernier. Il pleuvait un peu, quand je partis; ce fut un de ces orages du Midi, rapide et tiède, qui ne jette ni froid dans l'atmosphère, ni obscurité dans le ciel; des nuées laiteuses amoncelées autour de la lune, et à travers lesquelles elle tourbillonnait, me firent cortége jusqu'à Milan; c'était d'un effet fantastique inouï; il me semblait que, poussés vers la terre, les nuages me touchaient et m'enveloppaient; je me plais quelquefois à noter les impressions que cause la nature, comme je note celles que produisent en moi l'art et les sentiments.

Je ne voulus pas quitter Milan sans revoir le lac de Côme. Je l'avais visité, on s'en souvient, par une des plus rudes journées d'hiver; je le retrouvai bordé de terrasses en fleurs, d'ombrages d'un vert tendre et d'immenses pelouses tapissant le versant des monts. Les cascades se précipitaient sur ces lits d'herbes fines; les villas s'abritaient comme des nids sous le feuillage des arbres; les oiseaux chantaient dans les branches; quelques poissons hardis frétillaient à fleur d'eau; des bateaux à vapeur et une foule de barques sillonnaient le lac. Toutes les maisons étaient habitées. On voyait des femmes élégantes penchées aux balcons ou accoudées aux balustres des terrasses et des belvédères. Les enfants jouaient sur des prairies où paissaient les vaches et où broutaient les chèvres. Jusqu'à mi-côte, tout était verdure, fleurs et rayons sur le cercle des montagnes; puis elles se dénudaient et n'avaient plus jusqu'au sommet que la teinte azurée du roc; les plus hautes gardaient toujours au front une couronne de neige comme les vieillards dont aucune saison ne peut changer les cheveux blancs. Je remarquai sur la rive gauche la belle villa Bignami, appartenant au frère du banquier de Bologne, qui nous avait fait si gracieuse compagnie. Le lac de Côme est un des lieux du monde où il serait le plus doux de vivre; je passai à le contempler quelques heures délicieuses et m'arrachai à regret à l'enchantement de cet Eden.

Comme j'arrivai à l'embarcadère, je rencontrai le comte Stefano Medin, que j'avais connu à Milan chez la comtesse Maffei; je lui dis mon dessein de m'arrêter à Monza et il m'offrit avec empressement de me montrer l'église et le grand parc royal. Nous arrivâmes à Monza à six heures; la soirée nous suffisait pour voir cette ville historique de la Lombardie. Nous parcourûmes ses longues rues et sa place monumentale, où s'élève la cathédrale du quatorzième siècle. La façade est en marbre de couleur s'alternant avec des bas-reliefs et des figurines; le plus curieux de ces bas-reliefs est celui qui représente Théodelinde, reine des Lombards, fondatrice de l'église. L'intérieur est d'un caractère imposant. Je remarque parmi les tableaux une superbe *Visitation* du Guerchin. Sur l'une des colonnes, Bernardino Luini, le grand peintre lombard, a peint à fresque un saint Gérard qui réunit la beauté des lignes à cette expression religieuse qui caractérise le génie de ce maître. Giotto et Luini sont en Italie les vrais peintres de la foi. Le trésor de l'église de Monza, dépouillé de *la couronne de fer*, n'offre plus aucun intérêt. Cette couronne était en or doublé d'un cercle de fer. Son origine est fort ancienne, peut-être antique. Napoléon la posa lui-même sur sa tête, lorsqu'il fut roi sacré d'Italie. Elle servit ensuite au couronnement des derniers empereurs d'Autriche. Après notre victoire de Magenta les Autrichiens en fuite l'emportèrent avec eux. On croit qu'elle est maintenant à Vienne. Sous une des galeries du petit cloître attenant à l'église se trouve un étrange tombeau du quatorzième siècle; il est surmonté du cadavre embaumé d'Hector Visconti, que l'on voit sous verre, hideux et desséché. Cette momie, moins les bandelettes, étale ses bras de squelette et ses fémurs décharnés. A quoi bon ce spectacle? mieux vaudraient nos restes devenus cendres. Je regrette de ne plus trouver sur la place de Monza la colonne d'infamie qui rappelait les crimes d'Osio, cet amant si beau et si pervers de la *Monaca di Monza*. Tous ces grands infâmes de la Renaissance eurent pour patron César Borgia; ils participaient de son audace et de ses séductions. Manzoni, dans son roman des *Promessi sposi*, nous a tracé à grands traits la mystérieuse figure de cette religieuse princesse espagnole, ardente et hautaine. Le procès complet, où revit cette sinistre histoire, venait d'être récemment découvert à Milan[1] au moment où je visitai Monza. Les interrogatoires des coupables révèlent ce qu'étaient les couvents à cette époque et ce qu'entraîne après lui de turpitudes et d'horreurs ce

---

[1] Il a été publié par le comte Tullio Dandolo, père d'Enrico et d'Emilio Dandolo, dont j'ai parlé page 270 du premier volume.

vœu de chasteté impossible à l'humanité ; tout est crimes et épouvantement dans cette horrible chronique ; la justice et la religion même y deviennent injustice et impiété ; chancelantes, incertaines, elles revêtent la forme de l'égarement et du vertige. La justice, qui était alors la barbarie, donne la question à une religieuse mourante ; elle incarcère à vie dans des cachots murés la Monaca di Monza et quatre nonnes qui furent ses complices ; elle décrète la mise à prix de la tête d'Osio qui est en fuite, suscitant ainsi la vengeance et la cupidité. Ce fut un parent d'Osio, dont la fortune était obérée, qui, pour toucher le salaire promis par la justice, livra le criminel au bourreau. Osio fut poignardé dans la maison même où il recevait l'hospitalité ; on lui donna seulement le temps de se confesser. Ainsi fit Christine de Suède pour Monaldeschi. La religion ou plutôt le catholicisme du temps suggéra à la *Monaca* une étrange justification de ses crimes : l'*irresponsabilité!* Elle fit des aveux complets : sept années de volupté défendue ; naissance de quatre enfants ; assassinats commis pour cacher sa honte ; tout était vrai ; mais elle était innocente. C'est le démon seul qui avait péché. Chair souillée, âme pure, elle était *possédée* ; qu'on l'exorcise, et, Satan sorti d'elle, elle redeviendra une créature de Dieu. Elle oubliait, la déplorable pécheresse, ce cri que la nature lui arracha en voyant Osio pour la première fois. « Oh ! qu'il est beau ! qu'il est beau ! » avait-elle dit frémissante ; Ève recluse, à qui Adam est interdit. Tout en causant de ces romanesques et sanglantes amours où la passion palpite dans la terreur, nous parcourions le parc impérial de Monza, rendez-vous de chasse des anciens vice-rois de la Lombardie. Les ombres noires des grands arbres dessinaient des fantômes dans le fond des allées ; la petite rivière du Lambro murmurait en fuyant à travers les fourrés. La nuit nous surprit dans une clairière de frênes où des bruits d'ailes et des pas précipités retentirent tout à coup ; on eût dit le spectre éperdu de la Monaca fuyant sous les branches. C'étaient les faisans et quelques cerfs craintifs qu'effarouchait notre voix. Une heure après, nous étions à Milan ; je me séparai du comte Medin en lui disant : « Au revoir, à Venise, dans le palais de vos ancêtres, le jour où Venise sera libre ! »

Le lendemain je partis pour le lac Majeur ; je pris le chemin de fer de Turin jusqu'à Novare où un embranchement me conduisit à Arona. Cette jolie ville se dresse en amphithéâtre au bord du lac ; sur la montagne qui la couronne circule la route du Simplon.

Le bateau à vapeur qui attend les voyageurs se met en marche. Debout sur le pont, je vois se déployer merveilleuses et variées les rives de la partie étroite et inférieure du lac Majeur. Quelle féerie pour les yeux! quelles décorations de la nature! elles surpassent tout ce que l'imagination du poëte et du peintre peuvent imaginer de plus grand et de plus beau. Quand la réalité est à ce point splendide, elle annule l'art. J'ai vu telle jeune femme qui laisse bien loin d'elle la Vénus de Milo, et sans doute il est encore, dans l'Asie Mineure et en Sicile, des éphèbes dont la beauté ferait pâlir l'Antinoüs du Vatican. A gauche, tout près d'Arona, s'élève sur la montagne le château en ruine où naquit san Carlo Borromeo, le célèbre archevêque de Milan. A côté est l'église de Santa-Maria, puis du milieu d'un sommet verdoyant, se dresse la statue gigantesque en bronze de ce saint Borromée qui aima les arts et méritait d'être immortalisé par eux. L'archevêque est debout : sa tête rayonne dans l'azur; d'une main il tient l'Évangile, de l'autre, il bénit la ville où il est né. Les villages de *Seza*, de *Belgirate* et de *Stresa*, leurs campaniles et leurs églises, se dessinent dans l'air; les cimes neigeuses du mont Rose flottent au loin dans l'éther comme de blancs nuages; de riantes villas se groupent sur la plage; celle que la duchesse de Gênes habitait encore il y a quelques mois déroule ses portiques de marbre dans le voisinage de *Stresa*. Sur l'autre rive, mêmes enchantements. Les hameaux, les donjons, les bois montent en gradins jusqu'aux nues. Tout à coup le lac s'élargit et s'arrondit comme sous le coup de baguette d'un magicien; quatre petites îles surgissent des flots bleus; la lumière éclatante met en relief arbres, rochers, terrasses, statues, fleurs, jets d'eau : ce sont les îles Borromées, tant de fois décrites et reproduites par la gravure. La première de ces îles est l'*Isola Bella*; elle apparaît en avant des trois autres avec ses dix terrasses superposées où se cachent des grottes en rocailles couvertes d'orangers et de statues; une énorme licorne forme le point culminant de ce décor d'Opéra. Le palais et les jardins se massent derrière les terrasses; à leurs pieds est un petit hameau et une église, dépendances du château. Dans une plaine de la France, de l'Angleterre ou de la Hollande, sous un ciel brumeux sans horizon, les ornements d'architecture de l'*Isola Bella* paraîtraient d'un goût détestable; mais, découpés sur ce ciel de lapis-lazuli, ayant pour cadre les Alpes, pour draperies les massifs de camellias et de citronniers en fleurs, ces dieux de l'Olympe, un peu grimaçants, ces balustres contournés, ces conques enjolivées, perdent leur mièvrerie de détail et composent un ensemble si attrayant que le ravissement faire taire la critique. A gauche, au-dessus du village de *Baveno*, où le bateau à vapeur s'arrête, se dresse le mont *Monterone*, du sommet duquel on domine le lac d'Orta et le lac Majeur. Au fond du golfe de ce dernier lac, derrière l'*Isola Bella*, s'élève une chaîne granitique dont les carrières de marbre blanc et de marbre rouge fournirent les matériaux de Saint-Pierre de Rome et du Dôme de Milan. Je prends une barque à Baveno et me fais conduire à l'*Isola Bella*. Le palais est grandiose; il fut construit par le comte Vitalien Borromée à la fin du dix-septième siècle. Je traverse d'abord la salle du Trône, soutenue par des figures colossales de vieillards formant cariatides. Deux chambres somptueuses furent habitées : l'une, par Charles-Félix et la fameuse princesse Caroline de Galles; l'autre, par Napoléon Ier, qui coucha à l'*Isola Bella* deux jours avant la bataille de Marengo. Dans cette dernière chambre, dite de l'Empereur, est le magnifique bénitier de saint Charles Borromée, orné de pierres précieuses. En face de la fenêtre se groupe l'*Isola Madre*, décrivant un immense bouquet de fleurs et de verdure. Dans la salle de musique sont deux meubles en mosaïque admirables; la salle de bal est ornée de tous les médaillons en marbre des Borromées présidés par le saint archevêque. Je remarque une sculpture en bois, représentant la barque de saint Pierre, du plus beau travail; dans la galerie des tableaux et des marbres est le triomphe de Galatée, chef-d'œuvre de Luca Giordano; cette galerie s'ouvre sur une terrasse d'où la vue s'étend sur la plus belle partie du lac. En face est la petite ville de *Pallanza*, où je dois aller reprendre le bateau à vapeur; puis l'*Isola Madre*. A droite est *Laveno*, surmontée de collines qui conduisent au lac de Varèse; à gauche, du côté de Pallanza, surgit le petit îlot de San Giovanni ou *Isolino*, dont la villa est habitée par sir James Hudson, ambassadeur d'Angleterre à Turin. Toute cette merveilleuse perspective nage dans l'azur et scintille dans une lumière intense; les yeux éblouis sont brûlés par l'éclat du jour étincelant; ils appellent la nuit et ses molles clartés. Je visite la chapelle où se trouvent trois tombes fort anciennes des Borromées, qui étaient autrefois dans l'église de Saint-François à Milan. Je vais chercher un peu d'ombre dans les grottes tapissées de cailloux et de rocailles, formant une ceinture au palais. Dans une des grottes est une Vénus couchée ; dans une autre, une Flore ; dans une troisième, une Hébé. En face des grottes se dessine l'îlot des Pêcheurs ou *Isola Superiore*, renfermant quelques habitations rustiques. Je parcours le bois de lauriers où Napoléon s'est promené, rêvant à la bataille prochaine ; il grava sur l'un des troncs de ces lauriers gigantesques le mot *bataglia*. Je m'assieds pour reprendre haleine dans une grotte délicieuse, toute tapissée de capillaires, et je termine ma promenade par l'ascension des terrasses, où les marbres s'enchevêtrent aux cédrats, aux citronniers et aux liéges en fleurs. L'intensité des parfums me donne une sorte de vertige ; il est deux heures ; je remonte dans ma barque et vais visiter l'*Isola Madre*. Je dois me trouver à trois heures à *Pallanza*, au passage d'un bateau à vapeur qui me fera continuer l'exploration du lac. Plus agreste que l'*Isola Bella*, l'*Isola Madre* me ravit ; elle renferme une villa qui se dérobe sous les ombrages des grands cèdres échelonnés ; les citronniers et les orangers chargés de fruits et de fleurs déroulent au pied des rocs des espaliers embaumés ; c'est une décoration naturelle bien autrement riante que celle des marbres sculptés. Les arbres de Judée à fleurs roses, les camellias, les grenadiers et les hortensias bleus forment des massifs sur les pelouses ; les pintades et les faisans courent en liberté à travers les haies d'églantiers. Quelle solitude pour deux êtres qui s'aiment ! quelle aménité et quelle splendeur dans la nature environnante ! Je m'imagine que tous les nouveaux mariés de la longue lignée des Borromées ont dû passer là leur lune de miel. Je me repose au pied d'un citronnier dont les fruits énormes parfument l'air. J'ai devant moi la partie septentrionale du lac qui mène au canton du Tessin sauvage et presque sombre ; à distance, cette partie du lac contraste avec le golfe aimable et lumineux où flottent les îles Borromées. Tout à coup le batelier m'arrache à ma rêverie en criant du fond d'une allée : « *Signora, ecco il fumo del battello vicino Baveno.* (Madame, voilà la fumée du bateau tout près de Baveno.) » Je me lève et me mets à courir vers la barque ; comment lutter de vitesse avec la vapeur ? Je promets une forte *mancia* au batelier si nous arrivons en même temps que le bateau qui cingle vers *Pallanza*. Notre barque vole comme un oiseau aquatique ; mais bientôt je vois la colonne de fumée approcher, fuir devant nous et toucher au rivage. Quelques voyageurs, qui attendent le passage du bateau, montent à bord. Le dernier est embarqué ; je perds l'espoir d'arriver à temps ; j'agite mon mouchoir; le batelier crie à tue-tête : « *Aspettate! aspettate!* (Attendez! attendez!) » Le capitaine, debout sur le pont, répond en riant : « *Bene, per una donna!* » Les coups de rames se précipitent, enfin nous touchons à bord; le capitaine vient m'offrir la main pour me faire gravir l'échelle et veut bien se charger de payer le batelier. Je constate une fois de plus la courtoisie italienne. Le bateau part et s'engage dans le large canal que forme le lac en cet endroit; à gauche est *Intra* avec sa place à portiques; à côté d'Intra se détache, sur le versant de la montagne, le château du prince Poniatowski, sénateur français. La jeune comtesse Castiglione, que sa beauté a rendue célèbre à Paris, est en ce moment en visite chez le prince; je l'aperçois debout sur une terrasse. Le capitaine me dit :

« Je l'ai amenée hier à Intra. »

Sur l'autre rive est *Laveno*, au pied d'une hauteur boisée formant un angle sur le lac; à mi-côte s'élève une belle église que les Autrichiens ont saccagée dans la dernière guerre; des vaches paissent sur une vaste pelouse à côté de l'église; nous nous arrêtons à Laveno pour prendre quelques passagers, parmi lesquels sont deux femmes élégantes, la tante et la nièce. A mon mauvais italien ces dames comprennent bien vite que je suis Française; la tante est justement une Parisienne mariée à un Italien, *il signor Bongiovanni*. La connaissance est faite aussitôt, nous échangeons nos cartes. Ces dames habitent *Cannobio*, gros bourg situé sur la rive gauche du lac. Ce sont d'excellentes *patriotes*, qui adorent Garibaldi. Après *Laveno* voici *Porto*, où se trouvent de grandes fabriques de verreries. Le paysage devient ravissant; sur une hauteur le hameau de *Bedero* découpe son église dentelée; plus loin, toujours sur la rive droite que nous longeons et voyons de plus près, voici *Cannero* au milieu des orangers et des citronniers; en face sont de petits îlots où se dressent les débris du château des frères Mazzarda, tyrans de tout ce rivage au quinzième siècle. Nous faisons une halte à *Luino*, admirablement situé dans une vallée fertile entourée de collines; Bernardino Luini est né dans cette jolie ville; quelques-unes de ses fresques si belles décorent la cathédrale. Sur les hauteurs de *Luino* serpente une route qui conduit au lac de Lugano. Un magnifique château s'élève sur un versant entouré de terrasses et de jardins. Garibaldi se battit à Luino en 1848. Sur la plage est une *piazzetta* monumentale avec une colonne commémorative de ce fait d'armes;

en face est l'auberge de la *Bécasse*, où logea le héros. Comme l'*Isola Bella* se souvient de Napoléon, *Luino* se souvient de Garibaldi : l'un a semé la révolution à travers le monde, l'autre la fait triompher par l'unité italienne; à côté de cette colonne d'honneur est la villa du comte Crivelli, le même qui vient de préférer la nationalité autrichienne à celle de sa patrie. Cet Italien unique, Dieu merci, chargé d'affaires d'Autriche en Espagne, a eu le triste courage d'écrire dans les journaux qu'il restait à son poste de représentant de l'empereur. — Tandis que mes aimables compagnes de traversée me donnent ces détails, le bateau cingle vers la rive gauche, où le joli hameau de *Vigiana* se niche dans les bois de la montagne. Tout près est un vieux fort construit par les Visconti; puis vient un autre hameau dont les maisons, la chapelle et le campanile forment un groupe charmant. Sur la hauteur l'éther blanchit, le crépuscule s'étend, la lune dans son plein se lève sur les monts qui ceignent le lac. C'est d'une placidité et d'une grandeur qui fait planer l'âme. Toujours à gauche, voici le village *dei Carmini*; une vieille abbaye s'élève où fut un temple romain en regard d'un récif qui surgit au milieu du lac. Bientôt voici *Cannobio*; non loin de *Cannobio* se précipite un torrent appelé l'*Orrido*, dont l'écume blanche bondit entre des bords escarpés; en face, à la rive droite, sur le sommet des montagnes, se cache un petit lac comme un diamant serti d'émeraudes qui luit pour le ciel; la lune, splendide, suivie d'un cortége d'astres, empêche la nuit de nous dérober le paysage. *Cannobio* forme un groupe dans le pli des montagnes; sa place en arcades de briques rouges s'étend sur la plage, son église *della Pietà*, construite par Bramante, et sa vieille forteresse se dessinent plus haut. Cette forteresse sarde fut bombardée par les Autrichiens le 27 et le 28 mai 1859. « Mon père a conservé dans sa maison plusieurs boulets tudesques, » me dit la jolie nièce della signora Bongiovanni. Le bateau s'arrête à *Cannobio*; je dis adieu à ces dames ; elles m'engagent à venir passer quelques jours chez elles pour assister aux fêtes prochaines où paysans et paysannes du Tessin se rendent à Cannobio dans leurs costumes pittoresques. En voyage, tout est attrait et enlacement, hélas! aussitôt rompus. Après Cannobio la Suisse commence à *Brissago* sur la rive gauche, à *Zena* sur la rive droite. Bientôt nous touchons à Logarno à l'extrémité du lac, (rive gauche); *Magadino* se masse à droite à la dernière limite; la lune flotte dans des nuées laiteuses qui drapent sur les monts leur grand voile virginal. Nous sommes au terme du voyage, Locarno, où le bateau stationne, m'apparaît fantastiquement éclairé par la douce lueur des astres; sa belle église *della Madonna del Sasso* (Madone du Rocher) se détache en blanc sur le fond vert du mont; le grand peintre Bernardino Luini a plusieurs fresques dans ce sanctuaire resplendissant de marbre et de dorure. Nous abordons. Il est trop tard pour visiter l'église; je fais à l'*Auberge de la Couronne* un délicieux souper composé de faisans et de truites; je me promène une partie de la nuit sur la plage solitaire. L'air est tiède et j'ai autour de moi des glaciers éternels; je me sens là perdue, ignorée dans un désert superbe où toute l'âme se recueille et se ressaisit. Je ne puis m'arracher à la contemplation de ces rives si riantes et si sévères à la fois, cadre harmonieux des sensations diverses où flotte le cœur de l'homme! Je ne me couche qu'à deux heures du matin, il faut partir aux premières lueurs de l'aube. A quatre heures, le *cameriere dell' albergo* frappe à ma porte; il me remet la note de mes dépenses : chambre et souper, quatre francs! — Locarno est un Eldorado où le poëte pourrait vivre de peu. Une demi-heure après je suis sur le pont du bateau à vapeur parti de Magadino et qui me prend en passant. Je vois se lever le jour avec ses zones graduées de lumière, où le lilas pâle, le rose et l'or nagent dans l'azur. Pourquoi quitter ce rivage? que de grâces et de beautés y restent ignorées pour moi! J'éprouve la tristesse qui serre le cœur en rompant des sympathies naissantes; la passion se cache dans l'inconnu; je salue en passant les îles Borromées et toutes ces rives à peine entrevues avec un sentiment de regret poignant; il me semble qu'aucun lieu du monde ne m'offrira les ravissements du lac Majeur; une chaude brise du sud souffle par bouffées et murmure à mon cœur : « Le golfe de Naples est plus enivrant encore! Tu touches à la tête altière et superbe de l'Italie, que les glaciers couronnent; le corps de la mère antique a toute la perfection divine comme une de ces statues merveilleuses de la Grèce qui n'ont pas un défaut; ses beaux pieds reposent sur un volcan qui les empourpre de ses lueurs; va donc! ton enthousiasme ne sera pas tari, ta sensation planera plus large et plus brûlante. Ce n'est pas l'heure des solitudes, l'Italie enfante la liberté : Naples attend le Prédestiné! »

Quelques heures après, j'étais à Turin, où le mouvement politique me ressaisissait. Le lendemain, j'allai voir M. Farini, à qui j'avais promis, durant notre courte rencontre des jours précédents, mon petit volume des lettres de Béranger[1]. M. Farini était devenu, durant son exil en France, l'ami du célèbre chansonnier; il avait aussi connu Lamennais et m'en parla avec un souvenir attendri.

« Vous lui devez une statue à Rome, quand Rome sera votre capitale, lui dis-je. Lamennais a détruit un des premiers le pouvoir temporel du Pape. »

Je parlai à M. Farini du souvenir enchanté que me laissaient les îles Borromées.

« Le fils aîné du comte Borromée, me répliqua-t-il, est secrétaire général de mon ministère; toutes les castes de l'Italie se mêlent aujourd'hui et concourent au bien général, comme cela est advenu en France après la révolution de 89. »

Quand je pris congé de l'illustre ministre, il me dit en souriant :

« Peut-être nous reverrons-nous bientôt à Naples?
— J'y serai dans huit jours, » repartis-je.

Je ne voulus pas importuner de nouveau M. de Cavour; je comptais sur la parole qu'il m'avait donnée. Le général della Rocca, qui me fit visite le jour même, me promit de la lui rappeler. J'eus le chagrin de ne pouvoir dire adieu à la comtesse della Rocca; elle était en villégiature dans son joli chalet de Pignerol. J'allai embrasser madame Béatrix Mancini, qui elle aussi me dit : « Nous nous reverrons à Naples, » et le soir même j'étais de retour à Gênes.

Le mouvement du port s'était encore accru pendant ces huit jours d'absence; les frégates de guerre affluaient en mer; les convois de troupes partaient pour les frontières de la Toscane, en attendant qu'ils fussent dirigés sur Naples. Garibaldi traversait les Calabres en libérateur triomphant.

---

[1] Quarante-cinq lettres de Béranger avec une introduction, publiées à la Librairie Nouvelle.

FIN DU DEUXIÈME VOLUME.

TABLE DES MATIÈRES

I

Fêtes patriotiques à Turin (avril 1860). — Population centuplée. — La comtesse Bathiany. — Séance d'ouverture de la Chambre. — Les sénateurs. — Les députés. — Tous les grands noms de l'Italie. — M. de Cavour radieux. — Discours du roi. — Enthousiasme et ivresse de l'assistance. — Le roi, parrain de mon livre l'*Italie des Italiens*. — Réjouissances publiques. — Mon entretien avec M. de Cavour. — Sa joie de voir toutes les provinces de l'Italie représentées à la Chambre. — Rome seule a fait défaut. — Ce qu'il me dit de la noblesse romaine. — De la puissance occulte du clergé. — Son mot sur Venise. — Sa douleur de la cession de Nice. — Sa gratitude à l'Empereur. — Son jugement sur les orléanistes. — Visite au baron de Talleyrand, ambassadeur de France. — La comtesse della Rocca. — Le comte Joachim Rasponi. — Mémorable séance (du 12 avril 1860). — Interpellation de Garibaldi sur la cession de Nice. — Je vois pour la première fois le héros. — Son patriotisme absolu. — Réplique de M. de Cavour, impersonnelle comme le sacrifice, tranchante comme le fait. — Arrivée de ma fille à Turin. — Dîner chez les Mancini. — Poerio. — Pierre Leopardi. — Le colonel Fabrizzi. — Toasts. — Vers à la comtesse della Rocca. — Départ de Turin 1

II

Le roi s'embarque à Gênes pour faire son entrée à Florence. — Je traverse les provinces du centre. — Plaisance. — Parme. — Reggio. — Modène. — Vues à vol d'oiseau. — Souvenir de Ciro Menotti. — Nom de ce martyr donné par Garibaldi à son fils aîné. — Bologne. — M. de Franchis. — Courtoisie d'un bersaglier. — Route à travers les Apennins. — Il signor Morosini et ses deux sœurs. — Grâce et naïveté de la Vénitienne. — Contraste, la jeune Anglaise·

— Détestable dîner à Filigare. — Plus de frontière. — *I fuochi di Pietramala*. — Couvent des Frères servites. — Villa de Pratolino. — Souvenir de Bianca Cappello. — Montaigne dinant à la table du grand-duc et de Bianca Cappello. — Son récit. — Florence nous apparait. — Premier aspect. 13

III

Calme des Florentins. — Malles oubliées. — Mauvaise auberge. — Le baron Ricasoli, gouverneur de la Toscane. — Le prince de Carignan au palais Pitti. — Son secrétaire, le baron Perrone de San Martino. — Première journée à Florence, la ville des fleurs. — Attente du roi. — Les rues pavoisées de fleurs. — Place et pont Santa Trinità. — Place du palais Pitti. — La foule. Vue de la terrasse de droite. — Coups de canon, branle des cloches, arrivée du roi. — Enthousiasme. — Victor-Emmanuel, Cavour et Ricasoli au balcon du palais Pitti. — Mot d'une contadine. — Illuminations. — Place du Dôme. — Rue des Calzaioli. — Place du Grand-Duc. — Palais *Vecchio*. — Loge d'Orcagna. — La *Judith*, de Donatello. — Le *Persée*, de Benvenuto Cellini. — Le *David*, de Michel-Ange. — Cour moresque du palais *Vecchio*. — Les galeries extérieures des Offices. — Ombres de Dante, de Michel-Ange, de Boccace, de Laurent le Magnifique. — Quais de l'Arno. — Pont *Vecchio*. — Le roi, Ricasoli, Cavour sur la terrasse suspendue du passage des Médicis. — Acclamations. — L'Arno roule des flots de lumière. — Feu d'artifice. 26

IV

Vent glacé soufflant des Apennins. — Souffrances. — Visite du général della Rocca. — Son portrait. — La princesse Marie Bonaparte Valentini, fille de Lucien. — Sa beauté, ses vers français et italiens. — Souvenir de son frère, le prince Charles. — Ma liaison avec la princesse. — Ses Lettres sur les massacres de Pérouse. — Promenade aux *Cascine* avec la princesse. — Le prince et la princesse Antoine Bonaparte. — Leurs réceptions du mardi. — Le marquis Pepoli. — Le comte Alberti. — Le chevalier Berardi. — Le comte Faïna. — Le comte Manciforte. — Le professeur Ragnotti. — MM. Mortera et Zanini. — Courses de chevaux aux *Cascine* en l'honneur du roi. — Les députés Menotti, Cornero et Crema. — Bal au palais Pitti. — Rencontre de l'historien Cantù. — Cercle du roi. — Les galeries éclairées aux flambeaux. — Concert donné au roi au palais *Vecchio*. — Le poëte Dall'Ongaro. — Rencontre, chez moi, de la princesse Marie, du général della Rocca, du député Menotti et du poëte Montanelli. — Mécontentement de ce dernier. — Visites des marquis Dragonetti, de Vieusseux et de Giorgini. — Mot charmant de M. de Cavour. — Bal du Casino. — Le roi. — Mon appréciation philosophique de la royauté. — Ma conversation avec le ministre Farini. — Haine que les Bolonais ont de la papauté. — Mot prophétique sur Naples. — Le général d'Ayala et le général Tupputi. — Le grand *Lumiarre* de Pise. — Bouquet envoyé par le roi à la princesse Marie Bonaparte. — Souper chez la princesse. — Le palais Vecchio. — Passage des Médicis, allant du palais Vecchio au palais Pitti. — Galeries des Offices. — Dîner chez la princesse. — Promenade. — Place Maria-Antonia. — Souvenir du comte Valentini. — Le marquis Gualterio, député. — Ce qu'il me dit du devoir du Parlement italien. — Le comte Guardabassi. — Le jardin de Boboli. — La belle Anglaise et l'adolescent florentin. — Début de roman. — La table d'hôte. — Un jeune officier qui deviendra un héros. — Tour des remparts. — Rencontre d'un pauvre ténor. — Son chant à Santa Maria del Fiore. — Départ de la princesse Marie pour sa

villa de la *Viano*. — Promenade à travers Florence. — Place Saint-Laurent.
— Place de l'Annunziata. — Via San Sebastiano. — Palais Capponi. — Place
San Marco. — Souvenirs de Savonarole. — Via Larga. — Place Vecchia.   36

V

Visite du palais Pitti. — Salle du Trésor. — Cour. — Chapelle. — Chambre du
roi. — Bibliothèque Palatine. — Musée minéralogique. — Salle d'anatomie.
— Galeries d'histoire naturelle. — Chambres des instruments de physique.
— Tribune de Galilée. — Tourelle de l'Observatoire. — Départ de Garibaldi
pour la Sicile. — L'Italie revenue au temps des légendes héroïques. — Dédain
des jouissances matérielles. — Abnégation patriotique. — Joie et fierté dans
la foule. — Ma promenade solitaire aux *Cascine*. — Je retrouve la belle Anglaise et le jeune Florentin. — Le roman marche. — Petitesse de l'amour
auprès de l'ivresse collective d'un peuple. — Rencontre du général Ulloa. —
Son doute sur la réussite de Garibaldi. — Église de Saint-Laurent. — La chapelle des Princes. — *Il Pensieroso*, de Michel-Ange. — Le Poggio imperiale.
— Noms d'Italiens illustres donnés aux enfants du peuple à Florence. — Tour
de Galilée. — *Santa Maria del Fiore*. — Le baptistère, le campanile, de Giotto.
— L'amour dans une chapelle. — Théâtre *della Pergola*. — Dénoûment entrevu dans une loge du roman du jardin de Boboli. — Cris de Vive Garibaldi à
la sortie du théâtre. — Le *Bargello*. — Portrait de Dante, par Giotto. — Con-
férences du P. Gavazzi. — Soirée chez Vieusseux. — Irritation du peuple
contre l'archevêque de Florence. — Nouvelles de Garibaldi. — Sa halte à Talamona. — Visite du marquis Gino Capponi. — Son portrait. — Longue causerie,
le poëte Leopardi, Silvio Pellico, les loups dévorants. — Réflexions de Gino
Capponi sur les Florentins, sur l'expédition de Garibaldi, sur l'empereur
Napoléon III, sur M. Thiers. — La force n'entame pas le droit. — Ce n'est
pas l'heure de parler, mais d'agir. — Mon émotion devant cette altière figure
de vieillard aveugle. — J'ai le même jour la visite de Giorgini. — Son frère,
le colonel Giorgini, détenu au fort du Belvédère pour avoir livré des armes à
Garibaldi. — Comédie diplomatique de M. de Cavour. — La France s'ennuie.
— L'Italie à la fête de l'imagination et de la liberté. — M. Léopold Castagni.   102

VI

Réveil de Florence au cri de : *Garibaldi è sbarcato a Marsalla!* — Allégresse des
âmes. — Fête du soleil. — La villa Demidoff. — Souvenir du roi Jérôme et
de la princesse Mathilde.   136

VII

Soirée chez le prince et la princesse Antoine. — Admiration pour Garibaldi. —
Lettre de la princesse Marie qui nous attend à la campagne, légende de
sainte Marguerite de Cortone. — Le palais Riccardi. — Maisons de Benvenuto Cellini, d'André del Sarte, de Dante et de Galilée. — Forteresse
du Belvédère. — Maison Buonarroti. — Une descendante de Michel-Ange
heureuse de l'unité italienne. — Billet de Gino Capponi.   144

VIII

Place, église et couvent de Santa Croce. — Les Franciscains inquisiteurs à

Florence. — Dante jette le froc aux orties. — Le chanoine Pandolphe Ricasoli, prisonnier à vie de l'Inquisition. — Représailles de l'histoire. — Fresque de Giotto dans le réfectoire des Fransciscains transformé en fabrique de tapis. — Couvent et église de San Marco. — Fresques du Beato Angelico. — Chaire de Savonarole. — Tombeau de Pic de la Mirandole. — Académie des beaux-arts dans l'ancien couvent Saint-Nicolas. — Promenade à Fiesole. — Restes de monuments étrusques. — Vue de Florence au soleil couchant. — Place *Santa Maria Novella*, fête des chars décrite par Montaigne. — Église, couvent et pharmacie de *Santa Maria Novella*. — Église del Carmine. — Ascension du campanile de Giotto. Panorama de Florence. — *Bello Sguardo*. — Jardin Torrigiani. — Église et cloître de *Santa Annunziata*. — Moines et soldats piémontais fraternisant. — Atelier des pierres dures. — *Or San Michele*. — Place du Grand-Duc. Fontaine de Neptune sur le point même où fut brûlé Savonarole. — Quai de l'Arno, hôtel des Iles-Britanniques, ancien palais Capponi. — Petite place *del Limbo*. — Aspect romanesque. — Bains des thermes antiques. — Théâtre Nicolini, troupe française. — Nouvelles de Garibaldi assiégeant Palerme. — Bibliothèque *Magliabechiana* sous la galerie des Offices. — Église *Santa Trinità*. — Palais Strozzi, portrait de Pierre Strozzi. — Visite de Gino Capponi; il me promet de me présenter au baron Ricasoli. Il voit la main de Dieu dans la réussite de Garibaldi. Il faudrait un pape de génie qui s'associât à la renaissance de l'Italie. — La vertu et la vérité. — Les arrêts de l'histoire. — La pratique de la vérité doit être la passion idéale de la conscience. — Je dis au revoir à Gino Capponi. — Course manquée à San Miniato. — Promenade sur le *Lung' arno*. — Excursion à San Miniato, *Monte alle Croci*. — Église de *San Salvatore*. — Église de San Miniato, tombeau du poëte Giusti, apostrophe du satirique à la Papauté. — Enterrement du professeur Giovachino Taddeo. Ricasoli suit le cortége. — Effet du *Miserere* dans la nuit.................. 155

IX

Lassitude de la ville. — Départ pour la Viano. — Chemin de fer de Florence à Sienne. — Les *Cascine* disparaissent. — Régiments italiens faisant l'exercice. — Jeune Anglaise. — Le *Val d'Arno*. — *San Donnino*. — *Signa*. — *Montelupo* et *Capraja*. — *Empoli*. — *Granajoli*. — *Castel Fiorentino*. — *Certaldo*. — Souvenir de Boccace. — *Vallée de l'Elsa*. — *Poggibonsi*. — Vallon de Staggio. — Montagne de *San Dalmazzo*. — Station de Sienne. — Jeunes officiers piémontais nous apprenant la prise de Palerme par Garibaldi. — Le capitaine Pinelli. — *Asinalunga*. — Vallée de la *Chiana*. — Mœurs des paysans toscans les mêmes qu'au temps de Montaigne. — La *Chiana*. — Canal *Maestro*. — Frontière papale. — Arrivée à la villa de la princesse Marie Bonaparte. — Vie à la campagne. — Le village de *Puzzole*. — Profanation d'un Campo Santo. — Curé maudit. — Mort de la veuve de lord Byron. Son legs à l'Italie. — Le jeune prince Paul Bonaparte mort en Grèce. — Vers de sa mère. — Anecdote sur l'enfance de Napoléon Ier racontée par madame Lætitia à la princesse Marie. — Promenades dans les environs de la *Viano*. — Foiano. — Le capitaine Menotti. — Chapelle de Sainte-Marguerite, le bon curé. — La marquise Marianna Florenzi Waddington à la Viano. — Sir Evelyn Waddington. — Vers sur Garibaldi. — Excursion à Chiusi. — Le lac de Trasimène. — Castiglione del Lago. — Souvenir d'Annibal. — La Carpe monstre. — Splendeur et calme du soir......... 190

X

La marquise Florenzi m'emmène à Pérouse. — Route. — Le roi Louis de Bavière. — Écrit de la marquise Florenzi, cité par Gioberti. — Lettre de Schelling à la même. — Arrivée à Pérouse, encore sous la domination papale. — Soldats suisses et soldats autrichiens faisant l'exercice. — La première langue que j'entends dans la ville italienne est la langue allemande. — Rues désertes, seulement des soudards, des prêtres, des moines et des mendiants. — Jeunes filles souffletées par des soldats suisses. — Le colonel Schmidt, massacreur de Pérouse, promu général par Lamoricière. — Vers de Victor Hugo à la Suisse, sur l'avilissement des soldats mercenaires. — Palais de la marquise Florenzi à Pérouse. — Sanctuaire d'études. — Le professeur Boschi. — Le professeur Domenico Bruschi. — Visite de l'Université de Pérouse. — Portraits du roi et de M. de Cavour cachés dans une salle de l'école de dessin. — La porte d'Auguste. — La *Maestà delle Volte*. — Le Dôme. — Le *Palazzo governativo*. — Monseigneur Gramiccia, légat de Pérouse, sa terreur de Garibaldi; don d'ubiquité du héros. — Le *Cambio*. — Fresques du *Pérugin*. — Dîner chez la marquise. — Le docteur François Bonucci. — M. Periclès Mancini. — Le comte Montesperelli. — Rendez-vous trompé d'un officier allemand dans l'église du Dôme. — Répulsion de race entre les Italiens et les Autrichiens. — Soldat suisse montant la garde dans la grande salle du palais. — Le palais de la princesse Marie à Pérouse. — Souvenir de l'ovation patriotique qui lui fut faite. — Le fort *Paolino* en reconstruction. — La porte antique *Martia*. — Maison lézardée par les balles et les bombes papales. — S. *Pietro fuori le Mura*. — Ce que je dis à un soldat français au service du pape. — Couvent et église de San Pietro envahis par les Suisses ivres au moment du massacre. — On se bat dans l'église. Cinq insurgés poursuivis se cachent dans les orgues, ils sont sauvés par un jeune moine. — Schmidt surnommé *il duca del frontone*. — La vallée du Tibre. — La sépulture étrusque des *Volumnii*. — Départ de Pérouse pour la campagne. — Halte à la Colombella. — La jeune marquise Florenzi et son mari. — Don Benedetto. — Féerie de la villa d'*Ascagnano*, propriété de la marquise Marianna Florenzi. — Guerre comique avec don Benedetto. — Scènes bouffonnes dans un décor champêtre. — Départ d'Ascagnano. — Sonnet à la marquise. — Halte à Perouse. — J'adresse mes vers sur Garibaldi à Lamoricière. — Retour à la Viano. — Excursion à Montepulciano. — Mort du roi Jérôme. — La princesse se dispose à quitter la Viano. — Sonnet d'adieu. — Nous partons pour Florence. 213

XI

Sienne et ses monuments. — Souvenir de Montaigne. — Le dôme. — La papesse Jeanne. — Attraction de Sienne. — Haine de madame de Staël pour la solitude. — Hugo plus grand loin des bruits de Paris. 246

XII

Retour à Florence. — La pension anglaise. — Il signor Battista padrone di Casa. — Sa fille Beppa. — Visite à Gino Capponi. — Portraits de famille. — Billet du baron Ricasoli. — La princesse Lancillotti. — Son frère le prince Massimo. — Le prince de Carignan vient les voir. — Première entrevue avec le baron Ricasoli. — Son portrait. — Ce qu'il me dit de l'empereur Napoléon III, de l'Angleterre, de l'initiative qu'il a eue le premier en Toscane au sujet de l'annexion, de Naples, de Rome, de la papauté, plaie séculaire de l'Italie, de son désir de quitter le pouvoir. — Fermeté de Ricasoli et l'impression qu'il me laisse. — Contraste. — Soirée chez la princesse Lancillotti. — Son frère, l'un des princes *codini* de Rome. — Mariage du jeune prince Massimo avec une fille de la duchesse de Berry et de Lucchesi Palli. — L'ancien sigisbé. — On ne m'y prendra plus. — Gino Capponi vient me voir; ce qu'il me dit de la noblesse romaine, de François II et de la reine arborant à Naples les couleurs nationales. — Ils sont hués dans la rue de Tolède. — L'éducation morale et politique du peuple de Naples est à faire. — Éloge de Ricasoli par Gino Capponi. — Chaleur extrême. — Les enterrements le soir. 256

XIII

Pise. — La Tour de la faim. — Le Dôme. — Le Baptistère. — La Tour penchée. — Le Campo Santo. — Description de Montaigne. — Rêverie. — Affres de la vie. — Quiétude et renaissance de la mort. — Strophes écrites au Campo Santo. — Un frère de la Miséricorde. — La ferme de S. Rossore. — Les *Cascine*. — Les chameaux, mirage de l'Orient. — La *Santa Spina* — Le palais Lanfranchi. — Souvenir de lord Byron et de la famille Gamba. — Livourne. — Rencontre du comte Visconti. — Embrasement du ciel et de la mer. — Volupté rafraîchissante d'un sorbet et d'un bain. 268

XIV

Retour à Florence. — Lettre du baron Ricasoli. — Il m'envoie les deux volumes des *actes et des documents du gouvernement provisoire de la Toscane*. — Absence de morgue chez les hommes illustres de l'Italie. — Passage du *Moniteur toscan*. — Programme unitaire. — Seconde entrevue avec Ricasoli. — Ses craintes sur le peuple napolitain. — Ce que devraient faire les députés de Naples. — Forces motrices et toutes-puissantes dans l'ordre moral. — On n'élude pas un principe. — Du salut éternel de l'honneur. — Mon admiration de ce ferme esprit. — Diorama de Naples. — La Chartreuse. — Visite d'adieu de Gino Capponi. — Ses réflexions sur la corruption comme moyen de gouverner. — Noble parole. — Depuis que ma patrie est libre je revis en elle. — Écrit de Gino Capponi sur l'éducation. — Il combat les jésuites qui considèrent l'éducation comme un art et l'étayent sur des méthodes. 282

XV

Départ pour Ravenne. — Diligence-coucou. — Nuées de colombes sur les créneaux du palais Vecchio. — Vallée de la Siève. — Nos compagnons de route. — Fausse alarme. — Un homme armé derrière la voiture. — Les deux pistolets du conducteur. — La diligence arrêtée la veille. — Beauté de la nuit dans les Apennins. — S. Gaudenzio. — Le mont Falterone. — Souper. *San Benedetto in Alpe*. — Vallée del Montone. — L'ombre refoule la nuit. — *Portico*. — *Rocca San Casciano*. — *Terra del Sole*. — Ancienne douane de Rovère. — Sieste à Forli. — Un voiturin emphatique. — Les bords du Ronco. — Les grands bœufs romains. — Un défenseur de la patrie nous servant d'escorte. 292

XVI

Arrivée à Ravenne. — Ombres de Dante et de Byron. — *Grand hôtel della Spada d'oro*. — Chambres du roi de Bavière et du prince de Galles fourmillantes de familiers rampants et puants. — Le professeur Fabbri. — Son fils Ruggiero. — La petite Allegra, fille de lord Byron. — Billet de la princesse Murat Rasponi. — Palais Rasponi. — Réception de la princesse. — Reliques du roi Murat. — Le comte et la comtesse Joachim Rasponi. — Fatigue abrutissante. — Le comte Cappi. — L'église de S. *Apollinare in città*. — Palais de Théodoric. — La porte *Alberoni*. — Souvenir de lord Byron. — Les bords du canal. — La place Maggiore. — Le Casino. — Le tombeau du Dante. — La place et l'église Saint-François. — Le palais désert de Santa Croce. — Intérieur d'une mercière. — Le jeune Antonio Mancini. — Éblouissement des mosaïques sur fond d'or de S. Apollinare in città. — Le journal *l'Adriatico* annonce mon arrivée à Ravenne. — Seconde journée passée au palais Rasponi. — Conversation avec la princesse sur les *Souvenirs de madame Récamier* publiés par madame Lenormant, sur les lettres de Benjamin Constant, sur celles de Chateaubriand et de madame de Staël. — La princesse Murat-Rasponi me donne les lettres de madame Récamier à la reine Caroline sa mère. — Une lettre de lord Byron au comte Rasponi. 297

XVII

Tombeau de Théodoric. — Promenade à l'Adriatique. — Le gouverneur de Ravenne. — Le colonel Radaelli. — Ce qu'ils disent des menées du clergé dans les Romagnes. — L'académie des beaux-arts. — La bibliothèque. — Le *Rocco*, sceptre des anciens archevêques de Ravenne. — Vers du Dante sur la gloutonnerie d'un de ces archevêques. — Excursions avec la princesse. — *La colonne des Français*. — Vers de lord Byron sur Gaston de Foix. — La basilique de S. *Apollinare in Classe*. — Superbe aspect de cette église dans les Marais. — San Vitale. — Mosaïque byzantine de l'empereur Justinien et de l'impératrice Théodora, montée de la fange au trône. — Tombeau de Galla Placidia. — Église du Dôme. — Baptistère. — *Santa Maria in Cosmedin*. — *San Giovanni Evangelista*. — *Santa Maria in porto fuori*. — Génie de Giotto. — *Torre del Publico*. — Palais Gamba. — Palais Guiccioli. — Fête de S. Apollinare. — Procession. — Feu d'artifice. — La comtesse Santucci. — Promenade à la *Pineta* avec le comte François della Torre, neveu de la princesse. — Vers de Byron sur la *Pineta*. — Campo Santo. — Adieux à la princesse. — Ses souvenirs. — Je lui envoie la proclamation de Rimini, vers de Manzoni au roi Murat et l'ode : *Mars 1821*, qui présage l'unité italienne. 334

XVIII

Route de Ravenne à Bologne. — La diligence qui nous conduit a versé la veille. — Lugo. — Nuit noire. — Un compagnon de route inattendu. — Impatience française vaincue par l'aménité italienne. — Le professeur Angelo Marescotti. — Arrivée à Bologne. — M. Protche, directeur des chemins de fer du centre. — La comtesse Rossi-Martinetti. — Son palais. — *La piazza Maggiore*. — *Il palazzo del Governo*. — Statues de papes renversées en tout temps par les Bolonais. — Saint Pétrone. — Palais des podestats. — *Portico dei Banchi*. — Rue Maggiore. — Palais Zampieri. — *Portico dei Servi*.

— *Torre Asinelli* et *torre Garisenda*. — *Foro de' Mercanti*. — Église San Bartolomeo, madone de Guido Reni. — Dîner chez M. Protche. — Le marquis Pietra-Mellara. — Libre esprit italien, pruderie française. — *San Mickele in Bosco*. — Tour des remparts. — Nécessité d'être armé. — Le chef de brigands Passatore. — Dîner à la villa Tattini. — La comtesse Tattini, petite fille du roi Murat. — Le comte Tattini. — Le député Minghetti. — M. Bignami. — La comtesse Paolina Pepoli-Zucchini. — Le général Cialdini. — Excursion avec M. Protche à l'église *della Madonna di S. Luca* sur la montagne *della Guardia*. — Galerie de six cent quarante arcades conduisant au sommet de la montagne. — Travaux de fortification. — Image miraculeuse de la madone. — Légende. — Le Campo Santo. — Ancien couvent de *la Certosa*. — Tableau d'Élisabeth Sirani. — Histoire de cette femme peintre. — Drame de sa mort. — Un buste adorable de Bernini. — Église de Saint-Dominique. — Tombeau du saint. — *Santa Cicilia*. — *San Giacomo Maggiore*. — Soirée chez M. Protche. — Le député Martinelli. — L'*archiginnasio* (ou vieille université). — Les femmes professant en public. — Le musée. — La bibliothèque. — Dîner chez la comtesse Rossi-Martinetti. — Le député Marliani. — Réception le soir dans le jardin Martinetti. — M. et madame le Franchis. — Brochures des députés Minghetti et Martinelli. 551

XIX

Modène. — Le palais ducal. — *Piazza Grande*. — Le Dôme. — Petite place *della Torre*. — Campanile *della Ghirlandina*. — Souvenir de Ciro Menotti. — *Rubiera*. — Parme. — Le Dôme, la coupole du Corrége. — Le baptistère. — *San Giovanni evangelista*. — *San Ludovico*. — Tombeau du comte Nieperg. — Parloir de l'abbesse Jeanne, peint par Corrége. — Un bain. — *Piazza di Corte*. — Palais ducal. — Le comte et la comtesse Gamba. — Visite du palais. — Appartements de la dernière duchesse régente, Louise de Bourbon. — Portraits des rois de France. — Toilette de Froment-Meurice. — Assassinat de Ferdinand-Charles III. — Double erreur de sa veuve Louise de Bourbon. — Portraits des Farnése. — Portrait de Marie-Louise. — Jolie chapelle Farnése. — Musée de sculpture. — Théâtre Farnése. — Galeries de peinture. — Bibliothèque. — Portrait de Pétrarque jeune en habit d'archidiacre. — Manuscrit de ce poëte. — Dîner chez le comte et la comtesse Gamba. — Leurs deux fils. — Leur fille en pension à Florence. — Sa mère en deuil depuis ce jour. 575

XX

Je pars de Bologne pour Ferrare avec M. Protche. — Route. — Arrivée à Ferrare.—*Piazza Maggiore di S. Crespino*.—*Palazzo della Ragione*.—Le Dôme. — M. Allard, ingénieur français du chemin de fer de Ferrare. — Château ducal.— Un custode bel esprit. — Sa légende sur Parisina. — Ses commentaires. — Broderies d'Éléonore d'Est.—Renée de France, duchesse d'Est.— Clément Marot. — Rabelais. — Agrippa d'Aubigné enfant. — Montaigne à la cour d'Alphonse II. — Ferrare vue à vol d'oiseau de la plate-forme de la Tour des lions.— Palazzo *comunale*. — Hôpital Sainte-Anne. — Prison du Tasse. — Montaigne et Tasse, face à face. — Éclipse de cœur du philosophe. — Gœthe et Byron dans la prison du Tasse. — Bibliothèque, monument, buste, et manuscrits de l'Arioste. Son écritoire. — Manuscrit du Tasse. — Ses vers au duc Alphonse II. — Maison de l'Arioste. — Palais des Diamants. — Musée, portrait d'Alphonse II. — Nouvelle chronique fantastique du custode. — Place Ariostea. — Statue de l'Arioste. — Vendeur de pastèques. — Départ de Ferrare. — Splendeur du soleil couchant. — Causerie. — Second dîner chez la comtesse Pepoli-Tattini et chez la comtesse Rossi-Martinetti. — La marquise Tanari. Son palais. — Promenade à la *Montagnuola*. — Versants des Appennins. — Adieux à Bologne. 388

XXI

Arrivée à Turin. — Garibaldi maître de la Sicile. — Ambassade du roi de Naples à Turin. — Lettre de Victor-Emmanuel à Garibaldi. — Réponse du héros. — Garibaldi représentant l'âme collective du peuple. — Je revois M. de Cavour; ce qu'il me dit de Florence, du prince de Carignan, du baron Perrone, du prince Massimo et de la princesse Lancillotti, de Murat, de Garibaldi, de la maison de Savoie, seule dynastie qui puisse accomplir l'unité. Du code italien qu'on prépare. Il me promet mon passage sur un vaisseau de l'État pour aller à Naples. — Brusque interruption de notre entretien par le ministre Farini. — Dîner chez M. et madame Mancini; les officiers de François II au service de Victor-Emmanuel. — Arrivée à Gênes. — Grand mouvement du port. — Départs successifs de convois garibaldiens. — Le comité d'armement; Bertani. — M. Macchi-Mauro. — Une lettre du comte Oldofredi. — Garibaldi rappelant les héros de l'antiquité. — Enthousiasme de Gênes. — Un batelier tenté de noyer ma fille par fanatisme de Garibaldi. — Promenade et dîner à Pegli, chez M. Frédéric Filippi. — Vers à M. Filippi. — Incertitude sur Garibaldi. — Je vais à Turin. — Dernière entrevue avec M. de Cavour. — Départ pour Milan. — Rencontre du ministre Farini. — Nouvelle du débarquement de Garibaldi à Reggio. — Je pars pour Venise, emportant les journaux qui renferment la nouvelle. — La douane à Peschiera. — Anecdote. — Arrivée à Venise. — Je donne à un gondolier la nouvelle du débarquement de Garibaldi. Il la transmet de canal en canal. — L'île des *Vignole*. — Idylle. — Couvent des Arméniens. — Je revois frère Jacques et le baron Mulazzani. — Départ. — Vœu du gondolier qui me conduit à l'embarcadère 400

XXII

Halte à Milan. — L'avocat Francia, M. et madame Giorgini. — Manzoni. — Le lac de Côme. — Je parcours Monza avec le comte Stefano Medine. — Le Dôme. — La couronne de fer disparue. — La momie d'Hector Visconti. — Vraie chronique de la *Monaca di Monza*. — Le lac Majeur. — Arona. — La statue colossale de saint Charles Borromée. — Les îles Borromée. — Course au *steeple-chase* après le bateau à vapeur. — La comtesse Castiglione à Intra. — La signora Buongiovanni et sa nièce. — *Luini*, souvenirs de Garibaldi. — Colonne en son honneur. — Partie du lac Majeur en Suisse. — *Lucarno*. — Enchantement du rivage, de la nuit et de l'aube. — Naples m'attend. — Retour à Turin, entrevue avec le ministre Farini, ce qu'il me dit de Béranger et de Lamennais. — Adieux au général della Rocca, à M. et à Madame Mancini. — Rendez-vous à Naples. — Retour à Gênes. — Le mouvement du port a doublé. — Garibaldi traverse les Calabres en libérateur triomphant. 415

LE LIBÉRATEUR

(*Italie du Midi.* — Naples. — Palerme. — Rome.)

Ce troisième volume faisant suite à l'*Italie des Italiens*, sera mis en vente prochainement.

Voici un résumé des matières qu'il contiendra :

Départ pour Naples sur le navire de l'État *la Constitution*. — Le commandant Wright. — L'île d'Elbe. — Le général Danesy. — Le capitaine Émile Savio. — Garibaldi à Naples. — L'amiral Persano. — Mon entrevue avec le héros. — Le marquis et la marquise de Villamarina. — Miracle de saint Janvier une heure plus tôt que de coutume. — Caserte. — Capoue. — Environs de Naples. — Fêtes. — La société napolitaine. — Liborio Romano. — La princesse de Morra. — Alexandre Dumas au palais de Chiatamone. — M. Mauro et sa fille. — Entrée triomphale de Victor-Emmanuel et de Garibaldi. — Départ pour Palerme à la suite du roi. — Trois archevêques, clergé en tête, reçoivent le roi au rivage. — Le prince et la princesse Torremuzza. — Fêtes à Palerme. — L'avocat Scoppa. — Une sœur de Ruggiero Massimo. — Monreale. — Retour à Naples. — Sorrente. — Excursion dans le golfe de Salerne. — M. Rottero. — Pœstum, Amalfi. — Départ pour Rome. — Civita-Vecchia. — Rome. — La garnison française. — Aspect de Rome. — Visites de tous les monuments. — Anecdotes. — Le duc de Gramont, ambassadeur de France à Rome. — Ses réceptions au palais Colonna. — M. et madame Loiseau d'Entraigues. — Monseigneur de la Tour d'Auvergne. — Rencontre à la villa Pamphili de monseigneur Sacconi. — Ce qu'il me dit de Garibaldi. — Ce héros appelé *il nostro Giuseppe* par le peuple romain. — Parole d'un Garibaldien montant la Scala Santa. — Dîner à l'Académie de France. — Trois colonels français anti-Italiens. — Effet du discours du prince Napoléon à Rome. — La police romaine; les espions pullulent dans la ville éternelle. — Je suis signalée par l'*Armonia* de Turin. — Consulat de *Sardaigne*. — Le comte Teccio et le marquis Doria. — Le roi Victor-Emmanuel, propriétaire à Frascati. — Mot d'une mendiante sur les prêtres et les cardinaux. — Soirée chez un patriote romain. — Un prêtre libéral. — Je dis aux femmes d'aller communier de sa main dans les Catacombes. — Conversation politique dans la chapelle Sixtine. — L'ex-famille royale de Naples à Rome. — La reine mère. — François II, sa femme. — Leurs visites au Pape. — Le Pape. — Il est frappé d'une attaque foudroyante le mardi de Pâques, dans la chapelle Sixtine. — Négoce des billets de communion. — Les péchés véniels enlevés au moyen d'une baguette. — Ce que dit Montaigne d'un cardinal remplissant cette fonction. — Impossible de visiter le trésor de Saint-Pierre. Où donc est-il ? — M. Louis Delâtre; le prince Caetani, duc de Sermoneta; la baronne de Schwartz. — Le duc don Marino Torlonia. — Excursion à Bracciano. — Walter Scott. — Les ruines d'Ostie. — Le commandeur Visconti. — Mariage *in extremis* du jeune Publicola Santa Croce, en présence du cardinal Amat. — Six carabiniers du Pape gardent la porte. — Vaudevilles français joués par nos soldats au profit des pauvres. — Recette employée aux illuminations papales. — Victor-Emmanuel transformé en Hydre dans un transparent. — La reine Christine à Rome. — Comment un prieur se venge d'elle. — Exil du docteur Pantaleoni. — Mon entrevue au Vatican avec le cardinal Antonelli. — Accueil caressant. — Longue conversation sur les affaires de l'Italie. — Sa haine contre le gouvernement français. — Billet du cardinal Antonelli. — Mal'aria morale à Rome. — Je pars. — Halte à Livourne et à Gênes. — Souffle vivifiant de l'Italie libre. — Arrivée en France.

ERRATA DU TOME II

Page 22, ligne 9, appuyée sur la tête de sa sœur, *lisez* : appuyée sur l'épaule de sa sœur.
— 23, — 36, la ville royale de *Pratolino*, *lisez* : la villa royale de *Pratolino*.
— 87, — 21, Chiesi, *lisez* : Chiusi.
— 88, — 3, en couvrent d'abord les parois; de ce couloir aérien ils me regardent, *lisez* : couvrent d'abord les parois de ce couloir aérien; ils me regardent.
— 169, — 25, un martyre de sainte Catherine, étrange mouvement, *lisez* : étrange, mouvementé.
— 215, — 27, balsate, *lisez* : basalte.
— 215, — 31, dans laquelle vous êtes, madame, appelée à primer, *lisez* : dans laquelle elle est, madame, appelée à primer.
— 229, — 25, les soudards défenseurs de l'Église passèrent, *lisez* : les soudards passèrent.
— 374, — 6, oui, reprend la marquise, *lisez* : oui, reprend la comtesse.
— 405, — 1, la bourgeoisie et le peuple lui répondent par de l'action, *lisez* : par l'action.
— 406, — 19, et page 407, ligne 12, Oldefredi, *lisez* : Oldofredi.
— 421, — 37, Logarno, *lisez* : Locarno.

www.ingramcontent.com/pod-product-compliance
Lightning Source LLC
Chambersburg PA
CBHW071115230426
43666CB00009B/1973